النظرية المعاصرة في علم الاجتماع

تمدد آفاق النظرية الكلاسيكية

النظرية المعاصرة في علم الاجتماع

تمدد آفاق النظرية الكلاسيكية

ترجمة الدكتور

محمد عبد الكريم الحوراني

قسم علم الاجتماع

جامعة اليرموك- الأردن

2011-2012م

الطبعة الأولى (العربية)

المملكة الأردنية الهاشمية رقم الإيداع لدى دائرة المكتبة الوطنية (2011/1/206)

301

والاس، رث

النظرية المعاصرة في علم الاجتماع / تأليف رث والاس، السون وولف: ترجمة محمد عبدالكريم الحوراني. - عمان: دار مجدلاوي للنشر والتوزيع، 2010.

(   ) ص.

ر.إ.: (2011/1/206)

الواصفات: علم الاجتماع

* أعدت دائرة المكتبة الوطنية بيانات الفهرسة والتصنيف الأولية

* يتحمل المترجم كامل المسؤولية القانونية عن محتوى مصنفه ولا يعبّر هذا المصنف عن رأي دائرة المكتبة الوطنية أو أي جهة حكومية أخرى.

ISBN 978-9957-02-430-7 (ردمك)

Dar Majdalawi Pub.& Dis.
Telefax: 5349497 - 5349499
P.O.Box: 1758 Code 11941
Amman- Jordan

دار مجدلاوي للنشر والتوزيع
تليفاكس: ٥٣٤٩٤٩٧ - ٥٣٤٩٤٩٩
ص . ب ١٧٥٨ الرمز ١١٩٤١
عمان - الاردن

www.majdalawibooks.com
E-mail: customer@majdalawibooks.com

SIXTH EDITION

Contemporary Sociological Theory

Expanding the Classical Tradition

RUTH A. WALLACE

George Washington University

ALISON WOLF

University of London

PEARSON

Prentice Hall

Upper Saddle River, New Jersey 07458

Library of Congress Cataloging-in-Publication Data

Wallace, Ruth A.
   Contemporary sociological theory: expanding the classical tradition / Ruth A.
   Wallace, Alison Wolf.—6th ed.
     p. cm.
   Includes bibliographical references and index.
   ISBN 0-13-185051-2 (alk. paper)
   1. Sociology. 2. Sociology—Philosophy, I. Wolf, Alison. II. Title.

HM585.W35 2005
301—dc22   2004018208

Publisher: Nancy Roberts	**Assistant Manufacturing Manager:**
Assistant Editor: Sharon Chambliss	Mary Ann Gloriande
Editorial Assistant: Lee Peterson	**Cover Art Director:** Jayne Conte
Senior Marketing Manager: Marissa	**Cover Design:** Bruce Kenselaar
Feliberty	**Cover Illustration/Photo:** Getty Images
Marketing Assistant: Jennifer Lang	**Composition/Full-Service Project**
Production Liaison: Marianne	**Management:** GGS Book Services,
Peters-Riordan	Atlantic Highlands
Permissions Supervisor: Ronald	**Printer/Binder:** R.R. Donnelley & Sons,
Fox	Harrisonburg

Credits and acknowledgments borrowed from other sources and reproduced, with permission, in this textbook appear on appropriate page within text.

Pearson Education LTD.
Pearson Education Singapore, Pte. Ltd
Pearson Education, Canada, Ltd
Pearson Education–Japan
Pearson Education Australia PTY,
  Limited

Pearson Education North Asia Ltd
Pearson Educación de Mexico,
  S.A. de C.V.
Pearson Education Malaysia, Pte. Ltd
Pearson Education, Upper Saddle River,
  New Jersey

10 9 8 7 6 5 4

ISBN 0-13-185051-2

المحتوى

مقدمة المترجم

إن التأليف في مجال النظرية السوسيولوجية، ليس بالأمر السهل، فعلاوة على الرطانة والغموض المفاهيمي، الذي يبدو وكأنه شركٌ محتومٌ في هذا المجال، تبرز في معظم الأحيان مشكلات معرفية ومنهجية يلمسها كل مهتم وقارئ للنظرية السوسيولوجية، مثل هذه المشكلات أكثر وضوحاً وشيوعاً في السوسيولوجيا العربية، فما نزال في العالم العربي بعيدين عن حركة التنظير السوسيولوجية الأمر الذي يولد لدينا مشكلات مختلفة في علاقتنا مع النظرية والتعامل معها، وتوظيفها. وأرغب في هذا المقام أن أشد الأنظار إلى ثلاث مشكلات أساسية، وهي:

أولاً: غالباً ما تعرض النظريات السوسيولوجية وكأنها أطر مجردة ومتعالية عن ديناميات الحياة الاجتماعية، والخبرات المباشرة في الحياة اليومية، أو حتى بعيداً عن الأحداث التاريخية التي لا تزال انعكاساتها واضحة في الظروف والأحداث التي تؤثر في معيشة الناس ومسلكياتهم. تظهر هذه الإشكالية بوضوح تام في مؤلفات النظرية العربية، وتعبر عنها البحوث الإمبريقية بأصدق تعبير، إذ غالباً ما تستخدم النظرية في البحث دون إدراك المقصود منها، أو إذا كان إدراك المقصود ميسراً، يكون التوظيف عصياً، ولذلك تندرج النظرية ضمن الإطار النظري، كأحد الإجراءات المنهجية "الشكلية"، التي لو أزيلت من البحث فإنها لا تقدم ولا تؤخر في محتواه المعرفي. وبدون شك، فإن هذه الإشكالية تجسد حالة من الانفصال بين الاعتراف بأهمية النظرية وضرورتها في بناء العلم من ناحية، وإظهار "الجوانب التطبيقية" وكيفية الاستفادة منها في البحث الإمبريقي من ناحية أخرى.

ثانياً: تظهر الأطر النظرية باعتبارها "متعارضة"، سواء اتجهنا من الفعل إلى البنية أو العكس، وسواء اتجهنا من المستوى التحليلي بعيد المدى إلى المستوى التحليلي قصير المدى أو

العكس. ليس هذا فحسب، بل يظهر في بعض المؤلفات تقسيم الواقع الاجتماعي إلى مناطق "محدودة"، لا ينظر إليها إلا من قبل منظور أو منظورات بعينها، وبذلك جُزئت النظرية بصورة مفتعلة وجزئت معها الحياة الاجتماعية. إن هذه الإشكالية لا تبعد كثيراً عن الإشكالية الأولى، بل إن كلاً منهما تغذي الأخرى وتتفاعل معها جدلياً. فلو تيسرت عملية التوظيف، لتيسر معها إدراك ثراء الأطر النظرية وتكاملها في تحقيق الفهم والتفسير.

ثالثاً: تتفاعل الإشكاليتان السابقتان مع إشكالية ثالثة تتمثل في "الانفصال" بين الطروحات الكلاسيكية (ماركس، دوركايم، فيبر، زمل، ميد)، والنظريات المعاصرة التي تولدت منها أصلاً، وهنا تبدو مضاعفات الإشكاليتين السابقتين واضحة تماماً، حيث أُسقط التعارض والانقسام مرة أخرى على الطروحات الكلاسيكية وفي داخلها كذلك. ومثال ذلك أن البعض يعتبر فيبر مُنَظِراً صراعياً، والبعض الاخر يعتبره منظراً وظيفياً، والحقيقة أن كلاً من نظرية الصراع والنظرية الوظيفية قامت بتوظيف أفكار فيبر وطروحاته، وينطبق الأمر ذاته على جميع الطروحات الكلاسيكية، وبدرجة أقل على الطروحات الماركسية. بمعنى آخر، إن انفصال النظريات المعاصرة عن جذورها الكلاسيكية قد فاقم (على الأقل في أذهان المؤلفين) من إشكالية التعارض والانقسام، علماً بأن موسوعية الرواد الأوائل تكشف عن إمكانية "التكامل" و "التوليف".

ومن هنا اعتزمت- بفضل الله- ترجمة هذا الكتاب الذي يعد واحداً من أكثر الكتب المقررة في الجامعات الأمريكية شيوعاً في جميع المستويات الدراسية؛ فالكتاب يجمع بين "الوضوح" و"الشمولية" و"الدقة". حيث يعرض المنظورات السوسيولوجية المختلفة بالبساطة الممكنة، ويحافظ على "الأطروحات" بدقة متناهية، والأهم من ذلك، أنه يتجاوز الإشكاليات الثلاث السابقة ببراعة فائقة. إن الكتاب يبين كيفية توظيف الأطر النظرية

والاستفادة منها في البحوث الإمبريقية ويقدم أمثلة عديدة على الأبحاث التي وظفت في كل منظور. كما يوضح الكتاب "تكاملية" النظريات السوسيولوجية في عملية التفسير متخذاً من التعليم الرسمي ودور المرأة في المجتمع المعاصر مثالاً على ذلك. ثم يصل النظريات المعاصرة بأصولها الكلاسيكية مبيناً درجات التماثل معها والابتعاد عنها.

وبعد، فهذا الكتاب محل الترجمة " النظرية المعاصرة في علم الاجتماع: تمدد آفاق النظرية الكلاسيكية" والذي أعانني الله على ترجمته، أرفد به المكتبة العربية وأضعه بين يدي الباحثين والمدرسين وجميع المهتمين بهذا الجانب من الثقافة، مع علمي التام بأن المكتبة العربية ما تزال تفتقد إلى كتاب مدرسي بهذا المستوى من الإتقان في مجال النظرية السوسيولوجية. ولقد حاولت ما وسعني الجهد تقريب المعاني والدلالات إلى العربية، ولكن النظرية – مهما بلغت براعة المترجم – تبقى أسيرة غموضها المفاهيمي- الناتج عن التجريد- مما يفقدها خاصية الوضوح التام.

و الله ولي التوفيق وهو حسبنا ونعم الوكيل

د. محمد عبد الكريم الحوراني

قسم علم الاجتماع

جامعة اليرموك - الأردن

تصدير

يناقش هذا الكتاب النظرية السوسيولوجية ويحللها كما هي مطبقة عملياً في الوقت الراهن. والتركيز الأساسي لهذا الكتاب ينصب على أولئك المنظرين اللذين كان لأعمالهم الأثر الكبير على النظرية الاجتماعية والطريقة التي يدرس بها علماء الاجتماع موضوع بحثهم ويحللونه.

كان العنوان الفرعي في الطبعات السابقة من كتابنا هو "تتمة النظريات الكلاسيكية" وانبنى هذا على فكرة أننا لا زلنا نرى إستمرارية لمؤسسي- علم الاجتماع الأوائل في أعمال المنظرين المعاصرين. ولكننا فيما بعد، أتينا إلى إستنتاج بأن هناك أكثر من الاستمرارية في الأعمال النظرية الجارية اليوم في علم الاجتماع. إن ما يحصل للنظرية السوسيولوجية في الوقت الراهن يبدو مثيراً. حيث أن التكنولوجيا المبتكرة، أغنتنى بتقدير أكبر للثقافات الأخرى. حقاً، إن المنظرين المعاصرين يقفون على أكتاف عمالقة علم الاجتماع، لكنهم أيضاً يمدون آفاق علم الاجتماع ضمن ثلاث نقاط متتالية هي: التحليل البنائي بعيد المدى، والتحليل التفاعلي قصير المدى، ومستويات التحليل التفسيري. وهذا هو السبب الذي جعلنا نستبدل العنوان الفرعي السابق للكتاب بالعنوان التالي: "تمدد آفاق النظريات الكلاسيكية".

في الصفحات التالية نصف الأفكار المركزية لأولئك المنظرين ومناقشاتهم، والطرق التي يقدمون من خلالها عدداً من المنظورات المميزة تماماً حول المجتمع والسلوك الاجتماعي. وعلى الرغم من أننا نقدم كذلك بعض التقييم والنقد لنظرياتهم، إلا أن غرضنا يتمثل في تزويد القراء بتلخيص واضح لطروحات النظرية السوسيولوجية الحديثة، وليس الانخراط في نقد مفصل لكل منظور أو أن نناصر منظوراً معيناً. وحتى نعطي القُرّاء فكرة

واضحة قدر الإمكان عن أسلوب المنظرين الخاص بهم وطريقة تقديمهم للمعلومات، قمنا بتضمين الكتاب عدداً من الاقتباسات المباشرة. كما حاولنا أن نظهر بشكل خاص كيف تشكل النظريات البحث الإمبريقي للعلماء الاجتماعيين وتعطيه بعداً جوهرياً، وأن نظهر بوضوح الارتباطات الوثيقة بين النظرية السوسيولوجية والطرق التي نتعامل من خلالها ونحاول جميعاً، علماء اجتماع وغير علماء اجتماع، أن نفهم عالمنا. ومن أجل تحقيق هذه الغاية قمنا بتضمين الكتاب البحث السوسيولوجي والتفسير الأكثر عمومية.

لقد بذلنا كل جهد لتجنب الرطانة غير الضرورية والتعبير عن الأفكار ببساطة ووضوح قدر الإمكان، ومع ذلك فإن الكثير من موضوعات الكتاب، معقدة تماماً، بشكل يتعذر تجنبه. ولهذا، حاولنا اتباع قول ألبرت إينشتاين Albert Einstein المأثور "ينبغي القيام بكل شئ ببساطة قدر الإمكان، ولكن ليس بأبسط مما ينبغي القيام به". وفي الوقت ذاته، ليس شرطاً أن يكون القارئ طالباً في علم الاجتماع أصلاً، لقد تصورنا بأن جمهورنا يشمل أي شخص مهتم بالمساهمات التي يمكن أن تقدمها العلوم الاجتماعية لفهم عالمنا الاجتماعي.

لقد كنا مدركين خلال فترة إعدادنا لهذا العمل الجدل القديم، بل الذي لا يزال ممتداً حول ما إذا كان أي نوع من المؤلفين، وبشكل خاص العلماء الاجتماعيين، يستطيعون التعامل مع موضوعهم بشكل موضوعي. لقد حاولنا القيام بذلك بكل قوانا العقلية، أي اختيارنا للمنظرين، وما ينبغي علينا أن نقدم من جوانب عملهم، وطبيعة قيمنا وتفضيلاتنا التي يجب أن نبرزها للعيان. ومع ذلك، وضمن ذلك الإطار، حاولنا دون استحياء الإبقاء على القيم العلمية التقليدية المتعلقة بالوصف، والموضوعية، والتفكير غير المتحيز، ورغم أنها قد تبدو غير قابلة أبداً للتحقيق بشكل تام، إلا أنها تبدو لنا بالغة الأهمية ويتوجب على الأكاديميين – والعامة- عدم تركها كمعايير. كما كان لنا اهتمام خاص

فيما إذا كـان منظـوراً معيناً ناجحاً أم لا في التعامـل مـع سلسـلة مـن التسـاؤلات والمشكلات الواقعية والإجابة عليها.

خطة الكتاب

هذه الطبعة المنقحة من الكتاب تناقش خمسة منظورات في النظرية السوسيولوجية المعاصرة: وهي: الوظيفية، ونظرية الصراع، والتفاعلية الرمزية، والظاهراتية، ونظريات الاختيـار العقلاني. وكذلك تلقي نظرة عامة على التطورات النظرية الراهنة. وفي هذه الطبعة من الكتاب تم تحديث ما كان مكتوباً بوجه عـام، وزيدت بعض الإضافات الهامة. وكمـا هـو الحـال في الطبعات السابقة، أحجمنا عن وضع فصل منفصل للنظريات النسوية لأنها ترتكز عـلى مـدى واسع من الاتجاهات النظرية. ولهذا فإننا نركز على الطرق التي عمل مـن خلالهـا المنظـرون النسويون عـلى مـد آفـاق المنظـورات السوسيولوجية المختلفـة، ومـن ثـم ننـاقش أعمالهـم في الفصول ذات العلاقة بها داخل هذا الكتاب. وكما هو الحال في الطبعات السابقة، نعود في كـل فصل إلى التساؤلات المتعلقة بدور المرأة في المجتمع المعاصر.

يناقش الفصل الأول بناء النظريات السوسيولوجية وأهميتها العمليـة كطريقـة لفهـم وتحليل كيفية عمل المجتمعات الإنسانية، كـما يقدم فكرتين بحثيتين هـامتين، أولاهـما- دور المرأة في المجتمع المعاصر- وقد تم ذكرها سـابقاً، وثـانيتهما تتمثل في عمل النظام التعليمي الرسمي الضخم الذي يصف المجتمع الحـديث. إن كـل منظور نظري رئيسي- يمكن أن يقدم إجابات هامة، ولكن جزئية، لتلك التساؤلات، وعلى نحـو مماثل فإن المنظورات تقدم فكرة لموضوع تم نسجه وصياغته على امتداد الكتاب.

إن الفصـول الخمسـة التاليـة حول الوظيفيـة، ونظريـة الصراع، والتفاعليـة الرمزيـة، والظاهراتية، ونظريات الاختيار العقلاني تتبـع في عرضها نمطـاً عامـاً، إذ في كـل حالـة، نعـرض الافتراضات الأساسية والمفاهيم الرئيسة للنظرية محل الاهتمام، والأسئلة التي تبرزهـا ومحاولـة

الإجابة عليها. إننا نقوم بتحديد الجذور الفكرية للمنظور ونناقش الرؤى التي اشتقها المنظرون المعاصرون من العلماء السابقين. ومن ثم فإننا نصف بالتفصيل أعمال المنظرين الرئيسيين للمنظور مع التأكيد الخاص على أكثر مناقشاتهم حداثة. وعلى امتداد كل جزء نشدد على العلاقة التبادلية بين النظرية من جهة، والبحث السوسيولوجي والملاحظة الاجتماعية العامة من جهة أخرى. كما نظهر أن المنظرين المعاصرين أنفسهم يستخدمون منظوراتهم لتحليل الظواهر الواقعية، بما في ذلك النظام التعليمي ودور المرأة ولكن ليس بالاقتصار على ذلك، وكيف أن بحث زملائهم ينجذب إلى منظورات نظرية مختلفة يقوم بتجسيدها. بالإضافة إلى ذلك، فإننا نوضح كيف أن استشراف المنظرين المعاصرين للمستقبل قد انعكس في الطريقة التي ينظر من خلالها غير علماء الاجتماع إلى العالم ويناقشونه.

ويناقش الفصل الثامن التطور محل الاهتمام بالنسبة للنظرية السوسيولوجية المعاصرة، وهو: علم اجتماع الجسد. وأخيراً يناقش الفصل التاسع الحداثة وما بعد الحداثة، وكذلك يتضمن توليفاً لمساهمات المنظورات الرئيسة للإجابة على التساؤلات المطروحة في الفصل الأول حول التعليم ودور المرأة. لقد تم إنجاز هذا الكتاب عبر جهد مشترك دون أن يكون هناك مرتبة أعلى أو أدنى في التأليف. وقد اتخذت رث والاس المسؤولية الأساسية في كتابة الفصول المتعلقة بالوظيفية، والتفاعلية الرمزية، والظاهراتية، وتولت ألسون وولف مسؤولية كتابة الفصول المتعلقة بنظرية الصراع، والتطور والحداثة، ونظريات الاختيار العقلاني، والمنظورات البديلة.

لقد تعلمنا الكثير من كتابة هذا الكتاب، وأصبح كل منا يقدر تماماً رؤى وإنجازات المنظرين اللذين قمنا بعرض أعمالهم. إننا نرغب بالاعتراف بأننا مدينين فكرياً لهم وكذلك للعديد من الطلاب اللذين ساهمت تساؤلاتهم وتعليقاتهم في عملنا وأثرته.

إن كلاً من أنتوني هيث، وباتريشا مادو لنجرمان، وجي. كلايد ميتشيل، وروبرت موران، ووايتني بوب، ونيل سملسر، ومارتن وولف، وهربرت بلومر جميعهم قدموا إسهامات رئيسة لما نفكر به من خلال اقتراحاتهم وتساؤلاتهم حول هذه الطبعة والطبعات السابقة. كما قدم لنا محرروا الكتاب إقتراحات مفيدة، وهم: إدوارد ستانفورد، وسوزان تايلور، وبل فيبر، ونانسي روبرتس، وشارون شامبلس، وكذلك عدد من المراجعين والناقدين من Prentice Hall.

كما نرغب بالتعبير عن شكرنا للمساعدة التي قدمها كل من جانيت سالتزمان شافيتز، ورالف دارندورف، ودوج جودمان، وواد هوك، وهيثر كان، وباربارا لال، وليان مكلين، وفرانك مارس، وكارليل ماو، وبيرس مورك، وكاثرين أورلانس، وسارا راب، وفيرنون رينولدز، وديفد سيولي، وآر. ستيفن وارنر، وجاكلين وايسمان.

ونشكر جوي الكسندر لتشجيعه لنا على الكتابة في النظرية، كما نشكر إدموند وولف لمساعدته لنا في الترجمة. وبدون الوقت الكبير الذي قدمه لنا كل من وايني بوتر، وفي وقت متأخر ريبيكا وولف، وجيمس كورايدن، لكان هذا الكتاب لا يزال على شكل مخطوط باليد. إن كلاً من جوناثان، وبنيامين، وراشيل وولف حافظوا على إحساسنا بالإنسجام والاتساق وقدموا لنا المساعدة بأنفسهم.

رث والاس

ألسون وولف

الفصل الأول

فهم المجتمع

- بناء النظرية السوسيولوجية
- النظرية والفهـم: أمثلـة حـول التعلـيم الرسـمي ودور المـرأة في المجتمع المعاصر

لم تكن قراءة النظرية تمثل شيئاً ما ينظر الناس إليه عموماً ببهجة وسرور. وغالباً ما رأوها باعتبارها مجموعات عديدة من التجريدات المحضة التي ترتبط فقط ببعضها البعض، وأنها تشبه أحجية الكلمات المتقاطعة، حيث تطفو بحرية فوق "العالم الواقعي" للمدارس، والمصانع، والضواحي، والانتخابات، وحفلات الزفاف، والإضرابات، وعمليات السلب، ومباريات التنس. إن هذه الرؤية خاطئة، وبعيداً عن فصل النظرية عن الحياة الواقعية، فإن نظرتنا الكلية للعالم تعتمد على منظورنا النظري. فعندما نقرأ النظرية يعني أن نفهم الكثير عن عالمنا وما نحن عليه، وكم من شئ مسلم به ونتعامل معه على أنه معطى مسلم به Taken-For-Granted هو في الحقيقة غير مألوف وغامض، وربما تكون كذلك جوانب حياتنا اليومية.

عندما يقوم علماء الاجتماع بإجراء بحوثهم ومؤلفاتهم السوسيولوجية فإنهم لا ينهضون إلى موضوعاتهم البحثية بفتور ولا تكون عقولهم جوفاء. وسواء كانت موضوعاتهم تتعلق بطريقة تعامل الناس مع الموت، أو التطور الكلي والمستقبل المحتمل للمجتمع الحديث، فإنهم يركزون على جوانب معينة لما يجري ويقاربون موضوعاتهم بافتراضات معينة، ويؤكدون على مناهج بحثية معينة، ويمتلكون أنماطاً معينة من التساؤلات التي يريدون الإجابة عليها. وهذا يعني أن بحثهم يرتكز على طرق معينة للنظر إلى الأشياء التي تقدمها النظريات السوسيولوجية. إن ما تفعله النظريات هو تفسير تلك الموضوعات بطريقة واضحة ونظامية.

إن الكثير مما يشبه هذا الأمر يصدق على العالم خارج علم الاجتماع. لقد أوضح جون مينارد كينز John Maynard Keynes الذي هيمنت أفكاره على إدارة الاقتصاد الحكومي من الحرب العالمية الثانية حتى الوقت الراهن، بأن الأفكار "عندما تكون صحيحة وكذلك عندما تكون خاطئة هي أقوى مما تُفهم على نحو شائع وعادي. حقاً إن العالم

محكوم بوساطة عدد قليل من الناس. إن الرجال العمليين، الذين يعتقدون بأنهم بعيدون عن أية تأثيرات فكرية، هم في العادة عبيد لبعض علماء الاقتصاد الميتين. كما أن الرجال المجانين في السلطة، الذين يسمعون أصواتاً في الهواء، إنما يستقطرون نوبة جنونهم من بعض المؤلفين (المخربشين) الأكاديميين التافهين من سنوات ماضية قليلة". إن الطرق المختلفة للنظر إلى مجتمعنا والتي تقدمها النظريات السوسيولوجية تنعكس في أفكار وملاحظات أعضاء المجتمع ككل.

إن التأثير الذي تحدثه النظرية السوسيولوجية في سلوك الناس وفي مسار التاريخ ظهر بشكل واضح ومؤثر في أعمال كارس ماركس. ولكن من يعمل بالصحافة يحاول تفسير وإيضاح وترجيت Watergate واستقالة ريتشارد نيكسون Richard Nixon، ومستشار الزواج الذي يتصارع مع المعدلات المرتفعة للطلاق، والطالب الجديد في الحرم الجامعي الذي يحاول فهم ما يجري ينجذبون أيضاً إلى أفكار معينة حول سلوك الناس، وكيفية عمل المؤسسات الاجتماعية والتي تجسد افتراضات نظرية معينة. وعلاوة على ذلك، فإن قدرتنا على الحديث عن "السلوك غير الدستوري للرئيس"، أو عن "منح درجة لشخص ما" تعتمد على الحقائق الكلية حول أنفسنا ومن يستمع إلينا. إن النظريات السوسيولوجية لا تتضمن صناديق شكلية فارغة، إنما ترتبط بعالم العمل، والأسرة، والقوة، والحرية، والتمييز، والظلم. وبعيداً عن هذا، فإنها تتضمن كل شئ يمكن فعله مع ذلك العالم، أي كيف نراه، ونفهمه، ونفسره، وكذلك كيف نتصرف فيه، وكيف سيكون.

بناء النظرية السوسيولوجية

إن المنظرين السوسيولوجيين مميزون لأنهم يعبرون عن افتراضاتهم أو فرضياتهم بطريقة نظامية جداً، ويناقشون إلى أي مدى تفسر نظرياتهم الحياة الاجتماعية بطريقة شاملة جداً. وما هو أكثر أهمية، أنهم يقدمون رؤى جديدة حول السلوك وأعمال المجتمعات. إن

تلك الرؤى تنتشر تباعاً وربما تؤثر في سنوات قادمة في أفكار العديد ممن لم يقرؤوا الأعمال الإبداعية مطلقاً.

إن الطريقة النظامية التي تصور فيها النظرية السوسيولوجية أفكارها هي خاصية تشترك فيها مع النظرية في أي فرع آخر من فروع المعرفة، مثل: علم النفس، والفيزياء، والجينات، والعلوم الأخرى. وتعتبر التشاركية أيضاً، خاصية ثانية مهمة للنظرية السوسيولوجية: إنها تربط عدداً لا يحصى من الأحداث، مع العديد من الاختلافات الظاهرة، عن طريق مبادئ عامة لتظهر التشابهات بينها. إن احتجاجات الطلاب، والإضرابات، وأحداث شغب الطعام قد تعامل جميعها كأمثلة للصراع ضمن التنظيمات الهيراركية (المتسلسلة هرمياً) Hierarchal والخصائص الهامة التي تمتلكها بوجه عام قد تُعرف على هذا النحو. وعلى نحو مماثل، فإن مقابلات المرشدين مع طلاب المدارس العليا ومحاكمات القتل العمد قد تختبر كل منها في ضوء ما تظهره حول الأفكار المشتركة لأعضاء المجتمع والديناميات الإبداعية والتي تكون غير قابلة للتوقع في الفعل الإنساني.

ومع ذلك، وعلى الرغم من أن النظرية السوسيولوجية تشترك في كل الخصائص المنظمة الأساسية لكل النظريات، إلا أنها، بطرق أخرى، غالباً ما تختلف عن ما يقصد بالمصطلح (أي مصطلح النظرية). إن التعريف الكلاسيكي للنظرية يمثل بشكل أساسي تعريفاً استنتاجياً Deductive . إنها تبدأ بتعريفات لبعض المفاهيم العامة (وغالباً تصاغ الافتراضات بقليل من الوضوح)، وتضع قواعد حول كيفية إضافة الأشياء التي نلاحظها استناداً إلى مقولات مختلفة، ومن ثم تضع النظرية عدداً من الافتراضات العامة حول المفاهيم. وعندما يصنف الملاحظون موضوع بحثهم فإن النظرية المعممة تسمح لهم أن يستنتجوا منطقياً عدداً من المقولات المحددة تماماً حول طبيعته وديناميته. وتعتبر قوانين علم

الوراثة المندلي Mendalian خير مثال على ذلك لأن مقولاتها العامة حول مزاوجة الجينات وتوزيع الخصائص بين الذرية يمكن أن تستخدم لاستنتاج مقولات حول مدى هائل من الكائنات الحية. ومن هنا، فإن مثل هذه النظريات تعتبر كذلك أدوات قوية جداً للتنبؤ في بيئتنا ومن ثم التلاعب بها. إنها ضرورية تقريباً لكل جانب من جوانب الحياة الحديثة، من الأماكن المخصصة لتربية الماشية إلى صناعة ريَش المراوح الدوارة.

إن الكثير من النظريات السوسيولوجية هي من هذا النمط المحدد بشكل واضح جداً، لكن الكثير منها أيضاً ليس كذلك. إن روبرت ميرتون Robert Merton الذي سنناقش نظريته لاحقاً، قد أكد بأن " الكثير مما وصف في الكتب المدرسية باعتباره نظرية سوسيولوجية يتألف من توجهات عامة نحو الواقع المادي"، وعلى سبيل المثال، إذا قدمت النظرية عدداً من الافتراضات العامة جداً حول الدافعية الإنسانية، فإنها ربما تتضمن القول بأن بعض أنواع السلوك أكثر أفضلية من أنواع أخرى وبذلك تزود الملاحظ بطريقة للتعامل مع الموقف. ومع ذلك، فإنها تقدم القليل جداً مما يكرّس الوصول إلى الافتراضات الواقعية أو المحسوسة.

وواضح أن مثل هذه الافتراضات ليست، في ذاتها، غير متساوقة مع فكرة العلم الاجتماعي الاستنتاجي، فبعض المنظرين اللذين تعتبر أعمالهم من هذا النوع مهتمون جداً في صياغة مقولات تنبؤية أو قابلة للاختبار حول التنظيم الاجتماعي وتنمية المجتمع. ومع ذلك فإن منظرين آخرين غير مهتمين بمثل هذه النظرية العلمية الاستنتاجية على الإطلاق. إنهم حقاً قد ينكروا بأن مثل هذا المنظور صادق عندما يتعامل المرء مع سلوك البشر. وبدلاً من أن تكون مقولاتهم العامة حول الانتظامات أو الإطرادات Regularities في محتوى السلوك

(*) نسبة إلى غريغور جوهان مندل (1822- 1884) ، راهب نمساوي، يعتبر مؤسس علم الوراثة. (المترجم).

الإنساني أو طبيعة التنظيم الاجتماعي، فهي تصف كيفية تواصل التفاعل الاجتماعي بين الناس.

وبسبب تلك الاختلافات، فإن النظرية السوسيولوجية قد تبدو كمجموعة من المنظورات Perspectives مع القليل مما هو مشترك ما عدا افتراضاتها العامة ومنهجها الذي يعطيها شكلاً معيناً واهتمامها بفهم السلوك الإنساني. ومع ذلك، حتى تلك النظريات التي هي أقصى ما استبعد من النموذج الاستنتاجي، تتضمن منظومة من المفاهيم التي توصف غالباً بأنها "أحجار البناية" Building Blocks الأكثر أولية لأية نظرية. يمكن وصف المفهوم Concept ، بشكل أساسي، بأنه كلمة أو رمز يمثل (ذهنياً) ظاهرة (وصف نستخدمه لتسمية أو تصنيف تصوراتنا وخبراتنا) أو فكرة مجردة معممة من أمثلة معينة. ومن الأمثلة الكلاسيكية على المفاهيم السوسيولوجية مفهوم دور كايم (الآنومي) Anomie ومفهوم ماركس (الاغتراب) Alienation .

إن المفاهيم الأساسية للنظرية تمكننا كذلك من مشاهدة أجزاء من الواقع الاجتماعي قد تكون غابت عن ذاكرتنا. وتعد المفاهيم خطوة أولى أساسية في فهم وتحليل الظواهر الاجتماعية. وعلى امتداد هذا الكتاب سوف نعرف المفاهيم المركزية لكل نظرية، وذلك من أجل تمكين القارئ من مشاهدة الجوانب المتنوعة للواقع الاجتماعي التي يكشف عنها كل منظور، وبالتالي ليساعدنا في امتلاك فهم أفضل للمجتمع.

ضمن الأبعاد الرئيسة التي تختلف على امتدادها النظريات السوسيولوجية، حددنا مسبقاً قبولها أو رفضها للنموذج الاستنتاجي الذي انحدر من العلم الطبيعي. ويعد هذا جانباً حاسماً من منهجيتها. وتختلف النظريات كذلك في ثلاثة جوانب أخرى هامة، وهي: موضوع النظرية Subject Matter، والافتراضات Assumptions المتضمنة في طريقتها لمحاولة لفهم الموضوع، وأنماط التساؤلات Types of Questions ، التي يعتقد بأن النظرية

الاجتماعية تستطيع وينبغي أن تجيب عليها، والجزء التالي يقدم إطلالة على البدائل الرئيسة الراهنةكما هي ممثلة من قبل النظريات التي تمت مناقشتها في هذا الكتاب.

موضوع النظرية

تنقسم المنظورات النظرية في موضوعها على نحو واضح جداً بين تلك المنظورات التي تهتم بالخصائص بعيدة المدى Large-Scale للبناء الاجتماعي والأدوار أو ما يعرف بـ علم الاجتماع بعيد المدى Macrosociology ، وتلك التي تهتم بمواجهات الشخص لشخص -Person to Person وتفاصيل التفاعل الإنساني والاتصال، أو ما يعرف بـ علم الاجتماع قصير المدى Microsociology .

تمثل النظرية الوظيفية ونظرية الصراع منظورين يهتم كل منهما بالخصائص الكلية للبناء الاجتماعي والطبيعة العامة للمؤسسات الاجتماعية. إنهما تؤكدان على العلاقات (المعاني المتضمنة) بين الفئات العامة للموقع الاجتماعي مثل "الطبقات" عند ماركس أو العلاقات "المحايدة وجدانياً" والتي اعتبرها بارسونز منتشرة في المجتمعات الصناعية. وتعتبر مناقشات التطور الاجتماعي في سياق الوظيفية ونظرية الصراع موجودة في أوسع نطاق لها من بين جميع الموضوعات السوسيولوجية.

إن هذا لا يعني أن النظريات السوسيولوجية بعيدة المدى تقر بأن التصورات والقرارات الفردية ليست ذات صلة بأفكارها. إننا نتفق مع سملسر Smelser بأن "الفرضيات التي تربط المواقع في البناء الاجتماعي بالسلوك ترتكز دائماً على توكيدات سيكولوجية ضمنية على الأقل"، كما ترتكز بشكل محدد على أفكار عامة حول الطبيعة الإنسانية. ولكن منظري تلك النظريات لا يصبون معظم اهتمامهم على سيكولوجية الفرد، وإنما على التنظيمات والمؤسسات ضمن المجتمع، وكذلك على الأدوار المفروضة اجتماعياً التي يلعبها الأفراد داخلها. إنهم ينفقون وقتاً قليلاً نسبياً في تحليل ديناميات فعل الفرد.

إن منظورات التفاعلية الرمزية والظاهراتية بالكاد تكون أكثر اختلافاً لأنها تختبر التفاعل الإنساني بتفصيل دقيق. إنها تناقش مثلاً كيف أن سلوك بائعة المتجر يصطدم بزبون صعب المراس وأن فهم الموقف وإدراك المراد منه يعتمد على خبرات الفرد وتصوراته وكذلك على العادات والوصفات الاجتماعية المتقادمة، أو كيف يفهم المعلم والطفل (أو يفشلان في الفهم) بعضهما جملة بجملة. إن المفاهيم المستخدمة من قبل تلك المنظورات السوسيولوجية قصيرة المدى لا تصنف جوانب البناء الاجتماعي، وبدلاً من ذلك فإنها تتألف من مجموعة مفردات لغوية مطلوبة لمناقشة أفعال معينة يقوم بها الناس.

إن نظريات الاختيار العقلاني التي تمت مناقشتها في الفصل السابع مصنفة بصورة أقل سهولة. وعلى الرغم من أنها تركز على قرارات الأفراد وخياراتهم، إلا أنها - وبشكل محدد نظرية بلاو - تحاول ربطها بالخصائص البنائية مثل الشرعية المجتمعية، ومع ذلك، وبالمقارنة مع الوظيفيين والمنظرين الصراعيين، فإن علماء الاجتماع الذين يستخدمون منظور الاختيار العقلاني يهتمون أساسا بالقضايا السوسيولوجية قصيرة المدى[*].

الافتراضات

إن الافتراضات الضمنية الأكثر أهمية لدى المنظرين السوسيولوجيين تهتم بالطبيعة الإنسانية، وعبر هذا الكتاب حاولنا أن نحدد ونقارن وجهات النظر المختلفة حول البشر، وبوجه محدد، فإن المنظرين يختلفون فيما إذا كانوا ينظرون إلى السلوك الإنساني باعتباره

---

[*] لقد عالج بيتر بلاو القوة في سياق التبادلات الاجتماعية ضمن نظريته الموسومة بـ"التبادل والقوة في الحياة الاجتماعية" وذلك من أجل التجسير بين القضايا قصيرة المدى والقضايا بعيدة المدى، إلى درجة أن بعض العلماء اعتبرها نظرية بعيدة المدى في الصراع الاجتماعي، ومثل هذه النظرية التجسيرية تخرج من دائرة التعميم المبسط الذي توجهه المؤلفتان إلى منظور الاختيار العقلاني. (المترجم).

مقيداً بالضرورة، وإنه من حيث المبدأ، قابلاً للتنبؤ، أو فيما إذا كانوا يركزون على الإبداعية الإنسانية. إن المقارنة الأكثر وضوحاً هي بين الوظيفية ونظريات الاختيار العقلاني من جهة، والتفاعلية الرمزية والظاهراتية من جهة أخرى.

توجد المقولة الفلسفية الأكثر وضوحاً لوجهة النظر الأولى في عمل جورج هومانز George Homans ، تؤكد فكرة هومانز على الدور الذي تلعبه خيارات الأفراد وقراراتهم. لكن منظوره العام يرتكز على الاعتقاد بأن السلوك الإنساني له أسباب، وبذلك، من حيث المبدأ فإنه قابل للتفسير تماماً. وربما يكون من المستحيل عملياً أن نجد الأصول الضمنية للأذواق المختلفة، وأن نتنبأ بأي قرار معين، ولكن كما يوضح هومانز، إنها مع ذلك، مقيدة ومحددة بمجموعة من الظروف المسبقة المعينة، ومحددة بمبادئ أو قوانين عامة.

وتتضح النظرة ذاتها في الوظيفية، حيث يتعامل كل من دور كايم، وبارسونز، وميرتون مع السلوك على أنه قابل للتنبؤ أو التوقع بصورة مطلقة. وتعد الوظيفة التي تقوم بها قوى وحاجات ضمنية معينة إلى جانب منظومة المعايير والقيم بمثابة خاصية ذاتية للمجتمع. مرة أخرى، إن التفسيرات الوظيفية لم تتجاهل قرارات الفرد. وبالفعل، لقد بنيت نظرية الفعل لدى بارسونز حول دوافع الفرد. ومع ذلك، فإن النقطة الأساسية هي أن الوظيفيين ينظرون إلى السلوك باعتباره محدداً بصورة نهائية، ولذلك، من حيث المبدأ، فهو قابل للتفسير، أي، هو بالضبط الاتجاه العلمي الذي يتذكر ميرتون بأنه استثاره وقاده إلى العلم الاجتماعي. (انظر الفصل الثاني، السيرة الذاتية لميرتون).

إن نظرية الصراع أقل إخلاصاً لمبدأ الحتمية والعوامل المحددة للسلوك، لكن توجهها الضمني مشابه. إن المنظرين التحليليين، دارندورف، وكوزر، وكولينز، أظهروا هذا الأمر بشكل واضح جداً، إن بحثهم عن القضايا التفسيرية يتضمن أن السلوك محدد وقابل للتنبؤ. ومع ذلك، بوجه عام، يصدق الشيء ذاته بالنسبة للكتاب النقديين واليوتوبيين. إن نظرية

ماركس الكلية حول التطور الاجتماعي تعتبر محددة (تقييدية) بشكل جوهري.

إن ما يركز عليه منظروا الصراع يتمثل في وجهة النظر المرتبطة بالأفراد والجماعات الهادفة التي تتصرف من أجل ضمان غاياتها، والشيء ذاته يصدق على منظري الاختيار العقلاني. وبالمقابل، فإن الوظيفيين أكثر اهتماماً بالتماثل ووصف المعايير والقيم العامة للمجتمع أو الجماعة، وبتحليل الدور الذي تلعبه تلك المعايير والقيم في الأحداث. إنهم يعاملون السلوك باعتباره سلبياً إلى درجة كبيرة.

ومع ذلك، فإن المنظورات السوسيولوجية قصيرة المدى مثل التفاعلية الرمزية والظاهراتية هي التي تؤكد بشكل أكبر على الفعل الإنساني، كما أن افتراضاتهم حول الطبيعة الإنسانية مختلفة جوهرياً. إن جميع العلوم الاجتماعية (وقد نضيف العلوم البيولوجية) تختلف عن العلوم الطبيعية، مثل الجيولوجيا أو الفيزياء من حيث أنها تتعامل مع سلوك هادف. ويتضمن السلوك الهادف لدى البشر مدى واسعاً من الرموز والمعاني، أي الأشياء غير المشاهدة جوهرياً.

يعتقد التفاعليون الرمزيون والظاهراتيون بأن رؤية الفرد على أنه فعال ومبدع تجعل هي الأخرى التنبؤ بالسلوك أمراً ممكناً، كما تجعل من الممكن تطوير "قوانين" سوسيولوجية من النمط العلمي. وهكذا، وعلى الرغم من أن التفاعليين الرمزيين لا ينكرون وجود إطرادات (انتظامات) Regularities هامة في السلوك، إلا أنهم يؤكدون بدلاً من ذلك على الطريقة الإبداعية التي يفسر الناس من خلالها المعاني عبر مسار التفاعل. إنهم يميزون بين الذات المستجيبة أو الملقنة (Me) التي تشمل الاتجاهات والمعاني، والذات النشطة أو المبدعة (I) التي تعتبر خلاقة وغير قابلة للتنبؤ. ولقد اهتمت الظاهراتية كذلك بالطبيعة المستمرة للتفسير، ولكن بدلاً من المقارنة بين الذات المستجيبة والذات النشطة يشير الظاهراتيون إلى الطبيعة المضللة للاستدلالات والافتراضات، ويوضحون بأن عالمنا الاجتماعي الكلي

وخبرتنا المرتبطة بالمجتمع، والتفاعل الاجتماعي جميعها تمثل أشياء نقوم ببنائها حينما نعمل بالتعاون مع بعضنا البعض، وليست أشياء واقعية بشكل موضوعي. ونتيجة لذلك، ينبغي على المرء أن لا يطور افتراضات واقعية تفرض صفة مضللة لمعنى وبناء ثابتين على هذه العملية.

وبالإضافة إلى الاختلاف الحاسم حول ما إذا كان السلوك الإنساني محدداً أم لا، فإن المنظورات تختلف عن بعضها كذلك حول ما إذا كانت تفترض أن البشر- مدفوعون بشكل أساسي بالمصالح أو بالقيم. إن الاختلاف أوضح في حالة الوظيفية ونظرية الصراع، لكنه كذلك يرتبط بالمنظورات الأخرى.

يفترض الوظيفيون، بدرجة أقل أو أكثر وضوحاً، بأن دوافع الناس ومسلكياتهم ناتجة عن القيم الاجتماعية التي يستدمجونها. بمعنى آخر، إن الأهداف الأساسية للناس تتشكل عن طريق ميلادهم في مجتمع معين، حيث لا يتواجدون بشكل مستقل. وتأخذ الوظيفية بعين الاعتبار كذلك "الحاجات" الضمنية أو "الضرورات الوظيفية" الشائعة لدى كل البشر- والتي ينبغي على كل المجتمعات أن تلبيها. لكن تلك الحاجات والضرورات يتم التطرق إليها على نحو سريع جداً. إن ما يتم التأكيد عليه هو القيم المغروسة اجتماعياً. وبالمقابل، يؤكد منظروا الصراع بأن المصالح التي يتعاملون معها بديهية Self-evident وتتضمن تحرراً من الخضوع والاستعباد، إنما ترتبط بموقع القوة والثروة والمكانة. إن هؤلاء المنظرين ينظرون إلى المصالح بأنها أساسية وشائعة في كل المجتمعات وتمثل القوة الرئيسة وراء السلوك الإنساني في كل حالة. وبالفعل، عندما يناقش منظروا الصراع قيماً محددة مرتبطة بمجتمع معين، فإنهم غالباً ما يصفون دورها في تضليل الناس عن مصالحهم الحقيقية.

وتتضمن منظورات أخرى كذلك، القيم أو المصالح باعتبارها أساسية. إن التفاعلية الرمزية ترى القيم باعتبارها متجسدة في الذات المستجيبة (Me) ، وأن المصالح من الصعب

أن تظهر في الأعمال التي قدمت من قبل هـذا المنظور. كمـا تؤكد الظاهراتيـة عـلى القيم أكثر من المصالح في فكرتها بأن الناس يثقون بتصرف الآخرين بطرق موقفية محددة، وترى أن هذه الثقة الضمنية تمثل أسـاس السـلوك الإنسـاني. ومـن جهـة أخـرى، فإن منظري الاختيار العقلاني يتحدثون، بشكل محدد، عن أهميـة القيم الاجتماعيـة والأذواق التـي تحـدد تفضيلات الناس، لكن في الممارسة يميلون إلى إقامة فكرتهم على الغايات التـي تشـاهد باعتبارهـا عامة – ولهذا افترضوا ببساطة- مثل القبول الاجتماعي أو المكانة. عند تلـك الدرجـة، يقتربـون من فكرة نظرية الصراع المتعلقة بالمصالح العامة.

المنهجية

إن الاعتبار الهـام الثالـث الـذي تختلـف فيـه منظـورات النظريـة الحديثـة يتمثـل في منهجيتهـا في المناقشـة والبحـث، وبشـكل محـدد مـا إذا كانت تؤيد التفكير الاستنتاجي او الاستقرائي. بموجب المنهج الاستنتاجي (أو العلم الطبيعي) يبقـى المـرء مـع فرضيات تفسيرية حول مشكلة البحث ويستخدم تفكيراً منطقياً ليستنتج تضميناتها الإمبريقية. وفي هذا المنهج أو المنظور تتطلب وصفة بناء النظرية أن توضح المفاهيم الأساسية قبـل أن تسـتخدم في صياغة الفرضيات، وعلى سبيل المثال، اسـتخدمت مفـاهيم دوركايم الأساسـية (الأنانيـة، والإيثاريـة، والأنومي، والقدرية) كمتغيرات مستقلة رئيسة في تحليله لمعدلات الانتحار. ومن ثم تم اختبار الفرضيات على بيانات في العالم الواقعي.

إن العلماء الذين يستخدمون المنهج الاستقرائي Inductive بـدلاً مـن ملاحظـة أنفسـهم وغمرها في البيانات، يرون أن بدء التحليل بفرضية مُعرفة بوضوح، يمثل أمـراً قاسـياً جـداً وقـد يقود المحللين إلى تجاهل جوانب هامة من موضوع بحثهم، ويقترحون، أنه مـن الأفضـل بكثير أن نبدأ بمعرفة الموضوع والموقـف جيـداً، ونبنـي أو نسـتقرئ بشـكل تـدريجي توصـيفات أو تفسيرات ما يجري بصورة واقعية. إن المفاهيم الأساسية في المنهج الاستقرائي

تنبثق في التحليل النهائي لعملية البحث. وعلى سبيل المثال، فإن ملاحظات جوفمان المكثفة في المصحة العقلية قادته إلى ابتداع مفهوم "المؤسسة الكلية"، فالاستقراء يتضمن استنتاجاً من الخاص إلى العام، وفي كل من الاستنتاج والاستقراء، مع ذلك، يهتم المنظر بمفاهيم معرّفة بوضوح والتي يمكن استخدامها للمساعدة في فهم ما يجري.

إن الوظيفية، ونظرية الصراع (باستثناء مدرسة فرانكفورت)، ونظرية الاختيار العقلاني جميعها بالضرورة استنتاجية. إنها تشتق، أو تستنتج منطقياً، براهين وفرضيات، من قضايا مسبقة أكثر عمومية. وعلى سبيل المثال، يوضح الوظيفي روبرت ميرتون بأن الانحراف ينتج عن نقص الانسجام وعدم التطابق بين القيم والفرص. ويوضح الصراعي رالف دارندورف الصراع الصناعي عن طريق ربطه بمبادئ أو قواعد أكثر عمومية للصراع التنظيمي، ويكرس راندال كولينز جهداً كبيراً للدفاع عن التحليل الاجتماعي العلمي الاستنتاجي وتأييده. كما يمكن وضع النظرية الماركسية ضمن إطار المنهج الاستنتاجي، حيث أنها تربط التطور الاجتماعي بالتغيرات المادية، وتربط البناء الفوقي للسياسة والأفكار بالبناء الفرعي للحياة الاقتصادية. ومع ذلك، فإن أسلوبها في الجدال والمناقشة يختلف كذلك في تأكيده على التفكير الجدلي، وتحديد كيفية انبثاق الأحداث الاجتماعية من التناقضات ضمن النظام الموجود (أكثر من استشفاف سلسلة من الوقائع أو الأحداث خطوة بخطوة). أخيراً، فإن الاختيار العقلاني، وبشكل خاص نظرية التبادل كما قدمها هومانز هي أيضاً استنتاجية في شكلها، بشكل واضح، وبوعي ذاتي. يعرف هومانز قضاياه الأساسية، ومن ثم يستنتج قضايا أخرى منها، مبيناً كيف أن التكيف مع معايير الجماعة، قد يأتي من تقييم الأفراد للقبول الاجتماعي.

وتقدم التفاعلية الرمزية والظاهراتية مقارنات واضحة جداً، لأن أنصارها يلاحظون الموقف ويعايشونه أولاً ومن ثم يستدلون أو يستقرؤون من خلاله ما يجري. ويشعر

التفاعليون الرمزيون بأن التفكير الاستنتاجي يتضمن، بشكل زائف، القول بأن الفعل والتفسير محددان على نحو مبسط بوساطة أحداث سابقة. وبدلاً من ذلك يرون أنه ينبغي على علماء الاجتماع التركيز على فهم – من خلال استخدام الملاحظة بالمشاركة – كيف يرى الناس الأشياء في موقف معين، ومن ثم يبنون على ذلك. والظاهراتيون كذلك أكثر عداءً تجاه العلم الاجتماعي الاستنتاجي. إن هذا الوضع متصل بالافتراضات العامة للمنظور، حيث يعتقد الظاهراتيون بأن النظريات الاستنتاجية، عن طريق اقتراحها لواقع قانوني "وضعي" عام، تتضمن، بشكل زائف، وجود واقع موضوعي واحد، يمكن للمرء أن يقدم حوله تعميمات قابلة للاختبار. وبدلاً من ذلك، تجادل الظاهراتية، بأن ما يصفه أي إنسان يمثل نظرته للواقع، والتي ترتكز على افتراضات مفهومة ضمناً. الإثنوميثودولوجيون، بشكل محدد، يبدون واثقين بمقدرتهم على وصف كيفية تنظيم الناس لخبراتهم. ومع ذلك، فإن وجهة نظرهم تقودهم إلى رؤية مهمة علم الاجتماع بأنها ليست اشتقاق قوانين سببية عامة، ولكنها تتمثل في ملاحظة عملية تنظيم الخبرة بشكل مباشر، واستخدام "المنهج الوثائقي في التفسير" لتحديد أنماط منتظمة للمعنى.

وكذلك فإن النموذج الاستنتاجي مرفوض، لأسباب مختلفة، من قبل المجموعة الثالثة، المتمثلة في المنظرين النقديين. إنهم يهاجمون ما يطلقون عليه نظرية "تقليدية" أو "وضعية" لاقتراحها بأن مناقشاتها الاستنتاجية يمكن أن تُقَيَّم بشكل موضوعي، ولسعيها وراء المعرفة المحضة. ومع ذلك، فإن أعمالهم ليست استقرائية على طريقة التفاعلية الرمزية أو الظاهراتية. إن أنصارها لا يثقون بالملاحظة عن طريق المشاركة، وقد هاجموا الظاهراتية لاعتمادها على الحدس Intuition . وتفترض نظريتهم النقدية بأن الحقيقة والقيمة متعذر فصلهما. ويقترحون منهجهم المعادي للوضعية. وبوجه محدد، فإنهم يربطون الظواهر الاجتماعية بفكرتهم القائلة أن الإمكانيات التاريخية تختلف عن الواقع الراهن وتتفوق عليه،

ويعتقدون بإمكانية "العقل" كمعيار تقاس عليه البدائل.

كما يختلف المنظرون السوسيولوجيون فيما إذا كانوا يؤيدون الاعتماد الكبير على البيانات الكمية. إن هذا الجانب من منهجيتهم يميل إلى الارتباط بما إذا كانوا يتبنون نموذجاً استنتاجياً، لأن الفكرة العلمية المتعلقة باختبار الفرضية ترتبط باستخدام بيانات كمية. ومع ذلك، فإن الرابط بأي حال يكون عاماً. إن منظراً تبادلياً استنتاجياً مثل هومانز هو كمي جداً في منهجه. ومعظم منظري الصراع، مثل كولينز، هم معتدلون، ضمن الحدود أو القيود التي توضع من قبل المعلومة التاريخية. ومع ذلك، فإن وظيفياً مثل بارسونز يستخدم البيانات الكمية بشكل قليل تماماً.

هناك اختلاف عام بين المنظرين الاستقرائيين في علم الاجتماع، على مبدأ، التقنيات البحثية الكمية. يؤمن التفاعليون الرمزيون بأن التقنيات الكمية تقصي الملاحظ عن مجال الحياة الذي ينبغي أن يُدرس، وتتجاهل جوانب هامة من المعنى لا توجد في صميم أداة القياس. إن الظاهراتيين لا يثقون بها لأنها تتضمن القول بأن الظواهر الاجتماعية يمكن أن تقاس موضوعياً، على الرغم من أن البعض، مثل سيكوريل، يؤمنون بأنها يمكن أن تكون مفيدة إذا كان المحلل مدركاً لحدودها. ومع ذلك، ليس هناك اتصالاً ضرورياً بين الاستقراء وعدم الثقة بالمناهج الكمية. إن المحللين الذين يؤمنون باستقراء قضايا من الخبرة ربما يؤمنون كذلك باستخدام المناهج الكمية للتحقق من صدق النظرية أو إثباتها.

إننا نقدم الجدول (1-1) كوسيلة لتلخيص بعض المقارنات بين النظريات التي ناقشناها في هذا الجزء. تذكّر أننا قد بسّطنا المقارنات في هذا الجدول، ولهذا فإنه لا يتضمن العدالة إزاء تعقيد الاختلافات بين المنظورات والمنظرين المتضمنين في هذا الجزء.

الجدول (1-1) مقارنة المنظورات السوسيولوجية

مستوى التحليل	بعيد المدى	قصير المدى
	الوظيفية الصراع	التفاعلية الرمزية الظاهراتية الاختيار العقلاني
النظرة للبشر	**القابلية للتنبؤ**	**الإبداعية**
	الوظيفية الصراع الاختيار العقلاني	التفاعلية الرمزية الظاهراتية
دافعية الفعل الاجتماعي الإنساني	**القيم**	**المصالح**
	الوظيفية الظاهراتية التفاعلية الرمزية	الصراع الاختيار العقلاني
المنهج العلمي	**استنتاجي**	**استقرائي**
	الوظيفية الصراع الاختيار العقلاني	التفاعلية الرمزية الظاهراتية

الأهداف

يتمثل الاعتبار الأخير الذي تختلف فيه المنظورات الرئيسة للنظرية السوسيولوجية عن بعضها في أهدافها النهائية، وبوجه خاص فيما إذا كانت تهدف بدرجة كبيرة إلى وصف الأشياء أو إلى تفسيرها. إن جميع العلوم، والعلوم الاجتماعية تهتم بزيادة فهمنا للأشياء مع تقديم تفسيرات تجعلنا نشعر بأننا الآن نفهم ما يجري بدرجة كبيرة تفوق ما كان عليه حالنا في السابق. لكن مثل هذه التفسيرات قد تمتد إلى طيف طويل من توصيفات

متكررة ومفصلة أكثر أو أقل مما يحصل (غالباً توظف مصطلحات وطرق للنظر إلى الأشياء تكون غير مألوفة ولكنها من الصعب أن تهتم بتحديد سلاسل سببية) التفسيرات تعيد تفسير الأشياء عن طريق إرجاعها إلى مفاهيم مختلفة أكثر عمومية. إن مثل هـذه التفسيرات، في أقصى دقتها وأتم تطور لها، قد لا تزيد من فهم المرء فقط، لكنها تسمح لـه بـإجراء تنبؤات دقيقة تماماً. وهذا ما يجعل التفسير الاستنتاجي العلمي أداة تكنولوجية قوية، ومع ذلك فإن التفسير والتنبؤ ليسا كلاهما متماثلين. إن التفسيرات الهامة التي تشير إلى مبادئ عامة قـد لا تسمح بالكثير من التنبؤ، وتمثل نظرية التطور هذه الحالة. وبالعكس، فإن القدرة عـلى التنبؤ يمكن أن ترتكز ببساطة على ارتباطات إحصائية محكمة، وليس عـلى الكثير مـن "الفهـم" عـلى نحو مطلق.

إن أحد أمثلتنا المفضلة لما يعنيه هذا التمييز يتمثل في قصة الدكتور جـون سـنو John Snow ، فخلال فترة وباء الكوليرا في القرن التاسع عشر، اقترح على السـلطات أنـه يمكن إيقاف انتشار المرض إذا عملوا ببساطة على إزالة المقابض من جميع مضخات المياه. إن سنو لم يكن رجلاً مجنوناً، فقد لاحظ أن سكان البيوت الفقيرة الـذين لـديهم مياههم الخاصة بهم (مياه الآبار والينابيع)، كانوا متحررين من المرض، على خلاف الناس الذين يشربون الماء من المضخات الرئيسة. لكن على الرغم من ذلك كان سنو صادقاً تماماً حـول الارتباط بـين الإصابة بـالكوليرا وشرب الماء الذي يحملها. لقد فهم بشكل معتدل قليلاً الطريقـة التـي تعمـل بهـا الكـوليرا. إن هذا التمييز بين التنبؤ والتفسير قد شجع في المقابل العديد من فلاسفة العلم على الاتجاه نحـو التفسير والتأكيد عليه وليس الاتجاه نحو التنبؤ، باعتباره يمثل القلب للعلم الاستنتاجي.

فمن بين المنظورات الأساسية للنظرية السوسيولوجية، نجد بشكل ليس مدهشاً، أن الأهداف ترتبط ارتباطاً وثيقاً بالمنهجية، وفيما إذا كان المنظور يقبل نموذجاً علمياً للعلم

الاجتماعي. وهكذا فإن التفاعلية الرمزية والظاهراتية تضمان نسبياً التأكيد الأكبر على التحليل الوصفي. إن اهتمام الظاهراتية بوصف الأحداث يأتي بصورة طبيعية من رفضها لفكرة القوانين الموضوعية والعامة حول الواقع. إن مستخدمي ومؤيدي المنظور التفاعلي الرمزي يميلون كذلك إلى الشعور بأن المجادلات التفسيرية العامة من المحتمل أن تتجاهل الكثير من خبرات الناس تفقدها مما يجعلها ناقصة وغير كافية. ومع ذلك، فإن مثل هذه الأوصاف تزيد من فهمنا إلى حد كبير عن طريق أخذها بالحسبان عدداً كبيراً من العوامل والأحداث التي يمكن فقدانها في الملاحظة اليومية.

إن الوظيفية، ونظرية الصراع، ونظريات الاختيار العقلاني تهدف إلى تفسير الظواهر بالاستناد إلى مبادئ أكثر عمومية، ومن بين المنظورات الثلاثة تعتبر الوظيفية الأقرب إلى الهدف الوصفي. إن أعمال تالكوت بارسونز، مثلاً، تتألف إلى حدٍ كبير من تكرار وصف المجتمع باعتباره نسقاً، وتقوم هذه الأعمال بتقديم تصنيفات جديدة، لكنها لا تفسر ـ كيف تتطور أجزاؤه على الرغم من أن أجزاء أخرى من النظرية الوظيفية تعتبر تفسيرية تماماً.

يعتبر المنظرون الصراعيون أكثر اهتماماً بالتفسير من الوظيفيين، وكذلك فإنهم يشتقون قضايا تعتبر بوجه عام تنبؤية، ومع ذلك فإنها قاصرة عن التنبؤ بأحداث تاريخية معينة. كما أن أعمال المنظرين الصراعيين تتضمن شيئاً من تكرار الوصف ـ وذلك حينما يتحدثون عن "الأيديولوجيا" أو "الاغتراب" ـ لكن اهتمامهم الرئيس ينصب على تقديم تفسير مفصل لكيفية خلق الأحداث والمؤسسات عن طريق أفعال ومصالح الجماعات ذات المصادر المختلفة، وعن طريق التغيرات في التكنولوجيا، والتنظيم الاقتصادي، والطقوس، والأفكار. وباستخدام مثل هذه القضايا التفسيرية كأساس للتنبؤ، فإن ماركس يعتبر الأكثر طموحاً، على الرغم من أن منظرين آخرين مثل هابرماس، قد حاولوا التنبؤ بالتطور

المستقبلي للمجتمع القائم.

أخيراً، تعتبر نظرية الاختيار العقلاني، وبشكل خاص نظرية التبادل، الأقل اهتماماً بالوصف، والأكثر اهتماماً بالتفسير والتنبؤ وذلك من بين جميع المنظورات التي تمت مناقشتها في هذا الكتاب. ولا يعني هذا القول بأن أنصارها مهتمون فقط بالارتباطات من نمط مقبض-المضخة (أي على طريقة الدكتور جون سنو)، وذلك لأنهم يناقشون بكثير من التفصيل ما الذي يجري داخل عقول الناس في محاولة لفهم أصول الأفعال والسلوك. ومع ذلك، فإن هذا الهدف الإضافي يعزز ميل المنظرين التبادليين ومنظري اختيار عقلاني آخرين من أجل التركيز على مدى محدود من الموضوعات التي تتضمن سلوك الفرد والجماعة الصغيرة. وعلى مدى أوسع، إنهم يوافقون على تعقيد الشؤون الاجتماعية، والذي من شأنه أن يجعل التنبؤ الدقيق مستحيلاً. وباتخاذ علم الاجتماع التركيب الممتد لكل "المجتمع الإنساني" موضوعاً له، يكون علم الاجتماع قد اختار مجالاً لا يمكن أن يفسر تماماً، إذا تجاوزنا الحديث عن التنبؤ.

النظرية السوسيولوجية لا تشكل جسداً تراكمياً من العمل بالمقارنة مع الفيزياء أو حتى الاقتصاد الكلاسيكي الجديد، ومثل هذه الحقيقة لا تعني أننا دخلنا في مأزق امتلاك منهج واحد فحسب متناقض مع آخر. يتمثل اختبار النظرية فيما إذا كانت تساعدنا على الفهم، وكل واحدة من النظريات التي ناقشناها هنا تلقي الضوء على جوانب مختلفة من المجتمع الإنساني، وحسب تعبير بوبر Popper : إنها جميعها "ترمي الشباك لتمسك ما نطلق عليه العالم وذلك من أجل عقلنته، وتفسيره، وفهمه فهماً كاملاً". ولهذا السبب فإن كلاً منها تستحق التقدير باعتبارها جزءاً من النظرية السوسيولوجية المعاصرة.

النظرية والفهم: أمثلة من التعليم الرسمي ودور المرأة في المجتمع المعاصر

إن التعليم الرسمي والنوع الاجتماعي (الجندر) يمثلان جانبين من الحياة في المجتمـع الصناعي الحديث الذي نمتلك فيه جميعنا خبرة مباشرة ويؤثر في معيشتنا بطرق لا تحصىـ وهذا ما يجعلهما مجالين مفضلين لنرى من خلالهما كيف تلقي النظرية السوسيولوجية الضوء على عالمنا اليومي. لقد اخترنا في الفصول التالية بشكل مستمر أمثلة من البحث السوسيولوجي ومن الكتابات غير السوسيولوجية التي تتصل بالتعليم والجندر. إن كل منظور نظري يمكن أن يلقي الضوء على بعض، وليس كل، جوانب الظاهرة. وعن طريق العـودة بشـكل متكرر إلى نفس الأفكار، نأمل أن يكون القارئ قادراً على فهم نقاط القـوة ونقاط الضعف لكـل منظور بصورة مبسطة.

في المجتمعات الحديثة هناك نسبة متزايدة من حياة النـاس وجزء كبيـر مـن الـدخل القومي يعطى للتعليم الرسمي. فعلى سبيل المثال، في عام 1998، تضمن تقريـر المركـز الـوطني لإحصاءات التعليم أن نسبة السكان الذين أنهوا المرحلة الثانوية في اليابان كانت 94% مقارنـة مع 88% في الولايات المتحدة وألمانيا، و87% في كندا، و70% في فرنسا، و63% في المملكة المتحـدة. وبالرجوع إلى نسبة من أنهوا التعليم العالي في تلـك البلـدان ذاتهـا كانـت النسـبة عـلى النحـو التالي: الولايات المتحدة 28%، واليابان 23%، وكنـدا 23% والمملكـة المتحـدة 17%، وفرنسـا 15% وألمانيا 6%. إن الفجوات في التحصيل الدراسي بين الذكور والإناث تقلصت. فعلى سبيل المثال في الولايات المتحدة، وكندا، وفرنسا، وإيطاليا كانت معدلات الإناث اللاتي تتراوح أعمارهن بيـن 25- 34 عام، وقد أنهين التعليم الثانوي والعالي أعلى من أقرانهن الـذكور. وعـلاوة عـلى ذلـك، فإن طول فترة الدراسة بالنسـبة للنـاس، ونجـاحهم في اجتيـاز المسـاقات، والحصـول عـلى معـدلات جيدة، ودخولهم جامعات معتبرة، كل ذلك له تأثير هائل على فرصهم ومهنهم اللاحقة.

وفي حالة كل من التعليم والجندر، هناك سؤالان بوجه خاص يرتبطان بخبراتنا على نحو واضح، تساؤلاتنا فيما يتعلق بالتعليم تتمثل في: أولاً، لماذا تعتبر كمية الوقت التي نقضيها في التعليم المدرسي الرسمي طويلة، وأن النظام التعليمي في البلدان الصناعية واسع جداً بالمقارنة مع الماضي؟ ثانياً، ضمن مدارسنا وطبقاتنا، لماذا يكون أداء بعض الطلاب على نحو جيد، ويكملون دراستهم عبر المدرسة العليا، والجامعة، والتعليم العالي، بينما يخرج آخرون عندما يكون بإمكانهم ذلك، ويكون خروجهم بعد سنوات من حرب العصابات مع السلطات؟

وكل من السؤالين بالنسبة للجندر يرتبط بدور المرأة في المجتمع المعاصر، الأول، لماذا، من بين العاملين المتفرغين للعمل، تعتبر المعدلات السنوية لرواتب الإناث المتعلمات من سنة إلى ثلاث سنوات في جامعات الولايات المتحدة أقل مما يكسبه الذكور خريجي المدرسة العليا؟ حسب المركز الوطني لإحصاءات التعليم في عام 1999. متوسط مكتسبات الذكور من حملة البكالوريا فأعلى 42.341 دولار، ومتوسط الرواتب للإناث الحاصلات على نفس الدرجة من التعليم كان 32.145 دولار. الثاني، لماذا يميل الأولاد والرجال في البيت، والمدرسة، والعمل إلى أن يكونوا عدوانيين، ويسيطروا على الموقف، بينما تميل البنات والنساء إلى أن يكن أكثر رعاية ويبدين سلوكاً مساعداً أكثر؟

نقترح أن يحتفظ قراؤنا بتلك الأفكار العامة، وأن يبحثوا في عقولهم عن تساؤلات كما هي مقدمة عبر الكتاب. إن كل منظور نظري يمكن أن يُرى باعتباره يقدم بشكل فعال جزئية من الأحجية. ولقد قمنا في الفصل التاسع بحشد وتوليف ما يقدمه كل منظور، ونأمل أن تبين عملية تجميع مساهمات المنظورات مع بعضها البعض قدرة هذه المناهج أو المنظورات المختلفة على تقديم تفسيرات مترابطة منطقياً ومتماسكة على نحو واضح لظاهرة اجتماعية مربكة ومحيرة.

الفصل الثاني

الوظيفية Functionalism

مقدمة

الجذور الفكرية: إميل دور كايم وسابقوه

الجزء الأول: تالكوت بارسونز: النظرية الكبرى

خلفية

مستويات النسق عند تالكوت بارسونز

نظرية الفعل عند بارسونز

متغيرات النمط

مشكلات النسق الوظيفي (AGIL)

مشكلات النسق AGIL والتوازن

الجزء الثاني: روبرت ميرتون: النظرية متوسطة المدى

خلفية

نظريات المدى المتوسط

تفسير التحليل الوظيفي

المعوقات الوظيفية

الوظائف الظاهرة والكامنة

البدائل الوظيفية

نظرية ميرتون في الانحراف

الوظيفية الجديدة

جفري الكسندر

نيل سملسر

نيكلاس لومان

خلاصة

مقدمة:

إننا نبدأ من الوظيفية لأنها احتلت موقعاً مهيمناً بين النظريات السوسيولوجية لعدة سنوات. ولأن المنظورات الأخرى انبثقت كتحديات فكرية لها. وبصورة أساسية، فإن الجزء الأكبر من قراءات النظرية الحديثة المطلوبة من طلاب علم الاجتماع في الولايات المتحدة كرست لأعمال تالكوت بارسونز وروبرت ميرتون. وقام بعض علماء الاجتماع كذلك باتخاذ موقف أكدوا من خلاله أن التحليل السوسيولوجي والتحليل الوظيفي هما شيء واحد. ومثال ذلك ما ورد في مقال كنجزلي ديفز Kingsley Davis الذي ألقاه في الجمعية الأمريكية لعلم الاجتماع عام 1959، والموسوم بـ "أسطورة التحليل الوظيفي كمنهج خاص في علم الاجتماع والأنثروبولوجيا".

لقد جادل ديفز بأن علم الاجتماع يتضمن مسألتين تشبهان طبيعة التحليل الوظيفي، وهما: (1) اختبار الدور (أو الوظيفية) الذي تلعبه مؤسسة أو نمط معين من السلوك داخل المجتمع، والطريقة التي يرتبط بها مع جوانب اجتماعية أخرى (2) تفسير الدور وارتباطاته، بالضرورة، من خلال مصطلحات اجتماعية. ولكن هناك الكثير من علماء الاجتماع لا يوافقون ديفز في طرحه حول طبيعة علم الاجتماع، ويعارضون كل جهد يصف علم الاجتماع بأنه وظيفي، وبالفعل سنشاهد في الفصول التالية منظورات أخرى تعرف ذاتها كمنظورات معارضة للوظيفية.

غالباً ما يُدعى هذا المنظور بـ "البنائية الوظيفية" Structural- Functionalism ، بسبب تركيزه على المتطلبات الوظيفية أو الحاجات التي ينبغي على النسق الاجتماعي أن يلبيها إذا ما أراد البقاء، وكذلك تركيزه على البناءات المنسجمة مع تلبية تلك الحاجات. وحسب وجهة النظر هذه، فإن الأنساق الاجتماعية تتضمن ميلاً لأداء مهمات معينة ضرورية من أجل المحافظة على بقائها، ولهذا فإن التحليل السوسيولوجي يحاول البحث عن

البناءات الاجتماعية التي تؤدي تلك المهام أو تلبي تلك الحاجات التابعة للنسق الاجتماعي. ومع مرور الوقت أصبح يطلق على المنظرين الأساسيين لهذا المنظور، تالكوت بارسونز وروبرت ميرتون، بنائيين وظيفيين Structural- Functionalists . نحن نطلق على هذا المنظور الوظيفية لسببين، الأول: أنها تمثل امتداداً لخط الوظيفية من أسلافها وبشكل خاص دوركايم Durkheim، الثاني: أن كل من علميها الأساسيين يفضل استخدام مصطلح وظيفية. فقد استمر استخدام ميرتون لمصطلح التحليل الوظيفي لوقت طويل، وهجر بارسونز مصطلح البنائية الوظيفية عندما نقح مفاهيم الوظيفة، والبناء، والعملية، مؤكداً ذلك بقوله "يبدو لي، بشكل متزايد أن مفهوم البنائية الوظيفية، غير ملائم".

تعريف الوظيفية

وفيما يتعلق بالتساؤل حول "ما هي الوظيفية"؟ فإننا نستعين ابتداءً بالمعجم الحديث لعلم الاجتماع، الذي يعرف الوظيفية بأنها:

"تحليل الظواهر الاجتماعية والثقافية استناداً إلى الوظائف التي تؤديها في نسق اجتماعي ثقافي. تتصور الوظيفية المجتمع بأنه نسق مكون من أجزاء مترابطة مع بعضها البعض بحيث لا يمكن فهم الجزء بمعزل عن الكل الذي يوجد فيه. إن التغير في أي جزء يؤدي إلى درجة معينة من اللاتوازن، الأمر الذي ينتج في المقابل تغيرات في أجزاء النسق الأخرى ويقود إلى حد ما إلى تنظيم النسق ككل، لقد ارتكز تطور الوظيفية على نموذج النسق العضوي في العلوم البيولوجية".

تركز الوظيفية على التحليل السوسيولوجي بعيد المدى، ولذلك فهي تهتم بالخصائص الكلية للبناء الاجتماعي والطبيعة العامة للمؤسسات الاجتماعية. ويمكن فهم ما يعنيه الوظيفيون بـ "العلاقة المتداخلة أو المترابطة بين أجزاء النسق الاجتماعي" من خلال النظر إلى الأدوار البنائية الفاعلة في المطار والتي تكون أجزاء بنائية مترابطة فيه، فهناك

المسؤولون عن تذاكر السفر والحجز، وطاقم الصيانة، والطيارون، والمضيفون، والمسافرون، ومسؤولو مراقبة خط الرحلة، والعاملون في المطعم، وحاملو حقائب السفر، وغير ذلك، إن جميع هذه الأدوار مترابطة. وربما نحتاج فقط إلى التفكير في اختلال أحد هذه الأدوار حتى ندرك الاعتمادية المتبادلة بينها. هناك العديد من التغيرات التي يمكن أن تقود إلى حالة من اللاتوازن في المطار، مثل إغلاق الخطوط الجوية بسبب الطقس، أو تعطل نظام أجهزة الرادار، أو غير ذلك من الاضطرابات التي تؤدي عند درجة معينة إلى تعطل مؤقت في النسق بأكمله.

تؤكد الوظيفية على ثلاث قضايا أساسية في تحليل الأنساق الاجتماعية، وهي:

1. الترابط العام، أو الاعتماد المتبادل بين أجزاء النسق.
2. وجود صيغة سوية من التوازن تشبه في معناها الحالة الصحية السوية للكائن الحي.
3. الطريقة التي يعاد فيها تنظيم الأجزاء بحيث تعود معها الأمور إلى وضعها الطبيعي.

إن أحد الافتراضات الأساسية الهامة بالنسبة للوظيفيين، هو الوجود الدائم لمستوى معين من إعادة التنظيم يرافقه ميل لتجديد حالة التوازن، وفي المثال السابق حول المطار، فإنه من السهل تعريف الظروف السوية ومن ثم مشاهدة كيف يعمل النسق على تحقيقها، فقد يتم العمل بجهد أكبر، ويكون هناك عملاً إضافياً، كما يمكن زيادة عدد العاملين، وفي حالات أخرى، قد يكون تجديد التوازن، أو استحضاره مرة أخرى أمراً شاقاً.

يميل الوظيفيون إلى استخدام مفهوم القيم المشتركة أو مستويات القبول والمرغوبية العامة، كمفهوم مركزي عند تحليلهم لكيفية استمرار الأنساق وتجديد التوازن فيها. إن الإجماع القيمي يعني أن الأفراد ملتزمون أخلاقياً نحو مجتمعهم. ويعتبر التأكيد على القيم ثاني أهم ملامح الوظيفية، إلى جانب التشديد على الاعتمادية المتبادلة للنسق والميل إلى تجديد التوازن. إن تشدد الوظيفية في مسألة القيم المشتركة والتوازن يجعلها متعارضة مع

نظرية الصراع بصورة مباشرة، فبينما تؤكد الوظيفية على وحدة المجتمع، وما يشترك به أعضاؤه، فإن منظروا الصراع يشددون على خطوط التصدع والانقسامات داخل المجتمع، بالإضافة إلى نضالات الأفراد وكفاحهم في السعي إلى تلبية مصالحهم المادية.

الجذور الفكرية: إميل دوركايم وسابقوه

يعتبر كل من كونت، وسبنسر، وباريتو، ودوركايم، وفيما بعد رواد الإنثروبولوجيا رادكلف براون، ومالينوفسكي، الرواد المفكرون الأكثر أهمية بالنسبة للوظيفية المعاصرة. لقد ركز كل من كونت، وسبنسر، وباريتو على الاعتماد المتبادل بين أجزاء النسق الاجتماعي، كما ركز دوركايم على التكامل، أو التضامن، وقد كان فكره ملهماً لكل من رادكلف براون ومالينوفسكي في تحليلاتهما لوظيفة المؤسسات الاجتماعية.

لقد اشتق أوجست كونت (1789- 1857) الذي يلقب بمؤسس علم الاجتماع، اهتمامه بالإستاتيكا (النظام) والديناميكا (التقدم) في المجتمع من خلال تفحصه لمرتكزات الاستقرار الاجتماعي . فقد أرسى كونت الافتراض الأساس للوظيفية والمرتبط بالاعتمادية المتبادلة للنسق الاجتماعي عندما قال: "الدراسة الاستاتيكية لعلم الاجتماع، تتمثل في سبر غور قوانين الفعل، وتفاعل الأجزاء المختلفة للنسق الاجتماعي". كما انبثق مفهوم التوازن Equilibrium الوظيفي عندما أوضح كونت بأن انخفاض مستوى التناغم بين الكل وأجزاء النسق الاجتماعي يمثل حالة مرضية. لقد تم استعارة مفهوم التوازن من المعالجة البيولوجية للتوازن في جسم الكائن الحي، وكان معظم عمل كونت يمثل هذه المقارنات العضوية البيولوجية والاجتماعية.

وينبغي أن نشير في هذا المقام إلى هربرت سبنسر (1820- 1903) كأحد رواد الوظيفية. لقد ارتبط هربرت سبنسر بالوظيفية من خلال طرحه مفهوم التمايز Differentiation الذي يعني به الاعتماد المتبادل بين الأجزاء المتباينة للنسق. والتي تصبح

بالضرورة متباينـة بموجـب الزيـادة في حجـم المجتمع. وبـنفس الطريقـة، يسـتخدم الوظيفيـون المعـاصرون مفهـوم التمايـز كأحـد الجوانـب الهامـة في تـرابط النسـق الاجتماعـي وتكامله. لقد تشابهت نظرية سبنسر في التحول الاجتماعي مع نظرية دوركايم حول تقسيم العمل في المجتمع، وهي النظرية التي كان لها تأثير كبير في الوظيفيين المعاصرين.

ومع ذلك، هناك اختلافان هامان: الأول: إن دوركايم لم يشدد على التمايز الاجتماعي كضرورة ملازمة لجـوهر عمليـة التحـول، كـما فعـل سبنسرـ والثـاني: إن إصرار دوركايم عـلى الحقائق الاجتماعية كموضوع أساس ملائم لعلم الاجتماع يتعارض بصورة مباشرة مع الموقف الاختزالي عند سبنسر الذي يؤكد فيه أن سبب التقدم سيكولوجي، ويتمثل في حاجة الأفراد إلى سعادة أكبر. ومن أجل ذلك اتبع الوظيفيون دوركايم ، إلا أن بارسونز استخدم فكـرة سبنسرـ حول التمايز الاجتماعي في نظريته حول التغير الاجتماعي.

لقد وضع فلفريدو باريتو (1848- 1923) تصوره الخاص بعلم الاجتماع استناداً إلى نسق فسـيوكيميائي اتصـف بـالاعتماد المتبـادل بـين الأجـزاء والتغـيرات التكيفيـة، مفضـلاً إيـاه عـلى العضوية البيولوجية، بالنسبة لباريتو فإن جزيئات النسق الاجتماعي تتمثل في أفراد لـديهم مصالح، ودوافع، وعواطف. ويعتبر باريتو أول عالم اجتماع يقدم وصفاً دقيقاً للنسق الاجتماعي من خلال العلاقات المتداخلة والاعتمادات المتبادلـة بـين الأجـزاء، ولقـد اسـتعار منـه تـالكوت بارسونز مفهـوم التـوازن المتحـرك Moving Equilibrium الـذي ينـتج التـآلف والتنـاغم في النسـق، وذلك في معرض مناقشته لكيفية تكيف الأنساق وتغيرها من أجل الإبقاء على حالة التوازن.

دوركايم

يعتـبر إميـل دوركـايم Emile Durkheim (1858- 1917) أهـم الـرواد بالنسـبة للوظيفيـة المعاصرة، وكذلك فإن تأثير كونت على دوركايم، وبالمقابل تأثير دوركايم على

رادكلف براون ومالينوفسكي كـان ذا أهميـة حاسـمة في تطورهـا. لقـد أكـد بارسـونز بأن دوركايم كان من أهم النماذج الفكرية التي تأثر بها. وبالمثل فقـد أكـد روبـرت ميرتـون، بأن دوركايم، كان علماً كبيراً وأحد اللـذين تلقـى عنهـم، بالإضافة إلى اللـذين تتلمـذ علـى أيـديهم مباشرة.

ومع ذلك، فإن تأثير دوركايم النظري تخطـى حـدود الوظيفيـة. لقـد اسـتخدم إرفنـج جوفمان وبيتر بيرغر أفكـار دوركايـم في التفاعليـة الرمزيـة، والمنظـورات الظاهراتيـة. وكذلك استخدمت أفكار دوركايم حول الطقوس والشعائر من قبل رانـدال كولنز في نظرية الصراع.

ولد دوركايم في إبينـال بمدينـة لـورين في فرنسا، وكان والـده، وجـده، ووالـد جـده حاخامات. وقد درس لبعض الوقت في المدرسة الحاخاميـة، لكـن قـرر أن لا يسـير علـى خطـى والده وأجداده، ورغم مرض والده والأوضاع المادية المتردية استطاع دوركايم أن يتابع تعليمـه الأكاديمي، وبسبب مؤلفاته العديدة في الفلسفة والعلـوم الاجتماعيـة فقـد دعـي للتـدريس في جامعة بوردو عام 1887، ثم انتقل إلى جامعة باريس عام 1902 وبقي مدرساً فيها حتى توفي.

نظر دوركايم إلى التعليم كواجب مقـدس، كمـا رأى في العديد مـن طلبتـه نوعـاً مـن الولاء لمستقبل التعليم في فرنسا. وبالإضافة إلى التعليم والبحـث، وجـد دوركايم متسعـاً مـن الوقت، ليؤسس مع عدد قليل من زملائه، أول مجلة سوسيولوجية فرنسية وهي "حوليـة علـم الاجتماع"، كما كان دوركايم وطنياً ملتزماً، فقد نظم إبان الحرب العالميـة الأولى لجنـة لإجراء الدراسات، وتحضير الوثائق حول الحرب من أجل توضيح وضع فرنسا بالنسبة للـدول الأخرى، وكان ابن دوركايم الوحيد، آندري، قد لقي حتفه أثناء نضاله مـن أجـل فرنسا عـام 1916، إن اقتران صدمته على ولده بالعمل الشاق أدى إلى إصابة دوركايم

بسكتة قلبية أدت إلى وفاته عام 1917، عن عمر يناهز 59 عاماً.

يعتبر اهتمام دوركايم المستمر بمفهوم التكامل Integration من أهم أفكاره الوظيفية، وهي تجسد عملية استدماج الأفراد في النظام الاجتماعي حيث أن التكامل أو "التضامن الاجتماعي" على درجة عالية من الأهمية في المحافظة على التوازن، كما اعتبر كتابه "قواعد المنهج في علم الاجتماع"، وأعماله حول الدين، والتربية من أهم مساهماته الوظيفية، وحتى في عمله العظيم، تقسيم العمل في المجتمع، كان يتفحص وظيفة تقسيم العمل.

رأى دوركايم التحول الاجتماعي كحركة تتجه من التضامن الميكانيكي في المجتمعات القبلية إلى التضامن العضوي الذي يمثل خاصية أساسية للمجتمعات الصناعية. لقد أكد دوركايم بأن المجتمعات البدائية كانت تتصف بوجود ضمير جمعي قوي، والذي عرفه بأنه "الكل المكون من المعتقدات والعواطف العامة لدى معظم المواطنين في نفس المجتمع". فكلما تزايد تقسيم العمل، ازدادت معه الفردية، ونتيجة لذلك كان هناك انخفاض في الضمير الجمعي وتحرك نحو التضامن العضوي، والذي يتميز بالاعتماد المتبادل بين الأدوار ونقص في القناعة الذاتية التي تجعل الأفراد متماسكين مع بعضهم.

أكد دوركايم بأن الموضوع الأساس بالنسبة لعلم الاجتماع هو الحقائق الاجتماعية، وقد عرف الحقيقة الاجتماعية بأنها "ذات وجود يعم مجتمعاً معيناً، وتمتلك وجوداً مستقلاً عن التجسيدات الفردية"، ومن الأمثلة على الحقائق الاجتماعية، القوانين، والأخلاق، والمعتقدات، والأعراف، والموضات. لقد توسع دوركايم فيما بعد في معنى الحقائق الاجتماعية واستخدم مصطلح المؤسسة Institution ، ويعني به "المعتقدات وأنماط السلوك المؤسسة من قبل المجموعة الاجتماعية"، كما عرف علم الاجتماع بأنه "علم دراسة المؤسسات، من حيث أصولها وآلية عملها". وهكذا نظر دوركايم إلى ظواهر المستوى

البنائي بعيد المدى Macrostructural كموضوع ملائم لدراسة علم الاجتماع.

وفي كتابه "قواعد المنهج في علم الاجتماع" الذي يناقش فيه الحقائق الاجتماعية ينظر دوركايم إلى الوظائف Functions باعتبارها "الحاجات العامة للنظام الاجتماعي". ومن ثم تابع فكرته حول الحقائق الاجتماعية من خلال تركيزه على تفسير الحقائق الاجتماعية من خلال الأسباب الاجتماعية وليس غيرها من الأسباب. لقد طبق منهجه في دراسته الشهيره الانتحار Suicide ، حيث ركز على معدلات الانتحار كحقيقة اجتماعية وليس على الانتحار بصفته الفردية.

إن مناقشة دوركايم لمفهوم العقوبة تقدم مثالاً رائعاً لقوة وضعف كل من تحليله والتحليل الوظيفي اللاحق له. ويوضح بأن العقوبة تمثل رد فعل اجتماعي إزاء الجريمة، وهي لا تزودنا بالوظائف الواضحة لمعاقبة المجرم والردع العام للجريمة، لكنها تقدم كذلك الوظيفة غير المدركة العامة والحاسمة التي ترتبط بصيانة كثافة العواطف الجمعية، أو ما يطلق عليه الوظيفيون المعاصرون القيم المشتركة (وتمثل هذه الحالة، معارضة السلوك الإجرامي). ويجادل دوركايم بأن العقوبة تمتلك "وظيفة مفيدة في الإبقاء على تلك العواطف في نفس المستوى من الكثافة والحضور. الأمر الذي لا يؤدي إلى ضعفها كما لو أن السلوك المسيء بقي دون عقوبة".

ورغم ذلك، فإن تفسير دوركايم بجعل المجتمعات تتبنى العقوبة غير مقنع كثيراً. ولقد أشار إلى أن الوظيفة التي يؤديها شيء ما لا تفسر وجوده في المقام الأول. ولهذا السبب يقول دوركايم "فإننا سوف نكتشف الوظيفة ببساطة أكبر، إذا كان السبب معروفاً أصلاً"، ولكن رغم ذلك، لم يتمكن دوركايم من تجنب الدائرية الفكرية في التمييز بين السبب والوظيفة، لقد أكد بأن العقوبة توجد بسبب الوظيفة التي تؤديها في صيانة العواطف والمشاعر الجمعية، والتي هي بالمقابل سبب العقوبة.

وبكلمات أخرى، فقد أشار دوركايم في البداية إلى أن العقوبة تمثل نتيجة أو متغير تابع:

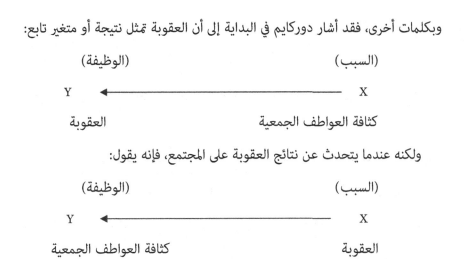

(السبب)	(الوظيفة)
X	← Y
كثافة العواطف الجمعية	العقوبة

ولكنه عندما يتحدث عن نتائج العقوبة على المجتمع، فإنه يقول:

(السبب)	(الوظيفة)
X	← Y
العقوبة	كثافة العواطف الجمعية

وهكذا يبدو في طرح دوركايم، أن السبب هو الوظيفة، وقد يسأل الفرد هل الدجاجة أولاً أم البيضة من وجهة نظر دوركايم. فإننا نجد أن إشكالية الدائرية الفكرية وتفسير الأشياء من خلال الوظائف التي تؤديها أمر يتكرر حدوثه في التحليل الوظيفي.

يعتبر مفهوم الآنومي، وهو الأكثر شهرة عند دوركايم، مفهوماً مركزياً في دراسته حول الانتحار، وبترجمته عن الفرنسية يشير مفهوم الآنومي إلى اللامعيارية Normlessness ، أي الموقف الذي تغيب فيه القواعد والمعايير، وقد عرّف بزنارد Besnard الموقف الآنومي بأنه ذلك الموقف الذي يتصف بغموض الأهداف، والطموحات غير المحدودة، وغياب التوجه، أو الدوار المتولد عن التوسع المفرط في الآفاق العقلية بحيث يتجاوز ما هو ممكن. لقد قدم دوركايم توصيفاً لنوعين من الآنومي؛ الأول: الآنومي الحاد أو القاسي Acute Anomie الذي ينتج عن التغير المفاجئ، مثل أزمة العمل أو الطلاق. والثاني: الآنومي المزمن Chronic Anomie وهوصيغة من التغير المستمر يتصف به المجتمع الصناعي الحديث. ركز دوركايم على الآنومي المزمن لأنه كان مهتماً بما يحدث في بلده وبلدان صناعية أخرى.

لم يتخذ دوركايم موقفاً حيادياً إزاء الانتحار، بل نظر إليه كمشكلة اجتماعية، واهتم بمعدلات الانتحار المتزايدة في البلدان الصناعية. لقد تأثر دوركايم شخصياً بهذه الظاهرة عندما انتحر صديقه الحميم فكتور هومي Victor Hommay ، مما دفعه إلى المباشرة بإجراء دراسة ميدانية حول الانتحار.

استخدم دوركايم في معالجته للانتحار مدخلاً استنتاجياً. فلم تصف دراسته ببساطة، معدلات الانتحار في أوروبا إبان القرن التاسع عشر، ولكن بدلاً من ذلك، انطلق من افتراض أساس أكد فيه بأن الكثير جداً أو القليل جداً من التكامل أو التنظيم (التماسك) يكون غير صحي بالنسبة للمجتمع. ومن خلال هذا الافتراض Assumption اشتق فرضية Hypotheses محددة حول الانتحار. وفي معرض توضيحه للنظرية متوسطة المدى أعاد روبرت ميرتون صياغة أطروحة دوركايم وأوضح منهجه على النحو التالي:

1. يقدم التماسك الاجتماعي دعماً نفسياً لأعضاء الجماعة اللذين يخضعون لضغوطات نفسية قاسية.
2. تمثل معدلات الانتحار وظائف للحصر النفسي والضغوطات غير المتحررة التي يخضع لها الأشخاص.
3. الكاثوليك لديهم تماسك اجتماعي أكبر من البروتستانت.
4. ولهذا، يتوقع معدلات انتحار لدى الكاثوليك أقل منها عند البروتستانت.

وبتعبير وظيفي نموذجي، فإن دوركايم أسس نظريته على التضامن الاجتماعي والتماسك الاجتماعي، كما أسسها على مسألتين اجتماعيتين، هما: التكامل والتنظيم. وتتمثل فرضيته الأساسية في أن المجتمعات التي تتصف بتكامل اجتماعي وتنظيم اجتماعي قليل جداً أو كثير جداً سوف تتضمن معدلات مرتفعة من الانتحار. إن أنماط الانتحار التي تتطابق مع التكامل والتنظيم هي: الانتحار الإيثاري Altruism (عندما يكون التكامل

مرتفعاً)، والانتحار الأناني Egoism (عندما يكون التكامل منخفضاً)، والانتحار القدري Fatalism (عندما يكون التنظيم مرتفعاً)، والانتحار الآنومي Anomie (عندما يكون التنظيم منخفضاً)، وقد اهتم دوركايم بالانتحار الآنومي بشكل كبير. ويقول بهذا الشأن: "الآنومي يمثل صفة مرضية للمجتمع وأحد أوجهه ارتفاع معدلات الانتحار" وكما سنرى لاحقاً، فإن دوركايم يتشابه مع ماركس في النظر إلى حالة المجتمع؛ فبينما اعتبر دوركايم أن المجتمع الحديث مبتلى بالآنومي، فقد اعتبره ماركس مبتلى بالاغتراب. احتل مفهوم الآنومي مكاناً هاماً في الوظيفية المعاصرة، كما هو الحال بالنسبة لمفهوم الاغتراب في نظرية الصراع. ولكن، بينما شدد دوركايم على حاجة الناس إلى معايير اجتماعية عامة ومؤسسة، فإن ماركس نظر إلى الاغتراب كنتيجة مؤذية للنظام الاجتماعي الذي يحكم الضبط على المواطنين، ويجادل ماركس بأن الجنس البشري يحتاج إلى الحرية أكثر من حاجته إلى التنظيم.

ومرة أخرى خلافاً لماركس، حاول دوركايم أن يجعل نظريته في الانتحار قابلة للاختبار الإمبريقي من خلال تحديده لمفاهيمها وتعريفها إجرائياً، وعلى سبيل المثال، اعتبر دوركايم الموقف آنومياً بشكل واضح عندما تسبب أزمة أو تغير اجتماعي مفاجئ انقطاعاً بين الخبرات العقلية للناس وتوقعاتهم المعيارية. إن حوادث من هذا النوع، والتي اعتبرها دوركايم تسبب الآنومي، ويمكن أن تجمع حولها البيانات الإمبريقية، تتضمن الموت المفاجئ لشريك الحياة والإحباطات الاقتصادية. افترض دوركايم أن الآنومي سيقود إلى معدلات مرتفعة من الانتحار. وباستخدام المنهج الاستنتاجي فإن دوركايم لم يجعل فرضياته قابلة للاختبار فقط، لكنه عمل بالفعل على اختبار بعض فرضياته من خلال بيانات تم جمعها من قبل موظفين حكوميين. وقد وجد، على سبيل المثال، أن الأرامل من الرجال والنساء ترتفع لديهم معدلات الانتحار أكثر من المتزوجين، كما كانت معدلات الانتحار أعلى خلال

فترات الإحباط الاقتصادي أكثر من فترات الاستقرار الاقتصادي.

تتمثل مساهمة دوركايم الأكثر أهمية بالنسبة للوظيفية كتابه "الأشكال الأولية للحياة الدينية" The Elementary Forms Of the Religious Life. يظهر دوركايم في هذا الكتاب أنه في القبائل البدائية كانت الديانة قوة تكاملية قوية من خلال استدماجها القيم العامة والتطابق Identification معها. ولقد أشرنا إلى الدور المركزي الذي تلعبه القيم في التفسير الوظيفي، وتتبع الوظيفية مرة أخرى خطى دوركايم من خلال إشارتها إلى القيم على أنها "المدركات المشتركة على نطاق واسع لما هو جيد" أو "المعتقدات التي تضفي شرعية على وجود وأهمية بناءات اجتماعية معينة وأنماط سلوك منتشرة في البناء الاجتماعي".

قدم سملسر Smelser مثال المعتقد في المشروع الحر كقيمة اجتماعية حيث يصادق على وجود ثوابت العمل المنظمة في المؤسسة الخاصة، ويندمج في متابعة الفائدة الخاصة. ومن السمات المميزة للتحليل الوظيفي، البحث المستمر عن القوى التكاملية، والذي يمثل جانباً من التشديد العام على الاعتمادية المتبادلة والتوازن، المشار إليه سابقاً.

إن دوركايم، الذي يشارك الوظيفية المعاصرة اهتماماتها، كان مهتماً إلى حد كبير بالدين، وسبب ذلك أنه يعتبر الدين ذا فاعلية خاصة في تنمية القيم العامة، كذلك لاعتباره الدين مصدراً جيداً للتكامل. إن بحث دوركايم عن قوة تكاملية قوية في المجتمع الحديث توازي الدين في المجتمع البدائي، قاده إلى النظر لنظام المدرسة العام كبديل وظيفي للدين، يعمل على حمل القيم ونقلها في المجتمع الحديث.

على الرغم من أن للوظيفية المعاصرة جذورها في أعمال كونت، وسبنسر، وباريتو، إلا أنها تدين بشكل أكبر لـدوركايم. وسوف نتحول الآن إلى أكبر ورثة دوركايم أهمية، وهما: تالكوت بارسونز وروبرت ميرتون.

الجزء الأول

تالكوت بارسونز: النظرية الكبرى

خلفية

كان تالكوت بارسونز (1979-1902) Talcott Parsons إبناً لكاهن بروتستانتي يترأس تنظيماً كنسياً، والذي خدم فيما بعد كرئيس لكلية ماريتا في أوهايو. تلقى بارسونز تعليمه لمرحلة البكالوريوس في إمهرست Amherst ، حيث تخصص في البيولوجيا، وقد تحول إلى العلوم الاجتماعية، كما يصف في سيرته الذاتية، في السنة قبل الأخيرة، ولكن بسبب تغييره للكلية لم يتمكن من متابعة اهتماماته بدقة. إنه من الجدير أن نحفظ في أذهاننا هذا الاهتمام المبكر بالبيولوجيا، وذلك لأن الاتجاه الذي اتخذه في علم الاجتماع كان متجذراً بشكل واضح في الدراسات البيولوجية وتركيزها على الاعتماد المتبادل بين أجزاء الكائن الحي.

درس بارسونز لمدة عام في مدرسة لندن للاقتصاد، ثم التحق بموجب منحة تبادل ثقافي إلى هايدلبرغ، حيث اطلع على أعمال ماكس فيبر لأول مرة، وقدم أطروحة الدكتوراة حول "مفهوم الرأسمالية في الأدب الألماني الحديث"، وقد عالج، من بين آخرين أعمال ماركس وماكس فيبر. لقد لعب بارسونز دوراً هاماً في إدخال فكر ماكس فيبر إلى الولايات المتحدة عندما ترجم كتابه الموسوم "الأخلاق البروتستانتية وروح الرأسمالية" عام 1930. وفيما بعد حلل المنظور النظري لماكس فيبر في المجلد الثاني من مؤلفه، الموسوم "بناء الفعل الاجتماعي" عام (1937).

مارس بارسونز مهنة التدريس لعام واحد في إمهرست، ثم ذهب إلى جامعة هارفرد كمدرس في عام 1927، وخلال الفترة 1927-1930 كان في قسم الاقتصاد، حيث تأسس

قسم علم الاجتماع في هارفرد عام 1930. بقي بارسونز يدرس في هارفرد حتى تقاعد كأستاذ فخري في عام 1973. وفي عام 1942 تم انتخابه رئيساً للجمعية الأمريكية لعلم الاجتماع. وبعد أن تقاعد استمر بالتدريس كأستاذ زائر في بعض الجامعات. مثل بنسيلفانيا، وروجرز، وكاليفورنيا في بيركلي. كما استمر في التأليف وتقديم الأوراق العلمية في الندوات والمؤتمرات. وفي وقت قصير قبل وفاته في مايو 1979 كان مستمراً في العمل على عدة موضوعات سوسيولوجية مثل "دراسة الأسس البيولوجية للسلوك الإنساني"، والدراسات البينية Interdisciplinary ، ومستوى النسق الثقافي (مستوى التحليل الذي يركز على تساؤل المعنى، والأنساق الرمزية) في نظريته العامة عن الفعل. إن مؤشرات منزلته الرفيعة في علم الاجتماع تتضمن مؤلفاته الكثيرة ورئاسته للجمعية الأمريكية لعلم الاجتماع A.S.A. عام 1942 والجمعية الشرقية لعلم الاجتماع عام 1949، ودعوته للمشاركة في المؤتمرات الدولية. كما أن له انتقادات كثيرة سواء أكانت إيجابية أم سلبية، وازدادت أهميته بأعماله التي باتت نقطة مرجعية أساسية في النظرية المعاصرة لعلم الاجتماع.

سيتركز الجانب الأكبر من المناقشة في هذا الفصل على مساهمات بارسونز بالنسبة للوظيفية وبشكل أساسي: أنساق الفعل، ومخطط الفعل، ومتغيرات النمط، ومشكلات النسق.

مستويات النسق عند بارسونز

يمثل مفهوم النسق System مركز أي مناقشة في النظرية البارسونية، فقد أشار بارسونز إلى أن "مفهوم النسق في حقل الفعل، كما هو الحال في الحقول الأخرى، يعتبر مركزي في تفكيري منذ فترة زمنية مبكرة". إن نظرية بارسونز العامة في الفعل، والتي قدم فيها الصورة الكلية لكيفية بناء المجتمعات وتواؤمها مع بعضها، تتضمن أربعة أنساق: النسق

الثقافي، والنسق الاجتماعي، ونسق الشخصية، والعضوية السلوكية كنسق.

كيف يعرّف بارسونز هذه المستويات النسقية الأربعة؟ أول هذه الأنساق هو النسق الثقافي Cultural System الذي يعتبر "المعنى"، و"النسق الرمزي" هما وحدته الأساسية. ومن الأمثلة على الأنساق الرمزية: المعتقدات الدينية، واللغات، والقيم الوطنية. وكما يمكن أن نتوقع، فإن بارسونز يركز في هذا المستوى على القيم المشتركة. المفهوم الأساسي هنا هو التنشئة الاجتماعية Socialization ، والتي يتم بواسطتها استدماج القيم الاجتماعية من قبل أعضاء المجتمع، أي يجعلون من قيم المجتمع ملكية خاصة بهم، تعد التنشئة الاجتماعية من وجهة نظر بارسونز قوة تكاملية خلاقة في الحفاظ على الضبط الاجتماعي، وتماسك المجتمع.

وتتضح سيادة النسق الثقافي في فكر بارسونز من خلال تصريحه الآتي:

"إن إحكام أنساق الفعل إلى حد كبير، لا يكون ممكناً دون أنساق رمزية ثابتة نسبياً، حيث لا يكون المعنى طارئاً في مواقف معينة ... إنه النسق الرمزي المشترك الذي يُوظف في التفاعل، والذي يمكن أن نطلق عليه هنا وصف التقليد الثقافي".

إن أصحاب المناصب العليا في الدولة غالباً ما انجذبوا إلى المنظور الوظيفي في خطاباتهم. وتوضح المقتطفات التالية للرئيس جون كينيدي لدى توليه الرئاسة في 20 يناير 1961 سبب انجذاب الرئيس للقيم المشتركة على كل من المستويين الوطني والدولي:

> "لتعلم كل أمة ... أننا على استعداد لدفع أي مبلغ من المال، وأن نتحمل أي ثقل، وأن نواجه أية صعوبة، وأن ندعم أي صديق، وأن نقف في وجه أي خصم لنضمن بقاء ونجاح الحرية".
>
> "عزيزي المواطن، إننا نضع النجاح أو الإخفاق النهائي لمساعينا بين يديك أكثر مما نضعها في أيدينا. ومنذ أن وجدت أمريكا فإن كل جيل

من الأمريكيين التزم في تقديم دليل على الانتماء الوطني".

"وكذلك، أعزائي الأمريكيين: لا تسألوا عما يمكن أن تفعله بلدكم لكم، ولكن، سلوا عما يمكن أن تفعلونه أنتم لبلدكم".

" أعزائي المواطنين في العالم أجمع، لا تسألوا عما ستفعله أمريكا لكم، ولكن سلوا أنفسكم عما يمكن أن نفعله سوياً من أجل حرية الإنسان".

يمثل النسق الاجتماعي Social System ثاني المستويات التحليلية في مخطط بارسونز، وهو المستوى الذى توسع فيه أكثر من غيره، وفي هذا النسق، فإن وحدة التحليل الأساسية هي " الدور التفاعلي" Role Interaction . لقد ألف بارسونز كتاباً كاملاً يحمل هذا العنوان، أي النسق الاجتماعي، وقد عرف النسق الاجتماعي كما يلي:

"يتألف النسق الاجتماعي من جمع من الفاعلين الأفراد اللذين يتفاعلون مع بعضهم في موقف يتضمن على الأقل جانباً فيزيقياً أو بيئياً، وفاعلين مدفوعين بموجب الميل إلى تحقيق أقصى حد ممكن من الإشباع، واللذين تخلل علاقتهم بموقفهم وتعريفهم له رموز مشتركة مبنية ثقافياً".

في تعريف بارسونز للنسق الاجتماعي، يمكن اعتبار الجمع Plurality اثنان أو أكثر، ويمكن أن يمثل الفاعلين Actors أفراداً من الشعب أو جماعات. وهكذا يمكن أن يتشكل النسق الاجتماعي من أي شيء، من اثنين يتفاعلان مع بعضهما في مطعم إلى العلاقات بين الأمم المتحدة، حيث يكون الفاعلون الأمم الأعضاء. إن العلاقة بين النسق الاجتماعي والنسق الثقافي تظهر في تعريف الطريقة التي تفاعل بموجبها الفاعلون. بالإضافة إلى ذلك، فقد أوضح بارسونز كيف يتغلغل النسقان الآخران في النسق الاجتماعي، أي نسق الشخصية ونسق العضوية السلوكية، حسب الصورة الآتية:

لقد أشار إلى الفاعلين الأفراد المدفوعين بإشباع الذات بسبب طبيعة نسق الشخصية لديهم، وتتضمن عملية الإشباع جانباً فيزيقياً أو بيئياً يضع حدوداً حول الموقف الذي تتم فيه عملية التفاعل، وهذا بذاته يمثل وظيفة العضوية السلوكية المرتبطة بالموقف.

حسب ما يرى بارسونز، فإن وحدة التحليل الأساسية في نسق الشخصية Personality System هو الفرد الفاعل، أو الشخص الإنساني. ويركز بارسونز في هذا المستوى التحليلي على حاجات الفرد، ودوافعه، واتجاهاته؛ مثل الدافعية نحو الإشباع، التي ركز عليها في التعريف المقتبس سابقاً. وكما سنلاحظ فإن "الدافعية نحو الإشباع تقابل الافتراضات الواضحة في كل من نظرية الصراع، ونظرية التبادل الاجتماعي، والتي تؤكد على أن الناس مدفوعون بمصالحهم أو مدفوعون بتعظيم منافعهم.

وفي النسق الرابع، أي نسق العضوية السلوكية، يعتبر الآدمي أو الإنسان بمعناه البيولوجي وحدة التحليل الأساسية، أي الجانب الفيزيقي من الشخص الإنساني متضمناً البيئة العضوية والفيزيقية التي يعيش فيها الآدمي. وبالإشارة إلى هذا النسق، يذكر بارسونز بوضوح الجهاز العصبي المركزي للعضوية والقوة المحركة للنشاط. ومن بين اهتمامات بارسونز اللاحقة كان الجانب الاجتماعي البيولوجي للسلوك الاجتماعي.

إن وجهة نظر بارسونز فيما يتعلق بالتنشئة الاجتماعية يمكن أن توضح كيفية ارتباط تلك الأنساق بعلاقات بينية متداخلة. فعند الولادة تكون عبارة عن عضوية سلوكية بسيطة، ثم نمتلك هوية شخصية فقط عندما نتطور إلى أفراد.

كيف ينشأ الناس بعد ذلك؟ كما ذكرنا سابقاً، أشار بارسونز إلى أن الناس يستدمجون قيم المجتمع، أي أنهم يجعلون القيم الاجتماعية المتضمنة في النسق الثقافي ملكية لهم. وذلك من خلال تعلمهم من قبل فاعلين آخرين في النسق الاجتماعي ما هو متوقع منهم. بكلام آخر، إنهم يتعلمون "توقعات الدور" Role Expectations وبذلك يغدون

مشاركين على وجه تام في المجتمع. وهكذا تأتي القيم من النسق الثقافي. وتوقعات الـدور أو التوقعات المعيارية المطابقة للقيم الثقافية يتم تعلمها في النسق الاجتماعي، وتأتي هوية الفرد من نسق الشخصية، وتأتي الأداة البيولوجية من العضوية السلوكية.

يمكن أن نتناول نسقاً اجتماعياً فعلياً، ونشاهد كيف تعمل التنشئة الاجتماعية في داخله، ولنعتبر هذا النسق عصابة أحداث، تمثل المقدرة على سرقة السيارات إحدى قيمها. وبالتالي فإن الحدث الذي يرغب أن يصبح عضواً تاماً في تلك العصابة يحاول تملك تلك القيمة فقط (أي تملك النسق الثقافي للعصابة)، ولكنه ينبغي أن يعلم كذلك إلى مـدى يكون هـذا السلوك متوقعاً منه، وحسب مصطلحات النسق الاجتماعي، فإن عليه أن يتكيف مع التوقعات المعيارية. وكذلك ينبغي أن تكون هويتـه الذاتيـة متضمنة في عضـويته، حيث تلبي عضوية العصابة حاجات معينة أو دوافع في شخصيتهم. والعضوية السلوكية متضمنة أيضاً، لأن مجهود أعضاء العصابة يتطلب ملكية براعة معينة، ومهـارات جسدية لسرقة السيارات بنجـاح، والتعايش مع توقعات أعضاء الجماعة.

ينبغي أن يساعد هذا المثال في إيضاح وتفسير الأنساق الأربعة، حيث أن بارسونز لم يعتبر أن بين الأنساق الأربعة علاقات تبادلية حصرية ولكنها، أكثر من ذلك، تظهـر الاعتماديـة المتبادلة التي تشـدد عليها الوظيفيـة باستمرار. في الجزء التـالي، نناقش نظريـة الفعل عند بارسونز، وهي تمثل إطاراً لوصف سلوك فعلي ضمن سياق الأنساق الأربعة.

نظرية الفعل عند بارسونز

يمثل الفاعل، الذي يمكن أن يكون شخصاً واحداً أو مجموعة، نقطة البدء في نظريـة الفعل عند بارسونز. وفي الشكل التوضيحي 2-1 ، فإن الفاعل (1) هي آن دو Ann Doe، وفيـه يرى بارسونز أن الفاعل مدفوع لبذل الطاقة مـن أجل الوصول إلى هـدف أو غايـة مرغوبة، مُعَرَّفة من قبل النسق الثقافي (2) وهذه الغاية بالنسبة لـ آن دو هي درجة

البكالوريوس، وهذا الفعل يجري في موقف معين (3)، ويتضمن الموقف وسائل (تسهيلات، أدوات أو مصادر) وكذلك ظروف (المعوقات التي تبرز أثناء السعي إلى تحقيق الهدف). آن دو على سبيل المثال ، تمتلك المقدرة العقلية، والمال اللازم كرسوم للتعليم، ولكنها ملتزمة في عملها الذي يتطلب منها العمل طوال ساعات الدوام المعتادة، ولذلك من الضروري في موقفها هذا، إما أن تأخذ المواد المطروحة بعد ساعات العمل، أو أن تأخذ مغادرة من عملها خلال ساعات الدوام أو أن تستبدل عملها الراهن بعمل آخر يوفر لها الوقت الكافي لتتابع تعليمها. إن الوسائل والظروف المتضمنة في الموقف، يمكن أن تجعل الموقف محفوفاً بالمخاطر. أخيراً، وهذا هام للغاية في نظرية الفعل عند بارسونز، أن جميع العناصر المبينة أعلاه تنتظم بموجب المستويات المعيارية للنسق الاجتماعي (4)، في حالة آن دو، فإنه من الواجب عليها أن تجتاز كل المواد المطلوبة في درجة البكالوريوس. إن الفاعلين لا يمكنهم تجاهل قواعد اللعبة، فإن القواعد تعرف لهم غاياتهم وماذا ينبغي عليهم أن يتصرفوا، ويجب أن تنجز التوقعات المعيارية من قبل أي فاعل مدفوع لمتابعة هدف ما، ولأن المعايير مستدمجة من قبل الفاعل، فإنه مدفوع ليتصرف بصورة ملائمة. الآن يمكننا أن نعرف، لماذا يمكن القول أن المعايير تمثل القلب في نظرية الفعل عند بارسونز، وكذلك الأمر الذي جعل بارسونز يعتبر "النسق الثقافي" الذي يضفي عليها شرعية، نسقاً مركزياً.

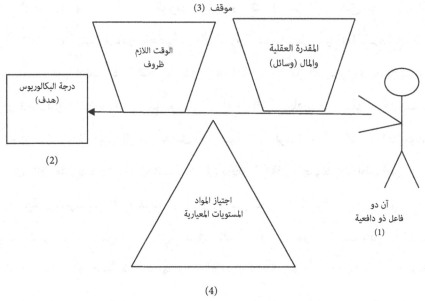

موقف (3)

المقدرة العقلية
والمال (وسائل)

الوقت اللازم
ظروف

درجة البكالوريوس
(هدف)

(2)

اجتياز المواد
المستويات المعيارية

آن دو
فاعل ذو دافعية
(1)

(4)

الشكل التوضيحي 2-1 نظرية الفعل عند بارسونز

قدمنا في الفصل الأول تمييزاً بين النظريات بمعناها العلمـي، والتـي يمكـن أن نسـتنتج
من خلالها بشكل منطقي قضايا وفرضيات فعلية، وتوجيهات عامة للتحليـل. ويمكننا ملاحظـة
أن كل ما قدمه بارسونز في النظرية العامة للفعـل يؤكـد انتماءه للنوع الثاني مـن النظريـات
وليس للنوع الأول. إنها تقدم مفاهيم ملائمة لوصف نطـاق واسـع مـن السـلوك، وهـي ملائمـة
للتشديد على الاعتماد المتبادل بين مكونات المجتمع، أكثر مـن كونهـا ملائمـة لتقـديم مقـولات
مباشرة حول ما يمكن أن يفعله الناس في المواقـف المختلفـة أو أن تقـدم وصفاً لبنـاء مجتمـع
معين. ورغم ذلك، يقدم بارسـونز بعـض الأطروحـات المحـددة حـول كيفيـة عمـل المجتمعـات
المختلفة، وذلك عندما توسـع في الحـديث عـن التوقعـات المعياريـة والأهـداف الثقافيـة التـي
تهيمن على نظرية الفعل، ويناقش الجزء التالي هذا الجانب من فكر بارسونز.

متغيرات النمط

كما شاهدنا في الجزء السابق، كان بارسونز منشغلاً بتشكيل وصياغة نظريته حول الفعل الاجتماعي. وخلال صياغته لنظرية الفعل، قدم صورة لفاعلين هادفين متجهين نحو تحقيق أهداف معينة، ولكن عليهم أن يتخطوا ظروفاً معينة - مُعَرَّفة بموجب التوقعات المعيارية- قبل أن يحققوا الإشباع. أحس بارسونز أن المهمة الفكرية التالية أمامه تتمثل في تطوير تحديدات أكثر وضوحاً حول ما يمكن أن يواجهه الفاعلون من ظروف طارئة وتوقعات مختلفة. لقد أراد أن يظهر بأن مواقف الفاعلين ليست غير مؤسسة بنائياً وغير متوقعة بصورة كلية، ولهذا صاغ متغيرات النمط Pattern Variable التي عمل من خلالها على تصنيف التوقعات وبناء العلاقات الاجتماعية. إن هذه المتغيرات تجعل من نظرية الفعل المجردة أكثر وضوحاً.

إن هذا الجزء من عمل بارسونز يرتكز على أعمال التنميط Typology (التنميط هو تحليل يرتكز على الأنماط) التي قام بها فيردناند تونيز Ferdinand Toennies (1855-1936) للمجتمعات حيث قسمها إلى نمطين: مجتمع محلي بسيط ومجتمع حديث. لقد كان تونيز معنياً بمقارنة المجتمعات البسيطة بالمجتمعات الصناعية الحديثة. فالمجتمع المحلي gemeinschaft يتصف بسيادة للروابط الشخصية الوثيقة، أو العلاقات القرابية، بينما يتصف المجتمع الحديث gesellschaft بسيادة العلاقات غير الشخصية، وعلاقات العمل التعاقدية. لقد سار دوركايم على خطى تونيز في تحليله لأنماط التضامن في المجتمع البسيط والمجتمع الحديث.

لقد وصف دوركايم النمط الأول بـ "التضامن الميكانيكي"، (حيث يكون الضمير الجمعي قوياً)، بينما وصف النمط الثاني بـ "التضامن العضوي" (حيث يكون الضمير الجمعي ضعيفاً بسبب سيادة الفردية). كما هو الحال بالنسبة لتونيز ودوركايم، اعتبر

بارسونز الفرق بين النمطين مسألة جوهرية. لقد وصف العلاقات في المجتمعات التقليدية، والتي تتصف بالثبات والشخصانية، بأنها تعبيرية Expressive، بينما وصف العلاقات في المجتمع الحديث، والتي تتصف باللاشخصانية أو تأخذ شكل علاقات عمل، بأنها أداتية Instrumental.

كذلك فإن كلا النوعين من العلاقات له حضور في المجتمع الحديث، والمجتمع بحاجة إليه، وقد استخدم بارسونز حاجة المجتمع للعلاقات الاجتماعية بنوعيها التعبيري والأداتي في تحليل تمايز الدور الجندري داخل الأسرة. فدور القيادة الأداتية يجب أن ينسب للزوج- الأب، الذي يوفر للعائلة مكانتها ودخلها. ولأن كون الأب يتولى مسؤوليات العمل (خارج المنزل)، فعلى الأم أن تتولى دور القيادة التعبيرية المتمثل في تنشئة الأبناء. لقد امتعض أصحاب النظرية النسوية Feminists من طرح بارسونز، وأوضحوا أن مقولة بارسونز، التي يعتبر فيها أن تقسيم العمل داخل العائلة إلى أداتي وتعبيري، ينطوي على وظائف إيجابية، إنما هي محاولة لتبرير الوضع القائم، كما وصفوا نظرية بارسونز حول تنشئة النوع الاجتماعي (جندر)، بأنها جائرة لكل من الذكور والإناث وبشكل خاص للمرأة.

وكما ذكرنا في مقدمة الكتاب، سوف نعرض لأعمال المنظرين النسويين عبر هذا الكتاب، وعند هذه النقطة نقدم تعريف النظرية النسوية:

"أولاً، يمثل الجندر الموضوع الأساس الذي تركز عليه النظرية. إن النظرية النسوية تسعى إلى فهم الطبيعة الجندرية لكل العلاقات، والمؤسسات، والعمليات الاجتماعية الواقعية. ثانياً: يتم النظر إلى العلاقات الجندرية باعتبارها مشكلة، والمقصود بهذا أن النظرية النسوية تسعى إلى فهم كيفية ارتباط الجندر بأشكال اللاعدالة، والقيود، والتناقضات. أخيراً: لا يتم النظر إلى العلاقات الجندرية باعتبارها طبيعية أو غير قابلة للتغيير، خلافاً لذلك، يتم النظر إلى الوضع الجندري القائم باعتباره نتاجاً لقوى اجتماعية، ثقافية وتاريخية،

أنتجها الناس ويعملون على إعادة إنتاجها باستمرار، ولهذا يمكن أن تتغير بواسطة القوة الإنسانية".

ذهب بارسونز إلى أبعد من التنميط الثنائي البسيط المتضمن الأداتية والتعبيرية في طرحه لمتغيرات النمط، حيث قدم تنميطاً له خمسة أجزاء متعلقة بالمجتمع التقليدي والمجتمع الحديث. يعرف بارسونز متغيرات النمط بأنها: "مجموعتان، ينبغي على الفاعل أن يختار من بينها قبل أن يتحدد معنى الموقف لديه، وقبل أن يتصرف وفق مقتضيات الموقف". بمعنى آخر، كل نمط متغير يمثل مشكلة أو موقف محير ينبغي أن يُحَل من قبل الفاعل قبل أن يأخذ الفعل مساره.

جدول 2-1 متغيرات النمط عند بارسونز

أداتي (مجتمع)	تعبيري (مجتمع محلي بسيط)
الإنجاز	النوعية
التخصيص	الانتشار
الحياد الوجداني	الوجدانية
العمومية	الخصوصية
الذات	المجموعة.

يلخص الجدول 2-1 مخطط متغيرات النمط، وفي كل زوج منها تختلف خيارات الفاعلين الملائمة حسب نمط المجتمع. إن الخيارات الملائمة في المجتمعات التقليدية توجد في الجانب الأيسر (تعبيرية)، والخيارات في المجتمع الحديث على الجانب الأيمن (أداتية).

إن الاختيار الأول الذي ينبغي على الفاعلين أن يقوموا به هو بين (النوعية والإنجاز)، والاختيار هنا يتم بين ما إذا توجه المرء نحو الآخرين على أساس من هم أو من

يكونوا (أي على أساس الخصائص المنسوبة إليهم، مثل: الجنس، العمر، العرق، الإثنية)، أو على أساس ما يمكنهم القيام به (أي على أساس الأداء). فعلى سبيل المثال، في المجتمعات الحديثة كمجتمعاتنا – تقصد المؤلفة المجتمع الأمريكي – فإنه من المتوقع أن يوجه أصحاب العمل أنفسهم نحو العمال على أساس ما قاموا به مسبقاً أو ما يمكن أن يقوموا به مستقبلاً، وليس حسب لونهم أو جنسهم أو أعمارهم أو صلاتهم العائلية. وهكذا فإن أصحاب العمل ينبغي أن يختاروا الأداء من بين زوج متغيرات النمط، أكثر من اختيارهم للنوعية، وعلى سبيل المثال، عندما يقبل أحد أبناء عائلة مشهورة في العمل، على حساب آخرين يمتلكون أهلية في الأداء، فإنه من المتوقع أن ينشأ احتجاج عنيف. ورغم ذلك، فهناك مواقف من المتوقع أن يكون الاختيار فيها على أساس النوعية، مثلاً، ينبغي أن يكون المرء في سن معين لكي يقبل في الخدمة العسكرية، وإذا ثبت أن الشخص يكذب في ادعاء عمره الحقيقي فإنه يلقى جزاءات سلبية توقعها عليه السلطات في الخدمة العسكرية. إنه من المهم أن نضع في أذهاننا أننا نناقش هنا الاختيار الملائم بين خياري النوعية والإنجاز. ولقد وضع بارسونز التوقعات المعيارية في صميم عملية اتخاذ القرار. ولذلك فإن عملية الاختيار ليست جزافاً. وهكذا، في حالة آن دو التي استخدمناها كمثال في مناقشة نظرية الفعل عند بارسونز، فإن المستويات المعيارية تملي عليها أن تنجح في المواد، وإذا لم تنجح، فإنها لن تحقق غايتها المتمثلة بالحصول على درجة البكالوريوس التي لا ترتبط بخصائصها النوعية.

ثاني متغيرات النمط هو (الانتشار والتخصيص)، والقضية هنا، ترتبط بمدى المتطلبات في العلاقة، فإذا كان عدد أنماط المتطلبات والمسؤوليات ذا نطاق واسع فإن العلاقة تكون انتشارية، وإذا كان المدى ضيقاً أو محدوداً للغاية فإن العلاقة من الناحية الوظيفية تكون متخصصة. وعلى سبيل المثال، فإنك تتوقع الكثير من صديقك الحميم، ويندرج فيما تتوقع أن يستمع لك لساعات طويلة من الوقت إلى أن يقرضك أشياء متنوعة، بما في ذلك المال،

وهذا ما يعنيه بارسونز عندما يتحدث عن العلاقة الانتشارية. ومن ناحية أخرى، إذا كانت العلاقة بين طبيب الأسنان والمريض، فإن اهتمام الطبيب بالمريض ينحصر ـ في العناية بأسنانه، ومن المتوقع أن يأخذ المريض مكانه في الجلوس بالوقت المحدد. ويقوم الطبيب بفتح فم المريض أو فمها ويغلقه كما يطلب منه، ومن ثم يدفع المال مقابل خدمات الطبيب. وهذه العلاقة من الناحية الوظيفية متخصصة.

علاوة على ذلك، فإن نمط العلاقة يضع تعريفاً مسبقاً لحدودها، فإذا ما تطرق أي من الطبيب أو المريض إلى أمور لا تتصل بعناية الأسنان، مثل التساؤل عن أمور شخصية تتعلق بالعائلة، أو العمل، أو الحياة الجنسية، فإنه من المتوقع أن ينتج عن هذا الأمر جزاءات سلبية، كأن يغضب المريض ويمتنع عن العودة إلى الطبيب نفسه مرة أخرى. باختصار، ليس هناك الكثير من الأشياء التي لا تمكنك من سؤال صديقك الحميم من أجل أن يفعلها من أجلك حيث أن العلاقة ترتكز على اللااستبعاد أو اللاحصر Nonexclusion. إن العلاقة المتخصصة كتلك التي بين الطبيب والمريض اقتضت استبعاد كل أوجه السلوك الذي لا يتصل بها، وما يتصل بها من سلوك تم تعريفه بشكل محدد. إن فكرة بارسونز تتمثل في أن الاختيار الملائم بوجه عام، داخل المجتمعات الحديثة ينطوي على سلوك معرف بصورة محددة بينما في المجتمع التقليدي، العلاقات انتشارية بصورة أكبر.

ثالث متغيرات النمط هو (الوجدانية والحياد الوجداني)، وهنا يرتبط الأمر بما إذا كان الفاعل قادراً على أن يتوقع إشباعاً عاطفياً في العلاقة أم لا. فالخاطبان يتوقع كل واحد منهما أن يرتبط بالآخر عاطفياً، ومن ناحية أخرى، يتوقع من الأستاذ أن يتوجه نحو الطالب بحياد وجداني. يرى بارسونز أن الأطفال في الولايات المتحدة يلتحقون بالمدرسة في سن السادسة تقريباً، وفي مثل هذا العمر يكونون قد اعتادوا العلاقات العاطفية في الحياة الأسرية. وفي المدرسة يتعلمون كيف يتحررون من بعض مقاييس الوجدانية، مثل الإمساك

بيد المدرس، وهو أمر قد يسمح به لأول سنة أو سنتين من الدراسة.

يصف بارسونز كيف أن العملية التعليمية تصبح ذات وجود خال من الرأفة مع تقدم التلاميذ في الصفوف الدراسية، ويوضح بأن هذا الأمر مهم لاستمرارية الأطفال في المجتمع الذي يعمل بموجب الحياد الوجداني والأداتية، أكثر من التعبيرية وهي التوقعات السائدة في البناء المهني، فإذا تعلم الأطفال في المدرسة كيف يتعاملون مع الأداتية كطريقة سائدة في الحياة، فإن المدرسة تنتج في هذه الحالة نمط العمال الذي يحتاجه المجتمع الحديث.

رابع متغيرات النمط هو (الخصوصية والعمومية). وهنا يتم الاختيار بين التصرف على أساس معيار عام أو التصرف على أساس علاقة معينة لشخص ما بك أو عضوية أحد ما في جماعة معينة. ولأنه متوقع من المعلم في مجتمعنا أن يعامل جميع الطلاب بشكل متساو - أي، حسب معايير عامة - فإنه من الصعب بالنسبة للآباء أو الأقارب أن يتعاملوا مع أقربائهم كطلاب في صفوفهم، ومن الأمثلة على الخصوصية نظام التشغيل القديم المعروف باسم "Old Boy"[(*)]، والذي عمل بفاعلية لبعض الوقت في العديد من المهن في الولايات المتحدة عندما كان التشغيل يتم بناءاً على مرتكزات خاصة. ورغم أن هذا النظام كان مقبولاً من الناحية الاجتماعية، ولا يزال كذلك في العديد من البلدان، فإنه لا يمثل الاتجاه المتوقع أن يسلكه أصحاب العمل في الولايات المتحدة. بوجه عام، فإن قضايا التمييز تتضمن اختيارات جرت على أساس معايير خاصة أكثر من كونها جرت على أساس معايير عامة تؤمن بها المجتمعات الحديثة وتؤكد عليها.

(*) يشير هذا النظام إلى منظومة علاقات تتصف بطابعها الشخصي، وتحل أحياناً مكان التنظيمات الرسمية في مواجهة المشكلات التي يتعرض لها أبناء جماعة مهنية معينة. إن هذا النظام غير رسمي وفي نفس الوقت حصري يرتكز على معايير خاصة بالعاملين في مهنة معينة، ولذلك تقدمه المؤلفتان مثالاً على الخصوصية (المترجم).

خامس متغيرات النمط هو (التوجه نحو الجماعة والتوجه نحو الـذات)، والاختيـار هنا، يقع بين إشباع الحاجات الخاصة، أو إنجاز الواجب أو الالتـزام نحو المجموعـة مـثلاً. إن المصلحة الذاتية ممأسسة في عالم الأعمال. حيـث تـتم متابعـة دافـع الـربح بصورة شرعيـة. وبالمقابل فإنه متوقع مـن مـوظفي الـدوائر الحكوميـة المدنيـة أن ينفـذوا واجبـاتهم المرتبطـة بمصالح الجمهور، حيـث أن الممارسـة الملائمـة للـدور في هـذه الحالـة، موجهة نحو مصلحة المجموعة أكثر من المصلحة الشخصية. وعلـى الـرغم مـن أن بارسـونز قد أدرج (التوجه نحـو الجماعة والتوجـه نحو الـذات) في طروحاته حـول متغيرات الـنمط، إلا أن هـذا الـزوج مـن متغيرات النمط قد بدأ يغيب من طروحاته بعد عام 1953، حيث لاحظ بارسونز أن هذا الـزوج من المتغيرات يقع في مستوى أكثر تجريداً من المتغيرات الأربعة السابقة.

إذا أمعنت النظر في أول زوج من متغيرات النمط وهو (النوعية والإنجاز)، فإنك تجد قدراً من التشابه بينه وبين متغيرات الـنمط الأربعـة الأخرى. العموميـة تشبه كثيراً الإنجاز، والخصوصية تشبه النوعية. بوجه عام، فإن متغيرات الـنمط التي تقع تحت التعبيرية مـن المحتمل أن تتداخل مع بعضها البعض[*]، كما هـو الحـال بالنسبة لتلـك المتغيرات التي تقـع تحت الأداتية.

وعلى الرغم من أن بارسونز اعترف بأنـه "مـريض بـداء التنظير" Incurable Theorist (في صفحة الإهداء من كتابه الموسوم النسق الاجتماعي)، إلا أنه كـان مهتمـاً بـالتطبيق الإمبريقـي لمتغيرات النمط. نشر بارسونز نتائج إحدى مغامراته النادرة في البحث

---

[*] إن الاستنتاج الذي تقدمه المؤلفتان هنا، يعد صادقاً إلى حد كبير، فقائمة المتغيرات التي تقع تحت التعبيرية أو الأداتية تحدد سمات مجتمعية أو نظام اجتماعي- ثقافي كامل. وغالباً، من ينتمي إلى جماعة قرابية معينة فإنه يتصرف مع أعضائها على أساس من الوجدانية، والانتشار، والنوعية، والخصوصية، والتوجه نحو الجماعة. (المترجم).

الإمبريقي في كتابه الموسوم "النسق الاجتماعي"، وذلك في الفصل الأول الـذي يحمل عنوان "البناء الاجتماعي والعمليات الدينامية: حالة الممارسة الطبية الحديثة". استخدم بارسونز في هذا الفصل مخطط متغيرات النمط ليصف علاقة الطبيب- المريض، وقد استخدم في جمع البيانات لدراسته حول الممارسة الطبية، كلاً من الملاحظة بالمشاركة، وإجراء المقابلات مع الأطباء في مركز توفتز الطبي ومستشفى ماساشوستس العام. وكما هو متوقع، فقد صور دور الطبيب على أنه أداتياً بامتياز. وبسبب المستويات المرتفعة للمنافسة التقنية المطلوبة، صار يحظى موقع الطبيب بمكانة مكتسبة، فالمرء لا يولد طبيباً (رغم أن ابن الطبيب قد يساعده ذلك في أن يكون طبيباً). لقد اعتبر بارسونز التقعيد، وحِدّة الـذهن اللازم للمعرفة، والمهارة المطلوبة، وكثافة، وطول التدريب المستمر. والأداء المطلوب أو إنجاز المعايير، اعتبر كل ذلك توجهاً عمومياً Universalistic . وعلى سبيل المثال، يقتضي واجب الطبيب التركيز على متابعة المريض ليكون بصحة جيدة، وينبغي أن يعامل جميع المرضى بالمثل.

وبصورة مماثلة، فإن الحيادية الوجدانية ضرورية، لأنه يتوقع من الطبيب أن يعالج جميع المشكلات بمصطلحات علمية موضوعية مبررة، ولهذا السبب لا يجري الجراحون العمليات الجراحية لأفراد عوائلهم. أخيراً، لأن الطبيب متخصص في شئون الصحة والمرض، فإن مهنته تنطوي على قدر عال من الدقة والتحديد لمجال الاختصاص. مثلاً، المرضى عادةً لا يستشيرون أطباءهم بأمور تتعلق بضريبة الدخل، وحتى لو يساعد الطبيب في هذا الأمر، فإنه لا يقع في مجال خبرته.

إن الأمر الذي يميز مهنة الطب عن غيرها من المهن عند بارسونز، هو التوجه نحو المجموعة، رغم أنه يمكننا القول بأن هناك فائدة كبيرة يمكن أن يجنيها الطبيب من ممارسة مهنة الطب، إلا أن بارسونز يناقش "أيديولوجيا" المهنة التي تشدد على أن من واجب الطبيب أن يضع رفاهية المريض فوق مصالحه الشخصية. يعتقد بارسونز أن مهنة الطب

تضع خطاً بينها وبين عالم الأعمال والعمليات التجارية، وفي هذا السياق يماثل بين مهنة الطب ومهنة رجل الدين، إذ في كل من الحالتين، يفترض إقصاء دافع الربح إلى حد كبير.

أشار بارسونز إلى أن التنميط الخاص بدور الطبيب يرتبط بالتقليد الثقافي، وإن مسألة ارتباط هذا التخصص، أي دور الطبيب، بالتنافس الفني، هي خاصية لهذا الدور في أمريكا المعاصرة. إن دور العرّاف في المجتمعات القبلية، يجسد مكانة ترتبط بالنوعية والنسب، حيث تنتقل المهنة من الآباء إلى الأبناء. وكعرّاف فإن سلوكه نحو الآخرين وسلوك الآخرين نحوه يعرف ويختلف حسب متغيرات ذات طابع خاص. وبالإضافة إلى هذا، فإن العراف يمكن أن يستشار في كثير من الأمور التي لا تتعلق بالصحة والمرض، الأمر الذي يجعل مهنته تستند إلى معايير انتشارية أكثر منها تخصصية. وربما نتوقع كذلك ظهور قدر كبير من الوجدانية بسبب الروابط القبلية المتينة. وهكذا فإن تنميط "الخيارات الملائمة" يمكن أن يكون مختلفاً في المجتمعات القبلية. إن المقارنة بين دور العراف ودور الطبيب تبين التغير العام في الاتجاه من التوجه المعياري في المجتمعات المحلية البسيطة إلى التوجه الأداتي في المجتمعات الصناعية الحديثة، وكما أشرنا سابقاً، فإن هذا التغير العام يقع في قلب مخطط متغيرات النمط.

إذا افترضنا، انطلاقاً من طروحات بارسونز، أن الفاعلين الأفراد قد تمت تنشئتهم وإكسابهم دافعية لتلبية متطلبات التوقعات الاجتماعية، فإننا نستطيع أن نتنبأ بأن الفاعلين سيجرون اختيارات ملائمة فيما يتعلق بمتغيرات النمط كما نستطيع أن نتنبأ بسلوكهم على أساس المعلومات المرتبطة بالقيم والتوقعات المعيارية. ومع ذلك، فهناك مواقف لا تكون فيها الخيارات مرتبطة، ببساطة، بأحد متغيرات النمط. ومثال ذلك، أن الآباء المعلمين اللذين يتعاملون مع أبنائهم كطلاب في غرفة الصف، سوف يتعرضون إلى كثير من الحالات التي يتصارع فيها دورهم كآباء مع دورهم كمعلمين. إن الاختيار في هذه الحالة

ليس دائماً يتخذ حالة العمومية وحدها أو حالة الخصوصية وحدها، حيث أن علاقة الدم تتعكر صفوتها لأن القرار يتضمن كلاً من العمومية والخصوصية. وهكذا يتضح أن متغيرات النمط ليست محكمة كما تبدو للوهلة الأولى، سـواء تعلـق الأمـر باعتبارهـا طريقـة لتوضيح ووصف علاقات الدور أو باعتبارها طريقة للتنبؤ بالخيارات الملائمة للناس. إن متغيرات النـمط لا تخبر عالم الاجتماع كيف يمكن أن يتصرف الناس عند مواجهتهم لصراعات الـدور. بالإضافة إلى ذلك، فإنه لمن دواعي الشك، فيما إذا كانت عمليـة التنشـئة الاجتماعيـة هـي الفعالـة، أم سلوك الناس البسيط ... هو الدالة على التوقعات المعيارية، كما هو متضمن في طرح بارسونز. بمعنى آخر، إن الاختيار الملائم للناس الذي يكثر تكراره ربما لا يكون هو الاختيار الحقيقي. إن حدوث ما هو ليس بحق، أو ما يدعوه بارسونز سلوكاً "منحرفاً" Deviant ، سيكون لـه مكانـاً في سياق موضوعنا التالي المتمثل في عمل بارسونز المرتبط بـ "مشكلات الأنساق" والتوازن.

مشكلات النسق الوظيفي (AGIL)

فبعد مضي فترة قصيرة عـلى انتهائـه مـن صـياغة متغيـرات النـمط، بـاشر بارسـونز في صياغة مهمته الفكرية التالية، حيث أراد اختزال النقص في موثوقية نظرية الفعل الاجتماعـي حول الأهداف (مثل تحقيق درجة البكالوريس لـ آن دو) التي ينبغي على الفـاعلين ملاحقتهـا. كما أراد أن يفصل متغيرات النمط بصورة أكبر. إن الأفكار التي طورهـا – والتي أطلـق عليهـا مسميات مختلفة مثل "مشكلات النسـق" و "الضرـورات الوظيفيـة" و "نمـوذج AGIL" (حيـث تدل هذه الأحرف على الأحرف الأولى للوظائف الأربـع التـي اسـتنبطها)، و "نمـوذج الوظائف الأربع" – كانت بمثابة محاولة لإدماجها في قضايا نظريته حول طبيعة الأهداف.

نتج عن هذا العمل اشتراك بارسونز مع روبرت بيلز Robert F. Bales في

80

التجارب حول القيادة في الجماعات الصغيرة. لاحظ بيلز أن هناك تغيرات في نوعية النشاط كلما حاولت الجماعات الصغيرة حل المشكلات المتعلقة بواجباتها. وفي الاجتماع المعد لهذا الغرض، من عادة الجماعات أن تبدأ بطلب وتقديم معلومات من شأنها أن تحل مشكلة الاتجاه العام حول الواجب أو المهمة، ثم تحاول الجماعات بعد ذلك حل مشكلة التقييم وصناعة القرارات حول الواجب أو المهمة المطروحة. ثم تحاول الجماعات ضمان درجة معينة من الإجماع عن طريق الضبط الاجتماعي Social Control ، وإذا نجحت سلسلة الإجراءات هذه فإنها تنتج تصرفاً يعكس التضامن واختزال التوتر مثل المزاح والضحك، وذلك من أجل معالجة أي اختلال تعرض له التكامل واستعادة حالة التوازن التي شهدتها الجماعة.

إن قراءة متأنية للكتاب الموسوم "أوراق عمل في نظرية الفعل"، وهو الكتاب الذي اشترك فيه بارسونز مع روبرت بيلز وادوارد شيلز، تكشف عن أن الجماعات الصغيرة التي أجرى عليها بيلز التجارب كانت تتشكل من الطلاب في جامعة هارفرد، حيث قام بيلز بحشدهم عن طريق مكتب الاستخدام في الجامعة. في بداية الخمسينيات من القرن الماضي(1950)، جلبت الجماعات بشكل كامل من البيض، اللذين ينتمون إلى الطبقة الوسطى العليا، أو الطبقة العليا، وكانوا جميعاً من الذكور البروتستانت. إن تجانس الجماعة يظهر تساؤلات تتعلق بعدد، ونوع، ومدى مشكلات النسق الوظيفي عند بارسونز ومستويات تعميمها. فإذا تضمنت الجماعات الصغيرة أمريكان من أصول إفريقية، ولاتينيين، وآسيويين، ونساء، وعمال كادحين، وكاثوليكيين، ويهود، فإنه يمكن أن تختلف أنواع ونتائج نشاطات الجماعة. لنفترض أن الاتجاه العام نحو الواجب تم النظر إليه بشكل مختلف من قبل الجماعات التي تحتل أعلى مراتب السلم الاجتماعي. فإن نظرتهم إلى الضبط الاجتماعي ستختلف كذلك. وعلى سبيل المثال، فإن الجماعات التي تتصف باللاتجانس

ربما تشهد توترات أكثر، تتضح في انبثاق حـل الصـراع كمشـكلة نسـقية رئيسـة، وهكـذا فـإن مشكلات النسق الرئيسة ربما تتخذ صورة مختلفة تماماً.

أصحاب النظرية النسوية Feminist Theorists من أمثال دورثي سمث Dorthy Smith ألقوا الضوء على الانفصال القائم بين خبرة المرأة للعالم والاتجاه العام للمفاهيم والنظريات المرتبطة بالمجتمع، والوعي الذاتي، وتوضح سميث المثال التالي على حالة الانفصال:

"إن اكتشافي المبكر لتلك القضايا كان مـن خـلال حلقـة نقـاش لطلبـة الدراسات العليا حيث ناقشنا إمكانية أن يكون هناك علم اجـتماع خـاص بـالمرأة. اثنتـان مـن الطالبـات صرحتـا بـأن نظريـات انبثـاق القيـادة في الجماعات الصغيرة، لا تنطبق بصورة صـحيحة عـلى مـا حصـل في موقـف الجماعة التجريبية اللتان شاركتا فيها، إنهما لم تتمكنان من إيجاد العلاقـة المتبادلة بين النظرية وخبراتهما".

كما يقدم أصحاب النظرية النسوية نقداً لافتراض بيلز الذي يؤكد فيه بـأن الأشـخاص ذاتهم لا يمكنهم القيام بسلوك الواجب (الأداتي) والسلوك الاجتماعي (التعبيري)، بينما كل مـن السلوكين ضروري لبقاء واستمرارية الجماعة الصغيرة. لقد أوضح كل من ميكر Meeker وفيتـزل أونيل Weitzel-Oneill ، بأن البحوث التي أجريت لاحقاً قدمت دعماً قليلاً لفكرة أن العمـل أو الواجب المهني والأدوار الاجتماعية لا يمكن القيام بها من قبل شخص واحد في نفس الوقت. وقد خلصـا إلى أن وضـع الواجـب المهنـي ضـد التوجـه الاجتماعـي لا يمكـن تبريـره كتفسـير للفروقات السلوكية على أساس الجنس في جماعات العمل Task Groups .

قرر بارسونز، أن مقولات بيلز المتعلقة بتحليل التفاعل والأنشطة التي تنخرط بها

الجماعات الصغيرة، يمكن أن تتسع إلى ما وراء تلك الجماعات لتشمل جميع أنساق الفعل، وذلك إذا ما تمت صياغتها مفاهيمياً، وهذا بالفعل ما قام به بارسونز فيما يتعلق بنموذج الوظائف الأربع، الذي يحدد فيه المشكلات الرئيسة التي ينبغي على الأنساق حلها إذا أرادت أن تتطور وتبقى على قيد الحياة. إن هذه المشكلات توجد أنساق قادرة على حل المشكلات والتغلب على الصعاب بنجاح.

إن عمل بارسونز المتعلق بنموذج الوظائف الأربع، يضع بشيء من التفصيل المعقد محددات ومتطلبات التوازن الذي يمثل مركز اهتمامه. وهو المفهوم (أي التوازن) الذي يعني بشكل أساسي حالة من الانسجام في النسق. وقد تم تطوير هذا المفهوم، كمفهوم نظري في علم الاجتماع من قبل الوظيفيين المعاصرين، والتعريف التالي يوضح العلاقة بين "التوازن الاجتماعي" والوظيفية:

"التوازن الاجتماعي هو المفهوم الذي يشير إلى أن الحياة الاجتماعية تمتلك ميلاً لتكون وتبقى ظاهرة متكاملة وظيفياً، الأمر الذي يترتب عليه أن أي تغير في أحد أجزاء النسق الاجتماعي يجري معه تغيرات تكيفية في الأجزاء الأخرى. إن التغير الأولي يوجد الانسجام، لكن التغير الوظيفي للأجزاء يحدث لإعادة تحقيق نسق متكامل، ومتكيف وثابت نسبياً".

كما أشرنا في بداية هذا الفصل، فإن النموذج الوظيفي للمجتمع، باعتباره يتضمن اعتماداً متبادلاً بين أجزائه، ومتوازن ذاتياً، إنما يشبه النموذج البيولوجي للكائن الحي. تشكل الاهتمام المبكر لبارسونز بالتوازن من خلال تأثره بفكرة كانونز W. B. Cannons حول نزوع التوازن الحيوي للثبات في العمليات الفسيولوجية، عندما درس الأحياء في أمهرست.

وفي حالة المجتمع، كما يجادل بارسونز، هناك مؤسسات وبنى معينة تحفظ التوازن من خلال إشباع الحاجات وحل المشكلات المتكررة، تماماً كما يفعل الكائن الحي في بيئته الطبيعية. إن تلك البنى، بالمقابل، وظيفية لأن ميكانزمات معينة تضمن عملها على نحو مناسب من يوم ليوم وفي مناقشته لمشكلات النسق وضع بارسونز وجهة نظره حول ما يحتاجه أي نسق للفعل من أجل تحقيق التوازن.

جادل بارسونز بأن جميع أنساق الفعل تواجه أربع مشكلات أساسية (أو لديها أربع حاجات أساسية) هي: التكيف Adaptation ، وتحقيق الهدف Goal Attainment ، والتكامل Integration ، وحفظ النمط Pattern Maintenance ، أو كما أعاد تسميتها لاحقاً "حفظ النمط الكامن- إدارة التوتر" Latent Pattern Maintenance – Tension Management . وفي سياق الحديث عن النسق الاجتماعي، يتصور بارسونز المجتمع عادة أو النسق الاجتماعي[*] كمربع كبير يقسمه إلى أربعة أجزاء متساوية، تلك الأجزاء هي أربع مشكلات للنسق الوظيفي والتي يعبر عنها بالأحرف AGIL. (انظر الشكل التوضيحي 2-2).

ماذا يعني بارسونز بالأحرف AGIL في مربعه الشهير؟.

بالنسبة للحرف (A) التكيف Adaptation فإنه يعني إشكالية تأمين المصادر الكافية من البيئة وتوزيعها عبر النسق. تمثل المؤسسات الاجتماعية أنساق مترابطة من المعايير والأدوار الاجتماعية التي تشبع الحاجات أو الوظائف وتساعد في حل مشكلات النسق الاجتماعي. ومن الأمثلة على المؤسسات الاجتماعية: الاقتصاد، والنظام السياسي،

---

[*] ينبغي الإشارة هنا إلى أن بارسونز لا يرادف من الناحية المفاهيمية بين المجتمع والنسق الاجتماعي. فالمجتمع هو شكل من أشكال النسق الاجتماعي ... يحقق مستوى عال من الاكتفاء الذاتي كنسق في علاقته مع بيئته (المؤلفتان).

والقانون، والدين، والتعليم، والأسرة. فإذا أراد النسق الاجتماعي أن يبقى على قيد الحياة فإنه يحتاج إلى بنى ومؤسسات معينة من شأنها أن تؤدي وظيفة التكيف مع البيئة. لو أخذنا الولايات المتحدة كنسق اجتماعي، فإن التحليل البارسوني Parsonian - نسبة إلى تالكوت بارسونز - يشير إلى الاقتصاد كمؤسسة اجتماعية تلبي حاجة التكيف، أو تعمل على مشكلة تأمين المصادر الكافية، حيث تحدد الإنتاج، والثروة الناتجة كقضية مركزية.

أما بالنسبة للحرف (G) تحقيق الهدف Goal Attainment ، فإنه يعني أن النسق يحتاج إلى حشد موارده وطاقاته من أجل تحقيق أهدافه مع ترتيب الأولويات بينها.

وفي الولايات المتحدة، فإن مشكلة توجيه الموارد نحو الغايات الجمعية، هي بالضرورة، تقع في صلب اهتمام المؤسسات السياسية، وبشكل أساسي فإن وظيفة صناعة القرار تجسد السؤال المركزي المرتبط بتحقيق الهدف والمتعلق بالاستخدام الشرعي للقوة من أجل تطبيق القرارات الاجتماعية.

ويشير الحرف (I) إلى التكامل Integration ، ويحتل مكان القلب من نموذج الوظائف الأربع، لأن حل هذه المشكلة ذو أولوية بالنسبة للوظيفيين، وبشكل خاص منذ زمن دوركايم. يعني بارسونز بالتكامل الحاجة إلى تنسيق، وموائمة، وتنظيم العلاقات بين مختلف الفاعلين والوحدات ضمن النسق، وهكذا يتم منع التداخل المتبادل من أجل حفظ عمل النسق. وفي النسق الاجتماعي للولايات المتحدة، فإن المؤسسات القانونية والمحاكم تلبي الحاجة إلى الضبط الاجتماعي، حيث أن المسألة المركزية بالنسبة لها تتمثل في تطبيق المعايير أو النفوذ.

حاجة النسق الرابعة، في صندوق بارسونز هي الحرف (L)، (حفظ النمط الكامن- إدارة النمط) Latent Pattern Maintenance - Tension Management، وهنا تبرز مسألتان: الأولى: الحاجة للتأكد من أن الفاعلين يمتلكون دافعية كافية لممارسة

أدوارهم في النسق أو الحفاظ على نمط القيم، والثانية: الحاجـة إلى تقـديم ميكانزمـات من أجل إدارة التوتر الداخلي.

هذه المشكلة هي واحدة من مشـكلات حفـظ نسـق القيـم مصوناً، وضـمان تكيـف أعضاء النسق من خلال نقل القيم الاجتماعية للأعضاء الجدد، واستحضار الالتزام القيمي.

وفي الولايات المتحدة تكون المؤسسات الاجتماعية ذات العلاقة هـي: الأسرة، والـدين، والإعلام، والتعليم. والمسألة المركزية هنا هي الالتزام الأخلاقي للقيم المشتركة.

(A) التكيف	(G) تحقيق الهدف
الاقتصاد	النظام السياسي
النظام التعليمي والدين والأسرة	النسق القانوني

| (L) حفظ النمط الكامن- إدارة التوتر | (I) التكامل |

الشكل التوضيحي 2-2: نموذج الوظائف الأربع لدى بارسونز
مطبق على الولايات المتحدة كنسق اجتماعي

لقد ارتبطت إحدى آخر مشاركات بارسونز في البحث الإمبريقي بشكل مباشر بمخطط ألـ AGIL. اشترك بارسونز مع جيرالـد بـلات Gerald Platt في دراسـة حـول التعليـم العـالي بواسطـة المسح بالعينة لأعضاء من الكليات الأمريكية. وفي مادة هذه الدراسة، تم وصـف بنـاء التعليـم العالي، بأنه "متخصص في تطبيق الأنماط الثقافية للعقلانية الإدراكية". ويقع في إطار الدراسـة، المنهج العقـلاني أو العلمـي في توليـد المعرفة، والبحـث عـن الحقيقـة والمـدى الكـلي للتعليـم والتعلم. إن بيانات بارسونز وبلات حول أهداف التعليم في الكلية تبين أن العقلانيـة الإدراكيـة Cognitive Rationality تمثل أسمى القيم المشتركة في نسق

التعليم العالي الأمريكي. وهكذا فإن نسق التعليم العالي الأمريكي يعمل على نقل القيم المركزية للمجتمع الأمريكي الحديث ويحافظ عليها. بمعنى، أنه يمتلك وظيفة المحافظة على النمط.

قدمنا في الشكل التوضيحي 2-2 نموذج الوظائف الأربع في ضوء البنى الاجتماعية، مع طرح مثال على ذلك من الواقع النسقي الوظيفي للولايات المتحدة. ولكن ليس بالضرورة أن تكون الأمور مرتبة ومنتظمة. إذ في المجتمعات الأكثر بساطة هناك ميل أكثر لطي أو استجماع الوظائف، فالتحليل البارسوني للولايات المتحدة لا يلائم، على سبيل المثال، قبائل الغابات الإفريقية "البيجي" Pygmy التي تنخرط في تقسيم بسيط للعمل (نموذج المجتمع المحلي البسيط). إن جميع أعضاء القبيلة يشاركون في الصيد، وبناء الأكواخ، والتنشئة الاجتماعية للأطفال الجدد، والضبط الاجتماعي بوجه عام. وكذلك الأمر في الدولة الشمولية ذات التخطيط المركزي، مثل الصين الشيوعية، حيث يكون الحزب هو المؤسسة المسؤولة عن كل من الإنتاج الاقتصادي، وتوجيه المصادر ووضع الأولويات. ولذلك فإن كلاً من الوظيفة (G) تحقيق الهدف، والوظيفة (A) التكيف انطوت أو استجمعت كل منهما في نسق واحد يؤديها معاً. وعلى العكس من ذلك، في اقتصاد السوق، حيث أن المؤسسات المعنية بوظيفة تحقيق الهدف (G) لا تسقط وظيفتها على تلك التي تحقق وظيفة التكيف (A)، فالأولويات توضع من قبل قوى السوق المؤثرة في العرض والطلب، وليس من قبل عملية صناعة قرار سياسي مركزية.

مثل هذا الأمر، يشير إلى مشكلة عامة في الوظائف الأربع عند بارسونز، حيث أنها ليس بالضرورة قابلة للانفصال عن بعضها بوضوح، وذلك لأنها تمثل فئات تحليلية. ليس بالضرورة أن تتلائم المؤسسات مع صندوق واحد – أي إحدى الوظائف الأربع - والمخطط بذاته لا يمكن استخدامه للتنبؤ بطبيعة المؤسسات التي سيعمل المجتمع على

تطويرها أو أي الوظائف ستقوم مؤسسة معينة بإنجازها، وأكثر من ذلك، فإن النموذج يساعد في تصنيف المؤسسة بعد أن تقوم بوظيفتها.

إن التعقيد في تطبيق نموذج الوظائف الأربع يكون أكثر وضوحاً عندما يدرك المرء أن بارسونز يعتقد بأن المشكلات الأربع ذاتها تواجه كل نسق من الأنساق الأربعة على حدة؛ وهذا يعني أنها لا تنطبق فقط على النسق الاجتماعي الأكبر (أي المجتمع) ولكن على كل نسق فرعي فيه كذلك (أي الاقتصادي والسياسي، ..)،يمكننا النظر إلى الأسرة كبناء اجتماعي يلبي حاجة المجتمع (النسق الاجتماعي الأكبر) إلى حفظ النمط الكامن - إدارة التوتر، كما هو موضح في الشكل 2-2. لكن يمكننا النظر إلى الأسرة كذلك كنسق اجتماعي يحتاج إلى حل المشكلات الأربع ذاتها. وهكذا تستطيع أن تتصور المربع الذي تقع فيه وظيفة حفظ النمط وإدارة التوتر (L)، في الشكل التوضيحي المتعلق بالولايات المتحدة، باعتباره يتضمن في داخله أربعة أنساق يواجه كل منها مشكلة. تميزت وجهة نظر بارسونز المتعلقة بالأسرة، بصورة مستمرة، بالتقليدية، ولذلك فليس من المدهش أن نجده يفترض بأن الأب هو الذي يتولى حل مشكلة التكيف باعتباره معيلاً للأسرة، كذلك يقوم الأب باتخاذ القرارات الأساسية، وبذلك يحقق وظيفة تحقيق الهدف. كما يلعب الأب الدور المسيطر في تكييف علاقات الأسرة ليحافظ على النسق في حالة تكامل. أما الوظائف الأساسية للأم تتمثل في نقل قيم الأسرة للأبناء. وتوجد مناخاً أسرياً يتم فيه التخلص من التوترات باستمرار (حفظ النمط). مرة أخرى، ما تزال الأمور بعيدة عن أن تكون منتظمة ومتوقعة، كما أراد بارسونز، وبشكل خاص في المرحلة التي لا تكون فيها الأسرة التقليدية هي الصورة الأسرية السائدة. فالزوج والزوجة ربما يشتركان بشكل متساو في تحقيق وظيفة التكيف (A)، أو ربما تكون الزوجة المعيل الأساس للأسرة، أو ربما تلعب الدولة دوراً حاسماً من خلال الرفاه، وتعويضات البطالة، أو نفقات الأمن الاجتماعي. والوظائف

الثلاث الأخرى يمكن أن تكون مشتركة كذلك. إن مخطط بارسونز يحدد وظائف عامة، لكنه لا يستطيع أن يتوقع كيف يمكن تحقيقها.

مشكلات النسق (AGIL) والتوازن

النقطة الحاسمة التي ينبغي أن نتذكرها فيما يتعلق بحاجات النسق الأربع أن بارسونز يعتبرها متطلبات مسبقة Prerequisities للتوازن الاجتماعي. إن استمرارية عملها عبر الأيام مضمون بموجب آليتين، حسب نظرية باسونز، وهما: التنشئة الاجتماعية والضبط الاجتماعي. فإذا عملت التنشئة الاجتماعية، فإن جميع أعضاء المجتمع سيكونون ملتزمين في نطاق القيم المشتركة، ويقومون باختيارات ملائمة بين متغيرات النمط. وبوجه عام يفعلون ما هو متوقع منهم في إطار التكيف والتكامل. وهكذا دواليك، على سبيل المثال، الناس يتزوجون وينشئون أبناءهم (L) ، وفي الأسرة ينبغي على الآباء أن يتولوا مهمة الإعالة (A). علاوة على ذلك، فإن مثل هذه التنشئة الناجحة تنتج ما أطلق عليه بارسونز (تتام التوقعات) Complementarity of Expectations.

هذا يعني، أن كل من الطرفين المنخرطَين في موقف التفاعل، يتشاركان ويتقبلان القيم الثقافية والتوقعات المعيارية ذاتها، ولذلك يعلم كل فاعل ما يتوقعه الآخر منه، وتكمّل استجابات كل منهما استجابات الآخر. إن الفاعلين يمتلكون دافعية لتلبية متطلبات التوقعات الاجتماعية، ويتصرفون على وجه ملائم، والنتيجة المفرحة هي التوازن.

يميل بارسونز إلى توضيح موقف تتام التوقعات، والسلوك، والتوازن، بإعتباره يتحقق عبر فترة طويلة من الوقت. ومع ذلك، فإنه يتعامل كذلك مع مواقف "اللاتوازن" Disequilibrium التي يتعرض فيها انسجام المجتمع للاضطراب، والتي تظهر فيها قوى تعمل على إعادة تحقيق التوازن. وهكذا، من يوم ليوم، قد تحدث حالات انحراف، وتنتهك المعايير المرتبطة بالدور التفاعلي، كحالة سائق السيارة الذي يجتاز الإشارة الضوئية بينما

يكون الضوء أحمراً. وبتعبيرات بارسونز، يلي هذه الاختراقات، ممارسة الضبط الاجتماعي، واستخدام الجزاءات السلبية لاستعادة تكيف الفاعلين المتمردين، إذ من الممكن أن يخالف رجل الشرطة سائق السيارة المنحرف. من وجهة نظر بارسونز فإن كل مجتمع لديه آليات ضبط اجتماعي عامة، مثل الشرطة والمحاكم، التي تعمل من أجل معالجة الانحراف، واستحضار السلوك إلى خط التوقعات، واستعادة التوازن مرة أخرى.

إن المفهوم الذي أشرنا إليه سابقاً، "الدور التفاعلي" Role Interaction يمثل مكوناً أساسياً في النسق الاجتماعي ضمن نظرية بارسونز، ومع ذلك، فإن ستاسي وثورن Stacey and Thorne يقدمان الفكرة التالية حول الدور، في معرض مناقشتهما المعارضة لمصطلح الدور الجندري Gender Role أو التشديد على عملية التنشئة الاجتماعية لدور الجنس أو النوع الاجتماعي:

> "إن فكرة الدور تركز الانتباه على الأفراد أكثر منه على البناء الاجتماعي، وتوضح أن دور الأنثى ودور الذكر مكملان لبعضهما (أي، منفصلان أو مختلفان لكن متساويان). إن هذه المصطلحات مجردة عن عملية التسييس. إنه ذو دلالة أن لا يتحدث علماء الاجتماع عن "الأدوار الطبقية" أو "الأدوار العرقية"."

يرى بارسونز، أنه بضمان دور تفاعلي ملائم ومنسجم، فإن كلاً من آلية التنشئة الاجتماعية والضبط الاجتماعي تعملان بوجه عام على توليد التوازن في النسق الاجتماعي وتحافظان عليه. ومع ذلك، فإن اللاتوازن قد ينشأ بسبب التغيرات أو التوترات في النسق الاجتماعي، والتي تؤثر في طريقة تلبية حاجات النسق الأربع. لقد كان طرح بارسونز مبهماً وغامضاً فيما يتعلق بأُصول التوتر، وفي تقديمه للمفهوم اكتفى بالقول: "لنفترض أنه من أي مصدر كان، فإن الاضطراب يدخل إلى النسق ..."، وهكذا، فإن مصدر اللاتوازن

يمكن أن يكون أي شيء كالهزة الأرضية إلى الأنواع المختلفة من الإحباطات الاقتصادية وحتى الثورة. وأياً كان مصدر التوتر، فإن بارسونز يعتقد بأن المجتمع يتعدل ويتكيف كاستجابة للاضطراب من أجل استعادة التوازن.

في بداية هذا الفصل استخدمنا مثال المطار لنبين ماذا يعني الوظيفيون بتعديل أو تكييف النسق من أجل استعادة التوازن. ويمكن أن نظهر كذلك ما يعنيه هذا الأمر بمصطلحات بارسونية من خلال استخدام النسقين الاجتماعيين اللذين تمت مناقشتهما وهما: الأسرة والولايات المتحدة. إن الجدل الراهن حول انهيار الأسرة غالباً ما يستخدم الأفكار التي تبناها الوظيفيون. على سبيل المثال، يقدم الباحث البريطاني نورمان دنيس Norman Dennis بيانات تظهر "بأن فرص الحياة للطفل الذي كان والداه حاضرين عند ولادته، والذي يكافح والداه بنجاح للبقاء مع بعضهما من أجل العناية به .. تكون أفضل بكثير من فرص أولئك الأطفال اللذين يفتقدون إلى الأب". بينما يدرك بوضوح أن بعض الأولاد والبنات يعيشون في أسر تفتقد اليوم إلى الأب، ويوضح الأمر على النحو التالي:

جميع الأولاد والرجال اليافعين دون استثناء .. يواجهون مستقبلهم باختزال متصاعد للضغط الاجتماعي أو التدريب الاجتماعي ليصبحوا أزواجاً وآباءً مسؤولين ومؤهلين .. يتم تعلم الأبوة تماماً مثلما يتم تعلم اللغة، إنها تنتقل عبر رسائل لا تحصى من التعزيز والتعليمات التي تأتي كل يوم، من لحظة الميلاد، عبر الآباء، وأقارب آخرين، وجيران، وتمر بالغرباء. تلك الرسائل تجسد، مثلها كاللغة الأُم، الحس العام المشترك بين الأجيال، المشتق من خبرة الناس العاديين وسجاياهم المشتركة، حول ما تثبت أنه حميد وقابل للممارسة العملية في الحياة اليومية.

يجادل دينس مستخدماً مفاهيم وظيفية بأن " التنشئة الاجتماعية والضبط الاجتماعي افتقدا قوتهما في إنتاج .. آباء ملتزمين بشكل فعال وناجح".

ماذا يحدث عندما يكون هناك حالة من اللاتوازن في النسق الاجتماعي الأكبر، مثل الولايات المتحدة؟ العديد من الأمريكيين جربوا بصورة مباشرة كهذه الحالة (اللاتوازن) عند اغتيال الرئيس جون ف. كينـدي. وحسب تعبير بارسونز، تعرض مربع (G) تحقيق الهدف للاضطراب بشكل سيء، وذلك أنه إلى حين أن ألقى جونسون Lyndon Johnson اليمين وتسلم زمام السلطة، كان مركز اتخاذ القرار الأكثر أهمية في الحكومة فارغاً، ولو أعاد بارسونز النظر بسرعة إلى حشد الأفراد الضروريين لحضور مراسيم تنصيب الرئيس الجديد، فسوف يرى في هذا الإجراء مثالاً على ردة الفعل النسقية السريعة لحالة اللاتوازن الخطيرة.

إن نموذج بارسونز يقدم طريقة في النظر إلى مجتمع، تركز انتباهنا على الاعتماد المتبادل بين المؤسسات المختلفة، وعلى الطريقة التي تتلمس فيها المجتمعات الإنسانية حيثما كانت المشكلات ذاتها رغم الاختلافات في مظاهرها، وعلى استمرارية الحياة الاجتماعية، والطريقة التي تكون فيها آمنة. ومع ذلك، كما هو الحال بالنسبة للعديد من الانتقادات التي تم تقديمها، فإن نموذج بارسونز يترك الكثير من القضايا دون توضيح. في معرض مناقشتنا لأصول الوظيفية المعاصرة، أشرنا إلى أن تفسير دوركايم لشيء ما استناداً إلى الوظيفة التي يؤديها، لقد كانت مشكلة متكررة وهذه الدائرية واضحة بالفعل في أعمال بارسونز. لقد أخفق بارسونز في تحديد الآليات التي تطور الأنساق من خلالها طرقاً لإشباع حاجاتها، أو تتعامل مع الضرورات الوظيفية، ولم يحدد المنهج الذي من خلاله يستجيب النسق لحالة اللاتوازن. إضافة إلى ذلك، فإن نموذج بارسونز يفترض أنه بطريقة ما يتم ضمان إشباع الحاجات المختلفة الموجودة. مرة أخرى، فإن مصادر الانحراف واللاتوازن لم تعالج أبداً بتفصيل دقيق، وقد تم نقد نظرية بارسونز في الانحراف لأنها تحتاج في الغالب إلى تحديد أكبر للظروف التي بمقتضاها سيثير نوعٌ معين من الانحراف، نوعاً معينا من الضبط

الاجتماعي، والظروف التي يكون فيها الضبط الاجتماعي فعالاً أو غير فعال. إن مثل هذا التحديد يمكن أن يمنح نموذجه ملائمة نظرية أكبر ويجعله أكثر اقتراباً من القابلية للاختبار المباشر.

إن اهتمام بارسونز بالاعتماد المتبادل بين أجزاء المجتمع، وكذلك نظريته في التوازن الاجتماعي، كان لهما تأثير كبير في علم الاجتماع المعاصر. منذ البداية، ورغم أنه تعرض لانتقادات مكثفة، كما ذكرنا سابقاً، فإن العديد من علماء الاجتماع عرفوا أعمالهم، واهتماماتهم بأنها معارضة لتالكوت بارسونز. لقد وضعنا أيدينا للتو على بعض مشكلات نظرية بارسونز: فحقيقة مخططاته التصنيفية، وقائمة الوظائف أو الحاجات الضرورية، لا تسمح للمرء أن يتنبأ سلفاً بالبناء الفعلي والمؤسسات التي سيطورها المجتمع، إلى جانب إخفاقه بالتعامل مع صراعات الدور بصورة كافية، وإخفاقه في تحديد الآليات التي يتم من خلالها استعادة حالة التوازن.

ومع ذلك، فإن الأمر الذي تسبب في أكثر الانتقادات التهاباً، هو حقيقة أن بارسونز ليس محايداً بمسألة بقاء وتطور الأنساق الاجتماعية، وبدلاً من ذلك، فإن صياغته للوظيفة توضح أن التوازن يمثل أمراً مرغوباً به بصورة جوهرية.

وعلاوة على كل ذلك، فإن نسق بارسونز يمثل نسقاً في حالة توازن لأن كل فاعل ملتزم أخلاقياً في أداء الوظائف المتوقعة ثقافياً واجتماعياً. وكما يوضح بارسونز "إن عمليات معقدة كثيرة تعد ضرورية للحفاظ على أي نسق اجتماعي في حالة عمل دائم ولو أن أعضاء المجتمع لم يقوموا بأي عمل مطلقاً، فإن المجتمع سرعان ما يندثر من الوجود". وبالفعل، إذا ترسخت القيم الثقافية بشكل تام، وإذا قام كل الفاعلين والوحدات بعمل ما هو متوقع منهم، فإنه من العسير أن يبتعد المجتمع عن الحالة التي يكون فيها متوازناً. لقد عالج بارسونز "الانحراف" بطريقة تبين عدم قبوله، وتتحدث قليلاً عن أصوله ومسوغاته،

وبدلاً من ذلك نوقش كمصدر لحالة اللاتوازن تطبق عليه الجزاءات السلبية الملائمة. تعرض بارسونز بشكل خاص لانتقاد أولئك اللذين يستخدمون منظور الصراع في التحليل الاجتماعي، ويجادلون بأن منظوره يضفي قبولاً على الوضع القائم على حساب صراعات المصلحة، وأشكال اللامساواة، والاضطهاد التام الذي يمكن للنسق الاجتماعي أن ينخرط به، و يجادل محللاً من هذا القبيل مثل بارنجتون مور Barrington Moore بأنه:

"من أجل صيانة نسق القيم ونقله (من جيل إلى جيل) يتعرض البشر للعقاب والإرهاب والزج في السجون ومعسكرات الاعتقال والتملق والمراهنة والرشوة، أو يجري تحويلهم إلى أبطال وتشجيعهم على قراءة الصحف أو إطلاق الرصاص عليهم ووجوههم إلى الحائط، أو حتى في بعض الأحيان يتعلمون دروساً في علم الاجتماع. إن الحديث عن قصور ذاتي ثقافي، يتجاهل المصالح والامتيازات الملموسة التي تخدمها التربية والتعليم وتلقين المبادئ ومجمل العملية المعقدة لنقل الثقافة من جيل إلى جيل .."

هل هذا يعني أن بارسونز يضفي قبولاً على الجرائم الشنيعة التي ارتكبت في نظام هتلر؟ إن الإجابة على هذا السؤال توجد في المجلد المحرر حديثاً حول دراسة بارسونز الاجتماعية العلمية للفاشية الألمانية، وحسب ما يرى تيرنر Turner :

"لعب بارسونز دوراً فكرياً وسياسياً هاماً في الكشف عن مشكلات ومخاطر ألمانيا النازية بالنسبة للمؤسسة السياسية الأمريكية، وفي محاولتها توريط تلك المؤسسة للمشاركة في الحرب".

وبالمقارنة مع اقتباس بارنجتون مور الموضح أعلاه، أشار منظر صراعي آخر، وهو يورجن هابرماس Jurgen Habermas إلى أنه "لا يوجد أحد من معاصري بارسونز طوّر نظرية عن المجتمع بهذا المستوى من التعقيد ... وأي عمل نظري في علم الاجتماع اليوم، لا يأخذ تالكوت بارسونز بالحسبان، فإنه لا يؤخذ على محمل الجد".

الجزء الثاني

روبرت ميرتون: النظرية متوسطة المدى

تمهيد:

ولد روبرت كنج ميرتون Robert King Merton في عام 1910، لأبوين يهوديين مهـاجرين في أحد الأحياء الفقيرة في جنوب فيلادلفيا، حيث كان والده يعمل نجاراً وسائق عربة نقل. ومـع نشأته المبكرة تولد لديه شغف كبير بـالتعلم، الأمـر الـذي مكنـه مـن الحصـول عـلى منحة في جامعة تمبل Temple ، حيث حصل منها على درجة البكالوريوس وأصبح مهتماً بعلـم الاجتماع عندما درس مساق مقدمة في علم الاجتماع الذي كان يدرسه جورج سمبسون George Simpson ، وباستذكاره هذه الخبرة، قال ميرتون: "لم يكن مبهجاً كثيراً مـا قال سمبسـون أنه فعلـه، لكن الأكثر مدعاة للابتهاج تمثل في اكتشاف أنه كان ممكناً اختبار السلوك الإنساني بشكل موضوعي وبدون استخدام مفاهيم أخلاقية محمولة مسبقاً".

حصل ميرتون على درجة الدكتوراه بمساعدة زملائه من جامعـة هارفـارد، حيـث كـان واحداً من أوائل وأهم طلاب بارسونز. وأشار بارسونز إلى هذه المسألة عندما تأمل فـترة عملـه في هارفارد موضحاً علاقاته المتميزة مع طلاب الدراسات العليا، فقال: "لقد كان روبرت ميرتون أكثرهم أهمية"، وأضاف: "لفترة جديرة بالاهتمام، أصبحنا أنا وميرتون معروفان كقادة للمدرسة البنائية الوظيفية من بين علماء الاجتماع الأمريكان".

عندما كان في جامعة هارفارد، تأثر ميرتون بـ بيترم سوروكن Pitirm Sorokin الـذي كـان مؤيداً لعمل بارسونز. لقد اهتم سوروكن بالتنظير بعيد المدى الذي يميل إليه بارسونز، لكنـه وازن هذا باهتمام موازٍ وقوي في البحث الإمبريقي والدراسات الإحصائية.

ولكن الذي كان له تأثير على ميرتون ليكون نشيطاً في البحث الإمبريقي هو بول لازرزفيلد Paul K. Lasarfeld. وقد زامله ميرتون(*) عن قرب في مكتب البحث الاجتماعي التطبيقي، في جامعة كولومبيا حتى توفي لازرزفيلد عام 1976. لقد وصف بارسونز نفسه بأنه مصاب بداء التنظير، لكن ميرتون انخرط في البحث الميداني منذ عام 1941 عندما انضم إلى الكلية في كولومبيا.

ثمة مقالتان قديمتان لميرتون حول العلاقة بين النظرية السوسيولوجية والبحث الإمبريقي ظهرتا في أحد فصول كتابه الأكثر شهرة الموسوم "النظرية الاجتماعية والبناء الاجتماعي"، وعلى خلاف بارسونز فإن ميرتون لم يتوقف عند حد النظرية المجردة والتنميط، ولكنه صاغ فرضيات إمبريقية غالباً ما اختبرها في العالم الواقعي من خلال جمعه البيانات وتحليله النتائج بنفسه.

تم انتخاب ميرتون رئيساً للجمعية الأمريكية لعلم الاجتماع في عام 1957. لم تكن جميع مساهمات ميرتون في علم الاجتماع وظيفية، ولكن من أهم مساهماته في الوظيفية تلك التي تتمثل في عمله المتعلق بالنظرية متوسطة المدى، وعمله المتضمن إعادة النظر في التحليل الوظيفي، ونظريته في الإنحراف.

النظريات متوسطة المدى

إن إحدى الطرق الهامة التي تحول من خلالها ميرتون عن الوظيفية البارسونية تمثلت باتخاذه قرار التوقف عن البحث في مجال إنجاز النظرية الشمولية. واقترب، بدلاً من ذلك، من اتخاذ مسار ما أطلق عليه "النظريات متوسطة المدى" Middle-range Theories ، ويوضح ميرتون مغزى النظرية متوسطة المدى على النحو التالي:

(*) توفي ميرتون بتاريخ 2003/2/23 في نيويورك (المترجم).

"في قمة الفكر الإنساني، يبحث بعض علماء الاجتماع عن نظرية مفردة موحدة. أي جسد معمم من التفسيرات حول ما يجعل المجتمع مشدوداً إلى بعضه، وكيف تتوائم المؤسسات مع إطار اجتماعي، وكيف تظهر القيم المتضاربة، وتؤثر في إحداث تغيرات في المجتمع، وإلى آخره.

إن صديقي وزميلي المؤقت، تالكوت بارسونز، يفعل هذا فقط، وأنا أعتقد، أنه يحقق تقدماً نافعاً، لكن لو وضعنا جميع طاقاتنا في مجرى هذا الطريق فإنها بلا جدال سوف تولد قبل اكتمال. إن إينشتاين لم يتمكن من السير على خطى كبلر، وربما ليس لدينا نحن كبلر بعد، كما ويمكن أن نعمل على خنق وكبت علم الاجتماع إذا أضعنا كل الوقت اليوم على مشكلات عملية قبل أن نطور النظرية بشكل كاف. وإننا نفعل نفس الشيء إذا أنفقنا الوقت كله على إنجاز نظريات شمولية مجردة. إن مهمتنا الرئيسة اليوم تتمثل في تطوير نظريات خاصة، قابلة للتطبيق على نطاقات محدودة من البيانات، أي نظريات، على سبيل المثال، حول السلوك المنحرف، أو تدفق القوة من جيل إلى آخر، أو الطرق غير المشاهدة لممارسة النفوذ الشخصي".

تتجاوز النظريات متوسطة المدى الوصف المحض للظواهر الاجتماعية. إنها نظريات تمتلك نظاماً محدداً من الافتراضات التي يمكن أن تشتق منها فرضيات تختبر إمبريقياً. ومن وجهة نظر ميرتون، فإن الرؤى متوسطة المدى يمكن أن تندمج تدريجياً في نظرية أكثر عمومية، وما صرح أنه يريد القيام به هو أن يملأ الفراغ بين الإمبريقية الصرفة (التي أشار إليها بعض علماء الاجتماع بتعبير "حملات صيد"، من قبل الباحثين اللذين يجدولون البيانات دون إطار نظري يوجه بحوثهم) والنظرية الكبرى أو الشمولية مثل تلك النظرية التي سعى بارسونز إلى صياغتها في نظريته العامة حول الفعل الاجتماعي.

يقف ميرتون في تقديم حجته حول النظريات متوسطة المدى على أكتاف علماء

الاجتماع الكبار مثل دوركايم وفيبر، حيث قدم مثالين كلاسيكيين على النظريات متوسطة المدى وهما الانتحار عند دوركايم، والذي ناقشناه سابقاً، والأخلاق البروتستانتية وروح الرأسمالية عند فيبر، والتي تتضمن تحليلاً لأهمية نسق الاعتقاد الديني (التقشف الكالفيني) في بروز الرأسمالية في الغرب. إن ما يتبناه ميرتون ليس منهجاً جديداً إنما هو متولد عن تلك الأعمال الكلاسيكية، وواضح أن عمله على مثل هذه الظواهر كالاتجاهات الطبية لدى الطلاب وأنماط النفوذ، يعبر عن أمثلة جيدة للنظريات متوسطة المدى. كما أن دراسة دوركايم لمعدلات الانتحار تقدم مثالاً على نوع من النظريات متوسطة المدى التي كان ميرتون يتبناها، رغم أنه يُعَرِّف مفهوم الآنومي بصورة مختلفة بعض الشيء.

تفسير التحليل الوظيفي عند ميرتون

أولى ميرتون اهتماماً كبيراً لما أطلق عليه "تنظيم التحليل الوظيفي في علم الاجتماع". إن هذا العمل يقدم بعض الاختلافات المهمة عن وظيفية بارسونز؛ الأمر الأول: إن نموذج ميرتون الوظيفي ليس مشرعاً أمام الانتقادات الملازمة للنزعة المحافظة Conservation والغائية Teleology (تفسير الأشياء من خلال وظائفها). وفي نفس الوقت، يقدم ميرتون قضايا محددة حول بناء المجتمعات أقل مما فعل بارسونز. إن فكرته حول الوظيفية قريبة إلى الاتجاه العام الذي حدده كنجزلي ديفز لعلم الاجتماع ككل، أكثر من قربها إلى نظريات بارسونز.

وكما رأينا، فإن الوظيفيين بوجه عام، يتخيلون المجتمع على أنه نسق ذو "أجزاء مترابطة"، وبصورة مماثلة فإن هذا التصور يمثل حقيقة لدى ميرتون، الذي يجادل بأن التوجه المركزي للوظيفية يتضح في ممارسة تفسير البيانات من خلال ربط نتائجها بالبناء الأكبر الذي توجد فيه. إن ميرتون مهتم بعمق بالتكامل الاجتماعي، أو التوازن، وهو يحلل المجتمع مثل دوركايم وبارسونز بالرجوع إلى البناءات الثقافية والاجتماعية فيما إذاكانت متكاملة

بشكل جيد أم لا. كما أنه مهتم بمساهمات الأعراف والمؤسسات في استمرارية المجتمعات. وكذلك فإنه يعرف الوظائف بأنها المساهمات أو النتائج التي تؤدي إلى تكيف أو توافق نسق معين. أخيراً، فإن ميرتون يعتقد بأن القيم المشتركة تعتبر مركزية في تفسير كيفية عمل المجتمعات والمؤسسات. وهكذا فإنه يشترك مع الآخرين في نفس الاهتمام الأساس الذي يميز معظم التحليل الوظيفي.

ورغم ذلك، فإن ميرتون يوضح في نموذجه بعض النواحي الهامة في النظرية الوظيفية ويعيد النظر فيها. والأمر الأكثر أهمية هو تركيزه على المعوقات الوظيفية وتمييزه بين الوظائف الظاهرة والوظائف الكامنة، ومفهومه حول البدائل الوظيفية وإصراره على أهمية إماطة اللثام عن الآليات التي تنجز من خلالها الوظائف، وفهمها.

المعوقات الوظيفية

يميل بارسونز إلى التأكيد على أن جميع المؤسسات القائمة هي في جوهرها جيدة أو وظيفية بالنسبة للمجتمع. وهذا الميل أحد النقاط الأساسية في مهاجمة الوظيفية، وبروز الانفعال بين ناقديها. ولذلك فقد عزل ميرتون نفسه بشكل واضح عن هذا الوضع. وبدلاً من ذلك أكد على وجود "معوقات وظيفية" Dysfunctions ، وحث علماء الاجتماع على تحليهم بالنشاط في تحديدها.

يتضمن مفهوم ميرتون للمعوقات الوظيفية فكرتين متكاملتين ولكنهما منفصلتان عن بعضهما؛ الفكرة الأولى: قد يمتلك شيء ما نتائج تعد بوجه عام معوقاً وظيفياً، وبتعبير ميرتون، فإن العنصر قد يمتلك "نتائج تقلل من تكيف أو توافق النسق". الفكرة الثانية: إن هذه النتائج ربما تختلف حسب من يتحدث عنها ولذلك على علماء الاجتماع أن يسألوا هذا التساؤل الحاسم "وظيفي ومعوق وظيفي بالنسبة لمن؟".

إن المثال الجيد لِما يعنيه ميرتون بالنتائج المعُوِقَة وظيفياً بوجه عام، يمكن أن نعثر

عليه في مناقشته للبيروقراطية. وبوجه عام، فإن البيروقراطية تظهر كمؤسسة وظيفية بالنسبة للمجتمع الصناعي، الذي يعني التخصص البيروقراطي فيه، استفادة أفضل من المواهب والقدرات، واستجابة أكثر فاعلية لمتطلبات البيئة. ورغم ذلك، فإن فهم ميرتون للمعوقات الوظيفية جعله يدرك ما يمكن أن يحدث عندما يصبح الالتزام بالقواعد البيروقراطية هدفاً بذاته، أي الموقف الذي يدعوه "الطقوسية" في نظريته حول الانحراف، ويوضح هذا الجانب من البيروقراطية بالحادثة اللاإنسانية التي حصلت مع بيرنت بالشن Bernt Balchen(*) وهو طيار برتبة أدميرال في القوات الجوية، وكان في أول عملية تحليق فوق القطب الجنوبي:

حسب قرار الحكم الصادر من دائرة العمل .. فإنه لا يمكن لبيرنت بالشن ذو الأصل النرويجي أن يحصل على الأوراق التي تثبت أنه مواطن، بعد أن أعلن تصميمه على ذلك 1927. وحجة ذلك، أنه لم يستوف الشروط التي تؤكد على ضرورة أن يقضي ـ مدة خمس سنوات متواصلة في الولايات المتحدة. تم اصطحابه في الرحلة الجوية إلى أنتاركيتكا، ورغم أنه كان على متن طائرة تحمل العلم الأمريكي إلا أنه كان عضواً ليس ذا قيمة في الحملة الأمريكية، وفي منطقة ادعت أمريكا أن لها حق المطالبة بها، لأنها اكتشفت واحتلت من قبل الأمريكان، وهذه المنطقة تمثل أمريكا غير المحررة. لكن مكتب الملكية الطبيعية صرح بأنه لا يستطيع أن يعمل بناءً على افتراض، بأن أمريكا غير المحررة، هي أرض أمريكية، وأن في هذا الإجراء انتهاكاً للمسائل الدولية التي لا ترتبط بجزاء، وفي الوقت الذي كان مكتب الملكية الطبيعية على اهتمام بالموضوع، كان بالشن خارج البلاد ومن الناحية الفنية لم يكن خاضعاً لقانون الملكية الطبيعية.

(*) كان بيرنت بالشن رئيس الحملة الجوية إلى قارة أنتاركيتكا غير المأهولة، والتي تقع حول القطب الجنوبي وكانت فترة تلك الحملة بين (1928- 1930). وتضمنت أول عملية تحليق فوق القطب الجنوبي عام 1929. (المترجم)

على الرغم من أن الالتزام بالقواعد يعد أمراً أخلاقياً، ومـن الناحيـة الاجتماعيـة أمـراً حسناً، ومن ثم وظيفياً للمجتمع، إلا أنه في هـذه الحالـة معوقاً وظيفياً، ليس فقط لبالشـن ولكن للمجتمع كذلك، لأن عملية التصلب نتج عنها خسارة شخص مميز كمواطن. إن معرفـة ميرتون بالمعوقات الوظيفية عموماً، جعلته يدرك الجانب المظلم الخفي للبيروقراطيـة بطريقـة لا ترتبط بوجه عام بالوظيفية. إن وجهة نظر ميرتون تقترب من طروحـات مـاكس فيبر، الـذي نظر إلى البيروقراطية كطريقة عقلانية فعالة للتعامل مع المشكلات، وباعتبارها ضرورية للدولة الحديثة ولنهاية نظـام الإقطاع. وعـلاوة عـلى ذلـك مـن المتوقـع أن تكـون اسـتبدادية بسـبب طقوسيتها غير المرنة، وإصرارها على تطبيق القواعد والالتزام بها في كل شيء، بالإضافة إلى ذلك فإن ميرتون يقترب في طرحه من المنظر الصراعي الماركسي- المحـدث، يـورجن هابرمـاس، الـذي ينظر إلى البيروقراطية العقلانية كتطور تقني مثير للخشية لأنها تهدد الحرية الإنسانية.

النقطة الثانية عند ميرتون تتمثل في أن المؤسسة ليس بالضرورة أن تكون وظيفيـة أو غير وظيفية بصـورة عامـة، ولكـن بـدلاً مـن ذلـك قـد تكـون وظيفيـة بالنسـبة لـبعض النـاس والجماعات وغير وظيفية بالنسبة لآخرين، وهذا يمثل خروجاً صريحاً عن مسار الوظيفية التـي تؤكد قبول الوضع القائم. كما يقترب ميرتون في بعض المسارات من نظرية الصراع؛ فقد تحدث ميرتون بخصوص ما إذا كانت المؤسسات والممارسات وظيفية أو غير وظيفية بالنسبة للناس، بينما أشار منظرو الصراع بوجه عام إلى مصالح الناس، ودرجة إشباعها. ورغم ذلك، فـإن هنـاك مشاركة في الاهتمام بالمنافع المختلفة التـي تحصـل عليهـا الجماعـات المختلفـة مـن النظـام الاجتماعي، والطريقة التي تفسر بها تلك المنافع، واستمرارية، وتراجع المؤسسات الاجتماعية.

نستطيع أن ندرك ماذا يعني ميرتون بالمعوقات الوظيفية ولماذا هي هامة ليعتني بها

علماء الاجتماع من خلال النظر إلى بعض المؤسسات التي من المفترض أنه لا يمكن الاستغناء عنها مثل الزواج، والعيش في عائلة، فالناس بوجه عام يعتقدون أن هذه المؤسسات ضرورية وحاسمة لصحة المجتمع، ومع ذلك فإن الزواج والعيش في عائلة قد لا تكونان وظيفيتان بالنسبة لبعض الأنماط من الأشخاص، فربما يكونون أسعد من خلال بعض البدائل الوظيفية؛ الانضمام إلى جماعات، أو استئجار غرفة مفردة في مبنى سكني، أو عيش الشريكين معاً دون زواج، أو العيش في مجتمعات دينية. إننا نستطيع أن نفسر ـ تطور واستمرارية تلك البدائل فقط من خلال إدراكنا للجوانب غير الوظيفية للزواج والعيش في عائلة. إن الوظيفيين منذ دوركايم لديهم ميل للتأكيد بأن الدين الراسخ والمأسس ربما يساعد في تكامل المجتمع من خلال إيجاد قيم عامة وتماثل مع الجماعة. ورغم ذلك، يوضح ميرتون بأن الدين من الصعب أن يكون وظيفياً بالنسبة للمنشقين اللذين هم ضحايا التحقيق التعسفي الذي لا يقيم اعتباراً للحقوق الفردية، وكذلك تعد الصراعات والحروب الدينية غير وظيفية بالنسبة للمجتمع الأكبر.

تساءل ميرتون في كتابه "النظرية الاجتماعية والبناء الاجتماعي"، "ما هي النتائج الوظيفية وغير الوظيفية المترتبة على التوجه الإيجابي نحو قيم الجماعة بصورة أكبر من القيم الخاصة بالفرد؟". إن اهتمامه بهذه الظاهرة، وصف بـ "التنشئة الاجتماعية التحضيرية" Anticipatory Socialization ، وقد أظهرتها دراسة حديثة لإحدى طالبات ميرتون فيما مضى ـ وهي هيلين إيبوف Helen Ebaugh. لقد درست إيبوف عملية الخروج من الدور، أي الانفصال عن دور يعد مركزياً بالنسبة لهوية ـ الذات Self-identity وإعادة تأسيس هوية بدور جديد مع الأخذ بعين الاعتبار الدور السابق. لقد اهتمت دراستها بجماعات اجتماعية متنوعة، مثل المتهمين السابقين، والراهبات السابقات، ومدمني الكحول السابقين، ورجال ونساء مطلقين، وأمهات بلا رعاية، وفاسدين سابقين، وضباط نقل جوي سابقين،

واللذين أجروا عمليات تغيير جنس.

تعتبر التنشئة التحضيرية وظيفية لكل شخص يطمح لتحقيق أمر معين، وكذلك بالنسبة للجماعة التي ينتمي إليها في نهاية الأمر، وتبرز هذه الحقيقة عندما يبدأ البحث عن بدائل الدور والمفاضلة بينها، وبشكل خاص عندما يقترب الأفراد من القرار النهائي للخروج من الدور. إن التماهي المسبق مع الجماعة يكون بمثابة جسر لعضوية الجماعة. وجدت إيبوف، على سبيل المثال، أن اللذين استبدلوا جنسهم تماهوا مع أعضاء من الجنس المقابل من حيث اللباس، وطرق الكلام، والسلوك لفترة طويلة قبل خضوعهم لعملية تغيير الجنس. وتوضح إيبوف أنه: "بالإضافة إلى التحول في التوجه، والاتجاهات والقيم، فإن الأفراد عند هذه النقطة من العملية، يبدؤون أيضاً بالتدرب على الأدوار التي كانوا يستعدون لممارستها".

إن تحليل جانز Gans للفقر يوضح كيف أن المدخل الوظيفي لدى ميرتون يمكن أن يقدم تحليلاً يرتبط بوجه عام بنظرية الصراع اليسارية الراديكالية أكثر من ارتباطه بالوظيفية المحافظة. أوضح جانز أنه عندما يميز المرء بين الجماعات المختلفة في المجتمع، فإنه يرى أن الفقر يقدم عدداً من الوظائف الإيجابية للجماعات المختلفة. مثلاً، يجادل جانز، بأن الفقر يضمن وجود استعداد لدى الجماعة للخدمة في الجيش وقت السلم، كما يقدم للطبقة العليا مخرجاً للبر والإحسان بما يحققه من إشباع لأعضاء الطبقة، ويبتكر أعمالاً لأولئك الناس اللذين يعملون في مهن ووظائف لمساعدة الفقراء. ويجعل من الممكن بالنسبة للناس الأكثر ثراءً أن يحصلوا على الأعمال الوضيعة والخدمات الشخصية التي تنجز بسعر زهيد. إن هذه الوظائف، كما يوضح جانز، تساعد في تفسير وجود الفقر في المجتمعات التكنولوجية المتقدمة: إن الناس اللذين يستفيدون من الفقر يرغبون بالمحافظة عليه.

إن تحليل جانز يمكن أن يلقي بعض الضوء على المشكلة الاجتماعية المرتبطة

بالمشردين عام 1990، وفيه يمكن أن نعتبر زيادة المشردين في الولايات المتحدة معوقاً وظيفياً لعدم مأسسة المرضى العقليين. ومن خلال طرح تساؤل ميرتون "من يستفيد؟" نستطيع أن نميط اللثام عن الصورة الزائفة لترك الناس المرضى عقلياً في الشارع باسم الحرية المدنية، كما نستطيع أن نتحقق من الوجهة التي سيتم فيها توزيع الدعم المالي المسترد من تفكك أنظمة الصحة العقلية. وبدون الاهتمام بالوظائف الكامنة، سنفقد أهمية ودلالة التحليل الذي قدمه الرئيس رونالد ريغان، والذي قال فيه عبر مقابلة تلفزيونية، إن العديد من مشردي الأمم، كان محض اختيارهم أن لا يبحثوا عن مأوى، وزعم كذلك أن الغالبية العظمى من المشردين هم أناس مخيبون للآمال إذ غادروا المؤسسات التي وضعوا فيها بصورة طوعية.

يعتبر مفهوم المعوقات الوظيفية عند ميرتون مركزياً في تناوله الوظيفية بأنها ليست محافظة بشكل جوهري، وهي تظهر كذلك فقط عندما يوضح الوظيفيون بأن كل شيء يعتبر وظيفياً بوجه عام من حيث نتائجه- الشيء الذي يتنكر له مفهوم المعوقات الوظيفية عند ميرتون- وعندما يعامل المحللون المجتمع وأعضائه باعتبارهما شيئاً واحداً ومتشابهاً، أي وجهة النظر التي يدحضها ميرتون بالتساؤل "وظيفي بالنسبة لمن؟".

وفي نفس الوقت، فإن ميرتون يحافظ على المنظور الوظيفي بشكل متميز. يعتقد ميرتون على خلاف معظم منظري الصراع، بأن المؤسسات والقيم يمكن أن تكون وظيفية (أو غير وظيفية) بالنسبة للمجتمع ككل، وليس فقط لجماعات معينة فيه. يقترح ميرتون بأنه على الباحثين أن يبدأوا أبحاثهم بالفرضية التي تؤكد على أن الأشكال الثقافية المستمرة قد يكون لها "صافي توازن النتائج الوظيفية"، بالنسبة للمجتمع كوحدة كما هو الحال بالنسبة للجماعات الفرعية. إن تركيز ميرتون على المعوقات الوظيفية يوازي اهتمام بارسونز بالوظائف الاجتماعية.

الوظائف الظاهرة والكامنة

إن تمييز ميرتون بين الوظائف الظاهرة Manifest والكامنة Latent يمثل أيضاً تحليلاً وظيفياً. الوظائف الظاهرة هي تلك النتائج التي يلاحظها الناس ويتوقعونها. أما الوظائف الكامنة فهي تلك الوظائف التي لا تكون مدركة ولا مقصودة. لقد ركز بارسونز على الوظائف الظاهرة للسلوك الاجتماعي، بينما أعطى ميرتون اهتماماً معيناً للوظائف الكامنة للأشياء، والفهم المتزايد الذي يمكن أن يحققه التحليل الوظيفي للمجتمع من خلال إماطة اللثام عنها.

إن فكرة الوظائف الكامنة ليست جديدة بشكل تام. لقد كانت مناقشة دوركايم للتماسك الاجتماعي كنتيجة للعقوبة، والتي أشرنا إليها في بداية هذا الفصل، بمثابة تحليل للوظيفة الكامنة للعقوبة (الوظيفة الظاهرة الثواب والعقاب). وبصورة مماثلة، فإن التحليل الوظيفي للدين بوصفه باعثاً على تحقيق التكامل الاجتماعي، والذي أشرنا إليه سابقاً، يهتم بالوظيفة الكامنة للدين. إن ما فعله ميرتون هو التركيز على كل من التمييز بين الوظيفة الظاهرة والكامنة والطريقة التي يمنع بها تحليل الوظائف الكامنة استبدال الأحكام الأخلاقية الساذجة للتحليل السوسيولوجي. إن هذا التمييز يجبر علماء الاجتماع للذهاب إلى ما وراء الأسباب التي يعطيها الأفراد لأفعالهم أو لوجود الأعراف والمؤسسات. إنه يجعلهم ينظرون إلى نتائج اجتماعية أخرى، والتي تسمح لتلك الممارسات بالبقاء وتوضح الطريقة التي يعمل بها المجتمع. وكمثال على ثراء هذا التحليل، فإن ميرتون يقتبس تحليل فبلن Veblen للاستهلاك الترفي، حيث أن الوظيفة الكامنة تتمثل في تعزيز مكانة المرء في أعين العالم.

يظهر تحليل ميرتون للجماعات السياسية كيف أن التمييز بين الوظائف الظاهرة والكامنة يمكن أن يساعد في تفسير طريقة عمل المؤسسات ولماذا تستمر وتزدهر. إن الوظيفية الظاهرة للجماعات السياسية، وبشكل خاص في سياق سياسات الدوائر البلدية

لانتخاب الهيئة التشريعية، تبدو كتقدم شخصي ـ عـن طريق الفسـاد، لأنها تتضمن شراء الأصوات واختراقات قانونية مماثلة، وعلى الرغم من ذلك، ونتيجة لسياسات التقسيم إلى دوائر حيث الجماعات السياسية راسخة ومتجذرة في علاقات الجيرة للأحياء المحلية، فإنها تعد وظيفية بامتياز بالنسبة للجماعات المحرومة (التي تحتاج إلى الشروط الأساسية للعيش كالمأوى الصحي والخدمات الطبية والتعليمية والحقوق المدنية) من المهاجرين الجـدد. إنها تسـاعد في إضفاء صبغة إنسانية على أعمال الإنعـاش وتقـديم الخـدمات الاجتماعيـة مـن خـلال التزويـد بمعلومات حول المستشفيات، والإرشاد حول المعونة القانونية، وأعمال وتجهيز الأثاث. وهكذا، أبقت العائلات مع بعضها، وأسقطت جزءاً من العزلة للجماعات المهاجرة. لقد ابتدأ ميرتون بفرضية تقول: أنه رغم المعوقات الوظيفية الطافية عـلى السـطح فإنـه ينبغي عـلى الجماعـات السياسية أن تقدم وظائف هامة لبعض الجماعات الاجتماعية إذا ما أرادت أن تسـتمر وتبقـى مؤثرة.

البدائل الوظيفية

تزعم الوظيفية بأنها تطرح قضايا محددة حول كيفيـة عمل المجتمعات، أكـثر مـن كونها تقدم اقتراحات عامة مبسطة حـول كيفيـة تحليل وتفسير الأشياء. وهـذا الـزعم يقوم معظمه على التأكيد بأنـه عـلى المجتمعات أن تمتلك خصائص معينة إذا أرادت أن تسـتمر. ولذلك فإن جميع المجتمعات ستظهر تماثلاً مع تلك الخصائص. وكما رأينا، فإن هذا التأكيد يعد مركزياً في عمل بارسونز، الـذي وضع مثـل هـذه الخصائص في مخططه AGIL ، وكذلك فإن التأكيد على تلك الخصائص ظهـر في أعمال دوركايم. وفي الكثير مـن عمل ميرتون، تساعد الوظيفية في التوجه نحو الموضوعات كطريقة أكثر من كونها منظومة مـن القضايا حـول بناء المجتمعات. لكن ميرتون يشارك وجهة النظر المركزية هذه، ويستخدم مفهوم المستلزمات أو الضرورات الوظيفية أو الظروف المسبقة الضرورية وظيفياً بالنسبة

للمجتمع. ورغم ذلك، فإنه يؤكد في الوقت نفسه بأنه ليس هناك سبب للافتراض بأن مؤسسات بعينها فقط هي القادرة على القيام بتلك الوظائف، ولهذا السبب، لا يعد البناء الاجتماعي القائم مقدساً ولا بأي حال، بل على العكس من ذلك، هناك مدى واسع مما أطلق عليه "البدائل الوظيفية" Functional Alternatives ، أو بدائل قادرة على أداء المهمة ذاتها.

إن مفهوم البدائل الوظيفية لدى ميرتون يكشف كذلك عن تحليل وظيفي، لأنه يرفض بصراحة فكرة أن المؤسسات القائمة ضرورية، وإنها جيدة بمضمونها. ولذلك يدعو علماء الاجتماع إلى استخدام المنهج الوظيفي للتساؤل عن ضرورية البناء الاجتماعي القائم. على سبيل المثال ، يعتقد معظم المنظرين الوظيفيين بأن الدين يعمل على صيانة وغرس قيم ومعايير معينة تكون مركزية بالنسبة للجماعة، وبهذا يقاوم الآنومي (التحليل المعياري) الذي يؤدي إلى حالة عدم وجود تكامل اجتماعي أو سعادة شخصية. ورغم ذلك، فإن هذه الوظيفة يمكن أن تقوم بها بناءات أخرى غير الدين المنظم، والحركات الاجتماعية التي يمكن أن تفسر ـ على أنها بدائل وظيفية للدين تؤتي غلالها على نحو يومي في أجزاء معينة من أمريكا وبشكل خاص في كاليفورنيا التي تمثل مكان ولادة العديد من المنجمين والجماعات العلاجية الخبيرة بفنون المداواة (دون استخدام العقاقير والجراحة) Therapeutic.

يمكن إيجاد بدائل وظيفية أخرى بين الأنماط المختلفة للتعليم العالي والتدريب المهني الموجود في المجتمعات الصناعية الحديثة. إن جميع تلك الأنماط تؤدي وظيفة تجعل الناس منسجمين مع عالم العمل، وتصنفهم كمؤهلين لأنواع مختلفة من الوظائف. ولكن الطرق المختلفة التي تفعل بها ذلك قد تكون وظيفية أكثر أو أقل لأناس مختلفين. وكما يوضح بيرتون كلارك Burton Clark فإن المجتمع الأمريكي يركز إلى حد كبير على تشجيع الناس

للسير نحو الإنجاز، وضمان "الفرصة المتساوية" لفعل ذلك، ويمارس شيئاً قريباً من سياسة الباب المفتوح لدخول الكلية. ولكن على الرغم من ذلك، فإنه ليس بمقدور كل واحد أن يكون فيزيائياً نووياً، أو طبيباً بيطرياً، أو اتحادياً تنفيذياً. تضع الكليات معايير عادلة صارمة للأداء، وينبغي على العديد من الطلاب، إذا دخلوا كلية مدة الدراسة فيها أربع سنوات، أن يواجهو حتماً مستويات من الأداء لا يمكنهم مواجهتها. وباستخدام مصطلحات مشتقة بشكل مباشر من نظرية الانحراف عند ميرتون يقول كلارك: هناك انفصال بين الأهداف الراسخة ثقافياً ووسائل التحقيق المقدمة مؤسسياً، أي أن التناشز بين الغايات والوسائل يعد مصدراً اجتماعياً أساسياً لإحباط الفرد.

بالنسبة للطلاب اللذين أخفقوا في الكلية التي مدة الدراسة فيها أربع سنوات فإن الكلية التي تتطلب الدراسة فيها سنتان فقط تقدم بديلاً وظيفياً. إنها تؤدي نفس الوظيفة فيما يتعلق بحمل الطلاب على الانسجام مع سوق العمل، وكما هو واضح، لا تتيح للطلاب ذوي التعليم الأكاديمي الأقل مهناً معينة وبذلك فإنه يترتب تكلفة قليلة على الطلاب اللذين أخفقوا أكاديمياً في الكلية المهنية واللذين قد يمثل لهم الفشل معوقاً وظيفياً، وكذلك يصف كلارك وظيفة "الإنعاش" Cooling out لتلك الكليات، حيث أنها تسمح للطلاب بالانتقال من الكليات ذات الأربع سنوات دراسية، وكذلك توجه الطلاب وجهة جديدة من خلال برامج الاختبار والإرشاد المكثف الذي يساعد في إعادة توجيه الطلاب اللذين يحتاجون إلى إعادة تعريف أهدافهم. وعلى الرغم من أن الكليات ذات الأربع سنوات دراسية وظيفية من الناحية الشخصية لأولئك اللذين نجحوا في الثانوية وتمثل طريقة مناسبة لتدريب الناس من أجل بعض المهن، إلا أن كلارك يوضح كيف أن الكلية ذات السنتين دراسيتين يمكن أن تكون بديلاً وظيفياً بالنسبة لآخرين، لأنها تقدم إنجازات بديلة تخفف حدة الضغط والتوتر الشخصي- الناتج عن الفشل، كما يمكن أن تكون وظيفية

اجتماعياً لأنها قد تعمل على منع السخط والاستياء والانحراف، وربما توجه الأفراد بنجاح إلى مهن أخرى.

وفي صحوة الحركة النسوية المعاصرة انبثق العديد من البدائل الوظيفية لأنماط الزواج التقليدية. ومن هذه البدائل مثلاً، عيش الشريكين معاً دون زواج، والأسر اللواطية، والأسر السحاقية. إن تزايد استخدام تسهيلات الرعاية اليومية، وعلى مستوى محدود، فإن الرجال أرباب المنازل House Husbands يعدون مثالاً على البدائل الوظيفية للأسر التقليدية حيث كانت الأم تعمل كربة منزل، وليس في القطاع العام مقابل أجر. ومن الأمثلة الأخرى على البدائل الوظيفية لأنماط الزواج التقليدية تعديل العلاقات، والوالدية المتساوية، ومشاركة أكبر للزوج في الأعمال المنزلية، وهي تعمل على اختزال ميل الوظيفية للقبول بالوضع القائم. ورغم ذلك، فقد أحرز ميرتون تقدماً قليلاً في تحديد المقصود بـ "المستلزمات الوظيفية" التي يمكن أن تعمل بطرق متنوعة. إن ميرتون لم يقر بشكل صريح بأن مخطط بارسونز حول المستلزمات الوظيفية محدد بصورة نهائية، ولم يقدم أية قائمة بدائل لمستلزماته الوظيفية. لقد أدرك ميرتون أن فكرة المتطلبات الوظيفية تمثل جزءاً ضرورياً في أي تحليل وظيفي، وأشار بصورة متكررة في تحليله إلى الدرجة التي يكون عندها المجتمع متكيفاً بصورة جيدة أو ضعيفة، ولكنه لم يعرف أبداً ما هي المتطلبات الوظيفية اللازمة للتكامل، وبدلاً من ذلك أشار إليها بقوله: "إنها إحدى المفاهيم الغامضة والمثيرة للجدل إمبريقياً في النظرية الوظيفية".

وكما هو متوقع من إضافاته على النظرية متوسطة المدى. فإن إنجاز ميرتون جاء موضحاً بطريقة متميزة لمتطلبات النظرية الوظيفية، كما جاء لتوضيح كيفية استخدام الاتجاه الوظيفي العام بصورة مثمرة في التحليل الإمبريقي أكثر من دوره في تقديم قضايا عامة إضافية حول البناء الاجتماعي والتوازن.

نظرية الانحراف عند ميرتون

رغـم أن إسـهامات ميرتـون في علـم الاجـتماع تمثـل فيلقـاً واحـداً إلا أن نظريتـه في الانحراف، هي الأكثر شهرة، حيث أعيدت طباعتها عـدة مـرات بلغـات مختلفـة. لقـد اسـتفاد ميرتون في تطوير نظرية الانحراف من عوامل تفسيرية تتطابق مع التحليل الـوظيفي، وبصـورة محددة، الأهداف الثقافية والمعايير الممأسسة. لقد اسـتخدم ميرتـون مفهـوم الآنـومي كمتغـير أساسي، وكما رأينا سابقاً، فـإن المصـطلح آنـومي اسـتخدم كـذلك مـن قبـل دوركـايم في تفسـير الانتحار، كأحد أشكال الانحراف. لنتذكر بأن التعريف العام للآنـومي لـدى دوركـايم يتمثـل في اللامعيارية أو عدم التنظيم بشكل كاف. بينما يختلف تعريف ميرتـون للآنـومي بعـض الشيء حيث يعرفه بأنه "الانفصال بين الأهداف الثقافية والوسائل الشرعية اللازمة لبلوغهـا"، ويطبـق ميرتون تحليله هذا على الولايات المتحدة، حيث أن هناك تركيز كبير على النجاح المالي كهـدف أو غاية. وفي الوقت الذي لا يوجد فيـه تركيـز مشـابه عـلى الطرق الشرعية للسير نحـو هـذا الهدف، يجادل ميرتون، بأن الآنومي الناتج هنا ، غـير وظيفـي للمجتمـع الأمـريكي بوجـه عـام. وبشكل خاص غير وظيفي لتلك الجماعات التي تفتقر إلى الوسائل اللازمـة للوصـول إلى هـدف النجاح المالي في البلاد، وهكذا يمثل الآنومي مصدراً للتوتر في النسق، بالمعنى البارسـوني، ويقـود إلى قدر كبير من الانحراف.

في وصف نموذجه بيانياً يستخدم ميرتون إشارة موجـب (+) للإشـارة إلى قبـول هـدف النجـاح المالي و/أو الوسائل اللازمة للوصول إلى الهدف، ويستخدم إشارة سالب (-) ليشير إلى رفـض (أو عدم توفر) الهدف أو الوسائل اللازمة لتحقيقه. وهكذا يتوصل إلى خمس صيغ من التكيـف أو أنماط من الانحراف. إن مخططنا المعـروض في (الشـكل التوضـيحي 2-3) يختلـف عـن مخطـط ميرتون الأصل، حيث نعرضه متضمناً العلاقة بين الأهداف والوسائل (المتغير المستقل، الآنـومي) أولاً، ثم أُتبع أنماط التكيف أو تنميط الانحراف (المتغير التابع).

(الآنومي) (الانحراف)

X ← Y

الأهداف الثقافية	الوسائل المأسسة	صيغ التكيف
+	+	التوافق
+	-	التجديد
-	+	الطقوسية
-	-	الإنسحابية
±	±	الثورية

الشكل 2-3 الأهداف، والوسائل، وصيغ التكيف في نظرية الانحراف عند ميرتون

يمكن أن نقتنع بصيغة التوافق Conformity بكل سهولة، بالنسبة لشخص يحقق نجاحاً مالياً من خلال العمل الجاد والتحصيل العلمي حيث أنه يمثل الطراز الأصل للأمريكي الناجح، ثم يمكن أن ننظر إلى التجديد Innovation (على سبيل المثال، ابتزاز المال) والطقوسية Ritualism (النمط الذي ذكرنا مسبقاً عند مناقشة حالة بالشن) على أنهما الحالتان اللتان تمثلان الآنومي كما عرفه ميرتون، لأنه في كل من الصفتين هناك انفصال بين الأهداف والوسائل، أما الإنسحابية Retreatism (على سبيل المثال: إدمان المخدرات) تمثل رفضاً (أو عدم توفر) كلاً من النجاح المالي والوسائل المفضية إليه. وتمثل الثورية Rebellion اقتراناً بين رفض الأهداف الاجتماعية والوسائل، واستبدالها باهداف ووسائل أخرى.

بالنسبة للولايات المتحدة يتوقع ميرتون، أن تتضمن كماً كبيراً من الانحراف، وأنه

من المرجح أن يحدث هذا الانحراف في الطبقات الدنيا، التي تواجـه انسـدادات بنائيـة حـادة. ويأتي توقع ميرتون هذا، من طبيعة المجتمع الأمريكي الـذي يقـدر عاليـاً النجـاح المـالي بينـما الوسائل المفضية إليه غير متوفرة للعديد مـن النـاس. بوجـه عـام، فـإن نمـوذج ميرتـون ليس واضحاً، فيما يتعلق بالزمن الذي تنبثق معه الأنماط المختلفة أو بأية درجة تنبثق.

على الرغم من أن ميرتون لم يختبر بنفسه فرضياته المتعلقة بالانحراف، إلا أنها وجهت بصورة كافية باحثين آخرين أجروا دراسات إمبريقية. وقد قيـل بـأن نشرـ ميرتـون لمقالـه حول الانحراف عام 1938 في مجلة American Sociological Review، جعله بالنسبة للجميع أحـد الأعـلام الرئيسيين في علم الاجتماع.

بعد مدة قصيرة من عيد ميلاده الواحد والتسعين،أنهى ميرتون كتابه الأخـير الموسـوم "رحلات ومغامرات السرنديبية: دراسة في السـيميائيات السوسـيولوجية وعلـم اجتـماع العلـم" Travels and Adventure of Serendipity: A Study in Sociological Semantics and the Sociology of Science بالاشتراك مع إلينور بـاربر Elinor G. Barber، ويتتبـع الكتـاب تـاريخ السرنديبيـة والارتبـاط بـين الحكمة والحظ الذي لا يكتشف بموجبه شيء ما مصادفة بشكل تام.

واستخلاصاً من هذا الجزء حول ميرتون نستطيع أن نرى بوجه عام أنه ينبه الوظيفيين إلى ضرورة تقييم مساهمات المؤسسات الاجتماعية المختلفة نقدياً، وكذلك فإنه يبرز التساؤلات المتعلقة باللامساواة عندما يتسائل عمن سيستفيد من بناءات معينة. وهكـذا يقـود إلى رؤيـة أكثر نقدية من بارسونز.

الجزء الثالث

الوظيفية الجديدة

تعتبر الوظيفية الجديدة Neofunctionalism تطوراً نظرياً حديثاً في منتصف الثمانينيات من القرن الماضي، في كل من الولايات المتحدة وألمانيا. وفي عام 1984 خصصت الجمعية الأمريكية لعلم الاجتماع جلستين من لقائها السنوي لمؤتمر حول الوظيفية الجديدة، حيث كانت معظم الأوراق التي قدمت بمثابة إعادة تثمين وإعادة اعتبار للتطبيقات الإمبريقية للنظرية البارسونية.

لقد تم تحرير أوراق المؤتمر بعد ذلك من قبل جفري الكسندر Jeffrey C. Alexander قائد الوظيفية الجديدة ونصيرها في الولايات المتحدة. أشار الكسندر في مقدمة كتابه الموسوم "الوظيفية الجديدة" إلى أربعة أوجه تشابه بين الوظيفية الجديدة والماركسية الجديدة، فكل منهما تتضمن نقداً لبعض العقائد الأساسية للنظرية الأصل. كما أن كلا منهما تتضمن دمجاً لعناصر من تقاليد نظرية متعارضة، وكذلك فإن كل واحدة منهما تتضمن تنوعاً لتطورات متنافسة، أكثر من كونها شكلاً واحداً متسقاً. ويجادل الكسندر بأن الوظيفية الجديدة تمثل ميلاً نظرياً أكثر من كونها نظرية مطورة، وقد عمل على تفصيل الميول والغايات المتنوعة للوظيفية الجديدة على الوجه الآتي:

1. إنها من أجل إيجاد شكل من الوظيفية متعدد الأبعاد ويتضمن مستويات التحليل قصيرة المدى كما هو الحال بالنسبة للمستويات التحليلية بعيدة المدى.

2. من أجل دفع الوظيفية باتجاه اليسار، ورفض تفاؤل بارسونز بالحداثة.

3. مناقشة التوجه الديموقراطي الضمني في التحليلي الوظيفي.

4. لاستدماج منظور الصراع.

للتأكيد على ما هو غير متوقع Contingency (غير مؤكد الحدوث) والإبداعية التفاعلية.

وعلى الرغم من ذلك، ثمة أنواع من المشكلات المتداخلة تحتاج إلى إجابة من قبل الوظيفيين الجدد، ومنها: كيف يمكن للباحثين أن يصفوا بصورة جيدة العلاقة بين الصراع أو ما هو غير متوقع الحدوث والنظام الاجتماعي؟ وإلى أي مدى يمكن إعادة صياغة تأكيد بارسونز على العلاقة بين الفعل الاجتماعي والنظام الاجتماعي من أجل تكوين البحث الإمبريقي؟ في الثمانينيات والتسعينيات من القرن الماضي كان المساهمون في الوظيفية الجديدة في الولايات المتحدة، بالإضافة إلى جفري ألكسندر هم: بول كولومي، ودين جيرشتين، ومارك جولد، وفرانك لشنر، وديفيد سيولي، ونيل سملسر. وفي ألمانيا، نيكولاس لومان، وريشارد مونش. وفي الجزء التالي نستعرض باختصار أعمال الكسندر، وسمسلر، ولومان.

جفري الكسندر

لقد اعترف جفري الكسندر في كتابه الموسوم بـ"الوظيفية الجديدة، وما بعدها Neofunctionalism and After بأنه يعتبر مشروع الوظيفية الجديدة قد انتهى. ويوضح بأن الانتقال من الوظيفية التقليدية التي أعيد بناؤها قد اكتمل لأن شرعية بعض اهتمامات بارسونز المركزية قد رسخت وتمأسست. ومن وجهة نظر الكسندر، فإن الوظيفية الجديدة نجحت في تحقيق الاعتراف بِـ بارسونز كواحد من أعلام علم الاجتماع الكلاسيكيين. وهذا يعني، أن الموقف النظري لدى بارسونز، رغم بروزه وتفوقه تاريخياً، لن يسيطر على الأعمال النظرية المعاصرة. ويضيف الكسندر بأن أفكار بارسونز "لا تقل أهمية عن بعض الإنجازات الحاسمة لدى منظرين كلاسيكيين آخرين".

ومن جهة أخرى، يتمسك ألكسندر بنظرته إلى الوظيفية باعتبارها "تياراً حيوياً في

الأعمال المعاصرة... وأنها تمثل خيطاً قوياً في نسيج الحركة النظرية الجديدة". بالإضافة إلى ذلك، يتوقع أن تستمر الوظيفية الجديدة في إنتاج دراسات سوسيولوجية خلاقة وهامة، ولكنـه يؤكد بأن "النجاح الأساسي للوظيفية الجديدة يقع ما وراء نطاقها كذلك".

بالنسبة لالكسندر فإن اتجاه الحركة النظرية الجديدة بتجاوز إعـادة بنـاء النظريـات الموجودة أصلاً إلى صياغة نظريات جديدة. ويرى الكسندر أن الأمر الذي حرض هذه الحركـات يتمثل في انبثاق نظريات متولدة سياسياً مثل: النسوية، والتعددية الثقافيـة، والمجتمـع المـدني، وما بعد الاستعمارية. إن انفصال الكسندر عـن بارسـونز مـن حيـث تركيـزه عـلى التـوازن، في المستوى بعيد المدى، يبدو واضحاً في قوله:

"إن الطبقات الشقاقية المتولدة عن الحياة الاقتصـادية، والأوليجاركيـات المتولدة عن القوة السياسية والتنظيمية وهيراركيـات النـوع الاجتماعـي والسن في الأسر، والأيمان بالشياطين الذي يستمد شرعيته من المؤسسات الدينية بصورة متكررة، وأشكال الهيمنـة الإثنيـة، والإقليميـة، والعرقيـة، المتولدة عن التشكيل البنائي الأسـاسي للـدويلات الأهليـة الوطنيـة، إن جميع مثل هذه الترسبات تجزئ المجتمع المدني وتمزقه حتى عندما يعد وجوده الأساسي باستعادة الكل الاجتماعي وتفعيل مشاركته".

إن الصحف اليومية عبر العالم تزخر بالأمثلة لمثل هذه الترسبات والانقسامات المدمرة في حيـاة الفقـراء والأغنيـاء، والوالـدين والأبنـاء، والأزواج والزوجـات، ورجـال الـدين والعامـة، والأغلبيات والأقليات عبر الأبعاد العرقيـة، والإثنيـة، والإقليميـة وفي كتابـه الحـديث الموسـوم بـ"معاني الحياة الاجتماعية: علم الاجتماع الثقافي" The Meaning of Social Life: A Cultural Sociology ينظر ألكسندر إلى الثقافة باعتبارها متجسدة في كل من المؤسسـات الاجتماعيـة والشخصيات الإنسانية. ويستخدم سلسلة من الدراسات الإمبريقية

تمتد من الهولوكوست Holocaust إلى ووترجيت Watergate، ليوضح كيف أن الأنماط العميقة للمعنى يمكن أن تساعدنا في فهم قوة العنف والإنحلال، وكذلك استمرارية وجود الأمل.

وينظر ألكسندر إلى أعماله باعتبارها تمثل مساهمة في الحركة النظرية الجديدة، ويعترف بأنه قد تحول عن إتباع بارسونز بتجاهله النظام في حياة الناس، وكذلك بالتنظير ضمن النظريات السوسيولوجية قصيرة المدى على نحو أكثر وضوحاً ومباشرة. ويوضح هذا الأمر أعماله الجديدة التي قدمها حول الفعل. فبينما نظر بارسونز إلى الفاعلين باستمرار على أنهم يمثلون مفاهيم تحليلية، عرف ألكسندر الفعل باعتباره حركة لأشخاص حقيقيون، وفعالون، ويتنفسون، وهم يشقون طريقهم عبر الزمان والمكان. بالإضافة إلى ذلك، عندما يؤكد ألكسندر بأن كل فعل يتضمن بُعْداً من أبعاد الإرادة الحرة، أو القوة Agency فإنه بهذا الإجراء، يمد نطاق الوظيفية لتشمل بعض اهتمامات التفاعلية الرمزية.

نيل سملسر

يعتبر نيل سملسر Neil Smelser، الذي ألّف كتاب "الاقتصاد والمجتمع" بالاشتراك مع بارسونز بينما كان طالب دراسات عليا في جامعة هارفرد، علماً بارزاً بين الوظيفيين الجدد. ومع أن أعمال سملسر ذهبت باتجاهات مختلفة عن أعمال بارسونز، إلا أن صداقتهما استمرت حتى وفاة بارسونز. لقد حمل الخطاب الرئاسي الذي ألقاه في اجتماع الجمعية الأمريكية لعلم الاجتماع عام 1997 عنوان: "العقلاني والمتضارب في العلوم الاجتماعية". وهو يمثل ما تم وصفه سابقاً بالحركة نحو صياغة نظريات جديدة، وفي هذا الخطاب سرع سمسلر بتأسيس مفهوم التضارب أو (إزدواجية المعنى) Ambivalence كعنصر أساسي من أجل فهم سلوك الفرد، والمؤسسات الاجتماعية، والظرف الإنساني بوجه عام. بالمقارنة مع باسونز وميرتون، فإن منظور سملسر، يرتكز على نظرية التضارب (الاضطراب) عند فرويد،

وكما يوضح سملسر فإن طبيعة التضارب تقتضي أن تتشكل (توجهات مؤثرة متضاربة) إزاء نفس الشخص، أو الموضوع، أو الرمز.

ويتمثل السبب وراء بحث الناس عن طرق لتجنب خبرة التضارب وإزدواجية المعنى أنه يمثل خاصية ذات قوة، ومتواصلة، وغير قابلة للحل، وسريعة الاستثارة، وقابلة للتعميم، ومنتجة للقلق في الظرف الإنساني.

وفي تطبيقه لفكرة التضارب، يشير سملسر ـ إلى ظواهر من قبيل الموت، والفصل، والتقاعد، والابتعاد عن المجتمع. ومع ذلك، يرى أن مبدأ التضارب أكثر قابلية للتطبيق ضمن نطاق المواقف التي يعتمد فيها الأشخاص على بعضهم البعض، مثل المحبين والوالدين والأصدقاء، ويوضح بأن شكل الاعتماد قد يختلف:

"الشخص الخاضع في علاقة قوة معتمدة سياسياً، والشخص الملتزم لحركة دينية أو اجتماعية معتمد إيديولوجياً. والشخص المرتبط في علاقة حب معتمد عاطفياً. ومع ذلك، فإن العنصر المشترك يتمثل في أن حرية الخروج من العلاقة – الخيار – مقيدة لأنها مكلفة سياسياً، أو إيديولوجياً أو عاطفياً، وهكذا فإن الاعتماد يستتبع الوقوع في الشرك".

يجادل سملسر بأن أنماط معينة من التنظيمات يكون فيها الأفراد مقيدين بالالتزامات الشخصية والمؤسسية، على غرار المؤسسات الكلية، عند جوفمان Goffman تغرس بذور التضارب ونتائجه، أي الحقد والضغينة، والمشاحنات التافهة، والنضال من أجل تحقيق الاعتبار، والسياسات القاسية. وعلى سبيل المثال، يشير سملسر إلى الأقسام الأكاديمية، حيث يكون الناس مقيدين فيها بالتثبيت (تثبيت الأستاذ أو المدرس بعد فترة من الاختبار)، والنضال من أجل التثبيت، ويستطيعون الخلاص منها فقط بكلفة عالية إلا إذا كانت لديهم

فرصة أكثر جاذبية، ويضيف "على الناس أن يعيشوا مع بعضهم البعض، لكن هذا لا يعني أن عليهم أن يحبوا بعضهم البعض. بل خلافاً لذلك هذا يتضمن أنهم يحبون بعضهم ويكرهون بعضهم كذلك".

وقد عمل سملسر مؤخراً على منظور الجرح الثقافي (أو الإيذاء الثقافي)Cultural Trauma الذي عرفه في محاضرة ألقاها في الأكاديمية القومية للعلوم في 29 إبريل 2002 بأنه "عندما يشعر أعضاء جماعة (مجموعة) أنهم تعرضوا لحادثة مريعة تترك علامات يتعذر محوها، من وعي جماعتهم، وتدمغ ذاكرتهم إلى الأبد، وتغير هويتهم المستقبلية بطرق جوهرية متعذر تغييرها"، وكإيضاح للمسألة يقدم تسعة مقومات للجرح الذي أحدثه الهجوم على مركز التجارة العالمي والبنتاجون في 11 سبتمبر 2001 وهي: (1) رد الفعل الأولي للصدمة، والإنكار (عدم التصديق)، والخدر العاطفي. (2) ردود الفعل المثيرة والسلوكية مثل الخوف والقلق والرعب. (3) الحِداد الجمعي واسع الانتشار. (4) الشعور الفوري بتعذر محو الجرح (5) الشعور بإطالة التفكير والاكتئاب القومي حول الحادثة. (6) الإضفاء الجمعي لصفة القداسة على الحداث. (7) الجهود المدروسة لتذكر الأحداث بصورة جمعية. (8) تعزيز المصلحة العامة في تذكر العملية. (9) الشعور المتأجج بأن الهوية الأمريكية قد تغيرت بصورة جوهرية. وينظر سملسر إلى الحدث المأساوي الأخير باعتباره "حادثة تضارب تامة - وبنفس الوقت مثير للصدمة وفاتن، وأنه محزن ومبهج، وأنه بشع وجميل، وأنه ملطخ ومنظف - جعلت البلاد تشعر بالسوء والرضا عن ذاتها. وهكذا كان 11 سبتمبر جرحاً ثقافياً خطيراً[*]. لكنه تضمن أيضاً "إنبثاق الوحدة القومية، وإعادة تأكيد

---

[*] تنطبق أطروحة الجرح الثقافي كذلك على الاحتلال الإسرائيلي لفلسطين وما رافقه ويرافقه باستمرار من قتل للأبرياء والأطفال وعمليات التهويد... ويزداد الجرح عمقاً بديناميكياته التاريخية، إنه جرح ثقافي تاريخي باركته الولايات المتحدة باستمرار، لكن النتائج الإيجابية لهذا الجرح لم تظهر - كما

النـزعة الأمريكيـة Americanism (المبـادئ الأساسـية التـي ترتكـز عليها الثقافة الوطنيـة الأمريكية)، والتعبئة القومية الحقيقية والتبشير المبرر أخلاقياً، وسبب للإحتفال وإقامة القداس.

نيكولاس لومان

ومن جهة أخرى، فإن المنظرين الألمان، اتجهوا إلى قراءة بارسونز من خلال نيكلاس لومان الذي قضى عاماً في بداية الستينيات من القرن الماضي في جامعة هارفرد يدرس على يد بارسونز. لقد نظر لومان إلى نظرية بارسونز باعتبارها حدثاً تاريخياً هاماً "لأنها مثلت المحاولـة الوحيدة التي بدأت بالعديد من الأعمال الهامة، والمتساوية في أهميتها، ومن ثم قدمت استنتاجاً نظريـاً لها ... ولم تجرؤ أية نظرية على فعل هذا، حتى أن مثل هذا العمل كان مستحيلاً"، ومع ذلك، فإن نظرية بارسونز، حسب مـا يـرى لومـان، تفتقـد إلى مفاهيـم مرجعيـة الـذات وتخلو مـن التعقيد. وقد مثل عمله محاولة لصياغة نظرية عالمية أو كبرى للأنساق الاجتماعية تندمج فيها هذه المفاهيم.

يجادل لومان بأن النسق الاجتماعي يوجد "حيثما كـان هنـاك أفعـال ذات معنـى لعـدة أشخاص، وكانت هذه الأفعال مترابطة، ومـن ثـم .. تكون منفصلـة عـن البيئـة". وهكـذا فـإن النسق الاجتماعي ينبثق حيثما وجد تفاعل بين الأفراد. وحسب ما يرى لومان هناك ثلاثة

يفترض سملسر – فالداخل الفلسطيني ممزق ومستقطب، والعالم العربي كذلك ممزق ومستقطب، مما يحول دون الوحدة والتعبئة القومية، وسواء تحدثنا عن تاريخية الجرح الثقافي، أم عن ظروف التبعية والاستقطاب التي تحيط بالجماعات التي تتعرض للجرح، فإنها قضايا غابت عن ذهن سملسر، كما غابت القضية الفلسطينية عن ذهنه. والشيء ذاته ينطبق على ما أحدثته الولايات المتحدة في غزوها للعراق عام 2003، وما تضمنه الغزو من نهب للخيرات والثروات والموروثات وقتل الأبرياء والنساء والأطفال. وقد تجاهل سملسر كما يبدو ما أحدثته الولايات المتحدة في هيروشيما وناجازاكي عام 1945. (المترجم).

أنماط من الأنساق الاجتماعية، هي: أنساق التفاعل (تفاعلات الوجه للوجه للبشر)، وأنساق التنظيم (حيث يتم ربط العضوية بظروف محددة)، والأنساق الاجتماعية (كل ما يطوق النسق الاجتماعي، والمجتمعات الكلية).

حسب ما يرى لومان، تمثل مراجعة- الذات ظرفاً لعمل النسق بطريقة فعالة. ويعني أن النسق قادر على ملاحظة ذاته، وأن ينعكس على ذاته وعلى ما يفعل، ويستطيع أن يتخذ قرارات نتيجة لهذا الانعكاس. تمتلك الأنساق المراجعة للذات القدرة على رسم الخطوط الكبرى لهويات ذاتها. إنها تستطيع وصف ذاتها من خلال وضع حدود حسب ما تكون وما لا تكون. بمعنى آخر، إن النسق يمتلك استقلالاً بنائياً.

تحصل مراجعة- الذات Self- Referencing ، من وجهة نظر لومان، في جميع الأنساق الفرعية، مثل النسق السياسي، والعلم، والاقتصاد، والأسرة، والتربية، والقانون. ويقدم لنا مثالاً على مراجعة- الذات من قبل النسق عندما يقول: بأن النسق العلمي "ينعكس على ذاته بالتنظير الجوهري، ومن خلال قراراته بمتابعة أو عدم متابعة تقاليده المعطاة تاريخياً، "إن الأنساق المراجعة للذات ليست فقط أنساقاً منظمة أو أنساقاً متسقة... إنها توجد كشبكة مغلقة لإنتاج العناصر التي تعيد إنتاج نفسها وذلك من خلال استمرارها في إنتاج العناصر المطلوبة لاستمرارية إنتاج العناصر".

من أجل القول بأن النسق يراجع ذاته، يتعين أن نمنح النسق المقدرة على صناعة القرار، كم كسب من مثل هذا التشيؤ Reification [*]؟ الشيء الوحيد الذي يمكن اقتراحه، كما فعل بارسونز، هو أن النسق يمتلك حاجات، لكنه شيء آخر مختلف تماماً، أن نقول بأنه يستطيع "الانعكاس على ذاته" و"يصنع قرارات". يبدو لنا أن تقديم المثال على النحو المقدم سابقاً من شأنه أن يربك القضية بصورة أكبر ويشوشها. بعد كل ذلك، إن

---

[*] المقصود بالتشيؤ هنا، مراجعة- الذات وتأملها باعتبارها شيئاً مستقلا (المترجم).

النسق الفرعي العلمي الذي ينعكس على ذاته يتكون، في التحليل النهائي، من جماعات من العلماء يقومون بعملية الانعكاس ويصنعون القرارات.

ومع ذلك، فإن موقف لومان هو أن الموضوع الإنساني، أو جماعة اجتماعية محددة لم تعد تشكل النقطة المركزية في الفكر الاجتماعي. وحسب ما يرى لومان، فإن الأنساق الاجتماعية معقدة إلى حد أنه لا يمكن أن تعامل بهذه الطريقة، فلا يمكن أن تعامل على أساس أنها تتكون من بشر، ولكن من الأفضل معاملتها على أساس أنها تتكون من وحدات اتصال وتواصل. وبذلك فإن الأفراد يمثلون مجرد جزء من بيئة النسق الاجتماعي. بالنسبة لِ لومان فلا يبدو أن المعنى الذاتي وارد في حساباته النظرية ويتضح هذا في مقولته: "ليست ثمة طريقة معقولة لجعل نظرية الأنساق ترتكز على المفهوم الفيبري المتمثل في الفعل ذو المعنى".

إن المهمة الأساسية التي تؤديها الأنساق الاجتماعية في نظرية لومان هي اختزال التعقيد. إن لومان مقتنع بأن نظرية الفعل عند بارسونز "تقدم فقط مصادر ضئيلة لتدبير التعقيد"، وأن "نظرية حول المجتمع ينبغي أن تشغل ذاتها بأفكار من قبيل اختزال التعقيد الكبير والطبيعة الطارئة والعارضة للعالم". من وجهة نظر لومان فإنه كلما كان التعقيد أكبر فإن ذلك يعني وجود خيارات وإمكانيات بصورة أكبر. وهذا يعني أن الاختيار من بين بدائل أكثر صعوبة، أي أنه يستغرق أكثر من"لا" للوصول إلى "نعم". على سبيل المثال، تصور صعوبة القرار الناتج عن تلك المخترعات التكنولوجية التي أنتجت تنوعاً هائلاً في برامج المعلومات Software للكمبيوتر، فكيف يمكن للمرء ان يختار برنامج معالجة الكلمات Word على سبيل المثال، عندما تقدم برامج جديدة ونسخ أكثر تعقيداً بشكل يومي؟

يجادل لومان بأن المشكلة الجوهرية لمثل هذا العالم المتناقض يمكن أن تحل أو تحول إلى

مشكلات بسيطة عن طريق الدين أو عن طريق مرادفات وظيفية عديدة للدين في المجتمع الحديث؛ مثل الفن، والحب، والقوة المستقلة، وجمع المال. إن ما تمتلكه هذه البدائل بوجه عام هو أنها تزود بعض الفاعلين على الأقل بمستويات مشتركة من الفعل المقبول استناداً إلى الإيمان. إنها تسمح لنظم التفاعلات المعقدة أن تشق طريقها في عالم يمكن أن يكون خلافاً لذلك مشوشاً بشكل كامل، ومن الصعب إدراكه وفهمه.

إن لومان لا يبدو متفائلاً بالمستقبل كما كان بارسونز، ويوضح لومان بأن المجتمع الحديث معقد إلى حد كبير بالنسبة للمعايير المشتركة أو حتى تعميم القيمة. وينتقد بارسونز ليس بسبب مقالاته في تقدير الإجماع الاجتماعي الذي يعد ضرورياً من الناحية الوظيفية فقط، ولكن كذلك بسبب مقالاته في تقدير الإجماع الموجود في الواقع الفعلي. إن الذي يجمعنا من وجهة نظر لومان، هو القبول العام المشترك للمحتملات المخططة (أو البنائية). ومع ذلك، هناك جاذبية قليلة من وجهة نظرنا لفكرة أن العالم يكون متحداً من خلال الموقف الذي يستعصي على التوقع. كيف يمكن لجماعات أن تتكامل اجتماعياً ببساطة من خلال خبرتها بالأمور اليقينية ذاتها؟

يشير لومان، في عمل متأخر له إلى الجوانب السلبية (المعوقات الوظيفية) للحداثة. ويرى أن المجتمع يواجه تحديات النتائج التامة لخياراته البنائية مثل المشكلات البيئية الناتجة عن عقلانيته. ويشير لومان كذلك إلى نمو الإدراك بالمخاطر الكونية المنبعثة من المشكلات البيئية المعاصرة والانزعاج منها، والنضال من أجل الحفاظ على مستوى الرفاه الاجتماعي. وفي الحقيقة، فإن لومان يصف هذا بأنه "منطقة القلق غير المتقنعة".

في كتابه الأكثر حداثة الموسوم "المخاطرة: نظرية سوسيولوجية"، يعرف لومان المخاطرة بأنها: أذى محتمل يخيف الفرد ويرتكز على قرار اتخذه بنفسه. إنها عملية حسابية تأخذ بالاعتبار الخسارة والفائدة المحتملة بالاستناد إلى الزمن، مثل اتخاذ قرار ما أو متى أو

أين نعد مواد نووية أو أن نشعل سيجارة وندخن.

يميز لومان في هذا التحليل بين المخاطرة Risk والخطر Danger ، حيث يعرف الخطر بأنه الأذى المحتمل الذي يتعرض له الفرد بفعل مؤثرات خارجية، أي، دون أن يتخذ الفرد نفسه قراراً بفعل كذا، ومثال ذلك، الإعصار القُمعي، والهزة الأرضية، والإعصار المصحوب بالمطر والرعد. ويوضح لومان بأنه في مثل هذه الحالة من الخطر فإن "الخسارة المحتملة مسببة بفعل مؤثر خارجي. أي إنها تعزى إلى البيئة".

ويجادل لومان بأن قرار الفرد (المخاطرة) قد يمثل خطراً، مثل تأثير المدخنين على غير المدخنين، وهكذا، فإن الفرق الحاسم بين صناع القرار، والناس اللذين يتأثرون بالقرار هو أن ما يكون مخاطرة بالنسبة لأحدهم (صناع القرار) هو خطر على الآخر (المتأثر باتخاذ القرار).

بالعودة إلى تركيزه على وحدات الاتصال والتواصل، يطرح لومان السؤال المتعلق بحقيقة كيف يجب أن يتشكل الإدراك بالمخاطرة عن طريق الاتصال الذي يعمل على رفع مستواها. ويشير هنا إلى تحذيرات مضادة للمخاطرات عن طريق إنتاج الإعلان، ويندرج تحت عنوان "جهود متعددة الأنواع للتأثير في السلوك الجنسي لمواجهة مخاطرة الأيدز".

يجادل لومان أنه بينما كان الناس في المجتمع البدائي يخافون من المخاطر بشكل أساسي، فإن المجتمع التكنولوجي يتخذ قرارات تؤثر في البيئة بعمق، مثل القرارات المتعلقة بتوليد الطاقة النووية. من وجهة نظر لومان، إننا اليوم خائفون بشكل أساس من المخاطرات التي نمتلك عليها كأفراد، سيطرة جزئية فقط، بسبب تعقيد عملية اتخاذ القرار. وهكذا يرى لومان أن المجتمع الحديث ميال- للمخاطرة، ويوضح بأن " المجتمع الحديث الموجه بالمخاطرة لا يمثل فقط نتاجاً لتصور نتائج الإنجاز التكنولوجي، بل إن بذرته موجودة في توسع إمكانيات البحث، وفي المعرفة ذاتها". ويشير لومان إلى التأثيرات المسرطنة لأشعة x والتي

ظهرت فقط بعد استخدام التكنولوجيا الحديثة، باعتبارها إحدى نتائج الإنجاز التكنولوجي.

إن عمل لومان، وكذلك عمل ريشارد مونش Richard Munch مثلا القوة الرائدة في إحياء التنظير الوظيفي في ألمانيا. وكما هو الحال بالنسبة للماركسية الجديدة فإن تطور الوظيفية في كل من ألمانيا وأمريكا يتضمن نقد الأعمال الأصلية وإعادة تفسيرها، أكثر من كونها محاولة لإعادة الجدل الذي كان دائراً في خمسينيات وستينيات القرن الماضي.

خاتمة

عبر مناقشة خصائص الوظيفية وإسهامات أبرز منظريها في هذا الفصل قدمنا تساؤلات حول خصائص معينة للمنظور الوظيفي، ولم يكن ذلك للحيلولة دون تشجيع القارئ على استخدام الأفكار الثقافية للوظيفية، بل كان بمثابة محاولة لإماطة اللثام عن أوجه القصور والضعف كما هو الحال بالنسبة لأوجه القوة في هذا المنظور، وهذا الأمر، كما ذكرنا سابقاً، يمثل أحد أهدافنا في تأليف هذا الكتاب.

وفي الحقيقة، فإن أولئك اللذين فضلوا منظورات أخرى، تمكنوا، بصرف النظر عما يجنوه من فائدة من تحقيق معرفة شاملة وفهماً أكبر للوظيفية أكثر مما هو شائع بين العديد من علماء الاجتماع المعاصرين. إن المنظور الوظيفي يقدم أفكاراً ثاقبة وعظيمة حول كيفية عمل المجتمعات ولماذا توجد المؤسسات والأعراف. وإذا كان هناك بعض الحكمة في القول: "عليك أن تعرف النسق حتى تتغلب عليه"، فإن الوظيفية يمكن أن تساعد أولئك اللذين يكرسون أنفسهم للتغير الاجتماعي الراديكالي إلى فهم أكمل حول طريقة عمل النسق، ولا يحتاج المرء، من أجل تقدير الوظيفية، أن يؤيد بارسونز عندما يجادل، على سبيل المثال، بأن نظريته العامة في الفعل الاجتماعي تتضمن نظرية الصراع، وهكذا ليس هناك نظريتان، لكن واحدة. وبالمقابل، ربما يتفق المرء مع دارندورف Dahrendorf أو كوزر Coser اللذان يعتبران نظرية الاجتماع القيمي (أو الوظيفية) ونظرية الصراع تمثلان وجهين مختلفين لعملة

واحدة.

هل الافتراض بأن الإجماع يمثل أساساً لأي نظام اجتماعي يجعل هذه النظرية محافظة من الناحية الأيديولوجية؟ في جداله بأن الوظيفية مستقلة عن أية تضمينات أيديولوجية، يوضح بارسونز بأن التحليل الوظيفي "ليس لديه أي شيء يقدمه للنزعة المحافظة السياسية أو الدفاع عن الوضع القائم". ومع ذلك، فإن الوظيفية استخدمت غالباً كمدخل محافظ لتحليل المجتمع لأنه كان ينظر إلى التوتر والصراع كمعوقات وظيفية للنسق الاجتماعي، وأن الآنومي صيغة مرضية ينبغي تجنبها. إن العديد من أولئك اللذين كانوا منجذبين إلى الوظيفية، كانوا ميالين في الممارسة، لقناعة ورضى أقل أو أكثر بالنسق الراهن، ولم يكونوا محايدين حول بقائه واستمراريته. ومع ذلك، فإنه مع إعادة الحيوية للتنظير الوظيفي في الثمانينيات من القرن الماضي ونقد وإعادة تفسير بارسونز من قبل الوظيفيين الجدد خلال التسعينيات، فإننا نتوقع أن يستمر حتى نرى تطورات جديدة وتوسعات في هذا المنظور.

ومن أجل تلخيص الأمر، فإن الوظيفية تميل إلى التشديد على القيم على حساب المصالح، وعلى الرغم من أنها تظهر أهمية استقلال الأفكار، والوصل بين القوة والقبول الاجتماعي. إلا أنها تتجاهل الجوانب القهرية للقوة وأهمية الغايات المتصارعة للناس.

بصورة مشابهة، فإن الوظيفية تركز على الضبط الاجتماعي على حساب التغير الاجتماعي. وهكذا تحلل التغير التوافقي وتتجاهل التغير التخريبي، كما تغالي في التأكيد على أهمية الأمن وحاجات المجتمع على حساب المصالح والغايات التي لا يمكن تلبيتها دون التغير الاجتماعي. بوجه عام، تركز الوظيفية كذلك على البناء أكثر من العملية (على الرغم من أن عمل بارسونز حول التغير التطوري أخذ بعين الاعتبار كل من العمليات والبنى)، كما تركز الوظيفية على التحليل السوسيولوجي بعيد المدى أكثر من التحليل قصير المدى.

إن تركيزالوظيفة على التحليل السوسيولوجي بعيد المدى يعني أن يتخذ المرء وجهة نظر فوقية للمجتمع عندما ينظر إلى المجتمع من منظور وظيفي. إنها ليست صورة أفضل من تلك التي تتخذ من الأسفل حيث يتفاعل الأفراد مع بعضهم. إنها ببساطة صورة تؤخذ من زاوية مختلفة. إذا أخذنا بعين الاعتبار، على سبيل المثال، مواقع العديد من الكاميرات التلفزيونية في اجتماع سياسي، فإننا ندرك أن كل كاميرا تلتقط جزءاً من الواقع. ولكن لا توجد كاميرا بعينها تلتقط كل صور الفعل. وهكذا هو الأمر بالنسبة للمنظورات النظرية السوسيولوجية. وفي الوظيفية تؤخذ جميع الصور من مكان مرتفع، وتركز على البنى الاجتماعية، ومعظم الصور تتطور بهدوء. ومع ذلك، فإن جزءاً من الواقع الكلي متضمن في تلك الصور. وفي الفصول اللاحقة، سوف نرى كيف أن المنظورات الأخرى تتحدى الوظيفية وتختلف عنها من خلال تركيزها على المصالح والتغير، والعمليات الدينامية لسلوك الفرد، ووجهة النظر المأخوذة عن قرب، والتي تتضمن فحصاً دقيقاً للتفاعلات الاجتماعية.

الفصل الثالث

نظرية الصراع

مقدمة: التقليدان الصراعيان

الجذور الفكرية

الجزء الأول: نظرية الصراع ونقد المجتمع

علم الاجتماع الماركسي والماركسية الجديدة

النظرية النقدية: مدرسة فرانكفورت

سي رايت ملز

بيار بورديو

الجزء الثاني: نظرية الصراع وعلم الاجتماع التحليلي: إرث ماكس فيبر

رالف دارندوف

لويس كوزر

رانـدال كولنـز

خاتمة

128

مقدمة: التقليديان

تمثل نظرية الصراع البديل الأساس للوظيفية كمدخل لتحليل البناء العام للمجتمعات، وأصبحت بشكل متزايد ذات شهرة وأهمية في علم الاجتماع الحديث. كما أنها تمثل منظوراً أقل توحداً من المنظورات الأخرى التي تمت مناقشتها في هذا الكتاب، والخلافات بين مؤيديها هي في الغالب أفضل حالاً من خلافاتهم مع منظرين يستخدمون مداخل ومنظورات أخرى، ومع ذلك، فإن منظري الصراع من كل الأنماط يشتركون في عدد من الافتراضات والتصورات المسبقة الهامة، وتلك الأنماط مع بعضها توفر طريقة مميزة للنظر إلى العالم.

إن الوظيفيين، كما شاهدنا مسبقاً، ينظرون إلى المجتمعات والمؤسسات الاجتماعية باعتبارها أنساقاً تعتمد الأجزاء فيها على بعضها البعض، وتعمل مع بعضها من أجل تحقيق التوازن. إن الوظيفيين لا يتنكرون للصراع، ولكنهم يعتقدون بأن المجتمع يطور طرقاً للسيطرة عليه، وهي تمثل تلك الطرق التي يحللونها، لكن تصورات منظري الصراع مختلفة بصورة حادة، فبينما يرى الوظيفيون الاعتمادية المتبادلة والوحدة في المجتمع، فإن منظري الصراع ينظرون إلى المجتمع باعتباره ساحة تناضل الجماعات فيها من أجل الحصول على القوة. والسيطرة على الصراع تعني ببساطة أن جماعة واحدة قادرة، بصورة مؤقتة، على إخضاع خصومها. يرى الوظيفيون القانون المدني، مثلاً، كطريقة لزيادة التكامل الاجتماعي، بينما يراه منظرو الصراع كطريقة لتعريف وتدعيم نظام معين تستفيد منه بعض الجماعات على حساب الآخرين.

نستطيع أن ندرك اختلاف النظرة التي يمتلكها هذا المنظور للأشياء إذا عدنا إلى مثال (المطار) الذي استخدمناه في التعريف بوجهة النظر الوظيفية. يشير المنظور الوظيفي إلى الطريقة التي تعمل بموجبها الأجزاء المختلفة للمطار، من أجل الحفاظ على بقاء النسق

يعمل، لكن نظرية الصراع مهتمة بالخصومات والمنافسات التي تقع بين مختلف العمال، والإدارة، والموقع الذي تتخذه كل جماعة لتعمل بشكل أفضل من أجل ذاتها. وربما يشير المُنَظِّر الصراعي إلى أن ضباط المطار يريدون طاقماً أكبر ويطالبون بمعدات غالية الثمن، والطيارون يحاولون باستمرار فرض قيود على الدخول إلى مهنتهم من أجل الحفاظ على الرواتب مرتفعة، وأن العتالين وطاقم الضيافة والفراشين جميعهم ينتمون إلى اتحادات نضالية، وجميع هذه الجماعات على خلاف مع الخطوط الجوية، والإدارة العليا، التي تريد إبقاء الأجور منخفضة والمنافع التي تجنيها من العاملين مرتفعة. إن التركيز ضمن نظرية الصراع على التوازن المتحرك للقوة بين الجماعات المتنافسة، وليس على توازن الاعتمادية المتبادلة والتعاون.

إن التوجه العام للصراع يجسد ثلاثة افتراضات مركزية متصلة ببعضها؛ **الافتراض الأول** هو أن الناس يمتلكون عدداً من "المصالح" الأساسية، وهي تمثل أشياء يريدونها ويحاولون تحقيقها، وهي ليست معرفة من قبل المجتمعات فقط، ولكنها عامة بالنسبة لها جميعها. إن منظري الصراع ليسوا فقط صريحين دائماً بوجهة النظر هذه حول الإنسان، ولكنها تظهر في جميع أنحاء أعمالهم.

الافتراض الثاني، وهو الافتراض المركزي بالنسبة لجميع منظورات الصراع، يتمثل في التركيز على القوة باعتبارها تقع في صميم العلاقات الاجتماعية. إن منظري الصراع لا ينظرون إلى القوة على أنها فقط نادرة ومقسمة بشكل غير متساوٍ – ولهذا تمثل مصدراً للصراع – لكنها أيضاً قهرية بالضرورة. إن هذا التحليل، يقود في المقابل، إلى الاهتمام بتوزيع المصادر التي تمنح الناس قوة أكثر أو أقل. مثلاً، أي مُنَظِّر صراعي سوف يأخذ بعين الاعتبار أن ما حصل للهنود الأمريكيين، كان متعذر تجنبه. فالمستوطنون البيض لديهم أعداد أكثر، وثروة أكبر، وأسلحة أكثر تقدماً، ولهذا سوف يؤكد المنظر الصراعي، بأنهم

سوف يستولون حتماً على الأراضي والثروة المعدنية ويبذلون منها، في المقابل، الشيء البسيط. إن ما يثير الدهشة، من منظور صراعي، أنه لم يكن ما أوقف المستوطنين دينهم أو معتقداتهم السياسية، لكن الهنود الأمريكيين تجنبوا الإبادة ولم تكن إبادتهم لتتم بسهولة.

الافتراض الثالث المميز في نظرية الصراع هو أن القيم والأفكار يتم النظر إليها كأسلحة تستخدم من قبل الجماعات المختلفة لتدعم أهدافها، أكثر من كونها وسائل لتعريف هوية المجتمع وأهدافه ككل. إن منظري الصراع يمتلكون ميلاً كبيراً للحديث عن الأفكار كجانب من مصالح الجماعة، وبشكل خاص تحت مفاهيم "الأيديولوجيا" و"الشرعية"، وفي حالة معاملة الهنود الأمريكيين، مثلاً، فإن منظري الصراع سوف يميلون إلى تفسير فكرة الأمريكيين "القضاء والقدر الواضح" Manifest Desting وفكرة "تمدين" Civilizing القبائل، كأمثلة واضحة على كيفية تطوير الناس لأفكار تناسب مصالحهم.

التقليدان

إن العناصر الأساسية لنظرية الصراع، والتي قمنا بوصفها، تعتبر عامة بالنسبة لجميع أنصارها، لكن يمكن تقسيم نظرية الصراع إلى تقليدين مختلفين عن بعضهما تماماً. إنهما يختلفان عن بعضهما في وجهة نظرهما نحو العلم الاجتماعي. وكذلك ما إذا كان بالإمكان استئصال الصراع بصورة دائمة، وهذا الفصل سوف يناقش كل منهما بشكل منفصل.

المجموعة الأولى من المنظرين يعتقدون بأن العلماء الاجتماعيين لديهم التزاماً أخلاقياً للانخراط في نقد المجتمع. إنهم يرفضون فصل – أو التسليم بأن المرء يستطيع بحق أن يفصل- التحليل عن الحكم أو فصل الحقيقة عن القيمة. يعتقد هؤلاء المنظرون غالباً (وليس دائماً) أنه من حيث المبدأ يمكن أن يوجد المجتمع الذي يخلو من مرتكزات للصراع الاجتماعي. المجموعة الثانية، وبالمقارنة، تعتبر أن الصراع محتوم ومتعذر اجتنابه ويمثل جانباً أساسياً مستقراً في الحياة الاجتماعية. كما ترفض فكرة أن استنتاجات العلم الاجتماعي

محملة بالقيمة Value-laden . وبدلاً من ذلك، فإن مؤيديها مهتمون بتأسيس علم اجتماعي بنفس المبادئ الموضوعية كما هي عليه في العلوم الطبيعية.

منظرو المجموعة الأولى اللذين سنناقشهم ضمن الماركسية الحديثة والماركسية الجديدة، هم رواد مدرسة فرانكفورت التي ينتمي إليها سي رايت ملز C. wright mills ، وبيار بورديو Pierre Bourdieu ، اللذان تأثرا بعمل كارل ماركس. وفي المجموعة الثانية، حيث سنصف عمل رالف دارندورف Ralf Dahrendorf ، ولويس كوزر Lewis Coser ، وراندال كولنز Randll Collins ، فإن تأثير ماركس لم يزل واضحاً، لكن المتابعات الأكثر أهمية تتمثل في كتابات ماكس فيبر. ولهذا سوف نتحول الآن إلى مناقشة جذور نظرية الصراع الحديثة ضمن أعمال هذين المفكرين الكلاسيكيين (ماركس وفيبر)، كما هو الحال بالنسبة لكتاب غيرهم لهم تأثير مثل فبلن Veblen وزمل Simmel ومنظري الصفوة الأوروبيين، وعلماء الاجتماع الأمريكيين من مدرسة شيكاغو.

الجذور الفكرية

القوة، والوضع، والشرعية: ماركس وفيبر

لقد تم وضع العناصر الأساسية لنظرية الصراع من قبل اثنين من علماء الاجتماع الأوائل العظام هما: كارل ماركس وماكس فيبر. إن الكثير من عمل فيبر يتضمن جدالاً مع ماركس والتحليل الماركسي، ولكن وجدنا عند كل من هذين المؤلفين اهتمامين أساسيين متشابهين؛ الأول: الاهتمام بالطريقة التي تمنح بها المواقع الاجتماعية أصحابها قوة أقل أو أكثر. والثاني: الاهتمام بدور الأفكار في خلق أو تقويض شرعية الموقع الاجتماعي.

كارل ماركس (1818 - 1883):

إن نظرية الصراع في علم الاجتماع تمثل نتاجاً من أعمال كارل ماركس. بالفعل

إن الماركسية ونظرية الصراع تناقشان في بعض الأحيان باعتبارهما مترادفتان. كما أنه لا يوجد مثالاً أفضل من الماركسية على الارتباط الوثيق بين أفكار المُنظِّر وأحداث العالم الواقعي، حيث أنه باسم أفكار كارل ماركس حارب الثوريين حول العالم أشكالاً قائمة من المجتمع، كما حكمت الأحزاب الشيوعية قطاعاً كبيراً من الناس.

ولد ماركس في ترير Trier في ألمانيا عام 1818. كان والداه يهوديان وتحولا إلى البروتستانتية لتجنب التمييز وخسارة الحقوق المدنية. وبشكل محدد، من أجل حماية ممارسة والده للمحاماه. ابتدأ ماركس كذلك بدراسة القانون رغم أنه افتتن في جامعة برلين بفلسفة هيجل الذي فسر التاريخ الكلي، كعملية تتقدم بواسطتها الروح (ونتيجة لذلك الإنسانية) نحو المعرفة الكاملة للذات والمجتمع "العقلاني" و"الحر". لقد أصبح ماركس شاباً هيجلياً، ينتمي إلى مجموعة من الفلاسفة الشبان اللذين تساءلوا حول أجزاء مختلفة من طروحات معلمهم بينما ظلوا محتفظين بمدخله. بالفعل، في سنوات لاحقة، أصبح ماركس يرى أن كتابته تتخطى هيجل المنتهي، مستبدلاً تأكيد هيجل على العقل كمحدد حاسم للتاريخ بفلسفته "المادية" Materialism ، التي تركز على أن العوامل المادية تحدد الأحداث، وكذلك أصبح ماركس راديكالياً معادياً للتدين. وبعد أن استكمل كتابة أطروحته عمل كاتباً وخبيراً قانونياً في باريس وبلجيوم، وفي أثناء هذه الفترة كتب البيان الشيوعي The Communist Manifesto ، الذي يضع برنامجاً لحكومة ثورية ويوضح الخطوط العريضة لنظرية ماركس حول البنى الاجتماعية والتغير الاجتماعي. وعندما قامت ثورة عام 1848 في المانيا، عاد ماركس ليحرر صحيفة راديكالية. وبعد أن فشلت الثورة عاد إلى المنفى مرة أخرى واستقر في لندن، حيث أمضى فيها بقية حياته.

لفترة طويلة من حياته، كان ماركس وعائلته فقراء إلى حد كبير جداً، حيث تلقى المساعدة الضرورية من صديقه فريدريك إنجلز Friedrich Engels ، وهو صانع نسيج

اشتراكي، لقد أصبحت نظريات ماركس مشهورة بشكل متزايد، ومؤثرة، بشكل خاص خارج بريطانيا، وكان أكثر ما يستشار من قبل الراديكاليين والثوريين الروس والألمان. ومنذ وفاته، تطورت الأحزاب الشيوعية ونمت في كل أنحاء العالم، وتكونت عقيدتها من تحليل ماركس ولينين Lenin الذي قاد أول ثورة شيوعية ناجحة، في روسيا. وبالنسبة للكثير من الأحزاب التي حكمت جزءاً كبيراً من شعوب العالم في القرن العشرين: وقد تضمنت الاتحاد السوفييتي، وبلدان أوروبا الشرقية، والصين، والهند الصينية.إن بلدان الاتحاد السوفييتي السابق، وأوروبا الشرقية، لم يستمر حكمها بواسطة أحزاب شيوعية، وفي آسيا، فإن تلك الدول (وبشكل خاص الصين)، التي لا تزال دولاً شيوعية يحكمها حزب واحد اعتنقت نوعاً من اقتصاد السوق، ومع ذلك، بعض الأحزاب التي ألهمتها الأفكار الماركسية مهمة للغاية من الناحية السياسية، كما أن تلك الأفكار تبقى مؤثرة إلى درجة كبيرة بين المفكرين والأكاديميين.

ولأن عمل ماركس لا زال يستخدم من قبل العديد من الكتاب في تحليلاتهم للمجتمع المعاصر، فإننا نناقشه بمزيد من التفصيل في آخر الفصل. بالطبع فإن أفكار العديد من الكتاب الآخرين الذين توفوا منذ فترة زمنية طويلة تعتبر ضرورية للتحليل المعاصر، لكن عمل ماركس شيء آخر مختلف. إن علماء الاجتماع الماركسيين يشكلون مدرسة تعتمد تحليلاً صاغ إطاره النظري ماركس. وبهذا المعنى، ولهذا السبب، فإن الماركسية بالكامل تمثل نظرية معاصرة.

إن العناصر الأساسية لنظرية الصراع تظهر بمجملها في عمل ماركس. لقد اعتقد ماركس، أولاً: أن الناس يمتلكون مصالح طبيعية ضرورية ومعرفّة مسبقاً. حقاً، يجادل الماركسيون بوجه عام أنه إذا لم يتصرف الناس حسب تلك المصالح، فإن ذلك يمكن أن يعني فقط أنهم قد ضُلِّلوا حول ما تعنيه "مصالحهم الحقيقية" من قبل النسق الاجتماعي الذي

يعمل على تكريس مصالح آخرين ويسير وفق رغبتهم. ثانياً: لقد حلل ماركس كلاً من المجتمع التاريخي والمعاصر في ضوء الصراعات بين الجماعات المختلفة حول مصالح متباينة. ثالثاً: شدّد ماركس على الربط بين طبيعة الأفكار أو "الأيديولوجيات" ومصالح أولئك الذين يطورونها، وشدّد على أن الأفكار السائدة في حقبة زمنية تعكس مصالح "الطبقة الحاكمة".

لقد ركز ماركس على أولوية التكنولوجيا وأنماط الملكية الخاصة في تحديد طبيعة حياة الناس ومسار الصراع الاجتماعي. وبينما احتفظت الماركسية، وبدرجة أقل، منظرين نقديين آخرين، بهذا التأكيد، فإن محللين آخرين يتبعون طروحات فيبر نظروا إليه باعتباره هاماً، ولكنه فقط تفسير جزئي. إن عمل ماركس مميز كذلك، بزعمه أنه يتنبأ بالمستقبل، وباعتقاده بإمكانية، الصراع الحر التام، والمجتمع الشيوعي. مثل هذه المعتقدات مقبولة جزئياً أو بمجملها من قبل المنظرين الأكثر راديكالية بينما تم رفضها من قبل منظري الصراع التحليليين الذين اتبعوا فيبر. وهكذا فإن الانقسام بين المدخلين (التحليليين والراديكاليين) مشتق من الفروقات المركزية ذاتها بين ماركس وفيبر.

ماكس فيبر (1864- 1920):

ولد ماكس فيبر لعائلة ألمانية برجوازية شهيرة. وكان والده عضواً هاماً في الحزب القومي الليبرالي، كما كان عضواً في البرلمان. وانحدرت والدته من عائلة ثرية ومتدينة ومثقفة بشكل كبير. لقد كان هناك توتراً كبيراً في زواج والديه. وكشاب يافع سار فيبر على خطى والده وتماهى معه، ورغم ذلك، خلال سنوات ما بعد المدرسة، عندما كان لا يزال معتمداً من الناحية المالية ويعيش في البيت أصبح يسوءه الرجل المسن (والده) وسلوكه التسلطي. إن تلك الصراعات لها دور هام في الانهيار التام الذي عانى منه فيبر في بداية العقد الثالث من عمره.

قبل هذه الفترة وبعدها، كان فيبر منتجاً بشكل مدهش، في كل من عمله الفكري ونشاطاته السياسية. عمل فيبر في جامعة فريبرغ وجامعة هايدلبرغ، وأنتج العديد من الأعمال في موضوعات مختلفة منها: السياسة الاقتصادية، والتنمية السياسية، وعلم النفس الاجتماعي للعمل الصناعي، وعلم الاجتماع الديني، والتاريخ الاقتصادي، ومنهجية العلم الاجتماعي. وفي الوقت ذاته لعب دوراً هاماً في الدوائر المسيحية-الاجتماعية السياسية حيث كان يقدم أوراق عمل حول القضايا الراهنة. وفي هذه الفترة كان بيته مركزاً للحياة الفكرية في ألمانيا.

شهدت السنوات الأخيرة في حياة فيبر الحرب العالمية الأولى، وهزيمة ألمانيا والثورة والحرب الأهلية الفعلية في داخل ألمانيا، وتأسيس الجمهورية الألمانية. وفي هذه الفترة كان فيبر منخرطاً في السياسات بشكل مكثف. وبعد الدعم الأولي للحرب، طالب فيما بعد وألح على مقترحات السلام، ودعا إلى تغييرات على نطاق واسع في البناء السياسي الألماني.

لقد كان فيبر عضواً مؤسساً في الحزب الديموقراطي الألماني وكان منخرطاً في كتابة تشكيله الجديد، لكنه أطلق على الثورة الفاشلة عام 1918 اسم "الكرنفال الدموي" وهو الأمر الذي لم يغفره اليسار أبداً، حيث أدان مقترحات انضمامه إلى الحكومة أو أن يكون مرشحاً لرئاسة الجمهورية.

وعلى مدى اهتمامه طويل الأمد بالعلاقة بين السياسة والفكر، لم يكن لدى فيبر أي إلهام يوتوبي. تماماً كما هو الحال بالنسبة لماركس، أراد فيبر تحديد أصول الخصائص الضرورية للمجتمع الحديث، لكنه لم ير التحديث كطريقة للكمال. بل على العكس من ذلك، فإن العقلانية الحديثة يمكن أن تكون "قفصاً حديدياً" Iron Cage، وتخلق عالماً ضيقاً متحرراً من وهم طبقة الموظفين البيروقراطيين.

إن تحليلات فيبر معقدة وعصية على التصنيف، وتخلو من أي أثر لماركس على

العالم. وعلى الرغم من ذلك، فإن قسماً كبيراً مـن المفكـرين غـير الماركسـيين يصفونه بأنه كبير علماء الاجتماع وأعظمهم، كما أن أفكاره كان لها التـأثير الوحيـد الأكـثر أهميـة عـلى نظرية الصراع التحليلية. بالإضافة إلى ذلك فإن فيبر له أهميـة عظيمـة بالنسـبة لـبعض علماء الاجتماع في الاتجاه النقدي.

تماماً كما هو الحال بالنسبة لماركس، نظر فيبر إلى أنشطة الناس عـلى أنهـا، عـلى نحـو كبير جداً، مدفوعة بالمصلحة الذاتية Self-interested . ومع ذلك، اعتقد بأن عالم التـاريخ أو عـالم الاجتماع، ينبغي أن يـدرك بالإضافة إلى مثل هـذه المصالح العامة كتجميع الـثروة، أهميـة الأهداف والقيم المحددة في المجتمع. على سبيل المثال، اقترح فيبر بأن رغبة الكالفينيين في إنقاذ أرواحهم وجدت تعبيراً لها في الهدف الفريد لتجميع الثروة البسيطة. كان يُنظر إلى هذا كـدليل على منة اللـه، بينما الاستمتاع الفعلي بثماره سوف يمثل انغماساً في الإثم.

لقد حلل فيبر مناورة الناس في متابعة الفائدة، بالاستناد إلى القيم والظروف الخاصة ومقولات سوسيولوجية أكثر عمومية. لقد صاغ الأنماط المثاليـة Ideal Types بتجريـد العنـاصر الضرورية للمفهوم العام مـن خـلال سياقات تاريخية مختلفة. إن أمثلة الحيـاة الواقعيـة لا تحتاج للتطابق بالضبط من النمط المثالي الذي تم تصميمه، وعلى سبيل المثال، ربما يكون مـن غـير الممكـن أن نجـد أمثلـة عـلى البيروقراطيـة تتطـابق في كـل جزئيـة مـع نمـوذج فيـبر في البيروقراطية، ومع ذلك، فإن النمط المثالي هـام جـداً في جعـل الأحـداث التاريخيـة والمعـاصرة واضحة ومدركة. على سبيل المثال، يجادل فيبر بـأن أحـد العنـاصر الضرورية للبيروقراطيـات الحديثة هو أنها تنتظم حول وثائق مكتوبة "الملفات"، وحول قواعد ثابتة تعرّف بدقة ما يمكن للموظفين فعله وما لا يمكنهم فعله. إن البيروقراطيات الأمريكية والصينية ربما تختلـف بطـرق معينة بسبب الفروقات العامة بين البلدين، لكن بسبب أن كلاً منها يعتبر إلى حدٍ كبير مثالاً على النمط المثالي البيروقراطي فإننا نستطيع أن نرى بأنهما متشابهتين كذلك في

طرق حاسمة، بما في ذلك كيف تتعاملان مع الجمهور.

لقد كان فيبر مهتماً بالقوة وبالطرق التي يستطيع من خلالها بعض الناس ضمان السيطرة على الآخرين، وميّز فيبر بين السيطرة الشرعية والسيطرة اللاشرعية، حيث أن السيطرة الشرعية، قائمة على السلطة، وتتضمن استحقاقات تؤكد بأن أناساً معينين لديهم الحق في طاعة الآخرين لهم. ولذلك فقد اقترح بأن هناك ثلاثة مرتكزات أساسية للاستحقاقات الناجحة من أجل ممارسة السلطة (أو ثلاثة أنماط مثالية).

السلطة الكارزمية Charismatic Authority : وترتكز على الخصائص النوعية لشخص القائد. ولذلك فإن المحكومين يخضعون لأنهم يعتقدون بوجود خصائص نوعية غير عادية لشخص معين .. وهكذا فإن شرعية الحكم الكارزمي ترتكز على الاعتقاد بالقوة الخارقة، والإلهامات، والبطل الأسطوري صاحب المقام الرفيع، وهكذا فإن حواريي عيسى المسيح اتبعوه لما كان هو عليه^(*)، وليس بسبب الموقع الذي كان يحتله.

السلطة التقليدية Traditional Authority : وهي كذلك شخصية ولكن يتمتع بها الشخص لأنها تُسَلَّم له من الماضي. فالملك أو زعيم القبيلة ربما لا يكون بشكل شخصيـ قادر بصورة جيدة أو يكون فعالاً ومؤثراً لكنه يتمتع بالسلطة التي تستمد شرعيتها من الأعراف. يجادل فيبر أنه بوجه عام "تعتبر السلطة الأبوية (البطرياركية) Patrarchalism إلى حدٍ كبير نمط السيطرة الأكثر أهمية حيث ترتكز شرعيتها على التقليد. إن الأبوية أو البطرياركية تعني سلطة الأب، والزوج، والأكبر سناً في البيت.. حكم السيد والراعي.. وحكم النبلاء على الخدم وموظفي الأعمال المنزلية.. وحكم اللورد الكنسي والأمير الملكي..".

---

^(*) المقصود أن ما كان عليه المسيح هو أنه يتميز بجميع الخصائص الكارزمية كخوارق العادات والإلهام والأسطورية حيث كان يحيي الموتى ويبرئ الأكمه والأبرص ويخبر الناس بما في بيوتهم. (المترجم).

أخيراً، السلطة العقلانية- القانونية Rational- Legal Authority وهي مشتقة من القواعد الرسمية. وهكذا فإن البيروقراطيين الجدد يطاعون لأن المكانات تمكنهم إلى حدٍ كبير من فعل أشياء معينة، ولأن مجتمعاتنا تقبل القوانين التشريعية كمصدر نهائي للسلطة. وحسب ما يرى فيبر، فإن إرساء الشرعية في أنواع معينة من القواعد يعد أمراً مركزياً بالنسبة للعقلنة المستمرة لكل شيء في المجتمع الحديث.

لم يختلف فيبر مع وجهة نظر ماركس بأن المصالح الاقتصادية غالباً ما تكون متضمنة في سلوك الناس، حتى عندما لا تكون معروفة وواضحة. ومع ذلك، فقد اعتقد فيبر بأن ماركس على خطأ في تحديد الخصائص الاقتصادية باعتبارها القاعدة الحاسمة المحددة لكل من البناء الاجتماعي وفرص الناس في الحياة. إن دين الشخص -يجادل فيبر- وتعليمه، والحزب السياسي الذي ينتمي إليه ربما يكون مصدراً هاماً للقوة والنجاح. وبدلاً من الاستناد إلى مقولة ماركس في الطبقة، يميز فيبر بين الطبقات، وجماعات المكانة، والأحزاب. وكل منها يمكن أن يكون أقل أو أكثر أهمية بالنسبة لحياة الناس ويعمل كمحرض على تنظيم الجماعة أو صراعها. يعني ماكس فيبر بالطبقة Class : مجموعة من الناس يجمعهم وضع مشترك في الحياة الاقتصادية، سواء تضمّن هذا الوضع الملكية الخاصة، كما عرّفها ماركس، أو المهارات القابلة للعرض في السوق، وقد عرّف الحزب Party : بأنه اتحاد يوجد من أجل ضمان القوة لقادة جماعة متحدة لتحقيق فوائد مثالية أو مادية لأعضائها الفعالين والمؤثرين. إن الأمثلة تتضمن الأحزاب السياسية التي تبحث عن القوة في الدولة الحديثة، وكذلك الأحزاب Factions التي قاتلت من أجل السيطرة على روما أو مدينة- الدولة الإيطالية. أخيراً، جماعات المكانة Status Groups ، هي جماعات لا يستند تمييزها على وضعها الاقتصادي المشترك، ولكن بالإضافة إلى ذلك على نمط حياتها المشترك- غالباً يوجد في التربية العامة- أو بالهيبة والمركز الملتصق بميلادهم وعائلتهم، كما هو الحال في

الأرستقراطية الإرثية.

لقد كان لأطروحة فيبر تأثيراً كبيراً على المنظرين "التحليليين" المحدثين الـذين اعتقـدوا مثل فيبر بأن العوامل الاقتصادية ليست دائماً هي المحددات الرئيسة لحياة الناس وقوتهم. لقد كان تأثير فيبر واضحاً أيضاً في مناقشة العلماء للعلاقة بين الأفكار والقوة. إنه من المهـم التأكيـد أنه خلافاً لماركس، اعتقد فيبر بأن الأفكار والقيم لها تأثير مستقل وهام على التـاريخ (كـما هـو الحال بالنسبة للكالفينية والكونفوشية). ولا يعتبرها ببساطة انعكاسات للمصالح الضمنية. وفي الوقت ذاته، كان فيبر مدركاً للدور الذي يمكن أن يلعبه منح القوة لجماعة اجتماعية معينة في نظام اجتماعي معين. لقد ركز بشكل محدد، على أهمية "الشرعية"، وهـي تشـير إلى الاعتقـاد بأن وضع شخص ما والنسق الذي يندمج فيه، هما صحيحان وملائمان. لقد أثر هـذا المفهـوم - الشرعية- بقسم كبير من التحليل الصراعي الحديث، وتكرر فيه بشكل واضح.

القوة، والنخب والطبقات

على الرغم من أن العناصر الرئيسة لنظرية الصراع قد وضعت من قبل ماركس وفيـبر، إلا أن هناك غيرهم من المنظرين طوروا أفكاراً كان لها أثراً هاماً على المحللـين المحـدثين، وأكـثر هؤلاء أهمية منظرو الصفوة (بشكل أساسي باريتو، وموسكا، وميشلز)، وثورشتاين فبلن.

نظرية الصفوة (النخبة) Elite Theory : إن أكثر منظري الصفوة شهرة هم أولئك اللذين عاصروا فيبر، أمثال فلفريدو باريتو Vilfredo Pareto (1848- 1923)، والمنافس الكبير لباريتو، جيتانو موسكا Gaetano Mosca (1858- 1941)، وصديق فيبر، روبـرت ميشـلز Robert Michels (1876- 1936). وعلى الرغم من أنهم لم يشكلوا مدرسة بأي معنى ، إلا أنهم اشتركوا في عدد من الأفكار الهامة.

كان فحوى أطروحتهم السياسية أن عدداً قليلاً فقط من الناس في أي تنظيم يستطيع الإمساك بالسلطة وأن احتلالهم لتلك المواقع يضعهم بصورة أتوماتيكية في مواجهة مع أولئك اللذين يخضعون لها. ويجادل منظروا الصفوة بأن الصفوات أو النخب التي هي في موقع السيطرة، تشترك بوجه عام بثقافة عامة، وكذلك فإنهم منظمون، ليس بالضرورة بشكل رسمي، ولكن بمعنى أنهم يتصرفون مع بعضهم ليدافعوا عن موقعهم، كما أنهم يستخدمون موقعهم من أجل تحقيق منافع فردية. بعبارة أخرى، تظهر نظرية الصفوة بشكل واضح أطروحة أن المصالح الذاتية للناس والطبيعة الجوهرية لعدم التساوي في القوة تجعل الصراع مستمراً ومتعذراً اجتنابه.

لقد كان تركيز ميشيلز الأساسي منصباً على ما وصفه بـ "القانون الحديدي للأوليجاركية"، والمسألة التي يدور حولها المفهوم هي أن كل الجماعات الصغيرة في موقع السلطة تعمل على تسيير الأحزاب السياسية، بالضرورة، من أجل تحقيق أهدافها الخاصة. اهتم موسكا بصورة أساسية بالصراع بين من يمتلكون القوة السياسية وأولئك الذين يخضعون لهم. لقد تابع موسكا ماركس بالفعل، حيث يعتبر المواقع السياسية كمصدر للسيطرة على جميع المجالات الأخرى بما في ذلك الاقتصاد. ومن ناحية أخرى، أدرك باريتو وجود نخب أو صفوات أخرى غير سياسية، ولكنه ركز على النخب الحاكمة Governing Elites التي تحكم المجتمع، كما أدرك وجود طبقات حاكمة وخاضعة تواجه بعضها مثل الأمم المتنافرة. إن المنظرين التحليليين المحدثين، وبشكل خاص، دارندورف تأثر بإصرار منظري الصفوة على السلطة والدولة كمصادر سيطرة لأصحاب القوة. إن الصورة العامة عن المجتمع بأنه منقسم بشكل أفقي إلى صفوة وجمهور تظهر كذلك بشكل واضح في النقد الاجتماعي الذي قدمه سي رايت ملز C. Rright Mills .

141

ثورشتاين فبلن (1857- 1929):

ترتكز أهمية فبلن الرئيسة بالنسبة لنظرية الصراع الحديثة، أنه كان بحق أحد علماء الاجتماع الأمريكيين القلائل اللذين حللوا جذور القوة والصراع في سياق تاريخي واسع. إن علماء الاجتماع الرواد كانوا في أساليبهم إمبريقين وبرجماتيين، وفي أمريكا فقط كان بالإمكان القول أنه هنا "يمارس علم الاجتماع بدون اشتراكية"، وبدلاً من ذلك، كانوا أقرب إلى المصلحين مثل ليستر وارد Lester Ward صاحب الأثر الأكبر، الذي وضع مقاربة للمشكلات الاجتماعية، مع الإيمان بسياسات الحكومة والإصلاحات التدرجية. وبالمقارنة، فإن فبلن، حلل المجتمع بالاستناد إلى المصالح المتصارعة للجماعات الاجتماعية المختلفة، وكذلك فقد شجب بغضب كبير النظام الموجود. إن سي رايت ملز من بين المنظرين المحدثين، تابع هذا التقليد، وانجذب إلى فبلن بشكل مباشر في مناقشته للنضال من أجل المكانة Status Struggles .

اعتقد فبلن، كما هو الحال بالنسبة لماركس، أن المجتمع الحديث يتصف بالصراع بين جماعات اقتصادية متصارعة، وبالنسبة له فإن هذه الجماعات المتصارعة هي الطبقة الصناعية التي تقوم فعلياً بصناعة البضائع، والطبقة المالية التي ينخرط أعضاؤها في تدبير الموارد المالية والمبيعات، وهم اللذين وصفهم فبلن بأنهم "طفيليات" Parasites تعيش على اختراعات وإنتاجية باقي السكان. لقد كان فبلن مهتماً كذلك باستمرارية الطبيعة الإنسانية التي تحدد السلوك الاجتماعي، وقد أوضح بأن الناس يرغبون بمبادلة تقدير الآخرين لهم، وذلك التقدير هو بالضرورة مسألة تنافسية، لأن الاستمتاع بالمكانة العليا بالنسبة لكل واحد، يعني التعارض مع المكانات الأخرى. ويرى فبلن أن جزءاً كبيراً من سلوك الناس، وبشكل خاص أساليب الاستهلاك والترف يمكن أن يفسر من خلال النضال للظهور بوضع مميز في عيون الجيران، والآخرين.

شبكة الصراع: زمل ومدرسة شيكاغو

بالإضافة إلى التقليد المركزي لتحليل الصراع، والذي قمنا بوصفه للتو، فإنه يوجد هناك مدخل آخر مختلف في دراسة الصراع، ويركز هذا المدخل على الخصائص النوعية المجردة للنظام الاجتماعي، أكثر من التركيز على أصول الصراعات الفعلية وتطورها، وهو يتمثل في كتابات جورج زمل ومدرسة شيكاغو.

جورج زمل George Simmel (1858 – 1918):

من بين علماء الاجتماع العظام في مرحلة الريادة، كان زمل الأكثر اهتماماً بتحديد أنماط عامة للسلوك الإنساني. وبينما كان ماركس وفيبر، يريدان فهم ما الذي يجعل مجتمعاً معيناً يعمل ويتحرك تاريخياً، فإن زمل اهتم بتطوير ما عرف بـرياضيات المجتمع، وهي مجموعة من المقولات حول العلاقات الإنسانية والسلوك الاجتماعي التي تطبق بصرف النظر عن الوضع التاريخي. لقد أثّر زمل في عدد كبير من المنظرين المحدثين اللذين اهتموا بالعلاقات بين الشخصية بما في ذلك بعض منظري الصراع، والتفاعليين الرمزيين، ومنظري التبادل، ومحللي شبكات العمل.

إن حساسية زمل لكيفية تشكل وتغير العلاقات الإنسانية كانت مرتبطة بخلفيته ومشاعره بعدم الأمن وأنه بلا جذور. لقد ولد زمل في برلين، وكان الابن الأصغر لرجل أعمال يهودي تحول فيما بعد إلى المسيحية. توفي والده عندما كان طفلاً، ولم يكن زمل مقرباً من والدته. درس زمل التاريخ والفلسفة في جامعة برلين، وبقي في الجامعة كأستاذ خاص يتلقى مكافأته من الطلاب مباشرة ولا يحصل على راتب من قبل الجامعة. كانت محاضراته مشهورة إلى حد كبير، وذاع صيته على نطاق واسع. ومن بين أصدقائه كان العديد من الأكاديميين السابقين، وكتّاب حاليين بما في ذلك ماكس فيبر. وعلى الرغم أنه كان يتقدم باستمرار للعمل في مواقع عليا في الجامعات الألمانية إلا أنه كان يقابل بالرفض

باستمرار، بسبب معاداة السامية، وكذلك لأنه رفض في عمله أن يبقى في فرع أكاديمي واحد. وفي عام 1914 فقط عندما كان عمره (56) عاماً تم تعيينه أخيراً في جامعة ستراسبورغ.

إن الجزء الأكثر أهمية من تحليل زمل بالنسبة لنظرية الصراع المتأخرة تمثل في اعتقاده أن الاتحاد أو التآلف والصراع بين الأفراد والجماعات الاجتماعية ليس فقط يمكن أن يوجدا جنباً إلى جنب مع بعضهما، لكنهما بالفعل مرتبطان ببعضهما بصورة وثيقة. إن المرء لا يستطيع أن يقسم الناس بدقة إلى جماعات تامة بذاتها، ذات مصالح عامة، والتي تختلف عن أولئك الناس في جماعة أخرى معادية وتامة بذاتها. إن صورة ماركس للمجتمع أنه منقسم أفقياً إلى مجموعات متعادية، بينما صورة زمل للمجتمع أنه متكامل بموجب عدد كبير من الصراعات المتقاطعة حيث أن أولئك اللذين ينضمون إلى بعضهم في مجال ما يتعارضون في مجال آخر.

إن تأكيد زمل بأن "الفعل الاجتماعي يتضمن دائماً التناغم والصراع والحب والكراهية" أدى إلى ما هو أكثر من تعزيز ميل منظري الصراع التحليليين إلى اعتبار الصراع بأنه ظرف مستمر، حيث عمل كذلك على لفت انتباههم إلى الطريقة التي تتأثر بموجبها طبيعة الصراع بالدرجات المختلفة للتواصل الاجتماعي والاعتمادية المتبادلة. على سبيل المثال، فإن مناقشة لويس كوزر للكيفية التي يمكن للصراع فيها أن يؤدي إلى استقرار المجتمع ارتكزت بشكل مباشر على كتابات زمل.

روبرت بارك ومدرسة شيكاغو:

إن التأكيد على الصراع كمبدأ عام ومجرد في الحياة الاجتماعية، كان أكثر ظهوراً في علم الاجتماع الأمريكي منه في علم الاجتماع الأوروبي، روبرت بارك Robert Park (1864 - 1944) الذي كان تدريبه الرسمي الوحيد فقط من خلال مساقات زمل في جامعة

برلين، عمل على بناء مدرسة شيكاغو في علم الاجتماع، وكان مشهوراً في البحث في الحياة الاجتماعية وثقافة المدينة. كما عمل على تطوير نسق من المفاهيم العامة التي تصف ما كان يمثل بالنسبة له خصائص مركزية للحياة الاجتماعية. وهي: المنافسة، والصراع، والتكييف، والتمثيل Assimilation مع الثقافة العامة. لقد أوضح بارك بأن المنافسة، التي هي عامة ومستمرة بين الأفراد تحدد ما يحرزه الأفراد في مهنتهم. إن الصراع ينتج من أجل الحصول على المكانة وعلى طريقة التوزيع الاجتماعي للتفوق أو القوة. وهكذا فإن الصراع يمكن أن ينشأ بين الجماعات وكذلك بين الأفراد. إن بارك وزملاؤه كانوا مهتمين بالعداوات العرقية والصراع بين الجماعات الإثنية المختلفة أكثر من اهتمامهم بالصراع الطبقي الذي شدد عليه ماركس وأوروبيون آخرون، واللذين كانت مجتمعاتهم أكثر تجانساً من الناحية العرقية والثقافية. مرة أخرى، فإن تأثير بارك والتقليد المختلف الذي ينتمي إليه ظهر بشكل خاص في عمل لويس كوزر، الذي يمثل أحد أهم منظري الصراع الأمريكيين.

خلاصة:

إن التأثيرات التاريخية الأكثر أهمية في نظرية الصراع الحديثة تتمثل في كتابات ماركس وماكس فيبر، ويمكن تقسيم المنظرين المحدثين إلى جماعتين حسب من هو صاحب التأثير المهيمن عليهم، وهناك عدد من علماء الاجتماع اللذين يشتركون في نفس المنظور الصراعي العام قد أثروا في نظرية الصراع الحديثة، أما علم الاجتماع الأمريكي، بشكل خاص، فقد تأثر بتقليد مختلف "لتحليل الصراع" مشتق من زمل.

الجزء الأول

نظرية الصراع ونقد المجتمع

يغطي هذا الجزء نظرية الصراع عند ماركس وعلماء الاجتماع الماركسيين المحدثين، من محللي مدرسة فرانكفورت، وسي رايت ملز، وبيار بورديو. إن جميع الكتاب في هذه الجماعة يتميزون بنظرتهم للعلم الاجتماعي والصورة التي يحملونها للمجتمع باعتباره مقسم تراتبياً إلى جماعات حصرية exclusive. كما أن معظمهم يشتركون بفكرة إمكانية وجود نظام اجتماعي مثالي بوجه عام، ومن هنا، نعتبرهم منظرين "نقديين" لأنهم يستخدمون العلم الاجتماعي من أجل نقد المجتمع. وبشكل محدد، "الطبقة الحاكمة" و"صفوة القوة" أو ما يسمى غالباً "المؤسسة"، ورغم ذلك فإن "النظرية النقدية" تشير بشكل محدد إلى عمل مدرسة فرانكفورت.

يعتقد منظروا الصراع النقديين بأنه على المحللين الاجتماعيين أن لا يفصلوا عملهم عن التزاماتهم الأخلاقية، وينظرون إلى نظرياتهم باعتبارها قوة للتغير والتقدم. كما أنهم يعتقدون بأن الموضوعية صعبة المنال، وبالنسبة لهم، فإن العلم الاجتماعي مرتبط بشكل لا يقبل الانفصال بوجهة نظر محددة للكاتب والتي هي في المقابل من عمل مجتمعه. بمعنى آخر، إنهم يرفضون وجهة النظر العلمية المعتادة التي تؤكد بأنه مهما كانت قيم ودوافع الكُتّاب في الكتابة، فإن نظرياتهم تصمد أو تتهاوى من خلال ما إذا كانت مدعمة بالدليل الحقيقي المستقل، وفي نفس الوقت، فإن منظري الصراع النقديين متأكدون بأن قيمهم ومقاييسهم هي الصحيحة، ولهذا السبب تشكل قاعدة مبررة للنقد الاجتماعي.

إن التركيز المحدد لمنظري الصراع النقديين ينصب حول كيفية توزيع الثروة والمكانة، والقوة في المجتمع. إن هؤلاء المنظرين ينظرون إلى المجتمع بوصفه مجتمعاً منقسماً

بوضوح بين جماعة صغيرة تضم أصحاب القوة والامتياز، وبين الجماهير المستغلة المتلاعب بها. ومن جهة أخرى يميل منظروا الصراع النقديين إلى استخدام نظرية ذات وحدة سببية للبناء الاجتماعي، وينظرون إلى ظروف الناس باعتبارها محددة بشكل أساسي بمنظومة واحدة من المؤسسات، غالباً ما تمثل الملكية الخاصة. وفي الوقت ذاته، فإنهم لا يعتقدون بأن المجتمع يحتاج لأن يكون مقسماً وغير متساوٍ بشكل كبير. إنهم يقارنون المجتمعات التي يحللونها بنظام أفضل للأشياء. وغالباً ما يقارنون الحاضر "اللاعقلاني" الذي تعطل فيه النمو الإنساني، بجملة من الشؤون المثالية و"العقلانية" التي سوف تتحقق فيها الإمكانية الإنسانية. إن هذه الرؤية للمجتمع ترتكز على القيم التي يفترضون أنها صادقة بشكل مطلق، وكذلك مفهومهم المتمثل في الطبيعة الحقيقية للإنسان، واللذان يمثلان نقاط البدء المركزية في نقدهم لمجتمعات بعينها.

وفي كل هذا، فإن ماركس هو صاحب الأثر المهيمن. وأن الأطروحة التي تؤكد بأن الأفكار تمثل منتجاً للظروف الاجتماعية، والتي لا تبدو صحيحة موضوعياً، هي في الأصل لماركس. وعلاوة على ذلك، ورغم أنه اعتقد بأن نظريته لم تكن مفتوحة لتحمل ما يجعلها "أيديولوجيا"، إلا أن ماركس اعتبر عمله كشكل من الفعل السياسي والأخلاقي، أي التعبير عن الأفكار التي سوف تقود البروليتاريا إلى النصر المحتوم. يستخدم الماركسيون مصطلح البراكسيس Praxis (الممارسة) ليصفوا أفعالاً تشكلت على نحو معين من خلال اعتبارات نظرية، وبشكل أكثر دقة، ليصفوا أفعالاً تشكلت من خلال الوعي الثوري. بالإضافة إلى ذلك، قدم ماركس نموذجاً للمجتمع المتضمن طبقتين، والذي ينقسم بين الظالمين والمظلومين على أساس الملكية الخاصة، كما أنه نظر نحو الأمام إلى اليوتوبيا الشيوعية التي سوف تدرك فيها الإنسانية طبيعتها الجوهرية.

لقد تطور الجزء الأكبر من نظرية الصراع النقدية في أوروبا، وبشكل خاص في

أوروبا الغربية. لقد تم التعامل مع الماركسية أو الماركسية- اللينينية في البلدان التي حكمت من قبل الحزب الشيوعي الواحد، باعتبارها دين دولة، وليست مفتوحة أمام التحليل النقدي والتطور. ولذلك فإن الفلاسفة وعلماء الاجتماع، والمنظرين السياسيين من أمثال ليزك كولاكوسكي Leszek Kolakowski ، الذين انخرطوا في مثل هذا التحليل أجبروا على مغادرة أوطانهم وتم نفيهم منها. ومن جهة أخرى فإن المفكرين في أوروبا الغربية بقوا متأثرين بماركس بشكل كبير، وعلى الرغم من أن الأحزاب الشيوعية المنظمة قد أنتجت بنفسها بعض المنظرين الماركسيين الأكثر أهمية مثل أنتونيو غرامشي- Antonio Gramsci في إيطاليا، إلا أنها ركزت أيضاً على العقيدة الماركسية التقليدية، ويعتبر المصدر الرئيس لنظرية الصراع النقدية الحديثة هم المفكرون الماركسيون خارج تراتبيات الحزب.

وفي أمريكا كان هناك عنصراً ماركسياً وشيوعياً قوياً في الحياة الفكرية خلال الفترة بين الثلاثينيات والأربعينيات من القرن الماضي، ورغم ذلك، ومع وجود عدد من علماء الاجتماع والاقتصاد مثل نورمان بيرنبوم Norman Birnbaum وبول سويزي Paul Sweezy اللذين استمروا في استخدام المقولات الماركسية، إلا أن التحليل الماركسي كان له تأثير مباشر على نحو قليل في علم الاجتماع الأمريكي في العشرين سنة التي تلت الحرب العالمية الثانية، وخلال هذه الفترة كان عالم الاجتماع "النقدي" الأكثر شهرة هو سي رايت ملز الذي كان مثقلاً بالتأثر بماركس، لكنه لم يكن ماركسياً بالمعنى الواضح للكلمة. وعلى الرغم من ذلك، فإنه خلال فترة الحرب على فيتنام انضم العديد من علماء الاجتماع الشباب إلى اليسار الجديد وتأثروا إلى حد كبير بمختلف الكتاب الراديكاليين، وكان تأثرهم بشكل محدد بماركس. ونتيجة لذلك، فإن "علم الاجتماع النقدي" Critical Sociology ضمن تقليد مدرسة فرانكفورت وكتابات أخرى ماركسية، وكتابات ماركسية جديدة أصبحت مشهورة بشكل متزايد ومؤثرة في علم الاجتماع الأمريكي. كما أن المجلات

الماركسية التي تنتمي إلى هذا المدخل قد تأسست وانتشرت.

علم الاجتماع الماركسي والماركسية الجديدة

يناقش هذا الجزء تحليل ماركس، بالإضافة إلى الماركسيين اللذين جاؤوا بعده، بشيء من التفصيل. وكما بينا سابقاً فإن الماركسية، بشكل كامل، تبقى نظرية معاصرة لأن العديد من علماء الاجتماع يتخذونها مرجعية لأعمالهم، ولهذا السبب فإننا نقدمها كمنظور متكامل. إننا نقدم وصفاً لنظرية ماركس ذات الأساس الاقتصادي للتنظيم الاجتماعي، وكذلك الطبقات والصراع الطبقي الذي ينشأ حول المصالح الاقتصادية. كما نتحدث في هذا الجزء عن الأيديولوجيا وأهميتها في الحفاظ على النظام الاجتماعي أو تقويضه. بالإضافة إلى الحديث عن نظرية ماركس الشمولية في التطور الاجتماعي ونبوءته بقدوم مجتمع يخلو من الطبقات والدولة، ثم نرى كيف عمل المنظرون المحدثون على دمج عوامل سياسية وثقافية في التحليل الماركسي الطبقي. وفي الفصل الرابع، الذي يركز على نظريات الحداثة والتطور سوف نركز مرة أخرى على أفكار ماركس ونبوءاته بعمق

الأساس الاقتصادي للمجتمع

إن العلامة المميزة للتحليل الماركسي ـ تتمثل في أنه يجعل من العوامل الاقتصادية محدداً أساسياً للبناء الاجتماعي والتغير، بينما الآفاق الأخرى للحياة الاجتماعية والأفكار والقيم التي يحملها الناس تعتمد على طبيعة الإنتاج الاقتصادي وتتشكل بموجبه. وحسب مقايسة شومبيتر، فإنها تلعب دور "أحزمة التحول" Transmission Belts والتي تخلق عبرها القوى الاجتماعية ومصالح الجماعة عن طريق الترتيبات الاقتصادية المنبثقة في الحياة الاجتماعية.

لقد ميز ماركس بين ثلاثة جوانب للتنظيم الاجتماعي. الأول: هو القوى المادية للإنتاج أو الأساليب الفعلية التي تقوم حياة الناس من خلالها. الثاني: علاقات الإنتاج التي

تنشأ عن قوى الإنتاج وتتضمن علاقات وحقوق الملكية الخاصة. والثالث: البنى الفوقية القانونية والسياسية، والأفكار أو أشكال الوعي الاجتماعي التي تتطابق مع الجانبين الأول والثاني. ويوضح ماركس أنه في عملية الإنتاج يدخل الرجال في علاقات إنتاج محددة والتي تتطابق مع درجة معينة من تطور قوى إنتاجهم المادية. إن المجموع الكلي لعلاقات الإنتاج يشكل البناء الاقتصادي للمجتمع، والأساس الحقيقي .. ونمط إنتاج ظروف الحياة المادية، وعملية الحياة الاجتماعية، والسياسية والفكرية بوجه عام.

بمعنى آخر، من وجهة نظر ماركس، يعد نمط الإنتاج الحقيقي العامل السببي الأساس الذي يحدد في النهاية كيف تُنظم المجتمعات. وبهذا المعنى فإن نظرية ماركس هي نظرية مادية للتاريخ، ووفقاً لذلك فإن تغيير الأنماط الإنتاجية للرجال يدعوهم إلى تغيير جميع علاقاتهم الاجتماعية. إن الطاحونة اليدوية تقدم مجتمعاً فيه السيد الإقطاعي، ومجتمع الطاحونة البخارية فيه الرأسمالي الصناعي. وفي الوقت ذاته، ورغم ذلك، فإن نمط الإنتاج وعلاقات الإنتاج – التكنولوجيا وشكل التنظيم الاقتصادي- هما البناء الفرعي الذي يعرف كلاً من طبيعة مجتمع معين وبناءه الفوقي المكون من القانون، والحكومة، والأفكار. وعلى مستوى الممارسة، فإن كلاً من ماركس والكتاب الماركسيين اللذين جاؤوا من بعده كانوا يميلون إلى الاهتمام بآثار التنظيم الاقتصادي أكثر من اهتمامهم بنمط الإنتاج وحده. وبالفعل، فإن هذه المقاربة تعد معقولة إلى حد كبير. لقد كان هناك القليل من الاختلاف في التكنولوجيا، ومنها على سبيل المثال، الاختلاف بين الإمبراطورية الرومانية وأوروبا في العصور الوسطى، حتى أن البناء الاجتماعي لكل منهما كان مختلفاً كثيراً. لقد كانت تلك الفروقات مرتبطة غالباً بشكل واضح بالفروقات في التنظيم الاجتماعي، من قبيل استخدام روما لعدد هائل من العبيد ونظام القنانة الإقطاعية.

ورغم ذلك، فإذا سلّم المرء بأن التنظيم الاقتصادي يمثل المحدد الأساس للمجتمع

أكثر من التكنولوجيا، فإنه كذلك يضعف إلى حد كبير، زعم ماركس بأن قاعدة واحدة تطلق أعمال المجتمع. فإذا كان بالإمكان أن تتعايش أشكال مختلفة من التنظيم الاقتصادي مع تكنولوجيا معينة، فإن تلك الأشكال ينبغي أن تنتج، على الأقل جزئياً، عن عوامل أخرى غير اقتصادية، أي الأفكار والقواعد القانونية التي تنسبها الماركسية إلى "البناء الفوقي" مثلاً، أو قواعد التنظيم العسكري التي أهملتها الماركسية بالكامل. وهكذا، فإن العديد من المؤرخين يمكن أن يجادلوا بأن الأشكال المختلفة للتنظيم الاقتصادي في روما وأوروبا الإقطاعية (والفروقات المتضمنة في بناءاتها على نطاق واسع) يمكن أن تفهم فقط بالاستناد إلى الأنساق والرموز القانونية وتنظيماتها العسكرية المختلفة. إن المجتمع الذي يوجد فيه جيش عسكري متأهب يختلف بشكل واضح عن المجتمع الذي يعتبر فيه القتال مهمة الأسياد الإقطاعيين الذين يخدمون لدى الملك، والذي بدوره يمنحهم الأرض التي يمكنهم من خلالها أن يكونوا حكاماً مستقلين. وفي تلك الحالة، تصبح النظرية الاقتصادية في التاريخ عند ماركس، كما يجادل نقادها، ذات رؤية عبقرية فيما يتعلق بدور العوامل الاقتصادية ولكنها ليست ذات تفسير شمولي.

الطبقة والأساس الاقتصادي للصراع

لقد أوضح ماركس بأن جميع أشكال التنظيم الاقتصادي التي وجدت أثناء الفكرة التي كان يكتب فيها، كان لها دور في إنتاج صراع محتوم بين الطبقات، والتي عرفت من خلال موقعها الاقتصادي العام، ولذلك، فقد تمثلت افتتاحية البيان الشيوعي بالتصريح الشهير: "إن تاريخ كل المجتمعات التي وجدت حتى يومنا هذا هو تاريخ نضالي طبقي". إن هذه المقولة تجسد ثلاث قضايا هامة منفصلة، الأولى: أن الناس الذين يتشابهون في الوضع الاقتصادي أو الطبقة يميلون إلى التصرف مع بعضهم كجماعة. الثانية: أن الطبقات الاقتصادية هي الجماعات الأكثر أهمية في المجتمع. والثالثة: أن تلك الطبقات تبادل بعضها

العداء، ونتاج الصراع بينها يحدد كيف يتطور المجتمع. وهكذا فإن نظرية ماركس في الطبقة ليست ببساطة نظرية في البناء الاجتماعي، لكنها نظرية في التغير أيضاً.

الملكية الخاصة والطبقة على الرغم من أننا وصفنا المفهوم الماركسي ـ للطبقة بأنه مفهوم "اقتصادي"، فإن ماركس قد استخدم تعريفاً أكثر دقة وتحديداً، فالطبقة تتكون من أناس متشابهين من حيث علاقتهم بالملكية الخاصة، فهم إما لا يمتلكون شيئاً أو يمتلكون نفس النمط من الملكية الخاصة. وبشكل أساسي، إن نوع العمل الذي يقوم به الناس لا يختلف ولا يتناقض. وهكذا، فإن العمال اليدويين، والكتاب، والفنيين والمهندسين ينتمون إلى نفس الطبقة لأنهم يملكون ويتقاضون أجراً على عملهم، وهم ينتمون إلى طبقة تختلف عن طبقة الرأسماليين أو مالكي الأرض اللذين يمتلكون أدوات الإنتاج، ويختلفون عن الخدم اللذين يملكون عملهم بشكل جزئي لأنهم يرتبطون بسيد معين ولا يستطيعون التحول في عملهم إلى شخص آخر غيره، ويختلفون عن العبيد اللذين ليس لديهم أية ملكية مطلقاً.

إذا نظرت في الحرم الجامعي فإنك ستجد عامل الإنتاج يتمثل فقط في أن معظم الناس يمتلكون عملاً. وحسب التعبير الماركسي فإنهم لهذا السبب ينتمون إلى نفس الطبقة، أي البروليتاريا، وهذا يمثل حقيقة بالنسبة لمعظم الطلبة، ومثلهم معظم موظفي الكلية اللذين يعملون براتب واللذين رغم ملكيتهم لمنازلهم، لا يمتلكون أية وسائل إنتاج. ومن جهة أخرى، فإن بعض موظفي الكلية والطلبة من المحتمل أن يقوموا بعدد معين من المشاريع الرأسمالية المشتركة، فبعض الطلاب الراشدين قد يديرون أعمالاً، وبشكل خاص إذا كان الحرم الجامعي هو .M.I.T أو ستانفورد، فإن بعض موظفي الكلية من المحتمل أن يكونوا مؤسسين أو مالكين لصناعات التكنولوجيا الثقيلة والتي تكون منبثقة من عملهم، ولأنهم يمتلكون ملكية من هذا النمط، فإن جميع الناس في الجماعة الثانية ينتمون إلى طبقة أخرى مختلفة هي "الرأسماليين". وينبغي أن نلاحظ أن ماركس لا يفرق بين أصحاب الأسهم

المالية، اللذين ببساطة يقدمون رأس المال، والمقاولين.

تجادل النظرية الماركسية بأن الطبقات المختلفة لديها حتماً مصالح متعارضة، لأنه إذا حققت إحدى الطبقات مكاسب اقتصادية تحت أنساق الملكية الخاصة، فإنه يجب أن يكون على حساب الأخرى. وبالنسبة لماركس، فإن كل نسق من الأنساق الاقتصادية الرئيسة الموجودة في الماضي قد عزز قوة طبقة معينة لتتمكن من استغلال الأخرى. وقد كتب ماركس: "إن الرجل الحر والعبد، والنبيل والعامي، والسيد والخادم، والرأسمالي والعامل، باختصار؛ الظالم والمظلوم، يقفان باستمرار بشكل يعارض كل منهما الآخر، وينخرطان في صراع غير منقطع بحيث يكون هذا الصراع أحياناً مضمراً وأحياناً أخرى مفتوحاً" وتعتبر "الطبقة المظلومة الظرف الحيوي لكل مجتمع يبنى على أساس العداء الطبقي". وفي المجتمع البرجوازي، الرأسماليون هم الظالمون والبروليتاريا هي المظلومة.

ومن أجل تفسير ما يعنيه ماركس، يجب أن نكرر بأن نظرية ماركس العامة هي عمل عالم اقتصاد تحليلي، حيث ترتكز نظريته في الاستغلال على النظرية الاقتصادية للقيمة، ومن المهم أن نلاحظ بأنها من حيث أساسياتها كانت نظرية القيمة للعالم الاقتصادي الكلاسيكي ريكاردو Ricardo . وفي الوقت الراهن تعتبر نظرية قيمة العمل جانباً مميزاً من الماركسية، لأن علماء الاقتصاد الماركسيين فقط ما زالوا يتمسكون بها، على الرغم من أنها في زمن ماركس كانت نظرية قياسية.

أوضح ماركس أن قيمة البضاعة تساوي كمية العمل أو الجهد المبذول فيها بشكل مباشر. وفي اقتصاد السوق، فإن العمال اللذين يبيعون عملهم يحصلون، كمقابل له على ثمن الجهد الذي بذلوه، وهو ما يجعلهم قادرين على تحقيق تكلفة تربية الأبناء، والطعام، واللباس، والسكن. ورغم ذلك، فإن ما ينتجه كل واحد منهم في عمله يستحق أكثر مما يحصل عليه بكثير، وفائض القيمة Surplus Value هذا لا يذهب للعمال بل للرأسمالي. وفي

نظرية ماركس يعتبر أي فائض قيمة يستولي عليه شخص ما غير العامل، يدخل في معنى الاستغلال، لأن العمل فقط ينتج القيمة، ولهذا تكون جميع أنساق الملكية الخاصة متضمنة صراعاً أساسياً حول المصلحة حيث أن إحدى الجماعتين تصادر نتاج عمل الأخرى.

لقد احتفظ علماء الاجتماع الماركسيين والماركسية الحديثة بتركيز ماركس على علاقات الملكية الخاصة. على سبيل المثال، استخدم نورمان بيرنباوم Norman Birnbaum المقولات الماركسية ليحلل واقع الولايات المتحدة، حيث هاجم فكرة أن الملكية الخاصة لا تعتبر محدداً أساسياً للقوة وأن النسق التربوي المرتكز على نظام الجدارة يقرر نجاح الناس. ويوضح بيرنباوم أن النجاح التربوي والتعليمي والتعامل مع بعض المؤسسات التعليمية ذات الامتياز، يقترن بالخلفية العائلية. وهكذا فإن "صفوة التكنوقراط" بعيدة عن أن تكون جماعة جديدة ذات مصالح وغايات منفصلة تماماً عن مصالح وغايات الرأسماليين. بالإضافة إلى ذلك، يجادل بيرنباوم بأن صفوة التكنوقراط تدير المؤسسات الحديثة لصالح أصحاب الملكية الخاصة، وتؤيد من قبل الحكومة التي تربطها بها علاقة تكافلية.

كما احتفظ النسويون Feminists الماركسيون بهذا التأكيد، أي علاقات الملكية الخاصة، إلا أنهم توسعوا في تعريف الملكية الخاصة، فأوضحوا أن الماركسية تمثل تحليلاً للاستغلال في ظل الرأسمالية. ويعرف الاستغلال بأنه الاستيلاء على فائض القيمة من منتجيها، بما في ذلك الناس (وبشكل أساسي المرأة) اللذين ينخرطون في الأعمال المنزلية غير مقدرة الأجر. إن هذا الاستغلال محتمل حيثما كان الأفراد المنتجين (واللذين يعملون على إعادة الإنتاج) لا يسيطرون على وسائل الإنتاج، وهكذا فإن العمال يستغلون إلى حد أنهم ينتجون قيمة (في شكل بضائع) لا يتقاضون عليها أجراً.. والنساء اللاتي يقمن على العمل المنزلي دون أجر ينتجن فائض قيمة في عملية إعادة إنتاج قوة العمل، تماماً كما ينتج فائض القيمة من قبل ما يطلق عليه العامل المنتج. إن رأس المال، يستغل عمل المرأة

مدفوع الأجر وغير مدفوع الأجر، تماماً كما يستغلها الرجال.

الصراع الطبقي أكد ماركس أن النضال الطبقي يمثل الخاصية الأساسية للمجتمع في أية حقبة زمنية. وهو نتاج لعدة أشياء؛ أولاً: الاختلافات المتناقضة في المصالح الطبقية. ثانياً: حقيقة أن المصالح الطبقية المشتركة تشجع الأعضاء، بعضهم مع بعضهم للقيام بفعل جمعي، ورغم ذلك، وفي أي وقت معين، فإن الدرجة التي يدرك عندها أعضاء الطبقة مصالحهم سوف تعتمد على مستوى الوعي الطبقي. إن الأفكار المهيمنة من أي جانب ربما تقف في طريق إدراكهم لهويتهم الطبقية، وكذلك إلى حد كبير تقف في طريق إدراكهم لظروف معيشتهم، وعلى سبيل المثال، فإن الفلاحين الفرنسيين في القرن التاسع عشر ـ لم يشكلوا طبقة، بالمعنى الفعال، وسبب ذلك بالنسبة لماركس لأنه كان هناك مجرد اتصالات محلية بين الفلاحين المحليين الصغار وأن هويتهم المصلحية لم تولد مجتمعاً، ولا رابطاً قومياً، ولا تنظيماً سياسياً بينهم، إنها مهمة الماركسي أن يشجع الناس ـوبشكل خاص أعضاء البروليتاريا المستغلةـ لإدراك مصالحهم ليتصرفوا من أجلها وأن يشجع ويعجل حدوث التغيير والثورة، وكذلك إدراك جذورها. وهكذا فقد أكد عالم اجتماع أمريكي سابق(*) بأن "مصالح الطبقة في مجتمع رأسمالي هي .. غايات محتملة، إنها فرضيات حول غايات النضال الذي سيحدث إذا كان الفاعلين في عملية النضال يمتلكون فهماً صحيحاً كافياً لأوضاعهم".

ما يقدمه ماركس هنا هو نظرية قوية حول كيفية تشكل الجماعات في المجتمع، ورغم ذلك، فإن الناقدين تساءلوا عن الدرجة التي يمتلك عندها الأعضاء مصالح عامة بالمعنى الماركسي، أو يميلون إلى التصرف بشكل موحد. على سبيل المثال، حظيت المخترعات

(*) عالم الاجتماع المقصود هنا هو إريك أولن رايت، وقد تم الاقتباس من كتابه الموسوم "الطبقة والأزمة والدولة" (المترجم).

بتأييد أولئك اللذين قدموها، وتخوف منها أولئك اللذين يستدمجون ثوابت مؤسسة راسخة، سواء كانوا ملاكاً أو عمالاً، أو موظفين اتحاديين. إن السياسة الحكومية غالباً ما تفيد أحد أجزاء الصناعة على حساب الأجزاء الأخرى، مثلاً، يؤدي تقييد واردات الفحم أو الزيت الأجنبي الرخيص إلى تزايد أسعار الطاقة، وفي أمريكا يرغب رجال الأعمال الجنوبيين، الرحيل إلى المدن الشمالية الصغيرة ولكنهم غالباً ما يواجَهونَ بأصحاب العمل المحليين اللذين يخافون من أثر ارتفاع الأجور والمنافع، بينما يتم الترحيب بهم من قبل العمال الطموحين للسبب ذاته. وكما سنرى لاحقاً، عند مناقشة الطبقة والدولة، وكذلك في الفصل الرابع، فإن العديد من علماء الاجتماع يجادلون بأن هناك عوامل أخرى غير الصراع الطبقي تعتبر حاسمة في خلق التغير الاجتماعي وتفسيره، وأن المجتمعات يمكن أن تتحول دون أن تكون الطبقات واعية بذاتها وفعالة.

الطبقة والنظام الأبوي تنظر النظرية الماركسية إلى المرأة باستمرار باعتبارها مظلومة من قبل المجتمع الرأسمالي والعائلة البرجوازية. أكد ماركس وإنجلز بأن "البرجوازي يرى في زوجته مجرد أداة للإنتاج"، وأكد إنجلز في كتابه الموسوم "أصل العائلة" The Origin of Family أنه بالانتقال من اقتصاد البقاء Subsistence إلى اقتصاد الملكية الخاصة الموروثة حقق الرجل السيطرة على البيت وانحدرت المرأة واختزلت إلى العبودية. ويوضح إنجلز بأن الزوجات في حال أسوأ من البغايا لأنهن يبعن أجسادهن لمرة واحدة ويغرقن في العبودية على الدوام.

ورغم أن ماركس وإنجلز اتخذا تأكيدهما بأن هناك دائماً تقسيم عمل بين الرجال والنساء، كواقع معطى، إلا أنهما تعاملا مع الأسرة كجزء من البناء الفوقي الذي يتم تحديده بعلاقات الإنتاج. إن الأسرة البرجوازية نتاجاً للملكية الخاصة، ولذلك فإنها سوف تنتهي بانتهاء رأس المال، ومع انتهائها سوف ينتهي ظلم المرأة. سوف يتم جلب المرأة إلى

"الصناعة العامة"، وسوف يمثل الحب أساس العلاقات بين الجنسين.

إن النسويين الماركسيين منقسمين في استجابتهم لهذا التحليل، فبعضهم يشعر بأن التحليل الماركسي المتمسك بالتقليد الماركسي صحيح بشكل جوهري. وعلى الرغم من ذلك، فإنه قد يحتاج بعض التطوير. على سبيل المثال، يوضح شلتون وآجر Shelton and Agger أنه من المطلوب استدماج العمل المنزلي في التحليل، ولكنه بحاجة إلى تأطير مفاهيمي للظلم المزدوج الذي تتعرض له المرأة (مرة في العمل المنزلي ومرة ثانية في قوة العمل مدفوعة الأجر) وهو ما يعبر عن العمل في ظل الرأسمالية لوحدها. البعض الآخر لا يوافق هذا الرأي، ويوضحون بأن التفسيرات يجب أن تأخذ بحسبانها النظام الأبوي Patriarchy كشيء منفصل عن الرأسمالية ولكنه إضافي بالنسبة لها. يجادل هؤلاء بأن الظلم الذي تتعرض له المرأة لا يعادل ببساطة الظلم الذي تتعرض له البروليتاريا من قبل البرجوازية، لأن العبيد المنزليين لا يستغلون بنفس الطريقة التي يستغل بها العبيد مدفوعي الأجر، وحتى نعتبرهم مثلهم ينبغي أن يتقاضوا أجراً، وبدلاً من ذلك، فإن وضع المرأة ينبغي أن يفهم بالاستناد إلى سيادة الذكر وتفوقه أيضاً.

ومن وجهة نظر زيلا آيزنشتاين Zillah Eisenstein يمكن تعريف النظام الأبوي بأنه "النظام التراتبي للذكور في المجتمع". وهو متجذر في البيولوجيا أكثر من الاقتصاد أو التاريخ. وتمارس الثقافة الأبوية سيطرتها عبر التقسيم للعمل على أساس الجنس .. وتظهر بوضوح حقيقة أن الأدوار، والغايات والنشاط، وعمل المرء، جميعها محددة بشكل منفصل، وبهذا الشكل فإن الثقافة الأبوية تسبق تاريخياً -وتعمر أكثر من- الرأسمالية، ولكن كل منها، رغم ذلك، يعزز الآخر بالتناوب. وهكذا فإن "النظام الأبوي .. يقدم للمجتمع تنظيماً تراتبياً على أساس الجنس من أجل السيطرة السياسية .. بينما الرأسمالية كنسق اقتصادي طبقي .. لا تغذي التنظيم التراتبي الأبوي".

يوضح النسويون الماركسيون اللذين يتبنون هـذه القناعـة، بـأن "تقسيم المجتمـع والعمل على أساس الجنس يبقى مصاناً ومحفوظاً حتى مـع وجـود المـرأة في اقتصاد مـدفوع الأجر". لقد كرّست الرأسمالية تقسيم العمل على أساس الجنس مـن خلال فصل المنـزل عـن مكان العمل، وهذا يخلق نوعين مختلفين من العمل هما العمل المأجور والعمل المنـزلي، وقـد "أظهرت المرأة العاملة في البيت، إلى موازاة البروليتاريا، امتلاكها للعمل المأجور والعمل المنـزلي في مجتمع الرأسمالية المتطورة". ومن هنا، فإن إلغاء الرأسمالية والطبقة البرجوازية الحاكمة، لا يعتبر وحده حلاً كافياً لظلـم المـرأة. وفي الوقت ذاتـه، وكمـا تفيد العائلـة التقليديـة الطبقـة البرجوازية، فإن الاشتراكية تعد مطلبـاً ضرورياً لإدراك إمكانية المرأة.

الثقافة، والأيديولوجيا، والاغتراب

أكد ماركس بأن المشاعر والآراء حول أسباب القوة ذات أهمية بالغة: وبشكل خـاص، حول ما إذا كان يتم النظر إلى وضعهم كحق، أو ما إذا كان الناس يشعرون بأنهم مسـتغلون أو مظلومون. وهكذا، فإن ماركس يحدد أهم موضوعات نظرية الصراع، إن مناقشة ماركس لـدور الأفكار في تأسيس السيطرة وتكريسها، تـأتي مـن أطروحته التي أكد فيها أن البناء الفـوقي، والسـياسي، والثقـافي، تعتبر جميعها في النهايـة انعكاسـاً للعلاقـات الاقتصاديـة التحتيـة التي تسندها. أوضح ماركس بأن الناس في المجتمع الطبقي يؤمنون بكثير من الأشياء غيـر الصادقة، وهي تعتبر شكلاً من الأيديولوجيا التي غرضها الأساس هو إضفاء الشرعية علـى وضع أولئك اللذين هم حالياً في موقع السيطرة. إن مثل هذه الأيـديولوجيا تقـف في طريق أنـاس آخرين يدركون ما هي مصالحهم الحقيقية. ولذلك يوضح ماركس بأنهم يعانون من إشكالية "الـوعي الزائف" False Consciousness، وبالنسبة لماركس فإن الدين كان مثالاً ممتازاً لهذه العمليـة، فهـو "أفيون الجماهير" الذي يلجم السخط من خلال تركيز الانتباه على عالم افتراضي أفضل سـوف يأتي.

وهذا الجزء من فكر ماركس هو الذي ألهمه كما ألهم أتباعه بالانتقادات الموجهة لكتابه التقرير والتحليل "الموضوعي" Objective باعتباره يصطبغ بتحيز المؤلف. ورغم ذلك، فإن ماركس- على خلاف المنظرين المتأخرين مثل التفاعليين الرمزيين- لم يرفض إمكانية البحث الكمي، لأنه كان متأكداً بأن وجهة نظره صحيحة علمياً. وهكذا، من أجل الحصول على معلومات كافية حول ظروف الطبقة العاملة، صمم ماركس استبانة مطولة تم توزيعها على المجتمعات والجماعات العمالية في فرنسا. لقد تم ترتيب التساؤلات من "هل تقوم بعملك يدوياً أم بواسطة الآلة؟" إلى "هل تعلم أية أمثلة على تدخل الحكومة من أجل حماية العمال من ابتزاز أصحاب العمل، وائتلافاتهم غير القانونية؟".

هذه الاستبانة التي اختبرت في أواخر الحياة العملية لماركس، اهتمت بالكامل بالظروف القهرية للعمل. ورغم ذلك، فقد آمن ماركس كذلك بأن المجتمع الطبقي "شر بغيض"، لأنه بالإضافة إلى تشجيعه الاستغلال والوعي الزائف، فإن طبيعة حياته الاقتصادية بأكملها تولد الاغتراب Alienation . شعر ماركس بأن الإنسان يمتلك طبيعة جوهرية، وقد آمن بأن إدراكها يكون من خلال العمل الخلاق المنتج، "وربما نلاحظ أن هذه الفكرة تختلف تماماً عن فكرة دوركايم الذي شعر بأن الإنسان يحتاج إلى قيود ومعايير ثابتة. كما اهتم دوركايم أيضاً بآثار المجتمع الصناعي الحديث على نمو الإنسان. لكن مفهوم الاغتراب أو اللامعيارية عنده يروق كثيراً للوظيفيين". بالنسبة لماركس، فإن تقسيم العمل، ومؤسسة الملكية الخاصة، وجميع روابط الأوراق النقدية للعلاقات التجارية، لا تعمل فقط على تغريب الفرد عن إنتاجه وعن فعل الإنتاج لكنها تغربه كذلك عن نفسه وعن رفاقه. إن الناس ينظرون إلى بعضهم بالاستناد إلى المقاييس الضيقة لمكان العمل، أكثر مما ينظرون إلى بعضهم ككائنات آدمية حية كاملة. ونتيجة لذلك، فإن إلغاء الملكية الخاصة، والعلاقات الطبقية المرتبطة بها، سوف يقود أيضاً إلى إلغاء الاغتراب.

إن هذا الجزء من فكر ماركس حظي باهتمام متصاعد في العقود الأخيرة، وبدا تأثيره واضحاً في ما وراء الكتابات الماركسية الملتزمة. إن الانتقادات المرتبطة بعدم روحانية العمل الحديث، أو أفعال الناس المؤثرة في تدعيم الذات، أو الحياة المشاعية، جميعها تنتمي إلى نفس المستوى الواسع من الفكر كما هو الحال بالنسبة لكتابة ماركس المبكرة حول الاغتراب. رغم ذلك، ينبغي التأكيد، بأن ماركس يختلف مع وجهة النظر الرومانسية التي ترى بأن المدينة متفوقة في جوهرها على الريف، وأن الثورة الصناعية كارثة. وعلى العكس من ذلك، فإن الرأسمالية والثروة التي تنتجها كان كل منهما شرط مسبق ضروري لليوتوبيا الشيوعية.

على الرغم من أن ماركس قد اعتبر الثقافة والأيديولوجيا ببساطة انعكاساً للبناء الاقتصادي الفرعي التحتي، إلا أن علماء الاجتماع المعاصرين، يرون بأن "البناء الفوقي" هام بذاته. العديد من الماركسيين الجدد، وبشكل خاص في أوروبا، يعتقدون بأن العوامل الثقافية تلعب دوراً مستقلاً في المحافظة على اللامساواة الطبقية، ومن المحتمل أن تلعب دوراً في خلق التغير الثوري. وفي الجزء الأخير من هذا الفصل سوف ننظر بشيء من التفصيل إلى عمل بيار بوردو، الذي انصب عمله على "رأس المال الثقافي"، وإعادة إنتاج الفروقات الطبقية والذي استند بقوة إلى أفكار ماركس.

الرأسمالية في أمريكا لقد اهتم الماركسيون الأمريكيون على وجه الخصوص بحماية انفسهم من الارتباط بجوهر المفاهيم الماركسية لأنهم يعيشون في بلد لا توجد فيه الأحزاب الطبقية على نحو واضح بالمقارنة مع أي بلد صناعي غربي آخر. كما أن لديهم صورة ذاتية عن مجتمعهم بأنه يخلو من الطبقات. إن أعمال إرك أولن رايت Erik Olin Wright ذات أهمية خاصة. إن رايت الآن أستاذ سي رايت ملز في علم الاجتماع في جامعة وسكنسون مادسون، ولفترة زمنية تتجاوز العشرين عاماً استخدم تحليلاً مكثفاً لأمريكا ومجتمعات

أخرى ليوضح استمرارية العلاقة مع النظرية الماركسية، وبشكل خاص المفهوم الماركسي للطبقة.

بالنسبة لرايت، كما هو الحال بالنسبة لماركس، تعرف الطبقة من خلال علاقتها بالملكية بمعنى آخر، إن ملكية المرء أو عدم ملكيته، وأي نوع من الملكية بحوزته، تعتبر قضايا مركزية بالنسبة لموقفه في الحياة، وأنواع الطبقات الموجودة تعتبر حاسمة بالنسبة لطبيعة المجتمع.إن رايت يعيد التأكيد على أهمية الاستغلال في إيضاح أهمية الطبقة ويجادل بأن الاستغلال يوجد عندما: "يعتمد الرفاه المادي لجماعة من الناس على حرمان جماعة أخرى، ويحصل هذا الأمر لأن الجماعة المحرومة (المسَتَغَلة) تُمْنَع من الوصول إلى مصادر إنتاجية معينة. هناك استيلاء على ثمار عمل المحرومين المستغلين من قبل أولئك الذين يسيطرون على المصادر الإنتاجية".

وفي عمله الموسوم "بناء الطبقة وتحديد الدخل" Class Structure and Income Determination، شرع رايت في إيضاح أن مثل هذا الاستغلال يحث بشكل مستمر. وبشكل محدد، استخدم رايت بيانات مسحية مفصلة لاختبار كيف تفسر- المقولات الماركسية، وكيف تتنبأ بالدخل. ويرى رايت أن هذه الطريقة أكثر ثراء في تفسير توزيع الدخل من استخدام فئات مهنية عامة مثل "الطبقة العليا لذوي الياقات البيضاء" و"الطبقة الدنيا لذوي الياقات البيضاء" و"الطبقة الدنيا لذوي الياقات الزرقاء"، و "المزارعين" أو "عمال الخدمات".

لقد عرف رايت الطبقات بالاستناد إلى سيطرة أعضائها على المال ورأس المال الطبيعي، وسيطرتهم على عمل الآخرين. إن هذا التعريف يصل إلى المقولات الماركسية الكلاسيكية حول "البرجوازية" التي تسيطر على رأس المال وتوجه العمل، وكذلك حول "البروليتاريا" التي لا تمتلك هذا ولا ذاك. وعلى الرغم من ذلك ،عندما طبق رايت تلك

المقولات على قوة العمل الحديثة، كانت النتيجة أنه يمكن تصنيف 1% إلى 2% فقط من العمال ضمن البرجوازية، وما يقارب النصف يصنفون ضمن مواقع طبقية متعارضة، أي أنها، لا تمثل شيئاً واحداً، وإنما هي كما يلي:

1. المدراء والمشرفون (30- 35% من قوة العمل).
2. عمال يقومون بأعمال نصف أوتوماتيكية.
3. أصحاب عمل صغار (لديهم حداً أدنى من السيطرة على العمل).

بمثل هذه الحالات القليلة، وحسب تعريف رايت، فإن بيانات المسح على المستوى الوجودي، لا تزود رايت بأمثلة كافية حول البرجوازية من أجل تحليلها، ولذلك فقد تم حذفها، ولهذا فقد نظر رايت، على مستوى الممارسة، إلى خمس طبقات هي: أصحاب العمل الصغار، والمدراء، والمشرفين، والعمال، وبرجوازية ثانوية (تعمل بذاتها دون عمال) وعلى هذا الأساس وجد بأن الطبقة قد أثرت في الدخل، وبهذا الخصوص يقول:

"إن الناس اللذين يحتلون أوضاعاً طبقية مختلفة، ولكنهم بنفس المستوى من التعليم، والمكانة المهنية، وبنفس السن، والأسبقية في العمل، وبنفس الخلفية الاجتماعية العامة، ويعملون بنفس العدد من الساعات لكل سنة، سوف يبقون مختلفين جوهرياً في دخولهم المتوقعة، كما أن الناس اللذين يوجدون في أوضاع طبقية مختلفة، يمكن أن يتوقعوا الحصول على كميات مختلفة من الدخل الإضافي، لكل زيادة في مقدار أوراق اعتماد التعليم لديهم، حتى لو أنهم لا يختلفون في خصائص أخرى متنوعة".

والشكل التوضيحي 3-1 يلخص بالنسبة لِـ رايت ما توضحه تلك النتائج حول الأعمال في المجتمع الأمريكي.

الشكل (3-1): تحليل إرك أولن رايت للبناء الطبقي الأمريكي

ورغم ذلك، فإن الوضع الطبقي الفعلي يفسر فعلياً (20%) فقط من التباين في دخول الناس، أي أنه ليس أسوأ، ولا أفضل من السجلات المهنية المرتكزة على معيار الإحصاءات الرسمية (رغم أنه أكثر تعقيداً)، وعلاوة على ذلك كما تم الإيضاح سابقاً، منذ أن افترض رايت بأن البرجوازية هامة، فإنها لم تظهر بالفعل في بياناته، وكذلك فإنه يضع العديد من الناس في فئات متعارضة لا تمثل طبقات ماركسية إطلاقاً. عندما طور رايت تحليله، عمل على تنظيم الطريقة التي يعمل من خلالها على صياغة مفهوم الطبقة، آخذاً بعين الاعتبار أين يقف الناس بالاستناد إلى "بناء السلطة المتعلق بالإنتاج"، وكذلك حيازة الملكية، وكذلك إلى أي مدى يمتلكون مهارات نادرة. وبالنتيجة قدم في آخر أعماله بناءً طبقياً للمجتمعات الرأسمالية الحديثة يتضمن اثنتي عشر طبقة. وبالنسبة لنقاده، فإن هذا

التعقيد يوضح بأن الطبقة بالمعنى الماركسي لا تمثل مفهوماً مفيداً يمكن أن تبدأ به في تحليل المجتمع. وهذا يعني أن جهده، رغم أصالته، يصنع طبقة ليست موجودة، ككيان اجتماعي ذوو معنى، ويرى هؤلاء النقاد، أن رايت يقدم لنا فقط ما نعرفه أصلاً.أي أن موقعك في سوق العمل يؤثر في دخلك. خلافاً لذلك، يعتقد رايت أن الطبقة تبقى مفهوماً هاماً من الناحية النقدية لنفهم كيف أن المجتمعات الرأسمالية تشكلت بموجب الفروقات في حيازة الملكية، والمقدرة التفاضلية للسوق، وبشكل خاص مقدرة سوق العمل.

يعتقد إرك أولن رايت كذلك أن هناك ميل مستمر، في ظل الرأسمالية إلى خلع المهارة عن الأعمال، أي اختزالها إلى روتين يجعل من الأسهل الإشراف على العمال والسيطرة عليهم. "وهكذا، فإن الرأسماليين، يتطلعون إلى الاختراعات التي تميل إلى اختزال مستويات المهارة واختزال استقلال العمال في العمل". إن الرابط بين العمال ذوي التعليم الإضافي والأعمال منزوعة المهارة يعتبر طريقاً فعالاً ممكناً للوعي الطبقي، وهذا بوسعه أن يجعل العمال اللذين اعتبروا أنفسهم تقليدياً طبقة وسطى، يدركون بأن مصالحهم تندرج في تنظيم الطبقة العاملة بأسرها.

إن وجهة النظر هذه تختلف عن تلك التي قُدِمَتْ من قبل العديد من علماء الاقتصاد والسياسة، اللذين يعتقدون بأن الأعمال في البلدان المتطورة سوف تصبح بشكل متزايد مرتبطة بمستوى عالٍ من المهارة خصوصاً كلما زادت المنافسة من قبل البلدان النامية الأقل أجراً. لقد استخدم أولن رايت وسنغلمان Singelmann بيانات الإحصاءات الرسمية، ليوضحوا بأنه ضمن قطاعات صناعية معينة كانت هناك زيادة واضحة في حصة أعمال "الطبقة العاملة"، أي الأعمال التي يمتلك العمال فيها القليل من الحرية ليقرروا كيف تدار. وفي الوقت ذاته، فإن القطاعات التي توسعت أكثر بالاستناد إلى الأعداد الإجمالية للأعمال كانت تلك الأعمال شبه الأوتوماتيكية بصورة أكثر نسبياً، وبصورة أقل نسبياً أعمالاً

بروليتارية. بالنسبة للاقتصاد ككل، فإن كلاً من هذين التحركين يميل إلى إلغاء الآخر. ورغم ذلك، فإن الكتاب يتوقعون بأن "بقية القرن العشرين من المحتمل أن توصف باستمرار، بأنها عملية مكثفة في توليد البروليتاريا".

ومع ذلك، يقدم رايت أيضاً تقارير تستند على أدلة قوية تثبت أنه على الأقل في الولايات المتحدة، الطبقة العاملة تتناقص كنسبة من قوة العمل. وأكثر من هذا، أن التناقض يحدث بمعدل متسارع، وأن الخبراء والمدراء الخبراء، من جهة أخرى، يزدادون بوجه عام كنسبة من قوة العمل.

إن أعمال رايت الراهنة تمد المنظور الماركسي ليشمل واحدة من القضايا التي يستمر التركيز عليها عبر هذا الكتاب. وهي، وضع المرأة وبشكل محدد، دخلها في سوق العمل. لقد انتقد النسويون النظرية الماركسية باستمرار لعدم إدراكها بأن الجندر (وكذلك العرق) يمكن أن يكون مصدراً مستقلا للتراتب واللامساواة، وبشكل منفصل عن الطبقة. يقبل رايت هذا، ولكنه يوضح بأن المنظور الماركسي يرى بأن تلك العوامل المختلفة تميل إلى تعزيز بعضها. الماركسيون يقبلون بوجه عام أن الاضطهاد اللاطبقي يترجم إلى اضطهاد طبقي.... ولذلك فإن المرأة والجماعات المضطهدة عرقياً يجب أن تكون ممثلة بشكل كبير في "الطبقة العاملة" وكذلك فإن "الاضطهاد الطبقي يترجم إلى اضطهاد لا طبقي... وفي أي مستوى من التطور الرأسمالي، فإن الأمر الأكثر اضطهاداً واستغلالاً يتمثل في العلاقات الطبقية ضمن الرأسمالية وكلما كانت أشكال الاضطهاد تلك أكثر ضراوةً كلما كانت أشبه بالعلاقات الطبقية".

يخلص رايت إلى أن الدليل الإمبريقي يدعم فكرة أن اللامساواة الجندرية تترجم إلى لامساواة طبقية لأن المرأة في قوة العمل تتجه عالمياً لأن تكون ضمن البروليتاريا، أي أن النسبة الأكبر لديها أعمال تصنف كطبقة عاملة، ونسبة قليلة لديها أعمال إدارية. ومع

ذلك هناك أيضاً بعض المفاجئات. إن رايت مهتم على نحو خاص بفكرة سقف الزجاجة glass ceiling ، أي الفكرة التي تؤكد أنه حتى عندما تنخرط المرأة في الأعمال الإدارية والمهنية، يكون هناك تقييد لفرصها في الوصول إلى المكانات العليا. وما وجده رايت في بياناته يعبر بالفعل عن لا مساواة جندرية في السلطة. وأن عدد قليل جداً من النساء في اعمال السلطة العليا، يقل عما يتوقع المرء من التعليم اللواتي أحرزنه. ومع ذلك فإن المرأة الأمريكية التي هي في أعلى درجات السلم لا تبدو بأنها تعاني من أضرار إضافية لأنها امرأة. ومع ذلك، في بلدان غربية أخرى مثل السويد، وكندا، واستراليا أو المملكة المتحدة. تتعرض النساء في المواقع العليا لمثل هذه الأضرار. بصورة أكثر عمومية، يخلص رايت إلى أن النتائج تتصارع مع فكرة أن أشكال اللامساواة الجندرية سوف تكون أكبر حيثما كانت أشكال اللامساواة الطبقية في أعلى مستوياتها.

الطبقة، والمجتمع، والدولة

إن إيمان ماركس بالمجتمع الخالي من الطبقات ارتكز على فكرته المتمثلة في أن الملكية الخاصة هي المحدد الأساس لمصلحة الطبقة. وهذا يوضح بأنه إذا كان كل واحد لديه بالضبط نفس العلاقة مع الملكية الخاصة، وله نفس الموقع منها، فإنه من الممكن أن لا يكون هناك انقسامات طبقية. وإذا لم يمتلك أحد الأرض أو رأس المال، ولم يكن هناك إيجارات وفوائد أو عوائد مقابل دفع رأس المال (الفائدة)، فإن العمل سيحصل على كل "فائض القيمة" وسوف ينتهي الاستغلال. بمعنى آخر، إن إلغاء الملكية الخاصة سوف ينهي الصراع الاجتماعي. إن الشيوعيين التقليديين يشاركون وجهة النظر هذه، ويعتقد الاشتراكيون وماركسيون آخرون بأن إلغاء الملكية الخاصة سوف يستأصل العديد من الصراعات النظامية التي يلاحظونها في الحياة الاجتماعية. بالطبع لا أحد من الماركسيين، يرفض هذا الطرح، كما هو الحال بالنسبة للمحللين الماركسيين، اللذين يشاركون ماركس الاعتقاد

بالأهمية الأساسية للعوامل الاقتصادية، وهم يتساءلون حول ما إذا كان إلغاء الملكية يلغي بالضرورة الفروقات النظامية في المصلحة بين الجماعات الاجتماعية. إن السبب وراء تساؤلهم هذا هو وجود الدولة ودولة القوة.

دولة القوة لقد اعتبر ماركس الدولة أداة بيد الطبقة الحاكمة، كما اعتبر الهيمنة السياسية انعكاساً وتعبيراً عن الصراع بين الطبقات. ولهذا فقد أوضح بأن تأسيس المجتمع اللاطبقي، سيؤدي إلى زوال الدولة أيضاً، وبدلاً من البناء القسري، يبقى هناك فقط مهمات إدارية روتينية وغير مثيرة للجدل. ورغم ذلك، فلم يكن من الواضح، أن هذا ممكناً، كما سنرى من خلال وصف ماركس لجهاز الدولة.

عندما ناقش ماركس دور الدولة بسلطتها القانونية وبيروقراطيتها، والأجهزة الأمنية التي تفرض القانون، والقوات المسلحة، قدم فعلياً قضيتين، بالرغم من أنه يعتبرهما هنا مختلفتين؛ الأولى، أن الدولة تجعل الاستغلال الطبقي ممكناً من خلال توفير الاستقرار اللازم لبقاء جماعة واحدة في موقع السيطرة. والثانية، أن الدولة بالفعل تمثل أداة بيد الطبقة الحاكمة (بمعنى أنها تبقى ذراعاً للطبقة المستغلة)، وهدفها هو توفير مصالح الطبقة المستغلة. إن وجهتي النظر هاتين تقدمان تفسيرات مختلفة لدور الموظفين الحكوميين. فالقضية الأولى، على خلاف الثانية، توضح أن الموظفين الرسميين يمكن أن يمثلوا جماعة منفصلة ذات مصالح مستقلة، وليسوا فقط جزءاً من الطبقة الحاكمة. وفي تلك الحالة، يبدو أنه من غير المعقول التعامل مع افتراض أن جهاز الدولة القسري، والتمييز بين الدولة والمجتمع، والصراع المحتمل حول سيطرة الدولة، جميعها سوف تختفي.

تخيل ماركس أن المجتمع الشيوعي، قد انتهت فيه الندرة، نتيجة لإنجازات الرأسمالية البرجوازية، التي يعجب بها من هذه الناحية كثيراً. وتحدث ماركس عن إلغاء الملكية الخاصة وكأنه سيؤدي إلى اختفاء كل الاختلافات الهامة بين الناس، ونتيجة لذلك، سيكون هناك

إرادة اجتماعية واحدة، حيث أن الإنتاج الاقتصادي سينبثق على أساس قبول عام، وجهاز الدولة المنفصل لن يعود مطلوباً، ويوضح ناقدوا ماركس بأن المجتمع الذي يخلو من الندرة لم يظهر في أي مكان، وحتى لو كان من الممكن أن يتحقق فإنه ليس من المعقول الافتراض بأن الناس متفقون دائماً. مثلاً، قد يكون الخلاف حول اختيار الموقع الذي سوف تكون فيه المصانع، أو فيما إذا كانت المدرسة إلزامية وإلى أي مدى تكون كذلك. علاوة على ذلك، فإذا بقيت الندرة ولم يكن الإنتاج واقعاً ضمن مسؤولية أفراد معينين، فإن دولة القوة ستكون أكثر أهمية، ولا تكون أقل أهمية، كما سيكون هناك صراعات مشتعلة حول من يسيطر على قوى الدولة.

قدم ميلوفان جيلاس Milovan Djilas في كتابه الموسوم"الطبقة الجديدة" The New Class تحليلاً ماركسياً جوهرياً لاستخدام القوة من أجل تحقيق مصالح ذاتية في المجتمعات الاشتراكية. كان جيلاس صديق تيتو Tito ونائباً لرئيس يوغسلافيا، وقد طرد من الحزب الشيوعي اليوغسلافي في عام 1954 ومكث في السجن فترات طويلة بسبب وجهات نظره. وفي كتابه الطبقة الجديدة، يوضح جيلاس (متبعاً ماركس) بأن الطبقات ترتكز أساساً على الملكية الخاصة والسيطرة عليها. ورغم ذلك، فإن إلغاء الملكية الخاصة، لا يعني إلغاء الطبقات، وبدلاً من ذلك، فإنه مقتنع، بأنه داخل البلدان الشيوعية وجدت طبقة جديدة، وهي البيروقراطية السياسية، التي تسيطر على كل الملكية (لأن كل الملكية كانت للدولة)، وتقوم باستخدامها بما يناسب امتيازاتها وقوتها على حساب باقي الناس، ويقول بهذا الخصوص:

"كما هو الحال بالنسبة للطبقات المالكة الأخرى، فمن الواضح أن "البيروقراطية السياسية" تمثل طبقة خاصة ترتكز على ملكيتها وعلاقاتها الخاصة مع الطبقات الأخرى، وبنفس الطريقة، فإنها الطبقة التي يتحدد

فيها انتماء الأعضاء بامتيازات مادية وغيرها تجلبها الملكية لهم.

وكما هي معرفة في القانون الروماني، فإن الملكية تمنح المرء استخدام البضائع المادية والاستمتاع بها، والتصرف فيها. إن البيروقراطية السياسية الشيوعية تستخدم الملكية الوطنية، وتستمتع بها وتتصرف فيها .. وفي الممارسة، فإن امتياز الملكية للطبقة الجديدة، يظهر أنه من الحقوق الحصرية لها، كما هو الحال بالنسبة لاحتكار الحزب، وذلك من خلال توزيع الدخل الوطني، وتعيين الأجور، وتوجيه التطور الاقتصادي، والتصرف بالملكية الوطنية وغيرها. هذه هي الطريقة التي تظهر للإنسان العادي، الذي يعتبر أن الموظف الشيوعي سيكون غنياً إلى حد كبير، وأنه إنسان ليس عليه أن يعمل".

إن ما يجعل تحليل جيلاس ماركسياً بشكل جوهري، ومختلف عن تحليل منظري الصفوة الكلاسيكيين الذين تمت مناقشتهم في هذا الفصل، هو تأكيده على الملكية كأساس للتشكيل الطبقي وتمثيله للطبقة الجديدة المتماسكة تماماً. بكل تأكيد، فإن الخبرة العامة لجميع الدول ذات النظم الشيوعية أو النظم التي ترتكز على اشتراكية الدولة التي يمتلكها الحزب والبيروقراطيين عملت من أجل خدمة مصالحها، على الأقل بعد السنوات المثالية المبكرة. وكانت تلك المجتمعات تمثل مجتمعات غير متساوية إلى حد كبير جداً. ومنذ أن كتب جيلاس. تفتتت الشيوعية إلى دويلات شيوعية وبشكل خاص دول أوروبا الشرقية. إذا كان ماركس محقاً في أن الصراع الطبقي سيكون المصدر الأساس للتغير الاجتماعي، فإن المرء قد يتوقع أن يكون مثل هذا الصراع القوة الأساسية المدمرة لسيطرة الحزب على الدولة. والجزء التالي يتحقق مما إذا كانت تلك هي الحالة.

الطبقات وتحول المجتمعات

إيفان زيليناي Ivan szelenyi هو عالم اجتماع هنغاري حظي تحليله للبناء المتغير للمجتمعات الشيوعية وما بعد الشيوعية باحترام خاص ضمن علم الاجتماع وخارجه. لقد دفن المخطوط الأصلي لكتابه الأول (بالاشتراك مع جيورجى كونراد) في حديقة أحد بيوت المزارع تخوفاً من الغارات البوليسية. وقد أجبر على الهجرة عندما لم يتخل عن أفكاره، وبعد ذلك عمل في جامعة فلندرز، وأستراليا، في جامعة مدينة نيويورك. وفي جامعة وسنكسون في ماديسون، وهو الآن أستاذ وليم جراهام سمنر في علم الاجتماع في ييل.

لقد قدم إيفان زيليناي Evan Szelenyi تحليلاً ماركسياً طور بموجبه طرح جيلاس. لقد أوضح زيليناي، بأنه مع تطور اقتصاديات الدولة الاشتراكية في الحقبة ما بعد الستالينية، تطورت طبقة مهيمنة جديدة.

لقد كانت هذه الطبقة أكثر اتساعاً من البيروقراطية السياسية التي وضعت من قبل جيلاس، وهذه الطبقة كانت الإنتلجنتسيا ككل والتي أمسكت بطبقة القوة.

وفي السنوات الأولى من الحكم الشيوعي، جاء العديد من موظفي الحزب الكبار من الطبقة العاملة، وهم يدينون في وضعهم وموقعهم بصورة كاملة لعضويتهم في الحزب، ورغم ذلك، بحلول السبعينيات، تحرك الناس باستمرار بين المواقع "البيروقراطية" و"الفكرية" الهامة. وهكذا، يقول زيلناي:

"إن المخرج الحالي لأحد المسارح الكوميدية في بودابست هو موظف
سابق ذو رتبة عالية في الأمن السياسي، وأحد رؤسائه السابقين في مجال
عمل مماثل هو الآن مدير مصنع سلامي كبير، ويمكن أن يكون المرء
اليوم موظفاً في الأمن السياسي، ولكنه قد يكون غداً الشخص

الوحيد الذي يمنح ترخيص لإنتاج النكات السياسية، أو قد يشرف على إنتاج السلامي أو البحث السوسيولوجي، كمدير أو كأكاديمي. إنه مستحيل من الناحية العملية الفصل بين التكنوبيروقراطية والإنتلجنتسيا أو النخبة المثقفة".

ويجادل زيليناي بأن ماركس:

"عرف الطبقات على أساس علاقات الملكية لأنه في اقتصاد السوق الرأسمالي كانت الملكية الخاصة لوسائل الإنتاج تضفي شرعية على مصادرة الملكية أو الاستغلال".

وبالمقارنة، فإنه داخل البلدان الاشتراكية، ليست الملكية والسوق هما اللذان يحددان الدخل وتوزيع الفائض، والذي عرفه الماركسيون بأنه الفرق بين ما ينتجه العامل وما يبقيه على قيد الحياة. بدلاً من ذلك، فإن الدولة تصادر الفائض وتقسمه. "إن الدولة الاشتراكية المعاصرة تتصف بالعداء القائم بين المؤيدين لإقامة دولة الرفاه والمنتجين المباشرين". لقد استخدم الموالون الأوائل المثاليات الماركسية لإضفاء شرعية على إمساكهم بالقوة باعتبارهم مبدعو الاقتصاد المخطط بطريقة علمية، ولكن في الدولة الشيوعية الناضجة فإن الولاء للماركسية لوحدها أصبح غير كاف لضمان مكانة الصفوة.

وفي كتاب حديث لهما، نظر زيليناي وشريكه في التأليف جيورجي كونراد Gyorgy Konrad إلى البناء الاجتماعي الهنغاري قبل وبعد انتهاء النظام الشيوعي بقليل، وأوضحا بأن "التحول في صفوة الملاك"، أصبح بشكل متزايد مدعاة لتعبئة مكانها وتمثيلها "بمفكرين محترفين" استمروا بشكل سريع في الثمانينيات. إن مثل هؤلاء الناس اعتمدوا بشكل قليل جداً في موقعهم على الرتبة والمناصرة للجهاز الشيوعي؛ فهم يمتلكون مؤهلات تعليمية، ومهارات مهنية. يوضح كونراد وزيليناي، بأنه كان هناك مثل هذا التقارب،

بالاستناد إلى التجنيد ونمط الحياة والاتجاهات بين الموظفين والمهنيين المتعلمين، الأمر الذي يقدم مؤشراً هاماً على أن تشكيل صفوة جديدة أو حتى طبقة جديدة، هو في الطريق إلى الظهور. ومع انتهاء الشيوعية فإن هذه الجماعة، بالنسبة للوقت الراهن، هي أفضل من يدير هنغاريا الجديدة، وبالفعل أفضل من يستفيد من خصخصة المشاريع الاشتراكية القديمة. وعلى الرغم من ذلك، فإن ما ليس واضحاً، هو ما إذا كانت ستبقى كذلك، تخلق صفوة ترتكز على التعليم بصورة خالصة أكثر مما هو في الغرب، أو ما إذا كانت ستلقى تحدياً من قبل طبقة المقاولين الجديدة، "أحد أنواع الطبقة البرجوازية المهيمنة". وما لا يؤمن به المؤلفان هو العودة إلى نمط الحكم القديم المرتكز على الحزب، حيث أن "الصفوة البيروقراطية فقدت قدرتها وإرادتها على الحكم. وقد تم استيعابها"، وليس لأحد الآن أية مصلحة حقيقية بالعودة إلى النظام القديم.

وفي كتاب حديث له استرجع إيفان زيليناي بشكل متزايد نظرية الصفوة إلى جانب المفاهيم الماركسية حول الطبقة ليحلل مجتمعات أوروبا الشرقية ما بعد الشيوعية المتغيرة. والقضية الأساسية هي ما إذا كانت الصفوة القديمة تحاول الحفاظ على موقعها. إن أولئك الملاحظين الذين يقدمون نظرية إعادة إنتاج الصفوة يجادلون بأن رموزاً للنخبة القديمة حاولوا فعلاً البقاء في قمة البناء الطبقي وهم الآن الطبقة البرجوازية المالكة الجديدة. إن العديد من المراقبين لأوروبا الشرقية والاتحاد السوفيتي السابق يقدمون صيغة جديدة من نظرية إعادة إنتاج الصفوة. بمعنى آخر، إنهم يؤمنون بأن الناس المتواجدين في القمة، بقوا هم أنفسهم، مستخدمين قوتهم السياسية لحماية موقعهم وليحققوا مواقع موازية في النظام الجديد (ومثال ذلك، مدراء المصنع القدامى الذين يديرون صناعات مخصخصة. وغالباً ما يحصلون على ملكية مشتركة فيها أيضاً. أو موظفي الشرطة السرية ex-KGB, حيث أن العديد منهم بارزين في إدارة بوتن، الرئيس الحالي لروسيا).

ومع ذلك، فإن زيليناي إلى جانب مشاركيه في التأليف. وعدد من علماء الاجتماع البارزين في البلدان ما بعد الشيوعية الجديدة. يعتقدون بأن هناك "دورة صفوة" Elite Circulation حقيقية. على الأقل في بعض البلدان. وأن التحول باتجاه ما بعد الشيوعية قد غير نوع الناس الذين يتم حشدهم لما يطلق عليه زيليناي "مواقع السيطرة". إن العديد من أعضاء الطبقة القديمة احتفظوا بمواقع الصفوة. لكن اللاتكنوقراطيين "الجزء البيروقراطي" من النخب الاشتراكية القديمة، أُزيحوا من الأعمال العليا. وكان هناك تدفق جوهري لأناس جدد، بشكل أساسي من الطبقة العليا أو الطبقة الوسطى وليس من الطبقة العاملة، ويخلص هؤلاء العلماء، إلى أنه خلافاً للثورة، ما حصل هو عملية تعديل حقوق الملكية والمواقع المسيطرة.

ومع ذلك، الأمر الذي لم يحصل، هو نوع من إعادة تعريف المجتمع من خلال النضال الطبقي الذي نظر إليه ماركس باعتباره مركزياً. في هذا السياق يقارن زيليناي وزملاؤه (وبما في ذلك جيلاس) البلدان الاشتراكية وغير الاشتراكية بالبلدان الغربية. حيث يرون بأن الطبقات ضمن المجتمعات الغربية والتي تربطها علاقات مختلفة بالملكية الخاصة لا تزال تمثل التجمعات الرئيسية. ومع ذلك، في أوروبا الشرقية هناك مؤشر ضئيل جداً للقول بأن النضالات البينطبقية تلعب دوراً أساسياً في عملية التحول، لكن هناك دليل كبير جداً للقول بأن النضالات البينطبقية قد كانت مسيطرة، وأن الاشتراكية كانت نظام تدرج مزدوج لم يفرض فيه منطق الطبقة سلطانه على منطقة المرتبة.علاوة على ذلك، بينما توقع ماركس أن يأتي التغير عن طريق الوعي الذاتي وتنظيم الطبقة العاملة إلا أنها واجهت مجموعة جديدة من المستغلين. وفي الحقيقة فإن سقوط الشيوعية في أوروبا والإتحاد السوفيتي يمثل قصة تلعب فيها المقاومة من الأسفل دوراً بسيطاً نسبياً. وخلافاً لمقولة الطبقة العاملة التي تمثل فاعلاً جمعياً بامتياز. ليس ثمة شيء في الوقت الحاضر سوى جمهور مشتت وغير

منظم من العمال. ويمكن القول بأن التشكيل الطبقي لم يكن متقدماً جداً في تلك البلدان تحت الاشتراكية. والتغير قد تضمن سقوط البيروقراطية القديمة عن طريق تحالف التكنوقراط، والموظفين الشيوعيين أَصحاب الفكر الإصلاحي، والإنتلجنّتسيا. بالإضافة إلى ذلك، ليس هناك شاهداً واحداً في تاريخ ما بعد الشيوعية على أن الطبقة العاملة قد مارست فعلاً جميعاً من أجل بديل لا رأسمالي للنظام الرأسمالي الجديد الذي كان ينبثق.

إن الكثير من مناقشة المجتمعات الاشتراكية وما بعد الاشتراكية لقيت مكانها بين الباحثين الماركسيين والاشتراكيين الماركسيين Marxian and Marxist الذين يميلون إلى التركيز على الطبقات باعتبارها الوحدة الأكثر أهمية في التحليل، ومحرك التغيير، حتى عندما يناقشون أهميتها في الصراعات التي تقع ضمن الطبقات والصراعات التي تقع بين الطبقات. وهذا يصدق بالنسبة لجيل زيليناي بالمقارنة، فإن منظري الصراع الذين ينتمون إلى التقليد الفيبري يميلون إلى النظر إلى تحليلهم. باعتباره معزز لحالة مناقشة القوة والصراع بالاستناد إلى فئات عديدة مختلفة تعتبر الطبقة إحداها، والقوة السياسية واحدة أُخرى. وهكذا، فان النقطة الأساسية لدى جيلاس يمكن أن تطبق بوجه عام لإيضاح أن العاملين لدى الحكومة ينبغي النظر إليهم كجماعة مميزة لديهم مصالحهم وما يرتكزون عليه في قوتهم، كما أن هناك صراعات مصالح بين من لا يستفيدون من الإنفاق والنشاط الحكومي المتزايد ومن يستفيدون منهُ.

تقييم التحليل الماركسي

إن أهم مساهمات ماركس بالنسبة للتحليل الاجتماعي يمكن اشتقاقها بوجه عام من مصدرين، هما: التركيز على الطريقة التي يحتشد من خلالها الناس اللذين يجمعهم وضع اقتصادي متشابه للقيام بفعل عام، وتفسيره للأسئلة، كيف ولماذا، تختلف المجتمعات حسب خصائص الجماعات التي تتولد من حياتها الاقتصادية. وكما لاحظ كولوكوفسكي

Kolokowski . "ليس ثمة شخص عاقل ينكر بأن مذهب المادية التاريخية يعتبر بمثابة إضافة هامة لأدواتنا الفكرية .. وإذا انتشر هذا المذهب وأصبح عاماً فإن الشكر الكبير يكون لماركس الذي أبدعه".

ورغم ذلك، فإن الإصرار على أولوية علم الاقتصاد يعني أن المحللين الماركسيين يميلون إلى استخدام مدخل الكاش- 22 (Catch-22)(*)، إنهم يفترضون سلفاً بأن المصالح الاقتصادية ومصالح العمل تقع خلف الأشياء، وعلى المرء أن يعمل من أجل العثور عليها، ومن ثم يقدم تفسيرها كدليل على الافتراض الأصل. لكن حقيقة أنه في أية مناسبة معينة، يستطيع المرء أن يجد رجل الأعمال وآخرين يبحثون من أجل تقدم مصالحهم يعني بأن هذا ليس هو التفسير الحقيقي لما يجري، ولا أن أولئك المنخرطين فيه هم بالضرورة ينخرطون من أجل مصالح طبقتهم ككل.

إن الجنوب الأمريكي يعد مثالاً جيداً على قوة وضعف التحليل الماركسي. فالماركسية التي تركز على علاقات الملكية تعتبر الجنوب القائم على ملكية العبيد في مرحلة ما قبل الحرب الأهلية، نظاماً اجتماعياً مميزاً يرتكز على ملكية الآدميين. إن جزءاً كبيراً من التاريخ المكتوب حول الجنوب والحرب الأهلية كان يميل إلى اعتبار الجنوب بشكل أساسي زراعياً ولذلك تعرض إلى تهديد التصنيع، أو أنه بذاته مجرد أحد متغيرات الرأسمالية يرتكز على الزراعة. وكما يوضح القائد الماركسي التاريخي للجنوب يوجين جينوفز Eugene Genovese، أنه لا يوجد مدخل يفسر العداء بين الشمال والجنوب أو الحرب الأهلية. إن

(*) Catch-22: أصل المصطلح رواية جوزيف هلر التي كتبت عام 1953، ونشرت عام 1961 وعنوانها Catch-22 with a hyphen ، ويشير المصطلح إلى موقف متناقض لا تتمخض عنه نهاية سعيدة، وإنما قواعد وظروف عند منطقته، ويقصد المؤلفان أن الافتراضات التي يتمسك بها المحللون الماركسيون وإثباتاتها تتعارض منطقتها مع مجريات الواقع. (المترجم)

المنطقة الزراعية النائية تستطيع أن تنمو وتزدهر كما هو الحال بالنسبة لسوق البضائع المصنعة وتزويد الطعام والمنافسة بين المزارع والصناعي وهي تمثل بشدة سبباً عاماً للحرب، أو إذا كان الجنوب بشكل أساسي رأسمالياً، فلماذا لم يتمكن الجانبان من الوصول إلى تسوية للخلافات بينهما.

ورغم ذلك، فإنه في أي وقت نرى أن العبودية تمثل جوهر المجتمع الجنوبي، وليس فقط إحدى خصائصه العديدة، مع أنها من الناحية الأخلاقية بغيضة. إلا أنه من الواضح أن الجنوب كان يقاتل من أجل الحفاظ على عالم مميز. إن الكثير مما كتب حول سياسات الجنوب كذلك أصبح قابلاً للفهم عندما ننظر إليه كدفاع من أجل هذا البناء الاجتماعي القائم على العبودية، ليس فقط من أجل السود اللذين يعانون منه، ولكن كذلك من أجل جماعات اجتماعية أخرى من المحتمل أنه لا يخدم مصالحها. وقد أشار ثوماس سويل Thomas Sowell ، على سبيل المثال، بأن العامل المجبر دائماً وبصورة قاسية يكون غير فعال من الناحية الاقتصادية. لقد كان لعمل العبد في الجنوب أن يكون أكثر أهمية له من مالكه، وذلك عندما يعمل بجدية وإنتاجية أكبر من أجل نفسه وليس من أجل شخص آخر أو عندما يُكره ويقاد إلى شخص آخر يدفع ثمنه، ولو كان بمقدوره لدفع الثمن مقابل أن يكون حراً. إن بيع العبد بالمزاد إلى من يقدم سعراً أعلى يعني أنه يبيع العبد لذاته، وهذه الممارسة كانت شائعة لدى الرومان مالكي العبيد اللذين كانوا يسعون إلى تعظيم ربحهم، ورغم أن هذا يمكن أن يكون مربحاً لمالكي العبيد والعبيد أنفسهم، لكنه بكل تأكيد قوض المجتمع الذي كان جوهره رعاية العبودية والذي كانت أخلاقه معادية للرأسمالية بصورة جوهرية. وهكذا، تطور العديد من الأشكال القانونية من أجل تحرير العبيد.

ورغم ذلك، فإن النظرية الماركسية لم تفسر بشكل كاف لماذا دعم سكان الجنوب البيض هذا النظام من أعماق قلوبهم حتى خلال الشدائد المخيفة للحرب الأهلية. إن معظم

البيض لم يكونوا مالكي عبيد، والاقتصاد الجنوبي الفقير لم يخدم مصالحهم الاقتصادية أكثر مما خدم مصالح أصحاب الصناعات الناشئة اللذين يواجهون سوقاً عملياً هزيلاً. ويمكن توضيح دعم البيض لهذا النظام من خلال حقيقة أن الصفة العرقية للمجتمع الجنوبي أعطت كل أبيض استحقاقاً أتوماتيكياً ليكون في مكانة أرفع مقاماً، ولذلك فإن "فكرة أن جميع الناس يولدون متساويين تتعارض مع حقائق ميزة الحياة اليومية بالنسبة لمعظم الجنوبيين".

إن المصالح الطبقية كذلك لا تكفي لتفسير نظام العزل العرقي الذي تجاوز العبودية، ولم توجد فيه الطبقات القديمة المتمثلة في العبيد ومالكي العبيد. إن نظام العزل Segregation كان بشكل واضح ضد مصالح الصناعيين لأنه تنكر لمهارات جزء كبير من قوة عملهم الممكنة، وفي ظل العزل العرقي والتمييز العنصري فإن البروليتاريا البيضاء والسوداء فشلت بشكل جلي في الانضمام إلى بعضها من أجل مصالح طبقية مشتركة أكبر. ورغم ذلك، فإن نظام العزل أو التمييز العنصري قدم منافع للبيض ككل، وكانت منافع حقيقية، وليست من قبيل "الوعي الزائف". إن العرق الأبيض قدم للبيض باستمرار فوائد جوهرية من حيث القوة والفرص. مثلاً، قدم لهم تعليماً أفضل، وقلل من ووجود فرصة معاملتهم بصورة غير عادلة من قبل المحاكم والشرطة. وعلاوة على ذلك، عندما حصل التغير، كان من الصعب أن يفسر بالاستناد إلى الصراع الطبقي، حيث كان التغير ناتجاً عن حركة الحقوق المدنية، التي كان فيها السود من جميع الطبقات وقوة الحكومة الفدرالية، هم الفاعلين الأساسيين في عملية التغيير.

النظرية النقدية: مدرسة فرانكفورت

على الرغم من أن جميع المنظرين اللذين تمت مناقشة أفكارهم في هذا الجزء قدموا نقداً للمجتمع المعاصر، إلا أن مصطلح "النظرية النقدية" Critical Theory قد التصق تحديداً بمنظري مدرسة فرانكفورت. إن عمل منظري فرانكفورت الأوائل أصبح معروفاً

بين علماء الاجتماع الناطقين باللغة الإنجليزية فقط في الستينيات. ورغم ذلك، فإن يورجن هابرماس، وهو أكثر منظري مدرسة فرانكفورت نشاطاً وأهمية، أصبح بشكل متزايد مؤثراً في كل من أوروبا والولايات المتحدة. وسوف تناقش أفكاره بالتفصيل في الفصل الرابع.

إن تحليل منظري فرانكفورت مدين لأعمال ماركس بدرجة كبيرة، وقد أكدوا مثل ماركس على أهمية صراع المصالح المرتكز على علاقات الملكية. ورغم ذلك، فإنهم لا يعتبرون ماركسيين تقليديين، فقد كان ولاؤهم الأساس لهيغل، كما أنهم انجذبوا إلى أعمال ماركس المبكرة، وبشكل أكبر إلى العمل الهيغلي، مثل كتاباته حول الاغتراب، أكثر من تحليله الاقتصادي وأعماله المتأخرة. بالإضافة إلى ذلك، فقد اهتموا بالجمع بين التحليل السيكولوجي والماركسية، وهو الإجراء الذي لا تتعاطف معه الماركسية التقليدية (أو الماركسية- اللينينية) بحده. إن تلك التأثيرات المختلفة الظاهرة في جوانب نظريتهم النقدية وصفت فيما بعد، وجهة نظرهم في العلم الاجتماعي، ونقدهم للثقافة الجماهيرية ومكانها في "المجتمع المدبّر" Administered Society.

سميت مدرسة فرانكفورت بهذا الاسم بسبب ارتباطها بمؤسسة معينة هي معهد البحث الاجتماعي في جامعة فرانكفورت في ألمانيا. لقد تأسس المعهد في عام 1923 بدعم من أحد أعضاءه وهو فيلكس ويل Felix Weil ووالده الذي كان ثرياً. ومن أكثر أعضاء المعهد أهمية ماكس هوركهايمر Max Horkheimer (1895 -1973)، وثيودور أدورنو Theodor Adorno (1903- 1969)، وهربرت ماركوز Herbert Marcuse (1898 -1979)، وإرك فروم Erich Fromm (1900- 1980)، جميعهم جاؤوا من عائلات يهودية ميسورة تنتمي إلى الطبقة الوسطى، وجميعهم تدفقوا من ألمانيا إلى أمريكا لأن وجهات نظرهم السياسية جعلت استمرار المعهد أمراً مستحيلاً. بقي ماركوز في الولايات المتحدة، وعمل في دوائر الدولة الأمريكية حتى الحرب الكورية، حينها عاد إلى الحياة الأكاديمية. وقد

درَّس في جامعة كولومبيا، وهارفارد، وبرانديس، وجامعة كاليفورنيا في سان ديجو.

إرك فروم الذي تخاصم مع المعهد بعد وصوله إلى أمريكا مباشرة، مارس التحليل السيكولوجي في نيويورك وأصبح مؤسس معهد وليام آلانسون وايت والوصي عليه، وقد اعتنى المعهد بالطب النفسي، والتحليل النفسي، وعلم النفس. وفي عام 1949 انتقل إلى المكسيك بسبب تردي الحالة الصحية لزوجته، وهناك أسس قسم التحليل النفسي في جامعة الاستقلال الوطنية للمكسيك، وعمل على تأسيس وإدارة معهد التحليل النفسي المكسيكي، في حين استمر بالقيام برحلات منتظمة إلى الولايات المتحدة، وإجراء لقاءات أكاديمية في نيويورك وميتشيغان.

لقد تم إقناع أدورنو وهوركهاير من قبل السكان وجامعة فرانكفورت للعودة إلى ألمانيا، حيث أعيد تأسيس معهد البحث الاجتماعي عام 1949. وفي فترة ما بعد الحرب أصبحا بعيدين عن ماركوز. لقد تغيرت اتجاهات هوركهايمر نحو الرأسمالية الليبرالية. وأصبح يعتبرها كشكل من المجتمع ينبغي أن يصان في مواجهة حرمة "الإدارة الشمولية". وقد اعتبر ماركوز هذا الموقف خيانة لمعتقدات الجماعة.

وعلى الرغم من أن الأعضاء الأوائل في مدرسة فرانكفورت لم يكونوا منخرطين بشكل فعال في السياسة، إلا أن عملهم كان مؤثراً جداً بين الطلاب الألمان الراديكاليين. بالإضافة إلى ذلك، وكما ذكرنا سابقاً، فإن ماركوز كان كاتباً ذا أهمية بالغة بالنسبة لليسار الأمريكي الجديد في الستينيات. ونتيجة لذلك، فإن منظري فرانكفورت ظلوا مثيرين للجدل إلى حد كبير. وبالفعل، فقد اتهموا من قبل رئيس وزراء في ألمانيا الغربية بأنهم مسؤولون بشكل مباشر عن موجة الإرهاب المدنية التي اجتاحت ألمانيا في الستينيات. ورغم ذلك، فإن محاضرات أدورنو تمت مقاطعتها من قبل الطلاب الذين اعتبروه ليس ثورياً بما فيه الكفاية. ومع ذلك، كان هناك خلافاً كبيراً بين الطلاب الألمان الراديكاليين ومنظري

مدرسة فرانكفورت.

النظرية النقدية وطبيعة العلم الاجتماعي

هناك افتراضان يقعان في جوهر منهج التحليل الاجتماعي لمدرسة فرانكفورت، الأول:
أن أفكار الناس تكون نتاجاً للمجتمع الذي يعيشون فيه. ويوضح أعلام المدرسة أنه بسبب
تشكل فكرنا اجتماعياً فإنه من المستحيل بالنسبة لنا الوصول إلى معرفة واستنتاجات موضوعية
متحررة من تأثير السياق الذي نوجد فيه وأنماطه المفاهيمية. الافتراض الثاني: ينبغي على
المفكرين أن لا يحاولوا أن يكونوا موضوعيين ويعملوا على فصل الحقيقة عن الحكم القيمي في
عملهم. وبدلاً من ذلك، عليهم أن يتبنوا اتجاهاً نقدياً للمجتمع الذي يختبرونه وهو الاتجاه
الذي يجعل الناس مدركين لما ينبغي عليهم عمله، وأن يكون التغير الاجتماعي غايتهم. وبشكل
مساوٍ، ينبغي على المفكرين أن يحافظوا على الاتجاه النقدي إزاء أعمالهم الخاصة بهم، فعليهم
أن يختبروا ويظهروا علاقة عملهم بالصيغة الراهنة للمجتمع والمعرفة المنتجة اجتماعياً.

ورغم ذلك، فإنه لا يترتب على ذلك، أن المنظرين النقديين يعتبرون اتجاهاً نقدياً
واحداً هو الأفضل. وعلى خلاف ماركس، فإنهم يسلمون أيضاً بأنهم منتجات لمجتمع معين وأن
أعمالهم تخضع لتأثيراته، وهي ليست موضوعية بشكل استثنائي. ومع ذلك، فإنهم يعتقدون
كذلك بأن مدخلهم المعياري يجعلهم أقرب إلى الحقيقة والمعرفة أكثر مما هو الحال بالنسبة
للاتجاه السائد أو "الوضعي"، والذي يمثل علم اجتماعي يحاول فصل الحكم القيمي عن
التحليل. وبينما تقترب وجهات نظرهم من وجهات نظر ما بعد الحداثيين Postmodernists، التي
سوف تتم مناقشتها في الفصل التاسع، فإن موقفهم الأخير هذا يجعلهم أكثر استعداداً لتبني
موقف ذو حكم، أي أنهم ليسوا نسبيين متطرفين.

إن المعيار المثالي الذي تصنع من خلاله النظرية النقدية أحكامها يقترب من مفهوم

العقل كما هو مستخدم لدى ماركس. يوضح هوركهايمر على سبيل المثال بأن " النمو الحر للأفراد يعتمد على التشكل العقلاني للمجتمع". وفي المجتمع العقلاني سوف يوقف الصراع بين الإمكانيات الإنسانية وتنظيم المجتمع حول العمل. ورغم ذلك، فإن ما ينبغي على المجتمع العقلاني أن يبقيه، ليس واضحاً بصورة كلية، ولا يشارك محللو فرانكفورت ماركس في أي شيء مما يؤمن بأنه سيتحقق ذات يوم.

إن المدافعين عن العلم الاجتماعي التقليدي يجادلون دائماً، بأنه سواء تمكن الكتاب من تجنب إدماج قيمهم في أعمالهم أم لا، فإن نظرياتهم تصمد أو تتهاوى من خلال دقة تنبؤاتهم الفعلية، وتلك- مثل جسر تم بناؤه حسب علم القرن العشرين- يمكن الحكم عليها موضوعياً، ويتساءلون حول ما إذا كانت النظرية النقدية تمتلك أي سبب لتزعم بأنها أقل التزاماً بالسياق، من المداخل الأخرى.

الثقافة، والشخصية، والمجتمع المدبَّر يعتبر محللو فرانكفورت أنفسهم "ماديين" بسبب تأكيدهم على أهمية التنظيم الاقتصادي. على سبيل المثال، ناقشوا خلال فترة الثلاثينيات باستمرار بأن الفاشية كانت متجذرة في الرأسمالية. ورغم ذلك، فإن الجزء الأكبر من دراساتهم كان مهتماً بجوانب الشخصية، والثقافة، والفكر، وليس بالمؤسسات الاجتماعية. لقد أكد هوركهايمر، وأدورنو وزملاؤهما بأن الفكر والشخصية متجذران في النظام الاقتصادي. ولكن خلافاً لمعظم الماركسيين التقليديين، أوضحوا كذلك بأن الثقافة والأيديولوجيا يمكن أن تلعبا دوراً مستقلاً في المجتمع، والحتمية الاقتصادية الصرفة تبسطها وتقلل من شأنها.

الكثير من الأعمال بالغة الأهمية في النظرية النقدية تم تنفيذها في الوقت الذي أصبح فيه التحليل السيكولوجي مؤثراً ومعروفاً لأول مرة على نطاق واسع. إن محللي فرانكفورت كانوا مهتمين جداً بتحليل الشخصية والسلوك استناداً إلى التفاعل بين "البناء الاقتصادي

الاجتماعي الفرعي" والدوافع النفسية الأساسية. كان تحليلهم إلى حدٍ كبير معيارياً، يؤكد على الطريقة التي يعمل النظام الاقتصادي بمقتضاها على تشويه الشخصية وإحداث الشلل بها.

أظهر إرك فروم الاهتمام الأكبر بالتحليل السيكولوجي، وخلال فترة الثلاثينيات، عندما كان عضواً مركزياً في الجماعة، كان فروم مهتماً بالطريقة التي يعمل بموجبها بناء "ليبيدي"[*] Libidnal معين يتشكل وينتهي في الأسرة، كرابط اجتماعي. وفي هذه الفترة، مثلاً، أوضح بأن الروح "الرأسمالية" للعقلانية ونزعة التملك، والبيوريتانية[*]، تم ربطها بكبح قضاء الحاجة والمحافظة على النظام، وقد تركز تحليله فيما بعد حول فكرة "الاغتراب" التي استخدمها بشكل مختلف عن استخدام ماركس لها، ليصف خبرات الفرد السيكولوجية للعالم.

يوضح فروم أن الاغتراب "قضية مركزية.. في مناقشة آثار الرأسمالية على الشخصية. وفي ظل الرأسمالية يكون العمال والمدراء على السواء مغتربون لأنهم افتقدوا بعض الحاجات الأساسية كالقدرة على الابتكار والهوية. إن عملهم بصورة كاملة غير شخصاني، واستهلاكهم كذلك مغترب لأنهم يمتلكون أشياء بصرف النظر فيما إذا كانوا يستخدمونها أو يقدرونها، إنهم مدفوعون بالمصلحة الذاتية، وليس بالحب في علاقاتهم مع

---

[*] ليبيدي نسبة إلى الليبيدو Libido ويشير على رغبة جنسية أو اندفاع أو طاقة، أو تمثل شكلاً من أشكال الطاقة الفعلية التي تتدفق في العمليات والتركيبات والموضوعات النفسية ومصدرها ضمن التحليل الفرويدي، هو الجسم أو الهو (المترجم).

[*] البيورتيانية Puritanism أو التطهرية، وتمثل إحدى الطوائف الدينية للبروتستانتية الزاهدة الملتزمة بمبادئ سلوكية كالحصافة والتدبير والدقة والوفاء بالدين والاقتصاد في الاستهلاك وتجنب وقت الفراغ، وقد اعتبرها ماكس فيبر معبرة عن روح الرأسمالية في الاتجاه العقلاني الرشيد من الحياة (المترجم).

الآخرين، ويرون أنفسهم "كأطباء" أو "بائعين" وليس كبشر آدميين، وعلاوة على ذلك:

"إن زيادة التأكيد على الأنا ego مقابل الذات self، وعلى ما نمتلك مقابل الوجود يجد تعبيراً متوهجاً في تطور لغتنا. لقد أصبح من المعتاد بالنسبة للناس أن يقولوا "لدي أرق" بدلاً من القول "لا أستطيع أن أنام" أو يقولوا "لدي مشكلة" بدلاً من القول "أشعر أنني كئيب ومرتبك" أو يمكن أن يكون أي شيء.. أو "أنا سعيد في حياتي الزوجية".. بدلاً من القول "أنا وزوجتي نحب بعضنا"، إن الإنسان المعاصر يمتلك كل شيء لديه سيارة، وبيت، وعمل، وأطفال، وزوجة، ومشكلات، وعناء، وإشباعات.. إنه لا شيء.. ليس هناك طرقاً سيكولوجية مختصرة لحل أزمة الهوية لهذا الإنسان ما عدا تحوله تحولاً جوهرياً من إنسان مغترب إلى إنسان حي فعال"

يتهم محللو فرانكفورت المجتمع الحديث، بصورة مماثلة في دراستهم الضخمة الموسومة "الشخصية التسلطية" The Authoritarian Personality وتعتبر هذه الدراسة الأكثر شهرة في سلسلة دراسات حول التعصب ومعاداة السامية أعدها أدورنو وهوركهايمر وزملائهما في أمريكا. وبشكل واضح تقدم وجهة نظر أدورنو شكل الارتباطات بين الشخصية والبناء الاجتماعي. إن كتاب الشخصية التسلطية يقدم استنتاجاً بأن أكثر الناس تعصباً ومعاداة للديموقراطية يمتلكون شخصيات مميزة وجاؤوا بوجه عام من بيوت تتصف فيها العلاقات بين الوالدين والطفل بالهيمنة والخضوع، ويكون فيه أعضاء العائلة غير محتملين لقلة التكيف. بمعنى آخر، لقد تم النظر إلى العوامل التي تكثف التعصب باعتبارها سيكولوجية. ورغم ذلك، وفي الوقت ذاته، أوضح أدورنو بأن العينة الكلية أظهرت تشابهات واضحة بدرجات هامة. إن أكثر الأفراد تعصباً أظهروا بشكل أكثر وضوحاً أنماط الثقافة الفاشية الكلية والممكنة التي تنتج من قبل البناء الاجتماعي. إن الشخص المتعصب

"ينبغي أن يعتبر إلى حد كبير نتاجاً لحضارتنا، المتضمنة ميولاً في ثقافتنا، مثل تقسيم العمل، والأهمية المتزايدة للاحتكارات، والمؤسسات، وهيمنة فكرة التبادل، والنجاح، والمنافسة".

نقد ثقافة الجماهير إن مناقشة النظرية النقدية للثقافة تظهر نفس التشاؤم العميق الذي تظهره مناقشتها للشخصية. يوضح هوركهايمر بأن الثقافة والأيديولوجيا مجرد انعكاس بسيط للبناء الاقتصادي الفرعي، لكنهما تمثلان حقلاً مستقلاً. يرى هوركهايمر بأن الثقافة الشعبية وسيلة للتلاعب بسكان المجتمع "المدبَّر" على نحو كلي.

وهكذا، يهاجم أدورنو موسيقى الجاز والموسيقى الشعبية لأنها رديئة، وتلهي الناس وتجعلهم سلبيين. وكذلك لأنها تقوي النظام الاجتماعي الراهن. ويوضح أدورنو، بأن الجاز تزيد الاغتراب، وبصورة مشابهة فإنه يحتقر علم التنجيم Astrology والجاذبية للغموض وعدم القابلية للفهم المرتبطان بالتنجيم والسحر، وهو الأمر الذي يصفه بأنه "علامة على انحطاط الوعي". كما يوضح أدورنو بأن الناس قد اتجهوا إلى علم التنجيم في محاولة لاسترداد المعنى خارج العالم المجمد، الذي تحولت فيه السيطرة الإنسانية على الطبيعة إلى السيطرة على الإنسان، وتفوقت عملية التحول هذه على كل أشكال الرعب والخوف التي خبرها الإنسان من الطبيعة. وفي هذا المجتمع يستغل أصحاب المهن وبشكل خاص الأطباء والمحامون عملائهم، وبتقديمهم الطمأنينة النفسية فإنهم يساعدون في استمرارية البناء الاجتماعي الراهن.

لاحظ أدورنو عند اختباره لعمود التنجيم في جريدة لوس أنجلوس تايمز بأن ما يتضمنه العمود هو الاحتفاظ الدقيق بالعمل والسرور بمعزل عن المجتمع الذي تكون فيه وظائف الناس كمنتجين منفصلة بحدة عن استهلاكهم. ويجادل بأن:

"كاتب العمود مدرك تماماً لطبيعة العمل الكادح في معظم الوظائف
التي تخضع لتركيب هيراركي وبيروقراطي .. لقد تم تشجيع الناس

على إنجاز عمل وضيع وغير هام ضمن العمل الآلي. وهكذا فإن التذكير بالعمل، وليس سماح المرء لنفسه بالانصراف عن تدخل أية مقدرة طبيعية أو موهبة، كان بصورة متكررة الشكل الذي ينبغي أن يعنى به المرء في عمله النظامي".

إن الكتابة في الصباح المبكر، تنسى من خلال الانغماس في العمل النظامي الروتيني (نوفمبر 21، 1952، ليو)

كن كادحاً في عملك النظامي (ديسمبر 19، 1952، ساجتاريوس)

واصل الاعتناء بعملك النظامي (ديسمبر 27، 1952، ساجتاريوس)

وفي كتابه الموسوم "الإنسان ذو البعد الواحد One-Dimensional Man" رسم هربرت ماركوز صورة مجردة للمجتمعات الصناعية الحديثة في كل من الغرب والعالم الشيوعي. إن ماركوز ذو حتمية تكنولوجية أكثر من زملائه السابقين، لقد أشار إلى أن التقدم التقني جعل من الممكن وجود "نسق كلي من السيطرة والتنسيق" يتغلب على كل الاحتجاجات. إن الضبط الاجتماعي للمصالح في الوضع القائم، يتضمن عملية تكييف من قبل وسائل الإعلام، وهي ذات قوة كبيرة إلى حد أن الفكر كذلك لا يقدم أي مصدر للنقد، لأنه خاضع كذلك. لقد تم تسطيح الثقافة فيما اعتبره ماركوز نظاماً اجتماعياً شمولياً، والذي تجاوز النظام الليبرالي السابق، وأصبح "ذو بعد واحد" لأنه أهمل الأفكار البديلة.

إن نفور ماركوز من الثقافة الحديثة اتخذ مزاجاً ذا حساسية، وبالنسبة للكثير منا اشمأز في بعض الأحيان من إعلان تلفزيوني أو أكثر أو من الفكر حول الحياة الذي يسكن في "صناديق صغيرة جميعها متشابهة"(*). ورغم ذلك، فقد استثار ماركوز كذلك العديد من

(*) هذه الصناديق المتشابهة كناية عن فكر ذو بعد واحد متشابه يخلو من التنوع والاختلاف. (المترجم).

أوجه النقد، على سبيل المثال، بدا واضحاً بشكل متكرر، أن عمل ماركوز نفسه يفند زعمه بأن جميع الانتقادات قد أخمدت "وأن كتاباته بوجه عام تقدم دليلاً إمبريقياً قليلاً حول مزاعمه". إن ناقديه لا يتفقون معه كذلك في إصراره على أن جميع المجتمعات الصناعية بالضرورة وبصورة متشابهة تعتبر شمولية، ويتشككوا في اقتناعه واقتناع منظرين نقديين آخرين بأنهم، على خلاف جماهير الناس، يعلمون ما هي الحاجات الحقيقية للناس.

سي. رايت ملز

يعتبر سي. رايت ملز C. Wright Mills (1916- 1962) من بين علماء الاجتماع الأمريكيين الأكثر شهرة حيث أضاف عمله إلى منظور الصراع نقداً قوياً للنظام الاجتماعي. ولد ملز وترعرع في تكساس ولم يغادر الولاية أبداً حتى أصبح في العشرينيات من عمره وذلك عندما فاز بمنحة جامعية بحثية إلى جامعة وسكنسون. قضى معظم عمله الأكاديمي في جامعة كولومبيا حيث تم تعيينه أستاذاً حتى توفي بسبب وعكة قلبية، وهو لا يزال في منتصف الأربعينيات من عمره.

تعرض ملز إلى وابل من النقد، خصوصاً في سنواته الأخيرة، عندما أصبحت كتاباته اتهامية وهجومية بشكل متزايد. وكذلك فقد كان لديه معجبين، ولم يكن أبداً "المخرب الوحيد" كما اعتبر نفسه. كان ملز بشكل متزايد معذباً ومتشائماً من المستقبل القريب. فقد اعتقد بأن اللاأخلاقية قد بنيت في صميم النسق الأمريكي، ولم يصوت طوال حياته في الانتخابات لأنه كان يعتبر الأحزاب السياسية تنظيمات متلاعبة وغير عقلانية. كما شن هجوماً عنيفاً على زملائه المفكرين بسبب تخليهم عن مسؤولياتهم الاجتماعية ووضعهم أنفسهم في خدمة رجال القوة بينما اختفوا خلف قناع التحليل المتحرر من القيمة.

فكر ملز أنه كان من الممكن خلق "مجتمع صالح" على أساس المعرفة وأن رجال

المعرفة يجب أن يتحملوا مسؤولية غيابه. لقد آمن بالاشتراكية الليبرالية وأيد الثورة الكوبية (وهاجم ردود فعل الولايات المتحدة إزائها) لأنه تأمل أن تُوحَّد الاشتراكية الثورية والحرية. لقد كانت الأفكار الأساسية في علم الاجتماع لديه تمثل العلاقة بين البيروقراطية، والاغتراب، ومركزية القوة في "صفوة القوة"، وكل من هذين الموضوعين كانا يمثلان جوانب من هجومه على المجتمع الأمريكي الحديث.

الخيال السوسيولوجي

يجادل ملز بأن المستويات التحليلية قصيرة المدى وبعيدة المدى يمكن أن توصل بواسطة الخيال السوسيولوجي ويصفه على النحو التالي:

> "يُمكِّن الخيال السوسيولوجي مالكه من فهم المشهد التاريخي الأكبر بالاستناد إلى معناه فيما يتعلق بالحياة الداخلية والسيرة الخارجية لمجموعة متنوعة من الأفراد. إنه يمكنه أن يأخذ بالحسبان كيف أن الأفراد، في تقلب خبرتهم اليومية واضطرابها، غالباً ما يصبحون واعين بشكل زائف لمواقعهم الاجتماعية.. وبهذا المعنى فإن المتاعب الشخصية للأفراد ترتكز على مشكلات واضحة. واللامبالاة التي يبديها الجماهير تحول إلى انهماك في القضايا العامة".

يؤكد ملز بأن الأفراد يستطيعون فهم خبراتهم الشخصية بشكل تام فقط إذا استطاعوا تحديد أنفسهم في غضون الفترة التي يعيشونها من التاريخ، ومن ثم يصبحون مدركين لفرص الحياة المشتركة بين جميع الأفراد اللذين يعيشون في نفس الظروف وهكذا فإن الخيال السوسيولوجي يمكننا من "الإمساك بالتاريخ والسيرة الشخصية والعلاقة بين الاثنين ضمن المجتمع".

لقد وضع ملز تمييزاً هاماً بين المشكلات أو المتاعب الشخصية Personal

Troubles والقضايا العامة Public Issues. فالمتاعب الشخصية هي المتاعب التي تحدث "ضمن الفرد ككيان سِيَري (متعلق بسيرة الشخص) وضمن وسطه المباشر، والعلاقات مع الناس الآخرين. إن القضايا العامة هي أمور تقوم بها مؤسسات مجتمع تاريخي كلي" مع تداخل تلك البيئات المختلفة تشكل البناءات الكبرى للحياة الاجتماعية والتاريخية". ومن أجل توضيح هذا التمييز يقدم ملز مثالاً على البطالة. فإذا كان هناك شخص واحد، لا يعمل في مدينة عدد سكانها 100000 نسمة، إذن هي مشكلة شخصية، لكن إذا كان خمسة ملايين من الناس لا يعملون في أمة عددها (50) مليوناً، فإنها تمثل قضية عامة(*).

الاغتراب والبيروقراطية

يجادل ملز بأن الشدائد المادية وضروب الحرمان التي كان يعاني منها العمال في الماضي استبدلت اليوم بضيق وتوعك سيكولوجي متجذر في اغتراب العمال عمّا قاموا بإنجازه. ويرى ملز بأن العمال ذوي الياقات البيضاء لا مبالين، ومرعوبين، ومُقَولبَين بواسطة الثقافة الجماهيرية. ويجادل، بأنه في المجتمع الحديث "يمارس أصحاب القوة قوتهم بطرق خفية: لقد انتقلوا من ممارسة القوة عن طريق السلطة إلى ممارستها عن طريق التلاعب .. إن الأنساق العقلانية تخفي قوتهم ولذلك لا أحد يرى مصادر سلطتهم أو يفهم حساباتهم. وبالنسبة للبيروقراطية فإن العالم موضوع ليتم التلاعب به".

(*) استخدم دوباش ودوباش Dobash and Dobash مدخل ملز في دراستهما الموسومة "العنف ضد الزوجات". لقد حللا القوانين والمعدات التي أضفت شرعية على إساءة معاملة المرأة عبر التاريخ، وقاما بتضمين هذه الدراسة ما يقارب ألف (1000) حالة اعتداء على الزوجات حصلا عليها من الشرطة والمحكمة، وأمضيا مئات الساعات في إجراء مقابلات معمقة مع نساء تعرضن للضرب بقوة واستمرار. بالنسبة لكل فرد فإن ما كان متضمناً مثل مشكلة شخصية، بينما المقياس المدرج للمشكلة وافتقار القانون للاهتمام جعلها قضية عامة. (المترجم: نقلاً عن الطبقة الرابعة من هذا الكتاب).

في عالم الأعمال الكبيرة والحكومة الكبيرة فإن جماعة ذوي الياقات البيضاء المتزايدة لا تعيش عن طريق عمل الأشياء ولكن عن طريق تحويل ما صنعه شخص ما إلى أرباح لشخص آخر. إن عدداً أقل، وأقل من الناس يمتلكون إنتاجهم ويسيطرون على معيشتهم العملية. إن المجتمعات المستقرة والقيم التقليدية التي ربطت الناس بمجتمعهم قد اختفت، وقد ألقى اختفاؤها بالنسق الكلي للمكانة والهيبة في مجرى التغير المتواصل. تماماً مثل فبلن Veblen يعتقد ملز بأن المكانة وتقدير الذات مرتبطان ببعضهما إلى حد كبير. ولذلك فإن فقدان القيم التقليدية، كما يوضح ملز، يقوض تقدير الذات لدى الناس، ويورطهم في حالة من الرعب على المكانة. وفي الحقيقة، إن اهتمامات ملز هنا تشابه اهتمامات دوركايم والوظيفيين اللذين اعتبروا المجتمع الحديث مهدداً باللامعيارية والأنومي. إن انتقادات ملز توضح أنه يتجاهل الحرية التي توفرت بانتهاء المجتمعات القديمة والتقييدية.

خلافا لماركس، لا يعتقد ملز بأن العمل هو بالضرورة التعبير الحاسم للمرء عن ذاته. لكنه يشجب الرأسمالية البيروقراطية الحديثة لتغريبها الناس عن عملية العمل وإنتاجه. ويجادل ملز، بأن هذا واضح بشكل محدد مع العمال ذوي الياقات البيضاء، مثل البائعين اللذين أصبحت شخصياتهم سلعاً تباع، واللذين تعتبر مشاعر الود والمحبة والكياسة والمجاملة بالنسبة لهم وسائل غير شخصية للرزق وكسب العيش. وهكذا، يزعم ملز بأنه "في جميع أنواع العمل المتضمن ترويج الشخصية.. تصبح شخصية المرء والسمات الشخصية بعيدة ومنفصلة عن وسائل الإنتاج .. والتي حملت الذات والاغتراب الاجتماعي إلى حدود متطرفة واضحة".

يؤكد ملز على أصول الاغتراب من خلال اهتمامه بالعلاقة بين الخاصية والبناء الاجتماعي، ويجادل بأن مهنة رجل المبيعات تبعد الناس عن أنفسهم وعن الآخرين لأن الباعة ينظرون إلى جميع العلاقات باعتبارها تلاعبية. إن الاغتراب عن العمل يجعل الناس

يتجهون بشكل مسعور إلى وقت الفراغ، لكن صناعة التسلية تنتج إثارة اصطناعية لا تقدم تحرراً حقيقياً، ولا تؤسس قيماً عامة عميقة. إن جوانب أخرى من البناء الاجتماعي تقوي الميول السيكولوجية التي تجعل المجتمعات الحديثة عرضة لنجاح الفاشية أو الشمولية الثورية. إن بيئات العمل المجزأة لدى الناس تعطيهم فهماً يسيراً حول كيفية عمل المجتمع، ويعتقدون بأن الحكومة التي تتدخل في الشؤون الاقتصادية والسياسية للبلدان الأخرى مسؤولة عن فقدان الأمن وخيبة الأمل. يؤكد ملز إن البناء المتمركز بصورة متزايدة مع عدم الإبقاء على المعتقدات التقليدية ومع القلق المستمر للناس، غير محصن إلى حد كبير وعرضة للسقوط.

صفوة القوة

يجادل ملز بشكل مستمر بأن نمو البناءات الكبرى أصبح ملازماً لمركزية القوة وأن الأشخاص اللذين يرأسون الحكومة، والشركات، والقوات المسلحة والاتحادات تربطهم علاقات وثيقة. ويسوق هذا الجزء من تحليله في مناقشته الموسعه حول "صفوة القوة" Power Elite.

يجادل ملز بأن أمريكا محكومة من قبل "صفوة القوة" المكونة من الناس اللذين يحتلون المواقع المهيمنة في المؤسسات السياسية، والعسكرية، والاقتصادية. ويكتب ملز، أنه داخل المجتمع الأمريكي، تكمن القوة الوطنية الأساسية في المجالين الاقتصادي والسياسي، والعسكري. وفي كل مجال من هذه المجالات الثلاثة الكبرى، فإن الوحدة المؤسسية النموذجية قد أصبحت متسعة، وإدارية، وفي قوة قرارها أصبحت مركزية.. إن وسائل القوة في تنظيم وحدات صناعة القرار المركزية قد تزايدت بشكل كبير.

وعلاوة على ذلك، يوضح ملز، بأن المجالات الثلاثة متشابكة، ولذلك فإن القادة في كل المجالات الثلاثة للقوة. القادة العسكريون، ورؤساء الشركات، والمدراء السياسيون، يميلون إلى الالتقاء والانضمام إلى بعضهم ليشكلوا صفوة القوة في أمريكا. إن الرأسمالية

العسكرية للشركات الخاصة توجد في نسق ديمقراطي مستضعف ورسمي يتضمن نظاماً عسكرياً مسيساً بشكل تام. يعتقد ملز بأن القوة يمكن أن ترتكز على مجموعة عوامل أكثر من الملكية الخاصة. ورغم ذلك، فإن وحدة المصالح المؤسسية للصفوة تضم العناصر المختلفة للصفوة إلى بعضها وتبقي على اقتصاد الحرب.

لقد تزامن تحليل ملز مع اتجاه مدعم نحو المجتمع الأمريكي والذي كان واضحاً في اتهام أيزنهاور لمجموعة شركات الصناعات العسكرية. يوافق العديد من علماء الاجتماع غير الراديكاليين بأن الحياة الاقتصادية تنعقد بصورة متزايدة مع نشاطات الحكومة. ورغم ذلك، يجادلون بأنه ليس لأن النفقات العسكرية هامة، ولكن لأن الحكومة منهمكة على نحو متزايد في جميع فضاءات الحياة الاقتصادية، وأولئك اللذين يعيشون في واشنطن يلاحظون كيف أنه شهر بعد شهر، وأكثر فأكثر تقيم الاتحادات الصناعية، والاتحادات التجارية، واتحادات العمل مراكز قيادة في الأماكن المخصصة للمكاتب في المدينة، والتي تنتشر بسرعة على مقربة من الحكومة الفدرالية وقوتها.

وعلاوة على ذلك، فإن النقاد غالباً لا يوافقون تصور ملز بأن هناك صفوة قوة واحدة فقط تلاحق مصالحها الموحدة وتستبعد الآخرين من النفوذ. ويجادلون بأن مصالح جماعة القوة قد –وغالباً ما يحدث- تتصارع مع بعضها. فمشاريع العمل، مثلاً، دون شك تمتلك قوة، وتحصل على بعض الإجراءات التي تريدها، وتحصل على بعض الثوابت والصناعات التي تحقق موقعاً شبه احتكاري ذات حماية ممن يديرون الحكومة. ورغم ذلك، تتأخر أو ترفض الخطط بالنسبة لآخرين من خلال قرارات تتعلق بالكفاءة البيئية، أو أن الأسعار وضعت في مستويات يرفضونها، أو أن التكاليف قد ارتفعت بسبب الضرائب، والعمل الورقي للحكومة، ومتطلبات التلوث، وغير ذلك.

بوجه عام، فإن ملز يشارك علم الاجتماع الماركسي ومنظري الصفوة الميل إلى

رؤية المجتمع على أنه منقسم بحدة وبشكل أفقي بين أصحاب القوة ومن يفتقدون للقوة. كما يشارك المنظرين الماركسيين والماركسيين الجدد الاهتمام بالاغتراب، وتأثيرات البناء الاجتماعي على الشخصية والتلاعب بالناس عن طريق وسائل الإعلام. ورغم ذلك، فإن ملز ينتمي في نفس الوقت وبشكل واضح إلى تقليد شعبي أمريكي بامتياز، والذي لايعتبر الملكية الخاصة مصدر الشر الوحيد في المجتمع. بالنسبة لملز فإن الملكية الخاصة صغيرة المدى، وطبقة المقاولين المستقلين، هما الحماة الرئيسيين للحرية والأمن. ويتأسف على انحسار المجتمع الأمريكي القديم المكون من المزارعين والأعمال الصغيرة المستقلة.

بيار بورديو

يعد بيار بورديو Pierre Bourdieu (1930-2002) من أكثر علماء الاجتماع شهرة في سياق الكتابات ضمن الإطار النظري النقدي. وكذلك يعد أشهر علماء الاجتماع الفرنسيين المعاصرين. وإذا حددنا وجهة نظرنا أكثر، فإنه المثال البارز في الفكر الفرنسي، ومثل دوركايم تخرج من مدرسة المعلمين العليا في باريس، وأصبح مدير الدراسات في كلية الدراسات العليا في باريس، وهو مؤسس ومدير مركز علم الاجتماع الأوروبي، وتقلد منصب أستاذ الدولة الفخري في الكلية الفرنسية وهو أكثر أعلام المؤسسة الفكرية في باريس بروزاً، وهو أمر منسجم تماماً مع اعتبار بورديو "رجل اليسار" الذي انغمس عمله بالمفاهيم الماركسية.

لقد لعب المفكرون تقليدياً دوراً بارزاً أكبر في الحياة الفرنسية أكثر مما هو الحال في الولايات المتحدة أو معظم الدول النامية. وعندما توفي بورديو، فإن صحيفة Le Monde والتي هي الصحيفة الأكثر شهرة من بين الصحف المحلية الفرنسية، والمؤثرة بشكل كبير، والتي تعتبر الفم الناطق بالنسبة للرأي ذو الميل اليساري في فرنسا، أخرت النشر لتضمن أن صفحتها الأولى تحمل خبر وفاته. وفي العقد الأخير من حياته أصبح بورديو معروف على

نطاق واسع -ليس فقط في فرنسا ولكن في بلدان أخرى، خصوصاً في ألمانيا- بسبب معارضته لما وصفه بـ"السوط الليبرالي الجديد" الذي يجلد عالمنا.

لقد هاجم بورديو مجموعة من وجهات النظر والسياسات التي رأها تسيطر بصورة متزايدة وتعتنق "حل السوق" Market Solution لكل شيء. لقد تعاطف مع الحركة المعادية للعولمة. ونظر إلى مؤيدي حل السوق والعولمة باعتبارهم يحابون المصالح الضيقة للشركات متعددة الجنسية والجماعات ذات الامتياز. وقد أشار بورديو إلى انه قد تم تهديد المجتمعات بالتطورات الراهنة، ودعا زملاؤه الأكاديميين والمفكرين ليشاركوا في النقاش وليعملوا عن قرب أكثر من الناشطين.

وفي هذا الأمر، تتطابق وجهة نظره مع الجزء الأكبر من الأنتلجنتسيا الفرنسية (والألمانية)، والمؤسسة الأكاديمية، ومع ذلك، يظهر بورديو من منظور آخر، بعيداً عن أن يكون نقدياً دخيلاً. لقد سيطرت على فرنسا نخبة من رجال الأعمال والسياسيين انحدرت الغالبية الساحقة منهم من باريس، وهي النخبة التي أخضعها بورديو إلى تحليل مفصل ولكنها ليست من بيئته الأصلية. بدلاً من ذلك، جاء بورديو من بلدة صغيرة في الريف الجنوبي الشرقي حيث ترعرع هناك وكان ابناً لموظف بسيط في الخدمة المدنية قريباً من عالم الكفاح لفلاحي الجنوب. وفي الثقافة الأكاديمية التي لم تكن مجرد ثقافة ماركسية، ولكنها إلى حدٍ كبير تعتبر شيوعية وستالينية، رفض بورديو كلاً من الشيوعية والستالينية بينما كان طالباً، وقد أخضع عالمه الأكاديمي إلى تدقيق وتحليل مفصل، والذي لاحظ بورديو أنه قد "فصله عن بعض أفضل أصدقاءه" وأدى إلى "صدامات مؤثرة مع الزملاء". أخيراً، في الوقت الذي عُرِف فيه العلم الاجتماعي الفرنسي والإنجلو- ساكسوني بعدم التفاهم والازدراء المتبادل، أصبح بورديو معروفاً بشكل متزايد، ويقرأ له على نطاق واسع من قبل معظم العلماء الاجتماعيين الناطقين باللغة الإنجليزية.

حقول الصراع

يقف بورديو بقوة ضد وجهة النظر الماركسية التي تؤكد بأن المجتمع يمكن أن يحلل ببساطة بالاستناد إلى الطبقات والمصالح والأيديولوجيات المحددة طبقياً. إن معظم عمل بورديو يهتم بالدور المستقل الذي تلعبه العوامل التربوية والثقافية. ومثل العديد من المنظرين الذين تمت مناقشة أفكارهم في هذا الكتاب، يؤكد على أهمية المؤسسات التربوية الرسمية في المجتمعات الحديثة، أي وسائل تحولها من المجتمع الريفي.

عوضاً عن تحليل المجتمعات بالاستناد إلى الطبقات يستخدم بورديو مفهوم **الحقل** Field، والذي يشير إلى ميدان اجتماعي تنافسي Arena، تماماً كالمباراة، يجري الناس فيها مناورات، ويطورون استراتيجيات، ويناضلون من أجل الحصول على المصادر المرغوبة. وبدلاً من الحديث عن حقل كرة القدم، نجد بورديو يتحدث عن الحقل الأكاديمي، والحقل الديني، والحقل الاقتصادي، وحقل القوة، ويوضح بورديو:

"يمكن أن يعرف الحقل كشبكة.. أو شكل من العلاقات الموضوعية بين المواقع. تعرّف تلك المواقع بشكل موضوعي في وجودها وفي القيود التي تفرضها على محتليها .. من خلال وضعها في بناء توزيع القوة (أو رأس المال)، والتي تسهل السيطرة عليها الوصول إلى فوائد أو أرباح محددة هي بمثابة الجائزة أو الرهان في الحقل".

بمعنى آخر، يمثل الحقل "نسقاً من المواقع الاجتماعية المبنية داخلياً بالاستناد إلى علاقات القوة" وكل حقل يمثل محلاً لعلاقات القوة. ورغم ذلك، وبينما تعيد الماركسية جميع علاقات القوة إلى وسائل الإنتاج –الحقل الاقتصادي- يجادل بورديو بأن الحقول المختلفة يمكن أن تكون مستقلة تماماً، وأن المجتمعات الأكثر تعقيداً تمتلك عدداً أكبر من الحقول المختلفة. على سبيل المثال، السياسة في المجتمعات الحديثة أصبحت احترافية

ومستقلة، بقواعدها والطريقة التي تعمل بها، لذا فالقوة التي تقدمها لا يمكن النظر إليها على أنها حصيلة للعمليات الاقتصادية. وهنا يبدو بورديو متأثراً إلى حد كبير بتحليل ماكس فيبر. ومع ذلك، فإنه يضيف فكرة أن القوة في الحقول المختلفة تعتمد بشكل حاسم على الأشكال المختلفة تماماً لرأس المال.

إن كتاب رأس المال لماركس كان بشكل كامل اقتصادياً في تركيزه. ورغم ذلك، يجادل بورديو بأن هناك ثلاثة أنواع أساسية لرأس المال، وهي: الاقتصادي، والاجتماعي، والثقافي. ويتضمن رأس المال الاقتصادي السيطرة على الموارد الاقتصادية، ويتضمن رأس المال الاجتماعي السيطرة على العلاقات، والتي تمثل شبكات من الدعم والنفوذ يتمكن الناس من دخولها بواسطة مواقعهم الاجتماعية، سواء من خلال العائلة أو على سبيل المثال أن يكون المرء خريج جامعة هافارد. أما النوع الثالث وهو رأس المال الثقافي فهو الذي يوليه بورديو أغلب اهتمامه كما يرتبط بمساهماته الأساسية في النظرية السوسيولوجية.

يوضح بورديو بأن الوالدين يزودان الأبناء برأس المال الثقافي. لقد حلل بكثير من التفصيل الطريقة التي تختلف بموجبها الأذواق والتصورات حول ما هو جميل أو ذو قيمة بين الطبقات المختلفة، وكيف أن الصفوة تنأى بذاتها دائماً عن الذوق الشعبي. ورغم ذلك، فإن اهتمامه الثابت كان منصباً حول كيفية ترجمة رأس المال الثقافي إلى منافع بالمعاني التربوية. أولئك اللذين ينحدرون من العائلات ذات الامتياز يمتلكون اتجاهات ومعرفة -وبشكل خاص المعرفة الثقافية- تجعل النسق التربوي مريحاً، ونوعاً مألوفاً من المكان الذي يستطيعون النجاح فيه بسهولة. إن المساواة الرسمية في الامتحانات التنافسية تشجع الناس للاعتقاد بأنهم ينجحون -أو يرسبون- من خلال جدارتهم وأهليتهم الفردية. ومن هنا، فإن الطلاب من الطبقة الوسطى العليا ليس لديهم مشكلة في التوفيق بين وجهات نظر اليسار مع مواقعهم ذات الامتياز. ومع ذلك، في الحقيقة يبدو أن موقعهم ناتج عن الأصول الاجتماعية للطلاب

والتي تأخذ تأثيرها من خلال قنوات أكثر سرية. إن النسق التربوي يمكن أن "يضمن تخليد الامتياز من خلال العملية المجردة لمنطقه الداخلي".

إعادة الإنتاج والآبيتوس

تعتبر نظرية بورديو واحدة من النظريات المعنية بإعادة إنتاج الطبقة أي كيف يضمن جيلاً من طبقة اقتصادية أن تعيد الطبقة إنتاج نفسها وتمرر امتيازاتها للجيل اللاحق. مثلاً، يصف رينود سينسولي Renaud Sainsaulieu نظرية إعادة الإنتاج بأنها تلقي الضوء على "الوظائف الأيديولوجية الكامنة للجهاز التربوي والذي رغم استقباله الأعضاء الجدد بطريقة ديمقراطية علنية وإضفاء الطابع الرسمي على قواعده، إلا أنه ينفذ في الحقيقة انتقاءً اجتماعياً يرتكز على معايير ثقافية للطبقة المسيطرة".

يوضح بورديو بأن ما هو ضروري بالنسبة للنجاح التربوي يتمثل في المنظومة الكلية للسلوك المثقف. إنه السلوك الذي يحملك بسرية عبر التعليم العالي ومقابلات العمل، والغرف الواسعة، وما شابه. إن الطلاب اللذين ينحدرون من عائلات من الطبقة الوسطى والعليا تعلموا هذا السلوك، ونظرائهم من الطبقة العاملة لم يتعلموه. نتيجة لذلك فإن الطلاب من الطبقة العليا والوسطى قادرون على النجاح ضمن النسق التربوي، وعائلاتهم قادرة على إعادة إنتاج موقعهم الطبقي من جيل إلى جيل بطريقة شرعية وعادلة على نحو واضح.

إن شرعية رأس المال الثقافي هذا تعتبر حاسمة بالنسبة لفاعليته كمصدر للقوة والنجاح، وقد نوقشت من قبل بورديو بالاستناد إلى العنف الرمزي الذي عرفه بأنه "العنف الذي يمارس على الفاعل الاجتماعي مع اشتراكه أو اشتراكها في الجريمة" وما يعنيه هذا يتمثل في أن الناس يخبرون أنساق المعنى (الثقافة) على أنها شرعية، ولكن هناك عملية من سوء الفهم أو سوء الإدراك لما يجري في الحقيقة.

إن إعادة إنتاج وضع الجماعة والنضال من أجل الموقع في الحقل تخبر من قبل جميع اللاعبين-ليس فقط الخاسرين- باعتبارها حول شيء ما مختلف تماماً: يغرس في الذهن الأفكار والأنشطة القيمة بصورة موضوعية. وعلى سبيل المثال، يحلل بورديو في أحد كتبه الصادرة حديثاً بالتفصيل الطريقة التي ينضم بها الطلاب إلى المدارس العليا والتي تعلم النخبة الفرنسية وتنشئها على "نبالة الدولة". إن أولئك اللذين ينجحون في اجتياز الامتحانات التنافسية المتقدمة انحدروا إلى درجة كبيرة جداً، ومتزايدة فعلاً، من الأسر الاحترافية المثقفة والمتعلمة وأسر الطبقة العليا، ومن عدد قليل من المدارس العليا المختارة(Lycées). (انظر الجدول 3-1)

نسبة الملتحقين (%) 1982-1978	نسبة الملتحقين (%) 1958-1952	مهنة الأب
2,2	2,1	مزارع
0,7	1,4	عامل يدوي (غير ماهر)
0,5	10,4	عامل يدوي ماهر/ صانع ماهر (حرفي)
19,1	9,0	المتقاعدون من الخدمة المدنية (الدبلوماسيون، والولاة)
14,7	15,3	المهنيون المحترفون (في الثقافة والعلم)
11,0	24,6	الرتبة الوسطى في الخدمة المدنية
8,1	6,6	رجل الأعمال
1,0	3,5	ذوي الياقات البيضاء/ قطاع خاص

الجدول (3-1) الأصول الاجتماعية لملتحقي المدرسة العليا الأساسية 1952- 1982

في فصل من كتابه الموسوم "تعلم النبالة" والذي يحمل عنوان "الإدراك الخاطئ والعنف الرمزي" يحلل بورديو بالتفصيل الطريقة التي يصنف بها الطلاب في التعليم العالي ويوصفون بأنهم "كادحون" أو بأنهم يمتلكون ميلاً للتمييز، وكيف يربطون تلك الأحكام بشكل وثيق بأصولهم الاجتماعية. ومع ذلك، فإن النسق الكلي، وهذا ما يؤمن به أولئك

المنخرطين فيه، يدعي أنه يختار بناءً على الجدارة والاستحقاق ويخدم الدولة. إن الأساتذة والطلاب يشتركون الاعتقاد بأن "الفرنكية الوحشية"(*) Brutal Frankness للطريقة التي يحكم بها على طريقة عملهم، هي الطريقة الوحيدة الملائمة لأعضاء النخبة الفكرية ليتواصلون، وليجربون أحكام الجدارة والأهلية باعتبارهم واصفين موضوعيين.

وفي نفس الوقت، بينما يشرح بورديو الرابط الإحصائي بين النجاح الأكاديمي والأصل الاجتماعي، فإنه يؤكد بأنه ليس هناك شيئاً ميكانيكياً حوله، إنها نتيجة الحقائق التي لا تحصى للتقييم، وتقييم الذات، والذي بواسطتة يحب الطلاب والأساتذة أن يلعبوا لعبة "علوم التصنيف المدرسية"(**) أي تلك الأدوات اللازمة لبناء الواقع. إن الأمر لا يرتبط بالاستفسار عن قوة محددة من الخارج، بل على العكس من ذلك، "فجميع عمليات التنشئة الناجحة تفلح في جعل الناس شركاء في جريمة أقدارهم المحتومة". إن الجزء الأساس في هذه العملية يتمثل في تحويل العادات الثقافية للناس أو الوضع الاقتصادي إلى "رأس مال رمزي" Symbolic Capital يمتلك الشرعية، وينظر إليه بطريقة ما على أنه واقعي وحقيقي. ويوضح بورديو بأن "رأس المال الرمزي" لا شيء أكثر من رأس مال اقتصادي أو ثقافي يتم إدراكه والاعتراف به، ويتجه بعد ذلك إلى تعزيز علاقات القوة التي تشكل بناء الفضاء الاجتماعي.

وفي توسيع نطاق تحليله لرأس المال الثقافي طور بورديو المفهوم الأساسي، **الآبيتوس**

(*) الفرنكية: نسبة إلى القبائل الجرمانية التي احتلت فرنسا في القرن السادس بعد الميلاد..

(*) المقصود أن النظام المدرسي الذي يتضمن تصنيفاً ضمنياً للطلاب حسب الأصول الاجتماعية، يساهم في تجديد بنية توزيع رأس المال الثقافي، ويضفي شرعية على التوزيع اللامتكافئ، واستبعاد الطلاب، وبذلك يشارك في إعادة إنتاج النظام الاجتماعي وتشكيله عن طريق ممارسة العنف الرمزي وعن طريق إخفاء هذا العنف (المترجم).

Habitus ، ويمكن تعريف الآبيتوس بأنه "نسق الخطط المتينة المكتسبة من التصور، والفكر، والفعل. يتولد عن أوضاع اجتماعية موضوعية لكنه يميل إلى الاستمرار حتى بعد تغيير تلك الأوضاع". ويرى بورديو أن الآبيتوس "يمثل مفتاح إعادة الإنتاج لأنه بحق هو ما يولد الممارسات المنتظمة المكررة التي تصنع الحياة الاجتماعية" إنه "نتاج التكيفات الاجتماعية"، ولذلك يربط السلوك الفعلي ببناء الطبقة.

وفي مؤلفه المشترك مع باسيرون Passeron ، والموسوم بـ "الوَرَثَة" Inheritors، يجادل بورديو وباسيرون بأن السبب الأساس للنمو السريع في التعليم العالي هو:

"تلك الأجزاء من الطبقة المهيمنة والطبقة الوسطى والتي هي الأغنى في رأس المال الاقتصادي (أي المستخدمين في الأعمال الصناعية والتجارية، والحرفيين، والتجار) والذين أرادوا أن يحققوا استفادة متزايدة على نحو كبير من النظام التربوي من أجل ضمان إعادة الإنتاج الاجتماعي لوضعهم. عندما تدخل الأجزاء الطبقية التي استفادت سابقاً بشكل بسيط من النسق المدرسي إلى سباق المؤهلات الأكاديمية، فإن التأثير يكون في إجبار الجماعات التي تحقق إعادة الإنتاج الخاصة بها، بشكل أساسي وحصري من خلال التعليم لتزيد استثماراتها وتحافظ على الندرة النسبية لمؤهلاتها ومن ثم موقعها في البناء الطبقي.. إن هذا التأثير يولد نمواً عاماً ومستمراً في الطلب على التعليم وتضخماً في المؤهلات الأكاديمية".

بمعنى آخر، فإن التغيرات في النسق الاقتصادي الفرعي تلقى صدى لها في التعليم لأنها تمثل الآلية لإعادة إنتاج الفائدة الطبقية. وعلاوة على ذلك فإن التعليم يمثل آلية مقنعة وفعالة بدقة لأنه لا يتضمن ببساطة تعليم المهارات التقنية أو اكتساب المعرفة، ويجب أن تكون هناك ثقافة عامة ملازمة. وحسب نظرية إعادة الإنتاج، عندما يكون هناك زيادة

كبيرة في أعداد أصحاب المؤهلات، فإن الخاسرين الأساسيين هم أولئك اللذين لا يمتلكون رأس المال الاجتماعي ليستخلصوا العائدات الكاملة منه.

وكما هو الحال بالنسبة لتحليل دور التعليم في المجتمع ككل، فقد أولى بورديو اهتماماً كبيراً لتحليل الجامعات من الداخل، وكان هناك سببين وراء هذا التحليل: الأول هو إصراره على أهمية "علم الاجتماع التأملي" Reflexive Sociology (سيناقش لاحقاً)، والثاني: اهتمامه الدقيق بالطرق التي تتخذ من خلالها الصراعات مكاناً لها في الحقل الأكاديمي وفي "حقل القوة" الأوسع. إن العمل الأول الذي قام به بورديو كان أنثروبولوجياً اجتماعياً مارس فيه العمل الميداني في الجزائر وفي منطقته. لقد استمر في جمع وتحليل الكثير من بياناته، وقدمت له الجامعة مصدراً غنياً من البيانات الأنثروبولوجية.

علم الاجتماع التأملي وفكرة "الممارسة" على الرغم من أن بورديو يقدم تحليلاً للمجتمع على المستوى بعيد المدى، وينجذب إلى حد كبير نحو البيانات الإمبريقية والكمية، إلا أنه كذلك يعد ناقداً لاذعاً لعلم الاجتماع الذي يقدم ذاته كعلم مستقل وغير متحيز ووصفي بشكل كامل، ويرتكز على النموذج العلمي. وبصورة مماثلة فهو معارض بعمق لأولئك اللذين يرون جميع النظريات على أنها ببساطة نتاج وجهة النظر الفردية، وهو ما يدعوه بـ "الراديكالية الزائفة حول العلم بأنه الآن يكاثر .. أولئك اللذين يختزلون الخطاب العلمي إلى استراتيجيات بلاغية حول عالم هو بذاته تم اختزاله إلى منـزلة النص". وبدلاً من ذلك، فإنه يرفض ما يرى أنه ثنائية زائفة بين "الموضوعية" و"الذاتية"، ويصر على أهمية علم الاجتماع التأملي، والذي ينبغي بمقتضاه أن يجري علماء الاجتماع بحثهم باستمرار، مع الاهتمام الواعي لآثار موقعهم وبشكل خاص منظومة "البنى المستدمجة" التي يمتلكونها.

يوضح بورديو، أن معظم الناس، في معظم الأوقات يأخذون عالمهم الاجتماعي وطريقته في النظر إلى الأشياء، كواقع معطى بشكل كامل. إن علماء الاجتماع ليسوا

متحررين من هذا، وبالنسبة لهم كذلك، فإن التصورات والأفعال متشكلة بواسطة الآبيتوس، وعليهم أن يدركوا هذا الأمر. إن علم الاجتماع التأملي يتطلب منهم، في كل الأوقات، بدلاً من اختبار " التحيز الجوهري.. أن يختبروا محددات الفرد المتأصلة في الموقع الفكري ذاته، بنظرة العالم المحدقة".

يصر بورديو على ضرورة فهم الفعل الإنساني والممارسة كعملية ديالكتيكية تتضمن كلاً من الترتيبات التي تنتج بواسطة الآبيتوس والشروط الموضوعية التي يواجهها الأفراد في الحقول حيث يعملون. وفي هذا الجزء من عمله، يبدو بورديو مديناً بشكل واضح جداً للفكر الماركسي، حيث أن مفهوم الممارسة لديه يوازي مباشرة مفهوم البراكسيس Praxis . ورغم ذلك فإنه يناقش بوضوح أعمال الإثنوميثودولوجيين (انظر الفصل السادس)، والذين تعتبر أفكارهم حول الحاجة إلى فهم خبرات الحياة اليومية على أنها إشكالية موازية لموقف بورديو. ينظر بورديو إلى أعمال جارفنكل Garfinkel وغيره من الإثنوميثودولوجيين على أنها ممتعة جداً، لكنه يؤكد على فرق جوهري بينه وبينهم، حيث أنهم يتعاملون مع مبادئ عامة ، لكن نظريته تصر على أن الطرق المعينة التي تؤخذ من خلالها الأشياء كواقع معطى تقترن بحقل معين للفعل، والأمر الأساسي في كل حالة هي المؤسسات وعلاقات القوة المبنية، والتي افتقد الإثنوميثودولوجيون إلى رؤيتها.

خلاصة إن تأكيد بورديو على دور رأس المال الثقافي قد يبدو مبالغاً فيه بالنسبة للقراء خارج فرنسا. ورغم ذلك، فإن النسق التعليمي الفرنسي مُمَركز وتنافسي إلى حد كبير. تقريباً معظم أعضاء النخبة لا يذهبون إلى جامعة عادية لكن يذهبون إلى جامعة من قبيل كلية الدراسات العليا المشار إليها سابقاً، وهي تمثل مؤسسات صغيرة، وانتقائية، ومستقلة ومتخصصة على سبيل المثال بالهندسة أو تحضير الأفراد لمهنة في الحكومة. بالنسبة لفترة نهاية الثمانينات، كل من رئيس الوزراء الفرنسي وقائد المعارضة البرلمانية تخرجا من

نفس الطراز من المؤسسة الانتقائية. وهذا الأمر لا يمثل شيئاً مدهشاً بالنسبة لأي شخص في فرنسا. إن العمليات الثقافية التي يركز عليها بورديو من المحتمل أن تكون أكثر أهمية ومشاهدة في فرنسا منها في الولايات المتحدة مثلاً، التي تعرف بنسقها التعليمي المفتوح، ومع ذلك، ربما توجد في الولايات المتحدة أيضاً.

رغم ذلك، حتى في فرنسا، هناك دليل إمبريقي يقترح بأن أطروحة بورديو ربما تكون مبالغ فيها. إن بيانات بورديو تظهر أنه حتى في كليات الفنون، تعتبر عملية إعادة الإنتاج الطبقي فقط بشكل جزئي، حيث أن العديد من الطلاب، في الحقيقة، ينحدرون من عائلات أقل امتيازاً بصورة نسبية، بالإضافة إلى ذلك، فإن تحليل المسح الفرنسي الذي قام به روبنسون وجارنير Robenson and Garnier يشير إلى أن التعليم لم يعد مهماً، في إعادة إنتاج ملكية الأعمال. إن الآباء اللذين هم ملاكاً (صغاراً أو كباراً) للأعمال لا يحولون رأس مالهم إلى رأس مال تعليمي كطريقة لتأمين مواقع وأوضاع أبنائهم. وبخلاف ذلك، فإن التعليم يستطيع بشكل قوي جداً أن يساعد أبناء العمال اللذين ليس لديهم أي عمل إشرافي أو رقابي أن يتحركوا نحو الأعلى إلى المواقع الإشرافية. ويلاحظ المؤلفان كذلك كيف أن مسارات حياة المرأة تختلف عن مسارات حياة الرجل ويستنتجان بأنه إذا عملت المرأة على إدامة موقعها الطبقي فإنه لا يكون من خلال التعليم عموماً. يبدو أن بورديو يبالغ في مسألة إعادة الإنتاج الطبقي، بينما يبدو صادقاً تماماً حول التأثير والنفوذ المستقل الذي يمكن للمؤسسات التعليمية أن تتدبر أمره.

خاتمة

من بين جميع النظريات السوسيولوجية المعاصرة، يتبين أن تلك النظريات التي تجمع بين منظور الصراع والنقد الاجتماعي هي الأكثر ارتباطاً، بشكل واضح، بطروحات تجري خارج الحياة الأكاديمية، خصوصاً بين المنتمين سياسياً. إن الأهمية السياسية لأولئك المنظرين

هي بالنتيجة أكبر منها لأي جماعة أخرى يمكن أن نصفها، وهذا واضح بشكل خاص خارج الولايات المتحدة، ولكن أيضاً في داخلها.

إن تأثير المنظرين الصراعيين النقديين في المجتمع الحديث، يبدو واضحاً بشكل خاص في الجدل حول العولمة. والتي هي في اليسار والدوائر التقدمية أصبحت بوجه عام مذمومة باعتبارها تتضمن المزيد من اللامساواة، وتمجيد الثروة، والسوق باعتبارهما يقابلان الديمقراطية والثقافة. والقوة الضخمة للشركات متعددة الجنسية (وبشكل خاص الأمريكية) التي لا تحصى. سوف نناقش الرؤى حول العولمة بالتفصيل في الفصل الرابع. في سياق نظريات التطور، ولكن رأينا سابقاً كيف أن بورديو، باعتباره ممثل حديث للتقليد النقدي، أصبح منخرطاً في هذا الجدل إلى درجة كبيرة. وكذلك فإن المنظرين النقديين كان لهم تأثيراً هائلاً على الحركات الطلابية في الستينيات. وهو الجيل الذي كان ناضجاً وهو الآن يسيطر على السياسة في الولايات المتحدة وأوروبا (رغم أن العديد منهم كانوا ولا يزالون ينتقدون تلك الأفكار).

وإذا نظرنا إلى الاقتباس التالي من بيان هارون Port Haron الموجه إلى "طلاب من أجل مجتمع ديموقراطي". وهي وثيقة مركزية لطلاب اليسار الجديد لفترة الستينيات، نجد في بيانه أصداء التحليل الاقتصادي لماركس، وشجب ملز لصفوة القوة، ووجهة نظر النظرية النقدية حول أن المجتمع مدبر ويتم التلاعب به، واهتمام جميع تلك النظريات باغتراب الناس:

"نحن نعتبر الرجال كرماء بلا حدود ويمتلكون قدرات غير متحققة فيما يتعلق بالعقل، والحرية، والحب... نحن نعارض اللاشخصانية التي تختزل البشر إلى منزلة الأشياء .. ونعارض كذلك مذهب العجز الإنساني لأنه يبقي على الحقيقة الحديثة بأن أهلية وكفاءة الرجال قد تم التلاعب

بها .. إن النسق السياسي الأمريكي يحبط الديموقراطية عن طريق إرباك المواطن الفرد وإفساده .. ويوحد القوة غير المسؤولة للجيش مع المصالح الاقتصادية.

ينبغي أن نستبدل القوة المتجذرة في الملكية والامتياز والوضع المالي للمرء بالقوة والتميز المتجذر في الحب، والتفكير، والعقل، والإبداعية. وكنسق اجتماعي نحن نبحث عن مؤسسة الديموقراطية القائمة على مشاركة الفرد .. بحيث يكون الفضاء الاقتصادي (من بين مبادئها) متضمن مبادئ: فالعمل ينبغي أن يتضمن حوافز لمن يستحقها أكثر من المال أو البقاء. وأن الخبرة الاقتصادية حاسمة شخصياً بحيث يجب على الفرد أن يشارك في تقريرها التام.

إن المؤسسات الاجتماعية الأساسية ينبغي أن تنظم عموماً مع سعادة وهيبة الرجال كمقياس جوهري للنجاح".

وكما سنرى في الجزء الثاني: فإن نظرية الصراع التحليلية تتشارك مع العديد من الاتجاهات العامة لمنظور الصراع النقدي. ورغم ذلك، فالاعتقاد بالمجتمع المثالي والجمع بين التحليل والهجوم الأخلاقيين، وهو الأمر الذي يجسده بيان بورت هارون، يعتبر غريباً عنها بقدر ما هو مركزي بالنسبة لأعمال المنظرين النقديين التي ناقشناها.

الجزء الثاني

نظرية الصراع وعلم الاجتماع التحليلي

إرث ماكس فيبر

يمكن أن نجمع المنظرين اللذين سنناقش طروحاتهم في هذا الجزء وهم رالف دارندورف، ولويس كوزر، وراندل كولنـز، تحت وصف منظري صراع "تحليليين" لأنهم يشتركون في الاعتقاد بأن منظور الصراع يعتبر مركزياً بالنسبة لتطور علم الاجتماع الموضوعي أو العلمي. ورغم ذلك فإنهم يختلفون عن المنظرين النقديين في ثلاث نواحي هامة: أولاً، يرى المنظرون النقديون العلم الاجتماعي بشكل جوهري جزءاً من الفعل السياسي ويتنكرون لمسألة أن الحقيقة والقيمة يمكن أو ينبغي فصلهما. وبالمقابل فإن المنظرين التحليليين يعتبرون مثل هذا الفصل مسألة ضرورية، ويجادلون بأنه من الصعب أو قد يكون مستحيلاً بالنسبة للمحللين، وبشكل خاص أولئك اللذين يهتمون بالمجتمع الإنساني أن يشكلوا فرضياتهم بمعزل عن آرائهم واهتماماتهم. ومع ذلك، فإن تلك الفرضيات لها تطبيقات يمكن أن تلاحظ وأن تختبر موضوعياً بمقاييس وإجراءات إمبريقية، ويتبع ذلك أن الأفكار ليست تحريفات أوتوماتيكية مباشرة للواقع لأنها كذلك تمثل نتاجات لظروف اجتماعية معينة، أو تميل إلى تأييد مصالح جماعة اجتماعية معينة.

ثانياً، إن منظري الصراع التحليليين لا يحللون جميع المجتمعات باعتبارها متدرجة على امتداد خط واحد مع الجماعة الحاكمة التي تقابل الجماهير. إن المنظرين التحليليين قد يوافقون على أن بعض المجتمعات تندرج تحت هذا النوع (الذي يوجد فيه طبقة حاكمة تقابل الجماهير) وفوق ذلك فإنهم يعتقدون بأن مجتمعات أخرى عديدة تتضمن توزيعات أكثر تعقيداً للقوة والمكانة، وأنماط متشابكة من التدرج، والتي لا تُنَظّم مع بعضها بشكل

محكم ودقيق. ويعتقدون بأن هذا الأمر صحيح لأن هناك عدد من المصادر المختلفة للقوة والموقع داخل المجتمع، وأن منظومة معينة واحدة من المؤسسات، مثل تلك التي ترتكز على الملكية، لا تمثل دائماً الصيغة البارزة.

ثالثاً، إن المنظرين التحليليين لا يقارنون الحاضر بشكل عقلاني أو مثالي لمجتمع متحرر من الصراع، وذلك لأنهم ببساطة لا يؤمنون بشكل واحد فقط للمجتمع، وعلى العكس من ذلك، يؤكدون على أن الصراع وجذوره مستمران وباقيان وأن صراعات المصلحة محتومة ومتعذر تجنبها.

وفي جميع تلك النواحي يشارك المنظرون التحليليون المحدثين ماكس فيبر في منظوره، تماماً كما كان ماركس المؤثر الأساس بالنسبة للمنظور النقدي. لقد آمن فيبر بالأهمية الحيوية للعلم الاجتماعي الموضوعي. وكما شاهدنا سابقاً، فقد طور تنميطاً للطبقة والمكانة والحزب، باعتبارها مؤثرات هامة في حياة الناس، كأطروحة مقابلة لتأكيد ماركس على ملكية الطبقات لوحدها، علاوة على ذلك، فقد اعتبر فيبر الصراعات المتولدة عن الطبقة والمكانة والحزب، ملامح مستمرة للمجتمع الإنساني، ولم ينظر إلى المجتمع الحديث باعتباره يتجه نحو اليوتوبيا الشيوعية، وإنما يتجه نحو المجتمع البيروقراطي المعادي للحرية الإنسانية. ورغم ذلك، فإن هذا لا يعني القول بأن فيبر أو منظري الصراع التحليليين اللذين تأثروا به غير مكترثين بالفعل السياسي. بوجه عام، فإن نظرية الصراع تحتكم إلى علماء الاجتماع اللذين يمتلكون وجهات نظر سياسية قوية، كما أن عدداً من المنظرين المحدثين التحليليين انخرطوا في السياسة والسياسة الاجتماعية، وغالباً في معارضة مباشرة لأفكار النظرية النقدية والماركسية.

رالف دارندورف

ظل رالف دارندورف (Ralf Dahrendorf) (المولود عام 1929) لسنوات عديدة معروفاً على نطاق واسع ويحظى بالاحترام في كل من أوروبا وأمريكا الشمالية. وبينما كان مراهقاً في ألمانيا النازية، أرسل إلى معسكر اعتقال بسبب عضويته في جماعة المدرسة الثانوية المعارضة للدولة، واستمر انخراطه في الشؤون السياسية بشكل عميق، ثم أصبح عضواً ديموقراطياً حراً في البرلمان الإقليمي، وفي برلمان ألمانيا الغربية. وكعضو في لجنة الجاليات الأوروبية، كان مسؤولاً عن العلاقات الخارجية، والتعليم، والعلم، والبحث.

عمل دارندورف كأكاديمي في ألمانيا، وبريطانيا العظمى، والولايات المتحدة. ومنذ عام 1974 إلى 1984 كان موجهاً لمدرسة لندن للاقتصاد، إحدى أكثر مؤسسات التعليم العالي هيبة في بريطانيا. وفي عام 1984 عاد إلى ألمانيا لفترة قصيرة كأستاذ لعلم الاجتماع في جامعة كونستانس, وهو الآن في بريطانيا مرة أخرى كأمين لكلية شارع أنتوني، وجامعة أكسفورد ويقيم في بيت اللوردات البريطاني، ويشار إليه باللورد دارندورف.

لقد أظهر عمل دارندورف في الصراع اهتمامين أساسيين: الأول، ما وصفه هو بنفسه بأنه "نظريات المجتمع"، أي وضع المبادئ العامة للتفسير الاجتماعي. وهنا يشدد دارندورف على أساسية القوة، والصراع كنتيجة محتومة. وكما هو الحال بالنسبة لماركس، فإن اهتمامه الثاني بمحددات الصراع الفعال، أي الطرق التي تولد من خلالها المؤسسات الاجتماعية نظامياً جماعات ذات مصالح متصارعة، والظروف التي تصبح من خلالها هذه الجماعات منظمة وفعالة.

القوة، والصراع، والتفسير الاجتماعي

يجادل دارندورف بأن هناك ميل متأصل للصراع في المجتمع، إن الجماعات التي تمتلك القوة سوف تناضل من أجل مصالحها، وكذلك الأمر بالنسبة للجماعات التي تفتقد

إلى القوة، ومصالح الجماعتين مختلفة بالضرورة. ويوضح دارندورف، بأنه عاجلاً أم آجلاً - وفي بعض الأنساق تكون جماعة القوة محصنة بشكل تام - فإن التوازن بين القوة والمعارضة يتغير، والمجتمع يتغير، وهكذا فإن الصراع يمثل "القوة الخلاقة العظمى للتاريخ الإنساني".

القوة حسب نظرية دارندورف حول المجتمع، يعد توزيع القوة محدداً حاسماً للبناء الاجتماعي، ويتبنى دارندورف تعريف فيبر للقوة والذي يعرفها بأنها: "قدرة أحد الفاعلين في علاقة اجتماعية معينة على فرض إرادته بمقتضى موقعه رغم المقاومة، وبصرف النظر عن المرتكزات التي تستند عليها تلك المقدرة". ومن وجهة النظر هذه، يتمثل جوهر القوة في السيطرة على الجزاءات التي تمكن أولئك اللذين يمتلكون القوة من إلقاء الأوامر، ويحصلون على ما يريدون ممن يفتقرون إلى القوة. ورغم ذلك، فإن الناس لا يحبون الخضوع، ولهذا يجادل دارندورف، بأن هناك صراع مصلحة محتوم، وهناك دافعية لدى من يفتقدون للقوة إلى الصراع مع أصحاب القوة، كما أن الفاقدين للقوة يناضلون من أجل مواقع القوة بينما أصحاب القوة يدافعون عن مواقع قوتهم. فالقوة تمثل "المصدر الدائم للخلاف".

إن هذه النظرة القهرية الحادة للقوة، والتي هي شائعة لدى معظم منظري الصراع، تختلف كثيراً عن تلك النظرة التي تتبناها الوظيفية، فكما رأينا هناك اعتقاد لدى بارسونز بأن القوة متجسدة في المؤسسات السياسية التي تعمل على تلبية الضرورة الوظيفية المتمثلة في تحقيق الهدف. إن المقدرة التي تمنحها القوة للمرء بحيث يحصل على ما يريد على حساب الآخرين يعتبرها بارسونز ظاهرة ثانوية وطارئة. إن وجهة نظر دارندورف تمثل العكس، فالقوة ضرورية إذا كان للتنظيمات الكبرى أن تحقق أهدافها، وفي أوقات معينة، كما هو الحال في حرب دفاعية، يقوم أصحاب القوة بشكل واضح جداً بتنفيذ الأهداف العامة للجماعة. ورغم ذلك، فإن ما يعتبره بارسونز جانباً ثانوياً للقوة، يعتبره دارندورف أساسياً. إن أصحاب القوة لم يمنحوا القوة من قبل المجتمع لينفذوا بعض الإرادة العامة، لكنهم

يحشدون القوة ويستخدمونها لغاياتهم الخاصة.

رغم ذلك، لا يرى دارندورف النضال من أجل القوة باعتباره خلاصة الحياة الاجتماعية. إن تعريف فيبر (ودارندورف) للقوة يتضمن فاعلين "في علاقة اجتماعية" أي، في مواقف تكون فيها أفعال الناس الآخرين هامة، لكن هناك كذلك أوقات يكون فيها للناس الحرية ليقوموا بفعل ما يريدون دون الاهتمام بالناس الآخرين على الإطلاق. وفي محاضراته المتأخرة حول الوضع السياسي الراهن في الغرب، ناقش دارندورف العوامل التي تمنح المجتمعات حرية أكثر أو أقل. وفي أمريكا على سبيل المثال، تستطيع أن تتحرك "بحرية" من مدينة إلى أخرى دون إذن من أحد، لكن في الصين لا تستطيع فعل ذلك، كما أن حصولك على الإذن والأوراق المطلوبة يعتمد إلى حد كبير على قوتك ونفوذك.

المعايير يوضح دارندورف، كما هو الحال بالنسبة لمنظرين صراعيين آخرين، بأن المعايير الاجتماعية لا تظهر أو تنبثق عن الإجماع الاجتماعي. ويوضح بأن نظرية الصراع ترى، خلافاً للوظيفية، بأن المعايير "تؤسس وتصان .. من قبل القوة، ويمكن أن يتضح جوهرها بالاستناد إلى مصالح صاحب القوة. ويمكن النظر إلى هذا الأمر انطلاقاً من حقيقة أن المعايير تدعم بالجزاءات. إن الأمثلة الحيوية لما يعنيه دارندورف توجد في الصين، حيث يخاطر المنشقون السياسيون بالسجن أو مخيمات العمل، كما توجد أمثلة في الجنوب، ما قبل الحقوق المدنية، حيث السود المتمردين أو البيض غير المتكيفين يمكن أن يخسروا مصدر كسبهم، أو حتى حياتهم. وبالمقابل فإن الجزاءات تتضمن السيطرة واستخدام القوة، وبشكل خاص قوة القوانين والعقوبة، وفي آخر تحليل يقترح دارندورف بأن "المعايير المؤسسة ليست سوى معايير حاكمة".

التدرج الاجتماعي يميز دارندورف بوضوح بين حقيقتين: الأولى، أن المواقع والأعمال مختلفة وتتطلب مهارات مختلفة. والثانية، تعامل الأعمال المختلفة بوصفها "عليا"

أو "دنيا" بالنسبة لبعضها البعض. هناك تفاضل اجتماعي للمواقع .. وتفاضل اجتماعي يرتكز على الصيت والثروة ويتجلى ذلك في نظام تراتبي للمكانة الاجتماعية. إن التدرج الاجتماعي هو ما يجعل رؤساء الجامعات بوجه عام أكثر احتراماً من سائقي الباصات، وتقع خلفه ادعاءات بأن على الأساتذة أن يدفعوا أكثر من رجال الصيانة.

يوضح دارندورف بأن التدرج ينتج عن المعايير التي تصنف بعض الأشياء على أنها مرغوبة وأشياء أخرى على أنها غير مرغوبة. وفي كل جماعة تحدد المعايير حسب الكيفية التي ينبغي فيها على الناس أن يتعصبوا ضد أولئك اللذين لا يطيعون معايير الجماعة. وعلى سبيل المثال، خلال الحرب الفيتنامية، كان أولئك اللذين يؤيدون الحرب منبوذون قي بعض الجامعات وأولئك المعارضين لها منبوذين في جامعات أخرى. وفي بعض جماعات المراهقين قد يعتبر تعاطي المخدرات والسلوك الإجرامي هو المعيار، بينما في جماعات أخرى ينظر إلى تعاطي المخدرات كعلامة على الضعف. علاوة على ذلك، فإن كل مجتمع لديه معايير عامة تحدد خصائص معينة على أنها جيدة (كأن يكون المرء أرستقراطياً أو يمتلك تعليماً أكثر من المعدل) والتي تستلزم لهذا السبب وجود التعصب ضد أولئك اللذين لا يتكيفون أو لا يستطيعون التكيف. يوضح دارندورف بأن تلك المعايير تمثل أساس التدرج الاجتماعي، وهي بذاتها تشتق وتدعم بواسطة القوة، ولهذا السبب، مرة أخرى، فإن القوة تمثل المفهوم المركزي.

إن هذا التفسير مختلف تماماً عن تفسير الوظيفيين، اللذين يوضحون بأن التدرج الاجتماعي يشتق من حاجة المجتمع إلى جذب الناس الموهوبين إلى المواقع الهامة. ورغم ذلك، يصرح دارندورف بأن التفسيران قد لا يكونان متعارضين بالكامل. إن دارندورف لم يوضح كيف تصبح الجماعة صاحبة قوة في المقام الأول، ولكن هذا سوف يعتمد غالباً، وعلى الأقل بشكل جزئي، على المهارات التي تقدمها ونوع النظام الاجتماعي الذي يعتبر

ذا قيمة بالنسبة للناس. ليس جميع الجماعات الحاكمة الناجحة تعتبر معتدية عسكرياً! إن الأمر بشكل دقيق يعتمد على وجود العلاقة بين القوة والقيم الاجتماعية العامة التي تركز الوظيفية عليها. وعلى نحو مشابه يجادل علماء الاقتصاد بأن فروقات الدخل ناتجة عن القيمة السوقية المختلفة لمهارات مختلفة، وهذا ساعد ببروز نظريات التدرج التي تربط النجاح باحتياطي الخدمات النادرة. ورغم ذلك، فإن الجماعة التي تحقق القبض على القوة بهذه الطريقة سوف تناضل من أجل الحفاظ على موقعها وجني الفائدة منه، وستعمل على إقناع كل واحد بشرعيتها وأهميتها، وستمنع الجماعات المنافسة لها، والتي تقوم على مرتكزات القوة. إن منظور دارندورف أكثر مواءمة لتحليل هذه العملية من الوظيفية.

محددات الصراع: نظرية جماعات الصراع

في عمله الأكثر شهرة، والموسوم "الصراع والصراع الطبقي في المجتمع الصناعي" Class and Class conflict in Industrial Society، يوجه دارندورف السؤال التالي: متى تنتج أشكال اللامساواة المختلفة والمصالح المتصارعة بشكل فعلي؟. إن فكرته المركزية تتمثل في أن الصراعات الاجتماعية تلقى مكاناً لها، بشكل نظامي، بين جماعات تختلف من حيث السلطة التي تتمتع بها وتمارسها على الآخرين. ويعني دارندورف بالسلطة (مرة أخرى يتبع فيبر) نوعاً من القوة يكون ملتصقاً بالدور الاجتماعي أو الموقع والذي يحظى بالشرعية لكونه معرفاً ومحدداً بواسطة المعايير الاجتماعية، كما يدعم بالجزاءات التي تعود إلى (وليس أكثر من) تلك المحددات. على سبيل المثال، فالجامعة لديها السلطة التي تخولها بفرض مبلغ من المال عليك مقابل المساقات، واللوح، والسكن الذي تقدمه لك، ولكنها لا تمتلك السلطة لتأخذ جميع مالك، ولكن بالمقابل يستطيع السفاح فعل ذلك معك لكن دون أن يمتلك سلطة لفعل ذلك.

يمثل الموقع بالنسبة لدارندورف الأنماط المستقرة والمتواترة من السلطة المؤسسية التي

تسبب الصراع الاجتماعي بصورة نظامية بين أولئك اللذين يمتلكون درجة ما من السلطة وأولئك اللذين لا يمتلكون السلطة. وانطلاقاً من الألفاظ الاقتصادية التقليدية، يصف دارندورف تلك الجماعات بأنها "طبقات"، ويوضح بأن مصطلح طبقة يدل على جماعات صراع تتولد بواسطة التوزيع التفاضلي للسلطة في الروابط المتناسقة بالقسر، أي التنظيمات التي تتضمن إعطاء الأوامر وتلقيها.

وهكذا، توضح نظرية دارندورف بأن السلطة منقسمة إلى قسمين: إما أن تمتلكها أو لا تمتلكها، ومصالحك تتشكل تبعاً لذلك. وقد أشار الناقدون إلى أنه سواء كنت تمتلك سلطة أكثر أو أقل، قد تكون بنفس الدرجة من الأهمية. وهكذا يمكن أن يتشكل الصراع حول تجمعات أخرى. لكن دارندورف يؤكد مع ماركس، بأن الصراع يتضمن فقط جانبين، ومن ناحية أخرى، فإن جميع الطبقات لا تدخل في صراعات فعلية في جميع الأوقات. ولهذا السبب يحاول دارندورف أن يوضح متى سيحقق الناس حراكاً فعلياً.

تعبئة الطبقات

إن المتطلبات البنائية بالنسبة للناس حتى يشكلوا "جماعة مصلحة" فعالة هي "تقنية" و"سياسية" و"اجتماعية". فمن الناحية التقنية، يوضح دارندورف أن الجماعة تتطلب وجود مؤسس، ودستور أو أيديولوجيا لكي تصبح فعالة. ومن الناحية السياسية، كلما كانت الدولة ليبرالية، تكون احتمالية التعبئة أكبر نحو صراع فعال. وكلما كانت الدولة شمولية، تكون الاحتمالية أقل. ومن الناحية الاجتماعية، هناك ثلاثة عوامل اجتماعية هامة؛ أولاً: إن تشكل الجماعة أكثر احتمالية إذا كان الأعضاء المحتملين للجماعة مركزين جيداً من الناحية الجغرافية. ثانياً: إذا استطاع الأعضاء أن يتواصلوا بسهولة (كما يمكن أن تجعل تكنولوجيا الاتصالات الحديثة عملية تواصلهم أسهل). ثالثاً: إذا كان الأفراد اللذين يقفون في نفس العلاقة بالنسبة للسلطة قد تم ضمهم للجماعة بنفس الطريقة، وجاؤوا على سبيل المثال، من

نفس النمط من العائلات أو التنظيمات التعليمية.

وبطبيعة الحال، فإن أكثر المتطلبات السيكولوجية أهمية، تتمثل في أن يتماهى الأفراد مع المصالح المرتبطة بمواقعهم، وأن تبدو تلك المصالح هامة وحقيقية. إن دارندورف لا يتفق مع ماركس بأن المواقع الطبقية للناس (في أي من معنى الملكية أو السلطة) تحدد كل حياتهم الاجتماعية وسلوكهم. ولكنه يؤمن بأن المصالح الطبقية يمكن أن تكون حقيقية أكثر بالنسبة للناس اللذين يشتركون أيضاً في الثقافة. كما يوضح بأن هناك احتمال قليل ليتطابق الناس مع مصالحهم الطبقية أو يتحركوا كلما كان عدد الروابط التي ينتمون إليها أكبر. أخيراً، كلما كانت الفرص الشخصية للناس في مغادرة طبقتهم أكبر – بمعنى آخر، كلما كانت درجة الحراك المتولد ضمنياً أكبر– كلما تضاءلت احتمالية التماهي معها بشكل فعال.

إن فكرة دارندورف البنائية مقنعة تماماً، على الرغم من أنه يقدم اهتماماً ضئيلاً للقوة بصورة مدهشة. يميل دارندورف إلى التأكيد بأنه إذا لم يصبح الصراع انفجارياً فيجب أن يكون هناك درجة معينة من الحراك وحرية في التعبير عند المعارضة. ولكن كما أظهرت الحكومات الاستبدادية عبر التاريخ فإنه بدرجة كافية من القوة والإجبار تستطيع أن تخمد الصراع بشكل فعال.

إن مناقشة دارندورف للمتطلبات السيكولوجية من أجل الفعل الطبقي أقل إقناعاً وبشكل خاص في المجتمعات ما قبل الصناعية، حيث امتلك الفقراء ثقافة مشتركة أدت إلى تقييد المعيشة بالمجتمع الراهن، الذي يتضمن فرصاً قليلة للتقدم وكذلك قبلوا بنظام الأشياء الموجود دون تساؤل، وهكذا فقد أخفق دارندورف في توضيح الكيفية التي تتأصل فيها اتجاهات المعارضة بصورة مقنعة.

لدى كل من شافيتز ودوركن Chafetz and Dworkin نجاحاً مشتركاً في توضيح

صعود الحركات النسوية باستخدام منظور دارندورف. إن ظهور وحجم الحركات "التحسينية" Ameiliorative، والتي تهتم ببساطة بالإصلاحات القانونية والتعليمية يمكن أن يرتبط بشكل واضح بانهيار الحواجز الجغرافية ضمن البلاد وبسهولة التواصل، أي بالمتطلبات البنائية لدى دارندورف. ومع ذلك، فإن الموجة الثانية من الحركات النسوية اتصفت بأنها أيديولوجية وتتحدى الأدوار الجندرية بشكل مباشر. لقد كانت نظريات دارندورف أقل نجاحاً في تفسير لماذا كانت البلدان الصناعية مختلفة فيما يتعلق بقوة الموجة الثانية من الحركات النسوية فيها.

إن الأعمال الراهنة التي قدمها كيلي وايڤانس Kelly and Evans تنظر بشكل مباشر أكثر إلى الطريقة التي تتشكل بموجبها تصورات الناس حول الطبقة فعلياً. وبذلك فإن كيلي وايڤانس يقدمان تفسيراً أكثر اكتمالاً للمتطلبات السيكولوجية والعمليات التي تؤثر في التعبئة الطبقية. إنهما يؤكدان (خلافاً لتوقعات ماركس) بأن المواقع الطبقية للناس لم تحدد طبيعة السياسات ولا طبيعة الأحزاب السياسية، ورغم الهيمنة العددية للطبقة العاملة، لم يكن هناك هيمنة من قبل أحزاب اليسار. ومن وجهة نظرهما، فإن السبب وراء ذلك "عمليات الجماعة المرجعية... التي تجعل معظم الناس يفكرون أنهم من الطبقة الوسطى" إن الناس يتخيلون موقعهم بمقارنته بالمواقع المحيطة بهم. والتي تميل إلى أن تكون مشابهة لمواقعهم. وبالنتيجة فإن معظم الناس ينظرون إلى أنفسهم ضمن المستوى المتوسط ولا ينظرون إلى أنفسهم على أنهم استثنائيين. يلخص كلي وايڤانس كم كبير من الأمثلة التي تظهر كيف أنه عبر الجماعات الاجتماعية وعبر البلدان يميل الناس إلى وضع أنفسهم ضمن الموقع الوسط في الهيراركية الطبقية بحيث يكون عدد كبير من الناس فوقهم وعدد كبير من الناس أدنى منهم. وعلاوة على ذلك لأن اتصالاتهم الوثيقة تكون مع العائلة، والأصدقاء، وغيرهم. فإن خبرتهم الأساسية تتمركز حول الإجماع أكثر مما تتمركز حول

الصراع. إن مثل هذه الخبرة من الصعوبة أن تكون فعالة في التعبئة الطبقية.

عنف الصراع وشدته

يستغرق دارندورف أيضاً في مناقشة ما يؤثر في كثافة وعنف الصراع عندما يحدث ويعرف العنف بأنه "أمر يتعلق بالأسلحة التي يتم اختيارها" والشدة باعتبارها "بذل الطاقة ودرجة انخراط الأطراف المتصارعة".

يوضح دارندورف بأن هناك عامل متميز يؤثر في درجة العنف، وهو مدى مأسسة الصراع مع قواعد مقبولة للمنافسة من قبل الأطراف. "إن أولئك اللذين وافقوا على مواصلة خلافاتهم بواسطة المناقشة والحوارغالباً لا ينخرطون في صراع مادي". وعلى سبيل المثال فإن أيام العنف المتطرف في كسر الإضراب والمرابطة في أمريكا تكون قبل تاريخ القبول العام للاتحادات.

يحدد دارندورف كذلك ثلاثة عوامل هامة تؤثر في شدة وكثافة الصراع، ومنها: أولاً، (والذي يعتبر أكثرها أهمية)، الدرجة التي يكون فيها أولئك اللذين هم في مواقع الخضوع ضمن رابطة واحدة يوجدون في نفس الموقع في روابطهم الأخرى. ثانياً: ويمثل عاملاً موازياً للأول وهو الدرجة التي يتم عندها احتلال السلطة من قبل أشخاص يوجدون كذلك في القمة ضمن مناحي أخرى، أي بتعبير دارندورف ما إذا كانت مواقعهم "تعددية" أو فوق المواقع الأخرى. وهكذا، فإذا كان قادة الصراع من الملاك، وإذا كانوا يستخدمون ثروتهم وموقعهم للتحكم في السياسة يستطيع المرء أن يتنبأ بصراعات صناعية شديدة.

الفكرة الثالثة لدى دارندورف تتمثل في أنه كلما كان الحراك أكبر بين المواقع فإن شدة الصراع وكثافته تكون أقل. وهذا الأمر صحيح ليس فقط عندما يتمكن الأفراد من الحراك ولكن عندما يتمكن أبناؤهم من الحراك كذلك. ولكن الأمر صحيح إلى حد ما لأن

الحراك يجعل الاحتمالية أقل لامتلاك الطبقة ثقافة عامة، وهو صحيح إلى حد ما لأن الناس أقل ميلاً لمهاجمة الطبقة التي ينتمي إليها أبناؤهم ذات يوم. ومن ناحية أخرى، إذا كان هناك حراك قليل أو لم يكن حراك، يصبح الصراع أكثر شدة وكثافة.

الصراع في الصناعة

خلال السنوات المئة الأخيرة، أصبح هناك أعداداً متزايدة من الشركات المحاصَّة (ذات رأس المال المشترك، Joint Stock) والتي استقلت فيها ملكية المشتركين في رأس المال عن السيطرة على الإدارة. وكما شاهدنا، يجادل علماء الاجتماع الماركسيين المحدثين بأن هذا التغير ليس مهماً، لأن الشركات لا تزال حاضرة وتعمل من أجل مصالح المالكين. كتاب آخرون، مثل بيرنهام Burnham يعتقد أنها تشير إلى تغير صعب المنال في البناء الاجتماعي وجذور القوة.

يوضح دارندورف بأن منظوره ي يُظهر ما قد تغير حقاً وما لم يتغير. ويبين أنه بسبب كون المدراء والمالكين في القرن التاسع عشر هم نفس الأشخاص فقد عزى ماركس بشكل خاطئ الصراع إلى الفروقات في الملكية، وهو الصراع الذي يتمركز فعلياً حول السلطة، على الرغم من أنه كان مكثفاً بواسطة تراتبية المواقع للسلطة، والثروة، والنفوذ السياسي الصناعي. ويوضح دارندورف أن الصراع الصناعي اليوم سوف يكون أقل شدة وكثافة، بسبب أن كلاً من الملكية والسيطرة منفصلتان وبسبب العزلة المؤسسية للصناعة (والتي تعني أن موقع الشخص في الصناعة لديه القليل ليفعله مع المواقع الأخرى التي يمتلكها في الحياة، أكثر مما كان عليه الحال من قبل). وبنفس الوقت، فإن انقسام السلطة والصراعات التي تولدها تبقى. إن المجادلات التي تؤكد على أن الانقسام بين العمال والإدارة أصبح غير واضح، هي خاطئة تماماً.

ومن الدراسات التي اتخذت أطروحة دارندورف مرجعية لها، الدراسة الموسومة

"العامل الوافر في البناء الطبقي". وهي تمثل مسحاً لوفرة العمال الصناعيين البريطانيين. وسعى هذا المسح إلى تحديد ما إذا كان هناك انهيار للانقسام الاجتماعي القديم بين الطبقة العاملة والطبقة الوسطى. لقد أطلقت النتائج الشك إزاء الدرجة التي تكون فيها الصناعة منعزلة مؤسسياً، كما يقترح دارندورف. إن الحياة الاجتماعية المركزة حول العائلة بالنسبة للعمال مثلاً، بقيت منفصلة تماماً عن الحياة الاجتماعية لعائلات ذوي الياقات البيضاء. وعلى الرغم من ذلك، ورغم أن التنظيم الاتحادي كان أقوى في تلك المناطق من العديد من المناطق الأقل ثراءً، فإن أولئك العمال كانوا قليلاً ما يلتزمون بالحركة الاتحادية كقوة وطنية للطبقة العاملة، وبدلاً من ذلك انخرطوا في اتحاد شؤون العاملين في مكان العمل. فقط 8% ممن حضروا اجتماعات فرع الاتحاد صوتوا غالباً بصورة منتظمة في انتخابات الفرع، لكن 83% صوتوا بشكل منتظم لممثلي النقابات العمالية في مصنعهم. بمعنى آخر، كانوا منخرطين عن قرب بالتنظيم الاتحادي في المستوى الذي كانوا يتلقون فيه الأوامر بصورة مباشرة ويتجمعون مع بعضهم البعض ليواجهوا بجسارة المدراء اللذين ألقوا عليهم الأوامر، ولكن ليس تساؤلات الاتحاد، والسياسة الاقتصادية أو السياسة الطبقية على المستوى القومي.

الصراع والدولة

يوضح دارندورف أنه في الدولة، كما في الصناعة، تقع الخطوط الحاسمة للصراع بين أولئك اللذين يعطون الأوامر وبين من يتلقونها. تمثل الدولة الرابطة الأكثر قوة داخل المجتمع، وتمثل الطبقة الحاكمة جماعة الصفوة التي تتقلد المناصب التي تقع في قمة هيراركية الدولة. لكن الطبقة الحاكمة لا تتألف من هذه الجماعة فحسب. فالبيروقراطية كذلك تنتمي إلى حلقة السيطرة، وهذه السيطرة التى تجعلها جزءاً من الطبقة الحاكمة، حتى مع ذلك، فإنها لا تحدد اهتمامات وأهداف الدولة البيروقراطية. إن أطروحة دارندورف تساعد

في إيضاح الاستقرار الهائل لمثل هذه الدول البيروقراطية مثل الدولة البيزنطية ودولة مصر الفرعونية. كلما كان مستند السلطة الطبقية أكبر، كلما كبرت الجماعة التي سوف تسير ضد أي تهديد لها من قبل جماعة الصراع المنظمة للخاضعين.

توضح أطروحة دارندورف كذلك بأن الدولة والبيروقراطية مع بعضهما تمثلان مؤسسة منفصلة، وليستا ببساطة انعكاساً لتجمعات اجتماعية أخرى، وأن جماعات اجتماعية أخرى ذات القوة سوف تعارض بالضرورة سلطة الدولة وتحاول التأثير فيها وتقييد سيطرتها عليها. وهكذا، فإن طفرة صناعة البناء حولت منطقة مركز المدينة التجاري بين عامي 1970-1980 في واشنطن. إن المكاتب الجديدة آوت آلاف اللوبيين المسجلين، كما هو الحال بالنسبة للشركات القانونية التي تتوسع استجابة للتشريع المنظم أكثر فأكثر. وفي تحليل دارندورف الحديث حول السياسة البريطانية، يوضح أنه "بشكل واضح، هناك اليوم صراع بين الحكومة والصناعة، والذي تشكل فيه الاتحادات التجارية الأنصار الأكثر بروزاً كما تنخرط فيه الشركات العملاقة كذلك".

إن عدداً من المعلقين المحدثين قلدوا دارندورف عندما كتبوا بأن نشاط الحكومة الآخذ بالنمو سوف يكون له نتائج على مدى وشدة الصراع السياسي، على سبيل المثال، فإن كرستوفر ديموث Christopher Demuth وهو عضو كلية مدرسة كندي الحكومية في هارفرد، والذي عمل مسبقاً لدى كونريل Conrail ناقش في مجلة وول ستريت سلوك شركة باصات جريهاوند حيث وصف كيف شكلت جريهاوند لوبياً نشطاً ضد المساعدات الفيدرالية التي قدمت لقطارات حمل المسافرين والتي تتنافس الباصات معها. بينما حاولت بنشاط موازٍ إيقاف لجنة التجارة بين الولايات من السماح لشركات باصات جديدة من بدء التنافس مع جريهاوند وحاولت منع أي إخلال تنظيمي عام للنقل عبر الباصات. ويوضح ديموث Demuth "أنه ليس هناك سبب لنتوقع أن جيرهاوند أو أية

شركة أخرى لها أن تتنافس في اقتصاد السوق وتمتنع عن السوق السياسي .. عندما يصبح انضمام الدولة .. كبيراً بشكل كافٍ، فإنها تحول بشكل أساسي طبيعة المنافسة في القطاع الخاص من الاقتصاد مضاعفة بذلك الأهمية النسبية للمنافسة السياسية كمنافسة مقابلة للمنافسة الاقتصادية".

لقد أصبح تأثير نشاط الحكومة تراكمياً، وفي كتابها حول المشاركة والديمقراطية في الحياة السياسية الأمريكية. تصور ثيدا شوكبول Theda shocpol بأن الأهمية المتنامية لِ" أعضاء اللوبيات" والخبراء السياسيين لا تمثل فقط مهنة ولكنها تمثل كذلك حركات اجتماعية وجماعات موالية، وأن أبناء الطبقة الوسطى ذوي التعليم المرتفع والوظائف المستقرة، والذين يمثلون أعضاء تلك الحركات أصبحوا أكثر تأثيراً وأهمية في الحياة الأمريكية، وهم يستجيبون للأهمية المتزايدة للحكومة والترتيبات الحكومية ويشجعونها على تحقيق أهداف سياسية واجتماعية. ومع ذلك، إلى موازاة القوة المتزايدة لتلك الجماعات، نجد انكماشا لدور الجماعات ذات العضوية الجماهيرية (بما في ذلك تلك التي تتقدم الحركات السياسية للطبقة العاملة). وانحساراً في الديمقراطية التشاركية.

خلاصة

يقدم دارندورف تفسيراً للعلاقة الوثيقة والمستمرة بين القوة، والسلطة، والصراع. كما يقدم نظرية متماسكة حول تشكل جماعة الصراع، والتي تقدم نقطة بدء جيدة لإيضاح أهداف الناس وتحديد التعارضات المحتملة. ويصف دارندورف عدداً من العوامل الهامة التي تخلق أيضاً جماعات الصراع المتحرك وتكثف الصراع وتجعله شديداً، أو بشكل مماثل، تقود إلى اختزال الصراع الاجتماعي. وعلى الرغم من ذلك، فإن نظريته حول حراك جماعة الصراع تفشل في إيضاح ما يجعل الناس مدركين لأنفسهم كجماعة لها مصالح عامة ومظالم عامة. إن الانتقال الحاسم مما وصفه ماركس "طبقة في ذاتها" إلى "طبقة من أجل ذاتها"

يهيمن على معظم منظري الصراع، وكذلك طرح من قبل منظور الاختيار العقلاني. لا يوجد مُنظر يقدم إجابة مقنعة تامة، ربما لأن متغيرات سوسيولوجية ومتغيرات سيكولوجية قصيرة المدى وبعيدة المدى تنخرط في هذه العملية.

لويس كوزر

لقد جمع لويس كوزر Lewis Coser (1913-2000)، كغيره من منظري الصراع، بين مهنة أكاديمية مميزة، واهتمام قوي وانخراط في السياسة الاجتماعية والسياسة. ولد في برلين لعائلة يهودية، وكان والده مصرفياً، تربطه به علاقة عدائية. وبسبب انخراطه في الحركة الطلابية الاشتراكية، غادر ألمانيا عندما تسلم هتلر السلطة، وتبع ذلك سنوات تعيسة قضاها في باريس حيث كان دون تصريح عمل. وعاش كوزر فوق مستوى الكفاف تماماً، ورغم ذلك فإن التسجيل في جامعة السوربون كان مجاناً، ودرس كوزر فيها الأدب المقارن وقدم عنواناً لأطروحة يقارن فيها بين روايات القرن التاسع عشر في كل من فرنسا، وبريطانيا، وألمانيا بالاستناد إلى البناءات الاجتماعية المختلفة لتلك البلدان، لكن أستاذه صرخ برهبة "هذا علم اجتماع، وليس أدب مقارن" ولذلك، يوضح كوزر "لقد تحولت إلى علم الاجتماع، والتحقت به منذ ذلك الحين".

وإبان نشوب الحرب، اعتقل كوزر كعدو أجنبي، لكن أفرج عنه بمساعدة محافظ اشتراكي محلي. سعى كوزر للحصول على الفيزا كلاجئ سياسي، ووصل بعد ذلك إلى نيويورك عن طريق إسبانيا والبرتغال، وبعد الحرب، درس في جامعة شيكاغو لفترة وجيزة، قبل أن يحصل على درجة الدكتوراه من جامعة كولومبيا. قضى تقريباً عشرين عاماً في جامعة برانديس، ومن عام 1968-1988، كان أستاذاً مميزاً لعلم الاجتماع في جامعة نيويورك الحكومية، في ستوني بروك. ومنذ أن تقاعد في عام 1988، بقي استاذاً فخرياً لعلم الاجتماع في جامعة نيويورك الحكومية في ستوني بروك، وأستاذاً لعلم الاجتماع في كلية

بوستون.

ظل كوزر اشتراكياً، مع أنه لم يكن ماركسياً، وقد عكست كتاباته دائماً اهتمامه بالسياسة، والربط بين الأفكار وطبيعة المجتمع، وأسس بالاشتراك مع إرفنج هاو Irving Howe معارضة خلال السنوات المظلمة لكابوس المكارثية McCarthy [*] لينشق عن تعصب وجبن العديد من المفكرين الناطقين باسم المكارثية واللذين يميزون تلك السلسلة من الأحداث الموحشة. اشترك كوزر كذلك بصورة متكررة في مجلات جادة أخرى غير متخصصة، كما اشترك في مؤلف مشترك حول تاريخ الحزب الشيوعي الأمريكي والذي أهداه إلى ميلوفان جيلاس Milovan Djilas .

ومن الأعمال المتأخرة لكوزر، عمله حول "المؤسسات الجشعة" Greedy Institutions التي تطلب من أعضائها انهماكاً كلياً فيها. يقول كوزر ذلك في وجه الإدانات المشوشة لخاصية الحياة الحديثة المتمايزة والمجزأة، والمغتربة. لقد شعر بأنه ملتزم أدبياً للإشارة إلى تهديد الحرية الإنسانية الملازم للانهماك والاستخدام الكلي. ويكتب: "أرغب بأن يكون مفهوماً بوضوح، بأنني اعتبر من الضروري الحفاظ على المجتمع المفتوح فوق كل ذلك".

ومن بين المنظرين المحدثين اللذين تمت مناقشتهم في هذا الفصل، يعتبر كوزر الأقرب إلى جورج زمل. إنه الأكثر اهتماماً بـ"شبكة الصراع"، أو الولاءات المتعارضة والتي يمكن أن تؤدي التحام المجتمع ببعضه وكذلك تولد الصراعات والتعارضات. إن الكتاب الأساسي لكوزر في نظرية الصراع هو "وظائف الصراع الاجتماعي"، وهو شرح وتطوير لرؤى زمل المبعثرة، ويؤكد كوزر بأنه على الرغم من أهمية الصراع، إلا أنه يمثل

---

[*] الماركثية: نزعة ظهرت في منتصف القرن العشرين تتسم باصطناع العنف في مقاومة العناصر التي تعتبرها الدولة هدامة، كما تتسم بشن حملات التشهير على الأفراد من غير تحقيق. (المترجم).

فقط جانباً واحداً من الحياة الاجتماعية كما أنه لا يزيد في أهميته وجوهره عن الإجماع.

إن مساهمات كوزر في نظرية الصراع تتميز كذلك في ناحيتين: الأولى، إنه يناقش الصراع الاجتماعي باعتباره نتيجة لعوامل أخرى غير جماعات المصالح المتعارضة. الثانية، أنه مهتم بنتائج الصراع. وكما رأينا، انصب اهتمام دارندورف الأساسي حول أصول الصراع التي تنتج التغير الاجتماعي. إن كوزر يمتلك القليل مما يقوله حول الجذور المؤسسية للصراع، لكنه يميز بين نتائجه المحتملة المختلفة، والتي تتضمن استقراراً اجتماعياً كبيراً كما تتضمن التغير. إن مناقشته للشروط التي يحتمل أن يكون الصراع من خلالها انقسامياً أو تماسكياً تضيف الشيء الكثير لتحليل دارندورف المتعلق بخصائص الصراع.

أصول الصراع الاجتماعي ووظائفه

ضمن مناقشته لأصول الصراع الاجتماعي، يهتم كوزر أكثر من معظم منظري الصراع بالدور الذي تلعبه عواطف الناس، فهو يوافق زمل بأن هناك دوافع عدوانية أو غير ودية في الناس. ويؤكد، أنه في العلاقات الوثيقة والحميمة يجتمع كل من الحب والكراهية. ويشير إلى أن التقارب الوثيق يعني أن هناك أيضاً فرص وافرة لنمو الاستياء والامتعاض. ومن هنا، فإن الصراع وعدم الاتفاق يمثلان أجزاءً متكاملة لعلاقات الناس، وليس بالضرورة علامات لعدم الاستقرار والانشقاق.

ويجادل كوزر، في الوقت ذاته، بأن الأشكال التي يأخذها العداء والصراع، وتكرارها النسبي في مواقف مختلفة يمكن أن توضح بالاستناد إلى المؤسسات الاجتماعية، والأدوار الاجتماعية. إن المثال المناسب لما يعنيه كوزر يتمثل في الفروقات بين البلدان في عدد الأبناء اللذين يتشاجرون مع والديهم. هذا نوع من العلاقة الوثيقة التي يكون فيها بعض الاستياء والامتعاض متعذراً تجنبه. لكنها تتأثر بما إذا كان الأبناء مستقلين مالياً، وما إذا كانت المراحل التي يفترض الأبناء من خلالها أدواراً محددة جيداً للمراهقين قد وصفت

بوضوح من قبل المجتمع، وما إذا كان أعضاء آخرين في العائلة يقدمون دعماً عملياً وعاطفياً خارج العائلة النواة. إن عمل كوزر يوضح الطريقة التي تتفاعل بموجبها عوامل بنائية مع عواطف الأفراد الأساسية.

يوضح كوزر بأن الصراع غالباً ما يؤدي إلى التغير. وعلى سبيل المثال، فإنه قد يحفز التجديد والابتكار، أو يزيد المركزية بشكل خاص في الحرب. ورغم ذلك، فإن كوزر يركز في الجزء الأكبر من تحليله على دور الصراع في الحفاظ على تماسك الجماعة وصيانتها. وهذا، بطبيعة الحال، يمثل الموضوع الذي يهتم به معظم الوظيفيين، ورغم ذلك، يعتبر كوزر "وظيفياً"، بمعنى أنه يشارك الوظيفيين هذا الاهتمام فقط. وهو لا يشير ضمناً إلى أن من المرغوب بالضرورة بالنسبة للجماعة أن تبقي على التماسك أو أن الصراع يحدث لأنه قد يكون وظيفياً بالنسبة للجماعة. إن كوزر ينظر إلى التماسك على أنه فقط أحد النتائج المحتملة للصراع.

وفي هذا السياق، يميز كوزر بين الصراعات الخارجية والصراعات الداخلية بالنسبة للجماعة, ويوضح، بأن كلاً من الشكلين، يمكن أن يعرف الجماعة، ويؤسس هويتها، ويحفظ استقرارها، ويزيد تماسكها.

الصراع الخارجي يوضح كوزر في إحدى أكثر مقولاته قطعية حول العلاقة بين الصراع والتماسك، بأن الصراع الخارجي ضروري من أجل تأسيس هوية الجماعة. وبذلك لا يتبع كوزر خطى زمل فقط، ولكن يتبع كذلك ماركس الذي شعر بأن الصراع فقط يجعل الطبقة مدركة لذاتها. يصرح كوزر مع زمل بأن "الصراع يضع حدوداً بين الجماعات ضمن النسق الاجتماعي من خلال تقوية وعي الجماعة وإدراكها للانفصال. وبذلك يؤسس هوية الجماعات ضمن النسق. وهذه مقولة يتفق معها تنظيم القاعدة بكل تأكيد. وعلى الرغم من ذلك، فإنه يميز بوضوح بين عواطف العداء والصراع الفعلي ويمكن أن

نقترح بأن عواطف العداء ضرورية أكثر من الصراع الفعلي لتكتل الجماعة. فالجماعة الدينية أو القرية الزراعية اليوتوبية من النمط الشائع في التاريخ الأمريكي قد تتعايش مع أجزاء أخرى من المجتمع دون صراع علني.

يوضح كوزر كذلك بأن الصراع الخارجي يمكن أن يؤدي غالباً إلى تقوية وتدعيم الجماعة. إنه يجعل أعضاء الجماعة مدركين لهويتهم بواسطة تقديم "جماعة مرجعية سلبية" قوية، والتي يقارنون أنفسهم بها. كما يعمل على زيادة مشاركتهم، ومع ذلك فإن العملية ليست محتومة. فإذا كان التماسك الداخلي قبل نشوب الصراع متدنياً كثيراً، فإنه يجعل اللاتكامل يعمل بسرعة بسيطة. يقارن كوزر النتائج التمزيقية Disruptive للحرب العالمية الثانية على المجتمع الفرنسي مع نتائجها الموحدة لبريطانيا. ومثال آخر مشابه لكنه أقل تأثيراً هو أمريكا خلال الحرب الفيتنامية بالمقارنة مع الحرب العالمية الثانية. ورغم ذلك، وبسبب أن كوزر لا يقدم أية طريق للإخبار مقدماً عن التطورات المحتملة للصراع، فإن طروحاته هنا ليست مفيدة كثيراً في تفسير الصراعات الفعلية.

الصراع الداخلي

يتبع كوزر دوركايم، وميد، وحتى ماركس في فكرة أن معارضة الجماعة للمنحرفين وصراعها معهم يجعل من الواضح بالنسبة لأعضاء الجماعة ما ينبغي عليهم أن يفعلوا. بهذا المعنى، يعتبر الصراع الداخلي مركزياً في تعريف هوية الجماعة، التي هي متجسدة في المعايير التي تعرف السلوك السوي.

ويجادل كوزر بأن الصراع الداخلي يمكن أن يزيد بقاء الجماعة، وتماسكها، واستقرارها. ويتبع زمل مرة أخرى عندما يجادل بأن الصراع الداخلي يعتبر صمام أمان حاسم تحت ظروف الضغط .. بحيث يمنع انحلال الجماعة من خلال انسحاب المشاركين المتخاصمين". إذا كانت معارضة الشخص لروابطه ليست ممكنة، فإن الناس، كما يوضح

زمل، سوف "يشعرون بأنهم مدفوعون ليتخذوا خطوات يائسة متهورة .. إن المعارضة تمنحنا رضاً داخلياً، والتهاءً، وارتياحاً". بالفعل هذه إحدى المناسبات القليلة التي يقع فيها كوزر في شرك القول، إنه بسبب كون شيء ما وظيفياً فإنه يحدث بصورة أوتوماتيكية، وبسبب أن صمامات الأمان مهمة فإن جميع المجتمعات سوف توفرها.

يبدو أن فكرة كوزر هنا، تخلط بين بقاء الجماعة أو استقرارها وتماسكها. يوضح كوزر أن كل ما يولد البقاء يولد التماسك كذلك. ورغم ذلك، إذا تم استخدام القوة الوحشية والرعب لتدعيم تفاضلات القوة، فإن المجتمع يمكن أن يحقق البقاء، وحتى أنه يبقى ثابتاً لفترة زمنية طويلة في وجه مقدار كبير من العداء الداخلي؛ لاحظ هاييتي وكوبا، وروسيا الستالينية، أو عراق صدام حسين. على الرغم من أن الصراع قد يساعد في صيانة المجتمع بواسطة تقديم صمام الأمان، فإن هذا النمط من الصعب أن يكون ضرورياً أو عاماً. ومن جهة أخرى، فإن كوزر من المحتمل أن يكون صادقاً في التأكيد على الروابط الوثيقة بين الصراع الداخلي وتماسك الجماعة. وفي البناءات الاجتماعية الصلبة التي تفتقد إلى قنوات للتعبير عن العداء فإنه عندما يحدث الصراع يكون تدميرياً وعنيفاً.

أخيراً، يجادل كوزر بأن الصراع الداخلي يمكن أن يكون هاماً لأن "الاستقرار ضمن مجتمع مبني بشكل مهلهل .. يمكن أن يُرى إلى حد ما كنتاج للوقوع المستمر للأشكال المختلفة من الصراع التي تجعله متقاطعاً". عندما ينتمي الناس إلى جماعات مختلفة كل واحدة منها تسير وراء مصالحها الخاصة، وبالنتيجة تنخرط في صراعاتها الخاصة، تضعف إمكانية أن يقدموا جميع طاقاتهم ويضعوها في صراع منفرد يمكن أن يحطم المجتمع إلى أجزاء. وهكذا، يقترح كوزر "بأن أحد أسباب الغياب النسبي "للصراع الطبقي" في هذا البلد - أي أمريكا - هو حقيقة أن العمال الأمريكان بعيدون عن تقييد ولاءاتهم وحصرها في روابط وتجمعات الصراع الطبقي. إنه في عدد من عدد من الروابط والتجمعات..

وخطوط الصراع بين جميع تلك الجماعات لا تلتقي.

وفي هذا السياق، يقدم كوزر إعجابه بعمل ماكس جلكمان Max Gluchman حول أهمية الصراعات المتقاطعة في القبائل الإفريقية. يلاحظ جلكمان بأنه "في جميع أنحاء العالم هناك مجتمعات ليس لديها مؤسسات حكومية .. وعلاوة على ذلك فإن تلك المجتمعات لديها قواعد أخلاقية وقانونية مؤسسة جداً ومعروفة جيداً .. نحن نعلم أن بعضها وجد عبر فترات زمنية طويلة مع نوع من النظام والقانون الداخلي، ودافعت عن نفسها بنجاح ضد محاولات الهجوم التي تعرضت لها من قبل الآخرين.

إن تلك المجتمعات العدائية تعتمد على الانتقام أو الثأر الخاص بدلاً من الحكومة. إن العملية لا تمزقهم إلى أجزاء، كما يوضح جلكمان، لأنهم منظمون في سلسلة من الجماعات والعلاقات بحيث أن الناس اللذين يعتبرون أصدقاء على أساس ما يعتبرون أعداء على أساس آخر. على سبيل المثال، فالشخص يحتاج إلى المساعدة في رعي ماشيته، ولهذا ينبغي عليه أن يكون صديقاً لجيرانه اللذين قد يتشاجر معهم حول أمر آخر .. ومن خلال زوجته يستهل التحالفات مع أنسبائه، والتي هي معادية لالتصاقه الصادق أحادي الجانب مع إخوانه، وزملائه أعضاء قبيلته.. إن الأقرباء بالدم للشخص ليسوا هم دائماً جيرانه. إن روابط القرابة والصراع ذو الطبيعة المحلية .. وتلك الولاءات تنتج الصراع الذي يثبط انتشار الخلاف والاقتتال.

الصراع الاجتماعي الشِقاقي

في مناقشته لدور الصراع في تعريف الجماعة وصيانة تماسكها، وضع كوزر شرطاً؛ فالصراع الداخلي يمتلك هذا الدور فقط إذا لم يكن حول القيم والمبادئ الأساسية. وهذا في المقابل، يعتمد على صلابة المجتمع، ومرة أخرى يقوم على الاعتمادية المتبادلة بين أعضاءه.

يوضح كوزر، أولاً، بـأن الصراع الـداخلي أكـثر احتمالية لاستيعاب المبادئ الأساسية (وبذلك يكون شقاقياً من الناحية الاجتماعية) في مجتمع صلب "يسمح بدرجة متدنية من التعبير عن الادعاءات العدائية". لقد لاحظنا تماماً أن كوزر يؤمن بأن بعض الصراع وظيفياً لأنه يعمل كصمام أمان، والذي بدونه ينفجر العداء الاجتماعي بشكل عنيف في نهاية الأمر. وهنا، يقترح كوزر أنه عندما ينبثق الصراع بعد أن كان مكبوتاً لفترة زمنية طويلة سوف يجزئ الجماعة ويحدث الشقاق فيها حول القضايا والقيم الأساسية.

ثانياً، يعود كوزر إلى فكرة الولاءات المتقاطعة، ويوضح بـأن "الاعتماد المتبادل يكبح الانشقاقات الأساسية". ولهذا، فإن الاعتماد المتبادل يجعل الصراع الداخلي المسبب للشقاق أقل احتمالية بكثير، ويقلل من دور مرجح يمكن أن يكشف الصراع الخارجي فيه عن جماعة غير متماسكة، وكما ناقشنا للتو، فإن السبب الأساسي يتمثل في أن الاعتماد المتبادل يعني أن الناس اللذين تجمعهم مصالح عامة مشتركة في علاقة ما، هم متعارضون في علاقة أخرى. ولذلك فإن قضية التجاهل والاستقطاب تكون أقل احتمالاً. ورغم ذلك، فهناك كذلك عملية سيكولوجية متضمنة. يوضح كوزر، بـأن الصراعات أكـثر شدة وكثافة عندما تشمل جماعات استبعادية Exclusive، وهذا يزيد بشكل إضافي أرجحية أن الصراعات الشقاقية سوف تحدث في المجتمعات التي توجد فيها جماعات غير متداخلة.

إن مثل هذه الصراعات تكون شديدة لأنها تحدث في علاقات وثيقة يتعايش فيها الحب والكراهية. "إن تعايش الاتحاد والمعارضة في مثل هـذه العلاقات يجعل للصراع حدة وقسوة مميزة"، وكلما كان عدد الناس اللذين ينتمون إلى الجماعة أقل، كلما كان الاحتمال أكبر ليقوموا بالانخراط فيها بشدة وكثافة. إن الانخراط المكثف يؤثر في طبيعة الصراعات ضمن الجماعة ذاتها وفي صراعاتها مع الجماعات الأخرى. ورغم أن كوزر، عالم الاجتماع، يصيغ هـذه النقطة بشكل رسمي، إلا أن قادة الطوائف ومؤسسي الأحزاب الثورية يدركون

دائماً أنه كلما كانت علاقات الشخص جميعها تقع ضمن الجماعة كلما كانت ولاءاته وطاقاته تحت تصرف الجماعة بشكل أكبر.

إن أكثر إيضاحات هذه القاعدة تأثيراً ورهبة في الأوقات الحالية حـدثت في جونزتـاون Jonestown في جويانا عام 1978. جم جونز Jim Jones قائد جماعة تـدعى محفل الشـعب، حـرك الجماعة بالجملة من كاليفورنيا إلى موقع في غابة حيث كانت عزلة الأعضاء فيها تامة. وفي أحد أيام نوفمبر، كان هناك (911) شاباً وطفلاً اصطفوا ليشربوا شراباً مميتاً أضيف إليـه السـيانيد، لقد كانت تأثيراته واضحة للجميع ولكن بشكل أكبر على من شربـوا أولاً. ومـع ذلك، لم يقـاوم أحد أو حاول الهرب من الموت الأليم.

ناقش كوزر وزوجته حادثة جونزتاون المرعبة. وأوضحا بأنـه مثل الجماعـات الأخـرى التي تضم عامة الشعب، فإن جماعـة محفـل الشـعب كانـت "تجربـة في الامتصاص الكلي للشخصية. إن الجماعات العامية لديها ميلاً متأصلاً لتصبح.. مؤسسات جشعة". لقد كانت وسائل جونز كلاسيكية، فالأعضاء كانوا معزولين عن أي اتصـال مـع العـالم الخـارجي. وقبل أن يغادروا الولايات المتحدة تخلوا عن جميع ملكياتهم، وحرروا أنفسـهم مـن أي تبعيـة ومـن أي مكان آخر ليذهبوا إليه. إن الجمع بين الاختلاط الجنسي غير الشرعي والتقشف الجبـري، أجبـر الأزواج على الانفصال. فالناس يخضعون لاعترافات عامة، وعمليـات إذلال، وتطهـير للعواطـف. إن حادثة جونزتاون لم تنجح فقط بمجرد الامتصاص الكلي لأعضائها ضـمن حـدودها ولكـن في اختزالهم إلى عجينة إنسانية أيضاً. ونتجت المأساة الأخيرة عـن دور محققـي الولايـات المتحـدة اللذين اتخذوا موقف المهدد لجونز لكن دون الشجار مع أتباعه . إنها طبيعة الجماعـة التـي جعلت من الصراعات الخاصة به صراعات خاصة بهم، وجعلتهم غير قـادرين عـلى المقاومـة أو الهرب.

إن فكرة كوزر حول الاعتماد المتبادل تتبع استنتاجاً أو تفكيراً مشابهاً لتفكير

جـيمس ماديسـون James Madison في عملـه الموسـوم "الأوراق الفيدراليـة". إن أحـد الأسباب التي دعت ماديسون إلى مطالبة الناخبين ليتبنوا الدسـتور الأمريكي كـان عـلى أسـاس توقع بأن اتحاد الولايات الناتج سيكون ذا حجـم وتنـوع هـائلين، وهـذا سـيقلل مـن احتماليـة وجود الفرد في عصبة يستعلي بها على المواطنين، كما يقلل من احتمالية اضطهاد الأقلية مـن قبل الأغلبية، ويوضح:

" كلما كان المجتمع أصغر كلما قلت احتمالية تمييـز الأحـزاب والمصالـح التي تشكله. وكلما قل تمييز الأحزاب والمصالح كلـما كـثر تكـرار وجـود الأغلبيـة في نفس الحـزب. وكلـما صغـر عـدد الأفـراد اللـذين يشـكلون الأغلبيـة .. كلما كان من السهل عليهم الاتفاق وتنفيذ خططهم المتعلقـة بالظلم. إن جعل الفضاء متسعاً، سـوف يحصل هنـاك تنـوع أكـبر مـن الأحزاب والمصالح. وسوف يجعل امتلاك الأغلبية لدافعية عامة تعتـدي بها على حقوق المواطنين أقل احتمالية".

أخيراً، على الرغم من أن كوزر يشدد على أهمية صلابة المجتمـع ودرجـة الاعتماديـة المتبادلة بين أعضائه، بالنسبة للصراع الشـقاقي، إلا أن طروحاتـه حـول دور الأفكار في الصراع هي ذات علاقة هنا كذلك. يقترح كوزر أن الصراعات ستكون أكـثر شـدة عندما يشعر أولئك المنخرطون في الصراع بأنهم يقاتلون بالنيابة عن الجماعة وليس فقط من أجل أنفسهم، وعندما يشعرون بالنتيجة، بأن ما يفعلونه ذو شرعية أخلاقية. ومن ثم فإنهم يشعرون كـذلك بـأنهم معززين بالقوة المستمدة من المجموعة التي تماثلوا معها والتي يجسدونها. وهذا يوضح لمـاذا يجادل كوزر بأن المفكرين يزيدون مـن راديكاليـة الصراعـات ومرارتها بـين العـمال والإدارة. وحسـب تعبـير مانهـايم Mannheim ، إنهـم "يحولون صراعـات المصالـح إلى صراعـات أفكـار" ويقدمون فقط هذا الدافع الأخلاقي.

229

خلاصة

إن أهمية نظرية كوزر في الصراع تكمن في إيضاحها بأن الصراع قد لا يكون غالباً مسبباً للشقاق من الناحية الاجتماعية ولا مصدراً للتغير كذلك. وهذا واضح بشكل خاص في مقارنته بين المجتمعات التي تتضمن أو لا تتضمن العديد من الجماعات المستقلة والمتداخلة، ومقارنته لطبيعة ونتائج الصراع المختلفة فيها. ورغم ذلك، فإن تفسير كوزر ليس مقنعاً تماماً. إن المجتمعات المعقدة وذات الاعتمادية المتبادلة والتي هي بشكل محدد ليست "صلبة" ربما تشهد صراعات مسببة للشقاق إلى حد كبير، بينما المجتمعات الصلبة الهيراركية قد تدوم وتعيش لقرون دون صراع تدميري. إن تاريخ النزاع السياسي الحديث في أمريكا المركزية، وشيلي، والأرجنتين يوضح نقطتنا الأولى. وتاريخ الألف سنة للإمبراطورية البيزنطية توضح نقطتنا الثانية. بالإضافة إلى ذلك، إن الخاصية المجردة التي يشترك فيها عمل كوزر مع عمل زمل والطريقة التي يتجاهل بها طبيعة ومرتكزات مصادر الجماعة تعني بالنسبة له أنها تفسر القليل جداً حول مواقف اجتماعية فعلية. أخيراً، يؤكد كوزر على وظائف الصراع، على الرغم من أن الصراع التصحيحي المفيد أحادي الجانب. في بداية عمله يصف كوزر الصراع الاجتماعي بأنه نضال يحاول فيه الفرقاء أن "يحيدوا خصومهم، أو يعملوا على الإضرار بهم، أو القضاء عليهم". وبعد ذلك ينظر إليه المرء باستهزاء، لأنه يهتم كثيراً بمثل هذا السلوك، أو لأنه يدرك بأن استقرار العديد من المواقف يرتكز على القوة والاضطهاد.

راندال كولينز

إن راندال كولينز Randall Collins (المولود عام 1941) هو آخر من نناقش طروحاته من منظري الصراع، وهو أكثرهم شباباً. وتمثل طروحاته الاهتمام المتزايد بين علماء الاجتماع الأمريكان بمنظور الصراع. لقد لاحظنا سابقاً الاهتمام المتجدد بالماركسية

واكتشاف مدرسة فرانكفورت من قبل علماء الاجتماع الشبان من الجناح الأيسر، واللذين نظروا إلى علم الاجتماع الخاص بهم على أنه ليس له خلاص من الانعقاد مع رغبتهم بالتغير الاجتماعي. إن الكثير من معاصريهم اللذين جعلوا هدف علم الاجتماع هو التفسير العلمي وليس الفعل السياسي، يؤمنون الآن بأن منظور الصراع يمثل الطريقة الأكثر جدوى وخصوية لمقاربة التحليل السوسيولوجي.

يعتبر عمل كولينز التوليف النظري الأبعد أثراً حتى اليوم ضمن الأعمال التي ترتكز على منظور الصراع، وخلافاً لماركس أو دارندورف فإن عمل كولينز لا يمثل نظرية صراع بالمعنى الذي تشير فيه إلى متى سوف يحدث الصراع الاجتماعي فعلياً. وبالفعل، فإنه يصف في العديد من المواقف أنه ليس ثمة صراع علني على الإطلاق. ويعرض ابتداءً فكرة أن الشخص يستطيع أن يفسر نطاقاً واسعاً من الظواهر الاجتماعية على أساس افتراض عام يتعلق بالمصالح المتصارعة وتحليلاً للمصادر والأفعال المتوفرة للناس في مواقف اجتماعية معينة.

حصل كولينز على درجة البكالوريوس من هارفارد. وحصل على درجة الماجستير من ستانفورد، والدكتوراه من جامعة كاليفورنيا في بيركلي، وعندما كان طالباً عمل مساعد بحث في معهد الدراسات الدولية في بيركلي، وحينها بدأ بعملية النشر. لقد مارس كولينز التدريس في جامعة كاليفورنيا، في سان ديجو، وفي جامعة فريجينيا في شارلوتسفيل، وفي جامعة كاليفورنيا، على ضفة النهر، ومنذ عام 1997 في جامعة بنسلفانيا.

إن عمل كولينز يدمج جميع العناصر الأساسية لنظرية الصراع مثل التركيز على مصالح الناس، والنظر إلى المجتمع باعتباره مكوناً من جماعات متنافسة ذات مصادر نسبية تعطي أعضاءها قوة أكثر أو أقل فوق بعضهم البعض، والاهتمام بالأفكار كسلاح في

الصراع الاجتماعي والسيطرة. وكما يوضح كولينز فإن ولاءه الكبير لماركس الذي يعتبره "المؤصل الأكبر لنظرية الصراع الحديثة". وفوق كل ذلك، يعطي ولاءه لماكس فيبر، الذي تبنى إطاره التحليلي، ومنهجه التاريخي المقارن، واستشرافه اللايوتوبي.

بالإضافة إلى جميع منظري الصراع اللذين ناقشنا طروحاتهم، فقد انجذب كولينز بصورة أكبر إلى دوركايم الذي يعتبر أبو الوظيفية. ليس لدى كولينز ميل كبير للحديث عن الوظيفية، لكنه يعتقد بأن دوركايم يفسر، على نحو واسع، الطرق التي تتشكل بواسطتها الروابط العاطفية والولاءات بين الناس. إن الجانب الأكثر أصالة في عمل كولينز يتمثل في الطريقة التي ينشئ بها نظرية حول كيف أن التكامل الاجتماعي يتحقق في منظور الصراع. وعلى خلاف معظم منظري الصراع، ينجذب كولينز إلى أعمال بعض المنظرين مثل ميد، وشوتز، وجوفمان، اللذين ارتبطوا عموماً بمنظورات سوسيولوجية قصيرة المدى مثل التفاعلية الرمزية والظاهراتية، هذه هي نتيجة اهتمامه، وبالتحديد، كيف تتطور ولاءات الفرد وروابطه العاطفية.

طبيعة علم اجتماع الصراع

تتمثل الافتراضات الأساسية لدى كولينز بأن هناك أشياء قيّمة، وبشكل خاص الثروة، والقوة، والمركز، يسعى الناس وراءها في كل المجتمعات، وأن كل شخص يكره أن يكون خاضعاً للنظام (خاصة فيما يتعلق بالحصول على الأشياء القيمة). وسوف يفعل دائماً ما بوسعه ليتجنب النظام. هذا يعني، أن كولينز يفترض بأن الناس لديهم مصالح أساسية معينة حيثما يعيشون، وسوف يتصرفون تبعاً لتحقيق مصالحهم.

ويتبع هذا الأمر أنه سيكون هناك دائماً صراعاً اجتماعياً، وهذه حقيقة حتى مع أن الناس ليسوا متساوين في جشعهم. وذلك ببساطة لأن القوة في جوهرها ليست متساوية فإذا كنت أمتلك مقداراً كبيراً من القوة، فإن آخرين بالضرورة ينبغي أن يمتلكوا قوة أقل،

ويتوجب عليهم طاعتي. و"لأن القوة والمركز يعتبران سلعاً نادرة في جوهرها، والثروة غالباً ما تتوقف عليهما، فإن الطموح المتعلق بحصة صغيرة للأشخاص بالنسبة لمشتركين متساوين في تلك الأشياء القيمة تنتج صراعاً ضمنياً مضاداً من ناحية أشخاص آخرين ليتجنبوا الخضوع والازدراء". إن مثل هذا الصراع الاجتماعي يمكن أن يتخذ أشكالاً عديدة، لكن، كولينز، يعتقد بأن القهر المباشر يقع في قلب تلك الأشكال، وتمثل القوة شيئاً ما يستطيع الناس دائماً العمل به، لكن بعض الناس دائماً أفضل حالاً من غيرهم فيما يتعلق بالعمل بها. وفوق كل ذلك أيضاً، هناك صراع لأن القهر العنيف يمثل دائماً مصدراً محتملاً، وهو من نوع حصيلة الصفر[*].

وكجزء من تحليله لمحددات البناء الاجتماعي والتغير، يقدم كولينز تنميطاً للمصادر التي يستحضرها الناس في هذا الصراع. الأولى: المصادر المادية والتقنية (الفنية) والتي لا تتضمن فقط الملكية، والأدوات وبعض المهارات مثل معرفة القراءة والكتابة ولكن أيضاً -وبشكل هام جداً- الأسلحة. الثاني: يشدد على الدور الذي تلعبه جاذبية القوة والجاذبية الفيزيقية في العلاقات الشخصية. ثالثاً: يذكر كولينز الأعداد والأنماط المطلقة من الناس اللذين يتواصل معهم الأفراد ومن ثم يمتلكون احتمالية التفاوض حول الأشياء المادية والمكانة. رابعاً: يؤكد كولينز على المصادر التي يمتلكها الناس في مخزونهم الثقافي لاستحضار التضامن العاطفي، ويعني بهذا مقدرتهم على خلق وإدامة وجهة نظر مشتركة حول واقع الأشياء وما يجب أن تكون عليه والتي تعمل كذلك على استمرارية الموقع ذو الشعبية والامتياز لأولئك اللذين ينتجون وجهة النظر تلك.

---

[*] تمثل حصيلة الصفر واحدة من مفاهيم نظرية المباراة، وتشير إلى أن أحد طرفي العلاقة يكسب كلياً والآخر يخسر كلياً، ويشير كولينز هنا، إلى أن القهر العنيف يؤدي إلى وجود طرف رابح (صاحب القوة) وطرف خاسر (الخاضع). (المترجم)

نستطيع أن نشاهد ما يتحدث عنه كولينز إذا ما قارنا المنبوذ (أحد أفراد الطبقـة الاجتماعية الدنيا في الهند) في الريف الهندي بالمهراجا الهندوسي في القرن التاسع عشر، فالمنبوذ تقريباً ليس لديه مهـارات يستطيع تسويقها في المدينة. ولهذا فهو ممنوع بموجب نظام الطوائف المغلقة أن يمارس جميع الأعمال باستثناء الأعمال "غير النظيفة" مثل تمليح جلود الحيوانات وتقديدها أو تنظيف المراحيض. وبالنسبة لـه فإن عمله مع الطائفـة الهندوسـية سوف يدنسها. إن اتصالاته الاجتماعية محدودة بشكل متطرف، ولذلك فإنه يعرف القليل عـن البدائل المتاحة له. وهو غير نظيف ومنقوص التغذية، ثم إن ديانته التي يسيطر عليها أبنـاء الطبقة الكهنوتية العليا (البراهما)، تعلمه بأن قدره نتيجـة محتومة لتصرفه في حياة سـابقة وعليه أن يقبله كما هو. وبالمقارنة، يكون لدى المهراجا كماً كبـيراً جـداً مـن المصـادر وسعة في الفرص والاتصالات الاجتماعية، ويكون لديه تغذية جيدة، وجاذبية فيزيقية أكثر وأكبر. وعـلاوة على ذلك، ورغم أنه يمتلك القليل أو لا يمتلك من تصرف الديانة الهندوسـية وتأثير كهنتها. إلا أن اتصالاته العامة قد تضعف تأثير الكهنة عليه. وبشكل واضح فإن المهراجا في موقع ذو قوة هائلة مقارنة بالمنبوذ. كما أنه في موقع يمكنه من تحقيق أهداف أوسع نطاقاً. إذا قارنت نوعين غير متشابهين من الناس في أمريكا مثل الأم التي تتلقى المعونة ورئيس شركة، سوف تجد مـرة أخرى أن هناك فروقات كبيرة، لكنها أيضاً أقل تطرفاً، وهـذا بسـبب أن المجتمعـين يوزعـان مصادرهما بشكل مختلف تماماً.

يسير كولينـز على خطى فيبر في اقتراحه بأن هناك ثلاث مسـاحات أساسية في الحيـاة يحصل الناس من خلالها عـلى مصـادر أقل أو أكـثر وسيطرة أو خضوع أقل أو أكـثر. وهـذه المساحات مع بعضها تخلق أنماط "التدرج الاجتماعي"، وهي أولاً: وظائف الناس، حيث يمكن أن يتجمعوا فيها ضمن طبقات مختلفة، ثانياً: المجتمعات المحلية التي يعيش فيها الناس ضمن جماعات مكانة مختلفة تتضمن العمر، والنوع الاجتماعي، والمجموعات الاثنية،

والتعليمية. وثالثاً: حلبة التنافس السياسي، التي تبحث فيها الأحزاب السياسية عن القوة. وفي كل حالة، فإن ما هو حاسم بالنسبة للسلوك الاجتماعي هي الدرجة التي يوجد الناس عندها في موقع يمكنهم من التحكم بالآخرين وبالتالي الحصول على الثروة، والمكانة، والاحترام العلني. إن كولينز لا يعتبر أحد جوانب التدرج ذا أولوية: إن الموقع الإجمالي للناس هو ببساطة حصيلة مواردهم ومواقعهم في عدد من المجالات المختلفة. بمعنى آخر، فإن كولينز يفضل نموذج فيبر التعددي على نموذج ماركس الأحادي. ويجادل بأن أنظمة التدرج المختلفة لا ترتب على خط واحد.

إن الجزء الأساس من عمل كولينز يقدم افتراضات حول الطرق الواقعية التي يُنتج بموجبها توزيع واستخدام المصادر أنواع مختلفة من السلوك الاجتماعي والمؤسسات كما يناقش بالتفصيل ما يخلق ثقافة مشتركة ونظاماً اجتماعياً ذا شرعية.

المؤسسات الاجتماعية وتوازن المصادر

إن من بين نقاط الجدل الممتعة لدى كولينز تلك التي تدور حول العلاقات بين المصالح المتصارعة وتوزيع المصادر، وطبيعة المؤسسات الاجتماعية التي تهتم بالتعليم الحديث، والنظرية التنظيمية، والدولة، وأسباب التدرج الجندري. وفي كل حالة نجد أن منهجه مشتق من فيبر، وبالنسبة للجزء الأكبر فإنه يناقش مبادئ عامة بالاستناد إلى أوضاع تاريخية واقعية، وتوازن القوة فيها.

التدرج بواسطة التعليم

اهتم كولينز دائماً بكيفية استخدام المؤهلات التعليمية كمصدر في صراع القوة، والثروة، والمركز. وقد استخدم المنظور الصراعي في إجراء بحوث إمبريقية حول دور التعليم في المهن التي يمارسها الناس. لقد تعامل مع التعليم كأساس هام لفروقات جماعة المكانة، وكنوع من "الاثنية الزائفة" التي تربي الناس على شكل معين من الثقافة. إن النخبة المتعلمة

التي تشترك بثقافة معينة سوف تستخدم كمعيار للعمل في مواقع النخبة. وبالنسبة للناس المتعلمين أنفسهم فإنه من مصلحتهم أن تقوم المؤسسات التعليمية بوظيفة "حراسة البوابة" Gate Keeping(*) فقط مع أولئك اللذين اجتازوا الامتحانات بنجاح وتم السماح لهم بالمواصلة ضمن المستوى التالي من التراتب الاجتماعي. وبصورة مشابهة، فإن النخبة سوف تحاول إبقاء الاحترام لثقافتها في المجتمع ككل.

بالمقارنة مع المجتمعات ما قبل الصناعية، تتضمن المجتمعات الصناعية الحديثة فترات زمنية أطول من التعليم الرسمي. وتتطلب تعليماً عالياً أكثر بالنسبة للأعمال. والتفسير المعتاد هو أن أعمال أكثر تتطلب مهارات أكثر من الماضي. لكن كولينز يجادل بأن هذا التفسير، في أحسن الأحوال، يمثل جزءاً من الحقيقة. فالدليل يُظهر بأن التعليم "غير مرتبط بإنتاجية العاملين في المستوى الصناعي، ومهارات العمل يتم تعلمها بشكل أساس من خلال فرص ممارستها، وليس في المدرسة على الإطلاق. إن الفروقات في المجتمعات الصناعية واضحة جداً، ولكنها لا تتعلق بشكل واضح بالتقدم التكنولوجي". وعلى سبيل المثال، في فترة ما بعد الحرب، مضى التعليم الأمريكي قدماً أكثر من التعليم في اليابان أو التعليم في ألمانيا الغربية. وعلاوة على ذلك، يشير كولينز إلى أن المهندسين هم الجماعة المهنية الوحيدة التي تمتلك مهارات فنية تحتاجها الصناعة. وإذا كانت التفسيرات التكنولوجية للتعليم الحديث صحيحة، فإن المرء يمكن أن يتوقع بأن كليات الهندسة ستحظى بالمركز الأعلى في الحرم الجامعي، وأن التدريب الهندسي سيسيطر على التعليم. لم يحدث شيئاً من هذا القبيل. بالفعل فإن أمريكا ضمن مستوى درجة البكالوريوس "تُعتبر النظام التعليمي اللامهني الأكثر ضخامة في العالم الحديث".

(*) المقصود أن لا يدخل أحد الأفراد إلى موقع وثقافة النخبة المتعلمة إلا عن طريق المؤسسات التعليمية، وبعد اجتياز كافة متطلباتها. ولذلك فإن المؤسسات التعليمية تحرس بوابة النخبة المتعلمة. (المترجم)

إن أفضل طريقة لفهم النمو الهائل في "النظام الاعتمادي"(*) تتمثل في النظر إلى التعليم كطريقة لتحديد متطلبات دخول العمل (وبذلك تحدد المنافسة) ولخلق ثقافات وظيفية حصرية، والتي تعرف كمستلزمات للقيام بالعمل. وهكذا إذا لم تتكلم بنفس اللغة (أو الرطانة) التي يتكلم بها العمال المأسسين، اللذين تعلموها خلال التدريب المهني، فإن هذا يقلل من قدرتك على المنافسة. إن هذه العملية تخلق وبصورة سريعة تماماً نوعاً من "التضخم الاعتمادي" الذي نشاهده في السنوات الراهنة. إن ذوي التعليم المرتفع يضعون متطلبات العمل التي تعمل على تدعيم وضعهم. والناس يدركون أهمية التعليم كقناة للنجاح ومن ثم فإن تحقيق مقدار أكبر من التعليم، يجعل أصحاب العمل يبرزون متطلبات دخول إضافية ليعملوا على غربلة فيض المتقدمين بطلبات للحصول على عمل.

منذ السبعينيات كتب كولينز القليل حول التعليم، وفي مقابلة ممتعة له مع منتدى theory@madison. قال بأنه: "بعد أن نشرت كتابي حول هذا الموضوع في عام 1979م، أدركت... أنني إذا بقيت أحاول... نشر هذه الفكرة عبر الجمهور، فسوف أضع نفسي- سكرتيراً للتعليم لدى رونالد ريغان. لأن المحافظين يريدون أن يتحرروا من نظام التعليم أيضاً. على الأقل فعلوا هذا في وقت معين... لذلك فكرت، أنه عليّ الإنتقال إلى شيء آخر". يبدو هذا مؤسفاً. لأنه أشار أيضاً إل أنه منذ السبعينيات التضخم الاعتمادي مستمر وأن مشكلة التعليم الرئيسية هي بشكل أساسي التدرج.

إن البحوث الامبريقية الراهنة تؤكد أهمية التعليم ليس فقط في تحديد المكانة، ولكن، بشكل متزايد، بالسماح للوالدين ذوي الامتياز أن يضمنا الموقع الاجتماعي لأبنائهما. أحد المؤلفين وثق إلى أي مدى -عبر العالم- يعتبر أبناء الطبقة الوسطى هم المستفيد الرئيس من توسع التعليم العالي. على سبيل المثال. بين بدايات السبعينيات

(*) أي اعتماد الأوراق الثبوتية والشهادات والمؤهلات كمتطلبات لممارسة الأعمال المختلفة.(المترجم)

والتسعينيات التغير الرئيس الذي حصل على أنماط دخول الجامعة في الولايات المتحدة أن الدخول أصبح عمومياً وأوتوماتيكياً بالنسبة لأبناء العائلات الثرية. وبالعودة إلى السبعينيات فإن دخول الجامعة لأصحاب المعدلات المرتفعة من العائلات الثرية كان عمومياً تقريباً بينما دخول أصحاب المعدلات العليا من العائلات الفقيرة كان يتم بطريقة شرعية تقريباً ودخول أصحاب المعدلات المتدنية من العائلات الثرية يتم بطريقة أقل شرعية. بالمقابل، منذ عام 1992م، من المحتمل أن تدخل الجامعة إذا كنت طفلاً غنياً ذو معدل متدني أكثر مما لو كنت ذو معدل مرتفع من عائلة فقيرة. ولم يكن هذا لأن الجامعة متعذر الوصول إليها من قبل الفقراء. لكن لأن الأغنياء يمكنهم دخولها مهما كانت معدلاتهم.

إن الوالدين الثريين قادرين على حماية أبنائهم الأقل مقدرة على التحصيل من الحراك الهابط للأسفل، بضمان حصولهم على تعليم جيد، وذلك عن طريق مساعدتهم في واجباتهم المدرسية وتوجيههم إلى المساقات والجامعات الصحيحة. إن أداء الأبناء في اختبارات الإدراك واختبارات التحصيل موحدة القياس ترتبط بطبقة عائلتهم أو الدخل بشكل قوي عند عمر 24 شهراً، أكثر من عمر 22 شهراً، وبشكل أقوى في عمر 5 سنوات، أو عشر سنوات. إن الأداء في مثل هذه الاختبارات يؤثر في النجاح التعليمي اللاحق. وعندما تتزايد الشهادات في أهميتها الاجتماعية يصبح من الصعب سد النقص في معدل الجامعة في الحياة اللاحقة.

وفي بريطانيا العظمى، إن وجود نوعين مطولين ومستمرين من الدراسة للأطفال في عام 1958 وفي عام 1970 جعل من الممكن تحديد التغيرات التي تطرأ على الشهادات التعليمية. وتأثيرها على الحراك الاجتماعي، إن أعضاء الجماعة المولودة لاحقاً عن سن الثالثة والثلاثين، يمتلكون دخلاً قريباً من دخل والديهم في نفس السن أكثر من الجماعة التي ولدت في مرحلة مبكرة من القرن. وهذا يعود إلى تزايد أهمية التعليم الجامعي بالنسبة

للمكتسبات المادية اللاحقة. في كل من الولايات المتحدة وبريطانيا فإن الأجر النسبي لخريجي الجامعة مقارنة بخريجي الثانوية ومن لم يتلقوا تعليماً –أي حجم فجوة الأجر بين الجماعتين- قد تزايد رغم أن عدداً أكبر وأكبر من الناس تلقوا تعليماً جامعياً. ولأن التوسع الكبير في دخول الجامعة يتضمن طلاب من الطبقة الوسطى وطلاب أثرياء (خصوصاً في المدارس الأفضل)، فإن إحدى النتائج المترتبة على زيادة أهمية معدل الجامعة أن الخلفية الأسرية أصبحت مهمة أيضاً. إن عائلتك الآن تلعب دوراً أكثر أهمية في تحديد نوعية الشهادات التعليمية التي تحصل عليها مما كانت عليه في الماضي عندما كان يذهب عدد أقل من الناس إلى الجامعة، لأنه واقعياً، جميع أبناء الطبقة الوسطى يدخلون الجامعة بينما لا يدخلها الفقراء وعلاوة على ذلك، فإن الآباء مطلعين تعليمياً ومصرين على أن يحصل أبنائهم على الشهادات الصحيحة وكل من الآباء في الطبقة الوسطى والأكثر ثراءً لديهم إطلاع بهذا الخصوص.

النظرية التنظيمية إن منظور كولينز العام للتنظيمات يتمثل في اعتبارها "ساحات للصراع"، يحاول أصحاب القوة فيها السيطرة على من يخضعون لها. ويوضح كولينز أنه بالنتيجة، يستطيع المرء أن يحقق فهماً أفضل لبناء التنظيم من خلال الجزاءات المتوفرة لأولئك اللذين يصدرونها.

إن الأنماط الثلاثة من الجزاءات التي يمكن أن تستخدم هي: القهر، والمكافآت المادية التي تعطى مقابل النشاطات والسلوك المناسب، والضبط المعياري الذي يستحضرـ ولاء الناس للمثاليات. وكل نمط من أنماط الجزاء الثلاثة له نتائجه المتميزة. فالناس لا يحبون القهر ويقاومونه، والخاضعون في التنظيمات التي تعتمد على القهر يلجؤون إلى "إذعان بليد ومقاومة سلبية". إن مخيمات العمل الإجبارية ليست منتجة إلى حد كبير جداً، والعبيد يبدون باستمرار أغبياء وغير مسؤولين في نظر أسيادهم. أما المكافآت المادية، كما يوضح

كولينز، فهي أقل تشكيلاً لحالة الاغتراب لكنها تنتج تنظيمات تتضمن صراعات مستمرة حول الثمن المدفوع، وأسعار القطعة، حيث تتحكم الجماعات غير الرسمية بسرعة سير العمل وتمنع الناس من العمل "بجهد مرتفع"، كما يميل الناس في هذه التنظيمات إلى فعل الأشياء فقط إذا كانت مدفوعة الأجر.

يمثل الضبط المعياري النمط المرغوب بشكل أكبر من قبل أصحاب القوة، لأنه إذا شارك الخاضعون من يخضعون لهم (أصحاب القوة) في أهدافهم، فسوف تكون لديهم دافعية أكبر للتعاون، وتقديم الطاعة، والعمل بجهد مرتفع. ومع ذلك، فإن هذا النمط له تكاليفه المرتبطة به. إن إحدى الطرق الفعالة في خلق الضبط المعياري تتمثل في نشر السلطة لأنه كلما أعطى الناس أوامر أكثر باسم المؤسسة، كلما تماثلوا معها بشكل أكبر. وعلى سبيل المثال، يستطيع اصحاب القوة إشراك أعضاء من التنظيم يعاونونهم في مواقع المسؤولية، والمنهج المرتبط بهذا الإجراء هو منحهم فرصة للترقي. ومع ذلك، فإن كلاً من المنظورين يختزلان القوة المركزية لأصحاب القوة.

وهناك نهج بديل يتمثل في تعيين أعضاء لديهم شعور بالتضامن أو الصداقة. إن محاباة الأقارب، التي تعني تعيين أعضاء العائلة، تعتبر طريقة تقليدية في خلق الولاء التنظيمي. وتعيين الناس المتشابهين في الخلفية الاجتماعية يجعل الصداقات أيضاً والولاء للتنظيم أكثر احتمالية. ويوضح كولينز كذلك بأنه كلما ركز التنظيم على الطقوس بشكل أكبر، وكلما انعزل عن العالم، وشعر أنه معرض للخطر من الخارج كلما تعزز التماثل والولاء لدى أعضاءه. وفي مناقشة جماعة جونزتاون المتطرفة فإن الجماعة التي مات أعضاؤها نتيجة تناولهم السيانيد، بالكامل، نلاحظ فيها أهمية اقتران الطقوس مع العزلة التامة.

ومع ذلك، يشير كولينز إلى أن الناس اللذين يحب بعضهم بعضاً يتجهون نحو تشكيل جماعة غير رسمية قوية، والتي من الممكن أن لا تتفق مع قادتها وتتصارع معهم. إن

التنظيمات التي تعتمد على الضبط المعياري يمكنها ان تتوقع صراعات مستمرة حول السياسة، وصراعات حزبية حول من هو الأفضل من أجل تطبيق أهداف الجماعة. "إن السياسيين التنظيميين الأذكياء، يحاولون دائماً أن يمزجوا بين الحوافز المعيارية والمكافآت المادية وربما التهديد القهري الحاذق. ومن هنا، يمكن إدارة الآخرين وتدبير أمورهم بشكل روتيني، وإبقائهم تحت ضبط مستقر". ولذلك، من أجل تحويل الحزب البلشفي الثوري إلى حزب شيوعي بيروقراطي، فقد تحول ستالين من "الضبط المعياري" المرتبط بالمثاليات المشتركة، بما فيه من نزاعات أيديولوجية مكثفة إلى الضبط بواسطة المكافآت المادية المتاحة لأعضاء الحزب والخوف المبطن من الشرطة السرية.

الدولة يؤكد كولينز في استخدامه منظور الصراع لتحليل الدولة بأن القهر يقع في صميم الحياة الاجتماعية والصراع الاجتماعي. ويوضح أن الدولة تمثل نوعاً خاصاً من التنظيم، لأنها "الطريقة التي ينظم من خلالها العنف". و"أنها فوق كل ذلك هي الجيش والشرطة". ومن أجل تحليل الأنساق السياسية، يقترح كولينز أن على المرء أن يسأل كيف ينظم العنف، وأي جماعات المصلحة تتحكم بسياسة الدولة وتؤثر فيها.

يوضح كولينز بأن المصادر التي تمكن الناس من الفوز بالسيطرة على الدولة تتضمن أنساق المعتقدات، والملكية، وشبكات الاتصال، والتكنولوجيا العسكرية. وبالفعل، فإن كولينز من بين جميع المنظرين اللذين تمت مناقشة طروحاتهم في هذا الفصل الأكثر حساسية لتأثيرات التكنولوجيا العسكرية والتنظيم العسكري على الحياة الاجتماعية والسياسية. ويرى كولينز بأن المجتمع الذي يقاتل فيه الجزء الأكبر من الأهالي بأسلحتهم الرخيصة سوف يكون أكثر ديموقراطية من مجتمع تحتكر الحرب فيه جماعة صغيرة تمتلك معدات فردية باهظة الثمن، مثل فرسان العصور الوسطى. وبصورة مشابهة، سواء كان الجيش يزود ويدفع له من مخازن مركزية، مثل الجيش الروماني أو يعتمد على مصادرات

محلية وينتزع أراضٍ كمكافآت له، فإنه حاسم في تحديد ما إذا كانت هناك دولة مركزية أو نظاماً إقطاعياً ذا أجزاء متشابكة.

وخلافاً لتحليله القوة العسكرية فإن مناقشة كولينز للموارد الاقتصادية كأساس للقوة السياسية تعتبر سطحية. يرى كولينز أن القهر والقوة العسكرية هي مسائل أساسية. وفي مناقشة الدعامات الاقتصادية للأنساق السياسية، يقر كولينز بشكل جوهري تنميط لينسكي Lenski أكثر من التنميط الماركسي الذي تعتبر فيه أساليب الإنتاج العامل السببي الرئيس. إن مناقشة كولينز تميل إلى إهمال تأثير الأشكال المختلفة من الملكية والتنظيم الاقتصادي على البناء السياسي. كما يتجاهل كذلك القوانين المختلفة وأنساق القانون التي تتجذر فيها تلك الأشكال، على الرغم من أن القانون يمثل وظيفة الدولة كما هو الحال بالنسبة لاستخدام القوة. وبشكل لافت للنظر تماماً، أعطى فيبر، الذي يمثل المؤثر الأكبر في عمل كولينز، تأكيداً كبيراً على التنظيم الاقتصادي وأساسه القانوني. وعلى سبيل المثال، فقد أشار إلى النتائج التاريخية والسياسية لمقدرة سكان المدينة الأوروبيين على تملك عملهم وملكيتهم وعلى حكم مدنهم وأظهر نتائج الطريقة التي ارتبط بها الصينيون بشكل قانوني بالقرى التي ترتكز على الأقرباء أو العشائر، بينما لم تمتلك مدنهم أية حقوق لحكومة ذاتية.

التدرج بواسطة النوع الاجتماعي

يعتبر النوع الاجتماعي (الجندر)، في جميع المجتمعات أحد أهم جماعات "المكانة"، التي تحدد فرص الحياة بالنسبة للناس. وفي كل حالة تقريباً فإن النساء يقعن ضمن وضع أدنى بشكل بارز من وضع الرجال من حيث قربهن من الثروة، والقوة، والاستقلال، ومصادر أخرى قيمة. وليس ثمة حالة معروفة تدل على أنهن الأقوى بالفعل.

يقترح كولينز نظرية موجزة ليوضح كلاً من هذا الموقف العام والاختلافات في

المكانة العامة للمرأة. ويوضح أن المكانة الأدنى للمرأة بوجه عـام تنـتج عـن الغريـزة الإنسانية القوية واللانهائية للإشباع الجنسي. وعن حقيقة أن الذكور في معظمهم أضخم وأقوى، ومع ذلك هناك فروقات كبيرة بين المجتمعات، وعـلى سـبيل المثـال، في المجتمعـات الإسلامية الصارمة، تبقى النساء محتجبات بالبردة(*)، بينما في المجتمعـات القبليـة البسـيطة تكنولوجيـاً، ومجتمعات الصيد والجمع فإن النسـاء يتمتعن بمسـاواة نسبية. يوضح كولينـز، بـأن هـذه الاختلافات، ناتجة عن عاملين أساسيين هما: وضع النساء في السوق والطريقة التي يعمـل بهـا القهر في المجتمع. فالنساء في وضع مرضٍ في اقتصاديات العيش والاقتصاديات الرافدة للسـوق. ولكنهم في وضع غير مرضٍ في اقتصاديات "فائض الإنتـاج" مـن النـوع المتوسط. إنهـن في حـال أفضل في الدول القطرية حيث تحتكر الدولة القهر، وهن في حال سيء حيث يتمكن الأفراد من استخدام القوة مع عدم وجـود مـلاذ قـانوني لضحايـاهم أو حيـث يُفَـوَّض القهـر إلى المسـتوى الأسري.

إن عدداً من المنظرين النسويين يختلفون مـع فكـرة كولينـز بـأن قـوة الـذكور تمثـل أساس المكانة الدنيا للنساء بينما يشاركونه منظوره الأساس في توضيح الفروقات بالاستناد إلى ظروف المرأة. ونظرياتهم أيضاً، تربط وضع المـرأة بالمتغيرات البنائيـة والتي يمكن أن تظهـر بـدرجات مختلفـة، ويشـاركون كولينـز رغبتـه في تأسـيس افتراضـات عامـة حـول المؤسسـات والممارسات الاجتماعية. وتجـادل كـل مـن جانيـت سـالزمان شـافيز وراي لـزر بلـومبرغ Janet Saltzman Chafetz and Rae Lesser Blumberg بأن الدور البيولوجي للنساء كتربية

_(*) إشارة إلى نظام الحجاب الهندي، كما تطلق البردة على الستارة التي تحتجب بها النساء في الهند عن الغرباء ولكن المثال الذي يسوقه كولينز هنا من قبيل التعميمات المبسطة، حيث أن الحجاب لا يرتبط بالضرورة بالاستبعاد من العملية الإنتاجية، كما أن الانخراط النسوي في العملية الإنتاجية لا يعني ضمن الشواهد الواقعية تحقيق المساواة (المترجم).

الأطفال والذي يعد حاسماً، يمكن تقليل قوة تأثيره ولكن لا يمكن استئصاله. لقد وجدت معظم المجتمعات أنه أكثر فاعلية لأولئك اللواتي يربين ويداوين الأطفال أن يعتنين بهم كذلك. ولم تتخصص النساء كفئة في أي مجتمع في أدوار القطاع العام الإنتاجية.

إن نظرية شافيز حول التدرج الجنسي تعتبر مثالاً للمنظور الصراعي التحليلي إنها تحدد درجة اللامساواة بين الجنسين بالاستناد إلى الاقتراب من المصادر النادرة والقيمة، وتوضح بأن عدداً قليلاً نسبياً من المتغيرات يفسر معظم الاختلاف الملاحظ، ومن بين هذه المتغيرات، معدل نسبة دورة حياة الإناث المكرسة لتربية الأطفال، والمسافة بين العمل والبيت، والدعم الأيديولوجي/ الديني لحالة اللامساواة الجنسية، ودرجة التهديد الجسدي (ودرجة أقل أو أكثر من الصراع الرسمي).

وهكذا، توضح شافيتز على سبيل المثال بأنه "كلما ارتفع متوسط معدلات الخصوبة في المجتمع، وكلما بعدت المسافة بين موقع العمل وموقع السكن، فإن انخراط النساء في الأعمال والنشاطات الإنتاجية يكون بدرجة أقل".

إن مثل تلك العوامل لا تؤثر فقط في عدد النساء اللواتي ينخرطن في النشاطات الإنتاجية ولكنها تؤثر في الطرق التي ينخرطن بها، وهذا هو الأمر الحاسم، لأنه "كلما كان انخراط الإناث أكبر في الأدوار الإنتاجية الأكثر أهمية (ذات القيمة المرتفعة) في مجتمعاتهن، كلما كانت درجة التدرج الجنسي أقل، والعكس صحيح".

لا تنظر شافيز إلى الملكية باعتبارها مسألة مركزية في التدرج كما يفعل المنظرون الماركسيون. ومع ذلك، فهي تعتقد بأن مشاركة النساء في عملية الإنتاج مسألة مركزية تماماً بالنسبة لمكانتهن. وتحلل شافيز أجرهن المنخفض باستمرار ومشاركتهن المنخفضة في وظائف المكانة العليا. وتعتقد كذلك بأن "تقسيم العمل على أساس الجندر" من المحتمل أن يكون عرضة للتلاعب والتغير.

إن الفروقات وأشكال اللامساواة في الأجور تمثل الموضوع دائم الجدل والنقاش في العلوم الاجتماعية، كما هو الحال في السياسات القومية. وتلاحظ شافيز بأن معظم التفسيرات تندرج في إحدى مقولتين: تجادل نظرية "رأس المال الإنساني" بأن أجور الناس تمثل انعكاساً لمهاراتهم جنباً إلى جنب مع أذواق أصحاب العمل أو المتطلبات. فإذا امتلكت النساء المهارات التي يريدها أصحاب العمل، فإنه، حسب هذه النظرية، سوف يتم قبولهن في العمل، وسوف يكون من غير المفيد بالنسبة لهن أن لا يمتلكن المهارات، ويرفض أصحاب نظرية "سوق العمل الثنائي" هذا التفسير باعتباره دفاعاً عن نظام السوق. وبدلاً من ذلك، يوضح هؤلاء بأن سوق العمل ينقسم إلى جزأين؛ القطاع الأساسي الذي يسيطر عليه الرجال، وفيه الأمن والأجور المرتفعة بينما تجبر النساء وجماعات الأقليات للالتحاق بالقطاع الثانوي الذي يتصف باللاأمن وفترات عمل قصيرة الأجل، وعوائد مادية منخفضة.

ومع ذلك، تشير شافيز إلى أن النظريتين ليستا متعارضتين في الحقيقة. فالعديد من العوامل، بما في ذلك تربية الأطفال، والواجبات المنزلية والاتجاهات الأيديولوجية نحو تعليم الفتيات، ربما تؤثر بشكل مثير في مقدرة النساء على تقديم ما يطلبه أصحاب العمل. وبشكل مساوٍ، فإن الصورة النمطية الجندرية سوف تؤثر في أذواق أصحاب العمل وممارسات التشغيل على الأقل ما دام النقص في العمل لم يدفعهم للتغيير.

وكذلك فإن العمال في الوظائف ذات المكانة العليا لديهم كل حافز لحماية موقعهم عن طريق جعله صعباً إلى حد لا يمكن معه أن يشغله عمال بديلون (مثل النساء). إن جعل عملية بناء الأعمال صعبة في أدائها على الناس اللذين لا يتمكنون من العمل في جميع الساعات، أو اللذين يأخذون استراحة خلال السنوات الأولى من تربية الطفل، تمثل استراتيجية واضحة. إنها تحمي مصالح المرء والجماعة الوظيفية وتحافظ على دخله في مستوى

مرتفع.

إن تحليل شافيز هنا، يتعارض إلى حد كبير مع تحليل ماري برنتون Mary Brinton المنطلق من منظور الاختيار العقلاني، حول مشاركة الذكور والإناث في التعليم العالي في اليابان وكذلك تقدم راي لزر بلومبرغ تحليلاً للتدرج الجندري ، والذي يختلف عن تحليل كولينز في الافتراضات الأساسية، إلا أنها تشاركه اهتماماته التحليلية، وتتوسع في عناصر كل من منظور الاختيار العقلاني ونظرية فائض القيمة لماركس، وتجادل بلومبرغ كما تفعل شافيز بأن "العامل الأكثر أهمية من بين العديد من العوامل .. المؤثر في المساواة الكلية للمرأة هو الاقتصاد". وتؤكد كذلك على أهمية النظر إلى التنظيم الداخلي لأهالي البيوت. إن ما هو أساسي يتمثل في السيطرة على الموارد الاقتصادية. "إن مجرد العمل في النشاطات الاقتصادية أو حتى ملكية الموارد الاقتصادية لا تترجم إلى قوة اقتصادية إذا لم يستمد الشخص أية سيطرة على الموارد الاقتصادية المتصلة بالقوة".

تتأثر مثل هذه السيطرة بعدد من العوامل المختلفة داخل وخارج المنزل، بما في ذلك المعتقدات الأيديولوجية. وتركز بلومبرغ على تأثير متغيرات المستوى بعيد المدى على سلوك الفرد وأهل البيت. وعلى سبيل المثال، تشير إلى أن "القرارات الخمينية[*] تقيد الخيارات الوظيفية بشكل قاس. فاللباس والوضع القانوني للمرأة الإيرانية قد عمل بشكل واضح على إضعاف وضعها ضمن المنزل وكذلك في المجتمع الأكبر. وبصورة معاكسة كلما كانت القوة الاقتصادية للمرأة أكبر، فإنها تستطيع بشكل أكبر أن تقرر متى تنجب (وكم تنجب) وتكون سيطرتها أكبر على "الزواج، والطلاق، والعملية الجنسية، والسلطة المنزلية، والأنماط المختلفة من القرارات المنزلية".

---

[*] نسبة إلى آية الله الخميني الذي حكم إيران بين (1979- 1989)، وكان مفجر الثورة الإيرانية وزعيمها الروحي والسياسي (المترجم).

ومع ذلك، تعتقد بلومبرغ كذلك بأنه ما لم تواجه القضايا الجندرية أشكال اللامساواة الموجودة بشكل واضح فإنها تميل إلى إعادة إنتاج نفسها حتى بين الناس اللذين يرفضونها عن وعي. وتوضح بأن الكيبوتز(*) مثال واضح على هذا. فعلى الرغم من الالتزام بمشاعية تربية الأبناء التي كان مقصدها تعزيز المساواة. إلا أنه كان هناك عودة إلى الأدوار الجندرية التقليدية. من وجهة نظر بلومبرغ، كانت النقطة الأساسية التي توضع فيها مساكن الأطفال في المركز الداخلي للكيبوتز (من أجل الأمان وكذلك لأسباب اجتماعية)، وكان حقل المحاصيل في أبعد مكان من محيط الكيبوتز. ومع ذلك، استمرت المرأة بالعودة من الحقول خلال اليوم للإرضاع. أو لأنهن كن مدفوعات بمعتقدات الإشباع الفرويدية. ولذلك تنخفض إنتاجياتهن، مما يغضب مدراء فريق الحقل. لا أحد يقصد العودة إلى الأدوار المرتبطة بالصورة النمطية الجنسية التقليدية. وبالفعل، على المستوى التحليلي قصير المدى، فإن الرجال والنساء يتمتعون بضمانة مساواة اقتصادية تامة. ومع ذلك، وبسبب أنه لا يوجد أحد يقوم بفعل واضح لمنعها، فإن المرأة تساق عبر الوقت بعيداً عن الحقول إلى الأعمال التقليدية أو جانب بيوت الأطفال. إن عوامل المستوى قصير المدى لم تكن كافية لتأمين المساواة، لأن عوامل المستوى بعيد المدى كانت تعمل ضدها.

الثقافة، والأيديولوجيا، والشرعية

في مناقشتنا لتحليل كولينز للبناء الاجتماعي، لاحظنا الأهمية التي يلصقها بخلق الشرعية، وهذا التأكيد على دور الأفكار شائع بالطبع في نظرية الصراع. لكن مساهمة كولينز المميزة تقدم مناقشة مفصلة للعملية الفعلية التي تتولد من خلالها المعتقدات العامة للعلاقات العامة بين استشراف الناس للمستقبل والطريقة التي يخبرون بها مواقف الصراع.

(*) الكيبوتز هو المزرعة اليهودية الجماعية أو المشاعية (المترجم).

يبذل كولينـز جهده باستمرار ليذكر قُرّاءه بأن موضوعه في النهاية هو النـاس الأفـراد. إن الكُتّاب في تقليد "الظاهراتية الاجتماعية"، مثل ميد وجوفمان لديهم الشيء الكثير ليخبرونا به حول التفاعل الاجتماعي، لأنهم يركزون على خبرات الفرد ويدركون أن تلك الخبرات ليسـت شيئاً معطى، وثابتاً، وغير قابل للتغيير. وبدلاً من ذلك، يرون بأن جزءاً كبيراً مـن خبراتنـا نـاتج عن تصوراتنا وقيمنا. ولذلك، فإن "الناس يعيشون في عوالم ذاتية مبنية ذاتيـاً". إن تلـك العـوالم تحدد ما إذا كنا نرى الصورة الفوتوغرافية، مثلاً، باعتبارها غير مؤذية، وكطريقة لسرقة أرواحنا، أو انتهاك لوصية الرب بعدم نحت الصور. وكذلك تؤثر تلك العوالم فيما إذا كنا نخبر مجتمعاتنا باعتبارها جيدة ومقنعة أو أنها ظالمة. علاوة على ذلك، يوضح كولينـز، أن أنواع التصورات التي نمتلكها هي ذاتها تخضع لتأثيرات منتظمـة وقابلـة للمطابقـة. إننـا نسـتطيع أن نطـابق أنـواع الخبرات الفردية التي تجعل الناس يشاهدون النظام الاجتماعـي عـلى أنـه "حقيقـي" وشرعـي، وبذلك نحول مسار الصراع الاجتماعي.

الخبرات التي يحددها كولينـز هي أولاً: إصـدار وتلقـي الأوامـر، وهـو الأكـثر أهميـة، وثانياً، أنواع الاتصالات التي يقيمها النـاس مـع الآخـرين. ويوضـح كولينـــز أن الأمـر يعـود إلى الطبيعة السيكولوجية للإنسـان، حيـث أن أولئـك اللـذين يصـدرون الأوامـر سـوف يميلـون إلى التطابق مع مثاليات التنظيم الذي يحتلون فيه مواقع القوة، والـذي يـبررون أوامـرهم باسـمه وكذلك، لأنهم بسبب خبراتهم سوف يكونوا واثقين بأنفسهم ومطمئنين ورسـميين في طـريقتهم بوجه عام. وبالمقابل، كلما تلقى الناس الأوامـر بصـورة أكـبر كلـما اغتربـوا أكـثر عـن المثاليـات التنظيمية، وكانوا أكثر قدرية (قدريين)، وخاضـعين، ومهتمـين بالمكافـآت الخارجيـة (الماديـة)، وغير واثقين بالآخرين .. أما أولئك اللذين يقعون في وسط هيراركية السلطة واللـذين يصـدرون ويتلقون الأوامر، يميلون إلى الجمع بين الخضوع والتطـابق أو التماثـل التنظيمـي، لكـنهم اقـل اهتماماً بأهداف التنظيم بعيدة المدى.

إن القضية المنطقية الأساسية لدى كولينـز تتمثل في أن الناس يرغبون بمضاعفة درجة إصدارهم للأوامر أكثر من تلقيهم لها. ومن هنا، يوضح، بأن الموظـف في المسـتوى المتوسـط أو البيروقراطي، يحاول تحويل المواقف التي يتلقى فيها الأوامر، إلى أوامـر يمررهـا عـلى الآخـرين. وهذا يوضح حالة الجمود التي يضرب بها المثل للبيروقراطيين اللذين يشغلون المواقع الوسطى في الهيراركيـة التنظيميـة بالمقارنـة مـع أصـحاب القـوة المسـئولين عـنهم واللـذين ينظـرون إلى القواعد باعتبارها وسائل لغايات أكثر بعداً. ومن جهة أخـرى، فـإن تأكيـد كولينـز العـام عـلى العلاقة بين استشراف المرء للمستقبل وما إذا كان يتلقى الأوامر أو يصدرها يتضمن عالماً يعمل فيه كل شخص في تنظيمات كبرى. وفي الحقيقة، إذا فكرت بالوظائف التي يحتلها الناس، سوف تجد أن الكثير مـن النـاس، مثـل المـزارعين، ومنـدوبي التـأمين، والعديـد مـن ربـات البيـوت، لا ينخرطون بالأوامر من يوم ليوم على الإطلاق.

أنماط الاتصال التي يقيمها الناس مع الآخـرين عـلى درجـة عاليـة مـن الأهميـة كـما يوضح كولينـز، لأنها قد تعزز (وهـذا حاسـم بالنسـبة للضـبط الاجتماعـي) أو تعـادل تـأثيرات خبرات الناس المرتبطة بالأوامر. وفوق كل ذلك، فإنها تحدد الدرجة التـي يقبـل النـاس عنـدها الأفكار والمعايير التي يُنَظَّم بمقتضاها مجتمعهم، باعتبارها حقيقة وواقعا. إنها تحدد ما إذا كان الناس ينظـرون إلى النظـام الاجتماعـي باعتبـاره شرعيـاً. ويشـير كولينــز إلى أن البشر كبـاقي الحيوانات، لديهم ردود فعل عاطفية إزاء بعض الإيماءات، والأصوات، والإشـارات. ويوضـح بـأن الروابط الاجتماعية ترتكز بشكل جوهري على ردود الفعل المشتركة، والتـي تختلـف عـن تلـك التي لدى الحيوانات لأنها تتضمن رموزاً (مثل الأعلام، أو أشكال التحية) أكثر من كونهـا أصـواتاً وإيماءات مبرمجة جينياً. إن قوة ردود الفعـل تلـك تعتمـد عـلى نـاحيتين مـن اتصـالات النـاس ببعضهم، وهما: كمية الوقت التي يقضيها الناس مع بعضـهم أو "المراقبـة التناوبيـة" لبعضـهم البعض وتنوع اتصالاتهم. ويوضح كولينـز، بأن تلك النواحي تتطابق

مع ما أطلق عليه دوركايم "الكثافة الاجتماعية" في تحليله لكيفية خلق المجتمع للولاء والتماثل بين أعضاءه.

الكثافة الاجتماعية يوضح كولينز انه كلما كانت درجة المراقبة التناوبية Mutual Surveillance أكبر - أي كلما كان هناك أناس أكثر في الحضور الفيزيقي للآخرين- كلما قبلوا بدرجة أكبر ثقافة الجماعة وتوقعوا تكيفاً دقيقاً للآخرين. وبالعكس، كلما قلّ حضورهم حول الآخرين، كلما كانت اتجاهاتهم أكثر فردية وتمركزاً حول الذات على نحو واضح. وهذا يتحقق إلى حد كبير لأنه عندما يكون الناس مع بعضهم فيزيقياً فإنه من المحتمل أكثر أن تتطور سياقات غير لفظية معززة أوتوماتيكية بالتناوب. إن تلك السياقات تزيد "الاستثارة العاطفية"، "وكلما كانت الاستثارة العاطفية أقوى كلما كثرت معاني الرموز الحقيقية والمسلم بها، والتي يعتقد بها الناس خلال خبرتهم".

إن تنوع أو عالمية اتصالات الناس تؤثر على نحو مشابه في الطريقة التي يفكرون بها. ويوضح كولينز أنه كلما اختلفت أنواع الاتصالات التي ينخرط الناس فيها كلما زادت احتمالية أن يبدؤوا بالتفكير بمصطلحات مجردة، وبالاستناد إلى نتائج طويلة المدى .

ومن ناحية أخرى، كلما كانت اتصالات الناس أقل تنوعاً، فإنه تكون الاحتمالية أكبر في أن يفكروا بأشخاص وأشياء معينة، وأن يروا العالم الذي يقع خارج دائرتهم المألوفة باعتباره أجنبياً أو غريباً ومخيفاً أو مصدر تهديد. ولهذا فإن الاتصالات المحدودة سوف تتجه إلى خلق رؤى محلية مشتركة للواقع وشعوراً بالتماثل مع الناس المحليين المألوفين مقابل العالم الخارجي.

الطقوس يعتقد كولينز بأن المراقبة التناوبية والاتصالات المحدودة تبطل التأثيرات الناتجة عن كون المرء غاية مستقبلة للأوامر. إنها تخلق روابط عاطفية تربط أعضاء الجماعة ببعضهم، وتعمل على جعل طريقة تنظيم الجماعة حقيقة مسلم بها ولا تقبل الشك.

وهكذا، فإنها تقوي موقع الأعضاء المسيطرين في الجماعة. بالإضافة إلى ذلك، يوضح كولينـز بـأن الطقـوس أو "السـياقات المقولبة"[*] مـن الإيمـاءات والأصوات"، يمكـن أن تجعل الاستثارة العاطفية للناس أكثر كثافة وشدة وتلزمها بشكل أكثر قـوة لوجهات نظر معينـة مرتبطة بالواقع. ويوضح كولينـز كـذلك، أن الاستثارة العاطفيـة تتأثر بالعـدد المجـرد للنـاس المنخرطين في الجماعة. فإذا نظرنا إلى المراسم التي توليها الجماعات والمجتمعات أهميـة كبيرة، نستطيع أن نرى أنها بوجه عام تربط إلى حد كبير الطقوس المقولبة مع الحشود الضخمة مـن الناس. وقد أشار دوركايم إلى هذا الأمر في مناقشته للمراسيم الدينية الأبوريجينالية ودورهـا في تكامل المجتمع. ومن الأمثلة الجيدة على المراسيم راليات نيورمبرغ الهتلرية، ومراسيم التخرج، واستخدام أغاني ورموز معينة في تظاهرات الحقوق المدنية والتظاهرات المعادية للحرب.

إن الدليل الإمبريقي يدعم طروحات كولينـز بشكل كبير؛ فالسياسة، التي تحدث عنها كولينـز بشكل قليل، تقدم برهانـاً مفيداً، لأن ناشطي الحزب غالبـاً ما يحتلون موقعـاً في الحـزب مختلف تمامـاً عن وظائفهم اليومية من حيـث اتسـاع نطـاق الاتصـالات والقـوة، وكما توضح نظرية كولينـز، أن هذا الأمر يؤثر في استشرافهم للمستقبل بشكل جوهري. إن الوالدين اللذين يمارسان أعمالاً يدوية واللذين هما ناشطين في السياسة والحركـة الاتحاديـة يميلـون إلى تصعيد حراك أبنائهم نحو الأعلى، بحيث يصبحون مدراء ومهنيين محترفين.

ومـن ناحيـة أخـرى، فـإن الـدليل المـرتبط بنضاليـة اتحاد الطبقـة العاملـة وتطور الأيديولوجيات الثورية تبين أن تحليل كولينـز بسيط جداً. إن تعليله لكيفية ولادة

---

[*] أصلها القولبة الفكرية أو الصورة النمطية، وتشير إلى صورة ذهنية شبه جامدة يحملها أفراد جماعة معينة أو مجتمع ما، حيث تجسد أحكامهم المبسطة أو مواقفهم العاطفية من الجماعات والمجتمعات الأخرى.(المترجم).

"المجتمعات الطقوسية" تقود إلى أن يتوقع المرء بأن العسكرية، والعقائد الثورية، والالتزام نحو "تضامن الطبقبة العاملة" من المحتمل أن تتطور بين جماعات عمالية منعزلة ومتجانسة، وذات تنظيم مشدود بإحكام. وقد أوضح علماء الاجتماع لعدد من السنوات أن هذه هي الحالة بالفعل، موثقين دراسة كير وسيجل Kerr and Siegel ، والتي أوضحت بأن "الجماهير المنعزلة" من العمال أكثر نضالية وميلاً للقتال. ومع ذلك، تم حديثاً التصدي لوجهة النظر هذه من قبل بحث جديد مهتم بالقتال والعنف السياسي، وهذا البحث هو عمل شورتر وتلي Shorter and Tilly . لقد ركزت دراستهما على حالة فرنسا خلال الفترة من 1830- 1968، وأظهرت بأن النضالية كانت صفة للعاصمة وليس المقاطعة المعزولة، وصفة للعمال المهرة العالميين نسبياً والموجودين فيها. ويمكن أن نضيف، بأن من الحقائق المشابهة، أن الأحزاب السياسية المشدودة بإحكام والمتعصبة، والثورية من اليمين واليسار قد ولدت في مدن غير متجانسة وليس في مجتمعات محلية صغيرة متماسكة.

إن هذا يوضح حالة عدم توازن خطير في معالجة كولينز للأفكار. وفي تأكيده على الطريقة التي تستخدم بها الأفكار لتأييد النظام الحاكم، تجاهل أصول الأفكار والمعتقدات التي تعارضه. وبالفعل، فإن طروحاته تجعل المرء في بعض الأحيان متعجباً، لماذا لم تقدر جميع الجماعات الحاكمة على ضمان شرعية مستمرة لنفسها من خلال التلاعب بالطقوس. إن المجتمعات القبلية تبدو بأنها لا تولد أفكار الثورة أبداً (تغيير النظام ككل) كأفكار معارضة للقادة الأفراد، لكن في أوروبا وأمريكا أصبحت مثل هذه الأفكار جزءاً من الحياة الاجتماعية لعدة عقود. وهي ترتبط برغبة كبيرة وإيمان راسخ بواقعيتها مثل معتقدات المجتمع الطقوسي القبلي. إن التفسير الكامل لأصول المعتقدات ووجهات النظر العالمية تحتاج إلى تفسير هذه العملية أيضاً، وبالفعل، إن علم اجتماع الصراع بوجه عام، يحتاج ليتناول في تفسيراته أصول وقوة الأفكار كأدوات للمعارضة وكأدوات للسيطرة

القوة العسكرية وعلم السياسة الطبيعية

لقد لاحظنا سابقاً بأن كولينز لديه حساسية مرهفة تجاه أهمية التكنولوجيا العسكرية والتنظيم. إن عمله حول علم السياسة الطبيعية Geopolitics[*] يولي اهتماماً خاصاً لمثل هذه العوامل، وبشكل ملحوظ مساعدتها على التنبؤ بانهيار الإمبراطورية السوفياتية وتجزؤها الداخلي.

إن العمل الأكثر شهرة في مجال علم السياسة الطبيعية من بين أعمال علماء الاجتماع هو عمل فالرشتاين Wallerstein الموسوم "نظرية النظام- العالمي". لقد تنبأ فالرشتاين بتطور إمبراطورية عالمية موحدة كنتيجة للتغيرات الاقتصادية والتغيرات التي لحقت بالتكنولوجيا العسكرية. إن كولينز لم يوافق هذا الطرح، وأوضح بأنه لا يوجد هناك تغير أساسي في المبادئ التي تحدد صعود وهبوط الدول والإمبراطوريات، وهي، أولاً: الحجم والموارد. ثانياً: الموقع الجغرافي. ثالثاً: الإفراط في التوسع العسكري.

يوضح كولينز بأنه أولاً: عندما تتساوى الأشياء الأخرى فإن الدول الأكبر والأكثر ثراءً سوف تربح الحرب ضد الدول الأصغر والأفقر، ومن هنا، فإن الدول الأكبر والأغنى تتوسع بينما الدول الفقيرة والصغيرة تنقبض وتتقلص، ربما لا يحدث هذا جميعه في الوقت الحالي. إنما الدول العدائية والمجهزة عسكرياً مثل ألمانيا الهتلرية، والإمبراطورية اليابانية، أو عراق صدام حسين يمكن أن تستفيد من الهجوك المفاجئ. ومع ذلك، على المدى الطويل فإن الوزن المطلق للأعضاء والثروة يمكن أن تقرر هذا الأمر وتؤثر فيه، ومع

---

[*] يبحث هذا العلم في تأثير العوامل الجغرافية والاقتصادية والموارد البشرية في السياسة الخارجية للدولة، ولذلك يساعد في رسم السياسات الحكومية (المترجم).

ذلك، أضف إلى هذا، أنه يجب أن يكون العامل الأساسي بالنسبة للجغرافيا ما يطلق عليه كولينز "الميزة الموقعية". وبوجه خاص فإن "الدول التي حولها جيران ذوي مقدرة عسكرية ضمن اتجاهات أقل .. يكون لديها ميزة على الدول التي حولها جيران أصحاب قوة ضمن اتجاهات أكثر .. ويطلق كولينز على موقع تلك الدول ذات الرعاية والحظوة، والتي هي في الهامش وغير مخيفة نسبياً، دول التخوم. وقد استخدم المصطلح في إنجليزية العصور الوسطى وهو "اللوردات المتظاهرون"، اللذين تدعمت منزلتهم الرفيعة بالمناطق الإقليمية البور التابعة لويلز وسكوتلاندا والتي اشتهرت بعدم قدرة الملك على السيطرة عليها، وكذلك تدعمت منزلتهم بواسطة تولكين بوصفها مناطق حدودية بور "للأرض الوسطى"، وبالمقارنة مع تلك الدول التي لا تشكل تهديداً هناك "الدول الداخلية" والتي وجدت بين عدد من دول الجوار التخومية الآمنة نسبياً، وهي كما يوضح كولينز، تتجه نحو التجزؤ غالباً في مسار الحروب الحاسمة التي تظهر نقلة سياسية طبيعية أساسية.

يوضح كولينز أن كل من العاملين السابقين وثيق الصلة بالموضوع في زمن سابق. وهناك أيضاً مبدأ ثالث في العمل، "حتى عالم الإمبراطوريات الذي يخلو من منافسين معادلين يخضع لحالة من الضعف والتفسخ مع مرور الزمن"، ويشير كولينز إلى أن "السبب الرئيس أن الإفراط في التوسع العسكري من أجل الموارد في قلب المناطق الإقليمية ينتج حالة من اللاتكامل في قوة الدولة".

وضمن توقع التراجع المستمر في الإمبراطورية الروسية، انجذب كولينز إلى المبادئ الثلاثة جميعها. ويلاحظ أنه في وقت توسعها استفادت من حجم السكان و/أو الثروة التي تجنيها من جيران مناسبين أو خصوم محتملين. وقد تغير هذا الأمر بين عامي 1970- 1980، وبشكل خاص، دخلت في منافسة جيوش مع كل من الصين المستقرة والضخمة، والولايات المتحدة الأمريكية التي هي أغنى بشكل كبير. وعلاوة على ذلك، فإن

نجاحها الكبير ألغى منافعها من المناطق المتاخمة، الأمر الذي نتج عنه أنها استأصلت فعلياً جميع الدول الحاجزة الضعيفة. ولذلك أصبحت تواجه الأعداء الأقوياء من كل الاتجاهات، بما في ذلك، الصين، واليابان، وأوروبا الغربية (وكذلك، بالوكالة، الولايات المتحدة). إن الإفراط في التوسع ظهر في النسبة الكبيرة من الناتج القومي الإجمالي GNP التي تذهب للميزانية العسكرية حتى في أوقات السلم. لقد تنبأ كولينز، بأن النتيجة ستكون بدء الإمبراطورية الروسية بالانحدار، وقد بدت في وضع كانت فيه الأحداث البسيطة تماماً تعامل كأنها "ظاهرة إنقلابية" من شأنها أن تحدث عملية تجزؤ داخلي وانفصال للدول التابعة. وفي عام 1994، في غضون أقل من عشر ـ سنوات بعد أن أصدر كولينز تنبؤاته، شهدت الدول المستقلة في أوروبا الشرقية، والبلطيق، وأوكرانيا، وبيلوروسيا وآسيا المركزية، على دقة تنبؤاته.

خلاصة

يقدم كولينز عرضاً متميزاً لافتراضات نظرية الصراع التحليلية الأساسية، إن نظريته هامة كذلك لأنها تقدم عدداً ضخماً من الافتراضات الواقعية التي تربط البناء المؤسسي بالموارد المتوفرة للجماعات المختلفة، بالإضافة إلى ذلك، فإنها توسع رؤى المنظورات السوسيولوجية قصيرة المدى، وخصوصاً في تفسيرها لكيفية تاثير الخبرات الاجتماعية في التصورات المستقبلية للناس، ومن ثم، طبيعة السلوك الاجتماعي، والصراع، والتغير.

وليس من المفاجئ أن تكون نقاط الضعف الأساسية لدى كولينز هي ذاتها نقاط الضعف في نظرية الصراع ككل. ونرى أن أكثرها أهمية الإفراط في التأكيد على جوانب (حصيلة الصفر) للتفاعل الاجتماعي، والنظرة الميكانيكية الواضحة للأفكار باعتبارها فروعاً من البناء الاجتماعي الموجود، والتفسير غير الكافي لطبيعة الدولة. ومن أجل إظهار نقاط

الضعف العامة المرتبطة بنظرية الصراع، وكذلك نقاط قوتها، ننتقل الآن إلى تقديم خاتمة بشكل مختصر.

خاتمة

إن نقطة الضعف الأساسية لنظرية الصراع تقع في طريقة ربطها للبناء الاجتماعي والتنظيمي بمصالح الجماعة وتوازن الموارد. وغالباً ما يكون هذا الإطار التحليلي منتجاً. وعلاوة على ذلك، بينما لم تحدد الوظيفية أبداً آلية للتغير، فإن نظرية الصراع تفعل ذلك عندما تشير إلى التحركات في توزيع الموارد والقوة. تصر نظرية الصراع على أن القيم والأفكار يجب أن يتم ربطها ببيئتها الاجتماعية، وليس أن تعامل باعتبارها ذات وجود مستقل. أخيراً، إنها تتجنب تفسير الأشياء ببساطة بالاستناد إلى نتائجها. وتظهر كيف يمكن أن يحدث التغير بالفعل، من خلال ردها السلوك الاجتماعي إلى مصالح الأفراد والطريقة القصدية والمنفعية التي يلاحقون بها مصالحهم.

ومع ذلك، فإن لنظرية الصراع كذلك نقاط ضعف أخرى هامة. إن إصرارها على أن القوة تمثل الهدف الأساس للناس وأنها خاصية أساسية للعلاقات الاجتماعية، يعتبر محدوداً للغاية. فمن الصعب على المرء أن يفسر سلوك أحد الآباء من المهاجرين الإنجليز[*] بالاستناد إلى "المصلحة الذاتية" أو البحث عن القوة. وهي المصطلحات التي تستخدمها نظرية الصراع بشكل عام. علاوة على ما تقدم، فإن طريقة تعريفها ومناقشتها للقوة تقود العديد من منظري الصراع للتصريح بأن كل الحياة الاجتماعية ترتكز بشكل جوهري على "حصيلة الصفر"، أي ما يحصله رجل واحد يتحقق بوضوح من خسارة مساوية للآخرين. وفي الحقيقة، ليس بالضرورة أن تكون هذه هي الحالة.

---

[*] المهاجرين الإنجليز اللذين أنشئوا أول مستعمرة في نيوانفلاند في الولايات المتحدة الأمريكية عام 1620. (المترجم).

افترض أننا تناولنا حاكماً افتراضياً مدفوعاً بالمصلحة الذاتية، وهو يرغب بالحصول على المال، ما وسعه الجهد، من الخاضعين له، إنه يستطيع أن يستولي على كل ما يجده عن طريق القوة الوحشية، أو يستطيع أن يضع نظاماً ضريبياً محدداً بصورة جيدة ويعرف الناس فيه سلفاً بالضبط كم سيكونون مدينين له، ولا شيء أكثر من ذلك سيطلب. وفي الحالة الثانية تبقى مقدرة الحاكم على القسر غير محدودة والتي تضمن أن الخاضعين سوف يدفعوا ما عليهم. ومع ذلك، فإنهم سيجدون أيضاً أنه ليس جديراً بالاهتمام أن يعملوا بجد، وأن يدخروا، وأن يستثمروا، وأن يحدثوا نمواً اقتصادياً أكثر مما يريدون إذا كان كل شيء ينتجونه معرضاً للمصادرة الاعتباطية.

ومن أجل ذلك السبب، فإن الحاكم قد يريد، بشكل نهائي، أن يفعل ما هو الأفضل بالنسبة له من خلال اختيار مسار أقل اعتباطية، وبشكل أكيد، فإن الخاضعين له سوف يكونون بحال أفضل كثيراً إذا فعل ذلك.

وبالطبع، فإنه لا يوجد حاكم يمتلك الحرية الكاملة ليختار بديلاً أو آخر. ولكن مع ذلك، فإن المجتمعات تتنوع نظامياً في مدى تقديمها نوع من البيئة التي تمنح الناس الأمن، وتشجع النمو الاقتصادي، أو تخلق درجة معينة من الذروة الإيجابية في شؤونها. إن نظرية الصراع المعاصرة تميل إلى مثل هذه الاختلافات الهامة حول كيفية استخدام وممارسة قوة الدولة وإلى أي مدى تزود الناس بإطار عملي آمن ويمكن التنبؤ به فيما يتعلق بأفعالهم.كما أنها تميل إلى إنتاج نظرية غير وافية حول الدولة، وتميل إلى معالجة القوانين باعتبارها مجرد انعكاس لمصلحة الجماعة أكثر من اعتبارها أنساق لها دينامية ونفوذ.

التبسيط المفرط ذاته ظهر في نظرية الصراع عند معالجتها للقيم والأفكار، إنه من المهم تحليل درجة تجذر الأفكار في النظام الاجتماعي، والطرق التي تعكس بها القوانين والأيديولوجيات مصالح الناس، لكنه من المهم أيضاً أن نكون مدركين -كما تفعل

الوظيفية- بأن لديها درجة من الاستقلال. إن منظري الصراع يميلون إلى معالجة الأفكار باعتبارها تمثل ببساطة انعكاساً لمصالح صاحب القوة، لكن المصلحة الذاتية الضيقة لا تمثل غالباً تفسيراً تاماً للأحداث. إن المصلحة الذاتية أوحت بالإبادة الكلية للأمريكيين الأصليين. إن عدم حدوث هذا الأمر كان إلى حدٍ كبير نتيجة أفكار العدالة والأخلاقية، التي كيفما تمت تسويتها، كانت عامة في تطبيقها.

وعلى نحو مشابه تميل نظرية الصراع إلى التأكيد على دور الأفكار في صيانة الاستقرار عندما تلجأ الأفكار غالباً في مجتمع معين إلى نقد وتقويض النظام الراهن، مثلاً، لقد أنتجت المسيحية أعلاماً مثل فرانسيس ولوثر Francis and Luther اللذان ولَّدت تعاليمهما ثوران اجتماعي جمعي، كما عمل الكرملن على قمع المنشقين السياسيين الروسيين بوحشية لعدة عقود لأنه خاف أفكارهم كثيراً.

أخيراً، على الرغم من أن نظرية الصراع تحدد آلية للتغيير، إلا أنها لا تقدم تفسيراً مقنعاً وكاملاً لها. وهذا بسبب أن نظرية الصراع أفضل حالاً في تفسيرها لكيفية محافظة الجماعة على القوة أكثر من إظهارها كيف حققتها في المقام الأول. يوضح كولينز، على سبيل المثال بأن المؤهلات التعليمية تمثل مصدراً هاماً للامتياز دون قول الكثير حول لماذا هي الآن مصدراً هاماً أكثر مما كانت عليه في الماضي. إن الجماعات لا تحقق الموارد والقوة بشكل عشوائي، وقد أشرنا سابقاً في هذا الفصل بأن أصول قوة الجماعة يمكن أن تفسر دائماً بالخدمات التي تقدمها. يمكن أن تستخدم المؤهلات التعليمية لحماية وتقوية الماضي، لأن التعليم ضروري كذلك لتقديم مهارات فنية تعتمد عليها الثروة الحديثة. لقد أشرنا في عدد من النقاط إلى أن الطريقة التي يستخدم بها علماء الاجتماع جوهرياً منظور الصراع، توسع أيضاً أفكاراً من هذا النمط مشتقة من نظرية التبادل أو نظرية الاختيار العقلاني، ولقد تمت مناقشة تلك النقاط في الفصل السابع.

الفصل الرابع

التطور والحداثة: المنظورات السوسيولوجية بعيدة المدى

التطور والأزمة

مقدمة

يعد الاهتمام بالتطور الاجتماعي قديم قدم علم الاجتماع ذاته. وقد أوضح روبرت
نسبت Robert Nisbet أن الاهتمامات المبكرة لعلماء الاجتماع يمكن أن تفهم بشكل أفضل
باعتبارها محاولة لتفسير التغير والتحولات المجتمعية الكلية التي أحاطت بهم."الثورتان"-
الثوران المفاجئ للثورة الفرنسية. والتشكيل التدريجي وبعيد المدى للثورة الصناعية- أنذرتا
باختفاء كل من النظام السياسي الارستقراطي القديم والمجتمع الزراعي الذي فيه عدد كبير من
الناس يفلحون الأرض. كما كان يفعل آباؤهم وأجدادهم من قبلهم، ولذلك كان متعذراً على
المفكرين الذين عاشوا تلك الحقبة الزمنية أن يفكروا بنمو المجتمع وتطوره من شكل إلى شكل
آخر جديد مختلف تماماً.

لقد ظل الاهتمام بالتطور الاجتماعي صفة أساسية للنظرية السوسيولوجية عبر القرن
العشرين، لكنه عاد اليوم واشتد مرة أخرى. ويعتبر أنتوني جدنز Anthony Giddens واحد من
العلماء الذين تعاملت كتاباتهم مع موضوع التطور، وسنعرض له في هذا الفصل، حيث يقول:
"إننا نعيش في عالم التحولات، إنها تؤثر تقريباً في كل جانب مما نفعل، سواء
نحو الأفضل أم نحو الأسوأ. فنحن مسيرون في نظام كوني لا يفهمه أحد
بشكل تام، لكن تأثيراته نشعر بها جميعاً. قد لا تكون العولمة كلمة جذابة
أو رائعة لكن لا أحد يريد أن يفهم حالنا... يستطيع أن يتجاهلها... إن
الانتشار الكوني للمصطلح يعد دليلاً على التطورات الأساسية التي يشير
إليها... حتى في نهاية الثمانينات من القرن الماضي كان المصطلح يستخدم
بصعوبة... لقد جاء من المجهول ليكون في كل مكان تقريباً".

وكما يشير جدنز، فإنه من الواضح أن هذا الأمر يمثل التحول الأكثر إثارة في التاريخ
الاجتماعي البشري. أنها سيكون لها نتائج بعيدة المدى مثل الثورة الصناعية التي

سيطرت على علماء الاجتماع الكلاسيكيين، إن ما يجعلها ساحرة بالنسبة لنا هو أننا مأسورين لها، دون فكرة واضحة حول ما ستؤول إليه الأشياء في المستقبل القريب. ومع ذلك يشترك جدنز وآخرون مع علماء الاجتماع الكلاسيكيين العظام، في الاعتقاد بأن فهم الكيفية التي تحولت بها المجتمعات في الماضي يمكن أن يساعدنا في فهم حاضرنا.

يضم هذا الفصل أكثر النظريات التطورية التي قدمت في علم الاجتماع أهمية. حيث يتضمن المنظور الصراعي لدى ماركس ووظيفية بارسونز، وكذلك يناقش أعمال هابرماس وجدنز اللذان اتبعا أفكار ماركس، وفيبر، ودوركايم ليقدما تحليلاً لاتجاه المجتمع في "القرية الكونية" global village التي تتسم بها الفترة المتأخرة من القرن العشرين. إن هؤلاء الكتاب ليسوا ما بعد حداثيين، والذين، كما سنرى في الفصل التاسع، يعتقدون بأن كل طبيعة العلم الاجتماعي (والفكر العقلي) يختبر تغيراً جوهرياً. وبدلاً من اتباع المنظرين الذين تم وصفهم هنا عدداً من المنظورات الراسخة الهامة، وبشكل خاص بعيدة المدى، فإن أعمالهم تضمنت الظاهراتية، وشكل التفاعلية الرمزية عند إرفنج جوفمان، من اجل تحليل طبيعة الحداثة.

الجذور الفكرية

لقد كان الفكر التطوري في علم الاجتماع مركزياً بالنسبة لبدايته الأساسية. لقد آمن أوجست كونت August Comte (1798-1857) مؤسس علم الاجتماع، بأن الانسانية تقدمت عبر ثلاث مراحل فكرية وتبعاً لذلك عبر ثلاثة أنماط من المجتمعات. وهي: المرحلة اللاهوتية، والمرحلة الميتافيزيقية، والمرحلة الوضعية. إن طرق التفكير كانت حاسمة في تعريف طبيعة المجتمع لأنها تؤثر كذلك في ما ينظر إليه باعتباره يمثل سلطة شرعية، ولذلك فإن فكرة الشرعية تكررت باستمرار في أعمال المنظرين المعاصرين مثل هابرماس.

فيما بعد تبنى هربرت سبنسر Herbert Spencer (1820- 1903) المفاهيم التطورية عند داروين Darwin، موضحاً بأن المجتمعات أيضاً تتطور من الأشكال البسيطة إلى الأشكال الأكثر تعقيداً. لقد آمن بأن هناك ميلاً قوياً نحو التمايز من الكائنات الحية إلى

الجنس البشري من المجتمعات إلى بنى أكثر تمايزاً (متخصصة). إن هـذا التمايـز كـان موازياً لما عرفه الاقتصاديون بتقسيم العمل، ويوضح سبنسر، أنه كان ميسراً بموجب الزيادة في حجم المجتمعات. وقد دمج تالكوت بارسونز عملية التمايز هذه في نموذجه التطوري.

وكذلك الأمر. فإن إميل دوركـايم Emile Durkheim (1858- 1917) الـذي أثـرت أعمالـه في العديد من المنظورات النظرية المعاصرة قدم طروحات حول الميل التطوري الواضح في التنظيم الاجتماعي. أوضح دوركايم أن نمو الكثافة السكانية قوض التضامن "الميكـانيكي" الـذي بموجبـه تلاحمت المجتمعات لأن الفروقات الفردية قد اختزلت، وامتلك الناس معتقدات مشتركة ومهن متشابهة. وعبر الزمن استبدل بالتضامن "العضوي" في المجتمعـات الأكـثر تقـدماً الـذي بموجبـه تلاحمت المجتمعات وتضامنت بموجب الاعتماد المتبادل الناتج عن تقسيم العمل المعقد.

وعلى سـبيل المثـال فـإن القريـة مـا قبـل االصـناعية سـواء في وسـط افريقيـا أم عـلى الشواطئ الاسكندنافية مكتفية ذاتياً إلى حد كبير. وجميع الأسر تنخـرط في المهـمات ذاتهـا مـن اجل جمع الطعام وإنتاجه. بينما اليوم، في البيئة الحضرـية، كـل فـرد يعتمـد عـلى الآلاف مـن الناس ذوي المهمات المتخصصـة في انتـاج وتوزيـع الكهربـاء وصـيانة الطـرق. والإنـارة العامـة. وتحقيق الأمن في الطرقات، وتحضير الطعام لبيعه في المحال التجارية، وغير ذلك.

من بين جميـع منظـري التطـور الأوائـل، كـان لأفكـار مـاركس Karl Marx (1818- 1883) الأهمية الأكبر بالنسبة للأحداث المستقبلية. وفي الفصل الثالث ناقشنا بالتفصيل نظرية ماركس حول التشكيل الطبقي، والأيديولوجيا، والاغتراب، والدولـة. كـما طـور مـاركس أيضـاً نظريـة في التاريخ بدى فيها المجتمع أنه يتطور بالضرورة من خلال الصراع باتجاه اليوتوبيا الشيوعية. لقد كانت الرؤية اليوتوبية التي ألهمت الأحزاب الشيوعية الثوريـة خـلال القـرن العشرـين، والتـي قبضت على القوة في العديد من البلدان من بينهـا، روسـيا، والصـين، وكوبـا، وفيتنـام. وبسـبب الأهميـة التاريخيـة للنظريـة التطوريـة الماركسـية وتأثيرهـا المسـتمر عـلى علـماء الاجـتماع الماركسيين. سوف نناقشها بالتفصيل في هذا الفصل.

لقد طور النمساوي جوزيف شومبيتر Joseph Schumpeter (1883- 1950) أفكار ماركس حول التغيرات التي تطرأ على توزيع القوة. ولكنه كذلك، وبشكل أكثر خصوصية، توسع في اهتمام ماكس فيبر بالشرعية، وفي الكيفية التي تنجح بموجبها الجماعات في التجذر في موقعها الاجتماعي. لقد عمل شومبيتر على ربط التغير الاجتماعي أوالتطور بالتغيرات في القوة التي تملكها "طبقات" مختلفة، حيث استخدم مصطلح الطبقة بشكل فضفاض ليصف جماعات اجتماعية متمايزة ومختلفة من حيث درجة تنظيمها. إن الطبقات تحقق القوة بسبب سيطرتها على المهارات التي تكون إما جديدة وإبتكارية أو لأنها (بسبب ظروف متغيرة) أكثر أهمية مما كانت عليه في الماضي. ومن ثم تستخدم موقعها لتحقيق ثروة إضافية و امتياز أكثر. والتخلص من الجماعات القديمة، وحماية نفسها من المنافسة.

ومع ذلك، فإنها بالنهاية. وبسبب فشلها في الاستمرار بتقديم الخدمات ذات القيمة وظهور جماعات إبتكارية جديدة، تستبدل الطبقات ذات القوة بأخرى. إن الطبقات الجديدة تهاجم الطبقات القديمة بنجاح وتتنكر لشرعية موقعها. وهكذا فإن أمريكا القرن الحادي والعشرين تتضمن العديد من الناس لم تكن مهنهم موجودة منذ وقت قصير مضى. وعلى سبيل المثال، فإن نجاح صناعات وادي السليكون Silicon Valley قد أدت إلى التغيرات الرئيسية في القوة الاقتصادية- والسياسية- في معظم الدول.

ثمة مثالين مميزين لدى شومبيتر وهما صعود الجماعات الامبريالية المحاربة. وانحسار البرجوازية الرأسمالية. ويجادل شومبيتر أن الارستقراطية الإقطاعية في القرون الوسطى نمت من الجماعات المحاربة. لقد أحرزت القوة في مجتمع كانت فيه الحرب مستمرة، وشهد الناس فيه حماية الجيش، ومهارة القتال تكتسب وتتم المحافظة عليها عبر الوقت. وعندما تغير هذا الوضع بصعود الدولة الحديثة. والجيوش الحديثة، والجيش الإلزامي انحسر موقع الارستقراطية.

يجادل شومبيتر أن الطبقة الرأسمالية، التي صعدت إلى الشهرة والقوة في القرن التاسع عشرـ
بسبب انجازاتها الاقتصادية، هي الآن في انحسار. لقد أصبح الابتكار التكنولوجي ممأسساً.
والمقاولين المستقلين أقل أهمية. وفي الوقت الحاضر بزغت طبقة جديدة من المفكرين والعلماء
تحمل اتجاهات واهتمامات خاصة بها. وقد قوضت شرعية النظام القديم وأوجدت لنفسها
قوة جديدة ترتكز على الأهمية المتزايدة للبيروقراطبات الحكومية. إن تأثير أفكار شومبيتر،
وبشكل خاص تلك التي تتعلق بفقدان الرأسمالية شرعيتها، كان واضحاً في أعمال يورجن
هابرماس.

الجزء الأول

كارل ماركس والمجتمع اللاطبقي

تعتبر النظرية الاجتماعية عند ماركس بشكل أساسي، نظرية في التغير والتطور، إنها تنظر إلى الوراء نحو التاريخ الكلي، وإلى الأمام نحو المستقبل. وتزعم أنها تسعى إلى فهم وتفسير كل منهما. يوضح ماركس بأن نظاماً اقتصادياً معيناً يحمل في داخله بذور التغير، حيث أن منطقه وطريقة عمله بالضرورة ينتجان نجاحه.

يصف الماركسيون هذه العملية بالاستناد إلى "تناقضات" نظام معين، والتي تتطور عبر الوقت حتى يصبح النظام بأكمله غير قابل للعمل، ويصبح هناك تحرك عنيف وثوري نحو نظام آخر، هو نقيض النظام السابق. إن وجهة النظر هذه المتعلقة بالنمو والتغير كنمط من الصراع الداخلي تعرف بمصطلح "الديالكتيك" Dialectic وكما هو الحال بالنسبة للعديد من عناصر نظريته، بما في ذلك الاغتراب، إن فكرة ماركس حول الديالكتيك تمثل إعادة تفعيل لأحد المفاهيم الهيغلية. ورغم ذلك، فإن هيغل كان مهتماً بنمو الإدراك الذاتي self-awareness والروح، بينما كان ماركس مهتماً بتطور المجتمع الإنساني عبر مراحل اقتصادية.

لقد حدد ماركس أربعة أنماط رئيسة للمجتمع الطبقي، لكل نمط منها طبقاته الأساسية، وهي: الآسيوي Asiatic، والقديم Ancient، والإقطاعي Feudal، والبرجوازي Bourgeois. يرتكز النمط الآسيوي على نظام الري الذي تسيطر عليه الدولة ونظام الحكم الملكي المطلق وملكية هذا النظام لكل الأرض. لكن ماركس عالج الأنماط الثلاثة الأخيرة بالتفصيل، باعتبارها جزءاً من التاريخ الغربي. وفي كل حالة، يتضمن التغير ظهور طبقات جديدة. إن رؤساء الجيش البربري اللذين اكتسحوا الإمبراطورية الرومانية قاموا باستبدال

المجتمع القديم بمجتمع الأسياد الإقطاعيين والخدم. وبالمقابل فقد تم استبدالهم بالبرجوازية الرأسمالية التي تناوئ البروليتاريا. ورغم ذلك، فإن المرحلة التالية سوف تكون مختلفة، حيث بشر ماركس بأن التناقضات الداخلية للرأسمالية سوف تبشر ـ باقتراب مجتمع شيوعي مثالي تلغى فيه الملكية الخاصة والطبقات ويستبدل الاغتراب بالإدراك الذاتي. وبتعبيرات ديالكتيكية، فإن المجتمع الشيوعي سينبثق كالعنقاء^(*) من رماد المجتمع الرأسمالي.

نهاية الرأسمالية

أوضح ماركس بأن العديد من الرأسماليين الصغار، بالإضافة إلى جماعات أخرى مميزة من حقب سابقة، كصغار أصحاب المتاجر، والفلاحين وأصحاب الحرف اليدوية، سوف ينزلقون إلى البروليتاريا عبر الوقت، حيث أصبحت مهاراتهم طرازاً قديماً أو أن رأسمالهم صغير جداً لا يسمح لهم بالمنافسة، وسوف يبقى هناك فقط طبقتان متمايزتان بقوة. وفي نفس الوقت، فإن الرأسماليين سوف ينتجون أكثر فأكثر من كدح قوة العمل المُسْتَغلة، دون أن يماثل هذا الإنتاج توسعاً في سوق العمل، وسوف تجبر المنافسة الرأسماليين على خفض الأسعار والأجور، وسيتناقص معدل الفائدة إلى الصفر، والنتيجة تكون بالنسبة للجماهير، لكنها تقود إلى الثورة ونهاية الرأسمالية.

وهكذا يوضح ماركس بأنه "على طول المسار مع العدد المتناقص باستمرار لأقطاب رأس المال اللذين يغتصبون ويحتكرون .. تنمو تعاسة الجماهير، وظلمهم، وعبوديتهم، وانحطاطهم، واستغلالهم، ومع ذلك ينمو أيضاً تمرد الطبقة العاملة التي تزداد دائماً في أعدادها، وتنضبط، وتوحد، وتنظم .. لتعلن نعي الملكية الرأسمالية الخاصة، حيث يجرد الرأسماليون من ملكيتهم بعد أن كانوا يجردون الطبقة العاملة من ملكيتها".

---

^(*)العنقاء: طائر خرافي زعم قدماء المصريين أنه يعمر خمسة أو ستة قرون، وبعد أن يحرق نفسه ينبعث من رماده وهو أتم ما يكون جمالاً وشباباً.(المترجم)

إن نبوءة ماركس لم تتحقق، فلم يكن هناك تعاسة متزايدة في الغرب، ولا تناقص ثابت في معدل الفائدة. وعلاوة على ذلك، رغم أن الإنتاج كان مركزاً بصورة أكبر إلا أن الملكية لم تكن كذلك، وأصحاب الأسهم المالية كانوا أكثر فأكثرهم الاتحادات التجارية وصناديق التقاعد. ورغم ذلك، فإن ماركس في تحليله كان يبذل جهده لإظهار أن بقاء الرأسمالية مؤقت.

إن نظرية لينين في الإمبريالية تعتبر الأكثر تأثراً بهذه الأطروحة. لقد أشار ماركس في كتابه "رأس المال" إلى أن البلدان الرأسمالية تستخدم مستعمراتها كمزودات بالمواد الخام، وكأسواق مقيدة من أجل منتجاتها، وكأرض ثروة تعمل على نهبها. ومن خلال هذه الإشارات طور لينين نظرية ماركسية في الإمبريالية. وقد أوضح بأن الرأسمالية المتقدمة التي تحتاج إلى أسواق ذات توسع دائم، وفرص استثمار ذات فائدة، سوف تنتهج سياسة غربية إمبريالية، وحروب مدمرة بين الأفراد المتنافسين من أجل الحيازة الاستعمارية. إن الإمبريالية، سوف تتحطم عبر الوقت عندما تنتهي الفوائد وتختفي الرأسمالية.

بصورة واضحة، تعمل الحكومات على متابعة المصالح الاقتصادية للمستثمرين والمستهلكين. ومن هنا، فإن إظهار الحكومات الغربية استجابة بشأن احتلال العراق للكويت، وبالمقارنة مع ترددها بالنسبة ليوغسلافيا السابقة، تقدم مثالاً على ذلك، وعلى الرغم من ذلك، فإن الانتقادات توضح بأن النظرية الماركسية المحددة حول الإمبريالية ليست كافية وغالباً ما تكون خاطئة. وقد أشارت الانتقادات إلى السياسات الإمبريالية المتكررة للبلدان غير الرأسمالية (مثلاً استيلاء الصين على التبت أو احتلال الاتحاد السوفيتي سابقاً لدول البلطيق). كما لاحظ الناقدون بأن الإمبريالية كانت خاصية مرافقة للأيام المبكرة للرأسمالية، فقبل أن تجني الفوائد عليها أن تثير الرعب وتهدد. وبالمقابل، فإن الدول الرأسمالية الحديثة، انسحبت من مستعمراتها السابقة.

تعتبر نظرية التبعية dependency theory من النظريات القريبة جداً من الأفكار الماركسية حول الإمبريالية. وقد طورت هذه النظرية وجهة نظر حول العالم بأنه منقسم إلى مركز Core وهامشPeriphery . تماماً مثل ماركس ولينين، حلل منظروا التبعية الأحداث كجزء من عملية تاريخية معينة، وهي التوسع العالمي للرأسمالية. إن المركز متقدم صناعياً، ويتطور كنتيجة لدينامياته الداخلية. وبالمقابل، فإن ما يحصل في البلدان التابعة التي تقع في الهامش، يعتمد على أوامر ومتطلبات المركز.

نظرية النظام العالمي

لقد طورت تلك الأفكار إلى حد كبير من قبل إيمانويل وفالرشتاين Immanuel Wallerstein ، في عمله الموسوم "النظام العالمي الحديث". لقد أوضح وفالرشتاين بأن ما يوجد تحت الرأسمالية يمثل للمرة الأولى، نظاماً كونياً حقيقياً يرتبط ببعضه بموجب روابط اقتصادية وليس روابط سياسية أو عسكرية. إن نمو الاقتصاد العالمي الرأسمالي الحديث، كان ممكناً من خلال التوسع الجغرافي لبلدان أوروبا الغربية التي تمثل بلدان المركز، حيث اتبعت فتوحات واكتشافات القرن السادس عشر بالهيمنة الاقتصادية.

حسب ما يرى فالرشتاين، فإن الأجزاء المختلفة للنظام العالمي متخصصة، أو تمتلك وظائف مختلفة. وهكذا، فإن الهامش يزود مشروعات المركز بالمواد الخام. لقد انعكست صورة هذا الاختلاف في الطريقة التي يضبط فيها العمل في كل منطقة من المناطق المختلفة. فالعمل الحر هو شكل ضبط العمل المستخدم للعمل الذي يحتاج إلى مهارة في بلدان المركز بينما يستخدم العمل القسري إلى العمل الأقل مهارة في دول الهامش، ويبقى الرابط بينهما هو جوهر الرأسمالية.

ويجادل فالرشتاين بأن مناطق المركز تطور دولاً قوية، بينما مناطق الهامش تطور دولاً ضعيفة. في المراحل المبكرة من نمو الرأسمالية، كانت الدولة هامة في تحقيق الاستقرار

الاجتماعي من خلال مؤسساتها البيروقراطية واحتكارها للقوة. ورغم ذلك، فإن النظام العالمي الرأسمالي ذو تكامل اقتصادي، ومن خلال الآليات الاقتصادية تحكم دول المركز دول الهامش وتوجهها.

ورغم ذلك، يتساءل النقاد فيما إذا كانت الدول غير المتطورة قد استغلت أو تستغل بالمعنى الذي يتم من خلاله إفقارها من قبل الإنتاج الرأسمالي. وقد أشار النقاد إلى أن أمريكا كانت المستلم الرئيس للاستثمارات الأجنبية في القرن التاسع عشر، كما أنها اليوم أسرع البلدان نمواً وأن بعض أغنى دول المركز – مثل استراليا- تعتبر من المصدرين الرئيسيين للمواد الخام. وبصورة أكثر عمومية، فقد تم نقد عمل فالرشتاين من قبل راندال كولينز لأنه بالغ في أهمية التغيرات في التكنولوجيا العسكرية، كما انتقد من قبل النسويين بسبب معاملة المرأة كجزء ثانوي في التدبير المنزلي مقارنة مع الرجل. كما انتقد عمل فالرشتاين بسبب "الحتمية الاقتصادية" وعدم التركيز على أهمية التنظيم السياسي وعوامل أخرى غير اقتصادية.

ومن بين الانتقادات الجديرة بالاهتمام تلك التي قدمها كل من ثيدا سكوكبول وأنتوني جدنز Theda Skocpol and Anthony Giddens ، وذلك أنهما اتبعا النظرية الماركسية لتقديم تحليل للتطورات التاريخية على نطاق العالم. وفي عمله حول الثورات الاجتماعية، يوضح سكوكبول بأن قدرة الدول على استيعاب المشكلات الداخلية ومشكلات النظام الدولي تعتبر ذات أهمية مركزية، ولأن فالرشتاين يرى أن الفروقات بين الدول تمثل ببساطة انعكاسات للظروف الاقتصادية، فإنه لم يتمكن من تقديم تفسير مقنع لأصول الرأسمالية أو السياقات التاريخية المختلفة لدول مختلفة والتي من المفترض أنها تحتل نفس الموقع.

لقد أثنى جدنز على فالرشتاين لتأكيده بأننا نشهد حقاً ظاهرة كونية متكاملة

اقتصادياً في ظل الرأسمالية، لكنه أيضاً يلح على إعادة التفكير بعوامل سياسية وعسكرية محددة. ويوضح جدنز، بأننا نستطيع أن نتحدث عن اقتصاد رأسمالي عالمي، وعلينا أن نتذكر بأنه جانب واحد فقط من النظام العالمي، وأن "نظام الدولة القومية ذات الشمولية الكونية" مساو له في الأهمية. وخلافاً للدول التقليدية، فإن الدولة القومية الحديثة تمثل وعاءً للقوة، والتي عملت على مسح أشكال أخرى من تنظيم الدولة كانت سائدة قبلها. ويعود هذا الأمر جزئياً إلى النزعة الصناعية، التي كانت مجهزة منذ البداية لتقدم أسلحة جديدة، بسبب التوسع الكبير للقوة الإدارية لمثل هذه الدول التي تعرف طبيعة عالمنا الحديث تماماً كما تفعل الرأسمالية.

الجزء الثاني

النموذج التطوري لدى تالكوت بارسونز

لم تتطور أفكار بارسونز حول التغير الاجتماعي بصورة كاملة حتى بداية الستينيات من القرن الماضي، عندما كتب (المجتمعات: منظورات تطورية ومقارنة). Societies: Evolutionary and Comparative Perspectives.

إن تناوله للتغير من منظور تطوري لم يكن اتجاهاً جديداً بالنسبة له، وإنما في الحقيقة كما أوضح روبرت نسبت Robert Nisbet . إن اهتمامات علماء الاجتماع الأوائل يمكن أن تفهم بأفضل صورها كمحاولة لإدراك التحول الكلي الذي يجري من حولهم في المجتمع.

"الثورتان"- الثوران المفاجئ للثورة الفرنسية، والتشكل التدريجي، بل بعيد المدى للثورة الصناعية- قامت كل واحدة منهما بتمييز اختفاء كلٍ من النظام السياسي الأرستقراطي القديم والمجتمع الزراعي الذي فيه عدد كبير من الناس يفلحون الأرض، كما كان يفعل آباؤهم وأجدادهم من قبلهم، ولذلك كان متعذراً على المفكرين اللذين عاشوا تلك الحقبة الزمنية أن يفكروا بنمو وتطور المجتمع من شكل إلى شكل آخر جديد مختلف تماماً.

ونتيجة لذلك، نستطيع أن نوثق الجذور الفكرية لفكر بارسونز التطوري، فمفكرون كثر من بينهم، أوجست كونت August Comte ، مؤسس علم الاجتماع، الذي آمن بأن الإنسان تقدم عبر ثلاث مراحل فكرية، تتطابق كل منها مع نمط معين من أنماط المجتمع.

وهذه المراحل هي: اللاهوتية Theological ، والمتافيزيقية Metaphysical

273

والنموذج الوصفي الـدنيوي Positivist ، وفيما بعد طبـق هربـرت سبنسـر Herbert Spencer مفـاهيم النظرية الدارونية بشكل مباشر على المجتمع، موضحاً بأن المجتمعات كذلك تتطور كلـما ازداد حجمها من الأشكال الأكثر بساطة إلى الأشكال الأكثر تعقيداً، وقد ضمّن بارسونز عملية التمايـز هذه في نموذجه. وقد أوضح دوركايم أنه بسـبب الكثافة السكانية، فإن التضامن الميكانيكي (مجتمعات متماسكة لأن الفروقات بين الأفراد قد اختزلت، وامتلك الناس معتقدات ووظائف عامة) استبدل بالتضامن العضوي في مجتمعات أكثر تقدماً (تتماسك هذه المجتمعات بالاعتماد المتبادل الذي يتضمنه تقسيم العمل المعقد). ومن أجل طرح أكثر أهميـة بالنسـبة للمسـتقبل فقد طور ماركس نظرية تاريخية، نظر من خلالها إلى المجتمع بأنه يتطور بالضرورة، من خلال الصراع، نحو يوتوبيا Utopia الشيوعية.

أظهر نموذج بارسونز التطوري فيما بعد، النـزعة المصلحية في النمو التطوري للمجتمع الإنساني، وبشكل أساسي فإن أفكار بارسونز المتعلقـة بـالتطور نمـت خـارج تنميطه لمتغيـرات النمط، ونموذج الوظائف الأربع.

لقد عمل بارسونز في نموذجه التطوري على تطوير وتوسيع نطاق أفكار دوركايم مـرة أخرى، وعـلى غـرار دوركـايم نظـر بارسـونز إلى المرحلـة البدائيـة أو مرحلـة مـا قبـل التـاريخ، باعتبارها المرحلة الأولى من مراحل التطور الاجتماعي، حيث كانت العلاقات القرابيـة والتوجـه الديني في العالم مسيطراً في هذه المرحلة. بالإضافة إلى ذلك، افترض بارسونز وجود مرحلـة وسيطة توصف باللغة المكتوبـة ولهـذا كـان هنـاك إمكانيـة لتـوفر الوثائق والتـاريخ. المرحلـة الحديثة أو الثالثة تتصف بالعلاقات الرسمية والبروتوكولات و – الأكثر أهميـة- مأسسة القـانون ومعرفة القراءة والكتابة من قبل جميع الراشدين.

ويجـادل بارسـونز، محاكيـاً دوركـايم ومسـتخدماً مفهـوم التمايـز Differentiation عنـد سبنسر، بأن التمايز المتزايد بشكل مستمر (أي، تقسيم الوحدة أو النسق إلى وحدتين أو

نسقين أو أكثر، والتي تختلف في أهميتها البنائية والوظيفية بالنسبة للنسق الأكبر) هو مفتاح التطور في الأنساق الاجتماعية. بعبارة أخرى، التغير من المجتمعات البدائية إلى المجتمعات الحديثة، والتغير من موقف تكون فيه الأدوار مندمجة إلى موقف تتحدد فيه الأدوار لشاغلي أدوار مختلفين، هو ما يوجد ويحدد أهمية الانتقال إلى مستوى تطوري مختلف. وعلاوة على ذلك، فإن هذا الانتقال يكون حاسماً، لأنه يسمح بتحكم أكثر بالبيئة. أشار بارسونز ، على سبيل المثال، إلى أن الإنتاج الاقتصادي أكثر فاعلية في المصانع المتخصصة منه في الاكتفاء الذاتي المنزلي.

عموميات التطور

ضمن دراسته وتوسعه في النموذج الأساسي للتطور، يحدد بارسونز عدداً من العموميات التطورية التي عرّفها بأنها: "أي نمو تنظيمي هام وكافٍ، لإحداث تطور إضافي، والذي من المحتمل أن يتحقق عن طريق أنساق تعمل تحت ظروف مختلفة، الأمر الذي لا يجعله مقتصراً في حدوثه على مرة واحدة فقط"

يجادل بارسونز، بأن كلاً من اللغة، والتنظيم القرابي، والدين، والتكنولوجيا البدائية جميعها تمثل متطلبات سابقة إذا أرادت المجتمعات المحلية الخروج من المرحلة البدائية نهائياً، ويصبح ما نتصوره مجتمعاً كاملاً. ومن ثم تتبع بشكل منتظم عموميات التطور الرئيسة الست، وهي: التدرج الاجتماعي، والشرعية الثقافية، والتنظيم البيروقراطي، واقتصاد المال والسوق، والمعايير العمومية المعممة، والاتحادات الديموقراطية. إن هذا التسلسل التطوري يبدأ من التمايز الكبير ويكون من خلاله ممكناً. وكلما نمت المجتمعات وامتلكت تلك البنى فإنها تصبح متمايزة بشكل أكبر (بالإضافة إلى تغيرها بطرق أخرى).

يجسد نموذج بارسونز التطوري كلاً من البناءات والعمليات؛ فالبناءات (علاقات نمطية وثابتة) هي: التدرج الاجتماعي، والشرعية الثقافية، والتنظيم البيروقراطي، والمال

والأسواق، والمعايير العمومية المعممة، والاتحادات الديموقراطية. أما العمليات (التغيرات التطورية التي تحدث داخل النسق) فهي: التمايز، والارتقاء التكيفي، والتضمين Inclusion وتعميم القيمة.

أوضح بارسونز أن التدرج الاجتماعي يمثل البناء الأول، والذي من المحتمل أن يتطور نتيجة تعاظم التمايز. وهكذا، فقد أضاف بارسونز أفكار التراتب والوظائف التي تحمل مركزاً أعلى أو أدنى إلى تمايز الدور. وقد قدم بارسونز في مرحلة مبكرة من مساره المهني نظرية في التدرج قال فيها أن أعمالاً معينة لها مركز اجتماعي وهيبة أكبر وتحظى بالأجر الأفضل بسبب ما تحتاجه من موهبة، ومقدرة، ومهارة، والمال، والوقت، والطاقة التي ينفق الناس من أجلها في التدريب، والحاجة إلى استقطاب أكثر الأفراد كفاءة لشغلها. وهكذا، يعتقد بارسونز أن المدارس الحديثة تزود المجتمع بوظيفة حاسمة، ليس فقط في تعليم القيم، ولكن كذلك في التصرف على أساس تراتبي يبرز مهارات الأولاد وكذلك يحدد وظائفهم المستقبلية. إن النقطة الرئيسة التي يركز عليها بارسونز هنا، هي اعتبار نسق التدرج مرغوبا وضروريا في الوقت نفسه داخل المجتمع الصناعي المعقد، الذي يملأ الوظائف بفاعلية ويحفظ للنسق الاجتماعي بأكمله أداء وظيفته والعمل بشكل سلس. ولذلك، فإن التدرج الاجتماعي يمثل عمومية تطورية إذ بدونه لا يمكن للمجتمع المتمايز بدرجة كبيرة أن يستمر.

إن التحليل الوظيفي للتدرج الاجتماعي من أكثر الموضوعات التي خضعت للنقاشات في نظرية بارسونز. غير أن منظري الصراع، بشكل خاص، يرفضون تحليل بارسونز، والبعض يعتبر نسق التدرج فكرة مضادة للمجتمع الخالي من الطبقات الذي يؤمنون به ويعتبرونه ممكناً. إنهم يعتقدون أن الوظيفية تتخذ بالضرورة موقفاً فكرياً محافظاً، من خلال تركيزها على ضرورة التدرج. هناك آخرون يتفقون مع الوظيفيين في حتمية

التدرج، إلا أنهم لا يستخدمون مصطلح "ضروري"، مع تضمينه للحاجات الاجتماعية. ورغم ذلك، فهم لا يتفقون مع التفسير الوظيفي حول كيفية وسبب اعتبار التدرج حتمياً. إنهم ينظرون إلى التدرج كمجال للتوزيع غير المتساوي للقوة في المجتمع، حيث إن أولئك اللذين يمتلكون قوة أكبر، لأي سبب كان، يستخدمونها من أجل ضمان مركز اجتماعي وهيبة وثروة أكبر. أخيراً، هناك عدد من علماء الاجتماع، يعتبرون وجهة النظر الوظيفية أحادية البعد أكثر من اعتبارها خاطئة بشكل كلي. إنها تميل إلى التأكيد على الاستحقاقية Meritocracy ، وتتجاهل حقيقة أن مواهب الناس اللذين يولدون في جماعات ذات مكانة متدنية، كالفقراء مثلاً، أو المرأة، أو الأقليات، غالباً ما لا يتم اكتشافها.

كما ذكرنا، فإن بارسونز قد اعتبر التمايز مفتاحاً للتطور في الأنساق الاجتماعية. ويؤكد أنه بدون تمايز موقع الدور المرافق للتدرج الاجتماعي، فإن التخصص والنمو التكنولوجي يكون مستحيلاً. العملية التطورية الثانية هي الارتقاء التكيفي Adaptive Upgrading وتتضمن فكرة ضبط البيئة أو السيطرة عليها، وهذه العملية تتقدم أيضاً، بواسطة نمو كل واحدة من العموميات. على الرغم من أن تأثير سبنسر واضح هنا، إلا أن بارسونز يعتمد كذلك على فكرة العقلنة لدى فيبر ليحدد الاتجاه الأساسي للتغير الاجتماعي من الناحية المفاهيمية. من وجهة نظر فيبر، فإن المجتمع الحديث جعل كل شيء محكوم بالصدفة في المجتمع البدائي، معقلناً وقابلاً للحساب والتوقع.

ناقش روبرت بيلاه Robert Bellah في كتابه الموسوم بـ"المجتمع الحسن"، The Good Society مفهوم العقلانية عند فيبر، وقد عرفها كما يلي: العقلانية هي: "عملية تنظيم نظامية لجميع العلاقات الاجتماعية من أجل جعلها وسائل ذات أكثر فاعلية ممكنة في تحقيق أكبر قدر من الثروة أو القوة بحيث تكون الخاصية الأساسية للمؤسسات هي السوق المنظم ذاتياً والدولة البيروقراطية".

أكد بارسونز أن عملية الارتقاء التكيفي تتضمن تعزيزاً للقدرات التكيفية للمجتمعات، أي قدرتها على تحقيق أهداف متنوعة رغم ما يمكن أن تواجهه من صعوبات بيئية. إن المجتمعات التي تنخرط في هذه العملية، مثلاً، تميل إلى مكافأة أولئك اللذين يقدمون مخترعات علمية أو تكنولوجية بالمال والشهرة. وبالفعل، فإن هناك أمريكيين حققوا الثروة من وراء اختراعاتهم الهامة.

نستطيع أن نوضح الآن بعض البناءات، أو العموميات التطورية، التي تلائم عمليات التغير التطوري من خلال تناولنا للبيروقراطية. صرح بارسونز أن التنظيم البيروقراطي الذي يتضمن تمايزاً إضافياً، يمنح المجتمعات فائدة تكيفية لأن التخصص الذي يتضمنه يعني استفادة أكبر وأفضل من المواهب ويحقق استجابة أكثر مرونة للضرورات البيئية. بالإضافة إلى ذلك، فإن اقتصاديات المال والأسواق تدعم المقدرة التكيفية للمجتمع لأنها تقدم مرونة اقتصادية متزايدة. أخيراً، فإن المجتمع يمتلك فائدة تكيفية عندما يمتلك شرعية ثقافية، أي عندما يتجاوز التعريف الثقافي لمفهوم "نحن" We-ness حدود الجماعة القرابية إلى المجتمع الأكبر ويتمأسس فيه. إن البلاد تمتلك شرعية ثقافية ليس عندما تنبثق فكرة الأمة فقط، ولكن عندما تصبح الفكرة مقبولة من قبل المواطنين، وهذا يدعم مقدرة الأمة على الاشتراك في فعل جمعي، وبسبب أن الشرعية الثقافية ظرف سابق لكل من التنظيم البيروقراطي واقتصاديات المال والسوق، فإنه ضروري كذلك من أجل الارتقاء التكيفي للمجتمع.

بالإضافة إلى التمايز والارتقاء التكيفي، يضيف بارسونز عمليتين أخريتين لنموذجه في التغير التطوري؛ إحداهما تمثل مصدر عملية الاندماج العرقي Desegregation والتي يدعوها بالتضمين. ومن أجل أن يتحقق الارتقاء التكيفي في الولايات المتحدة على سبيل المثال، فإنه لا ينبغي استبعاد الناس من أعمال معينة على أساس العرق، والنوع الاجتماعي،

والعمر، والاتجاه الجنسي، والإعاقة الجسدية، والدين، والأصل القومي، وعلى المجتمع أن يـدرك بأن الجماعات التي تم استبعادها قادرة على المشاركة في عمل النسق ووظائفيته. بمعنى آخر، كلما كانت المهارات النامية بعيـدة بصورة أكبر عـن الاعتبـار للخصائص النوعيـة ، كلـما كـثر الأعضاء المتخصصين، وكلما كان المجتمع ذا انتاجية أكبر.

أضاف بارسونز للتضمين عملية تعميم القيمة Value Generalization . إن النمط الجديـد للنسق الاجتماعي المنبثق في هذه العملية التطورية، ينبغي أن يمتلك نمطاً قيمياً يصـاغ علـى مستوى عال من العمومية من أجل إضفاء شرعيـة علـى أهدافـه المتنوعـة ووظائف وحداتـه الفرعية. بمعنى آخر، فإن المستويات العليا من التمايز، والارتقاء التكيفي والتضمين لا توجد مع نسق ذو منظومة قيمية محدودة الأفق، يشترك فيها جزء من أعضاء النسق الاجتماعي فقط.

إن فكرة روبرت بيلاه حول الـدين المدني Civil Religion في أمريكـا تعتبر مثالاً علـى تعميم القيمة، وبصرف النظر عن وصفه، فإن هذا الدين لا يعد بروتستانتياً ولا كاثوليكياً، ولا يهودياً، ويمكن أن يشمل عدداً هائلاً من المؤمنين وغير المـؤمنين لأن هـذا الـدين هـو الوطنيـة (حب الوطن) بصورة أساسية. إن الدين المدني الذي يتناصر مع قيم الحياة، والحرية، وملاحقـة السعادة، يضفي شرعية على عدد كبير من الأهداف والوظائف أكثر مما تفعل أي من الديانات الثلاث الأساسية. كما أنه يقدم نمطاً قيمياً أكثر عمومية والذي يعتبر ضرورياً بالنسبة لمجتمـع يضم عدداً كبيراً من الأعضاء.

تتجه العملية التطورية من التمايز إلى الارتقاء التكيفي مروراً بالتضمين وحتى تعمـيم القيمة. والشكل 4-1 يوضح كيف تحدث كل من هذه العمليات في المجتمع الأمريكي. فالتغير من العرافة، إلى التمريض، إلى الجراحـة يوضح التمايـز في الطب. والتقـدم مـن الوبائيـات إلى السيطرة على المرض يوضح الارتقاء التكيفي في مجال الصحة. والتغير في

التسجيل في مدرسة الطب (والتعليم العالي عموماً) من التمييز لصالح الذكور البيض من البروتستانت الأنجلو- ساكسون إلى المهن المفتوحة للأقليات العرقية والإثنية إلى الإناث يوضح التضمين. وأخيراً، فإن الانتقال في المجال الديني من سيطرة نسق القيم البروتستانتي إلى الديانة المدنية الأمريكية يوضح تعميم القيمة.

الشكل 4-1 نموذج بارسونز التطوري مطبق على العمليات في الولايات المتحدة

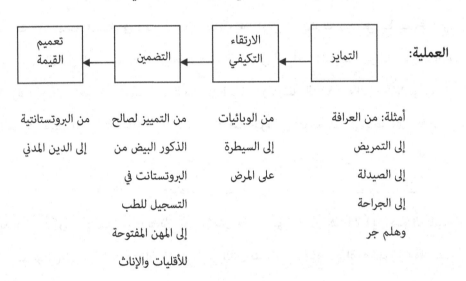

العملية:	التمايز	الارتقاء التكيفي	التضمين	تعميم القيمة
أمثلة:	من العرافة	من الوبائيات	من التمييز لصالح	من البروتستانتية
	إلى التمريض	إلى السيطرة	الذكور البيض من	إلى الدين المدني
	إلى الصيدلة	على المرض	البروتستانت في	
	إلى الجراحة		التسجيل للطب	
	وهلم جر		إلى المهن المفتوحة	
			للأقليات والإناث	

استخدمت مريم جونسون Miriam Johnson العمليات التطورية الأربع عند بارسونز لتوضح بروز الحركة النسوية في الولايات المتحدة، وأشارت إلى إقرار بارسونز بأن التحديث أوجد تمايزاً واضحاً بين الشخصية والمجتمع، والذي يتعلق بتزايد استقلالية الأفراد، ثم تجادل بأن "تصور اللامساواة في النوع الاجتماعي يعتمد في جزء منه على عملية التمايز. والتي يحدد الناس من خلالها ويدركون بأن استحقاق الذات أصبح قابلاً للانفصال عن الأدوار التي لعبوها والنشاطات التي تابعوها. وحسب ما تقول جونسون فإن عملية التمايز "جعلت صيغ الفهم التي تتصف بها النسوية الغربية ممكنة".

أما بالنسبة لعملية التضمين، كما توضح جونسون، فإن الجهود النشطة في مجال الضغط على الدولة من أجل المصادقة على تعديل حقوق المساواة تمثل إلى حد ما الدفع باتجاه التضمين. يأمل النسويون Feminists بأن هذا التعديل سوف يدعم حرية الحصول على الأعمال بصورة متساوية، وأجر متساوٍ، وفرصة متساوية للمرأة. وتضيف جونسون بذكاء، أن عملية التضمين لم تكن عملية تسير بسلاسة، حيث أن أجور النساء لا تزال أقل بكثير من أجور الرجال، وبصرف النظر عما إذا كانت المرأة تعمل داخل البيت أم خارجه، فإنها ما تزال مستمرة في تقلد المسؤولية الرئيسة في رعاية الأطفال.

علاوة على ما تقدم، تضيف جونسون بأن تضمين المرأة المتعلمة في العالم المهني خارج البيت على أساس المساواة مع الرجال أدى إلى الارتقاء التكيفي لأن هذه العملية أطلقت مقدرة ذات تدريب وأهلية في النسق. أخيراً، توضح جونسون، بأن الكثير من الكتابة النسوية يمكن وصفها بأنها جهد مبذول لإعادة تعريف القيم الاجتماعية التي تكرس السيطرة الذكورية، وحسب تعبير بارسونز، إنها تمثل جهداً لتحقيق تعميم القيمة.

إن النجاح المحدود للحركة النسوية يوضح ضعف نموذج بارسونز في التغير الاجتماعي، فالقيود المفروضة، والتوتر، ومقاومة عملية التضمين ينبغي أن تؤخذ جميعها بعين الاعتبار. ومن ثم، فإن هذا الأمر يبرز التساؤل حول مقاومة التمايز، والارتقاء التكيفي وتعميم القيمة كذلك. وفي الحقيقة، يمكن التصريح بأن نظرية بارسونز التطورية يمكن أن تكون أكثر قوة، لو تم الاهتمام بالقيود، والتوترات ومقاومة التغيير، في كل واحدة من العمليات الأربع.

يرفض بارسونز وجهة النظر التطورية القديمة التي تزعم بأن جميع المجتمعات تتبع مساراً حتمياً وموحداً في النمو والتطور، وبدلاً من ذلك يفترض بأن كل المجتمعات تتقدم تدريجياً وبانتظام من خلال تلك العملية التطورية. علاوة على هذا، فإن بارسونز يحدد عدداً

من الخصائص الحاسمة، والتي يعتبرها مركزية بالنسبة للطريقة التي تتطور بها المجتمعات والتي لا يمكن أن توحد وجود مجتمع قائم بطريقة اعتباطية.

يريد بارسونز القـول أننـا إذا أردنـا أن نفهـم الفروقـات بـين المجتمـع الحـديث والأزتيكيين Aztecs [*] ، فينبغي علينا أن نكتشف أياً مـن تلك المؤسسـات المركزية يمتلك كل منهما ومن ثم نرى كيف تختلف فيهما. وعلينا أن نأخذ بعـين الاعتبار درجـة كل مجتمع في الارتقاء التكيفي، والتضمين، وبقية العمليات. وبالمثل، فإن بارسونز سيكون متشككاً في نتيجـة الجهود المبذولة مـن أجـل إدخـال الديموقراطيـة أو النسـق القـانوني الحـديث إلى المجتمعـات القبلية والقرابية.

يبدو أن بارسونز متفائل بحذر حول إمكانيات التغير الاجتماعي في نظريته، فـالتطور والتقدم يبدو فيهما الترادف، والديموقراطية كنمو اجتماعي ثابت ومنطقي، ورغم ذلك، فهـو لا يخفي إعجابه بالديموقراطية الأمريكية. إن بارسونز يولف برجماتيتـه الأمريكيـة مـع العنصرـ المثير للشفقة في النظرية الأوروبية، على سبيل المثال، فإن بارسونز ويورجن هابرماس، الذي هو منظر صراعي ناقد، يتفقان على العديد من الخصائص المتشابهة باعتبارها مركزيـة في عمليـة التطور، رغم أن نغمة كل منهما مختلفة تماماً.

إن نظرية بارسونز في التغير الاجتماعي، لا تنفصل عـن منظـوره الـوظيفي، بـل هـي تفصيل له، فهي تشدد على أن تعديلات تدرجية وسلسة يمكن أن تتحقق إذا ما تـم الاحتفـاظ بمؤسسات الديموقراطية الليبرالية. لا يعتبر بارسونز تطور النظام الاجتماعي معوقـاً وظيفيـاً Dysfunctional ، لكنه يقود إلى التغير ضمن النسـق وليـس إلى تغـير النسـق. لم يحـاول بارسونز إطلاقاً تفسير التغير الاجتماعي المفاجئ ولا الكلي، ولذلك فإن الانقلاب الشيوعي مـن الصـعب تفسيره في ضوء طروحات بارسونز.

---

[*] شعب متمدن حكم المكسيك قبل أن يفتحها الإسبان عام 1519 (المترجم).

لقد كان بارسونز مديناً في عمله لـ إميل دوركايم، فالتقدم الاجتماعي حسب رؤية دوركايم، كان يتم ابتداءً، من البناءات المتجانسة للمجتمعات البدائية (التي اتصفت بالتضامن الميكانيكي) إلى البناءات المتمايزة في المجتمعات الحديثة (التي اتصفت بالتضامن العضوي).

وفي تلخيصنا لفكر بارسونز في التغير، نستطيع أن نرى بأن اهتمامه الحيوي بمشكلة النظام تشبه كثيراً اهتمام دوركايم المسبق بالتكامل. إن بارسونز ودوركايم يفضل كل واحد منهما التعديل التدرجي والحذر للنسق، وهذه الصيغة تقود إلى النماذج التطورية.

الجزء الثالث

يورجن هابرماس: العقلنة والفعل الاتصالي

يعتبر يورجن هابرماس Jurgen Habermas المنظر الاجتماعي الألماني المعاصر الأكثر شهرة،
وقد تمت مقابلته بشكل متكرر من قبل وسائل الإعلام الجادة في بلده وبلدان أوروبية أخرى.
كما انخرط في الجدل السياسي والخلافات السياسية. وكما لاحظ أساتذة جامعة هارفارد، عندما
منحوه درجة الدكتوراه الفخرية عام 2001، فإن هابرماس يعتبر من قبل الكثيرين الفيلسوف
والمنظر الاجتماعي الكثر أهمية في العالم اليوم. والمرشد الكبير للمثاليات التنويرية للعقلانية،
والعالمية. لقد حظي هابرماس بالعديد من الجوائز، مثل جائزة أمير إسبانيا للعلوم الاجتماعية،
وجائزة السلام التي قدمت له من قبل جمعية الناشرين الألمان Deutsche Buchhandle، وهي
جوائز تعكس صيته وسمعته الدولية وانخراطه في الجدل والنقاش السياسي.

اشترك يورجن هابرماس بالعديد من الاهتمامات مع منظري فرانكفورت القدامى،
وقد انجذب مثلهم نحو التقليد الفلسفي الألماني. ولد هابرماس في عام 1929 في جومرسباك
Gummersbach قرب دوسلدورف Dusseldorf حيث كان والده قساً ورئيس المكتب المحلي
للصناعة والتجارة. درس الفلسفة في جوتنجن. وفي عام 1956 أصبح مساعداً لأدورنو في
فرانكفورت. وفي عام 1961، وفي سن مبكرة غير عادية بالنسبة للأكاديميين الألمان، أصبح أستاذاً
للفلسفة وعلم الاجتماع في جامعة هايدلبرغ. وفي عام 1964 منح كرسياً في جامعة فرانكفورت
وعمل كموجه مشارك لحلقة البحث الفلسفية. وفي عام 1971 غادر فرانكفورت ليصبح موجهاً
لمعهد ماكس بلانك لدراسة الحياة في المجتمع التقني والعلمي في ميونخ وبعدها عاد إلى
فرانكفورت.

وعلى الرغم من أن الأعضاء الأوائل في مدرسة فرانكفورت لم يكونوا منخرطين بشكل فعال في السياسة، إلا أن عملهم كان مؤثراً جداً بين الطلاب الألمان الراديكاليين. بالإضافة إلى ذلك، وكما ذكرنا سابقاً، فإن ماركوز كان كاتباً ذا أهمية بالغة بالنسبة لليسار الأمريكي الجديد في الستينيات. ونتيجة لذلك، فإن منظري فرانكفورت ظلوا مثيرين للجدل إلى حد كبير. وبالفعل، فقد اتهموا من قبل رئيس وزراء في ألمانيا الغربية بأنهم مسؤولون بشكل مباشر عن موجة الإرهاب المدنية التي اجتاحت ألمانيا في الستينيات. ورغم ذلك فإن محاضرات أدورنو تمت مقاطعتها من قبل الطلاب الذين اعتبروه ليس ثورياً بما فيه الكفاية. ومع ذلك، كان هناك خلافاً كبيراً بين الطلاب الألمان الراديكاليين ومنظري مدرسة فرانكفورت. إن هابرماس الذي أصبح معروفاً بوجه عام في هذه الفترة، شدّد بشكل متكرر على تضامنه مع الحركة ككل، لكنه كذلك تراجع عن وجهات نظر بعض القادة المتطرفين مثل "الفاشية اليسارية"، مدافعاً عن أهمية المؤسسات الديموقراطية، وحكم القانون، وهاجم استخدام العنف. لقد تمت مقاطعة دروس أدورنو من قبل الطلاب اللذين اعتبروه ثورياً غير وافٍ وحديثاً جداً، أصبح هابرماس نصيراً فعالاً لجدل المؤرخين حول أصول النازية والحرب العالمية الثانية التي مزقت الحياة الفكرية والثقافية في ألمانيا الغربية.

يشارك يورجن هابرماس منظري مدرسة فرانكفورت الأصليين الاعتقاد بـ"العقل"، كمقياس نحكم من خلاله - نقدياً - على مجتمعنا، والاهتمام بالروابط بين الثقافة، والبناء الاجتماعي، والشخصية. ورغم ذلك، فإنه يقدم نظرية أكثر شمولية حول الأنساق الاجتماعية والتطور الاجتماعي، ويطور بالإضافة إلى ذلك أفكار مدرسة فرانكفورت حول كيفية إجراء التحليل والنقد الاجتماعي. إن هابرماس يولي اهتماماً خاصاً لتطورات القرن الأخير وقوى التغير الظاهرة في المجتمع الحديث.

ألقى هابرماس اهتماماً كبيراً للدور الذي تلعبه تصورات الأفراد في صيانة التغير

الاجتماعي أو إدراكه. وهذا التأكيد، أصبح ظاهراً بصورة متزايدة عبر الوقت، وبشكل محدد في نظريته الشمولية حول الفعل الاتصالي Theory of Communicative Action والتي ظهر فيها تأثير الظاهراتية بشكل واضح جداً. ورغم ذلك، فإن ما يبدو كذلك واضحاً بشكل متزايد، على أنه يمكن اعتبار عمل هابرماس ببساطة توسع في فكر ماركس، إنما هو جدال مستمر مع ماكس فيبر. لقد عاد مراراً وتكراراً إلى التعبير المجازي الذي استخدمه ماكس فيبر في وصف المجتمع البيروقراطي وهو "القفص الحديدي"، Iron Cage وقد وصف أحد المعلقين المتعاطفين نظرية الفعل الاتصالي بأنه يمكن "تصورها كمحاولة ثانية لإمج ماكس فيبر في روح الماركسية الغربية".

ينبغي فهم هابرماس تماماً مثل فهم فيبر (ومحللي مدرسة فرانكفورت الأوائل) استناداً إلى التقليد الألماني الذي لا يوجد فيه فصلاً دقيقاً بين "علم الاجتماع" و"الفلسفة". وفي هذا التقليد يتضح أن مفهوم "العقل" مرتبط على نطاق واسع مع القيم ومنغمس Imbued بها أكثر من استخدامنا باللغة الإنجليزية لكلمة يتضمن Implies القيم.

التطور والأزمة إن الإنجاز الرئيس لأعمال هابرماس المبكرة (وبشكل خاص أزمة الشرعية والاتصال وتطور المجتمع) تمثل بتقديم إعادة صياغة لنظرية ماركس في التطور، وعلى الرغم من أن أعماله الحديثة تعدّل النموذج القديم وتوسعه - مثلاً، عن طريق تغيير بعض العبارات المستخدمة - إلا أن المقولات الأساسية ظلت باقية.

يحدد هابرماس عدداً من التشكيلات الاجتماعية، موضحة في الشكل (4-2). المجتمعات البدائية مقارنة بالمجتمعات القبلية عند ماركس، والمجتمعات التقليدية التي تتضمن كلاً من المجتمعات القديمة والإقطاعية، والمجتمعات الرأسمالية الليبرالية تصف رأسمالية القرن التاسع عشر التي عرفها ماركس، ومجتمعاتنا الغربية أمثلة على الرأسمالية المنظمة. يصنف هابرماس مجتمعات الدولة الإشتراكية كمجتمعات طبقية ما بعد رأسمالية بالنظر إلى تنظيم

نخبها السياسية لوسائل الإنتاج.

إن نمط تحليل هابرماس مشابه لنمط التحليل لدى ماركس حيث يرى أن التحول ناتج عن أزمة أو تناقضات متأصلة في نظام معين. إن تلك الأزمة أو التناقضات تخلق "مشكلات توجيه" Steering problems تجعل الدفاع عن النظام في نهاية الأمر أمراً متعذراً. ورغم ذلك، فإن هابرماس كغيره من المنظرين النقديين يؤكد على الدور الذي تلعبه أفكار الناس ووعيهم. إن التغيرات البنائية الأساسية والتناقضات تظهر نفسها من خلال انهيار القيم المشتركة أو "البنى المعيارية"، Normative Structures ويتفكك النظام الاجتماعي القديم لأن مثل هذه التغيرات تهدد شعور الناس بالهوية (وكذلك التكامل الاجتماعي).

وفي مناقشة مثل هذا الانهيار، يركز هابرماس كثيراً على التنظيم السياسي للمجتمعات وعلى شرعيتها (تعني الشرعية: استحقاق النظام السياسي الاعتراف به) وفي التأكيد على إضفاء الشرعية، فإن هابرماس يشبه كلاً من فيبر الذي حلل الشرعية المرتبطة بالسلطة، وبارسونز الذي اعتبر أن الأفكار أو المعايير مركزية لديمومة النسق.

يوضح هابرماس بأن "مشكلات الشرعية ليست خاصة بالمجتمعات الحديثة .. إنما في المجتمعات التقليدية، اتخذت صراعات الشرعية بشكل نموذجي، شكل الحركات النبوية والمسيحية التي اتجهت ضد الترجمة الرسمية للتعاليم الدينية. وهذا لأن التناقض هنا، بين امتيازات الطبقة المهيمنة والنسق المعياري للأفكار التي من المفترض أن تضفي شرعية عليها، وقد أصبح واضحاً، وأمثلة ذلك هي رُسل اليهود وحركات الهرطقة في العصور الوسطى. ورغم ذلك، فإن هذا الأمر لم يجعل أزمة الشرعية في الدولة شيئاً منفصلاً عن الصراعات الطبقية، وعلى العكس من ذلك، فإنه من خلال تطور الدولة تحركت تلك المجتمعات بعيداً عن الإنتاج عن طريق العائلة ومن أجلها، إلى موقف تستولي فيه الطبقة المهيمنة على الثروة.

التشكيلات الاجتماعية

المجتمع البدائي

المجتمعات الطبقية:

- الحضارات التقليدية
- الحضارات الحديثة
- الرأسمالية
  - الرأسمالية الليبرالية
  - الرأسمالية المنظمة
- ما بعد الرأسمالية

ما بعد الحديث

الشكل (4-2) التشكيلات الاجتماعية عند يورجن هابرماس

إن تركيز هابرماس على الأفكار باعتبارها آلية للتغير جعل معالجته مختلفة جداً عن معالجة ماركس، الذي تعامل مع تطور الصناعة الحديثة كآلية وسيطة قذفت الإنسانية من الإقطاعية إلى المجتمع الرأسمالي. وبدلاً من ذلك، يعرض متوازيين هامين كل منهما يتماثل مع مدخل شومبيتر، حيث نوقشت الطريقة التي تدمر من خلالها الرأسمالية شرعيتها كقوة مركزية وراء أجلها المحتوم، وبموازاة ذلك، يوجد بعض التاريخيين الاقتصاديين اللاراديكاليين اللذين ركزوا كذلك على دور الدولة ودور "الأيديولوجيا" في تحديد كيفية توزيع الثروة.

حسب ما يرى هابرماس، فإن الخاصية المميزة للرأسمالية الليبرالية تتمثل في "نزع التسييس عن العلاقة الطبقية". ومن قبل، كانت السيطرة على الدولة من قبل مجموعة صغيرة ذات أهمية مركزية. في ظل الرأسمالية الليبرالية هناك سوق تجاري منظم ذاتياً، ودور الدولة ببساطة يتمثل في الحفاظ على الظروف العامة للإنتاج الرأسمالي، وبشكل خاص القانون المدني. يلاحظ هابرماس، مثل فيبر أو ماركوز بأن عملية تراكم "العقلنة" Rationalization

في ظل الرأسمالية واللاتكامل المماثل لها في كل من العادات التقليدية وتبرير الممارسات تحتكم إلى التقليد.

وعلاوة على ذلك، فإنه يلاحظ مثل بارسونز (الذي يعترف بفضله الفكري) التوسع العام في المجال العلماني والتحرك من الخصوصية القبلية إلى العمومية وفي نفس الوقت إلى التوجهات الفردية.

على الرغم من ذلك، في تحليله التطور المحتمل للمجتمع الحديث، يعتقد هابرماس بأن الاتجاه من الأسطورة، عبر الدين، إلى الفلسفة والأيديولوجيا ذو أهمية بالغة. وهذا يعني أن "مزاعم الصدق المعياري" (أي، الجدال بأن شيئاً ما ينبغي أن يكون كذلك) يجب أن تبرر أكثر وأن تكون أكثر وضوحاً، بدلاً من الاعتماد على الاحتكام للتقليد والسلطة. قامت الرأسمالية ببناء زعمها للشرعية على فكرة أن تبادلات السوق بين أشخاص متساويين يعد أمراً عادلاً، ورغم ذلك، فإنه في المجتمع الذي ترتكز فيه الشرعية على أعمال السوق، فإن تقلبات السوق توجه تهديداً للتكامل الاجتماعي. إن مثل هذه التقلبات قد تخلق مستويات مرتفعة من البطالة أو التضخم، الأمر الذي يبدد مدخرات الناس، أو قد تختفي الصناعات التقليدية للمدينة أو الدولة بشكل فعلي. وفي عملية السوق، جعلت التقلبات الأمر واضحاً لكل واحد منخرط في العملية بأن أيديولوجيا السوق ليست صحيحة. إن السوق في الحقيقة لا يمثل مكاناً يجتمع فيه أشخاص متساوين، لكن يمثل شكلاً من القوة المؤسسة حيث يتخذ بعض الناس أماكن ومواقع أفضل من غيرهم.

وفي مناقشته "للرأسمالية المنظمة" المعاصرة، اهتم هابرماس فوق كل ذلك بما إذا كانت قد حلت هذا "التناقض الجوهري". وجوابه أنها لم تتمكن من ذلك. هناك "ميول أزمة" خطيرة في المجتمعات الغربية الحديثة أكثرها أهمية تقويض شرعيتها.

يعتقد هابرماس أن التحول من الرأسمالية الليبرالية إلى الرأسمالية المنظمة يتضمن

تغيرين اثنين؛ الأول يتمثل في صعود ثوابت ضخمة لاحتكار الأقلية واختفاء الرأسمالية التنافسية. والثاني يتمثل في إعادة انبثاق الدولة، التي تأخذ مكانها بصورة متزايدة وتتدخل في السوق (وهكذا تشير إلى نهاية الرأسمالية الليبرالية). تمثل عملية انبثاق الدولة في جزء كبير منها استجابة للتقلبات الاقتصادية ومشكلات التوجيه. تحاول الدولة تنظيم دائرة الاقتصاد، والمحافظة على نمو التشغيل وتحقيق التشغيل التام، وتنفق على التعليم والبحث، وتقدم البناء التحتي من الطرق والمنافع، وتقلل التكاليف الاجتماعية والمادية الناتجة عن الإنتاج الخاص من خلال تعويضات البطالة والرفاه وما شابه ذلك. ورغم هذا، فإن دافع الربح والاستيلاء الخاص المستبد على فائض القيمة تبقى أموراً حاسمة.

إن إعادة المزاوجة بين الدولة والنسق الاقتصادي تخلق، كما يجادل، هابرماس، حاجة متزايدة للشرعية، وفي زمن العقلانية ينبغي أن تكون الشرعية رسمية وواضحة. ومن هنا، فإن الأيديولوجيا القديمة للبرجوازية حول التبادل العادل قد انهارت والبديل هو نسق من "الديموقراطية الرسمية". ويوضح هابرماس بأن المشاركة الأصيلة وغير الزائفة في صناعة القرار، سوف تجعل الناس مدركين للتناقضات في المجتمع الذي يكون فيه الإنتاج من اهتمام الدولة، لكن فائض القيمة يتم الاستيلاء عليه بصورة فردية، إن مثل هذه المشاركة ليست متوفرة.

ورغم ذلك، فإن هذا النظام هش، إذ يسير هابرماس على خطى ماركس في اعتقاده أن النظام الاقتصادي ذاته مهدد بهبوط معدل الفائدة، وعلاوة على ذلك من المحتمل أن لا يكون هناك ولاءً كافياً للنظام السياسي. ونتيجة لذلك تتشكل "أزمة شرعية". كان للرأسمالية في أيامها المبكرة بقايا تقاليد تحافظ عليها، أما الآن فإن عقلانيتها قوضت التقاليد. كما أن المعايير والولاءات التي كانت لا تقبل التساؤل والنقاش، فإنها الآن تناقش بشكل جماهيري وبذلك ضعفت.

إن التغيرات التي طرأت على الأسرة دمرت رواسب التقاليد بشكل إضافي، وأطلقت العقل الذي يدعم النظام الرأسمالي، وفي حين أن الأنماط السلطوية التربوية السابقة للبرجوازية استمرت، فإن الناس تقبلوت الحكم من قبل النخبة أكثر من المشاركة القاسية. لكن تلك الأنماط قد انتهت وساعد في ذلك تحليل الوعي الذاتي للطرق التي نربي بها أبناءنا. إن مثل هذا التحليل قلل فاعلية التربية التقليدية للطفل، لأن قوة هذه التربية تعتمد على عدم تساؤل الناس حولها. أخيراً، إن أيديولوجيا الإنجاز كذلك قد اختفت. لقد جعلت دولة الرفاه العمل الشاق أقل أهمية، وفي الاقتصاد الحديث فإنه من الصعب مكافأة الناس على جهودهم الفردية، ويلزمهم بتحمل المسؤولية بشكل شخصي.

عقلنة المعيشة

يوسع هابرماس نظريته التطورية من خلال النظر إليها بالاستناد إلى الاتصال والمعيشة، Lifeworld أي استناداً إلى الكيفية التي تتكون بها خبرة الأفراد حول التغير التطوري بشكل فعلي. وهنا يظهر خط واضح بين هابرماس وفيبر. لقد أوضح فيبر أننا نحتاج في العلم الاجتماعي إلى فهم ذاتي لنظرة الناس الآخرين إلى العالم، وشبكات المعنى لديهم. وعلى نحو مماثل يجادل هابرماس حول إسقاط "البين ذاتي" Intersubjective على معيشة آخر، أي تخيل ما يمكن أن تكون عليه في داخل شخص آخر، يخبر العالم كما يخبره هو أو هي.

رغم ذلك، وإلى حد كبير جداً، يتبع هابرماس التقليد الفينومينولوجي. إن إدموند هوسرل Edmund Husserl (1859 -1938)، الفيلسوف الألماني الذي كان أول من استخدم مصطلح فينومينولوجي، هو الآخر طبق مفهوم المعيشة. وكان هوسرل يشير هنا إلى أكثر مستويات الوعي جوهرية، وهي المستويات التي لا ندركها. تلك المستويات من الوعي تبني جميع تصوراتنا، وتحدد كيف نخبر الواقع بصورة فعلية. إن المراهقين في المجتمع

الحديث، مثلاً، يتخذون كواقع معطى، أن الزمن يتقدم باتجاه واحد فقط، وإذا بلغت عيد ميلادك العشرين ذات مرة، فإنك لن تعود إلى سن التاسعة عشرة أبداً، أما ابن الثلاث سنوات فهو يخبر الواقع بصورة مختلفة، وربما يصرح بأنه يريد العودة إلى السنتين بعد أن يصبح عمره اثنتا عشرة سنة.

وعلى هذا النحو، تصبح عملية "التحديث" Modernization ذات حدود مشتركة مع عقلنة المعيشة. إن الناس في المجتمعات القبلية ذات البيئات المحددة يتخذ فيها عالم المعيشة كواقع معطى، يختلطون فقط بالآخرين اللذين يشتركون معهم بنفس المعيشة ولذلك فهم دائماً قادرين على التواصل مع بعضهم، وليس لديهم أي سبب ليشكلوا وعياً ذاتياً ببناء الخبرة المشتركة. إن أحدنا لا يتخيل مقابلة أحد الظاهراتيين بين أسلافنا اللذين اعتمدوا على صيد الحيوانات وعلى القطف والالتقاط أو ضمن المستوطنات التي كان يقطنها القراصنة الإسكندنافيين Viking . لقد أصبحت المعيشة اليوم معقلنة فبدلاً من معرفة أن حيوانات معينة ليست نظيفة، أو أن الرؤساء لديهم الحق ليحكموا فإننا نحتاج إلى تلك الأشياء التي أصبحت مبررة بالاستناد إلى مبادئ عامة جداً، وهو ما يطلق عليه تالكوت بارسونز "تعميم القيمة".

يهتم هابرماس بالمعيشة كجانب من نظرية الفعل الاتصالي. ويوضح، أنه من خلال فعل التواصل يعمل المجتمع ويتطور بشكل فعلي، وهذه العملية تنجز وتبنى من خلال معيشة الفاعلين، أحد الأمثلة التي يقدمها هابرماس يتمثل في العامل القديم في موقع بناية في ألمانيا والذي يخبر العضو الجديد من طاقم العاملين في البناية أن يذهب ويحضر بيرة منتصف النهار، إن الملاحظة التي يقدمها من المحتمل أن تكون مختصرة، وتقريباً مرتجلة، لكنها التصقت بجميع أنواع الافتراضات. إن الأمر يؤخذ كواقع معطى بأن "استراحة بيرة" منتصف النهار أمر عادي وعادة مقبولة، وأن هناك هيراركية طبيعية ترتكز على العمر أو/و

طول مدة الخدمة في موقع البناية. إن الشاب البريطاني الذي يعمل نجاراً في ألمانيا ربما يندهش بشدة من الطلب لأن البيرة ليست متوفرة بسهولة في الحادية عشرة صباحاً في المملكة المتحدة، ومع ذلك فعليه أن يشارك بقدر كاف من "معرفة المعيشة" Lifeworld Knowledge الأساسية حتى يتمكن من الفهم، ويتصرف تبعاً لذلك. ومن ثم إذا فعل ذلك يصبح أكثر تكاملاً مع الحياة الألمانية.

وهذا يفسر لماذا يجادل هابرماس بأن الفعل الاتصالي:

"ليس فقط عملية وصول للفهم .. فالفاعلون في نفس الوقت ينخرطون

في التفاعلات التي من خلالها يطورون ويعززون، ويجددون عضوياتهم في

الجماعات الاجتماعية وهوياتهم كذلك. إن الأفعال الاتصالية ليست فقط

عمليات تفسير والتي من خلالها تختبر المعرفة الثقافية ضد العالم، إنها

بنفس الوقت عمليات للتكامل الاجتماعي والتنشئة الاجتماعية"

المعيشة والنسق في عمله المبكر حول التطور (الذي تمت مناقشته سابقاً) أكد هابرماس على الانتقال من المجتمعات القبلية إلى المجتمعات الطبقية، وانبثاق تنظيمات الدولة، والطريقة التي يصبح الاقتصاد من خلالها منظماً ذاتياً مع ضمان الدولة ظروفاً عامة أكثر من انخراطها بشكل مباشر في العملية الاقتصادية. أما الآن فقد أعاد صياغة استخدام مفهوم المعيشة بعض الشيء، والإطار المرجعي للنسق البارسوني الجديد الذي قدمه نيكلاس لومان Niklas Luhmann .(*)

يوضح هابرماس بأنه كلما تقدم التطور الاجتماعي، يتطور معه نسق من

(*)المقصود أن جميع المؤسسات التربوية والدينية والأسرية التي شكلت نسق الكمون (L) عند بارسونز، تشكل كذلك المعيشة التي أصبحت بشكل متزايد منفصلة عن كل من الاقتصاد والسياسة (المترجم).

المؤسسات، أي أن الأسواق تدار بواسطة الأموال وتدار مؤسسات الدولة بواسطة القوة. ومن ثم يصبح من الممكن بالنسبة للناس أن ينخرطوا مع بعضهم دون الاشتراك بالمعاني نفسها أو المعيشة نفسها. فالنسق الاجتماعي يصبح بشكل متزايد معقداً ومتفاضلاً Differentiated، وتصبح المعيشة بصورة متزايدة معقلنة وكلاهما غير متزاوجين إلى درجة كبيرة. وبالمقارنة، في المجتمع القبلي يبقي التكامل النسقي والتكامل الاجتماعي ممتزجان مع بعضهما لأن بناءات التفاعل التي تتم بوساطة اللغة، والتفاعل الموجه معيارياً، تشكل بناءات اجتماعية معززة.

عبر البناءات المعاصرة للدولة والسوق، فإن المرء لا يطيع الناس (السلطة التقليدية عند فيبر)، أو حتى موظفي الحكومة، لكنه يطيع قواعد عامة وقوانين مجردة. إن العلاقات الاجتماعية تنظم فقط من خلال المال والقوة. إن اتجاهات المعيار التكيفي والعضويات المشكلة للهوية قد أصبحت هامشية، كما أن سياقات المعيشة تصبح أكثر محدودية كلما أصبح النسق الاجتماعي أكثر تعقيداً. وهذا يعني أن عبء التكامل الاجتماعي يتحرك أكثر فأكثر من الإجماع الراسخ دينياًَ إلى عمليات تشكل الإجماع في اللغة. نستطيع أن نتفق على كيفية تنفيذ الأشياء فقط من خلال النقاش العقلاني الواضح، سواء كان الأمر يتعلق بوضع درجات مادة معينة أو قرار السياسة الخارجية الأساسي.

تتمثل فائدة ما يقدمه هابرماس في جعل ما يعتبر لدى فيبر مثبتاً بذاته، واضحاً، ومحدداً للعلاقة الجوهرية (أي ليس فقط الطارئة) بين الحداثة وما يطلق عليه "العقلانية الغربية". ورغم ذلك، فإن ما أثار اهتمام فيبر فعلاً هو الظروف التي أدت إلى انبثاق المجتمع الصناعي الحديث. إن ما أظهره هذا القرن (أي القرن العشرين) -بشكل محدد في حالة اليابان وجاراتها من دول آسيا الشرقية- هو أن البلدان التي تطورت فيها الحداثة أولاً قد تكون مختلفة بالفعل عن تلك الدول التي دخلت في الحداثة فيما بعد. وبالمقارنة مع تحليل

فيبر، فإن تحليل هابرماس يبدو بأنه يلمح إلى أن جميع المجتمعات الحديثة سوف تكون متشابهة في معيشتها التي تطورها. كذلك فإن تحليل هابرماس يتعامل مع الزعم بأن المجتمع يجب أن يمتلك منظومة معايير ذات شرعية مستمرة ومقبولة من قبل أعضائه - وهي وجهة نظر بارسونز- على أنه زعم مثبت بذاته أساساً. ورغم ذلك، فإنه كما أشار فان دن برغ Van den berg ، بأن هابرماس لم يقدم أي دليل على هذا. وهكذا فإنه من الممكن القول بأن التوجيهات القيمية المختلفة يمكن أن توجد في نفس النسق دون أن تصحبها آثار مشؤومة على استقراره ومعنى هذا أن التناقضات لا تنتج بالضرورة تغيرات نسقية.

المعيشة والأزمة يستخدم هابرماس هذا المنظور الاتصالي كذلك في التطور الاجتماعي ليتوسع في نمو الأزمة، ويوضح بأنها يمكن أن توجد كذلك على خط الالتحام أو الاتصال حيث تلتقي مع النسق. إن استمرار العقلانية يمكن أن يكون مرضياً أو اعتلالياً إذا ذهب بعيداً ليعرض للخطر، جميع عمليات التكامل الاجتماعي والتنشئة الاجتماعية التي يعيد المجتمع بواسطتها إنتاج ذاته. على سبيل المثال، الفردية التنافسية في السوق يمكن أن تدمر البناءات الأسرية. كذلك يمكن أن تكون دولة الرفاه البيروقراطية مدمرة. إن الأشكال المعدلة (والمشوهة) من المعيشة والتي تنظم، وتجزء، وتراقب، يكون الاعتناء بها مؤكداً بدقة أكثر من الأشكال الواضحة للاستغلال والإفقار المادي. لكن الصراعات الاجتماعية المستدمجة والتي تحركت من المادي إلى النفسي ليست أقل تدميراً.

يوضح الشكل (3-4) كيف توسع هابرماس في تحليل "أزمة الشرعية" ليضع تنميطاً أكثر عمومية لظواهر الأزمة. وهكذا، فإن فقدان المعنى في المستوى الثقافي ينعكس في النسق الاجتماعي بواسطة سحب الشرعية. وبالمقابل، ربما يرتبط هذا الأمر بالاضطرابات في التكامل الاجتماعي. والتي تنعكس في الآنومي الاجتماعي واغتراب الأفراد.

المكونات البنائية / الاضطرابات في مجال	الثقافة	المجتمع	الشخص
إعادة الإنتاج الثقافي	فقدان المعنى	سحب الشرعية	أزمة في التوجه والتعليم
التكامل الاجتماعي	عدم وضع الهوية الجمعية	الأنومي	الاغتراب
التنشئة الاجتماعية	تمزق التقاليد	سحب الدافعية	أمراض سيكولوجية

الشكل (4-3): مظاهر الأزمة عندما تضطرب عمليات إعادة الإنتاج

(نقلاً عن الشكل 22 في نظرية الفعل الاتصالي لدى هابرماس)

العقل والعقلنة إن تحليل هابرماس للعقلنة غالباً ما يشبه تحليل فيبر، إلا أنه ليس فيبرياً، إنه محاورة وجدل، وليس تفسيراً. في مدخله للعقل Reason، وفي مدخله إلى تشاؤمية فيبر "القفص الحديدي". يقف هابرماس بشكل مباشر في خط يذهب من خلال مدرسة فرانكفورت إلى ماركس.

يعتقد منظرو فرانكفورت بإمكانية وجود مجتمع "عقلاني"، وليس مجرد مجتمع "معقلن"، كما يعتقدون بصدق النظرية النقدية بالمقارنة مع منتجات نظريات أخرى ملوثة أيديولوجياً. إن ماركس كذلك أخذ الأيديولوجيات بعين الاعتبار وأوضح أنها مدفوعة بالمصلحة الذاتية أكثر من الحقيقة، بينما آمن بالمكانة المميزة لنظرياته هو، وللتشكك في هذا بدا دائماً أنه متضارب، لأنه إذا عكست معتقدات أناس آخرين المصلحة الذاتية والتنشئة الاجتماعية، فإن هذا سيكون مساوٍ في حقيقته للمنظرين النقديين. علاوة على ذلك، فإن المنظرين النقديين لا يتمكنون من إثبات أن قيمهم صحيحة. إننا جميعاً نستطيع مناقشة القيم والنظر إلى نتائجها الإمبريقية، لكنها لا تخضع للبرهان سواء قبلناها أم لم نقبلها.

ورغم ذلك، يجادل هابرماس أنه ضمن تقليد النظرية النقدية تستطيع أن تقدم أرضية لعدد لا نهائي من المعايير التي تحكم حياتنا، وبذلك تحل في الفراغ الذي ترك بالتحرر من وهم الحداثة في العالم. لقد حاول هابرماس كذلك أن يظهر بطريقة أكثر تطوراً مما كان

عليه أسلافه في مدرسة فرانكفورت. لقد ركز عمله المبكر في هذا السياق على مفهوم "موقف الكلام- المثالي". Ideal- speech situation. إنه موقف يمتلك فيه كل واحد فرصة متساوية ليجادل ويسال، دون أن يكون لأولئك الأكثر قوة والأكثر جرأة، والأكثر هيبة قولاً غير متساوٍ. إن المواقع الحقيقية سوف تفوز تحت الظروف لأنها أكثر عقلانية.

إن نظرية الفعل الاتصالي تطور الجدل بصورة إضافية. يوضح هابرماس أن الفعل الاتصالي يمثل نمطاً من التفاعل الاجتماعي لأنه موجه نحو فهم متبادل وليس إلى تحقيق ناجح أو غرضي للغايات، وهكذا:

"إن هدف الوصول إلى فهم يتمثل في الحصول على اتفاق ينتهي في التبادلية البينذاتية للفهم المتبادل، والمعرفة المشتركة، والثقة المتبادلة، وأن انسجام كل واحد مع الآخر، يرتكز على إعادة إدراك ادعاءات الصدق المتماثلة القابلة للفهم، والحقيقة، والمصداقية، والعدل".

إن الادعاء الذي يقدمه هابرماس هنا يعتبر عاماً بالنسبة لأعماله المبكرة والمتأخرة، ويتمثل هذا الادعاء بأن الناس، من حيث المبدأ، يستطيعون الاتفاق على الطرق الصحيحة للعمل والجدال. فإذا قبلنا واتبعنا المعايير المتعلقة بالإجراءات، سوف نصل إلى اتفاق جوهري، لأن موقع العقل سوف يربح. وبصورة أكثر دقة، فإن النظرية النقدية وأحكامها سوف تظهر على أنها صحيحة من الناحية الموضوعية لأنها ترتكز على اتصال أقل تشوهاً من المداخل الأخرى.

هل هذه هي الحالة بالفعل؟ على سبيل الإيضاح، خذ الافتراض بأنه من الخطأ إبادة أي كائنات أخرى تشاركنا الكون، وأنه ليس فقط يفتقد إلى الحكمة (لأنها قد تكون مفيدة في يوم ما) لكنه بالفعل خطأ. إذا كنت تؤمن بهذا، فربما يعود الأمر إلى أسباب دينية أو ببساطة لأنك تتخيل أن كل شيء له حق في الحياة. وبدلاً من ذلك، فإنك قد لا تؤمن بهذا الافتراض على الإطلاق. إنه ليس واضحاً لماذا يعمل الفعل الاتصالي العقلاني على تحريك

مواقف الناس من هذه القضية أو غيرها من القضايا مثل الإجهاض، والطلاق، ونفقات الدفاع، أو دور الحكومة في الاقتصاد. يعتقد هابرماس، وبالفعل، معظم العلماء الاجتماعيين يعتقدون بأن الاختلافات القيمية تكون في النهاية متضاربة.

بسبب إيمانه بالعقل، فإن هابرماس لا يعتبر العقلنة المتقدمة في العالم سلبية بالكامل. ولأنها تتطلب تبرير المعنى والفعل بشكل واضح جداً فإنها تضع كذلك إمكانية وجود خطاب عقلاني وجدال ليس قسرياً، بينما "العقلانية الهادفة" في الميدان التنافسي للنسق تخلق بالفعل قفصاً حديدياً، وعقلانية اتصالية، ويجادل هابرماس بأنها لا تفعل شيئاً.

تماماً كما نظر ماركس إلى شرور المجتمع الرأسمالي بأنها تخلق الثورة المطلوبة للشيوعية، كذلك فإن هابرماس يرى بأن الرعب من "عقلنة" المعيشة التي لا تقترن معها، كمبشر بالعقل الحقيقي غير الزائف، ولهذا الأمر، فإنه يعتقد بأن أنواع الصراعات الجديدة التي تظهر في مجتمعاتنا تدور حول "قواعد، أو نحو وصرف أشكال الحياة". مثلاً، وتدور النسوية التحررية حول المعيشة. مراراً وتكراراً، يصر هابرماس على أن هذا الادعاء للعقل منسي، وحتى في النـزوات والأعمال التي يطورها قوة متعالية بشكل عنيد، لأنه يتجدد في كل لحظة عيش مشترك في التضامن ، والشخصنة الناجحة، وتوفير التحرر.

ربما يكون هذا حقيقة، لكنه ليس من الواضح أن هابرماس عمل على برهنته بأية طريقة. إنه لم يزودنا فعلياً بأمثلة حول العمل وفقاً للعملية التي تتم داخل المجتمعات، ولم يتمسك بإمكانية حدوث الصراع في هذه المواقف على الرغم من اعتدال وتعقل المشاركين. كيف يمكن لنا أن نفترض بأن الناس قادرين بصورة متساوية على أداء الخطاب المطلوب؟ أو أن رغبات الناس من أجل أن تكون عادلة ومنصفة سوف لا تتغلب على أهداف الفرد ببساطة، ولكن كذلك، الروابط الأسرية، والغيرة الجنسية، والكراهية القومية والدينية كتلك التي مزقت يوغسلافيا إلى أجزاء .. وبالفعل كل سلسلة العواطف من الحب إلى الحزن

وحتى الكراهية؟ إن رفض هابرماس لاستنتاجات فيبر التشاؤمية تبدو إلى حد كبير نتاجاً للإيمان كبرهان.

لم يكن اهتمام هابرماس بالعقل من قبيل أمور التفلسف الأكاديمي. إن أحد الأسباب الكامنة وراء اهتمام علماء الاجتماع الأوروبيين بالأفكار والمفاهيم وعلاقاتهم بالأنساق الاجتماعية، هو أنه من الصعب تفسير التاريخ الشاق والعسير للقارة الأوروبية، خاصة في هذا القرن، بمصطلحات اقتصادية أو وظيفية خالصة. لقد أخبرنا هابرماس أن المكون الحاسم لخبرته كان استماعه في مرحلة الشباب للنشرات الإخبارية عبر الراديو حول محاكمات نيرمبرغ للقادة النازيين ومجرمي الحرب. والكبار من حوله يتناقشون بحدة حول عدالة المحاكمات بالإشارة إلى المبادئ العامة للإجراء ويتساءلون عمن يمتلك حق النظر في الدعاوى. ويخبرنا هابرماس، بأنهم استخدموا مفاهيم كانت نتاجاً للحداثة العقلانية ليقفوا بعيداً من "اللاإنسانية المدركة على نحو جمعي" للنازيين الألمان.

بالنسبة لجيل هابرماس من الألمان، فإن التساؤل حول التطور الاجتماعي ينبغي أن يتضمن تساؤلات حول التاريخ الألماني المعاصر. وعلى نحو مساوٍ فإن المناقشة الأكاديمية للموضوع لا تمثل شيئاً يقع ضمن ألمانيا المعاصرة بالنسبة للمناقشة السلمية التي تجري في المقهى. (أو، بالفعل، أي شيء يشبه الفعل الاتصالي المثالي). وفي عام 1987 تمزقت جماعة المفكرين والصحفيين نتيجة الجدل العنيف الذي دار بين المؤرخين حول ما إذا كان ينبغي النظر إلى الفاشية كرد فعل للبلشفية، أو أن أوزوفيش Auschwitz وغيره من الجنود الميتين كانوا متجذرين في شبكة مخيمات العمل الإجباري الروسية، ومن المتوقع أن هابرماس كان قد انخرط في الهجوم على مثل وجهات النظر هذه.

الجزء الرابع

أنتوني جدنز: نظرية التشكيل، والحداثة المتقدمة، والعولمة

أنتوني جدنز Anthony Giddens ، منظر بريطاني غزير الإنتاج، يعمل حالياً أستاذاً لعلم الاجتماع في جامعة كامبردج. علّق كثيراً على كتابات المنظرين الكلاسيكيين مثل دور كايم وفيبر. وبشكل واضح، ماركس. كما كتب باستفاضة حول طبيعة النظرية السوسيولوجية. وقد انجذبت كتاباته ووجهات نظره بشكل واضح إلى منظرين معاصرين مثل إرفنج جوفمان.

يظهر الشرح الكامل لأفكار جدنز في كتابه الموسوم "تشكيل المجتمع" الذي يصوغ فيه "نظرية التشكيل"(*) Theory of Structuration ويوضح، بأن هذه النظرية تتضمن الكثير حول ما ينبغي أن تعنيه مصطلحات مثل المجتمع والبنية. إنها لا تمثل نوعاً مختلفاً من البنيوية، يختلف عن البنيوية التي قدمها بيتر بلاو والتي قام بشرحها، بل على العكس من ذلك، في اقتراح توليف الكثير مما قدم على أنه نظريات "بعيدة المدى" أو "قصيرة المدى"، يرفض جدنز الموقع غير السويّ لنظرية بلاو.

يوضح جدنز بأن معظم المنظرين اتجهوا إلى بناء إمبراطوريات نظرية، وقد حولوا الحياة الاجتماعية لتتوافق مع مفاهيمهم المفضلة، سواء أكانت تلك المفاهيم تتعلق بعملية "البناء" وخصائصه المقيدة (في حالة البنيوية والوظيفية)، أم كانت تتعلق بالفعل والمعنى (كما هو الحال بالنسبة للتفاعلية الرمزية والظاهراتية)، ويقول بهذا الخصوص:

(*)الفكرة الأساسية لكتاب جدنز تدور حول تشكيل المجتمع، وهي تمثل الإطار العام لنظريته ولذلك نميل إلى ترجمة Structuration بـ "التشكيل"، بمعنى "عملية" تشكيل المجتمع بفعل النشاط الروتيني الذي يجري وفق قواعد معينة، وتحمل معنى "عملية البناء"، و "عملية التكوين" (المترجم).

إن واحداً من طموحاته المبدئية في صياغة نظرية التشكيل يتمثل في وضع نهاية لكل واحدة من تلك المحاولات الساعية إلى بناء إمبراطورية. إن المجال الأساسي للدراسة في العلوم الاجتماعية، بحسب نظرية التشكيل، ليس خبرة الفاعل الفرد، ولا وجود أي شكل من الكُلاَّنية الاجتماعية، لكنه يتمثل في الممارسات الاجتماعية المنظمة عبر المكان والزمان.

وبالمقابل، فإن هذا يتضمن الإدراك بأن على النظرية الاجتماعية أن تقدم إعادة صياغة مفاهيمية لموضوعها الأساس، ليكون "ثنائية البنية" أي "الفاعل الحر"، أو أن ننظر فقط إلى التقييدات البنائية التي تضع حدوداً وتفرض قيوداً على النشاط الحر، والصحيح أن كلاً منهما ضروري.

تتمثل النقطة الأساسية لدى جدنز في أن الفاعلين يعيدون عبر أفعالهم خلق الممارسات الاجتماعية (والمؤسسات) التي تقيد، بالمقابل، تلك الأفعال، وربما يعدلون عليها أو يغيرونها. وهكذا، فإن الحياة الاجتماعية الإنسانية تتشكل ويعاد تشكيلها في مسار أغلب النشاط الروتيني الاعتيادي. ويعبر جدنز عن هذه الأفكار، بوصفها الفعل الإنساني، على أنها تحويلية بالضرورة، ويوضح بأن "الخصائص البنائية" للأنساق الاجتماعية توجد إلى حد بعيد كأشكال من التصرف الاجتماعي يعاد إنتاجها بشكل متكرر عبر الزمان والمكان. وهذا التأكيد على استمرار الممارسات الاجتماعية من يوم ليوم ومن سنة لسنة -أي الزمن- وفي مختلف الأماكن -أي المكان- ينتشر عبر جميع كتابات جدنز.

كذلك أيضا، يصر جدنز بأن هذه العملية ليست تكرارية ميكانيكية ننتج من خلالها ما كان من قبل، ولأن الممارسات الاجتماعية تعدل وتنتج، ينبغي علينا أن نرفض "الافتراض المسبق حول إمكانية صياغة نظريات تتعلق بالسببية البنائية والتي من شأنها أن تفسر تحديد الفعل الاجتماعي بوجه عام. إن الجوانب الخلاقة من الفعل الإنساني - الجانب الفردي من الثنائية- تجعل هذا الأمر ممكناً. وقد ترتب على هذا الأمر أن أفكار جدنز حول

التطور أقل حتمية من أفكار ماركس.

إن بحث ديغو جامبيتا Diego Gambetta الإمبريقي، والذي أثنى عليه جدنز لاهتمامه بمسألة "ثنائية البنية"، يوضح ما يتضمنه هذا المنظور. لقد درس جامبيتا في كتابه الموسوم "أين دُفعوا أو هل تنقلوا؟" بيانات مسح إيطالي من أجل فهم الخبرات التعليمية المختلفة للناس. لقد سأل لماذا يبقى بعض الأفراد في المدرسة، بينما آخرون يغادرونها، ولماذا يختار البعض خط المدارس المهنية -الخيار الذي يجعل الذهاب إلى الجامعة مستحيلاً في إيطاليا- في حين يذهب آخرون إلى المدارس الثانوية الأكاديمية.

في إيطاليا، كما هو الحال بالنسبة لبلدان أخرى، هناك فروقات طبقية كبيرة في الإبقاء على المعدلات. ومع ذلك، يوضح جامبيتا: "لأنه لا يوجد هناك قوى علنية للقهر، فإن الأغراض التعليمية لديها طريقة ما للوصول إليها من خلال تفضيلات الفرد وقراراته. إن معظم الكتاب المهتمين بالتعليم يميلون إلى مشاهدة الناس باعتبارهم "مدفوعين" من قبل "قوى إعادة الإنتاج" -نظرة بعيد المدى نموذجياً- أو باعتبارهم "يتنقلون" بين بدائل على أساس الاختيار العقلاني. لقد سعى جامبيتا إلى رؤية إمكانية "اعتبار السلوك التعليمي كنتاج لاختيار قصدي"، ومدى اختزال العمليات الخارجية في الممارسة لدرجة خيار الفرد.

لقد نظر جامبيتا بعناية إلى العوامل الاجتماعية التي تلقي بالضغط على الناس وخياراتهم بين البدائل. ولذلك فإنه يسأل "أين دُفعوا أو هل تنقلوا؟" "وإذا قفزوا عن أي شيء وانتقلوا عنه، إنما ينتقلون قدر استطاعتهم، وقدر ما يتصورون أنه كان يستحق القفز أو الانتقال عنه"، بمعنى آخر، كلما كانت درجات الناس أفضل فإنه من المحتمل أن يدوم بقائهم في المدرسة على نحو أطول. وكلما مكثوا مدة أطول - وكانت استثماراتهم أكبر- فمن المرجح أنهم سيخططون للبقاء مدة أطول. وكلما كانت عوائد التعليم في المنطقة التي يعيشون فيها أعلى، قلت احتمالية مغادرتهم للمدرسة مبكراً. وفي كل حالة، تعتبر قرارات

الفرد آليات حاسمة في إنتاج نتائج مؤسسية إجمالية.

يبين جدنز أهمية الروتين بالنسبة لنا، والثقة التي يولدها، عن طريق وصفه للتأثيرات المترتبة على غيابه. بوجه خاص، إن جدنز ينجذب إلى الفهم المشهور عن برونو بتلهايم Bruno Bettelheim حول خبرته كسجين في معسكرين من معسكرات الاعتقال النازية، وهما داشان وبشنوالد. لقد مثلت المعسكرات مكاناً كانت تحطم فيه أشكال الروتين المعتادة للحياة بصورة مقصودة ونظامية ومتأنية. لقد كان العنف ضد الفرد يمثل التهديد الحاضر بصورة مطلقة، وربما ينزل عليه دون تخدير. لقد كانت جميع نشاطات المرحاض تمارس علانية، تحت رقابة الحراس، كطريقة متعمدة لإنكار الثقة بالناس وخصوصيتهم. لقد كان المساجين -الذين انتزعوا من عائلاتهم وبيئاتهم المألوفة بشكل متكرر دون تحذير - في كثير من الحالات يعذبون وتوكل لهم مهمات خالية من الإحساس، دون أية مقدرة على التخطيط للمستقبل. وفي تلك الظروف، يقول بتلهايم "لقد شاهدت تغيرات سريعة تأخذ مجراها، ليس فقط في السلوك ولكن في الشخصية كذلك". إن أولئك الذين تدبروا أمر الإبقاء على بعض التحكم البسيط في معيشتهم اليومية تمكنوا من البقاء أحياء ولو مع الانحدار إلى ما يشبه اتجاهات الأطفال وتمايلات مزاجية متقلبة وواضحة، لكن مع الوقت، أعيد بناء شخصيات المساجين لتتطابق فعلياً مع مضطهديهم، أي حراس المعسكر.

يرى جدنز أن معسكرات الاعتقال تمثل مثالاً متطرفاً للمواقف الحاسمة التي يُمَزَّق فيها الروتين العادي جذرياً، ويوازيها مع سلوك الجماهير الثائرة، حيث يصبح الناس أكثر عرضة للتأثر بالإيحاء وبأفكار الآخرين، وينحدر سلوكهم إلى مستوى السلوك المرتبط بالطفولة؛ ويقعون تحت تأثير قائد أو زعيم الدهماء "إن التمزيق الجذري للروتين ينتج نوعاً من التأثير المزعج على السلوك المعتاد للفاعل، وهو يرتبط بأثر القلق أو الخوف .. إن الصورة المؤثرة للمواقف الحاسمة الطويلة تتمثل في تلك التغيرات التي تحدث في شخصيات

أولئك الذين يتعرضون لها، بالرغم من تصميمهم الواعي على المقاومة .. لكن الموقف الحاسم من النمط الطويل يمثل بدقة النمط الذي يُنتزع جذرياً من السياقات الاعتيادية لإعادة الإنتاج الاجتماعي.

إن دراسة المواقف الحاسمة وتأثيراتها يقودنا إلى فهم أعمق لدور الروتين، إننا نستطيع أن نرى بأن التنشئة الاجتماعية ليست شيئاً ما يحدث لمرة واحدة، أو يحدث للجميع خلال فترة الطفولة. وبدلاً من ذلك، يتضح أنه عن طريق خلق وإعادة خلق المألوف والمعتاد، ومن خلال العلاقات الاجتماعية، تستمر شخصياتنا المكتسبة وتختزل القلق. "إن استمرارية إعادة الإنتاج الاجتماعي تتضمن إعادة إنتاج الروتين المستمر للاتجاهات المؤسسة ووجهات النظر الإدراكية".

يربط جدنز فكرته حول الارتباطات بين الروتنة، والثقة، والشخصية بعمل جوفمان، الذي يُكِّن له إعجاباً كبيراً. إنه يشعر بأنه قد تم النظر إلى عمل جوفمان في الغالب على أنه قصصي، وغير قابل للتعميم، وذلك عندما وصف العديد من الطرق الحاسمة التي تنجدل فيها الشخصنة، وسلوك الفرد، والبنية الاجتماعية حول بعضها. إن السيطرة على جسد المرء وأهمية حفظ الوجه في التفاعل الاجتماعي يمثلان اثنين من اهتمامات جوفمان الأساسية. وكذلك أيضاً الفرق بين منطقة "الواجهة" ومنطقة "الخلفية". يؤكد جدنز بأن تلك القضايا التي خدمها جوفمان تمثل أجزاءً عامة مهمة -وضرورية بالفعل- في المجتمع الإنساني. إن معسكرات الاعتقال النازية تخلع شخصية النزلاء عن طريق تدمير التمايز بين مناطق الواجهة والخلفية، ونزع الثقة عنهم، وجعل أي شيء يشبه المجتمع العادي أمراً مستحيلاً.

البنية الاجتماعية إن اهتمام جدنز بديناميات البقاء المؤسسي واضح على نحو مماثل في تعريفه للبنية الاجتماعية، حيث يقول: "تشير البنية في التحليل الاجتماعي، إلى بناء

الخصائص .. التي تجعل من الممكن بالنسبة للممارسات الاجتماعية المتشابهة بشكل واضح أن توجد عبر امتدادات متنوعة من الزمان والمكان والتي تضفي عليها شكلاً نظامياً". تتألف البنية من "القواعد المتضمنة بشكل يعاد تخطيطه وكتابته في إعادة إنتاج الأنساق الاجتماعية"، أي، القواعد التي تتمفصل في التفاعل الاجتماعي، وتخبر الناس كيف يصنعون الحياة الاجتماعية، ويصنعون المصادر التي يستطيع الناس أن يستحضروها لتحقيق غاياتهم.

إن أحد الجوانب المميزة لمناقشة جدنز يتمثل في التأكيد الذي يلقيه على الأبعاد الفيزيقية للفعل الإنساني والبنية الاجتماعية، إنه مدرك بأننا مخلوقات بيولوجية وأن أجسادنا مهمة لنا، وأنها مركزية لكل عملية الفعل الإنساني الاجتماعي. إن تقديره لعمل جوفمان ارتبط إلى حد كبير بتحليل جوفمان لإدارة الجسد، مثلاً، كما اتضح في مناقشة مناطق الواجهة والخلفية التي تعرضنا لها سابقاً.

يوضح جدنز بأن الطريقة التي تصبح فيها الحياة اليومية روتينية ترتبط ارتباطاً وثيقاً بخصائص الجسد الإنساني، بما في ذلك المسارات العامة التي يتبعها الناس عبر دورة الحياة، ومن بين تلك الخصائص "المقدرة المحدودة للبشر للمشاركة في أكثر من مهمة في نفس الوقت". ومن هنا، فإن تغير طريقة الإيراد تعتبر جوهرية بالنسبة للنشاط. ومن الخصائص أيضاً، عدم قابلية الجسد للتجزؤ أو الانقسام، إنك لا تستطيع أن تبقى على ذراعيك تلعبان التنس، بينما تذهب قدماك للتسوق. إن الإدراك الكلي للذات والطريقة التي يتصرف بها المرء إزاء الآخرين تستلزمان ضبطاً متشعباً للجسد. مرة أخرى، كما تضمنت مناقشة معسكرات الاعتقال، فإن الثقة والأمن الوجودي يوجدان مستقلين عن الضبط الجسدي ضمن أشكال الروتين والمواجهات القابلة للتوقع. إن سياق المواجهات الذي يعتبره جدنز نقطة أساسية للدراسة بالنسبة لنظرية التشكيل، يتضمن وجوداً مشتركاً للفاعلين، ولإيماءات أجسادهم، والتعبيرات، "إن كل التفاعل الاجتماعي يعبر عنه عند نقطة ما من خلال قرائن

الظهور الجسدية".

إن التأكيد على اللحم والدم للتفاعل يبعد جدنز عن البنيوية الرياضية لدى بلاو. وكذلك يبعده عن التركيز على الكلمات كما هو الحال بالنسبة لفوكو. ومع ذلك فإن جدنز لا يبدو أنه مؤمناً بأن هناك اطرادات يمكن أن تشتق مباشرة من البيولوجي في حد ذاته. إنه ليس مختصاً اجتماعياً-بيولوجياً في العمل، وأكثر من ذلك فإن صياغته لما عرف "مشكلة النظام" باعتبارها تربط الأنساق الاجتماعية بالزمان والمكان، وتجسد الحضور والغياب وتكاملهما، توجهه إلى السياق الفيزيقي للتفاعل.

إن المنظور ذاته الذي يكونه جدنز يعد أكثر من تصنيف مميز للأنماط الاجتماعية. إن جدنز لا يركز ببساطة على الأشكال الاقتصادية للملكية، ولكن كذلك يركز على الطريقة التي تختلف بها مجتمعات اليوم عن أية مجتمعات سابقة، على الرغم من أن بعض المجتمعات في الماضي كانت (جزئياً) مثقفة وأنتجت كتباً وحتى أن النظام البريدي البدائي، والاتصالات كانت تتم وجهاً لوجه بشكل أساسي وغالب. إن جولات السياسيين لمواجهة جمهور الناخبين على متن القطار كانت تمثل طريقة للاجتماع بناخبين محتملين، وبالعكس فإن المهاجرين إلى العالم الجديد علموا بأن الوداع كان، حرفياً، إلى الأبد.

في المجتمعات المتطورة من عالمنا، لا شي من هذا يعد حقيقياً، والمرشحون للرئاسة يتواصلون عن طريق الإعلانات التلفزيونية، وليس عن طريق الخطابات المطولة لحشود كبيرة (وروميو وجولييت بإمكانهما استخدام التلفون اليوم). وبصورة مماثلة، استخدم الرئيس السابق جورباتشوف التلفاز في إصداره الأوامر ليسوق الشعب السوفيتي معه في إصلاحاته. بحسب تعبير جدنز "إن النظام العالمي المعاصر يمثل، لأول مرة في تاريخ الإنسانية، واقعاً لم يؤدِ فيه غياب المكان إلى إعاقة تناسق النظام".

يرى جدنز أن الماضي قد سادت فيه المجتمعات القبلية وكذلك المجتمعات "المقسمة

طبقياً". في المجتمعات القبلية، وبشكل خاص المجتمعات الشفهية (ما قبل الكتابة)، حيث أن "القاعدة البنائية المهيمنة" تتضمن التقليد والقرابة، وتعتمد على كمية كبيرة من التفاعل المباشر بين الناس. وفي المجتمعات المقسمة طبقياً، ظلت التقاليد والقرابة مهمة، لكن هناك بعض التحلل للتقليد والقرابة من المجالات المؤسسية للسياسة، بجيوشها المستعدة، وموظفي الحكومة، والقواعد القانونية الرسمية كما أن هناك بعض التحلل من الاقتصاد، بأسواقه، والعملة المتداولة، وحقوق الملكية الرسمية.

إن اهتمام جدنز المعتاد بربط الحياة الاجتماعية ببعضها عبر الزمان والمكان يقوده هنا إلى التركيز على دور الكتابة ودور المدينة. وهكذا يوضح بأن "الحياة لم تخبر كبناءات ولكن كوجود زمني مستمر من يوم ليوم .. في المجتمعات القبلية والمقسمة طبقياً تكون روتنة الحياة اليومية محكومة فوق كل ذلك بالتقليد .. إن أهمية ودلالة التقليد في ثقافات شفهية خالصة يختلف عن تلك الثقافات التي يوجد فيها شكل من الكتابة .. إنه يوسع مستوى تباين الزمان-المكان.

ومن هذا المنظور رأى جدنز:

"لا يمكن اعتبار المدينة ثانوية بالنسبة للنظرية الاجتماعية لكنها تقع في صميمها .. تمثل المدينة وعاء تخزين يسمح لتباين الزمان- المكان بتجاوز خاصية المجتمعات القبلية. إن المدينة تعتبر مولد المصادر السلطوية التي تُخلق قوة الدولة خارجها وتستمر .. تمثل المدن مرتكزات لكل ما يحققه التكامل السياسي- الحكومي في ذلك المجتمع ككل .. وفي المجتمعات المقسمة طبقياً تمثل المدن بوتقات القوة".

ومن ثم، يتبع أن الرأسمالية الحديثة لم تكن شكلاً آخر أكثر تطوراً من المجتمع المقسم طبقياً، لكنها أكثر من ذلك، "أول نمط كوني حقيقي للتنظيم الاجتماعي في التاريخ". وفي الرأسمالية الحديثة، تتحرر الدولة والمؤسسات الاقتصادية تماماً من العائلة ومن

التقاليد المتناقلة شفهياً. إن الاهتمامات الحكومية وانتشار الدولة يتوسعان بشكل كبير، بينما برز في النظام الاقتصادي ميل مستمر لإنتاج المخترعات التكنولوجية وثروة ضخمة بطريقة الدعم الذاتي. ولهذا، فإننا نعيش اليوم في "اقتصاد عالمي"، حتى لو أن جبهات أو كتل القوة العظمى للرأسمالية واشتراكية الدولة تتعايشان مع المجتمعات المقسمة طبقياً أوحتى قلة من المجتمعات القبلية.

إن أسلوب جدنز فوق العادة في التنقل من موضوع لآخر، وعادته في التكرار والتوسع في أفكاره بطرق ضعيفة مختلفة يجعل من الصعب تحديد الفكرة الأساسية. وعلاوة على ذلك، وبصرف النظر عن وعيه الذاتي بعملية التنظير، تكون مفاهيمه وتعريفاته في بعض الأحيان غير دقيقة بصورة مدهشة. ومع ذلك، تمثل جهود جدنز في مكاملة المفاهيم قصيرة المدى وبعيدة المدى اتجاهاً هاماً في النظرية السوسيولوجية المعاصرة. إن تطويره لعمل جوفمان ومناقشته للروتين والثقة تعتبر ناجحة بشكل خاص، في إظهار كيفية ملازمة سلوك الفرد وسيكولوجيته للبنى المؤسسية.

الحداثة المتقدمة والعولمة

كما يصفها جدنز، فإنها تمثل طبيعة الرأسمالية الحديثة، حيث سيستمر التغير. ويجادل جدنز بأن المؤسسات الحديثة تختلف عن كل الأشكال السابقة للنظام الاجتماعي من حيث ديناميتها، فعندما تتراكم التغيرات الناتجة، والتي يطلق عليها جدنز (سؤال الحداثة)، فإنها تصبح قضية سوسيولوجية جوهرية مرة أخرى. إن الميول المعولمة للحداثة، مثلاً. تصل إلى نقطة تنتج عندها التغيرات الأساسية في المجتمع.

إن أحد الجوانب الأكثر أهمية للحداثة يتمثل في استبدال التقليد بالخبرة والمعرفة، ونتائج هذا الأمر تبدو بشكل متزايد أنها ذات طابع كوني، أي أنه لا أحد يستطيع أن يتجنب آليات الانفتاح والتحرر المصاحبة للحداثة المتقدمة بشكل كامل. وكما يوضح

جدنز: فإن التقليد مرتبط بالذاكرة والطقوس، ومُصاغ ومقبول باعتباره حقيقة وكموجه للفعل، وذلك بسبب المحتوى الأخلاقي والوجداني الملازم له. (إن التقليد...يمثل منظماً وسيطاً للذاكرة الجمعية) وهو حاضر عن طريق (الأوصياء) guardians الذين تستمد سلطتهم من علاقتهم بهذه الذاكرة الجمعية.

يجادل جدنز بأن الأشكال المبكرة للحداثة قد دمرت التقليد ولكنها بعد ذلك أعادت بناؤه، وفي الحقيقة (فإن الصراع على استمرارية التقليد وإعادة خلقه كان أمراً مركزياً لإضفاء الشرعية على القوة...لقد وضع التقليد بعض جوانب الحياة الاجتماعية موضع الركود – ليس فقط الأسرة والهوية الجنسية – حيث تركت طويلاً دون المساس بها، ومع ذلك فقد تغير هذا الأمر الآن. لقد دمرت التقاليد ولم يعاد بناؤها، ويعود هذا إلى حد ما إلى انتشار المؤسسات الحديثة عبر العالم. وكذلك شدة تدفق عملية التحديث وجريانها. وكذلك التغيرات الداخلية التي وجهت ضربتها لشرعية التقاليد.

الأمر الذي استبدل التقليد هو الخبراء، والخبرة، وأنساق الخبراء والخبرات، وهي جميعها تمثل ما أطلق عليه جدنز (آليات التحرر والانفتاح). إنها ترتبط بمبادئ تقع خارج البيئة المحلية المحددة. وتتطلب ثقة ذات اعتبارات مجردة ومبادئ عمومية وعالمية. ومع ذلك فإن النظر إلى الخبرة والمعرفة المتحررة باعتبارها مصدراً للسلطة الشرعية، وبأنها تقدم مرشداً ودليلاً لما يجب على المرء أن يفعل (أو يأكل، أو يقول لزميله) يخلق توترات ذاتية، تعتبر مركزية للمرحلة الراهنة من الحداثة المتقدمة.

يقول جدنز: "إن تراكم المعرفة المبنية على الخبرة يتضمن عمليات جوهرية للتخصص". وبينما كان "الأوصياء" متخصصين في جميع مناحي حياتهم، فإن الأشخاص الذين هم (خبراء) في فضاء معين هم أنفسهم أشخاص عاديين يبحثون عن المرشد والدليل في الكثير من الأشياء التي تؤثر عليهم. وعلاوة على ذلك. فإن الطبيعة الكلية لمعرفة الخبير

غير مستقرة. إنها معروفة بالخليط المكون من الشكوكية [*] skepticism والعمومية وهو يجسد عدم اتفاق الخبراء كجزء مكمل لتطور خبرتهم وإعادة تصحيحها، فتقاليد الفكر تفهـم بموجب التعاطف والنقد حتى تبدو أنها اعتباطية بشكل نسبي. إن كل المعرفة مفتوحة للتصحيح وإعادة التنقيح. ولذلك بـدى المجتمع وكأنه يقف عـلى رمـال متحركة، إن طبيعة العولمة تعني أن كل شخص في العالم الآن يشهد هذا التحرر والانفتاح على الأقل في جانب مـن جوانب حياته.

وتتمثل النتيجة في أننا كأفراد نجرب العالم بطرق مختلفة عن الأفراد الـذين عاشـوا في المجتمعات التقليدية. إن الناس القاطنين في العالم الآخذ بالتعولم بشكل متزايد يتحركون أيضاً نحو ما يطلق عليه جدنز (الهوية – الذاتية Self-Identity)، كمحاولة منظمـة للتأمـل. إلى جانب التصور بأن أي شيء في العالم يمكن أن يتغير – ولو أنه غالباً ليس بالطريقة التي يريدها المرء – تأتي رؤية المرء لذاته ولهويته كشيء يتضمن الاختيـارات، والقـرارات، والإبـداع. إن الافتقـاد إلى التقليد يعني أنه على الناس أن يقرروا أسلوب حياتهم، وعلاقـاتهم ببعضـهم، ونـوع الشـخص الذي يرجون أن يكونوا على شاكلته.

ويجادل جـدنز، بـأن هـذا الأمـر ينطبـق عـلى أجسامنا أيضاً "إن انعكاسية (تأمل) الذات..تؤثر في أجسامنا وكذلك العمليات السيكولوجية". إن الجسد يكون أقـل فأقل معطـىً خارجياً لكنه يصبح بذاته متحركاً بشكل انعكاسي. وهذه الفكرة سنعود لها في الفصل الثامن عند مناقشتنا للطرق التي اكتشف من خلالها علماء الاجتماع الجسد مرة أخرى. بـالطبع، كـما تؤكد المنظورات قصيرة المدى التي سنناقشها في الفصلين الخامس والسـادس. هنـاك دائمـاً في النشاط الإنساني، عنصراً مركزياً من التفاعل الذاتي، ومن التفكير

---

[*] الشكوكية: مذهب يؤكد بأن المعرفة في حقل اختصاص معين غير متحققة، ويريد جدنز من قوله بعدم اتفاق الخبراء، أن الخبرة في الحداثة المتقدمة خاضعة دائماً لعملية تطوير وإعادة تنقيح. (المترجم).

حول ما يفعله المرء. وكيف يؤثر في ذات المرء وفي الآخرين، ومع ذلك، ما يقوله جدنز يتمثل في أن انعكاسية الحداثة تمثل شيئاً مختلفاً. إنها تعني معرفة - أو على الأقل افتراض - أنه تقريباً معظم جوانب النشاط الاجتماعي...العالم المادي، عرضة للتنقيح المستمر في ضوء المعلومات أو المعرفة الجديدة. وهذا أمر لم يشعر به أسلافنا، وفي الوقت الراهن فقط، وصل هذا الاتجاه إلى كل زاوية في حياتنا الاجتماعية ووجودنا الطبيعي.

إن العديد من العمليات التي يحددها جدنز تشبه تلك التي ناقشها - مثلاً - بارسونز وهابرماس، مثل: تقويض المصادر التقليدية للشرعية، ونمو المعرفة المتخصصة، وأهمية العمومية وانهيار أشكال عالم المعيشة المعطاة التي لم يتم الاستفسار عن واقعها والتشكك بها. ومع ذلك، فإن أطروحة جدنز، تؤكد بأن تراكم تلك العمليات عبر الوقت ساقتنا إلى وجه جديد للتطور الاجتماعي، إنها (الحداثة المتقدمة high modernity) الكونية التي تختلف في النوع عن أي شيء من ذي قبل.

وفي فهمه لتلك التغيرات يؤكد جدنز على أهمية المخاطرة، بالطبع لقد عاش الناس في الماضي ضمن مخاطرة مستمرة ناتجة عن المرض، وفشل المحصول، والحروب، ولذلك. عند مستوى واضح، كانت حياتهم أكثر خطورة من حياتنا. ومع ذلك، فإن النقطة التي يشير إليها جدنز تتمثل في أنهم لم يكونوا قادرين، كما هو حالنا، على محاولة قياس المخاطر ووضع سيناريوهات بديلة، ومن ثم ضمان حياتهم والتخطيط لها تبعاً لذلك. إن الطريقة الكلية التي تخيلوها حول خياراتهم وحياتهم المستقبلية كانت مختلفة. في مجتمعاتنا أضحى مفهوم المخاطرة جوهرياً بالنسبة لكل من الفاعلين العاديين والمتخصصين الفنيين في طريقة تنظيم العالم الاجتماعي. تحت ظروف الحداثة، فإن المستقبل يعتمد على الحاضر بشكل مستمر بموجب التنظيم الانعكاسي للبيئات المعرفية.

وكما ناقشنا في الفصل الثالث، نظر ماكس فيبر إلى المجتمعات الحديثة باعتبارها

تدار بشكل متزايد من خلال البيروقراطيات العقلانية، ومع ذلك، يجادل جدنز، أنه في ظل حداثتنا الجديدة، نحسب المخاطر ونشعر أننا خارج السيطرة، لدينا عالم متسع، يقترب من حالة التشارك في الخبرة والخطورة المتوقعة:

"على المستوى الكوني...أصبحت الحداثة تجريبية، جميعنا، طوعاً أو كرهاً، انخرطنا في تجربة مميزة، إنها من ناحية تمثل فعلنا – كفاعلين بشر – ومن ناحية أخرى تبقى إلى درجة غير قابلة للوزن بدقة خارج سيطرتنا...إنها ليست تجربة بالمعنى المخبري...إنها تشبه مغامرة خطرة".

إن الشعور بأن الأشياء بطريقة ما تقع خارج السيطرة، يمثل الآن أمراً مشتركاً بين العديد من الكتاب حول العولمة، بما في ذلك إرك بك Ulrich Beck الذي أثرت أفكاره حول المخاطرة على طروحات جدنز بشكل كبير. وبك هو عالم اجتماع في جامعة ميونيخ في ألمانيا، وقد حظي بشهرة كبيرة بعد أن نشر كتابه الموسوم بـ "مجتمع المخاطرة" Risk sociery وعلى نحو ما يرى جدنز يجادل بك بأن مفهوم المخاطرة يعتبر جوهرياً بالنسبة لفهم المجتمع الحديث. ليس لأن الحياة في صميمها أكثر خطورة من الماضي، ولكن لأن مفهوم المخاطرة أصبح جوهرياً بالنسبة للطريقة التي ينظم من خلالها كل من الفاعلين العاديين والفنيين المتخصصين العالم الاجتماعي.

ويهاجم بك أولئك الذين يرون مجتمعات القرن العشرين بأنها تمثل قمة الحداثة عندما أخذت هذه المجتمعات بالذوبان والتحلل ولذلك (هناك حداثة أخرى قادمة للوجود) ويرى بك أن المخاطرة تمثل خاصية تعريفية لشكل من المجتمع أخذ الآن بالتطور ويحل محل أسلافه من المجتمعات الصناعية أو الطبقية، وحسب ما يؤكد بك:

"القوة المحركة في المجتمع الطبقي يمكن أن تُلخص بعبارة: أنا جائع! بينما الحركة التي وضعت في النشاط من قبل مجتمع المخاطرة من ناحية أخرى. يعبر عنها بعبارة أنا

313

خائف! وشيوع القلق يحل محل شيوع الحاجة".

لقد تم تحضير الناس في المجتمع الصناعي لقبول الآثار الجانبية للتحديث وذلك بسبب المكافئات التي يقدمها في الكفاح ضد الندرة. أما الآن فالناس ليسوا جياع، لكنهم يواجهون المخاطر والمصادفات التي هي بالجملة نتاج التصنيع وتكثف بشكل نظامي حتى تصبح كونية. إن المخاطر التي يشير إليها بك تتمثل، بالإضافة إلى كل مخاطر التلوث، بالقوى الإنتاجية النووية والكيميائية، وما يلازمها من إتلاف للبيئة. يعتقد بك أنها تدخل مخاطر إلى عالمنا تختلف تماماً في مداها وآثارها المحتملة عن تلك التي كانت في الحقب التاريخية السابقة ومن ثم فإن الإدراك المتنامي لهذا الأمر من قبل الجماهير يسحب الشرعية عن العملية الكلية للتحديث.

إن كآبة بك وتشاؤمه لقيا أصداء لدى العديد من الناقدين المعاصرين للعولمة. تجادل الكاتبة والمناظرة العنيفة سوزان جورج Susan George، على سبيل المثال، بأن العولمة لا تفرخ القلق بسبب أن الناس يمتلكون ما يكفي، ولكن بسبب أشكال اللامساواة التي توجدها. إن التغيرات الاقتصادية الراهنة (أخذت من الفقراء لصالح الأغنياء...وعلى المستوى الكوني تم ذلك ضمن البلدان وبينها). وتقول بهذا الخصوص:

"بعض البلدان الغنية مثل الولايات المتحدة...لا تزال تبدو قادرة على امتصاص الخلافات الطبقية...بينما في العديد من بلدان العالم الثالث...فإن أرباح الوفرة تنبثق من الرسوم الجمركية والمال الذي يرد إليها بعد دفعه. حراس الأمن الخاص أمر لا غنى عنه، وأبناء الأغنياء لا يستطيعون الذهاب إلى المدرسة دون أن يصاحب ذلك خوف من الخاطفين، ورجال الأعمال يجب أن يدفعوا المال مقابل الحماية...إن غيظ الفقراء في كل مكان يزداد بموجب الندوات المتلفزة التي ترسم ملامح أسلوب حياة الأغنياء المتحرر من القيود التقليدية".

وبالمثل فإن الفيلسوف وعالم السياسة جون جراي John Gray يبدو متشائماً بقوله إن حركة العالم التاريخية التي ندعوها العولمة لديها حركة توسع لا ترحم. إن النمو العنيد للسوق العالمية لا يقدم تحضراً عالمياً. إنه يجعل تفسير الثقافات شرطاً كونياً لا غنى عنه لكن ضمن العملية يترك العالم مفتوحاً إزاء مخاوف ضخمة إلى حد ما:

"إننا نقف على الشفير، ليس شفير حقبة الوفرة...لكنه وقوف مأساوي، تعمل فيه قوى السوق الفوضوية والمصادر الطبيعية المنكمشة على سحب الدول المهيمنة إلى منافسات خطيرة...إن الرأسمالية الكونية غير مجهزة تماماً للتعامل مع مخاطر الصراع الجيوسياسي...إن الفوضى السياسية الدولية تمثل المشهد الإنساني المتوقع".

إن وجهة نظر جراي هذه تتطابق مع الكثير من الانتقادات ذات الطابع الاجتماعي للعولمة. ومع ذلك، على الرغم من أن جدنز يلقي الضوء على المخاطرة ومشاعر انعدام الأمن. إلا أنه ليس معادياً للعولمة. كواحد من المنظرين السوسيولوجيين المعاصرين البارزين حتى ينخرط مباشرة في الجدل حول العولمة يؤكد أننا فعلاً نشهد تغيرات تطورية تجعل من العالم مختلف في النوع، وليس فقط في المدى، عما مضى، لكن الكثير من التحليل المرتبط بهذا الأمر مبسط إلى حد كبير. إن العديد من الانتقادات (وأوجه التأييد) للعولمة تظهرها بمطلحات اقتصادية خالصة. حيث يجري نقاش ما إذا كانت تزيد الفقر واللامساواة أو تحد منها. يؤكد جدنز أنه قد تم تضمين العولمة أكثر مما تحتمل، وعلى الرغم من أن العديد من الناقدين يزعمون القوة والهيمنة الأكثر للشركات متعددة الجنسية إلا أن جدنز يرى فيها تبسيطاً مبالغ به. فالعولمة كما يرى جدنز، تكنولوجية، وثقافية وكذلك اقتصادية، إنها ثورة في الاتصالات تسمح بتوجيه القرى في إفريقيا لمشاهدة أفلام هوليود الجديدة على الفيديو حالما تنطلق في الولايات المتحدة. وتزودنا بتواصل مستمر عن طريق الإيميل e-mail عبر العالم. إنها كذلك ترتبط بالتحول في الأنساق الأسرية التقليدية. ولا تتجه إلى حالة أسوأ

أتوماتيكياً، لم يكن هناك مجتمعاً من قبل حسب ما نعلـم مـن السـجل التـاريخي، كانت فيه المرأة مساوية للرجل، إنها بحق تمثل ثورة كونية في الحياة اليومية.

ويجادل جدنز أيضاً أنه مـن الإفراط في التبسـيط إلى حـد كبـير أن ننظـر إلى العولمـة باعتبارها تتضمن تراجع قوة الدولة وسيادة قوة الشركات متعددة الجنسية ويؤكد بأن الدولـة القومية لا تزال قوية وهامة (حقاً، هناك فروقات هائلة بين الـدول الحديثـة، فالصـعوبة التـي يواجهها العالم الثالث الفقير اليوم في الهجرة إلى بلدان أكثر مرغوبية، توضح بأن الدولة القومية التي ولدنا فيها من الممكن أن يكون لها التـأثير الأكبر عـلى آجالنـا مـما كانـت عليـه في القـرن الماضي). ومع ذلك، يوضح جدنز، أن هذا لا يعني بأن الدول والأنظمة السياسية قد تركت دون المس بها في زمن العولمة، بل العكس، إن السياسة الاقتصادية الوطنية لا يمكن أن تكون فعالة كما كانت عليه في الماضي، بصورة أكثر أهمية. على الأمم أن تعيد التفكير بهوياتها الآن حيـث أصبحت الأشكال الأقدم من السياسات الجغرافية مهملة. إن معظم الدول ليس لـديها أعـداء، فالأمم اليوم تواجه مجازفات ومخـاطر أكـثر مـن الأعـداء، كـما تواجـه نقلـة كليـة في طبيعتهـا الأساسية، وكما هو الحال بالنسبة للمؤسسـات الأخـرى - مثل الأسرة وأمـاكن العمـل - تبـدو الأمم أنها متشابهة لكنها ليست كذلك. القشرة الخارجيـة لا تـزال باقيـة لكـن في الـداخل قـد تغيرت - إنها تمثل ما أطلق عليها - الكلام لـ جدنز - المؤسسـات الصـدفية Shell Institution. أي المؤسسات التي أصبحت غير كافية لأداء المهمات التي وجدت من أجلها. ويسـتنتج جـدنز أنه عبر العالم، اهتزت طريقة الحياة الكلية بعنف لدى الجيل الأول الذي جـرَّب العولمة لكـن مـع مؤشر ضعيف فقط لما ستكون عليه الأشكال الاجتماعية الجديدة.

خاتمة:

إن الاهتمام المتجدد بالنظريات التطورية يعكس إلى حد بعيد، حساً بأن التغير التكنولوجي والاجتماعي الآن بالغ السرعة وأن مجتمع منتصف القرن العشرين لم يعد موجهاً لما ستكون عليه الحياة في الوسط الجديد...وبذات الوقت فإن العولمة الاقتصادية الواضحة تجعل من الممكن الحديث عن تطورات كونية من نوع أكثر عمومية.

ومع ذلك، فإن النظريات الفتية التي تمت مناقشتها هنا، لا تمتلك جرأة ماركس وثقته بحيث تتنبأ بالمستقبل. ولا تشارك بارسونز وجهة نظره بأن التغير التطوري حتى اليوم قد أصبح متعذر تجنبه في توجهه وطبيعته.

إن هذه النظريات تعكس المناخ الفكري العام، إن تطورات من قبيل نظرية الفوضى تؤكد على التأثيرات الرئيسية التي يمكن أن تحدثها التغيرات الصغيرة على العالم الطبيعي. وفي علم النفس وعبر منظورات من قبيل الظاهراتية، انصب التأكيد على الجوانب غير المحددة والإبداعية للفعل والتصور الإنساني. وبالنتيجة فإن علماء الاجتماع قد أكدوا على تقييدات النظريات الكبرى. وبشكل خاص عندما هدفت إلى التنبؤ بالمستقبل. وعلى سبيل المثال يجادل سيمور مارتن لبست symour martin lipset بأنه:

"علينا أن نواجه القيد العام للعلم الاجتماعي، وعجزه المتأصل على التنبؤ بشكل محدد..إن العلم الاجتماعي يكون في أفضل حالاته عندما يطور ما أطلق عليه روبرت ميرتون النظريات متوسطة المدى. وعندما يفسر التطورات المحددة بالزمان والمكان – بشكل خاص في الماضي – حيث هناك بعض الإمكانية لتحليل بيانات حقيقية".

وهكذا، فإن النظريات التطورية اتجهت نحو التركيز على الجوانب البارزة التعريفية للحداثة أكثر من التركيز على التنبؤ بالمستقبل. ومع ذلك، فإن قيامها بهذا الأمر جعلها تقدم صورة مذهلة وإلى حد ما غير متوازنة للحداثة، على سبيل المثال فإن التأكيد من قبل

هابرماس على أزمة الشرعية في المجتمعات الحديثة قد يقود القارئ إلى توقع مستويات مرتفعة من عدم الإشباع وعدم الرضا المعلن في ظل وجود الأنساق الحديثة للحكومات أكثر من الماضي. في الحقيقة، السنوات الأخيرة من القرن العشرين أثبتت على نحو استثنائي عدم وجود النزعة الثورية بالمقارنة مع الفترات السابقة التي أنتجت الثورات الأمريكية والفرنسية وثورات روسيا والصين وكوبا وفيتنام.

إن الطبيعة الانعكاسية للهوية الذاتية الحديثة، والاعتقاد بأن المرء يستطيع أن يجدد ذاته باختياره، وهو ما ركز عليه جدنز، إنما يعكس بكل تأكيد التغيرات الرئيسية، لكنها أيضاً تبدو أقل تميزاً من منظور الولايات المتحدة، التي تمثل الأمة الجديدة التي جاء إليها معظم الناس بشكل طوعي بحثاً عن حياة جديدة وهوية جديدة. وهذا ما يميزها عن وجهة النظر الأوروبية، وعلى الرغم من أن جدنز يميل إلى التأكيد على إبداعية العالم الذي ليس فيه بالنسبة للعديد من الدول أعداء حقيقيين، أو من المرجح أن لا تدخل في حرب مع دول أخرى، فإن هذا الزعم قد يكون له الكثير مما يفعله مع الدور الراهن (بالضرورة غير الدائم) للولايات المتحدة كقوة عظمى وحيدة وفريدة وكضابط شرطة عالمي. وكذلك الأمر بالنسبة للقوى العامة للعولمة.

وعلى الرغم من تلك الانتقادات فإن النظريات التطورية التي تمت مناقشتها هنا تقدم نظرة عامة مثيرة حول كيفية تطور مجتمعاتنا، كما تحدد فروقات رئيسية، وبعيدة المدى بين واقعنا وواقع أسلافنا. إن المنظورات السوسيولوجية قصيرة المدى التي سننتقل إليها الآن تعمق فهمنا بالارتباطات بين تلك التغيرات بعيدة المدى والطريقة التي نجرب فيها الحياة بشكل فعلي في مجتمعنا المتغير.

الفصل الخامس

التفاعلية الرمزية

مقدمة

يرتبط أصل مصطلح التفاعلية الرمزية Symbolic Interactionism باسم هربرت بلومر Herbert Blumer الذي وصف هذا المصطلح بقوله "إنه تعبير جديد غير متداول إلى حد ما، قمت بصياغته بطريقة ارتجالية في مقالة كُتِبَتْ ضمن كتاب "الإنسان والمجتمع". لقد انتشر المصطلح بطريقة ما، وهو الآن يحظى باستخدام عام".

أُعد كتاب الإنسان والمجتمع Man and Society لإلقاء نظرة عامة على حقل العلوم الإنسانية، وليكون بمثابة "مقدمة لروح، ومناهج، والموضوع الأساس لكل علم من العلوم الاجتماعية" وقد تمت دعوة هربرت بلومر لكتابة فصل حول علم النفس الاجتماعي، فصاغ مصطلح التفاعلية الرمزية في محاولة لتوضيح الكيفية التي يتميز بها العلماء المختصين بعلم النفس الاجتماعي في نظرتهم للطبيعة الإنسانية. أوضح بلومر بأن علم النفس الاجتماعي كان مهتماً إلى حدٍ كبير في التطور الاجتماعي للفرد وتمثلت مهمته الأساسية في دراسة كيفية تطور الفرد اجتماعياً كنتيجة لمشاركته في حياة الجماعة.

ومن أجل دراسة تطور الفرد، صرح بلومر، أنه من الضروري أن تأخذ بعين الاعتبار طبيعة الجاهزية التي يبدأ بها الطفل الرضيع الحياة، وقد ناقش ابتداءً وجهتي نظر حول الطبيعة الأصلية، والتي يختلف معها، وهما: علم نفس الغريزة الذي يؤكد على أهمية الدوافع الطبيعية غير المدركة، ومنظور المثير- الاستجابة الذي يرى أن السلوك مكتسب لكنه بشكل جوهري يمثل استجابات غير طوعية لمثيرات خارجية. قارن بلومر تلك الرؤى بالمنظور الذي اتخذه، موضحاً بأن منظوره يصور المولود الرضيع الجديد بأنه غير منظم ويعتمد على الكبار في التعليم والبقاء على قيد الحياة، وبحسب وجهة نظره فإن:

"تطور الرضيع إلى مرحلة الطفولة والمراهقة يمثل بشكل جوهري تشكيل نشاط منظم ومنسجم مكان نشاطه العشوائي المسبق. كما

يمثل ترتيب دوافعه ورفدها بأهداف، ومن ثم، فإن وجهة النظر هذه .. تدرك الطبيعة الأصلية على أنها هامة، ولكنها ليست محددة لتطوره اللاحق. إنها تؤكد الطبيعة النشطة للطفل، وليونة هـذه الطبيعة، وأهمية الدوافع غير المصقولة. إنها بشكل جوهري نظرة تؤخذ من قبل جماعة علماء النفس الاجتماعي اللذين يمكن وصفهم التفاعليون الرمزيون".

وهكذا، ولد المصطلح، مع جميع ملاحظاته المتأخرة، ولكن استخدام بلومر لكلمة رمزي تعكس وجهة نظر هامة على المستوى النظري وليس وصفاً إرتجالياً لمنظور. وفي كتاب الإنسان والمجتمع يضع بلومر حجر الزاوية للتفاعلية الرمزية على النحو التالي: منظومة عامة من الرموز، ونوع من الفهم يمتلكه الناس في جماعة. ويفترض التفاعليون الرمزيون أن العناصر الأساسية في بيئة الأطفال هي الرموز وطرق الفهم التي توجه الأفراد من حولهم. إن هـذه المنظومة العامة من الرموز وطرق الفهم التي تجعل بيئة الأطفال رمزية قد أعطيت أولوية كبيرة من قبل هذا المنظور.

ومن ثم، فإن التفاعلية الرمزية هي بصورة جوهرية منظور نفسي- اجتماعي. ومن القضايا الأولية التي يركز عليها هـذا المنظور، الفرد الـذي يمتلك ذاتاً، والتفاعـل بـين الأفكار والعواطف الداخلية للشخص، وسـلوكه الاجتماعي. إن معظم التحليـل ضـمن هـذا المنظور ينصب على المستوى قصير المدى للعلاقات البين شخصانية، ويتم النظر إلى الأفراد على أنهـم بناءون نشطون لتصرفاتهم، بحيث يفسرون، ويقيمون، ويعرفون، ويخططون فعلهم، أكثر من كونهم كائنات سلبية راضخة لقوى خارجية. كما أن التفاعليـة الرمزيـة تشـدد علـى العمليـات التي يتخذ الفرد من خلالها قرارات، ومنها يبني آراءً خاصة.

وبحسب ما يرى التفاعليون الرمزيون، ينبثق الشكل الذي يتخذه التفاعل من موقف معين ذو صلة به. وتأتي وجهة النظر هذه بالمقارنة مع ما يطلق عليه بلومر منظور

"سترة المجانين"[*] Straitjacket الذي يتبناه الوظيفيون، وهو منظور يشدد على المعايير التي تعني ضمناً بأن معظم التفاعلات ثابتة سلفاً. ورغم أن التفاعليين الرمزيين يعترفون ويسلمون بتأثير الأدوار الاجتماعية، إلا أنها لا تشكل موضع اهتمامهم الأساس، ولا تشكل أيضاً "معدل" السلوك، والشكل العام من المؤسسات التي يركز عليها منظرون آخرون. وخلاف ذلك، فإن أولوية اهتمامهم تنصب تماماً على تفسير قرارات وأفعال معينة للأفراد مع الإشارة إلى استحالة تفسير تلك القرارات والأفعال بالقواعد والقوى الخارجية المحددة سلفاً.

الجذور الفكرية: ماكس فيبر وجورج زمل

إن المساهمين الرواد في المنظور التفاعلي الرمزي هم: جورج زمل George Simmel وروبرت بارك Robert Park ووليام إسحاق توماس William Isaac Thomas وشارلز هورتون كولي Charles Horton Cooley وجون ديوي Joho Dewey وجورج هربرت ميد George Herbert Mead ولا بد كذلك من توثيق ماكس فيبر، لأنه ركز في تعريفه لعلم الاجتماع على أهمية الفهم التفسيري أو المعنى الذاتي، ويتضح هذا بقوله:

> "علم الاجتماع هو العلم الذي يحاول أن يقدم فهماً تفسيرياً للفعل الاجتماعي من أجل الوصول إلى تفسير سببي لمساره ونتائجه. ويتضمن الفعل الاجتماعي كل السلوك الإنساني عندما يحاول الفاعل الفرد إضفاء معنى ذاتي له. والفعل بهذا المعنى قد يكون علنياً، أو

---

[*] سترة المجانين أو المساجين: سترة الغرض منها تقييد جسم المجنون وذراعيه أو السجين الذي يعد خطيراً لكي لا يؤذي نفسه أو غيره. ويقصد بلومر من استخدامها أن المعايير التي تشدد عليها الوظيفية تقيد الفعل والفاعل وتسلبه الحرية في التصرف (المترجم).

ضمنياً، أو ذاتياً. وقد يتألف من تدخل إيجابي في الموقف، أو من إحجام متعمد عن مثل هذا التدخل، أو من إذعان سلبي في الموقف. ويعتبر الفعل اجتماعياً بموجب المعنى الذاتي الذي يضفيه عليه الفاعل الفرد (أو الفاعلون) والذي يأخذ بالحسبان سلوك الآخرين، وبذلك يتوجه في مساره".

لقد كانت نظرية فيبر في الفعل الاجتماعي مؤثرة في انبثاق التفاعلية الرمزية، وذلك عندما ركزت على تفسير الفرد الذاتي للموقف وأهمية المعنى الذاتي. وفي نص سابق ألقينا فيه الضوء على مساهمة ماكس فيبر في نظرية الصراع، تبرز أهمية واضحة للمنظور التفاعلي الرمزي الأمر الذي يمثل إيضاحاً لاتساع مساهماته النظرية وبشكل خاص مقدرته على تجسير المنظورات قريبة المدى وبعيدة المدى.

لقد كان لفكر جورج زمل، وروبرت بارك أهمية مركزية في تطور هذا المنظور ونستطيع أن نفهم تأثير زمل على التفاعليين الرمزيين الأوائل من خلال تفحص دفاعه عن العديد من معتقدات هذا المنظور وأهميتها للتحليل السوسيولوجي، حيث يقول:
"أن نحصر أنفسنا في التشكيلات الاجتماعية الكبيرة، يعني أننا نشبه علم التشريح القديم بتحديده لأعضاء معينة أساسية بشكل واضح، مثل القلب، والكبد، والرئتين، والمعدة، وتجاهله لعدد لا يحصىـ من الأنسجة غير المعروفة أو التي ليس لها اسما متداولاً. مع أنه بدون تلك الأنسجة، فإن الأعضاء الأكثر وضوحاً لا يمكن أن تشكل عضوية حية".

وعلى نحو مماثل، يقول زمل، بأن المجتمع قد تجمعت أجزاؤه، واتصلت مع بعضها بواسطة "توليفات صغرى لا تحصى"، ويصف بعض تلك الوصلات والترابطات الإنسانية بقوله:
"إن الناس ينظرون إلى بعضهم ويحسدون بعضهم البعض، ويتبادلون

الرسائل، ويتناولون العشـاء مـع بعضـهم .. والإقـرار بالفضـل عـلى التصرفات الإيثارية يشكل اتحاداً لا يقبل الانفصال. وأحـدهم يسـأل الآخر عـن شارع معين، والناس يلبسـون الثيـاب ويتزينـون مـن أجـل بعضهم البعض. إن السلسلة الكاملة من العلاقات التي تمارس مـن قبـل شخص للآخر، قـد تكـون مؤقتـة أو مسـتمرة .. بـوعي أو بـدون وعي، سريعـة الـزوال، أو ذات نتـائج منقوشـة .. إن جميـع تلـك الارتباطـات تعمل على ربط الناس ووصلهم ببعض. وهنا تبدو التفاعلات بيـن ذرات المجتمع. إنهم يأخذون بالحسبان كل أوجه القسوة وكل أوجـه المرونـة، ويأخذون جميع ألـوان الحيـاة الاجتماعيـة ومتانتهـا، التـي هـي ملفتـة للنظر إلى حد كبير، بل وغامضة كذلك".

إن كلمات زمل مشجعة لاهتمام علماء الاجتماع بتحليـل سـلوك الفـرد، بالمقارنـة مـع أولئك اللذين يقع اهتمامهم في تحليل الأنسـاق الاجتماعيـة، وليـس هـذا التشجيع فقـط لأن تفاصيل سلوك الفرد تمثل بذاتها موضع اهتمام، ولكن بسبب أن بعض القرارات الحاسـمة يتم اتخاذها على المستوى الفردي، بين ذرات المجتمع والتي يمكن أن يكون لها انعكـاس عـلى أمـة بأكملها. إن تلك القرارات تساعدنا، كما يرى زمل، في "تجميع أجزاء الحياة الواقعيـة للمجتمـع، كما نتلقاها في خبرتنا". أحد الأمثلة المؤثرة يتمثل في القرار الذي اتخذه فرانك ويلز Frank Wills حارس الأمن في منشأة ووترجيت Watergate، الذي لاحظ شريطاً مـا عـلى قفـل البـاب في مسـاء اليوم السابع عشر من حزيران 1972، وفي جولته التفقديـة الأولى، مـا فعلـه ببسـاطة هـو إزالـة الشريط. وفي جولته الثانية، عندما شاهد نفس الباب محاطاً بشريط مـرة أخـرى، أعـاد تفسير الموقف وقرر أن يتصل هاتفياً بالشرطة. بعـض علـماء الاجتماع مهتمـون بتحليـل مثـل هـذا السلوك، الـذي أطلـق سلسـلة مـن الأحـداث قـادت إلى اسـتقالة الرئيس نيكسـون، وأدت إلى تغيرات في بناء الحزب مثل حملة القيود المالية. بالنسبة

للعديد منهم، فإن الذي أحيا هذا التحليل هو جورج زمل وقد أصبح علم الاجتماع الرسمي لدى زمل، وهو "هندسة الفضاء الاجتماعي" بمثابة برنامج عمل.

هناك اثنان من المفاهيم الأساسية لدى زمل وهما (الاثنان) (Dyad)، و(الثلاثة) Triad .

وفي إطار تشديده على أهمية العدد في الحياة الاجتماعية، يوضح زمل بأنه في العلاقة الثنائية، كل من العضوين المشاركين يجابه الآخر. ومن هنا لا يستطيع أياً منهما التنكر للمسؤولية بإلقائها على الجماعة. وبسبب أن نموذج الاثنين (الزوج) يعتمد على مشاركين اثنين فقط، فإن انسحاب واحد منهما من شأنه أن يدمر الجماعة. ومع ذلك، فإن التحول من النموذج الثاني إلى الثلاثي يسبب تغيراً نوعياً في العلاقة، إذ أنه في العلاقة الثلاثية يُجَابه الفرد بإمكانية أن يحظى بأصوات الأغلبية (أي الاثنين الآخرين). وهكذا يستطيع الثالث أن يفرض إرادته على أحد الأعضاء عن طريق تشكيل ائتلاف مع الثاني الآخر. وهناك ثلاث استراتيجيات مفتوحة أمام المشارك الثالث: 1) أن يلعب دور الوسيط بين الاثنين الآخرين. 2) المساعدة في المحافظة على سلامة الجماعة. 3) أن يستغل الخلاف بين الاثنين الآخرين لمنفعته، أو قد يخلق عن قصد صراعات بين الآخرين من أجل منفعة نفسه. ومن الأمثلة التي يقدمها زمل للعلاقة الثلاثية على المستوى السوسيولوجي قصير المدى، تنافس رجلين على امرأة واحدة. ومن الأمثلة الأخرى على العلاقة الثلاثية، إضافة طالب ثالث إلى غرفة ينام فيها طالبان في السكن الجامعي، أو أحد الأبوين المسنين الذي يبدي نشاطاً وتفاعلاً ملحوظاً مع ابنه المتزوج أو ابنته المتزوجة، أو الابن المراهق الذي يعود للعيش في بيت والديه.

إن الاتصال بين جورج زمل في ألمانيا وجماعة علم النفس الاجتماعي في جامعة شيكاغو جرى بسرعة فائقة عندما قضى روبرت بارك فصلاً واحداً في غرفة التدريس التي كان يلقي فيها زمل محاضراته، ويقول بارك "يعود الفضل لزمل بأنني حصلت أخيراً على

وجهة نظر جوهرية لدراسة الصحيفة والمجتمع".

إن مفهوم زمل للمجتمع باعتباره نسقاً من التفاعل، واهتمامه بهندسة الفضاء الاجتماعي، وتشديده على العملية الاجتماعية، قام بتبنيها بارك ونقلها إلى تلاميذه وزملائه في جامعة شيكاغو التي أصبحت مكان ولادة التفاعلية الرمزية.

ومن المساهمات النظرية الهامة في نظرية التفاعل الرمزي تلك الفكرة التي قدمها وليم إسحاق ثوماس حول "تعريف الموقف". اعتقد توماس بأن الأفراد لديهم القوة لتجاهل المثير الذي استجابوا له في وقت سابق، وأن أي خطوة تمهيدية لأي تصرف محدد ذاتياً من السلوك، هناك دائماً محطة اختبار ودراسة مترويه، والتي نطلق عليها تعريف الموقف. والأهم من ذلك أيضاً أن ثوماس يعتقد بأن تعريف الناس للموقف له نتائج سلوكية. وقد صيغت الفكرة النظرية لتوماس بهذه الطريقة: "إذا عَرَّف الناس مواقفهم على أنها حقيقية، فهي إذن حقيقية في نتائجها". وقد أوضح ثوماس بأنه إذا لم يوجه الباحثون اهتمامهم للمعاني الذاتية، أو تعريفات الموقف، لن يتمكنوا من فهم النشاط الإنساني.

نحن نعلم في حياتنا اليومية، بأن النساء والرجال، والشباب والكبار وعمال الطبقة العليا والطبقة الدنيا يقدمون دائماً تعريفات مختلفة للموقف ذاته. لاحظ الطرق المختلفة التي يفسر الناس بها ويقيمون موضوعات الأخبار، وأحداث الفيلم، ومقاطع الأحداث الرياضية، والموضوعات الثقافية، مثل العَلَم، وغسالة الصحون، والكمبيوتر. فالأطفال مثلاً يخلقون لأنفسهم رفيق لعب متخيلاً. إن رفيق اللعب الذي هو حقيقي بالنسبة للطفل، قد يكون له نتائج على أعضاء الأسرة الآخرين أيضاً، فربما يتفاعلون مع رفيق اللعب، إلى درجة أنهم قد يضعون كرسياً إضافياً على طاولة العشاء.

بالاشتراك مع ثوماس، شجع بارك الطلاب على دراسة نواحي مختلفة من العمليات الاجتماعية في مدينتهم. وعوضاً عن تفحص البناء الاجتماعي بكاميرا تنتج صوراً ساكنة

غير متحركة للحياة الاجتماعية، فقد استخدم طلاب بارك كاميرا متحركة ذات منظور طبيعي من أجل إدراك الحياة كما كانت تحدث. لقد أنتجت مدرسة شيكاغو الورقة البحثية لثوماس وزينانكي Znaniecki حول تكيف الجيل الأول من المهاجرين البولنديين والتي تحمل عنوان: الفلاح البولندي في أوروبا وأمريكا وبحث فريدرك ثراشر Frederick M. Thrasher حول انحراف الأحداث والذي يحمل عنوان: العصابة، ودراسة لويس فرث Louis Wirth للمنطقة ذات الكثافة السكانية العالية في شيكاغو والتي سكنها الجيل الأول من المهاجرين اليهود، وهي الجيتو، وتحليل هارفي زوربوف Harvey W. Zorbaugh لتجاور أحياء الأغنياء والأحياء الفقيرة في شيكاغو والذي يحمل اسم: الشاطئ الذهبي وحي الفقراء.

إن شارلز هوترن كولي Charles Horten Cooley الذي درّس طوال حياته في الجامعة التي تخرج منها، جامعة ميتشيغان في آن آربور، يعد كذلك من رواد التفاعلية الرمزية، وأحد إسهاماته الهامة يتمثل في صياغته لمفهوم "مرآة الذات Looking-Glass Self"، أي الذات التي تفهمها باعتبارها نتيجة للمعلومات المنعكسة عليك من أحكام الآخرين اللذين تتفاعل معهم. وقد وضع كولي ثلاثة عناصر لمرآة الذات وهي: 1) تخيل ظهورنا أمام الشخص الآخر 2) تَخَيُل حكم الآخر على ظهورنا 3) نوع من الشعور الذاتي، مثل الكبرياء والاعتداد بالنفس أو الشعور بالخزي.

وكما يشير كولي، فإن مرآة الذات لا تقترح تخيل حكم الآخرين على ظهورنا لكنه يرى أن هذا يمثل عنصراً ضرورياً، ويصرح كولي: "إن التخيلات التي يمتلكها الناس عن بعضهم البعض تمثل الحقائق الصلبة للمجتمع. ومن أجل أن نلاحظ تلك التخيلات ونفسرها يجب أن تكون الهدف الرئيس لعلم الاجتماع" وبمعنى آخر، فإن كلاً من البناء الاجتماعي الأكبر، وبناءات مثل "التنظيمات الصناعية" و"الأحزاب السياسية" ترتكز في النهاية على تلك الحقائق الصلبة.

ومع ذلك، فإن التفاعلية الرمزية لم تنظم من قبل أولئك الرواد لكن من قبل مُنظِريْنِ أساسيين هما: جورج هربرت ميد، وهربرت بلومر. ورغم أنه يُنظر إلى بلومر باعتباره القائد الفكري للتفاعلية الرمزية من بين المنظرين الاجتماعيين، إلا أنه مدين لأستاذه جورج هربرت ميد. إن معظم عناصر التفاعلية الرمزية تعود في أصلها إلى ميد، وقد أثنى بلومر على ميد باعتباره الأكثر تأثيراً على تفكيره.

الجزء الأول

جورج هربرت ميد: الذات

لقد قيل عن جـورج هربـرت ميـد (1863- 1931) بأنـه "يعتـبر الآن مـن بـين المفكـرين الأمريكيين القلائل اللذين ساعدوا في تشكيل خاصية العلم الاجتماعي الحديث". كان والد ميـد رجل دين بيوريتاني درّس المواعظ الدينية في جامعة أوبرلين، التي حصل ميد منها عـلى درجـة البكالوريوس في عام 1883. وكانت والدته رئيسة كلية ماونت هوليوك بعد موت زوجهـا. وبعـد سنة إضافية من دراسة الفلسفة واللغة اليونانية حصل ميد على درجة بكـالوريوس ثانيـة مـن جامعة هارفارد في عام 1888. وبينما كان في جامعـة هارفـارد درس ميـد عـلى يـد جوسـيا روسي Josiah Royce وتحول إلى الفلسفة البراجماتية, وفي أوروبـا تلقـى تعليمـه العـالي عـلى يـد ولهلـم فوندت Wilhelm Wundt في جامعة ليبزغ Leipzig حيث التقى فيها كذلك مع جـي سـتانلي هـال G. Stanley Hall ، ثم درس بعد ذلك في برلين لكنه لم يُنْهِ متطلبات حصوله على الدكتوراه. وعنـد عودته إلى أمريكا درّس لمدة سنتين في جامعة ميتشيغان في آن آربـور، حيـث التقـى مـع جـون ديوي John Dewey وشارلز هورترن كولي وأصبح صديقاً لهـما. وعنـدما انتقـل ديـوي إلى جامعـة شيكاغو قرر ميد أن يلحق به، ودرّس هناك في قسم الفلسفة حتى وفاته في عام 1931.

نشر ميد أكثر من ثمانين مقالة في حياته، وتركز أكثر من نصـف كتاباتـه حـول القضـايا الإصلاحية مثل المهاجرين، وبيوت التأهيل، واقتراع النسـاء، والعمـل، والتعلـيم والديموقراطيـة. وفي العديد من تلك القضايا تأثر كثيراً بصديقه وزميلـه جـان آدمـز Jane Addams ، وقـد كشـف ديغان Deegan بأن ميد قد تحدث في مؤتمر الاقتراع عام 1912، وبعد سنوات قليلة نظـم مسـيرة في طريق ميتشيغان برفقة جون ديوي وجان آدمز، ومواطنين

مميزين آخرين من شيكاغو، لنفس السبب.

لكن كتاب ميد الأكثر شهرة والذي نشر بعد وفاة صاحبه، أُخذ من الملاحظات التي يدونها طلابه، حيث بادر طلابه بجمعها من أجل النشر. وهذا الكتاب هو "العقل، والذات والمجتمع". وسوف يكون أحد مراجعنا الأساسية لعرض عناصر نظرية ميد. وقد اخترنا أربعة عناصر لإلقاء الضوء عليها، وهي الذات، وتفاعل الذات، وتطور الذات، والمعنى الرمزي.

الذات

تعتبر وجهة نظر ميد حول الذات مركزية بالنسبة للتفاعلية الرمزية. إنه يرى الذات كعضوية فاعلة، وليست ببساطة وعاء سلبياً يتلقى المثيرات ويستجيب لها، ويوضح بلومر: "بالنسبة لميد، فإن الذات أكثر من مجرد استدماج مكونات البناء الاجتماعي والثقافة. إنها بصورة أكثر مركزية تمثل عملية اجتماعية. إنها عملية تفاعل الذات والتي من خلالها يشير الفاعل الإنساني إلى أموره الذاتية التي تواجهه في الموقف الذي يتصرف فيه، وينظم فعله من خلال تفسيره لمثل هذه الأمور. ينخرط الفاعل في هذا التفاعل الاجتماعي مع ذاته، حسب ما يرى ميد، وذلك من خلال تقمص أدوار الآخرين، ويُعَنْوِن نفسه ويعرفها من خلال تلك الأدوار، ويستجيب لتلك المقاربات والمنظورات. إن هذه الصياغة المفاهيمية لتفاعل الذات الذي ينسب الفاعل فيه الأشياء إلى ذاته تقع في أساس مخطط ميد لعلم النفس الاجتماعي".

ومن ثم، فإن الذات، فعالة، وخلاقة، وليس هناك أجزاء مقومة مثل المتغيرات الاجتماعية، والثقافية، أو السيكولوجية التي تحدد أفعال الذات. غالباً ما يصور بلومر وجهات نظر العلماء الاجتماعيين المختلفة في غرفة الصف التي يدرس بها برسم شكل

توضيحي (انظر الشكل 5-1)، حيث كان ينقل أفكار ميد بحماس إلى طلابه. وهنا يستطيع المرء أن يرى ما يرفضه التفاعليون الرمزيون في وجهة نظر الوظيفيين حول الفرد. إن الوظيفيين مثل بارسونز يميلون للنظر إلى الآدميين باعتبارهم فاعلين سلبيين يصطدمون بقوى اجتماعية وسيكولوجية. وحسب ما يرى بلومر "إن عملية تفاعل الذات التي يتشكل العقل الإنساني بواسطتها لا يمكن أن تفسر بواسطة العوامل التي تسبق التصرف زمنياً". وفي تقدير بلومر، فإن منظري التبادل الاجتماعي مثل جورج هومانز George Homans يشاركون هذه النظرة السلبية للآدميين، حيث يكتب بلومر:

> "إن الذات، أو الآدميين حقاً، لا ينجذبون نحو المشهد بواسطة إدخال عناصر سيكولوجية مثل الدوافع والمصالح جنباً إلى جنب مع العناصر الاجتماعية. إن مثل هذه الملحقات تضاعف خطأ إهمال الواجب. هذا ما ورد في الخطاب الرئاسي لدى جورج هومانز والذي يحمل عنوان (جعل الرجال منتجين)".

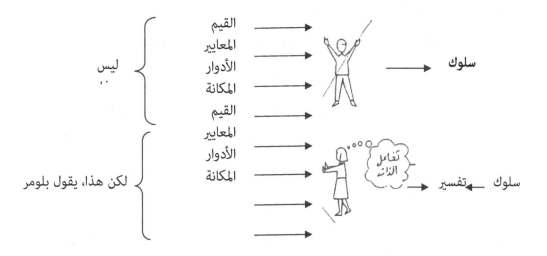

الشكل 5-1 نظرة بلومر للفرد

وبالمقارنة مع هذه النظرة السلبية للفرد، يشدد ميد على مقدرة الناس عل تشكيل وتوجيه تصرفهم من خلال آلية تفاعل الذات. يتمثل موقف ميد في أن الناس يتصرفون في بيئتهم، ويخلقون بتصرفهم الموضوعات التي يشكل الناس جزءاً منها. ويميز ميد بين "الأشياء"، أو المثيرات التي توجد قبل الفرد وتكون مستقلة عنه، والموضوعات التي توجد فقط في العلاقة مع التصرفات. وبذلك تتحول الأشياء إلى موضوعات من خلال تصرفات الأفراد. وعلى سبيل المثال، فإن الطماطم تبدو كموضوع للتغذية عندما تأكل، وتبدو كموضوع للتعبير عن الغضب عندما ترمى. إن تصرف الفرد مع الطماطم يقر التعامل معها كطعام من ناحية، وكسلاح من ناحية أخرى. إن الطماطم في جوهرها لا تمثل إحدى الناحيتين. إنها ببساطة "شيء" قبل أن يتصرف الفرد حيالها. وهكذا، فإن "الشخص" عند ميد أكثر فاعلية وأكثر إبداعية مما يمثله الشخص أو الأنا عند منظري التبادل الاجتماعي والمنظرين الوظيفيين.

تتجنب التفاعلية الرمزية الموقف الحتمي عن طريق رفضها التعامل مع الذات باعتبارها شيئاً ما متمايزاً. وبصورة محددة، فإن ميد يظهر وجهين للذات: الوجه الأول هو "الأنا" I والتي يعتبرها ميد استجابة غير منظمة من العضوية نحو اتجاهات الآخرين، وهي المنطق العفوي أو الاندفاع للتصرف. والوجه الثاني هو "الذات المنظمة" Me وتمثل منظومة الاتجاهات المنظمة للآخرين والتي ينتحلها الفرد لذاته في المقابل، أي هي تلك المنظورات التي يمتلكها الفرد عن ذاته والتي تعلمها من قبل الآخرين. يقول ميد: "إن اتجاهات الآخرين تشكل الذات المنظمة ومن ثم يصدر الفرد نحوها ردود فعل باعتباره الأنا". إن الذات المنظمة توجه سلوك الفرد المُنَشّأ، وهذا الجانب من الذات يجلب تأثير الآخرين على وعي الفرد. ومن ناحية أخرى، فإن العفوية التي لا تحصى للأنا تسمح بدرجة معينة من التجديد أو الابتكار والإبداعية وكذلك تسمح بدرجة من التحرر من سيطرة الآخرين وضبطهم،

وكما يصوغها ميد:

"ومن ثم فإن الأنا، في هذه العلاقة بين الأنا والذات المنضبطة تمثل شيئاً ما يستجيب للموقف الاجتماعي الذي يقع في خبرة الفرد. إنها الإجابة التي يقدمها الفرد للاتجاه الذي يتخذه الآخرون نحوه عندما يتبنى اتجاهاً نحوهم، والآن، فإن الاتجاهات التي يتخذها نحوهم ستتضمن عنصراً جديداً. إن الأنا تعطي معنى الحرية، ومعنى المبادرة".

ومن ثم فإن الذات تتألف من الأنا الفاعلة، عندما تكون الذات هي الفاعل، ومن الذات المنظمة (المفعول به) عندما تكون الذات موضوع الفعل(*). ويوضح ميد:

"تمثل الذات بالضرورة عملية اجتماعية مستمرة بوجهيها المتميزين. وإذا لم يكن لديها هذين الوجهين فلن يكون هناك مسؤولية مدركة ولن يكون أي شيء جديد في الخبرة".

تفاعل الذات

ولأنه جعل متسعاً لما هو "جديد في الخبرة"، فقد قدم ميد للعلماء الاجتماعيين منظوراً يمكنهم من تحليل السلوك "اللامبني" Unstructured والذي لم يتأثر باتفاقات مؤسسة مسبقة، مثلاً، يمكن أن يهتم التفاعليون الرمزيون باكتشاف رونتجن Roentgen غير المقصود لأشعة X وبحسب ما يرى ثوماس كون Thomas Kuhn :

"إن الفيزيائي رونتجن اعترض على الاختبار العادي لأشعة الكاثود لأنه لاحظ عرض باريوم سيانيد البلاتونيوم على مسافة من جهازه المغطى الذي أعطى إشعاعاً عندما تمت عملية تفريغ الشحنات. وقد أوضحت

(*) المقصود أن الذات الفاعلة تظهر عندما تكون أفعال الآخرين موضوعاً لفعل الفرد، بينما تظهر الذات المنظمة عندما يكون فعل الفرد موضوعاً لأفعال الآخرين، ومثال الحالة الأولى أن يقول المرء لقد أرسلت فلاناً إلى .. ومثال الحالة الثانية، أن يقول المرء لقد أرسلني فلان إلى ..(المترجم)

اختبارات أخرى -تطلب القيام بها سبعة أسابيع من القلق لم يغادر رونتجن خلالها المختبر- بأن سبب الإشعاع جاء بخطوط مستقيمة من أنبوب أشعة الكاثود. وكان للإشعاع ظلال لا يمكن أن ينحرف بواسطة المغناطيس. وقبل أن يعلن اكتشافه أقنع رونتجن نفسه بأن نتيجته لم تكن بسبب أشعة الكاثود ولكن بسبب وجود عامل آخر يشبه إلى درجة ما الضوء".

ويضيف كون بأن هذا الاكتشاف استقبل بالدهشة والانبهار، وبشكل أساسي لأن أشعة x قد انتهكت التوقعات الراسخة بعمق.

وكما يوضح كون، فإن اكتشافاً مثل اكتشاف رونتجن يستلزم وجود تغير في البردايم (النموذج)، وتغيرات في التوقعات والإجراءات المخبرية ويعرف البراديم بأنه "إنجازات علمية مدركة بوجه عام، تقدم في الوقت الراهن إشكالات في النموذج وحلولاً لأصحاب المهنة". ويشدد على أن التغيرات تلقى مقاومة هائلة في كل الأوقات.

لماذا من النادر بالنسبة لباحثين مثل رونتجن أن يقوموا بمثل هذا الاكتشاف غير المقصود، أي أن يقوم بتصور أن شيئاً ما قد حصل وأن البردايم خاصته لم يُعِدَه ليقدم تصوراً ولا لِيستطيع أن يفسر؟ وبحسب ما يرى كون، إن مثل هذا الاكتشاف يسير ضد فكرة العلم العادي، والذي لا يسعى إلى تجديد الحقائق أو النظرية. وبالإضافة إلى هجرهم للنظريات والأفكار التي يستخدمونها لتصورهم العالم، فإنهم يحاولون تفسير نتائج بعيدة غير سوية ليظهروا بأنهم لم يثبتوا فعلاً بطلان البردايم الراهن. ولذلك يقترح كون بأن الاكتشاف الذي يبدأ مع إدراك الحالة غير السوية يجب أن يستمر باختبار موسع للمنطقة غير السوية، والذي ينتج عنه بعد ذلك تعديل في نظرية البردايم.

وفي تحليله للسبب وراء استمرار رونتجن في اكتشاف واختبار اشعة x بدلاً من

تفسيرها عن بعد، يؤكد ميد أنه تفاعل الذات لدى رونتجن، ما الذي ما قاله رونتجن لنفسه خلال تلك الأيام الحاسمة قبل أن يصبح مقتنعاً بأنه قد حقق اكتشافاً؟ قبل كل شيء كان عليه أن يقنع نفسه بأنه على الرغم من البردايم الموجود، إلا أنه قد شاهد الإشعاع (أو اللمعان) بالفعل، وأنه لم يكن شيئاً ملفقاً أو مختلقاً من خياله، أو أنه سراب نتج عن تعبه وإجهاده، أو أنه حادث ليس ذا أهمية. وخلال تلك الأسابيع السبعة التي قضاها رونتجن في المختبر، لا بد وأنه سأل نفسه، مرة تلو الأخرى، كيف حصلت الظاهرة، ومن أين جاءت، وما الذي أنتج الإشعاع أو اللمعان، وتحت أي ظروف، ولماذا حدثت. ومن خلال هذا النوع من حديث الذات، المرتبط بتجربة متكررة، اقنع رونتجن نفسه أخيراً باكتشافه، وطبيعة هذا الحوار قد حددت ما إذا كان قد حقق الاكتشاف أم لا.

إن "المحادثات الداخلية" التي يجريها المرء مع نفسه تمثل جزءاً أساسياً في منظور ميد، لأنها تمثل الوسائل التي بواسطتها يأخذ الناس الأشياء بحسبانهم وينظمون أنفسهم للفعل. إن عملية تفاعل الذات تمثل كذلك أساساً لعملية تقمص الدور، والتي تمثل مكان القلب من تصور ميد للتصرف الإنساني.

يوضح ميد بأن الاتصال يمثل عملية يتقمص كل شخص بواسطتها دور الآخر، أي أن كل شخص ينتحل اتجاه الفرد الآخر، بالإضافة إلى استدعائه في الآخر، وهذا الأمر يكون مستحيلاً دون تفاعل الذات. إن وصف ميد لتقمص الدور يحدد أهمية وضع الأفراد أنفسهم مكان الآخر، أو أن يجدوا لأنفسهم موطئ قدم، وكما يصوغه ميد:

> "إنه بذاته في دور الشخص الآخر الذي يكون فيه مثير ومؤثر كثيراً، إنه من خلال تقمص هذا الدور للآخر يتمكن من العودة إلى نفسه وكذلك يتمكن من توجيه عملية الاتصال الخاصة به. إن تقمص دور الآخر يمثل تعبيراً استخدمه في غالب الأمر، وهو ليس ذا أهمية عابرة ..

إن التأثير أو النتيجة الفورية لمفهوم مثل تقمص الـدور تقـع في سيـاق السيطرة التي يتمكن الفرد من ممارستها على استجابته الخاصة".

إن أحد الأمور الجاذبة في مفهوم ميد "تفاعل الذات" يتمثل في أنه يضع معنـى وفهـم بالاستناد إلى خبرات المرء اليومية. إذا عدت إلى آخر وقت مشيت فيه لوحدك في مكـان مـا (في الطريق إلى قاعة الدرس مثلاً). فمن المحتمل أنك تستطيع تذكر أشياء "تتحدث فيها لنفسـك". وفيها تذكر نفسك القيام بشيء ما أو الإحجام عن فعل شيء مـا، أو إجـراء مكالمـة هاتفيـة، أو التوقف عند البقالة أو الـذهاب إلى المكتبـة. مـرة أخـرى، إن النـاس لا يحتـاجون إلى العـودة بتفكيرهم بعيداً من أجل إيجاد الوقت الذي تحدثوا فيه لأنفسهم حـول كيفيـة فهـم موقـف معين أو فيما إذا كان يقتضي منهم أن يجابهوا شخصاً ما وكيف يفعلون ذلك. إنك في مثل هـذا الموقف، تقع ضمن الإعداد لفعل مستقبلي وتنظم نفسك عن طريق المحادثة الداخليـة، التـي تحضرك لتتقمص دور الآخرين. وعلى سبيل المثال، فـإن النـاس اللـذين هـم متلهفـون للالتقـاء بصديق قد فقد عزيزاً منذ عهد قريب، سوف يدركون أنه كلما تحدثوا إلى أنفسهم أكـثر حـول ما سيقولونه، وكيفية ملاقاتهم لصديقهم، فإنهم يكونـوا أكـثر مقـدرة عـلى تقمـص دور الآخـر، ويكون تفاعلهم أكثر فاعلية. وإذا قمنا بتقييم الفعل الناتج وسألنا أنفسنا ما إذا كانت المحادثة الداخلية قد أثرت في التفاعل أم لا، فإننا نستطيع أن نرى بـأن مفهـوم ميـد للتصرف الإنسـاني حقق معنى.

يلخص بلومر فكرة ميد حول التصرف الإنساني على النحو التالي:

"يتشكل التصرف الإنساني من خلال تفاعل الـذات، في المسار الـذي قـد يلاحظ الفاعل فيه ويقيّم أي مظهر مـن مظـاهر الموقف أو أي مظهـر من مظاهر انخراطه في التصرف. يبنى التصرف من خلال هـذه العمليـة "تفاعل الذات"، بصرف النظر عن الموقف ما إذا كان يُبنى

بذكاء أم يُبنى بغباء .. إن خضوع التصرف لعملية تفاعل الذات يمنح الفعل مجرى حياة (سيرة)، فقد يوقف التصرف أو يقيد، أو يترك، أو يبحث من جديد، أو يؤجل، أو يكشف أو يلغى، أو يحول أو يعاد توجيهه".

تطور الذات

حدد ميد ثلاث مراحل لتطور الذات في كتاباته حول اللعب، والمباراة، والآخر العام. المرحلة الأولى من تطور الذات هي مرحلة "ما قبل اللعب" في عمر السنتين وتتصف باللامعنى، والتصرفات القائمة على المحاكاة والتقليد. وحسب تعبير ميد، فإن كلمة معنى تظهر بانتظام ولها دلالة فريدة، ويقول:

"إن معنى مثل هذا، أي، موضوع الفكر، يظهر في الخبرة من خلال تنبيه الفرد لنفسه ليتقمص اتجاه الآخر في رد فعله إزاء الموضوع. إن المعنى هو ما يمكن أن يكون له دلالة للآخرين بينما يكون ضمن نفس العملية له دلالة للفرد صاحب الدلالة".

بمعنى آخر، عندما يشترك الأفراد في تفسيرات رمزية، فإن التصرف يكون له معنى بالنسبة لهم. إنهم المتحدثون بلغة واحدة أو اللذين ينظرون عبر نفس النظارات ومن ثم فإن المعنى، يمثل اقتراناً بين الاتجاهات المختلفة واستخدام الرموز الدالة التي تحمل نفس الأهمية لجميع المهتمين بها.

إن السبب وراء وصف ميد للتصرفات في مرحلة ما قبل اللعب بـ "اللامعنى" يتمثل في أن الطفل في هذا العمر يفتقد إلى المقدرة على تقمص اتجاه الآخر. وكما يوجزها ميد، فإن هذه المقدرة تتطور تدريجياً مع تطور الطفل كذات. المرحلة الثانية من تطور الذات هي مرحلة "اللعب" والتي تظهر في مرحلة متأخرة من الطفولة، وتبدأ عندما يستطيع

الطفل أن يضع نفسه في موقع شخص آخر، لكنه لا يتمكن من الارتباط بأدوار اللاعبين الآخرين. إن الاتصال بين اللعب من ناحية، وتطور الذات المنظمة والمقدرة على تقمص دور الآخر من ناحية أخرى، يظهر بشكل محدد عندما يوبخ الأطفال الصغار ألعابهم لأنها أصبحت سيئة أو يحذرونها من أن تصبح متسخة أو أن تفعل شيئاً خطراً. وبصورة مشابهة فإن الأطفال في هذه المرحلة يقلدون تصرفات الآخرين ضمن عملية تقمص دور بسيط مثل "لعب دور المعلم"، وممارسة ألعاب مثل الاختفاء والبحث أو (تك تاك تو) والتي تتضمن دوراً أو دورين مشاركين فقط. وفي مرحلة اللعب يمتلك اللاعب فقط دوراً بديلاً واحداً في عقله في وقت معين. وبرغم ذلك، فإن هذا الوقت، بحسب ما يرى ميد، هو الذي يبدأ الطفل فيه بتشكيل الذات عن طريق تقمص أدوار الناس الآخرين.

وفي المرحلة الثالثة، مرحلة "المباراة" يكون هناك لاعبين كثيرين يشتركون في الفعل مع بعضهم. وهذا يحدث في المباريات المعقدة والمنظمة، والتي ينبغي على عضو الفريق فيها أن يتوقع جميع اتجاهات وأدوار اللاعبين الآخرين. وعلى سبيل المثال فإن الشخص الذي يلعب القاعدة الأولى في مباراة البايسبول (كرة القاعدة) يجب أن يمتلك معرفة معممة حول ما يمكن أن يفعله أعضاء الفريق الآخر في موقف معين. وفي مرحلة المباراة، فإن "الآخر" وثيق الصلة بالموضوع، هو تنظيم اتجاهات جميع المنخرطين في المباراة، ولذلك فإن الشخص في القاعدة الأولى (في لعبة كرة القاعدة) يُراقَبْ ويُوَجَه من قبل كل شخص آخر في الفريق. وفي السياق الأوسع، يتضمن الآخر العام Generalized Other الاتجاهات المنظمة للمجموعة ككل. ويوضح ميد بأن:

> "النفس الناضجة تبرز عندما يتم استدماج الآخر العام بحيث تمارس المجموعة سيطرتها ورقابتها على أفرادها .. ومن ثم، فإن البناء الذي بنيت عليه الذات هو هذه الاستجابة العامة بالنسبة للكل، أما بالنسبة

للمرء الذي يريد أن يكون عضواً في مجموعة، فعليه أن يكون ذاتاً".

إن الانتقادات التي وجهت إلى ميد أعادت تقييم مفهوم "الآخر العام"، وأوضحت بأنه إلى حد ما يشبه تعريف بارسونز للتنشئة، لأنه يعني بأن الأفراد يستدمجون المعايير والقيم المتولدة عن المؤسسات المهيمنة. وقد أشار النسويون إلى أن الآخر العام يدمج توزيع القوة للمجتمع في الفرد. باختصار ، إن الناس اللذين هم في موقع القوة – الذكور، أو الطبقات العليا، أو النخب المتعلمة- يعرفون الآخر العام.

وفي دراسة حول الفروقات الجنسية في ألعاب الأطفال، وجدت جانيت لفر Janet Lever بأن الأولاد يلعبون خارج المنزل بصورة أكثر، ويلعبون أكثر من ذلك في مجموعات أكبر، وهم يمارسون اللعب في جماعات عمرية غير متجانسة، وفي الغالب يلعبون في جماعات أكثر تنافسية من البنات. وتوضح لفلر بأن ألعاب الأولاد تعلمهم أن يتقمصوا "الآخر العام". وهكذا، فإنها تُعِدُّهم لأداء ناجح في أماكن عمل ذات تنوع واسع. وبالمقارنة، فإن البنات يتعلمن دور الآخر "الخاص" في جماعات اللعب الخاصة بهن، والتي تعدهن لأدوارهن كزوجات وأمهات في المجال الخاص للبيت. وهكذا، تمثل الطريقة التي يلعب بها الأطفال خدمة منظمة لحماية تقسيم الأدوار الجندرية التقليدية في مجتمعنا.

وتقرر لفر بأن الأولاد اللذين كانوا أكثر انخراطاً في اللعب بألعاب تنافسية تعلموا بأن الانضباط العاطفي وضبط الذات كانا ضروريين لتحقيق أهداف الفريق. أما البنات اللواتي كن أكثر انخراطاً في اللعب المتضمن التقمص الموجه أكثر من المنافسة أظهرن أيضاً عاطفة إزاء صديقاتهن المفضلات في غالب الأمر، وتوضح لفر:

> "إن أغلب البنات اللواتي قمت بمقابلتهن قلن أن لديهن صديقة مفضلة واحدة يلعبن معها تقريباً كل يوم، تعلمن كيف يعرفن مزاج الشخص ومزاجهن. وكذلك من خلال التلميحات غير اللفظية

وحدها، تفهم البنت أن رفيقتها في اللعب تتألم، أو حزينـة، أو سـعيدة، أو تشعر بالملل، وغير ذلك. وهناك في العادة عرض مفتوح من الوجـدان والعاطفة بين البنات الصغيرات".

المعنى الرمزي

لقد تم اشتقاق معنى الرمز من تعريف ميد للإيماءات، والتـي ليسـت فقـط العنصر الأول من التصرف بل كذلك علامة للتصرف ككل. وعـلى سـبيل المثـال، عنـدما يتنـاول المـدخن علبة السجائر، فإن تلك الإيماءات يمكن أن تكون كافيـة لحـث الشـخص غـير المـدخن لمغـادرة الغرفة، أو حثه لفـتح النوافـذ، أو ليقـول بـأن التـدخين ممنـوع أو أن ينخـرط في أي نـوع مـن التصرف لتجنب ما يعلم غير المدخن أنه يتسبب في تعرضه للدخان.

في مثل هذا الموقف، يمكن أن تكون الإيماءات التي تمثل المكون الأول للتصرـف كافيـة لغير المدخن الذي لا ينتظر حتى يرى بقية التصرف. وهكذا فإن تنـاول علبـة السـجائر ليسـت فقط عبارة عن إيماءات، بل إنها أصبحت رمزاً دالاً، لأن الإيماءات استحضرت لدى غـير المـدخن معنى التصرف بأكمله، وأبانت بداية توافقه معه. وكما يوضح ميد: الإيماءات المسـتدمجة هـي رموز دالة لأنها تمتلك نفس المعنى لجميع الأعضاء الأفراد في مجتمـع معـين أو جماعـة معينـة، أي أنها على التوالي تستثير نفس الاتجاهات في الأفراد اللذين صنفوها بحيث تظهر في اسـتجابة الأفراد لها".

يعرف ميد الرمز بأنه "المثير الذي تعطى استجاباته سلفاً". افترض موقفـاً يهـددك فيـه شخص وأنك قمت بضربه، يقول ميد لأنه بفعلـك هـذا تكـون قـد تقمصـت اتجـاه المجموعـة واستجبت له في محادثة داخلية. ويوضح ميد كيف أن كلمة مهينة تمثل رمزاً:

"هناك كلمة وضربـة، الضرـبة هـي المـاضي التـاريخي للكلمـة لكـن إذا كانت الكلمة تعني إهانة، فإن الاستجابة المتضمنة الآن في الكلمة تمثل

شيئاً ما قصدناه بالرمز. الآن، إذا كانت تلك الاستجابة يمكن أن تقدم بالاستناد إلى الاستفادة من الاتجاه من أجل الضبط المستقبلي للفعل، فإن العلاقة بين ذلك المثير والاتجاه تمثل ما قصدناه بالرمز الدال.

وكما قلنا فإن تفكيرنا الذي يسير في داخلنا، يمثل لعبة رموز بالمعنى السابق، تُستدعى الاستجابات في اتجاهاتنا من خلال الإيماءات، وفي حال يتم استدعاؤها فإنها تحرض اتجاهات أخرى في المقابل".

إن العنصر الأساسي هو معنى الكلمة (أي معنى كلمة إهانة) لقد أصبحت مثيراً قدمت استجابته سلفاً، لأنه ضمن المجموعة تستثير دلالات الكلمة ومقاصدها المتضمنة في استخدامها الضربة كاستجابة ملائمة من الشخص عندما صدرت. والعنصر ـ الحاسم الآخر هو تفاعل الذات الذي يحدث في هذه العملية، "محادثة الإيماءات" التي تعمل داخل العقل، ويوضح ميد:

"نحن نتصرف غالباً بشأن الموضوعات ضمن ما نطلق عليه طريقة ذكية. وعلى الرغم من ذلك فإننا نستطيع أن نتصرف دون أن يكون معنى الموضوع حاضراً في خبرتنا. يمكن أن يبدأ المرء بارتداء ملابسه للذهاب إلى عشاء، كما أخبروا عن الأستاذ شارد الذهن في الكلية، ويجد نفسه مرتدياً البيجامة في السرير. إن عملية معينة مثل خلع الملابس قد بدأت ونفذت بشكل ميكانيكي. إنه لم يدرك معنى ما كان يفعل، لقد دعي للذهاب إلى عشاء ووجد نفسه قد ذهب إلى السرير. إن المعنى المتضمن في فعله لم يكن حاضراً. إن الخطوات في هذه الحالة كانت جميعها خطوات ذكية ضبطت تصرفه بشأن الفعل الأخير، لكنه لم يكن يفكر بما كان يفعل. إن الفعل الأخير لم يكن مثيراً لاستجابته،

لكنه نُفِّذ بذاته عندما بدأ أول مرة".

لماذا لم تكن هذه الحالة تفاعلاً رمزياً؟ بشكل واضح، بعض العناصر الحاسمة مفقودة. إن الفرد لم يدرك معنى ما كان يفعل، وبكلام ميد، لم يتضمن التصرف استجابة توافقية من قبل شخص معين مع إيماءات شخص آخر. وبسبب أن الأستاذ لم يكن يفسر ـ إيماءاته (لم يكن ذاهباً إلى السرير لأن الوقت متأخر أو لأنه كان مريضاً) لم يكن هناك معنى في إيماءات التصرف.

بالإضافة إلى ذلك، لم يكن يفكر الأستاذ بما كان يفعل، لم يكن يتحدث لنفسه عما كان يفعل. إن الرموز الدالة، بحسب ميد، هي الإيماءات (مثل تناول المدخن علبة السجائر) التي تمتلك معنى. إن الرمز الدال هو ذلك الجزء من التصرف الذي يستدعي استجابة الآخر، وهذا يفترض تفسيراً للرمز، كما هو الحال في حالة الإهانة.

إن العلاقة بين الرموز الدالة والذات تصبح أكثر وضوحاً عندما يأخذ ميد بالاعتبار حالة هيلين كيلر Helen Keller، والذي أدرك أنها لم تكن واضحة حتى استطاعت أن تدخل في اتصال مع أشخاص آخرين من خلال الرموز التي استثارت في نفسها الاستجابات المستثارة في أناس آخرين حيث حصلت على ما نطلق عليه محتوى عقلي أو ذات. دعنا نتذكر المشهد من حياة هيلين كيلر والذي تعمل فيه معلمتها وصديقتها، آني سوليفيان Annie Sullivan على ضخ الماء، وهيلين، تشعر بجريان الماء، وتدرك أن الماء له اسم، والاسم الفعلي هو تهجئة أصبع آني في راحة يدها. إنها تفهم أخيراً ماذا تعني الإيماءة المرتبطة بالماء. إن حادثة الماء تمثل مثالاً مؤثراً لبداية عملية المعنى الرمزي من خلال الاتصال. بالنسبة لكيلر، فإن هذه اللحظة رسمت بداية اكتسابها لمنظومة من الرموز العامة.

إن حالة كيلر تقدم توضيحاً لجميع مكونات نظرية جورج هربرت ميد. ولأول مرة كانت هيلين كيلر قادرة على التفاعل الرمزي. إنها لم تمتلك فقط الذات المنظمة

وكذلك الأنا، لكنها استطاعت كذلك أن تتقمص دور الآخر، واستطاعت استدماج الآخر العام، وهذا يعني أنها تمكنت من امتلاك ذات اجتماعية.

الجزء الثاني

هربرت بلومر: التفسير والمنهجية

كان هربرت بلومر (Herbert Blumer (1900- 1987) في كلية علم الاجتماع في جامعة شيكاغو من عام 1927 إلى عام 1952، حيث أنهى أطروحة الدكتوراه في عام 1928 بإشراف السوورث فارس Ellsworth Faris الذي وصفه بلومر بأنه المريد عميق التفكير والمخلص لجورج هربرت ميد. درس بلومر على يد ميد كطالب منتظم ومستمع في العديد من المقررات التي كان يدرسها لطلبة الدراسات العليا. لقد أعلن ميد ثقته بتفسير بلومر لفكره بعد فترة قصيرة من بداية الفصل الأخير من تدريسه في جامعة شيكاغو، حيث كان عليه أن ينسحب من التدريس بسبب المرض وفي تلك المناسبة طلب ميد من بلومر أن يقوم بتدريس المادة الأساسية التي كان يدرسها وهي "علم النفس الاجتماعي المتقدم".

لقد حمل بلومر فكر ميد وقام بتقليده لمدة خمسة وعشرين عاماً في جامعة شيكاغو، ولمدة خمسة وعشرين عاماً أخرى في جامعة كاليفورنيا في بيركلي، حيث درس فيها لحين تقاعده. وخلال فترة وجوده في شيكاغو انخرط بلومر في أنشطة متنوعة مثل اللعب الاحترافي لكرة القدم، وعمل كوسيط في خلافات العمل ومقابلة أعلام عالم الرذيلة والإجرام مثل عصابة آل كابوني Al capone . إن المنزلة الرفيعة في المهنة والاحترام العميق الذي يحظى به بلومر قد ظهر في المنصب الذي تقلده كمحرر للمجلة الأمريكية لعلم الاجتماع من عام 1941 إلى عام 1952، ورئاسته للجمعية الأمريكية لعلم الاجتماع في عام 1956، والاحتفالات التي أقيمت على شرفه، والعديد من الجلسات التذكارية التي خصصت له في مؤتمرات علم الاجتماع بعد وفاته في 1987/4/15.

تتمثل الإسهامات الأساسية لبلومر في المنظور التفاعلي الرمزي بعمله حول

التفسير، والمقدمات المنطقية الثلاث للتفاعلية الرمزية، والبناء والعملية والمنهجية.

وسوف نناقش تلك الإسهامات تباعاً.

التفسير

تمثل مناقشة بلومر للتفسير تطويراً للجدل الذي خاضه ميد ضد السلوكية الواطسونية[*] أو أي منظور ميكانيكي للمثير والاستجابة. ويجادل بلومر، تماماً مثل ميد، من أجل ضرورة تضمين التفسيرات العلمية للتفاعل الإنساني، خبرة ذاتية، أو سلوكاً مقنّعاً (خفياً)، وكذلك سلوكاً ملاحظاً. وتنبع هذه الأطروحة منطقياً من الأهمية التي تلقيها التفاعلية الرمزية على فهم الأشياء من وجهة نظر الفاعل.

وفي تقدير بلومر، فإن الفاعل يتضمن شيئاً ما أكثر من المثير والاستجابة. ويوضح بلومر بأن التفاعلية الرمزية تدخل مصطلحاً يتوسط المثير والاستجابة وبذلك تصبح الصورة كما يلي: مثير- تفسير- استجابة، وهكذا يقول: A يتصرف،و B يدرك هذا الفعل ويتحقق من معناه، أي يتحقق من مقصد A ، ومن ثم B يستجيب للمعنى أو التفسير الذي أضفاه على تصرف A ، وبالمقابل فإن A يستجيب حسب المعنى الذي يراه في استجابة B. وهكذا، فإن المثير لوحده لا يساعد في فهم فعل B أو استجابة A له.

وكما أظهر الشكل التوضيحي 5- 1 المشار إليه سابقاً فإن التفاعلية الرمزية تنظر إلى عملية الإشارة إلى الذات باعتبارها ضرورية للتفسير. يرفض بلومر السلوكية لأنها تتجاهل التفسير، وبذلك تختزل الفرد إلى مستجيب للمثيرات البيئية.

يوضح بلومر بأنه ضمن عملية الإشارة إلى الذات يوجه الأفراد مثيرات معينة إلى

---

[*] نسبة إلى عالم النفس واطسون الذي أنكر الوعي والعقل بصورة كلية، ولذلك فهو يندرج تحت السلوكية الميكانيكية التي تبنت مفهوماً عن الإنسان لا يكاد يختلف فيه عن بقية الحيوانات، وهو الأمر الذي شكل موضوعاً لهجوم ميد الذي ركز على العقل والوعي والمعنى (المترجم).

أنفسهم ، ومن ثم يفسرون ظهور المثيرات بأن سببه أنفسهم. على سبيل المثال، ربما يلاحظ الناس أن مطالب اجتماعية معينة قد ترتبت عليهم، كأن يكونوا جائعين، أو أنهم يريدون شراء شيء ما، أو أن يأكلوا مع أشخاص يكرهونهم.

في جميع تلك الأمثلة، يصور بلومر الناس كفاعلين، وليس كمفعول بهم، ويوضح:

"بواسطة عرض أشياء مثل هذه على نفسه، فإنه يضع نفسه مقابلاً لها ويكون قادراً على التصرف ضدها، أو قبولها، أو رفضها، أو يحولها حسب ما يعرفها أو يفسرها".

إن فناني الرسوم الهزلية غالباً ما يمارسون الإشارة إلى الذات في توصيفاتهم ورسومهم لشخصياتهم. في بعض الأحيان يحدثون اختلافاً في المحادثة بين فردين من محادثة يجريها الفرد مع نفسه من خلال رسم صلة أو حد بين الشخصية والكلمات، وعلى سبيل المثال:

غالباً ما تستخدم لتوضيح مؤشرات الذات بالمقارنة مع

التي تستخدم في حالة التفاعل والحوار مع الآخر

تمثل الإيماءات عنصراً أساسياً، ولقد ناقشنا سابقاً تعريف ميد للإيماءات والتي تمثل رموز دالة لأنها تمتلك نفس المعنى لجميع المهتمين بها، مثل المدخن الذي يتناول علبة

السجائر، إنه من أجل تفسير وفهم معنى التفاعل، كل من الطرفين عليه أن يتقمص دور الآخر، وبمعنى آخر، كل منهما عليه أن يطأ موضع قدم الآخر، وبدلاً من مجرد رد الفعل عند كل منهما لفعل الآخر بطريقة أتوماتيكية، فإن الناس يفسرون أو يعرفون أفعال بعضهم ويقومون بهذا التفسير على أساس الرموز. وهكذا فإن عملية المثير – التفسير- الاستجابة يمكن أن تترجم باعتبارها عملية تفاعل لها معنى.

عندما يرغب الناس من مجتمعات مختلفة فهم بعضهم والتواصل مع بعضهم البعض، فإن عملية التفسير يمكن أن تكون صعبة ومشكوك فيها. بالفعل، فإن الحكومات تستخدم خبراء متفرغين لمساعدتها في تفسير معنى إيماءات ورموز المجتمعات الأخرى.

لقد أجرى اثنان من التفاعليين الرمزيين وهما جلاسر وستراوس Glaser and Strauss دراسة بعنوان "إدراك الاحتضار" والتي من شأنها أن توضح عملية التفسير. وقد قاما بتوثيق بعض الأمثلة المؤلمة والمثيرة للمشاعر إلى حد كبير ضمن موقف تكون فيه المقدرة على التقاط حتى التلميحات الفعلية الدقيقة حاسمة، وبالتحديد، التفاعل بين الممرضة والمرضى الذين يحتضرون وذلك عندما يستبدل الزعم والادعاء المتبادل حول الظروف الحقيقية للمريض بفتح الإدراك والوعي، والمحادثة التالية تصف محادثة فعلية بين مريضة تحتضر بألم شديد وتدهور جسدي واضح وممرضتها ماري.

> "لقد كان هناك صمتاً طويلاً، ثم سألت المريضة، عندما انتقل من بيت التمريض إلى بيتي هل ستزورينني؟ سألت ما إذا كانت تريدني أن، نعم ماري، أنت تعلمين أننا نستطيع الذهاب في رحلة طويلة مع بعضنا .. لقد تَأَمَلْتُ في عينيها طويلاً كما لو أنها تحلم في اليقظة بكل الأشياء التي يمكن أن نقوم بها مع بعضنا، لقد استمر هذا لبعض الوقت، ثم سألتها: هل تعتقدين أنك ستكونين قادرة على قيادة سيارتك مرة

أخرى؟ نظرت إليّ وقالت: ماري، أنا أعلم أنني أحلم في اليقظة، أنا أعلم أنني سأموت ثم بكت وقالت: هذا فظيع، لم أفكر مطلقاً أنني سأكون على هذا الحال".

لقد أدركت الممرضة في هذا المشهد إيماءة كانت بمثابة رمز دال. لقد فسرت بدقة إيماءة أحلام اليقظة لدى المريضة، وهي التأمل الطويل بعينيها. يستطيع المرء أن يتأمل بأن السؤال الثاني للممرضة عجل بانهيار ادعاء المريضة، ومنذ تلك اللحظة لم تعد المريضة متعلقة بالشكل الصحي الجسدي لذاتها السابقة. لقد اعترفت بأنها شخص يموت. وهذا توضيح جيد للعلاقة بين تفسير الإيماءات الرمزية والتغير في صورة الذات لدى المريضة.

وبالمقابل، فإن التفاعل اللارمزي يحدث عندما يستجيب الفرد مباشرة لفعل الآخر دون تفسير ذلك الفعل. ومن الأمثلة على التفاعل اللارمزي قتال الكلاب الذي تكون فيه إيماءات كلب معين لا تمتلك معنى بالنسبة للكلاب الأخرى الغاضبة، لكنها ببساطة تهاجم حتى لا تُضرب وذلك بدافع البقاء. وإذا كانت الكلاب تفسر معنى الفعل، فعليها أن تعتني بجميع الأنواع من الاستجابات المختلفة. وبصورة مشابهة فإن البشر في لحظة الغضب أو الدفاع عن الذات ينخرطون في تفاعل لا رمزي.

لقد ألقينا نظرة على تطوير بلومر للعملية التفسيرية في التفاعل الرمزي. دعنا نختبر أطروحته التوليفية في منظور التفاعل الرمزي، والتي يطلق عليها المقدمات المنطقية الأساسية الثلاث للتفاعلية الرمزية.

المقدمات المنطقية الأساسية الثلاث

إن مقدمات بلومر المنطقية الثلاث تظهر أهمية المعنى في الفعل الإنساني، ومصدر المعنى، ودور المعنى في التفسير.

المقدمة الأولى: يتصرف البشر إزاء الأشياء بالاستناد إلى معاني تلك الأشياء بالنسبة لهم.

وكما يوضحها بلومر، فإن الوعي يمثل عنصراً أساسياً في فهم الفعل الذي له معنى:

"أي شيء يعيه الإنسان، فإنه شيء يمكنه من الإشارة إلى نفسه -تكتكة الساعة، وقرع الباب، وظهور صديق، وملاحظة خدمة من رفيق، وإدراك أنه مصاب بالزكام .. ومن أجل الإشارة إلى شيء ما ينبغي تجريده مما يحيط به، وعزله، وإعطائه معنى .. في أي من تصرفات الإنسان غير المحسوبة -سواء كان موضوعاً ثانوياً، مثل ارتداء ملابسه، أو موضوعاً أساسياً، مثل تنظيم نفسه من أجل مهنة حرفية فالفرد يصف موضوعات مختلفة لنفسه ويعطيها معنى، ويحكم على مدى مناسبتها لفعله، ويتخذ قرارات على أساس حكمه، وهذا هو المقصود بالتفسير أو التصرف على أساس الرموز".

قدم توضيح المقدمة المنطقية الأولى لدى بلومر من قبل أحد طلابنا الذي كان مسافراً بواسطة الطائرة وكان يتحدث إلى نفسه، وعندما لاحظه مسافر آخر أوضح الطالب أنه كان يدرس جوانب من مهنة السيطرة على النمل الأبيض محاولاً تذكر الأساسيات، وأن يضع نفسه في موضع زبون مفترض، ولذلك عليه أن يكون ناجحاً في بيع الناس في مجال السيطرة على النمل الأبيض. لقد أوضح، بأن قلقه الأكبر كان حول صحة أخيه الأكبر، الذي لديه طفلان وكان مديراً لمشروع السيطرة على النمل الأبيض. هذا الأخ الأكبر مصاب بمرض خطير وهو يقيم في وحدة العناية المركزة في المستشفى. الأخ الأصغر تطوع ليملأ مكان أخيه ويقدم المساعدة في المشروع المتعثر. ولذلك قام بتأجيل دراسته لفصل واحد، وكان يحاول بحماس شديد أن يتعلم قواعد العمل والتي لم تكن حتى حينه مألوفة بالنسبة له.

إن الطالب في التوضيح المبين أعلاه، مدرك بأن هناك مهمة مرعبة أمامه، ولذلك

كان مدركاً لكل جانب من جوانب عمل النمل الأبيض، والذي يمتلك الآن معنى كبيراً بالنسبة له، حيث أنه لم يكن مدركاً بأن محادثته الداخلية كانت تدور خارج رأسه إلا عندما أخبره المسافر الذي يجلس إلى جانبه. إن كل شيء مكنه من الإشارة إلى نفسه كان يتعلق بنجاحه في الحفاظ على استمرارية العمل، وهكذا، كان يوجه سلوكه المستقبلي. كان يمكّن نفسه من التصرف حيال الأشياء (جوانب السيطرة على النمل الأبيض) على أساس المعاني التي تحملها الأشياء بالنسبة له، لأنه بهذه العملية كان يعطي معنى للجوانب الأساسية من العمل، أو يجعل نفسه على وعي بها.

مثال آخر، وهو الآن من جلاسر وستراوس يفسر كذلك المقدمة المنطقية الأولى لدى بلومر. في دراسة موقف الاحتضار لاحظ الباحثون استراتيجيات مختلفة استخدمتها الممرضة لتجنب المراحل الأخيرة من مشهد الاحتضار. تجنب النوم ليلاً في الأماكن التي يحتضر ـ فيها العديد من المرضى أو أخذ وقت عطلة، أو أخذ المرضى أنفسهم في اللحظة الحاسمة. إنهم يفسرون استراتيجيات التجنب هكذا: "تجد الممرضات مشهد الموت مثيراً للاضطراب يزداد الجناح تهديداً للنظام العاطفي والشعوري مع زيادة عدد الموتى وعدد الممرضات اللواتي ينبغي أن يشاهدنهم. ومن خلال المقابلات التي أجريت مع تلك الممرضات اكتشف الباحثون المعنى الذي يحمله مشهد الموت بالنسبة لهن. فلأنهن فسرن مشهد الموت بأنه مثير للاضطراب تصرفن إزاء مشهد الموت بتجنبه كلما كان ذلك ممكناً.

المقدمة الثانية: يظهر المعنى للوجود وينشأ نتيجة التفاعل الاجتماعي للمرء مع الآخرين من حوله.

المعنى نتاج اجتماعي، إنه يُبتدع، وليس في صميم الأشياء، إنه ليس معطى. ويوضح بلومر بأن "معنى الشيء بالنسبة للشخص ينمو بواسطة الطرق التي يتصرف من خلالها الشخص الآخر معه آخذاً الشيء بعين الاعتبار. إن أفعالهما تولد تعريف الشيء

بالنسبة للشخص".

ومثال هذا، معنى مضرب كرة الباسبول بالنسبة لمراهق أمريكي، مقارنة مع معناه بالنسبة لأحد أعضاء قبيلة بيجي في إفريقيا الذي لم يشاهد مباراة كرة القاعدة مطلقاً. ومثال آخر، يتمثل في معنى المواليمو Molimo ،وهي أداة تستخدم في الغناء، بالنسبة لأحد أعضاء قبيلة البيجي مقارنة بمعناها بالنسبة لأحد الأمريكيين.

يتعلم الأفراد من خلال تفاعلهم مع الآخرين في ثقافتهم الاستخدامات المختلفة للأدوات فإحداها قد تكون لغرض الرياضة، وأخرى قد تكون للاحتفالات الدينية. إن مضرب كرة القاعدة لن يكون محيراً للشاب البيجي، أكثر من المواليمو بالنسبة للشاب الأمريكي الذي لم يشاهد مطلقاً الطقوس المقدسة التي تكون المواليمو جزءاً منها. إن كلاً من المضرب والمواليمو تمثلان أدوات ثقافية هامة، ومعنى كل منهما يظهر للوجود نتيجة التفاعل مع الآخرين في المجتمع.

وفي دراسته لإحدى المدارس الثانوية للبنين في مدينة صناعية في بريطانيا وجد كولن لاسي Colin Lacey مثالين مدهشين للمعنى في عمليات التفاعل.

من جهة، لاحظ الأولاد في السنة الأولى في العملية التي يصبحون بموجبها ملتزمين للمدرسة إلى حد أنهم ينخرطون في عملية تنافسية وتخاصمية فيما بينهم، مثلاً:

> "يلتزم الأولاد بشدة بالأزياء الرسمية الموحدة، فيتم ارتداء القبعات والستر الفضفاضة بفخر، وينجزون الواجبات ويحضرون إلى الأندية المدرسية بأعداد متفاوتة. إن سلوكهم في غرفة الصف يتصف باللهفة والشوق، والتعاون مع المعلم، والتنافس فيما بينهم (عذراً سيدي، ويلي براون يغش عني المعادلات الحسابية). هذه علامة بأن مثل هذا التصرف لا يصدر عن أحد الأولاد في السنة الأولى".

ومن جهة ثانية، وجد لاسي بأن المعلمين يلصقون صورة نمطية لأطفال الطبقة العاملة، كنعتهم "قدر سيء" أو "كسول". إن نتيجة تقييمهم لهم بأنهم "من الصعب أن يتعلموا، ومن الصعب السيطرة عليهم في غرفة الصف". نتجت عن الموقف الذي تزداد فيه حدة انخفاض مستوى أطفال الطبقة العاملة، أو يكفون عن الاشتراك في المدرسة.

في كل من المثالين، فإن معنى الأشياء بالنسبة للطلاب سواء كان الولاء للمدرسة أو الوصم السلبي، نتج عن التفاعل الاجتماعي بين الطلاب وطاقم المدرسة. وفي حالة أطفال الطبقة العاملة، فإن التفاعل مع المعلمين، وكيفية تفسيرهم لكلمات بعضهم البعض وكذلك أفعالهم، والطريقة التي تصرفوا بموجبها بالاستناد إلى تلك التفسيرات كانت حاسمة جداً، لأنه نتج عنها إخفاق الطلاب أو مغادرتهم للمدرسة.

المقدمة الثالثة: تُوجّه معاني الأشياء وتعدل عبر عملية تفسيرية يستخدمها الشخص في تعامله مع الأشياء التي يواجهها.

كيف يتم هذا العمل؟ يقول بلومر بأن الشخص يوصل المعاني ويوجهها عبر عملية "التحدث إلى نفسه". إن المرء الذي يعطي تفسيراً للقلق والهموم الشخصية يفسر ما هو مثير لقلقه وانزعاجه. ويقول بلومر بأن عملية إيجاد المرء مؤشرات لذاته هي التي تمكنه من الوصول إلى مثل ذلك الفهم.

يستخدم بلومر مثال الموقف الذي تواجه فيه بائعة المتجر، (طالب) زبون، يحاول مساومتها على سعر أقل[*]. وفي اختبار وتفسير ما يحدث، يركز التفاعليون الرمزيون على

---

[*] هذا نفس المثال الذي استخدمه هارولد جافنكل في تجارب طلابه، لإثبات وجود التوقعات التي تمثل قاعدة خلفية للفعل، ومساومة الطالب على سعر محدد يثير استهجان البائعة ويزعزع التوقعات. وقد اختبر بلومر هذا المثال في المقابلة الشخصية. سوف يرد على ذكر المثال في الفصل السادس. (المترجم).

المؤشرات التي تضعها البائعة لذاتها، أو ما تقوله لنفسها عندما تصل إلى قرار حول كيفية تفاعلها مع هذا الزبون.

افترض، مثلاً، أن البائعة رفضت فكرة أن تطلب من صاحب المتجر مساعدتها في التعامل مع الزبون. ولتوضيح لماذا فعلت ذلك، فإن على المرء أن يفهم عالم البائعة، فربما أن هذه البائعة دخلت في جدال مع صاحب المتجر للتو، ولهذا السبب تجنبت طلب المساعدة منه، وربما اعتمد قرار البائعة على ما إذا كانت قادرة على إيجاد وقت للمساومة مع الزبون. وهذا، أيضاً يجب أن يدخل في التفسير. حقاً إن الإجابة تعتمد على عدد من الأشياء، الحجم والقوة الجسدية لكل من الطرفين مثلاً، والمصادر المالية للبائعة، التي من الممكن أن تقرر بأن الشيء البسيط الذي ستقوم به هو أن تدع الزبون يأخذ ما يريد بسعر منخفض وتعوض الباقي من جيبها.

يشير بلومر، إلى أن العملية التفسيرية يمكن أن تتضمن المؤشرات التي صنعتها البائعة لذاتها حول الناس الآخرين اللذين تواصلوا مع الموقف. وهكذا، من أجل فهم ما يجري، يجب علينا أن نفهم تاريخ البائعة، هل حصل معها هذا الموقف من قبل؟ إذا كان كذلك، فما هي الحلول التي لحقت بها آنذاك؟ هل كانت تلك الحلول ناجحة؟ إن جميع المقدمات المنطقية الأساسية للتفاعلية الرمزية تشدد على الطرق التي ينبثق بموجبها التفاعل الإنساني من مقدرة الأفراد على منح الموقف معنى.

البناء والعملية

غالباً ما يشير بلومر إلى البناء بمصطلح "سترة المجانين"، وهو مثل ميد يرى الناس دائماً فعالين ونشطين، ومكافحين، ويراهم كائنات معدلة لظروفها، ويرى أن هناك فرق "عنيف" بين مفهوم ميد للمجتمع والمفهوم السوسيولوجي واسع الانتشار للمجتمع كبناء. ومن ناحية أخرى، يوضح بلومر بأن رؤية ميد لا تتضمن رفضاً لوجود البناء في المجتمع.

وفي الحقيقة، يشير بلـومر إلى أهميـة وجود بنـاءات مـن قبيـل"الأدوار الاجتماعيـة، ومواقع المكانة، وأنظمة المراتب والتنظيمات البيروقراطية، والعلاقات بين المؤسسات، وعلاقـات السلطة التفاضلية وما شابه ذلك"، ورغم اعتراف بلومر بأن مثل هذه البناءات هامة جـداً، إلا أنه يؤكد بأنها غير مقيدة للسلوك، ويقول بهذا الخصوص:

"إنه من السخيف، مثلاً، أن تؤكد كما أكد عدد من علماء الاجتماع البارزين، بأن التفاعل الاجتماعي هو تفاعل بين الأدوار الاجتماعية. إن التفاعل الاجتماعي يمثل تفاعلاً بين الناس بشكل واضح وليس بين الأدوار. إن حاجات المشاركين تتمثل في تفسير وتحوير ما يواجههم -مثل موضوع محادثة أو مشكلة- وليس التعبير عن أدوارهم. إنه فقط في العلاقات الطقوسية جداً يمكن تفسير اتجاه ومحتوى التصرف عن طريق الأدوار. عادة ما ينمط الاتجاه والمحتوى وفق ما يتعامل معه الناس المتفاعلين، وإذا قلنا أن الأدوار التي تؤثر بأوجه متنوعة الدرجة في اتجاه ومحتوى الفعل فإن هذا القول صواب، لكن كونها محددة فقط في حالات معينة، فإنها تمثل صرخة بعيدة عن التأكيد بأن الفعل نتاجاً للأدوار. إن الملاحظة التي قدمتها في هذه المناقشة المختصرة للأدوار الاجتماعية تشمل ضمناً جميع البناءات الأخرى".

ومن أجل المزيد من الإيضاح، لنأخذ بعين الاعتبار الفرق بين "الأدوار التفاعلية" Interactive Rules و"الأدوار الاجتماعية" Social Rules كما ناقشها كل من مكال وسيمونز Mccall and Simmons . عندما يتحدث التفاعليون الرمزيون عن "الدور"، فإنهم لا يعنون الدور الاجتماعي المحدد ثقافياً، بل يعنون شيئاً ما له مرونة ومقدرة على الارتجال. إن ما يطلقون عليه "دوراً تفاعلياً" هو خط معقول لصفة الفعل، وتعبير عن شخصية معينة، ويحصل من أجل احتلال الموقع المعطى. ويمثل مزاج الشخص ليتشبث

بالتوقعات العامة المقيدة له في موقعه.

يعتبر إرفنج جوفمان Erving Goffman مساهماً هاماً في منظور التفاعل الرمزي، حيث يوضح معنى الدور التفاعلي في عمله حول مسافة الدور والذي يعرفه بأنه "إنكار الذات الفعلية المتضمنة في الدور وليس الدور بالنسبة لجميع المؤدين المقرّين بالأدوار"، أي الأفعال التي تنقل بفاعلية بعض الانفصال الازدرائي للمؤدي عن الدور الذي يؤديه".

وباستخدام دوامة الخيل كموقف يظهر جوفمان بأن الأطفال اللذين يركبون الحصان في دوامة الخيل، وهم في عمر الثالثة والرابعة يرمون بأنفسهم على الدور بطريقة جدية ويلعبون الدور بنشاط وحيوية، وينخرطون به بجميع قواهم، ولكن هذا الأمر يتغير في سن الخامسة عندما يظهر الأولاد انفصالاً عن الدور، ويصف جوفمان مسافة الدور الناتجة كما يلي:

"أن تكون الآن راكب حصان في دوامة الخيل هو بشكل واضح أمر غير كاف. وهذه الحقيقة ينبغي أن تظهر بعدم الطاعة التي تنسب إلى شخصية المرء. إن الوالدين لا يحبان أن يركب الطفل لفترة طويلة والرباط الذي يمنع من السقوط غالباً ليس ذا قيمة. فقد يقوم راكب الحصان، كإشارة مبكرة لموسيقى انتهاء الجولة، وآخر قد يقوم بمحاولة حذرة بالوقوف على السرج، أو استبدال الخيول دون ملامسة الأرض، وآخر قد يمسك بالسارية بيده وينحني إلى الخلف قدر المستطاع بينما يبقى محدقاً في السماء متحدياً الدوار".

بالنسبة لجوفمان فإن راكب الحصان ابن الخمس سنوات يعتذر عن الدور بالكامل، وينسحب منه من خلال التلاعب الفعال بالموقف. وكلما كبر الأطفال يزيدون المسافة بين أنفسهم والدور، وعندما يصبحون في سن السابعة والثامنة ينسلخون عن الدور بوعي ذاتي من خلال ركوب الحصان دون استخدام أيديهم. وفي سن الحادية عشرة والثانية

عشرة فإنهم يعرفون لعبهم للدور بأنه موقف لهو وسخرية.

إن النقطة الهامة هنا، أن مدعمات مسافة الدور هم الجمهور الراهن وكذلك سن راكب الحصان. وبسبب أن استراتيجيات راكب الحصان في دوامة الخيل كانت متأثرة بالجمهور الراهن، فإنه من الممكن القول بأن الأولاد يقيمون لهم وزناً، ويستطيع المرء، مثلاً، أن يتنبأ بقدر كبير من مسافة الدور التي تظهر من قبل المراهقين إذا كان أقرانهم بين الجمهور. وفي نفس الوقت، يسمح مفهوم الدور التفاعلي بالكثير من الارتجالات في تنفيذ مسافة الدور، لأنه يأخذ بعين الاعتبار شخصية المرء.

لا ينكر بلومر وجود البناء، لكن ما يشجبه هو المغالاة في التأكيد على أهمية المسائل البنائية في تحديد وتقييد تصرف الناس. ويعتقد التفاعليون الرمزيون في نظرتهم للطبيعة الإنسانية، بأن البشر يمتلكون ذاتاً، تمثل موضوعاً لذاتها. وهذا يعني بأن الفرد يستطيع أن يتصرف إزاء نفسه كما يتصرف في مواجهة العالم. ويتم استجماع أجزاء الفعل عندما يأخذ الفرد بالحسبان موضع التصرف في اتخاذ القرارات. ومن جهة وصفهم كائنات فاعلة، فإن الناس لا يستجيبون للآخرين بطريقة محددة بنائياً. يقول بلومر بأن الفعل الإنساني يستهل بقيام الفرد برسم الخطط والمقاصد. إن الجزء الأكبر من الفعل الإنساني يبنى بتقديم الناس لأنفسهم مؤشرات حول كل ما يواجههم.

ورغم ذلك، فإن الجزء الأكبر من هذه العملية يعتبر مُؤَهِلاً هاماً. لقد شاهدنا بأنه لا ينكر بلومر ولا ميد الفعل المحدد بنائياً أو المواقف المعرفة سلفاً بشكل كامل. وفوق ذلك، فإن السلوك الإنساني معقد إلى حد كبير، وهناك العديد من الفرص المشئومة الممكنة بالنسبة لعدم الفهم المتبادل إذا تم تعريف كل نشاط من منطلق خاص. إن ما يشير إليه المنظور التفاعلي الرمزي هو أن هناك العديد من المواقف غير محددة بنائياً وغير معرفة والتي تتطلب من الناس ابتكار أو استنباط تصرفهم. بالإضافة إلى ذلك، فإنه حتى المواقف التي

يحدد ويعرف جزء كبير منها سلفاً فإنها تتضمن أفعالاً لم تحدد ولم تعرف.

إن المواقف الإشكالية أو المواقف التي تتطلب تفسيرات جديدة تمثل مركز التحليل بالنسبة للتفاعلية الرمزية، بينما تميل منظورات أخرى إلى إنكارها وتجنبها أو الاعتراف بها دون تطوير أو تحليل جوهري. ويوثق بلومر أمثلة محددة لمثل هذه المواقف، مثلاً، يشير إلى مواقف الهزل والمزاح حيث تلعب العواطف الدور الأساس، وهي واضحة في المواقف الشخصانية وغير الرسمية إلى حد كبير، مثل النزوة المعدية أو الجماهير الراقصة، والعلاقات التخاصمية مثل المشاجرات والصراعات.

إن الفئة الأخيرة من المواقف الإشكالية، أي العلاقات التخاصمية، هي التي استخدمها بلومر في غالب الأمر. ويوضح بأن التفاعلية الرمزية فقط تمتلك الأدوات لتحليلها. ويستحضر بلومر غالباً مثال مباراة كرة القدم، والتي يلقى فيها التأكيد على الإبداع والبراعة في الفوز أو تحقيق الربح. وعلى الرغم من أن الجزء الأكبر من عملية لعب كرة القدم معرف ومرسوم سلفاً إلا أنه عندما توضع الكرة في منتصف الملعب يصبح الموقف غير معرف، وتصبح مؤشرات الذات وعملية التفسير مسائل ضرورية.

ومن العلاقات التخاصمية التي تتضمن مواقف غير معرفة هي الأزمات، والمعضلات ومواقف القحط والظمأ، والحرائق، والهزات الأرضية، والحروب، والشغب، وعمليات الإعدام من غير محاكمة قانونية، ومواقف الرعب. ويسأل بلومر، كيف يحلل العالم الاجتماعي مثل هذه المواقف دون تفحص واختبار الإشارة إلى الذات والتفسير؟

ولأن بلومر ينظر إلى البناء الثقافي والبناء الاجتماعي كعناصر مقيدة أو "ستر مجانين" فإنه يختار بدقة التركيز على العملية في تحليله. إنه بشكل خاص صلبٌ في تأكيده على عدم قدرة التحليل البنائي على تفسير أي شيء فيما يتعلق بالمواقف الإشكالية. مثلاً، يعترف بلومر بأن استخدام بارسونز لمتغيرات النمط يفترض درجة معينة من التفاعل مع

الذات، لكن بلومر يرى بأن هذا يمثل شكلاً مقيداً من تفاعل الذات، لأن اختيار (إما-أو Either-Or) تم اتخاذ القرار بشأنه سلفاً.

وعلينا أن نتذكر بأن كل زوج من متغيرات النمط يمثل معضلة ينبغي أن يقوم الفاعل بحلها قبل أن يتخذ الفعل موضعاً له. وكتوضيح لأحد متغيرات النمط قمنا بتقديم حالة صاحب العمل الذي من المتوقع أن يختار الإنجاز وليس النوعية عندما يتخذ قراراً بشأن أحد العمال. إن الموقف الذي يتخذه بارسونز هو أن هناك اختيار ملائم يقوم به الفاعل. إن القرار ليس اعتباطياً لكنه يرتبط بقيم ومعايير المجتمع الذي ينتمي إليه صاحب العمل. ومن جهة أخرى، يرغب بلومر أن يشير إلى أن العديد من المواقف لا تمثل أحداثاً مسبقة. وأن السلوك الملائم لا يمكن أن يكتشف مسبقاً. وقد أوضح بلومر مؤخراً، فيما يتعلق بمتغيرات النمط:

"إذا توقف الناس واختاروا بين كل بديلين من متغيرات النمط الخمسة

قبل أن يفسروا ويتصرفوا في عملية الاختيار وفي كل موقف من مواقفهم

فإنهم يصابوا بالشلل، وتصبح حياة الجماعة الإنسانية عرجاء".

يجادل بلومر، بأنه كلما كان الموقف غير محدد بنائياً بشكل أكبر، فإنه يكون التحليل التفاعلي الرمزي أساسياً ولا غنى عنه في فهم الموقف.

ولتحديد موقفه من البناء، يمكن أن نسأل كيف ينتقل بلومر من تحليل الفرد الذي يمتلك ذاتاً إلى تحليل الجماعة؟ يصف بلومر طريقة انتقاله، مترجماً مصطلح ميد التصرف الاجتماعي إلى الفعل التشاركي، على النحو التالي:

"الشكل الجمعي الأكبر من الفعل الذي يتشكل عن طريق موائمة الاهتمامات السلوكية للمشاركين. ومن الإيضاحات للفعل التشاركي

الإجراءات التجارية، والعشاء العائلي، ومراسيم الزواج، وجولة التسوق، والمباراة، وحفلة المرح مع الأصدقاء، والجدل، والمحاكمة، أو الحرب .. كل مشارك يحتل بالضرورة موقعاً مختلفاً ويتصرف من ذلك الموقع، وينخرط بتصرف منفصل ومتميز. إن موائمة تلك التصرفات مع بعضها، وليس جمعها هو ما يشكل الفعل التشاركي".

ويصرح بلومر بأن كل فعل تشاركي له سيرة أو تاريخ، والذي هو منظم، وثابت، وحافل بالتكرار، بسبب تعريفه العام من قبل المشاركين، ويقول:

"فوق أي شيء آخر، تكون هذه التعريفات العامة مسئولة عن انتظام، وثبات، وتكرار الفعل التشاركي في مساحة واسعة من حياة الجماعة. إنها تمثل مصادر السلوك الاجتماعي المؤسس والمنظم والتي تحظى بتصور ضمن مفهوم الثقافة".

عند هذه النقطة، يبدو أن بلومر قد يعترف بأن هناك قدر كبير من الفعل الاجتماعي المحدد بنائياً، ومع ذلك فإنه يشير بسرعة إلى إمكانيات عديدة من عدم الموثوقية واليقين في سيرة الأفعال التشاركية. أولاً: إن الأفعال التشاركية مثل المرابطة أمام المؤسسة من قبل العمال المضربين. يمكن أن يدخلها المرء لمرة واحدة، ومن ثم، ثانياً، فإنها يمكن أن تُقاطَع، أو تُتْرَك، أو يتم تحويلها، فالمشاركون قد لا يشكلوا تعريفاً عاماً للفعل التشاركي. وأخيراً، قد تظهر مواقف جديدة في التصرف التشاركي، ويمكن أن نتوقع بأن بلومر يؤكد على عدم الموثوقية، وما هو طارئ، وعلى التحول، والتي هي جزء وقسم من عملية الفعل التشاركي.

يضع بلومر نفسه مقابل علماء الاجتماع (منظرين وظيفيين أو صراعيين) اللذين يركزون على أهمية البناء الاجتماعي في تفسير السلوك. إن مناقشته للفعل التشاركي تتضمن بعض الإسنادات إلى تفاعل الدور المحدد بنائياً، وإذا اختبرنا أمثلته حول الفعل

التشاركي، فيمكن التوصل إلى أن بعض ما تضمنته (على الرغم من أنها بعيدة عن أن تكون طقوسية) يمكن أن تفسر إلى حد كبير بواسطة الأدوار. مثلاً، الإجراءات التجارية، يمكن أن تكون بائعة المتجر التي تواجهت مع الزبون المقايض، إن على بلومر أن يعترف بأن دورها كبائعة متجر يمكن أن يفسر بأقل تقدير بعض سلوكها. ومع ذلك، فإن أهمية الأدوار في تحديد السلوك ليست مركزية بالنسبة لمزاجه في التحليل، فإلى حد ما، يرى بلومر أن:

"التصرف التشاركي هو فعل منظم. وبشكل أساسي بدلاً من تنظيم الفعل، باعتباره فقط استعادة الأحداث الماضية والتأمل فيها. فإن الفعل التشاركي يمثل جهد المشاركين في استنباط اهتماماتهم في الفعل في ضوء ما يلاحظونه في أفعال بعضهم أو ما يقومون به. وهكذا، فإن تنسيق اهتمامات الفعل (والذي هو علامة التنظيم الاجتماعي) يمثل شيئاً يتحقق في التفاعل ومن خلاله، بدلاً من كونه مجرد تعبير عن عوامل نظامية تبطن مثل هذا التفاعل".

إن هذه المقولة توضح بشكل تصويري كيف أن بلومر يستخدم نوعاً من العدسات يختلف تماماً عن تلك التي يستخدمها منظر بنائي مثل بارسونز عندما ينظر إلى العالم الاجتماعي. وبالمقارنة مع الكاميرا التي تنتج صورة تلتقط عن مسافة، فإن بلومر يستخدم ما يشابه كاميرا تسجيلية، والتي يستخدمها لأنه يريد رؤية قريبة يستطيع من خلالها أن يرى ويسمع ما الذي يجري في عملية التفاعل بين الأفراد.

وخلال فترة حشود حركة حرية الكلام في بيركلي عام 1964، مثلاً، استطاع بلومر ملاحظة الامتزاج بين الجماهير، حيث كان يلاحظ من نافذة في طابق علوي، وأخيراً يتحدث طويلاً مع الطلاب المنخرطين في الحشد، كتفاعلي رمزي، وواضح أن منظوره في تفسير انخراط الطلاب كان من أجل اكتشاف كيف تصور الأفراد الأحداث وفسروها

وكيف اتخذوا قراراً بانخراطهم. إن مقارنة توضيحية يمكن أن توجد في عمل علماء الاجتماع من أمثال إتزيوني Etzioni ، والذين هم مهتمون أكثر بالبناء الاجتماعي. إنهم لا يحاولون فهم حادثة كهذه عن طريق النظر إلى قرارات الفرد وفعله الذي شكل حركة حرية الكلام. لكنهم ينظرون إلى الظواهر الاجتماعية العامة التي تفسر لماذا كانت فترة الستينيات هي فترة اهتياج الحرم الجامعي. وعلى سبيل المثال، يؤكد إتزيوني على حقيقة أن الشباب كانوا الأكثر عدداً، ويمثلون النسبة الأكبر من السكان أكثر من قبل. وبالمقابل، فإن عدسات الكاميرا التسجيلية لدى بلومر تعطينا قرباً من الفعل، ولذلك نستطيع أن نشاهد ونسمع ما يفعله وما يقوله الأفراد المنخرطون في الحشد وهم يقومون بتنظيمه.

المنهجية

إن أحد الإسهامات الرئيسة التي قدمها هربرت بلومر للتفاعلية الرمزية كانت تطويره للمنهجية في هذا المنظور. لقد تلقى بلومر في عام 1983 جائزة الجمعية الأمريكية لعلم الاجتماع، لسيرته العلمية المتميزة. وتظهر الاقتباسات بأن مناقشة بلومر للقضايا المنهجية أثرت بعمق في "تبني وانتشار المناهج الحقلية، والإثنوغرافيا، وعلم الاجتماع الكيفي". وعندما ناقش بلومر في بداية عام 1937 التقنيات التي استخدمها الباحثون في تحليل "السيرة الداخلية للفعل" قال:

"قد يتوقع المرء بأن البدء من نظرة كهذه، يعني أن الدراسة الفعلية والبحث سيستخدمان مناهج وتقنيات تهدف إلى التغلغل في نطاق الخبرة الداخلية. هذه هي الحالة، لقد وجدنا أن الاستخدام الأكثر في علم النفس الاجتماعي كان لأدوات؛ مثل تاريخ الحياة، والمقابلة والسيرة الذاتية، ومنهج الحالة، واليوميات، والرسائل. لقد تم تطبيق تلك الأدوات من أجل ثلاثة أهداف: أولاً: للحصول على صورة عن

الخبرة الداخلية والخاصة للفرد والتي يبدو أنها تشكل خلفية انبثاق ووجود شكل معين من التصرف. وهكذا فإن التفسير الذي يقدم من قبل الحدث المنحرف حول تاريخ حياته استخدم في الكشف عن نسيج الأحداث الشخصية، والتي من المحتمل أنها ساعدت في تشكيل انحرافه وإدامته. ثانياً: لإظهار الموقف الشخصي للفرد من الحياة، أي العالم كما يشاهده، من حيث القيم، والمعاني التي تجعل الموضوعات تختلف بالنسبة له، وتعريفاته التي يقابل بها الموقف. وحزمة الاتجاهات التي يمتلكها، والطريقة التي ينظر بها إلى نفسه. ثالثاً: لإلقاء الضوء على حياة إجراء العملية التخيلية، مثل التخيل الجامح، والتجنب، والتخطيط، واتخاذ القرار، والطرق المختلفة التي يواجه من خلالها في خياله الصعوبات والإحباطات والمواقف الإشكالية".

المدخل الاستقرائي

لقد كشف بلومر عن متانة موقفه بمقولة له بعد ثمانية وثلاثين عاماً، وذلك عندما أوضح بأن التفاعلية الرمزية ملتزمة بالمدخل الاستقرائي لفهم السلوك الإنساني، والذي يتم فيه استقراء الفهم أو التفسيرات من البيانات التي أصبح الباحث مطلعاً عليها بتمكن. مرة أخرى، يقارن بلومر موقفه بالوظيفية ويوضح بأن المدخل العلمي للتفاعلية الرمزية يبدأ بمشكلة تتعلق بالعالم الإمبريقي، ويبحث عن توضيح المشكلة من خلال اختبار العالم الإمبريقي، ويقول بلومر:

"إن عزل العلاقات، وتطوير الافتراضات، وتشكيل الأنماط المثالية وبناء النظريات يتم النظر إليها على أنها تنبثق من خلال ما تم اكتشافه من خلال الملاحظة المستمرة لذلك العالم بدلاً من كونها تتشكل مسبقاً من خلال التفكير الاستنتاجي القائم على منظومة مقدمات نظرية منطقية".

يبين بلومر أنه، على خلاف الوظيفية، تعتبر التفاعلية الرمزية نظرية غير استنتاجية ولا تبدأ بمنظومة من الفرضيات، وتواجه التفاعلية الرمزية صعوبة عندما تحاول تمويل أو نشر أبحاثها لأن هذا المدخل المنهجي يحول دون الكثير مما يعتبر "نشاط بحثي ملائم".

يناقش بلومر هذه المشكلة في تفسيره للتفاعلية الرمزية على النحو التالي:

"انظر كم من الصعب أن يحصل المرء على دعم عند تقديم المشاريع البحثية للدراسات الاستكشافية للوكالات المانحة للدعم وهيئة مستشاريها، أو أطروحات الدكتوراه في أقسام علم الاجتماع وعلم النفس. وانظر إلى وابل التساؤلات التي توجه؛ أين تصميم بحثك؟ أين نموذجك؟ ما الفرضيات الموجهة لك؟ كيف تحدد الفرضيات إجرائياً؟ ما هي متغيراتك المستقلة والتابعة؟ ما الأدوات التي ستستخدمها لجمع البيانات المتعلقة بمتغيراتك؟ ما هي عينتك؟ ما الجماعة الضابطة؟ وهكذا .. مثل هذه التساؤلات تفترض مسبقاً بأن الطالب لديه معرفة مباشرة تحاول الدراسة الاستكشافية إثباتها. ولأن الطالب لم يُضمّن مشروعه إجراءات الباحث البروتوكولية يصبح مشروعه احتياطياً في الحصول على المنحة".

وبالمقابل، فإن المنهج الذي تتبناه التفاعلية الرمزية هو النظر إلى العملية التي يعرف من خلالها الأفراد العالم من الداخل وفي نفس الوقت يحددون موضوعات عالمهم.

وحول كيفية العمل ضمن الممارسة، يمكن إيضاحها من خلال تلك الجوانب المتضمنة في دور المحامي والتي تتطلب استخدام المنظور التفاعلي الرمزي. مثلاً، إن محامي المجرم في عملية الدفاع عنه كعميل من المحتمل أن يستفيد من رؤى ميد. عندما دافع كلارنس دارو Clarence Darrow عن ثومانس ماسي Thomas Massie بتهمة قتل الرجل الذي ضرب زوجته واغتصبها، بإطلاق الرصاص عليه. كان أمراً مركزياً في دفاع

دارو قدرة هيئة المحلفين على "تقمص دور" ماسي، ويتحدث دارو لهيئة المحلفين قائلاً:

"نحن نؤكد بأنه لعدة شهور تأثر عقل ماسي بكل ما عاناه؛ الحزن والأسى، والمحنة. من يوم ليوم، ومن أسبوع لأسبوع، ومن شهر لشهر. ماذا تتصور أن يحصل لأي شخص يعاني من مثل هذا الظرف؟ نحن نقيس أوضاع الناس الآخرين على أنفسنا، نحن نضع أنفسنا مكانهم ونقول "كيف يمكن أن نتصرف؟ نحن لا نمتلك طريقة أخرى للتعبير، ربما ما عدا التعبير من خلال ظروف حياتنا التي نعيش.

لا أحد يستطيع أن يحكم على الآخرين ما لم يضع نفسه مكانهم قبل أن يعلن الحكم.

فإذا استطعت أن تضع نفسك مكانه، وإذا استطعت أن تفكر بزوجته التي تم اغتصابها، وشهور من المعاناة والألم الذهني، وإذا استطعت أن تنظر إلى الظلم، والقدر القاسي الذي حل به، من ثم تستطيع أن تحكم لكنك لا تستطيع أن تحاكم أي إنسان بغير هذه الطريقة.

إذا وضعت نفسك مكان ماسي، ماذا كنت ستفعل؟ أنا لا أعلم ما ستفعله أنت، أو أنتِ، لكن على الأقل فإن عشرة من اثنا عشر رجلاً سوف يفعلون ما فعله المسكين ماسي، وهو الأمر الذي طلب لأجله أن يقضي بقية حياته في السجن".

وهكذا فإن دارو يوصل ببلاغة تعريف عميله للموقف أمام أعضاء هيئة المحلفين ويحاول بذكاء أن يسحب هيئة المحلفين ليتقمصوا دور الآخر وذلك عندما دعاهم أثناء المرافعة "أن يضعوا أنفسهم مكانه"، وهكذا فإن دارو يتبنى في مرافعته أمام هيئة المحلفين منهجية التفاعلية الرمزية.

طرق البحث

لقد أوضح بلومر منهجية التفاعلية الرمزية بالنسبة للعلماء الاجتماعيين اللذين يحاولون جمع البيانات من هذا المنظور. فقد وضع بلومر طريقتين للبحث يكون الباحث من خلالهما قادراً على التعامل مع العالم الاجتماعي الإمبريقي عن قرب وأن يلج فيه بعمق، ويصف بلومر تلك الطرق بأنها "اختبار طبيعي مباشر للعالم الاجتماعي الإمبريقي"، وقد أطلق على إحدى الطريقتين مصطلح "الاستكشاف" وعلى الأخرى "التفحص".

الاستكشاف

إن المرحلة الاستكشافية تتضمن هدفاً ذا شقين: الأول: تزويد الباحث بمعرفة مباشرة وشاملة لفضاء الحياة الاجتماعية الذي هو غير مألوف ولا معروف بالنسبة له. وثانياً: لتطوير، وتركيز، وزيادة حدة استقصاء الباحث ولذلك فإن مشكلة الباحث (مشكلة الدراسة) – أي ما تم ملاحظته وما تجاهله، وما تم إدراكه كبيانات، والطريقة التي تم فيها تفسير البيانات وتحليلها- تتخذ من العالم الإمبريقي قاعدة لها.

ويعرف بلومر الاستكشاف Exploration كإجراء له مرونة بقوله:

"ينتقل العالم فيه من خط إلى آخر في البحث، ويتبنى نقاط جديدة من الملاحظة كلما تطورت دراسته، ويتحرك في اتجاهات جديدة لم يتم التفكير بها من قبل، ويفيد إدراكه للبيانات ذات العلاقة كلما حصل على معلومات أكثر ويحقق فهماً أفضل. وفي تلك النواحي، تقابل الدراسة الاستكشافية الإجراء المقيد والموصوف سلفاً الذي يعتمده بروتوكول العلماء الحالي. إن مرونة الإجراء الاستكشافي لا تعني أن عملية البحث تفتقد إلى اتجاه معين، بل أن التركيز أوسع ويصبح أكثر حدة عندما تتطور عملية البحث".

إن التقنيات البحثية المستخدمة في هذه المرحلة (الاستكشاف) هي: الملاحظة المباشرة، ومقابلة الأفراد، والاستماع لمحادثات الناس وللراديو والتلفاز ، وقراءة الصحف المحلية والمجلات، وتفسيرات مستندات تاريخ الحياة، وقراءة الرسائل واليوميات ومدونات الاستشارات العامة.

وعلى سبيل المثال، في دراستها لمدمني الكحول في شارع السقوط(*) قامت جاكلين وايسمان Jacqueline Wiseman باستخدام كلاً من الملاحظة المباشرة بالمشاركة وبدون مشاركة مع اختبار المدونات والمقابلات المعمقة غير المبنية سلفاً للحصول على ألفة تامة وقريبة من العالم الذي كانت تختبره. لقد مثلت مراحلها التطورية توضيحاً جيداً لمرونة هذا المدخل، وذلك لأنها كانت قادرة على إزاحة ونقل خطوط البحث خلال المرحلة الاستكشافية، فعندما احتشدت في المقابلات كلمات مثل: "لا أكون قلقاً أبداً عندما يُفْتقد أحد أصدقائي (من شارع السقوط). أنا أعلم أنه في الخارج يقوم بجولة معينة وسوف يعود". اكتشفت وايسمان أهمية "القيام بجولة" Making the Loop، وعلى الرغم من أنها لم تتعرض لها من قبل إلى أنها بدأت بالمقابلات، ووجدت أن القيام بجولة - الذهاب إلى واحدة أو أكثر من المؤسسات أو المحطات في بيئة شارع السقوط ليحقق فائدة - كانت وسيلة للعيش بالنسبة للرجال المشردين في شارع السقوط. ومن هنا أصبح تحليل تلك المحطات في الجولة محل التركيز الأساسي بالنسبة لدراستها.

يحث بلومر الباحث كذلك لإيجاد خبراء أو مشاركين في مجال الحياة واللذين هم ملاحظون أذكياء، ولديهم معرفة جيدة بالمرحلة الاستكشافية. إن ترتيب جماعات نقاش صغيرة العدد من أولئك الخبراء تمثل تقنية أخرى يشعر بلومر أنها أكثر قيمة في كثير من

(*) منطقة حافلة بالحانات والفنادق الرخيصة ووكالات الاستخدام يألفها العمال المهاجرين والسكارى والمشردين. (المترجم).

الأحيان من أية عينة ممثلة. استخدم بلومر باستمرار "مناقشة الخبراء" في جهوده البحثية. مثلاً: في دراسته لبرنامج إعادة تأهيل مدمني المخدرات في أوكلاند في كاليفورنيا ارتأى بلومر ومساعدوه أن يشكلوا جزءاً أو جماعة مركزية من الشباب النشطين من مستخدمي المخدرات، واللذين يتمتعون بمركز واحترام بين أقرانهم. وبعد فترة من الزمن، ادعى بلومر أن طاقمه قد أسس علاقة ممتازة مع أولئك الأعلام المركزيين، وحصلوا على ثقتهم واحترامهم وعملوا معهم بعلاقات حميمة. وفي النص التالي يوضح بلومر كيف أثر أولئك الأعلام المركزيين في قراره لتغيير محور تركيز الدراسة:

"لقد كنا قادرين على الاستمرار معهم في لقاءات الجماعة (الأعلام المركزيين) وكذلك في الارتباط الشخصي، ورأينا من خلال كل من هاتين القناتين أن نشكل نواة جماعة ملتزمة بالتقشف. لقد كان خط الهجوم لدينا أن نقوم بمناقشة تامة وصريحة لاستخدامهم للمخدرات، ولنبحث، ولنجعلهم مدركين لمخاطر استخدام المخدرات على مجرى حياتهم".

ورغم ذلك، فقد انقلبت الأحوال على طاقم البحث عندما اكتشفوا أن الأعلام المركزيين كانوا مستغرقين في استخدام المخدرات ومحصنين جيداً في معتقداتهم ضد مخاطر استخدام المخدرات، الأمر الذي جعل برنامج التقشف مستحيلاً. وهكذا، فقد واجه طاقم البحث مثل هذه المعارضة، وقرر أن ينتقل من برنامج التقشف المعلن إلى دراسة عالم الشباب المتعاطي للمخدرات، والذي يمكن الباحث من مشاهدة كيف تمت حياكته ونسجه ليشكل أسلوب حياة للشباب المتعاطين للمخدرات. لقد كان في تفكير الطاقم أنه إذا كانوا يأملون بفعل أي شيء فعال فيما يتعلق باستخدام الأحداث للمخدرات، فإن عليهم أولاً أن يفهموا بشكل واقعي عالم استخدام المخدرات.

وعلى الرغم من أن هذه الحادثة توضح إحدى فوائد المرحلة الاستكشافية، وبشكل أساسي، المرونة التي تسمح للباحث أن ينقل محور تركيز الدراسة، إلا أنها تكشف كذلك إمكانية تدارك استخدام مناقشة الخبراء. إن الخبراء يمكن أن يمنحوا الباحث ثقة مبالغ فيها، والتي قد يكون لها بالنسبة للباحث أفضلية على الظاهرة موضوع الدراسة.

التفحص

كما يتوقع بلومر، إذا نجحت المرحلة الاستكشافية في تقديم صورة شاملة ودقيقة لمجال الدراسة، فإن الباحث بعد ذلك يكون جاهزاً ومستعداً لينتقل إلى إجراء آخر، وهو التفحص Inspection، يقول بلومر:

"أعني بالتفحص، اختبار ذو تركيز مكثف للمحتوى الإمبريقي مهما تكن العناصر التحليلية المستخدمة لأغراض التحليل، وهذا النوع ذاته من الاختبار يركز على الطبيعة الإمبريقية للعلاقات بين مثل هذه العناصر".

وللتوسع في المفهوم، يقدم بلومر مصطلح المفاهيم ذات الحساسية Sensitizing Concepts (حساسة). ومن وجهة نظره، فإن التقدم من المرحلة الاستكشافية إلى مرحلة التفحص هي حركة من الوصف إلى التحليل، عندما تكون المفاهيم ذات الحساسية حاسمة. ويضع بلومر المفهوم ذو الحساسية مقابل المفهوم المحدد، وهو مفهوم واضح ومحدد للصفات المميزة، والتي تحدد حكم الفرد على طبقة من الموضوعات. ومن ناحية أخرى، فإن المفهوم ذو الحساسية يفتقد إلى مثل هذا التحديد للصفات المميزة، كما أنه لا يمكّن مستخدمه من الانتقال مباشرة إلى الحكم والمحتوى المرتبط به. إنه يمنح مستخدمه معنى مرجعياً عاماً ومرشداً أو موجهاً للاقتراب من فهم الأحكام الإمبريقية. وفي تلخيصه لهذه المناقشة يقول بلومر: "بينما تزود المفاهيم المحددة المرء بوصف مسبق لما يمكن أن يراه، فإن المفاهيم ذات

الحساسية تقترح مجرد اتجاهات للرؤية".

وفي تطوير نظريتهما حول إدراك الاحتضار –المشار إليها سابقاً- طبق جلاسر وستراوس مفاهيم ذات حساسية، والتي مكنت الطاقم الطبي والتمريضي وجعلتهم يفهمون النظرية استناداً إلى خبرتهم الذاتية. وكما يقدمون توضيحها:

"مثلاً، إن مقولاتنا حول "توقعات الموت" و"لا شيء لدينا نفعله أكثر من هذا" و"البقاء على قيد الحياة" و"الخسارة الاجتماعية" تدل على صفات مميزة عامة للمرضى المحتضرين والتي هي دون شك قوية في حساسيتها وذات معنى بالنسبة لطاقم المستشفى، وبنفس الوقت، إنها مجرد إشارة بشكل كاف إلى الصفات المميزة لكيانات عينية، وليس الكيانات ذاتها. بالإضافة إلى ذلك فإن تلك المفاهيم تقدم جسراً ضرورياً بين التفكير النظري لعلماء الاجتماع والتفكير العملي للناس المهتمين بالنطاق الواقعي، ولذلك فإن كلاً منهما قد يفهم النظرية ويطبقها. يجد عالم الاجتماع أنه يمتلك شعوراً بالواقع اليومي للموقف، بينما يجد الشخص الذي هو في الموقف بأنه يستطيع أن يقود النظرية ويديرها".

يقدم هوارد بيكر Howard Becker إيضاحاً آخر لمرحلة التفحص في عمله الموسوم "أن تصبح مستخدماً للماريجوانا" والذي أصبح مثالاً كلاسيكياً للبحث التفاعلي الرمزي. من البيانات التي حصل عليها عن طريق المقابلات الشخصية مع خمسين فرداً، توصل بيكر إلى نموذج سيرة لمستخدمي الماريجوانا. إن هذا النموذج، والذي كان يتألف من سلاسل متعاقبة من التغيرات في الاتجاهات والخبرات، وجه تحليل بيكر، ويوضح بيكر نموذج السيرة على النحو التالي:

"باختصار، فإن الفرد سوف يكون قادراً على استخدام الماريجوانا من

أجل السرور فقط عندما يذهب عبر عملية تعلم لتصورها كموضوع يمكن أن يستخدم بهذه الطريقة. فلا أحد يصبح مستخدماً بدون 1) تعلم تدخين المادة المخدرة بطريقة تنتج تأثيرات حقيقية 2) تعلم إدراك التأثيرات وربطها باستخدام المادة المخدرة (بمعنى آخر، يتعلم أن يسمو) 3) تعلم الاستمتاع بالأحاسيس التي يتصورها. وفي مسار هذه العملية فإنه يطور منطلقاً أو دافعية لاستخدام الماريجوانا والتي لم تكن ولا يمكن أن تكون حاضرة عندما بدأ الاستخدام ولهذا فإنها تتضمن وتعتمد على التصورات المرتبطة بالمادة المخدرة والتي يمكن أن تنمو ضمن نوع من الخبرة الفعلية تم تفصيلها أعلاه. وعند اكتمال هذه العملية فإنه يكون مستعداً وقادراً على استخدام الماريجوانا من أجل السرور والانشراح".

التحليل الكيفي تلقي دراسة بيكر الضوء على الإجراء التحليلي المتضمن في مرحلة التفحص. لكنه من الخطأ أن نفترض بأن المرحلتين، الاستكشاف والتفحص، يتم استبعادهما بالتناوب. إن الباحثين الكيفيين اللذين يعتقدون بأن المرحلتين تمثلان وجهين متداخلين، يستخدمون مصطلح البحث الطبيعي للإمساك بكل من الوجهين. وعلى سبيل المثال، تصف وايسمان الارتباطات المتداخلة بين المرحلتين بأنها "شبكة" Web ، وذلك في مقالها الموسوم "شبكة البحث"، حيث تقول:

"إن التفاعل المستمر بين جمع البيانات والتحليل يمثل جوهر التحليل الكيفي ولذلك من الصعب فعلاً مناقشة الترميز، والمعالجة، والتحليل، والكتابة دون مناقشة التخطيط، وجمع البيانات، ولذلك فلا يوجد في أي منهج آخر أن تداخل العمل في جميع أجزاء البحث واضح إلى هذا الحد. بالنسبة لي فإنه مع إمكانية الاستثناء المبكر لمراحل التخطيط، فإن

جميع نواحي إجراء البحث تسير تقريباً في وقت واحد. إن التقسيم المبكر للتحليل والرؤى المفاهيمية يجعلها تظهر في كل من التنظيم أو ترميز المادة الخام، وفي القرارات الراهنة التي اتخذتها حول المادة الحقلية التي سأجمعها في المستقبل".

وكما توضح وايسمان، فإنه عندما يتخذ الباحث قراراً حول أي البيانات سيكون لها أولوية في التركيز ضمن الدراسة، وأيها يكون مستخدماً كخلفية، فإن هذا القرار يمهد السبيل للاعتبار اللاحق.

إن ذلك الاعتبار، والتصميم العام أو النموذج يصبحان "خطة منظمة للتحليل". حتى عند هذه النقطة، فإن الاستكشاف والتفحص يسيران معاً في وقت واحد. بالنسبة للنموذج فإنه ينتج عن البيانات التي تم جمعها للتو ويساعد في جمع وتصنيف البيانات التي لم تجمع بعد.

تصف وايسمان نماذج عديدة للسلوك استخدمت من قبل الباحثين الكيفيين، وهي:

1. نظام الوقت أو نموذج السيرة، والذي يكون لدى كل شيء فيه تاريخ طبيعي له بداية ومرحلة متوسطة ونهاية، مثل نموذج السيرة لدى بيكر.

2. النموذج الدائري، والذي يقترح تجدداً مستمراً وإعادة للظاهرة، وتنتج غالباً بتسارع، مثل جولات وايسمان.

3. نموذج الأنماط الاجتماعية، ويتضمن وصفاً لأنماط مختلفة من الناس، يحتلون موقعاً ويتفاعلون فيه، مثل الأنماط المختلفة من مستخدمي المخدرات عند بلومر.

4. نموذج الأفعال والتفاعلات الاجتماعية، يستخدم لمقارنة التباينات السلوكية، مثل سياقات الإدراك التي استخدمت من قبل جلاسر وستراوس.

5. نموذج الأوضاع أو المشاهد الاجتماعية، والذي يركز على الأوضاع السلوكية، ويتضمن أوصافاً لثقافة ونشاطات خاصة تتخذ مكاناً في تلك المشاهد الاجتماعية الفرعية.

يقيم بلومر البحث الطبيعي بأنه الأفضل بالنسبة لأساليب البحث الأخرى، لأنه يختبر العالم الإمبريقي وطبيعته، والنشاط المستمر، بشكل مباشر، أكثر من قيامه بعملية تجريد البيانات وتكميمها. ومع ذلك، يدرك بلومر بأن دعوته لاختبار العالم الإمبريقي بشكل مباشر من المحتمل أن لا تلقى اهتماماً من قبل معظم العلماء الاجتماعيين اللذين التزموا بالتحليل الكمي، ويقول بلومر:

"إنهم يعتقدون بأنهم يختبرون العالم الإمبريقي مباشرة عندما يقومون بأمور مثل جمع وتحليل أنواع مختلفة من البيانات الإحصائية، وإجراء المسوحات الاجتماعية، والحصول على تصريحات الناس من خلال الاستبيانات، واستخدام جداول الأسماء، ومباشرة اختبارات تحليلية متميزة، وتطبيق المقاييس، وتعديل أدوات القياس، ووضع الفعل الاجتماعي في مواقف داخل المختبر،، ومحاكاة الحياة الاجتماعية عن طريق الكمبيوتر بطريقة زائفة، واستخدام بيانات إمبريقية حاسمة لاختبار الفرضيات".

وبشكل واضح، ليس هذا ما يعتبره بلومر اختباراً مباشراً للعالم الاجتماعي الإمبريقي. إن ما يريده هو ألفة تامة قابلة للفهم وقريبة من مجال الحياة الخاضع للدراسة. وهذا لا يتضمن أياً من تقنيات البحث المشار إليها أعلاه، ولكن الاستكشاف الحر في مجال الدراسة، والاقتراب من الناس الموجودين فيه، يمكّن من النظر إليه من خلال مواقف مختلفة يقابلها الناس؛ وملاحظة مشاكلهم وكيف يعالجونها، والمشاركة في محادثاتهم، ومشاهدة حياتهم كما تتدفق في موازاة ذلك كله. إن موقف بلومر يضعه في خلاف مع العلماء

الاجتماعيين اللذين يذكرهم، واللذين يتبنون جمع بيانات "جافة" Hard لا تأنس إليها العين والأذن، أكثر من توجههم نحو ما يصفونه بالبيانات الناعمة Soft.

وفي إحدى أكثر مجادلاته التصويرية ضد المدخل الكمي، يهاجم بلومر اختبار الذكاء (I.Q) ، ويسأل كيف يمكن لاختبار ذكاء معين أن يقدم صورة مقنعة عن الذكاء، الذي يظهر بأشكال مختلفة مثل:

"الاستغلال الصريح في موقف السوق من قبل مقاولي الأعمال، والأساليب الفعالة في العيش من قبل ساكني الأحياء الفقيرة المحرومة، والمواجهة الذكية للمشكلات من قبل الفلاح أو رجل القبيلة البدائي .. ونظم بيت من الشِعر من قبل الشاعر"

يتمثل اعتراض بلومر على اختبار الذكاء في أن مثل هذه الأدوات الشكلية تقع خارج السياق، ولا تستطيع أن تقيس بشكل مقنع نوع السلوك المتجذر في السياق الذي يصفه هو، ويسأل بلومر عن قيمة المدخل الكمي على النحو التالي:

"إن الانتقاد الأساس الذي يوجه عادة للمدخل التجريبي وللمنهج الموضوعي الكمي الذي يستخدم الاستبانات والجداول والاختبارات يتمثل في أن هذه المداخل تفشل في الإمساك بالمعاني التي تتوسط وتحدد الطريقة التي يستجيب بها الأفراد للموضوعات والمواقف. إن البنود المتضمنة في الاستبيان، والجدول والاختبار قد تكون واضحة ودقيقة. وقد يجيب الفرد بطريقة صريحة ومحددة تتطلبها المعالجة الكمية للاستجابات، ولكن المسألة الأساسية هنا، أن تلك الاستجابات إزاء البنود لا تخبر عن معنى تلك البنود بالنسبة للفرد. ومن هنا، فإن الباحث ليس في موضح يخوله التصريح حول ماهية اتجاهات الأفراد أو ليعلم حال سلوكه الفعلي عندما يتصرف فعلياً

إزاء الموضوعات التي تشير إليها البنود".

وعلى سبيل المثال، فإن العائلة التي ترأسها امرأة وتتكون من ستة أشخاص وتحصل على دخل سنوي قدره (7500) دولار ربما تصنف بشكل صحيح ضمن العائلات التي تقع في الفئة التي تحصل على دخل سنوي أقل من (10000) دولار. وبالنسبة للعديد من الباحثين المهتمين (مثلاً بالعلاقة الإحصائية بين نسبة البيوت الفقيرة في نطاق الدراسة ومعدل التحصيل الدراسي للأطفال في المدرسة، فإن هذه البيانات تعد كافية. ورغم ذلك، فإن باحثين مثل بلومر مهتمين بتساؤلات مختلفة. فهم يريدون أن يعرفوا ماذا يعني الدخل المقدر بـ (7500) دولار بالنسبة للأم بالاستناد إلى كيفية تصرفها إزاء أبنائها واتخاذها قرارات حول جدول عملها، أو كيف تكون مبدعة في تدبير ميزانيتها بحيث تضع الطعام على المائدة ثلاث مرات يومياً. إن التفاعليين الرمزيين لا ينكرون فائدة الإحصاءات الوطنية الكمية، لكن فيما يتعلق بتساؤلات البحث، يريدون القول بأن التساؤلات والاستجابات الإحصائية ليست كافية. إن مدخلهم وتأكيدهم على المعنى لا يتماشيان مع المناهج الكمية.

ورغم ذلك، بالنسبة لنا يبدو غير ضروري أن نختار مدخلاً على حساب الآخر، فالبحث الكيفي يمكن أن يساهم في البحث الكمي عن طريق توليد فرضيات مثمرة، والكشف عن مجالات غير معروفة وتحتاج للبحث حتى الآن. كما أنها يمكن أن تقدم تنميطات ضرورية. نريد القول بأن هذين المدخلين البحثيين ينبغي أن يتعاونا أكثر من أن يتنافسا مع بعضهما.

علم الاجتماع قصير المدى

يقول سكدمور Skidmore في سياق حديثه عن أوجه القصور في المدخل السوسيولوجي قصير المدى للتفاعليين الرمزيين: "إن البحث ضمن هذا المنظور يميل إلى الاجتهاد في مواقف ونشاطات مختلفة جداً، ويترتب على هذا الأمر قصوراً في التركيز على

ربط تلك الأعمال ضمن رؤية مترابطة منطقياً مع المجتمعات ككل".

ورغم ذلك، في رده على مقال لجوناثان تيرنر Jonathan Turner بعنوان "بارسونز كتفاعلي رمزي"، ينكر بلومر تهمة أن منهجية التفاعليين الرمزيين تركز على العمليات التفاعلية قصيرة المدى، ويوضح بلومر بأن المدخل التفاعلي الرمزي قادر على دراسة التنظيمات الكبرى، ويحيل القارئ إلى مقاله الموسوم "النظرية السوسيولوجية في العلاقات الصناعية".

إن التمعن في مقال بلومر محبط قليلاً، لأنه يخفق في تقديم منهجية واضحة وتامة، يقول بلومر:

> "إن الملاحظات الضرورية اللازمة لشحذ وتعبئة هذا المنظور الغامض يجب أن تلبي المطلبين اللازمين للألفة الحميمة والإدراك التخيلي الواسع .. إنه لسوء الحظ، تجري الملاحظة في حقل العلاقات الصناعية في شكل أنماط معقدة كبرى. لكن ينبغي أن تكون كذلك حتى تكون واقعية. إن ضرورات الملاحظة في العلاقات الصناعية تشبه تماماً تلك المتطلبات في الحرب الحديثة. إن الجندي الفرد في المهمة المنفردة التي يضطلع بها، قد يكون ملاحظاً بصرف النظر عن أهليته، إذ يستطيع أن يفهم القليل حول ما يجري في منطقة المعسكر. إن الباحث الاجتماعي الذي يجري الملاحظات في مصنع يعاني، كما أعتقد، من قصور موازٍ. إن الملاحظة الفعالة تتطلب من الملاحظ أن يتحسس الحركة في الحقل وأن يأخذ أدواراً عديدة مختلفة، ليقيس حجم الأنواع المختلفة من المواقف، وفي فعله هذا يؤدي مهمة صعبة في مواءمة مثل هذه الأشياء فيما يشبه النمط المتكامل. هذا النوع من الملاحظة، سواء رغبناه أم لا، فإنه يتطلب درجة من الحكم التخيلي ليكون دقيقاً".

وفي ختام المقالة، يقول بلومر بأننا نحتاج إلى خطة معالجة ملائمة لتحليل التفاعل الجمعي والجماهيري، لكن علماء الاجتماع لم يبدؤوا بهذه المهمة، وهكذا، فإن ما يدعوه بلومر بأنه مقالة سوف توضح مقدرة التفاعلية الرمزية على دراسة التفاعل بين التنظيمات بعيدة المدى، ليست كذلك مطلقاً. ورغم ذلك يقدم بعض المختصرات المبهمة، وبذلك فقد ترك القراء بعيدين عن أي صيغة فهم إضافية حول الكيفية التي يدرس بها التفاعليون الرمزيون الجماعات في المستوى بعيد المدى. بعد كل ذلك، فإن علم الاجتماع قصير المدى يمثل الموطن الأساس للتفاعليين الرمزيين. ننتقل الآن إلى تلميذ بلومر، وهو إرفنج جوفمان، الذي تخصص في تفاعلات الوجه لوجه.

الجزء الثالث

إرفنج جوفمان: الفن المسرحي ونظام التفاعل

خلفية

نتخذ في هذا الجزء نظرة نظامية لإسهامات إرفنج جوفمان Erving Goffman النظرية.

لقد أثر عمله في عدة منظرين من خارج المنظور التفاعلي الرمزي. مثلاً، طبق بيتر بلاو Peter

Blau مفاهيم جوفمان حول "إدارة الانطباع" و"مسافة الدور" في نظريته حول التبادل

الاجتماعي. لقد مثل عمل جوفمان إلهاماً بالنسبة للإثنوميثودولوجيين وقد ضم راندال كولينـز

العديد من أفكار جوفمان إلى كتابه الموسوم "علم اجتماع الصراع". وفي الحقيقة، قدم كولينز

ثناءً رفيع المستوى إلى جوفمان عندما أوضح بأن روبرت ميرتون كان أشهر الأعلام المشتغلين

بعلم الاجتماع الأمريكي في منتصف القرن العشرين وسي رايت ملز صاحب التأثير السياسي

الأكبر، وكان تالكوت بارسونز المنظر الشمولي الرئيس، لكن جوفمان كان عالم الاجتماع الذي

ساهم كثيراً في التقدم الفكري.

ولد جوفمان في مانفيلي في ألبرتا عام 1922، حصل على درجة البكالوريوس من جامعة

تورنتو عام 1945، وحصل على درجة الماجستير وكذلك الدكتوراه من جامعة شيكاغو في عام

1949 وعام 1953. وبعد فترة قصيرة من إكمال أطروحته انضم جوفمان إلى أستاذه السابق

هربرت بلومر في جامعة كاليفورنيا، في بيركلي، ودرّس فيها حتى عام 1969، ومن ثم رضي بالعمل

في موقع مثل بنجامين فرانكلين للأنثروبولوجيا وعلم الاجتماع في جامعة بنسلفانيا ودرس هناك

حتى توفي في عام 1982.

مثل بلومر، تأثر جوفمان كثيراً بميد، ودليل ذلك تركيزه على الذات

بشكل كبير في كتابه الأول الموسوم "تقديم الذات في الحياة اليومية

"The Presentation of Self In Everyday Life every Day Life، والذي شكل الكثير من أعماله اللاحقة. وبنفس الطريقة التي اتبعها ميد، يعامل جوفمان البشر باعتبارهم فعالين ونشطين وأذكياء. وفي كتابه الوصم Stigma يلقي الضوء على إبداعية الأشخاص المنحرفين والموصومين اللذين تدبروا الحفاظ على معنى الذات عندما كثر المستهزئون بهم، ورفعت الأوراق ضدهم. لقد قادته ملاحظاته الحادة في المصحات العقلية إلى إبداع مفهوم المؤسسات الكلية، ويشير المفهوم إلى "مكان للإقامة والعمل لعدد كبير من الأفراد لديهم الوضع ذاته، ينقطعون عن المجتمع الأكبر لفترة زمنية معينة، ويعيشون حياة مقيدة تدار بشكل رسمي". لقد وجد بأن النزلاء ابتدعوا العديد من الاستراتيجيات الذكية للحفاظ على ذاتيتهم أكثر من التنازل لقبول الدور والذات التي رسمتها المؤسسة، وهذا يحدث في أكثر المؤسسات رسوخاً من الناحية البنائية والرسمية. يقدم جوفمان العديد من الأمثلة في مناقشته حول "التكيفات الثانوية"، والتي يعرفها بأنها "أي ترتيب اعتيادي يوظف بموجبه العضو في المؤسسة وسائل غير خاضعة للسلطة أو يحصل على غايات غير خاضعة للسلطة أو كليهما، وهكذا يتحايل على افتراضات التنظيم بما يجب عليه فعله، وما يحصل عليه وبالتالي ما ينبغي أن يكون عليه".

إن بعض التكيفات الثانوية كانت تستعمل "كبدائل مؤقتة" (تحويل مغسلة الحمام والنشاف الهوائي إلى نظام خاص للغسيل والكي و"أماكن للحرية" (استعمال أكوام الخشب الموجودة خلف المستشفى كستار لشرب الكحول أو استخدام ظل شجرة كبيرة تقع في مركز أرض المستشفى كستار لألعاب البوكر). إن تلك التعديلات الثانوية توضح الطرق التي يواجه البشر من خلالها المواقف ويتدبرون تصرفهم. بالإضافة إلى ذلك يقول جوفمان:

"إن ممارسة المرء الحفاظ على شيء من ذاته بعيداً عن سيطرة المؤسسة وسلطانها، يمثل أمراً ملحوظاً في المصحات العقلية والسجون بل يمكن

أن يوجد في المؤسسات الأكثر رقة واعتدالاً والأقل شمولية أيضاً. أريد القول بأن هذا التمرد لا يمثل آلية دفاعية عرضية، بل يمثل مشكلاً جوهرياً للذات .. إن إحساسنا بأننا أشخاص قد يأتي من انضمامنا إلى وحدات اجتماعية أوسع، وشعورنا بذاتيتنا يظهر عبر طرق بسيطة نقاوم من خلالها عملية انتزاع ذاتيتنا، إن مكانتنا مصممة في البنايات الصلبة من العالم، بينما إحساسنا بالهوية الشخصية غالباً ما يكمن في التصدعات".

لقد كشف بحث جوفمان عن الحياة الخفية في المصحات العقلية حيث قاوم النزلاء كل الجهود التي بذلت من أجل نزع الذات القديمة. إن عمله الذي تأثر إلى مدى بعيد بالذات الفاعلة (I) عند ميد ملئ بتحليل المواقف التي يقاوم فيها الأفراد عمليات نزع الذات، والإقامة في التصدعات.

ومن الأمثلة على مقاومة نزع الذات ما حصل أثناء مقابلة أجرتها رث والاس Wallace مع ولد عمره (12) عاماً يعيش في بيت الأبرشية مع والديه. أشار هذا الولد أنه لأننا نعيش قرب الكنيسة فإن كل شخص يتوقع منا الكمال. ويصف حادثة حصلت معه بعد أن انتقلوا إلى بيت الأبرشية بفترة زمنية قصيرة. بينما كان يسير أمام باب المنزل ذات يوم، تعثر على الدرج وقال "اللعنة" (shit). سمعته امرأة مسنة كانت تسير بالقرب من الدرج، وقالت له: عليه أن لا تستخدم هذه الكلمات أنت تعيش في مكان مقدس. فرد عليها: "لكنني طفل".

جمع جوفمان في عمله بين عدة مناهج استخدمت من قبل التفاعليين الرمزيين منها: الملاحظة بالمشاركة مدعمة ببيانات من تاريخ الحالة، والسيرة الذاتية، والرسائل. لقد وصف مدخله في المصحات العقلية بأنه "إطار تفاعلي- رمزي للأخذ بعين الاعتبار قَدَرْ

الذات"، وفي الحقيقة فإن مفهوم النفس لدى ميد يمثل فكرة مركزية في الكثير من أعمال جوفمان.

إن كتابات دوركايم، وبشكل محدد، تحليله للطقوس في كتابه "الأشكال الأولية للحياة الدينية" سحر جوفمان وافتتنه. ليس فقط لأن جوفمان صنف كتاباً يحمل عنوان "طقوس التفاعل"، لكن بسبب أن فكرة الطقوس تظهر في العديد من أعماله. مثلاً، لقد اقتبس من دوركايم في المصحات العقلية عندما ناقش الممارسات الشعائرية في المؤسسة الكلية، مثل العروض المسرحية، والأحداث الرياضية والرقص، وكما اقتبسها جوفمان: "إن تلك الممارسات الشعائرية ملائمة تماماً لتحليل دوركايم"، "إن المجتمع الذي انقسم على نحو خطير إلى نزلاء وهيئة عمل، يمكن له من خلال تلك الشعائر أن يعيد اللحمة إلى ذاته"[*].

بينما يمكن أن يكون جوفمان قد تبنى بوعي ذاتي منظور دوركايم في بعض أعماله المبكرة، فإن هذا الأمر لم يكن مستمراً ولا مستبعداً بشكل كلي. إن النظرة للبناءات الكبرى من الأعلى لم تكن موجودة لدى جوفمان، لقد كان تركيزه على توليفات زمل قصيرة المدى المهملة والتي قمنا بوصفها في بداية هذا الفصل، وهي التواصلات الإنسانية التي وصفها زمل بأنها "ذرات المجتمع". يهتم جوفمان كثيراً بأشكال التفاعل، كما أن براعته في تجسيد المفاهيم السوسيولوجية في وصفه لتفاعلات الوجه لوجه كانت بالفعل تمثل كل ما يُذَكِّر بجورج زمل.

ورغم ذلك، فإن بعض أعمال جوفمان المتأخرة، وبشكل محدد عمله الموسوم

---

[*] المقصود أن سماح المسؤولين للنزلاء في ممارسة الشعائر التي يقلل فيها النزلاء من قدرهم (أي قدر المسؤولين) مثل الرقص المشترك، أو المشاهد الهزلية، فإن ذلك يختزل الفرق بين طباع الجماعتين، ولكن بطبيعة الحال فإن هذه الشعائر المؤقتة لا تلغي القوة التي تمارسها هيئة العمل في المؤسسة الكلية (المترجم).

"تحليل الإطار"، أظهر حركة نحو الاختلاف مع البنائية. ننتقل الآن إلى مناقشة إسهامين أساسيين قدمهما جوفمان للمنظور التفاعلي الرمزي وهما: أفكاره الفنية المسرحية، وما أطلق عليه "نظام التفاعل".

الفن المسرحي والحياة اليومية

يعرف الفن المسرحي في قاموس وبستر بأنه "فن التأليف المسرحي والتمثيل المسرحي". وفي أول أعماله وأكثرها توثيقاً "تقديم النفس في الحياة اليومية" يتناول جوفمان المفهوم السوسيولوجي المألوف، أي "الدور"، ويضعه في موضعه الأصلي على خشبة المسرح عن طريق إحلال تحليل السلوك الإنساني في المكان المسرحي، يتناول جوفمان الموقف المسرحي للفاعلين على خشبة المسرح ويطبق هذا العمل من التمثيل المسرحي على الحياة اليومية للمرأة والرجل العاديين اللذين يتصرفون ضمن أدوارهم في العالم الحقيقي.

ينظر جوفمان إلى الطرق التي يقدم الأفراد من خلالها أنفسهم في الحياة اليومية ونشاطاتهم الموجهة نحو الآخرين. وبشكل محدد، يركز على إدارة الانطباع، أي الطرق التي يوجه الفرد من خلالها ويضبط الانطباعات التي يشكلها الآخرون عنه. ويستخدم جوفمان مفهومين آخرين من مفاهيم الفن المسرحي وهما الواجهة والمناطق الخلفية. وتشير الواجهة Front- stage إلى "ذلك الجزء من أداء الفرد الذي يعمل بصورة منتظمة ضمن طريقة عامة وثابتة من أجل تعريف الموقف لأولئك اللذين يشاهدون الأداء".

تتضمن الواجهة المشهد المسرحي (الأثاث والموضوعات التي يزود بها المشهد وخشبة المسرح وكل ما يستعان به في الإخراج المسرحي). و"الواجهة الشخصية" التي تشير إلى موضوعات "الأدوات المعبرة" مثل إشارات الوظيفة أو الرتبة، والملابس، والجنس، والسن، والخصائص العرقية، والحجم، والمظهر الشكلي، وأنماط الكلام، وتعبيرات الوجه،

والإيماءات الجسدية"^(*).

ويؤكد جوفمان بأن المعايير التي تجعل المرأة ملتزمة للأخذ بعين الاعتبار الأمور التي تشوش الواجهة الشخصية وتحافظ عليها (اللباس والظهور) هي أكثر تقييداً للمرأة من الرجل. وبعد كل ذلك، يقول جوفمان "بالنسبة للمرأة، أن تظهر في مناسبة عامة بثوب بال يمكن أن يؤخذ علامة على سهولة المنال والتحرر من الأخلاق".

سل نفسك مثلاً، متى آخر مرة حملت فيها محفظة جلدية للأوراق والوثائق تحتاج لها لحمل كتبك، وربما استخدمتها كذلك لتشكل انطباعاً لدى الشخص الذي سيقابلك من أجل العمل، أو عميد الكلية، أو أيضاً أستاذك في علم الاجتماع، وربما نتذكر أيضاً في ذلك كيف أوضحت كل جملة بعناية، وكيف استخدمت جوانب أخرى من واجهتك الشخصية مثل، ملابسك، والمظهر الخارجي، وتعبيرات الوجه وإيماءات الجسد، لتقديم نفسك بأفضل صورة. ومن ثم، فإن منطقة الواجهة، تتضمن أي شخص يلاحظ من قبل الجمهور بينما يكون الفاعل على المنصة الأمامية (الواجهة) التي وجدت من أجل الأداء الناجح. إن منطقة الواجهة تمثل المكان الذي ينفذ فيه الفاعل النص الحرفي لإدارة الانطباع بجدية، وفي منطقة الواجهة يتجنب الفاعل أي شيء غير ملائم بالنسبة للنص.

إن مثل هذا السلوك يستحضر في الذهن متغيرات النمط عند بارسونز حيث يقوم الفاعل بعناية باختيارات ملائمة. إن الفاعلين لدى جوفمان لا يرتجلون عندما يكونوا على منصة الواجهة. ومن ثم، فإن ما يحصل في منطقة الواجهة هو محاولة للتلاعب بالجمهور. وتصف مقالة في الصحيفة اللندنية الاهتمام بالنظام ذي النص المكتوب في بيع السيارات والتلاعب كما يحدث في صناعة المركبات. توضح المقالة أن الباعة يتعلمون نصاً ينبغي

---

^(*) تجدر الإشارة هنا إلى أن جوفمان يؤكد بأن هناك اتساق بين الوضع أو الرتبة والمظهر الشكلي، والسلوك (المترجم).

عليهم أن يتبعوه تماماً كما أن الفاعل يتعلم دوراً في عملية الأداء". أحد أفضل النصوص التي تم اقتباسها حمل عنوان "العب دور هاريس": (التحدث إلى الزبون) السيد هاريس على الهاتف ويريد أن يعلم ما إذا كانت السيارة قد تم بيعها، هل أقول له نعم؟.

إن أداء منطقة الواجهة في المثال المبين أعلاه يمكن أن يكون بشكل أفضل إذا رن الهاتف في لحظة ممارسة الاستراتيجية (مدعم للأداء) وإذا تم إيصال النص بنبرة صوت مقنعة، (واجهة شخصية)، ومن ثم فإن الواجهة سوف تتضمن فرصة أفضل لتعريف الموقف للزبون والذي سوف يجيب بعد ذلك بسرعة، نعم.

وبالمقابل، فإن منطقة الخلفية Back Region، تمثل المكان الذي يغلق ويحجب عن الجمهور حيث تمارس طرق إدارة الانطباع. الكثير من أشكال المساعدة تعطى للفاعلين في منطقة المنصة الخلفية، مثلاً، التكيف مع العادات والتلقين. كما أنها تمثل المكان الذي يكون فيه المؤدي متحرراً من القيود، وكما يوضح جوفمان: "إنه يستطيع أن ينزع واجهته، وأن يحضر نصه بصوت مرتفع، وأن ينزع شخصيته المسرحية". إن المنصة الخلفية هي المنطقة التي لا ينخرط فيها الفاعل في عملية إدارة الانطباع، حيث يستطيع أن يكوّن ذاته الحقيقية.

وفي دراسة حول التفاعل الاجتماعي في مكان الغسالة الكهربائية استخدمت كينين Kenen مفهوم جوفمان حول منطقة الواجهة لتحلل بعض النشاطات التي كانت تلاحظها. لقد وجدت أن الزبائن قد انخرطوا بالعمل سراً في وضع منصة الواجهة حيث حاولوا إخفاء بعض الموضوعات التي كانوا يغسلونها، وكما توضحها "الوسائد الرقيقة المخرطشة، والملابس التحتية المثقوبة، والأثواب المبقعة، وحتى مصمم شراشف الأسرّة يستطيع أن يكشف الكثير عن عادات المرء وأذواقه للغريب، وربما تتعارض مع عملية تقديم الذات المقصودة". بينما تبدو أماكن الغسالات الكهربائية وأماكن بيع السيارات بعيدة عن

المسرح، تذكر أن الفن المسرحي لدى جوفمان قد اهتم بحياة الرجال والنساء العاديين كما يمارسون أدوارهم اليومية على منصة الحياة.

وبجذب انتباهنا إلى منطقة المنصة الخلفية، يساعدنا جوفمان في فهم كل العمل الخفي المتضمن في تحقيق تقديم ناجح للذات علانية أمام الناس. لقد أظهر لنا كيف يتدبر الأفراد في دراما الحياة اليومية ليبدو بشكل جيد عندما يقدمون أنفسهم للآخرين في البيت والمدرسة والعمل والجوار في أماكن تفاعلية أخرى قصيرة المدى.

يستخدم راندال كولينـز المفاهيم المسرحية لدى جوفمان ليحلل السياسات التنظيمية والتي تتضمن في المستويات المتدنية تقديم واجهة موحدة للمشرف، التظاهر بالخضوع لمطالب المشرف، بينما يتم إعطاء العمال فترة استراحة والتي من خلالها تتم السيطرة على سير العمل. تلك المواجهات مع السلطة تمثل المنصة الأمامية (الواجهة) والعمال لوحدهم يمثلون المنصة الخلفية، ينخرطون بمحادثة حول أشياء مثل، كيف تم استغفال الرئيس، وكيف أن عضو الفريق كشف سره، كما تم تبادل النكات والحكايات النادرة، وخلق ثقافة محادثة كلية لعالم المنصة الخلفية.

وهنا، فإن كولينـز، عالم الاجتماع، يطبق بوعي أفكار جوفمان على البناء التنظيمي، لكن كيف تم استخدامها من قبل غير علماء الاجتماع؟ في مقال صحفي حول المقولات المسجلة للنشر وغير المسجلة للسياسيين (ليست للنشر)، تكتب الصحافية: "إن ما نصفه بأنه مسجل يميل غالباً ليكون معارضاً تماماً للمسجل، بل إنه الجزء الذي يمثل الخداع والتلفيق، والصور التي يأمل السياسيون بتوصيلها مع تفانينا وتشجيعنا السري. وبوجه عام يتم توصيلها. إن الجزء السري غير المسجل للنشر، هو الجزء الذي يمكن أن نجد فيه الواقع وما هو صحيح وموثوق، والذي يفترض السياسيون بوجه عام أن يبقى غامضاً ومظلماً للأبد. إن هذه الصحافية تنبه القارئ إلى نقطتين هامتين ضمن الفن المسرحي: الأولى: إن ما

هو مسجل للنشر بالنسبة للسياسي يمثل الواجهة، حيث تمت ممارسة حيل صغيرة ومخادعات كبيرة. الثانية: إن التسجيل الحقيقي، الواقعي يقع في المنطقة الخلفية، حيث تحدث السياسيون بصراحة ودون تحيز حول ما يفكرون به حقاً. إن هذه الصحافية تنبهنا، نحن الجمهور، إلى المحاولة التي يقوم بها السياسيون لتعريف الموقف لنا من خلال أدائهم الذي يظهر في الواجهة.

الذي يحصل عندما تكون نشاطات الواجهة ونشاطات الخلفية غير متسقة تماماً هو أن الفاعل لا يستطيع أن يؤدي بشكل جيد، والأداء يكون أقل نجاحاً، بدرجات مختلفة. وفي بعض الحالات يكون الشخص الأبله قاصراً عن الأداء، وبشكل خاص عندما يفشل الملقن بالتصرف بسرعة كافية لتزويده بالسطر الذي نسيه، أو عندما يتهشم أي جزء من عناصر الإخراج المسرحي أو ينـزلق أي جزء من الزي على خشبة المسرح، مثل هذه الثغرات الثانوية يمكن تلافيها بحيث يتم استكمال الأداء، ولكن ما الذي يحصل عندما تصبح المنطقة الخلفية هي الواجهة. عندما يرى الجمهور فجأة جميع النشاط الذي تم إخفاؤه في المنطقة الخلفية حتى الآن. إن تحليل جوفمان للقدر المحتوم يلقي الضوء على هذه النقطة. في كتابه "طقوس التفاعل" يوضح بأنه في المواقف التي يكون فيها التنسيق والكتمان أموراً حيوية "فإن المدى الكلي من التعثرات الثانوية غير المتوقعة تفقد نوعيتها الاعتيادية القابلة للتصحيح وتصبح مهلكة وقاضية. ويسوق جوفمان هذه القصة من أجل التوضيح:

"اللصوص الثلاثة اللذين تصرفوا بطريقة غبية، فيما افترضوا أنها تمثل عملية سرقة بنك صغيرة في روديو حكم عليهم أمس في المحكمة الفيدرالية هنا .. الثلاثة جميعهم ألقي القبض عليهم من قبل (40) ضابط شرطة في 7 يناير حيث ناضلوا للهرب وبحوزتهم (7710) دولار تم وضعها في كيس للملابس المغسولة، حيث أخذوها من بنك

كاليفورنيا الاتحادي، البنك الوحيد في روديو ..

مشى أحدهم وهو يحمل بندقية وجعل ثلاثة عشر عاملاً واثنان من الزبائن ينبطحون على الأرض، بينما آخر (بلجيكي)، كان يحمل مسدساً، ذهب إلى القبو وبدأ بتعبئة الكيس بالعملة، والنقود المعدنية، قال بذكاء: إن النقود المعدنية لا يمكن تتبع أثرها، لقد استمر بنهب النقود المعدنية حتى أصبح الكيس يزن (200) باوند، ثم سحب الكيس على الأرض حتى الباب ثم انتزعه اللص المنهك.

كل من الرجلين سحب الكيس عبر الباب. لكن الكيس وقع وثقب جاعلاً النقود تنتشر خلفهم حينما سحبوا الكيس إلى السيارة التي ستنقله، والتي يوجد فيها اللص الثالث مستعداً للانطلاق.

لقد أوقف السيارة قريباً جداً من حاجز مرتفع ولذلك لم يتمكن الثلاثة من فتح الباب لإدخال الغنيمة، لكنهم أخيراً استطاعوا فعل ذلك بعد أن حركوا السيارة وأسرعوا بعيداً، توقفت سيارتهم عندما شاهد الثلاثة تجمع عمدة البلدة ودوريات الطريق السريع وسيارات الشرطة".

إن الدعامة الاستراتيجية للمشهد هنا (كيس الغسيل) قد تحطمت، ومساعد المنطقة الخلفية أخفق في الخروج من المحنة عبر الوقت. وكما يوضح جوفمان، فإن هذا الأمر كان مهلكاً بالنسبة للأفراد المنخرطين في الموقف لأن المشروع الإجرامي لديه القليل من الاحتياطي فيما يتعلق بالقابلية للتصحيح. إن ثمناً باهظاً ينبغي أن يدفع مقابل التهشمات أو الحماقات السيئة. وفي المواقف التي لا يكون فيها مساعد المنطقة الخلفية كافياً، تنقلب فيها الظروف تماماً، حيث يمتلك الفاعلون (الممثلون) الموقف الذي تم تعريفه لهم من قبل الجمهور.

تساعدنا أفكار جوفمان المسرحية في اختبار تلك الأمثلة التي لا تحصى عندما نستخدم كل ما هو متاح لنا في الواجهة والمنطقة الخلفية لخلق أفضل انطباعات ممكنة حول أنفسنا. إن سؤاله الأساسي لنا هو "ألسنا جميعاً نتظاهر كفنانين بعد كل ذلك؟ ". ليس هناك شك بأننا نستخدم إدارة الانطباع في حياتنا اليومية عندما ننجح مثلاً في التمثيل لمقابلة من أجل العمل، وعندما نمتع (بطعام شهي أو شراب) جماعة من الغرباء في جمع اجتماعي. وعندما نقنع الشخص الذي نحب أن يكون قريننا/ قرينتنا، وعندما نفعل أفضل ما لدينا لنكون "صخرة منيعة" بالنسبة لأعضاء العائلة الآخرين في جنازة قريب حميم، في كل من تلك الأمثلة نريد أن نكون الشخص الذي يعرّف الموقف للأفراد الحاضرين. إن أفكار جوفمان تظهر كيف يكون هذا ممكناً.

في كتابه "الوصم" يميز جوفمان بين الناس الذين هم "عرضة للخزي" "الذين لديهم وصمة يخفونها، ولكنها قد تكتشف في أي لحظة"، والناس "المخزيين" الذين لديهم وصمة يستطيع الآخرين مشاهدتها أوتوماتيكياً. إن الناس من الجماعة الأولى يجب أن يسيطروا على المعلومات التي يريد الآخرين معرفتها عنهم. بينما الناس من الجماعة الثانية عليهم أن يديروا التوترات التي تنشأ عندما يتفاعل الناس (العاديين) مع الأفراد الموصومين. اكتشفت شانون فيز Shannon wyss بالاستناد إلى بحثها حول خبرات (24) شاب من المتحولين والشاذين جندرياً في المدرسة الثانوية في الولايات المتحدة الظروف التي يتحمل تحتها هؤلاء الشباب المدرسة الثانوية. إحدى عشرة من مخبريها ضربوا، وصفعوا، ولكموا من قبل مراهقين آخرين في المدرسة. أحدهم وصف هجوماً قاسياً من قبل ولد مصارع وولدين آخرين في حفلة، يقول:

"علمت أن هؤلاء الأولاد الثلاثة لا يشبهونني، والكثير منه يتعلق بتعبيري الجندري، لقد ضربوني على مؤخرتي بحزام من الجلد في عيد

ميلادي الخامس عشر. لقد صرخت لكنهم استمروا بالضحك ومواصلة ضربي وقال مخبر آخر: لقد سحبني الأولاد إلى غرفة الحمام وأذلوني لقد كنت مثل المعتدى عليه جنسياً بينهم. لقد تحدث الأولاد عن التحرش بهم في المدرسة الثانوية، وما كانوا يعنوه هو أنه قد تم اغتصابهم".

وفي كتاب حديث له بعنوان "الإعلانات الجندرية" Gender Advertisements يقدم جوفمان خمسمائة إعلان لمجلة، ويحلل الافتراضات الاجتماعية غير المنطوقة حول الجندر والتي يتم نقلها بواسطة تلك الصور. لنفترض أن الإعلانات تمثل رؤى معلنين حول إمكانية تصوير الرجال والنساء بطريقة مربحة. يمكن وصف تحليل جوفمان بأنه تركيز على الواجهة الأمامية.

إحدى الأفكار المنبثقة عن تحليل جوفمان، مثلاً، كانت "تراتبية الوظيفة"، Function Ranking حيث يؤدي الذكور الأدوار التنفيذية داخل وخارج التخصص المهني ويسأل جوفمان القارئ ليختبر كيف كان يتم تصوير الذكور:

"ضمن مجالات السلطة التقليدية وعندما كان اختصاص الإناث هو المطبخ، والحضانة، وتنظيف غرف المعيشة، هناك جواب واحد مستعار من الحياة وربما يتم تمثيله، هو عدم تصوير الذكر بأي دور مشارك إطلاقاً، إنه بهذه الطريقة يتجنب الخضوع أو التلوث بمهمة الأنثى. جواب آخر، أعتقد أنه سيصور الرجل بأنه مضحك، ويشبه الطفل بصورة غير واقعية. إذا كان من الممكن جعله غير واقعي بصراحة، فإن صورة الاختصاص والأهلية للذكور الحقيقيين يمكن الحفاظ عليها. إن التقنية البارعة تتمثل في السماح للذكر بمتابعة النشاط المغاير تحت مراقبة وتدقيق مباشر من قبل أنثى

تستطيع القيام بالعمل على نحو ملائم. ورغم ذلك كانت طريقة العمل تأخذ شكل المزاح أو التحدي وابتسامة على وجه الذي يقوم بالعمل أو المشاهد الذي يشهد على الشخصية المختبرة غير الجادة بالضرورة في المشروع أو التجربة".

بالمقارنة مع العلماء الاجتماعيين البيولوجيين الذين يؤكدون على تأثير الوراثة، يشدد جوفمان على العوامل الاجتماعية الثقافية التي توجد بنى التفاعل الإنساني وتحافظ عليها، مثل اللامساواة الجندرية. وفي مقالة الموسوم "الترتيب بين الجنسين"، يوضح بأن الرضاعة لدى المرأة تمثل قيداً بيولوجياً موسّع ثقافياً، وهكذا يقول جوفمان: "المدى الكلي من الواجبات المنزلية (مهما كان السبب) يعرف باعتباره غير ملائم للذكور، وتبعاً لذلك، فإن المدى الكلي من المهن خارج المنزل يعتبر غير ملائم بالنسبة للإناث".

يصور جوفمان المنزل بأنه يمثل محطة تنشئة ويقدم مثالاً على التعارض بين أدوار الأخوة والأخوات في الطبقة الوسطى:

"إن التدريب المنزلي للجنسين مختلف. يبدأ بتوجيه الفتاة لتتقمص دوراً منزلياً، ومساعداً، بينما يوجه الولد إلى تقمص دور تنافسي- أكثر اتساعاً...مثلاً...الحصة الأكبر في وقت الطعام تعطى للذكر، لأنه ولد، والأنعم من السريرين يعطى للأنثى لأنها فتاة، أو يتلقى الذكر جزاءات سلبية أكثر من الأنثى، لأنه ذو طبيعة أكثر خشونة ويحتاج إلى هذا النوع من الجزاءات حتى تؤثر به".

وبالمقارنة مع ماركس يجادل جوفمان:

"الحس العميق للمرء بذاته - الهوية الجندرية للمرء - يمثل شيئاً ما يعطي صفته الأولية من مقومات لا تُحمل على الإثنية أو التدرج الاجتماعي الاقتصادي...إن الأخوة يَمتلكون طريقة لتعريف أنفسهم

بالاستناد إلى اختلافهم عن أشخاص مثل أخواتهم. والأخوات يمتلكن طريقة لتعريف أنفسهن بالاستناد إلى اختلافهن عن أشخاص مثل أخوانهن. في كلا الحالتين يتم إبعاد التصور عن الكيفية التي يتموضع الأخوة من خلالها اجتماعياً بطريقة تختلف من عائلة لأخرى. إن الجندر، وليس الدين، هو الأفيون الذي يخدر الجماهير...قد يمضي الرجل يومه يعاني مع أولئك الذين يمارسون عليه القوة، والمعاناة من مثل هذا الموقف في كل مستوى من المجتمع تقريباً، ومع ذلك، عندما يعود إلى البيت في كل ليلة يستعيد فضاءً يسيطر فيه، وحيثما يذهب خارج المنزل يجد المرأة مدعمة لمشهد مقدرته وأهليته".

إن دراسة باري ثورن Barrie Thorne حول طلاب المدرسة الابتدائية تتبع عمل جوفمان في المقالة المشار إليها سابقاً، تشير ثورن إلى مصطلح الجندرية genderism المعرف من قبل جوفمان بأنه "الممارسة السلوكية المرتبطة بجنس الفرد". وقد كشفت دراستها لحظات في الحياة الاجتماعية تستثير المعتقدات المقولبة حول الذكورة والأنوثة، إن ملاحظاتها في ساحة اللعب كشفت عن الكثير من الأمثلة حيث تضع الحدود بين الأولاد والبنات ويتم الحفاظ عليها. تصف ثورن هذه الأنماط المنبثقة من العزل المكاني "حدود العمل" إن الأنماط المختلفة من حد العمل تتضمن مسابقات، ومطاردات، وطقوس التلويث، والاعتداءات. وعلى سبيل المثال، المسابقات من قبيل مباريات الحساب والتهجئة في الصف استدعت العداءات الجندرية عندما وصفت المعلمة الفريقين بـ (أولاد وحوش) و(بنات رقيقات) وفي ساحة اللعب لاحظت حالة من اللاتماثل الجندري في لعبة المطاردة (لعبة يطارد فيها طفلاً طفلاً آخر ويحاول مسه) حيث تمت معاملة البنات كمصدر نهائي للإفساد بينما يتم استثناء الأولاد من هذا، وبهذا الخصوص، تكتب ثورن:

"لقد مارس الارتداد عن التقارب الجسدي مع شخص آخر، ولأن

متعلقاتهن تم تصورها بأنها مفسدة فقد مثلت صيغة قوية للمسافة الاجتماعية وادعاء التفوّق، إن معتقدات التلوث والممارسات تتبع شعوراً محملاً بالعاطفة للتناقض الذي يشمل اللمس أو الشم غير المرغوب إن الأطفال غالباً ما يتصرفون بروح المضايقة المفعمة باللعب بعيداً عن معتقدات التلوث. لكن الإطار كثير النزوات ينزلق داخل الجدية وخارجها، وبعض الألعاب تسبب ألماً عاطفياً بشكل واضح".

وبالمثل، فإن الاعتداءات تتخذ شكلاً من اللاتماثل لأن الأولاد يعتدون على جماعات البنات بصورة أكبر مما تفعل البنات. ومع ذلك فإن الفتيات الغلاميات Tomboys مستثنيات وعلى سبيل المثال فإن تلميذتين من الصف الخامس هما تريسي- وشيلا Tracy and Sheila يلعبن بمهارة ألعاب رياضية جماعية اقل انقساماً بموجب الجندر مثل: كرة اليد، ودوج بول (المراوغة) وكرة المضرب. ورغم ذلك في الربيع كانتا لاعبتان حقيقيتان في فريق كرة القاعدة لشباب المدينة، وقد انعكس ذلك على مشاركتهن في المدرسة، حيث شاركت تريسي وشيلا مباريات كرة القاعدة للذكور في الملعب المخصص لذلك. وهما تحملان قفازهما في المدرسة كعلامة على انضمامهن للفريق.

تقدم ثورن أمثلة تحاول من خلالها إحدى المعلمات المبدعات تصحيح التلف الذي نتج عن الأنماط المختلفة من حدود العمل عن طريق تحفيز مناخ تعاوني بدلاً من التنافس بين الأولاد والبنات في غرفة الصف – مثلاً – نظموا أماكن جلوس مرتبة وفق السمع والبصر- والطول بدلاً من الجندر، وتم تعليم الأطفال أن يشكلوا اصطفافهم بموجب صفات أخرى مثل لون الحذاء. وعلى نحو ما فعل جوفمان، فإن ثورن، تنجذب إلى عمل جورج زمل حول أهمية الفضاء الاجتماعي.

في الجزء التالي سوف ننتقل إلى تحليل جوفمان لنظام التفاعل، الذي يمثل إرثه الأخير في علم الاجتماع.

نظام التفاعل

عندما تم اكتشاف إصابة إرفنج جوفمان بالسرطان في صيف عام 1982، كان يحضّر خطاباً لإلقائه في موعد تنصيبه كرئيس للجمعية الأمريكية لعلم الاجتماع في المؤتمر السنوي الذي يعقد في سبتمبر. وعلى الرغم من أنه لم يكن قادراً على تقديم الخطاب شفوياً، إلا أنه أنهى الورقة قبل وفاته بتاريخ 1982/11/19. لقد كان عنوان هذا العمل الأخير "نظام التفاعل" The Interaction Order، والذي نشر في مجلة American Sociological Review ، إنه اللقب الذي أعطاه جوفمان لتركيزه على مساره المهني الكلي، وهو مجال التفاعل الاجتماعي وجهاً لوجه حيث يكون فردان أو أكثر ضمن الحضور الفيزيقي لبعضهما. وكما يوضح جون لوفلاند John Lofland :"لقد أظهر لنا بتفصيل واحتراف مؤثر أنه لم يتناول أحد من قبل كيفية شعورنا وفهمنا لأنفسنا، ولما هو حقيقي، وكيف نشعر بأننا متصلين - اتصالاً لا ينفك - بديناميات المستوى قصير المدى ذات الحركة الدائمة لنظام التفاعل الحالي بطرق معقدة لا نهائية لا ندركها". لقد انجذب جوفمان للتناقضات بين المظاهر الخارجية والحقائق الواقعية وبين الخداع والتلاعب.

لقد مثل الخطاب الرئاسي لجوفمان والذي يتضمن فحوى عمله، محاولة لإيضاح أن نظام التفاعل ينبغي أن يعامل كمجال جوهري وأساسي كمجال مستقل. ويضع جوفمان بعض الوحدات الأساسية والبناءات المتكررة لنظام التفاعل مرتبة، من الأصغر إلى الأكبر 1) الأشخاص سواء أكانوا آحاداً، أم أزواجاً، أم طوابير، أم مواكب، أم أرتالاً 2) اتصالات، إما من خلال الحضور الفيزيقي المشترك، أو من خلال المحادثات الهاتفية، أو من خلال تبادل الرسائل 3) المواجهات أو الترتيبات التي ينضم فيها الأشخاص إلى دائرة فيزيقية

صغيرة كمشاركين واعين في مشروع مشترك قائم على الاعتمادية المتبادلة 4) منصة الأداء وتشمل المكان الذي يهيأ فيه النشاط قبل الجمهور (مثلاً، المناقشة، سياق الكلام أو المحيط، والاجتماع الرسمي، واللعب والعرض الموسيقي). 5) المناسبات الاجتماعية الاحتفالية، وهي جموع من الأفراد، في مناسبة ذات شرف وتحظى بتقدير مشترك حيث يصل المشاركون ويغادرون بطريقة منسقة. وهذه الوحدة الأخيرة تمثل الوحدة التفاعلية الأكبر التي يذكرها جوفمان حيث أن هذه الوحدة يمكن أن تتم هندستها لتمتد إلى عدد من الأقسام.

ورغم أن الأشخاص، والاتصالات، والمواجهات، وضروب الأداء، والاحتفالات المبينة أعلاه تمثل بالضرورة وحدات قصيرة المدى، إلا أن جوفمان يوضح بأن نظام التفاعل له عناية مباشرة في النظام بعيد المدى. لقد قدمنا مثالاً على مثل هذا الصدى في بداية هذا الفصل في مثال ووترجيت، حيث أن الاتصال الهاتفي بالشرطة من قبل فرانك ولز أدى إلى استقالة الرئيس نيكسون. يوضح جوفمان أن كمية جيدة من العمل التنظيمي ينجز وجهاً لوجه، ويرى على سبيل المثال، أن التنظيمات المعقدة تعتمد كثيراً على مجموعة معينة من الموظفين، وبشكل خاص أولئك اللذين يمارسون الأدوار الحاكمة، حيث أنهم عرضة للنقد بشكل كبير، عندما يستبعد الموظفون الأساسيون عن مركزهم الأصلي أو تلطخ سمعتهم. وفي مثل هذه الظروف ربما يقوم التنظيم ببذل كل جهد لإخفاء غياب المدير من أجل الحفاظ على النسق. السؤال "من هو المسئول؟" يظهر في أوقات المرض الخطير لرؤوس الدولة، مثل حالة يوري أندروبوف Yuri Andropov في اتحاد الجمهوريات السوفياتية الاشتراكية U.S.S.R. أو وودرو ولسون Woodrow Wilson في الولايات المتحدة. مثال آخر هو اللانظام الذي يشكله طلاب المدرسة الابتدائية عندما يتبنى المسئولية مدرساً بديلاً خلال فترة مرض المدرس المنتظم، حيث تصل الأصداء ما وراء غرفة الصف إلى الأجزاء

الأخرى من المدرسة بما في ذلك مراقبة ساحة اللعب ونشاطات ومطعم الوجبات السريعة، وتنظيم صفوف الباص، وفي حجرة الحافلة.

ومن عناصر نظام التفاعل التي لها تأثير مباشر على فرص حياة الشخص ما يطلق عليه جوفمان "معالجة المواجهات"، وتتضمن مقابلات يجريها المرشدون المدرسيون، وطاقم وظيفي لدائرة في تنظيمات الأعمال، والسيكولوجيون (علماء النفس)، والموظفون في قاعة المحكمة. إن معالجة المواجهات يمكن أن تؤثر في المؤسسة ذات العلاقة وكذلك الشخص المتضمن فيها. إن كيفية أداء الفرد في مقابلة للعمل مثلاً، تؤثر في مستقبله المهني. وعلى سبيل المثال، فإن شيرلي هارتلي Shirley Hartley ، التي حصلت على الدكتوراه من جامعة كاليفورنيا، في بيركلي عام 1969، تصف خبرتها في بداية الستينيات عندما تمت مقابلتها من قبل أحد أعضاء الكلية في جامعة ستانفورد تماماً بعد تقديمها طلباً للالتحاق ببرنامج الدكتوراه في علم الاجتماع. توضح شيرلي: "بأن عضو الكلية أوضح لها بأن ستانفورد لا تقبل امرأة في منتصف العمر (لقد كان عمري ثلاثة وثلاثون عاماً). لمجرد أنها تعيش في نفس المنطقة، نحن نتوقع أن يُدرِّس حملة الدكتوراه من جامعتنا في هارفارد وكولومبيا".

ومن ناحية أخرى، فإن نمط الناس اللذين أجروا المعالجة وتقدموا بنجاح يمكن أن يغيروا وجه المؤسسة ذاتها، كما دل على ذلك التنوع والاختلاف المتزايد بين طلاب الدراسات العليا والكلية. مثلاً، بينما كانت شيرلي هارتلي طالبة دراسات عليا في بيركلي، لم تكن هناك امرأة متفرغة من بين أعضاء قسم علم الاجتماع، وبحلول عام 1991 كان هناك سبع نسوة من بين تسعة وعشرين عضواً، أي 24% كن نساءً.

يشير جوفمان كذلك إلى أهمية "الانطباع الأول" بالنسبة لعلاقات الصداقة والروابط الزواجية. وفي الحقيقة، يقترح أن مثل هذه الروابط الوثيقة "يمكن إرجاعها إلى مناسبة جرى فيها الاتصال بالصدفة أكثر من كونه نتج عن حاجة". ويحتاج المرء إلى قراءة

الصحف التي تصدر في الرابع عشر من فبراير (يوم الفالنتاين)، حيث يقرأ قصص "الحب من أول نظرة" Love at First sight التي توضح النقطة التي يشير إليها جوفمان هنا.

وفي مقالته الأخيرة حاول جوفمان كذلك أن يولف التفاعلية الرمزية. إن أمثلة حول التواصلات قصيرة المدى التي سُوغت إلى اهتمامنا من قبل زمل توجد في نظام التفاعل الذي يتكون من أشخاص، واتصالات، ومواجهات، ومنصة أداء، واحتفالات. كذلك يزعم جوفمان بأن أشكال حياة الوجه- لوجه، متسعة للتحليل النظامي أكثر من العديد من الكيانات بعيدة المدى، لأنها مكررة باستمرار. إن هذه المقالة الأخيرة تمثل فكرته الأخيرة فيما يتعلق بأهمية المستوى التفاعلي قصير المدى بالنسبة لعلم الاجتماع.

ورغم ذلك، فإن تحليله، في الجزء الأكبر منه، يهمل مقوماً هاماً للمنظور التفاعلي الرمزي، أي، تفاعل الذات، ولكنه يقدم خدمة بسيطة له، عندما يوضح بأن أشكال تفاعل الوجه لوجه راسبة في المشاعر الذاتية وبذلك يسمح بوجود دور يمكن تقديره للتقمص العاطفي. إنه يكرر هنا قيمة تقمص دور الآخر، الذي يقع في صميم التفاعلية الرمزية. إن عمل جوفمان، مع ذلك، يكشف الكثير عن تفاعل الوجه لوجه أكثر من المشاعر الذاتية، إنه يؤمن بوضوح بالمقدمة المنطقية للتفاعلية الرمزية، والتي تؤكد بأن الفاعلين يفسرون، ويخططون، ويقيمون، ومن ثم يتصرفون، أي أن البشر فعالون ونشطون مبدعون وليسوا سلبيين مستسلمين. ورغم ذلك، بينما أثرى جوفمان علم الاجتماع بعدد من المفاهيم الهامة التي ترتكز على ملاحظاته الحادة إلا أن اهتمامه الرئيس ليس فيما يقوله الفاعلون لأنفسهم حينما يخططون لأفعالهم لكنه ينصب على كيفية نجاحهم في التلاعب بمفهوم الموقف. ومع ذلك فإن بياناته تتضمن مصادر للمعنى الذاتي. مثلاً، الرسائل والسير الذاتية، أما تلك البيانات فهي ليست مركزية في تحليله. لقد اختار تركيزاً ضيقاً أكثر من بلومر، لكن تحليله العميق يعوض هذا الأمر.

إن إرث جوفمان لعلم الاجتماع انبثق عن خطابه الرئاسي على شكل تبني اتجاه جديد للبحث في نظام التفاعل. لقد قضى جزءاً جوهرياً من مساره العملي يدرس ضحايا الظلم والاضطهاد، مركزاً على الناس في المواقع الخاضعة، والجماعات المحرومة من حقوقها الشرعية، أو الجماعات المكذبة وغير الموثوقة، التي توصي بشيء مختلف. يوضح جوفمان بأن علماء الاجتماع يتابعون تحليلات غير مضمونة للترتيبات الاجتماعية التي يشترك بها أولئك اللذين يمتلكون السلطة المؤسسية، مثل الشرطة، والجنرالات، والقادة الحكوميون، والوالدين، والذكور، والبيض، والوطنيين، والمدراء الإعلاميين، وجميع هؤلاء أشخاص ذوي حظوة يتمكنون من خلال موقعهم أن يضعوا بصمة رسمية على نسخ مختلفة من الواقع.

نرى هنا بأن جوفمان يظهر حقل القوة في النظام الاجتماعي وإدارة الواقع الاجتماعي. ومن أجل فهم الأنماط المتكررة للتفاعل بين الأفراد الخاضعين والمهيمنين، يحول جوفمان انتباه علماء الاجتماع إلى عالم الأفراد المهيمنين. وفي توصيته لأن يكون الجهد الشامل مكرساً لاختبار الناس في مواقع القوة في مجتمعنا، فإنه يدفع الباحثين اللذين يتبنون المستوى السوسيولوجي قصير المدى، للتعامل مع المفهوم الأساس للمنظرين الصراعيين، أي، علاقات القوة. وفي آخر التحليل يمكن القول بأن أخذ علاقات القوة بعين الاعتبار يمكن أن يمثل جهداً هاماً نحو التجسير بين المستوى قصير المدى والمستوى بعيد المدى في التحليل السوسيولوجي.

الجزء الرابع

آرلي رسل هوشيلد وباتريشا هِل كولينـز

توسيع آفاق التفاعلية الرمزية

عندما ألقت الحركة النسوية المعاصرة الضوء على الاهتمام بالنوع الاجتماعي (جندر) والمرأة، شجعت علماء الاجتماع للكشف عن موضوعات بحثية ومفاهيم جديدة، وهكذا وسعت آفاق النظرية السوسيولوجية. لقد قدمنا في الفصل السابق منظرين نسويين تأثروا بماركس وإنجلز مثل: زيلاه آيزنشتين، وجانيت شافيز وراي لسر بلومبرغ. وفي الفصل التالي، سوف نشاهد ذلك الجزء من عمل دورثي سميث Dorthy E. Smith الذي انبثق عن الظاهراتية، وهنا نتفحص عمل اثنتين من المنظرات النسويات اللواتي وسعن آفاق التفاعلية الرمزية، وهما آرلي رسل هوشيلد Arlie Russel Hochschild في عملها حول علم اجتماع العواطف الذي قدم منظوراً جديداً ضمن المستوى التحليلي قصير المدى. وباتريشا هِل كولينـز Patricia Hill Collins في تحليلها لنقاط التقاطع بين العرق، والطبقة، والنوع الاجتماعي كما أثرت في المرأة الإفريقية الأمريكية، مستخدمة مفاهيم مثل تعريف الذات، Self- Definition والذي جعل عملها متميزاً تماماً عن مناقشة منظري الصراع القديمة للقوة والاضطهاد.

خلفية

العديد من المنظرين الاجتماعيين يميلون إلى التغاضي عن، أو تجاهل، أو صرف النظر عن عواطف الناس باعتبارها ليست ذات علاقة، وما يسألونه هو: "هل تعمل مشاعر الأفراد على تفسير العالم الاجتماعي؟"، ومع ذلك، وبسبب أن التفاعليين الرمزيين يركزون على المعنى الذاتي، علينا أن نتوقع بأنهم سيتناولون العواطف بجدية أكثر من أي منظر آخر

ويزودوننا بالعديد من مقومات نظرية اجتماعية للعواطف. وعندما نراجع المادة المقدمة في هذا الفصل بصورة مختصرة، نستطيع أن نكتشف عدداً من الإشارات للعواطف بعضها واضحة وبعضها غامضة.

إن مناقشة فيبر لأهمية المعنى الذاتي في تعريفه لعلم الاجتماع تسمح بوجود علاقة بين عواطف الفرد والتفاعل الاجتماعي، دون أن يقدمها بصورة واضحة. نريد القول بأن المعنى الذاتي الذي يعزوه الفرد الفعال والنشط للموقف يتضمن عنصراً عاطفياً. إن المشاعر التي يمتلكها الناس نحو أولئك الذين يتواصلون معهم تمثل عاملاً يمكن أن يدخل، بل ويدخل إلى حيز تعريف الفرد للموقف، وهذا الأمر يؤثر في المقابل بقرارات الناس حول ما إذا كانوا سيتفاعلون، أو سينسحبون أو كما يوضح فيبر "يذعنون بسلبية" في الموقف.

وعندما نأخذ نظرة أخرى على وصف زمل للتواصلات الإنسانية، نكتشف أنه يضمنها بوضوح نوعين من العواطف -الحسد والامتنان- كمثال على "التوليفات الصغيرة التي لا تحصى"والتي تعمل باستمرار على ربط الناس بعضهم ببعض. وبطريقة مماثلة يعرف كولي مرآة الذات ويذكر "الشعور الذاتي" مثل الفخر أو الشعور بالعار، والذي ينتج عن الكيفية التي نتخيل بها حكم الآخر على مظهرنا الخارجي.

إن مناقشة بلومر لعملية الإشارة إلى الذات والتي بواسطتها يشير الأفراد بمثيرات معينة إلى أنفسهم ومن ثم يفسرون ظهور المثيرات لأنفسهم، تتضمن ذكراً واضحاً للعواطف، مثلاً، مثاله حول الشخص الذي يلاحظه بأنه يأكل مع شخص ما يحتقره يتضمن عنصراً عاطفياً، وكما أوضحنا سابقاً، فإن الشخص الذي يقدم فهماً للقلق والانـزعاج الشخصي فإنه يفسر ما يقلقه. إن الأمثلة على تفاعلات الذات العاطفية تمتد من الطفل الصغير الذي يخبر نفسه "أنا مفزوع" عندما يرى العاصفة الرعدية لأول مرة، إلى الفتاة المراهقة التي تتحدث إلى نفسها "من الصعب أن أنتظر لأراه" عندما يرحل قطارها من

المحطة. إن القلق والانزعاج والحسد والفقر والحب والعار -المجموعة الكلية من العواطف- تكون متضمنة غالباً في المحادثات التي يجريها الناس مع أنفسهم. وهكذا، فإن ما يشعر به الناس، إضافة إلى مؤشراتهم الذاتية حول تلك المشاعر، تساعدهم في استنباط أو "تخطيط" تصرفهم. باختصار، إن البشر يختارون ويفضلون سلوكاً على آخر لأنهم يشعرون بأنه جيد.

بالإضافة إلى ما تقدم، فإن مُنَظريْن أساسيين هما إرفنج جوفمان وراندال كولينـز قد ضمّنا نظريتيهما عناصر عاطفية. إن إدارة الانطباع عند جوفمان تمثل بشكل جوهري استراتيجية لتجنب الارتباك أو الخزي ويدفع بالفخر والرغبة للظهور بشكل جيد. وعندما يسأل جوفمان "ألسنا جميعاً نتظاهر كفنانين، بعد كل ذلك؟"، فإن هذا يشير إلى أحد الأسباب حول لماذا نريد أن نضبط انطباعات الآخرين عنا ولماذا نريد تجنب أن نكون مخزيين.

يناقش راندال كولينـز كيف أن الطقوس تكثف الاستثارة العاطفية وتلزم المشاركين بشكل قوي لوجهات نظر معينة، وكيف تتجه تلك الطقوس، كنتيجة لذلك، إلى تقوية نظام اجتماعي معين وإضفاء الشرعية عليه. وفي مرحلة متأخرة تأثر كولينـز بجوفمان ، وكذلك بعمل دوركايم حول الطقوس، حيث اهتم بالطاقة العاطفية كمقوم أساس في نموذجه حول "السلسلة الطقوسية للتفاعل" ويوضح بأن المقوم الأساس والأكثر أهمية في التفاعلات هو "الحد الأدنى من نغمة الإحساس العاطفي الإيجابي تجاه الآخر". وهكذا فإن الفرد الذي قبل في المناقشة، مثلاً، لا يحرز فقط زيادة في مقدار الطاقة العاطفية للإيجابية من تلك الخبرة، لكن كذلك يحرز مصادر عاطفية إضافية (الثقة، والدفء العاطفي، والحماسة) تمكنه من التفاوض بنجاح في التفاعل اللاحق. يوضح كولينـز، أن مثل هذه السلاسل تتسع مدى حياة كل شخص.

آرلي رسل هوشيلد: العمل العاطفي

من بين علماء الاجتماع اللذين قاموا بعمل نظري جاد حول العواطف، العلم البارز آرلي رسل هوشيلد. لقد اعتبرت في الحقيقة مؤسس حقل فرعي في علم الاجتماع ، وهو علم اجتماع العواطف. ولدت هوشيلد في عام 1940، وحصلت على درجة البكالوريوس من سوارثمور Swarthmore ، وحصلت على درجة الماجستير والدكتوراه من كاليفورنيا في بيركلي. بعد سنتين من وجودها في جامعة كاليفورنيا في سانتا كروز بدأت التدريس في جامعة بيركلي حيث هي الآن استاذ علم الاجتماع، ويعد كتابها "القلب المروض: الاتجار بالمشاعر الإنسانية" The Managed Heart: Commercialization of Human Feeling عملاً طليعياً.

وكما توضح هوشيلد في سيرة ذاتية حديثة أن "فكرة تناول عالم العواطف والمشاعر سار بجدية مع استمرار تناول خبرات المرأة والتصورات العامة لتلك الخبرة".

وعلى الرغم أنه لا ميد ولا بلومر طور نظرية في العواطف، إلا أن هذه النظرية الاجتماعية الجديدة، في جزء منها، تمثل امتداداً للمنظور التفاعلي الرمزي. انطلقت هوشيلد من عدد من المنظرين بما في ذلك ديوي، وجوفمان، وفرويد. وتشير هوشيلد إلى أن كلاً من جوفمان وفرويد قدما وجهة نظر محدودة للعواطف. بالنسبة لجوفمان فقد تخصص في دراسة الارتباك والخجل، بينما تخصص فرويد في تحليل القلق. وبالمقابل فإن نظرية هوشيلد تشمل المدى الكلي للعواطف، فهي تتضمن الحزن، والكآبة، والإحباط، والغضب، والخوف، والخزي والعار، والذنب، والألم، والحسد، والغيرة والحب، والشفقة، والارتباك، والخجل، والقلق.

وتركز هوشيلد بشكل محدد على العمل العاطفي الذي تعرفه على النحو التالي:

"استخدم مصطلح العمل العاطفي ليعني إدارة المشاعر من أجل خلق

عرض للجسد والوجه بحيث يكون ملاحظاً وبادياً للعيان. إن العمل العاطفي يباع بثمن ولهذا فإن له قيمة تبادلية، إنني استخدم المصطلح المرادف العمل العاطفي أو الإدارة العاطفية للإشارة إلى تلك التصرفات المتشابهة في سياق خاص حيث يتم استخدام القيمة".

تشترك المهمام التي تستدعي العمل العاطفي بثلاث خصائص: 1) ينبغي على العامل أن يجري اتصالاً وجهاً لوجه أو صوتاً لصوت مع الجمهور 2) يطلب من العامل أن ينتج صيغة عاطفية في الشخص الآخر مثال، الامتنان أو الخوف 3) يسمح لصاحب العمل أن يمارس درجة من السيطرة على النشاطات العاطفية للعمال.

لقد بحثت هوشيلد العمل العاطفي المطلوب في مهنتين هما: مضيفو الطيران (غالباً نساء) ومحصلو الفواتير (غالباً رجال)، وجدت أنه يطلب من مضيفات الطيران أن يكن "متعاطفات، وواثقات، ولديهن إرادة جيدة" بينما يطلب من محصلي الفواتير أن يكونوا غير واثقين، وأحياناً أن يكون لديهم إرادة سيئة بشكل تام.

النص التالي يقدم إيضاحاً من مقابلة مع مضيفة طيران:

"حتى مع أنني شخص صادق جداً، إلا أنني تعلمت أن لا أسمح لوجهي أن يعكس صورة خوفي أو ذعري، أشعر بأنني وقائية جداً للمسافرين، وفوق ذلك، لا أريدهم أن يكونوا خائفين، فإذا سقطت بنا الطائرة، أو هبطنا على الماء، فإن فرصة بقائنا على قيد الحياة ضئيلة، على الرغم من أننا (نحن مضيفات الطيران) نعلم بالضبط ما علينا فعله لكنني أعتقد أنني من المحتمل أن أكون قادرة -وأعتقد أنني استطيع أن أقول هذا للغالبية من زميلاتي مضيفات الطيران- على تخفيف حدة قلقهم بشأن الطائرة. قد يرتعش صوتي قليلاً خلال الإعلانات، لكن بطريقة ما أشعر أننا نجعلهم يفكرون .. بالأفضل".

تعلمت هوشيلد بأن الكفاح من أجل الإبقاء على الاختلاف بين الشعور والتظاهر يقود إلى إجهاد وتوتر الناس في المهن التي تستدعي عملاً عاطفياً، وقد أطلقت على هذا الإجهاد والتوتر "التشتت العاطفي". تصرح هوشيلد "إننا نحاول اختزال هذا التوتر عن طريق تغيير ما نشعر به أو تغيير ما نتظاهر به". ينخرط التشتت العاطفي في إدارة المشاعر التي اكتشفت هوشيلد أنها تعمل على إعادة صياغة نظرية التشتت الإدراكي بحيث توسع حدودها لتشمل التشتت العاطفي كذلك.

الكتابين التاليين لـ هوشيلد هما: "التحول الثاني: الأبوين العاملين والثورة في البيت" و"ربط الوقت: عندما يصبح مكان العمل البيت ويصبح البيت مكان العمل". إنهما امتدادان لجهدهما المبذول من أجل إلقاء الضوء على العواطف من أجل فهم أفضل للتفاعل الاجتماعي في الحياة اليومية. في كتابها التحول الثاني، تحلل كيف يدير الوالدين العاملين عواطفهما عندما يجربان الضغط الناتج عن التشارك في تربية الأبناء وتدبير الشؤون المنزلية في تحولهما الثاني، داخل البيت، وجدت هوشيلد أن معظم النساء يكن ممنونات إذا شاركهن أزواجهن على الأقل بعض الأعمال الأقل قيمة في التحول الثاني.

وفي كتابها "ربط الوقت" ركزت على الوالدين اللذين يميلان إلى إطالة وقت عملهما، لقد اكتشفت أن عدد قليل من العاملين نسبياً يستفيدون من سياسات المودة العائلية مثل الوقت المرن والعمل الجزئي، وهجر الوالدية قادها إلى متابعة هذا الجهد البحثي. وبمقابلة الوالدين وملاحظتهم في البيت وفي مكان العمل، وبمتابعة بعضهم عندما حاولوا التلاعب بوقتهم لمدة يوم كامل، كانت هوشيلد قادرة على كشف مفاجئات حقيقية وتفسيرات غير متوقعة بالنسبة للاتجاه نحو قضاء وقت أكبر في العمل وأقل في البيت.

ما وجدته، مثلاً، تتمثل في أن شبكات العمل المساعدة في العمل حلت محل شبكات الجيرة للأم والتي لم تعد تكرس لها وقتاً. بينما الأمهات من فترة زمنية مبكرة كن

أكثر ميلاً للحديث مع أمهات صديقات من جاراتهن من أجل إطفاء التـوتر العـاطفي والتخطيط لمشكلاتهن داخل البيت. الأمهات العـاملات في دراسـة هوشـيلد غالبـاً اعتـدن عـلى الجلسات التي تحقق لهن شعوراً أفضل في مكان العمل (استراحة القهوة، وقت الغداء، وبعـض الطقوس المرتبطة بالزمن مثل عيد الميلاد، وحفلات ما قبل العطل) مـن أجـل حـل مشـكلاتهن اللاتي يواجهنها في البيت.

وتصف التحول الثالث عندما يحتاج الوالدين إلى ملاحظة، وفهم، والتعامل مع النتائج العاطفية للضغط المتولد عن التحول الثاني، الرجوع إلى وقت العائلة ولد عملاً عاطفيـاً أكـثر في البيت لأنه كان على الوالدين أن يعوضوا الوقت المفقود مع أبنائهم. التعقيـد المضـاف تمثـل في أن المسؤولين الحاليين عن الآباء لم يكونوا ملتزمين لسياسات مودة عائلية، وهذا جعل الأمر أكثر صعوبة على وجه خاص بالنسبة للأمهات اللـواتي كـن يملـن إلى حمـل العبـئ الأسـاسي للتحـول الثالث.

تطور هوشيلد العمل العاطفي للتحول الثالث على النحو التالي:

> "إن الوالـدين مُجـبرين عـلى سـماع احتجاجـات أبنـائهم، وأن يجربـوا اسـتياءهم والمقاومـة والإذعـان السـلبي ومحاولـة إطفـاء إحباطـاتهم، والاستجابة لمطالبهم العنيدة وتساؤلاتهم الرنانة، وبوجه عام مجبرين على السيطرة على الخـراب الـذي سـببته العـوالم المعكوسـة. إن هـذا التحـول الثالث غير المعترف به يضيف فقـط الشـعور بـأن الحيـاة في البيـت تمثـل عملاً صعباً".

هنا، تطبق هوشيلد مفاهيم جوفمان المسرحية، كما جادل رانـدال كولينـز مـؤخراً إن ما تم ممارسته في حياة العائلات هو التوتر بين مثاليات الواجهة الأماميـة الرسـمية مثـل كيـف يتوقع من الوالدين أن يتعاملان مع أبنائهما، وواقع الخلفية مثل "كيف يتصرف الناس

وسط ضغوطات المؤسسات" من وجهة نظر كولينـز. إن هوشيلد تشـير إلى الحافة الحـادة للتغير الاجتماعي "بعيداً عن فهم ما حصل للمركب الكلي للعمل والبيت عندما عبرنـا الخط التاريخي الفاصل بينهما".

وفي كتابها الأكثر حداثة الموسوم "الاتجار بالحياة الحميمية" مطبعة جامعة كالفورنيا، 2003، تنظر هوشيلد إلى الأمهات اللواتي هـاجرن مـن العـالم الثالـث إلى العـالم الأول بحثـاً عـن العمـل. إنمـا لأن أزواجهـن قـد هجرنهن أو هربـاً مـن إسـاءة معـاملتهن في الحيـاة الزوجيـة، وباعتبـارهن يتـولين الإشراف عـلى البيت في غيـاب الـزوج فإن هـؤلاء النسـاء حـولن وقتهن وطاقتهن لرعاية أبنائهن، وكما أشارت إحدى الأمهات: "الشيء الوحيد الذي يمكن أن تقومين به هو أن تمنحي كل ما تمتلكين من حب للطفل الذي تربيه، في غيابي عن أبنائي، أكثر مـا يمكن أن أفعله في موقفي أن أمنح كل حبي لذلك الطفل). وتصف هوشيلد هؤلاء النساء بقولهـا: إنهـن يشاركن في ازدراع القلب العالمي".

بالإضافة إلى الدراسات حول "الجغرافية العاطفية" في مكان العمل، تدعو هوشيلد إلى توسيع الجهود البحثية، وتكتب هوشيلد " أعتقـد أننا نسـتطيع تطبيـق منظـور علـم اجـتماع العواطف على قضايا اليوم المختلفة، وذلك كمحاولة لدفع وإبراز الحقول النظرية الجديدة في علم الاجتماع، ولتوضيح القصة الإنسانية غير الجديرة بالسياسة الاجتماعية.

إن علماء الاجتماع الذين يفضلون البحث الكمي، رغم ذلك، يميلون إلى التقليـل مـن قيمة عمـل هوشـيلد لأن نتائجها لم ترتكـز عـلى مسـح قومي للآبـاء العـاملين. أحـد أصحـاب الانتقادات اقتبس من آخر مسح قومي يكشـف أن الرضا عـن العمـل لم يتنـاقص في الولايات المتحدة. ومع ذلك، فقد سَلَّم بـأن هنـاك قيمـة في منظورها لأن دراسـتها كشـفت أن الرعاية الجيدة ليوم، وسياسات أخرى من أجل دعم الأسرة العاملة لم تعد كافية ويقول: بإظهار كيـف أن تلك المشكلات مستمرة حتى بين أكثر الأجزاء تقدماً في أمريكا المتحدة

ساهمت هوشيلد في فهمنا التحديات الباقية في حل الصراعات بين متطلبات العمل ومتطلبات العائلة.

إسهامات أخرى في علم اجتماع العواطف

تعتبر نانسي ـ تشودورو Nancy Chodorow من المُنَظِّرات النسويات اللواتي قدمن إسهامات هامة لعلم اجتماع العواطف. تتبع تشودورو في كتابها الموسوم "إعادة إنتاج الأمومة"، وتوسع النظرية السيكولوجية التحليلية لدى فرويد، وتوضح، لأن الأطفال الذكور يرون أنفسهم باعتبارهم مختلفين عن الأمهات اللواتي قضين معهم العلاقة العاطفية الأولى. فإنهم يتعلمون كبح وإنكار الصفات الأنثوية من أجل إنجاز هويتهم الشخصية ذات الطابع الذكوري المميز. وهكذا ينمو الذكور بمقدرة علائقية متخلفة، ويميلون إلى رؤية الإناث باعتبارهن من مرتبة أدنى. ومن جهة أخرى، فإن الأطفال الإناث يتطابقن بقوة وباستمرار مع الأم ويكتسبن عواطفهن ويطورن مقدرة علائقية عالية.

وفي دراستها التي اعتمدت على الملاحظة بالمشاركة للأولاد والبنات في محيط المدرسة الثانوية، وجدت رفائيلا بست Raphaela Best العديد من الأمثلة حول كيفية تعلم الأطفال معنى الجندر خلال عملية التفاعل. لاحظت بأن البنات يتظاهرن بأن لهن صدور كبيرة في غرفة الصف ومشغولات بتقديم المساعدة والمهام الروتينية في تدبير المنزل، بينما كان الأولاد متلقين سلبيين لهذه المساعدة. وبالمناسبة، يتحدى الأولاد المدرس (امرأة) ويصرون بشكل متكرر على الذهاب إلى الحمام، أو يزعمون بأنهم قد قدموا الواجب وهم لم يفعلوا ذلك. وفي داخل غرفة الصف وخارجها تعبر البنات بشكل منفتح عن العواطف، والبكاء، والعناق، وإراحة بعضهن بينما يغطي الأولاد العواطف بإحكام ويعبرون عن العاطفة فقط في اللعب القاسي. الأولاد الأكبر سناً انخرطوا غالباً في إيجاد أشباه نوادي يتم النظر إلى الأولاد من خلالها باعتبارهم جبناء، وأطفال بكائين،

وأولاد متعلقين بأمهاتهم، وقد تم إقصاء معاوني المدرس.

قد يتوقع المرء بأن علم اجتماع العواطف سيكون موضوعاً ملائماً للتفاعليين الرمزيين اللذين يتناولون تفاعل الذات والتفسير الذاتي بصورة جدية، أو بالنسبة للمنظرين الصراعيين النقديين اللذين اهتموا بالعلاقة بين الشخصية والبناء الاجتماعي واللذين غالباً ما يسيرون على خطى النظرية الفرويدية بشكل كبير، مع أن المنظرين ضمن هذه التقاليد يميلون إلى توجيه القليل من الاهتمام للعواطف. إن النساء المتخصصات في علم الاجتماع، هن اللواتي توسعن في إدراكهن حول أهمية العواطف في فهم التفاعل الاجتماعي في العقدين الماضيين.

إن تحليل ميسنهلدر Meisenhelder لهابرماس والنسوية يمكن أن يلقي بعض الضوء على المسألة. يوضح بأنه على الرغم من أن هابرماس، كما هو الحال بالنسبة للمنظرين النقديين الآخرين، يؤكد بأن الخاصية الجوهرية للبشر هي إمكانية التفكير، إلا أنه لم يحدث له أن يفكر في اختبار وتفحص الخبرات الإنسانية حول النزعة العاطفية مثل الرعاية والوجدان والتضامن ضمن المجال الخاص للعائلة، ويوضح ميسنهلدر:

"يسلم هابرماس بالقيم الجمالية الأخلاقية في جوهر العقل والفكر الإنساني وليس المشاعر، وفي النهاية لم يحرر نفسه من الثنائيات الافتراضية حول الفكر البطرياركي .. لقد بقي مفهومه للعقل رسمياً واخفق في تمثيل وتصوير خبرة الرجال والنساء الموجودين واقعياً بشكلٍ كافٍ".

وفي دراستها حول عائلات الطبقة العاملة، تقتبس ليليان روبن Lillian Rubin من مقابلاتها التي كشفت عن الإنكار الذكوري للمشاعر ونظرة الزوج إلى عاطفة زوجته، ونص الاقتباس هو كما يلي:

"إنها أحياناً تشبه الطفل، عاطفية جداً، أما أنا فغالباً ما أفكر معها بالعقل، وأحاول تفسير الأشياء لها، وإذا لم يكن الأمر متعلقاً بي، لا شيء من حولها يحدث بشكل عقلاني".

ثم تقدم روبن تحليلها هي كما يلي:

"إن هذه المعادلة التي تتضمن العاطفي مع اللاعقلاني، وهذا العجز عن إدراك منطق العواطف الكامن في جذر الكثير من الأشياء بين الجنسين، يساعد في جعل الزواج تلك العلاقة الأكثر صعوبة بين العلاقات.

إن التدريب الذي تتلقاه عبر حياتها يعدها لتتدبر الجانب الوجداني والتعبيري في الشئون الإنسانية، كما يعده هو ليتدبر الجانب اللاوجداني، والأداتي. لقد تعلم أن الدموع للجبناء، والمشاعر للمرأة. الرجل الحقيقي هو القوي، والنمط الصامت من الفلكلور، والشاب الذي لا يحتاج شيئاً من أحد، والذي يتجاهل المشاعر والألم، وهو الذي يستطيع أن يرفع نفسه وهو يثني مرفقيه على مستوى قضيب أفقي منصوب دون أنين. عبر حياته ذهب الكثير من طاقته في نمذجة نفسه في تلك الصورة، أي إنكار مشاعره، ورفض التسليم بوجودها. بدون تحذير أو إعداد يجد نفسه يواجه امرأة تستجوبه "أخبرني عن مشاعرك"، يجيب بارتباك: "بماذا أخبرك"".

إن عمل هوشيلد وآخرين حول العواطف يتضمن تطبيقات هائلة لما أطلق عليه جوفمان "نظام التفاعل" والذي يتشكل "عندما يكون فردان أو أكثر ضمن الحضور الفيزيقي لبعضها" حيث أن المشاعر التي يمتلكانها إزاء بعضهما سيكون لها نتائج بالنسبة للسلوك الذي ينشأ بوصفه نتيجة.

باتريشا هل كولينز: الفكر النسوي الأسود

حصلت كولينز على درجة البكالوريوس من جامعة برانديس في عام 1969، والماجستير من هارفرد عام 1970، والدكتوراه في علم الاجتماع من برانديس في عام 1984، وهي الآن أستاذ مشارك في قسم الدراسات الإفريقية الأمريكية في جامعة ساينساتي، وكتابها الموسوم "الفكر النسوي الأسود: المعرفة والوعي وسياسات التمكين"، يمثل كما توضح" "مرحلة واحدة في كفاحي المستمر لاستعادة صوتي"، وكتابها الأكثر حداثة يحمل عنوان: "السياسات الجنسية السوداء: الأمريكان الإفريقيين، والجندر، والعرقية الجديدة". وقد قدمت الجمعية الأمريكية لعلم الاجتماع جائزة جيس بيرنارد إلى باتريشا هل كولينز ودورثي سمث في عام 1993 بمناسبة استذكار عملها الجدير بالعلماء والذي وسع آفاق علم الاجتماع ليشمل دور المرأة في المجتمع بكل ما في الكلمة من معنى.

تدفع باتريشا هل كولينز Patricia Hill Collins باتجاه إعادة صياغة مفاهيمية للنظرية الاجتماعية التي يبدأ التحليل فيها من رؤى مميِّزة للجماعات الغريبة، والتي تكون فيها المفاهيم التقليدية للعرق، والطبقة، والنوع الاجتماعي (جندر) تشكلت وتغيرت بتضمين الخبرات الواقعية وتعريفات الجماعات الخاضعة، بينما كانت كولينز تكبر أحيطت بأطفال يشابهوها -بنات وأبناء الشغيلة الكادحين، والعاملين في المنازل، وسكرتيرات، وعمال مصانع- واللذين عملت عائلاتهم على تأكيدها لذاتها، وتقدم مثالاً على هذا التأكيد في مناسبة لأدائها في اللعب بينما كانت في الخامسة من عمرها حيث تقول: "إن كلماتهم وتهنئاتهم ومعانقاتهم جعلتني أشعر بأنني كنت مهمة، وهذا ما كنت أفكر به، وأشعر به، وأنني أنجزت".

وفيما بعد، أصبحت واحدة من بين قلة أو وحدها الإفريقية الأمريكية من نساء الطبقة العاملة في مدارسها، ومجتمعاتها المحلية، وأماكن العمل. إن الهجوم اليومي الذي خبرته

خلق لديها شعوراً بأنها بضآلة منـزلتها في عالم لم تكن فيه فقط مختلفة، لكنها كانـت تعتبر أقل أهمية، وبالنتيجة أصبحت تمارس الصمت وكانت عملياً مجبرة على الصمت.

يمثل كتاب الفكر النسوي الأسود لـِ كولينـز محاولـة للإمسـاك بالارتباطـات المتداخلـة للعرق، والطبقة الاجتماعية والجندر. بالاستناد إلى خبرات المرأة الإفريقيـة الأمريكيـة المسـتقاة من الأدب الذي كتب عن المرأة بكتابتها عـن ذاتهـا. وتؤكـد كولينــز بـأن مصـالح واهتمامـات الذكور البيض تجتاح محتوى الكتابات في الثقافة التقليدية والعلم، ونتيجة لذلك "فـإن خـبرات المرأة السوداء في مجال العمل، والأسرة، والأمومة، والنشاط السياسي والسياسـات الجنسـية تـم تشويهها روتينياً في الخطاب الأكاديمي التقليدي أو تم اسـتبعادها منـه. لـذلك تصرـح: "لـدعم تحليلي أُوثّق القليل من الإحصائيات، وبدلاً من ذلك اعتمـد عـلى أصوات المـرأة السـوداء مـن جميع مسارات الحياة".

وتوضح كولينـز، بأن موضوعها جاء من أجل تطوير إطار معرفي يمكن أن يسـتخدم في تقييم الفكر النسوي الأسود الموجود، ولتوضيح بعض الافتراضـات الأساسـية التـي تعيـق تطـور الفكر النسوي الأسود. إن تعريف المعرفـة يتضـمن دراسـة طبيعـة وأسـاس المعرفـة، خصوصـاً بالإشارة إلى محدداتها ومصداقيتها المتضمنة في الأبعاد الأربعة لمعرفة كولينـز النسـوية المركـزة إفريقياً، وهي: 1) الخـبرة الواقعيـة كمعيـار للمعنـى 2) اسـتخدام الحـوار في تقيـيم الادعـاءات المعرفية 3) أخلاق الرعاية والاهتمام 4) أخلاق المسئولية الشخصية.

تنطلق كولينـز، مثل جوفمان، من مصادر متنوعة، بما في ذلك السير الذاتية، والروايات لإيضاح مفاهيمها، مثلاً، تستخدم الطقوس الدينية للكنيسة السوداء التقليدية لإيضاح الطبيعة التفاعلية للأبعاد الأربعة جميعها، وتوثق انتشار استخدام نموذج خطاب التلاوة والاسـتجابة في تلك الطقوس الدينية كإيضاح لأهمية الحوار، وتصفه هكذا:

"يتألف من تفاعل لفظي وغير لفظي عفوي بين المتحدث والمستمع، والذي تقطع فيه جميع مقولات المتحدث أو التلاوات بتعبيرات أو استجابات من قبل المستمع. إن هذا الخطاب الأسود يجتاح الثقافة الإفريقية الأمريكية. إن المطلب الأساس لهذه الشبكة التفاعلية هو المشاركة الفعالة من قبل جميع الأفراد، ومن أجل اختبار الأفكار والتأكد من مصداقيتها. ينبغي على كل واحد في الجماعة أن يشارك، وإن رفض المشاركة، خاصة إذا كان المرء غير موافق على ما قيل، ترى على أنها مخادعة واحتيال".

توضح كولينز بأن طقوس الكنيسة تلك تمثل "أكثر من حوار بين العقلانية المستخدمة في اختبار نصوص وقصص الكتاب المقدس والعاطفة الملازمة لاستخدام العقل لهذا الغرض". وتوضح بأن العقلاني بالنسبة لمثل هذه الحوارات "يتضمن مهمة اختبار الخبرات الواقعية بالنسبة لحضور أخلاق الرعاية" وتستنتج كولينز بأن العاطفة، والأخلاق، والعقل تستخدم كمكونات ذات ارتباطات متداخلة وأساسية في تقييم الادعاءات المعرفية في تلك الطقوس الدينية.

إن هذا الإيضاح يلقي بعض الضوء على محددات "موقف الكلام المثالي" لدى هابرماس والذي تمت مناقشته في الفصل السابق. إن استجابات المستمع في نمط الحوار الإفريقي – الأمريكي ليست محددة في حقل العقلاني، وبدلاً من ذلك فإن السلسلة الكاملة للعواطف من الحب إلى الحزن إلى الكراهية متضمنة كذلك.

توضح باتريشا هل كولينز بأنها لم تؤسس تحليلها على تقليد نظري واحد. ورغم ذلك، يستطيع المرء أن يستنبط بسهولة المقدمات المنطقية الكلاسيكية الثلاث لدى بلومر حينما تدوِّن تصرف المرأة الإفريقية الأمريكية على أساس المعاني، واكتشاف المعنى في

التفاعلات مع الآخرين، وانخراطهم في عملية تفسيرية في مواجهاتهم اليومية.

إن المفهوم الأساس في عمل باتريشا هل كولينز والذي يعد مركزياً بالنسبة للمنظور التفاعلي الرمزي هو تعريف الذات للمرأة الإفريقية - الأمريكية، تتضمن عناصر تعريف الذات هذا، الثقة بالذات، وتقدير الذات، والاستقلال، تربط كولينز انبثاق تعريف الذات هذا برفضهن ضبط وتوجيه صور المرأة الإفريقية الأمريكية التي تأصلت خلال حقبة العبودية: أمهات مربيات لأطفال البيض، ونساء يرأسن أسرهن، وأمهات الرفاه والخدمة الاجتماعية، والمرأة ذات السمعة المشوهة جنسياً.

وتبين كولينز بأن الصور المنضبطة والموجهة للأنوثة السوداء "صممت لإظهار أن العرقية والجنسية، والفقر، جميعها طبيعية، وعادية، وجزء لا يمكن تجنبه من الحياة اليومية ..

إن مثل هذه الصور .. لا تبقي المرأة السوداء خاضعة ومظلومة فقط، لكنها أساسية في الحفاظ على الأنساق المتشابكة للظلم العرقي، والطبقي، والنوع الاجتماعي.

تناقش كولينز ثلاثة عوامل أدت إلى رفض تلك الصور الموجهة: علاقة النساء السود مع بعضهن البعض، وتقليد القميص الفضفاض الذي ترتديه المراة السوداء، والتأثير المنبثق لمن يكتبون عن المرأة السوداء واللذين قدموا تعريفات بديلة. تقدم كولينز مثالاً لرفض دور المربية الزنجية للأطفال البيض من بحث بوني ثورنتون دل Bonnie Thornton Dill حول أنماط تربية الأطفال بين ربات المنازل السوداوات. إن المشاركات في دراسة دل شجعن أطفالهن على تجنب العمل المنزلي، ولم يشجعنهم على الاعتقاد بأنهم مختلفين عن البيض.

يتضمن عمل كولينز، مثل زمل، عناصر من التفاعلية الرمزية وكذلك من نظرية الصراع. مثلاً، تعتبر مفاهيم السيطرة والخضوع مركزية بالنسبة لتحليل كولينز لظلم المرأة الإفريقية الأمريكية. وتصرح كولينز: "لقد حاولت فهم الفكر النسوي المركز

إفريقياً كما هو قائم في سياق السيطرة، وليس كنسق من الأفكار المكتشفة في الواقع السياسي والاقتصادي .. لقد اختبرت وجهة نظر المرأة الإفريقية الأمريكية الخاضعة كما هي قائمة من أجل فهم الفكر النسوي الأسود كمنظور جزئي للسيطرة".

تُصرح كولينز بأن "المرأة الإفريقية الأمريكية رفضت بصورة علنية نظريات القوة التي ترتكز على السيطرة من أجل الإمساك برؤية بديلة للقوة ترتكز على رؤية إنسانية لعقلانية الذات، وتعريف الذات، وتحديد الذات. وتشير إلى الولادة الحديثة للفكر النسوي الأسود ضمن مؤسسات من قبيل المدارس، والكنائس ووسائل الإعلام، وتدفق الفكر النسوي الأسود في التاريخ والأدب الذي يتحدى مباشرة الفكر الذكوري المركز أوروبياً والذي ينتشر ـ في تلك المؤسسات.

يشير عمل كولينز إلى زاوية مميزة للرؤية قدمت من قبل أولئك اللذين منعوا من أن يصبحوا مطلعين تامين في الاتجاه السائد للخطاب الأكاديمي، أي الغرباء فيه مثل المفكرين المهتمين بالمرأة السوداء واللذين أبدوا ارتيابهم في حقيقة إما/ أو التفكير المنقسم. ورغم ذلك، فإنها تسلم بأنه لم يعد هناك تماثل في الخبرة بين النساء الإفريقيات الأمريكيات، والتحديات التي تواجه علماء النسوية السوداء لإعادة تمفصل تلك الأنماط المنبثقة والجديدة من الظلم المؤسسي والتي تتباين في تأثيرها على المرأة السوداء في الطبقة الوسطى، والطبقة العاملة.

الناس من لون آخر، اليهود، والكاثوليك، والفقراء، والمرأة البيضاء، واللواطيون، والسحاقيات يمكن أن يقدموا زاوية مميزة أخرى للرؤية. وتجادل كولينز "إن وضع المرأة الإفريقية الأمريكية وجماعات مستبعدة أخرى في مركز التحليل يفتح الإمكانيات لوقفة مفاهيمية تكون فيها كل الجماعات تمتلك كميات متنوعة من العقوبة والامتياز في نسق واحد موجود تاريخياً.

في كتبها الحديثة، مثل: "الكلمات المقاتلة: المرأة السوداء والبحث عن الحرية" جامعة مينيسوتا، 1998، و"السياسات الجنسية السوداء: الأمريكان الإفريقيين، والجندر والعرقية الجندرية" (Routledge: 2004) تستمر باتريشا هل كولينز بعدم الاتفاق مع منظرين من مثل نيكلاس لومان الذي يتبنى الوظيفة الجديدة. والذي يجادل بأنه على النظرية الاجتماعية أن تهتم باختزال التعقيد المتطرف للعالم. إنها تشير إلى الاتجاهات الجديدة في العلوم السيكولوجية التي تعلن الالتزام المتزايد لمفهوم التعقيد الذي يمكن أن يقدم فائدة كبيرة للعلوم الاجتماعية. وبالمقارنة مع لومان، تُجادل كولينز أنه من أجل تفسير الاضطراب والفوضى الواضحة، يجب على العلماء الاجتماعيين أن يطوروا أدوات مفاهيمية ومنهجية جديدة لفهم التعقيدات بدلاً من محاولة اختزالها. وعلى سبيل المثال توثق المساحة الجديدة لدراسات العرق، والطبقة، والجندر، ونموذجها المنبثق من نقاط تقاطعها، وتوضح كولينز:

"إن اختبار كيف يبنى المعنى العرقي بمصطلحات جندرية وكيف يشكل الجندر التشكيلات الطبقية يسمح بانبثاق شبكة معقدة من أشكال الفهم والعلاقات الاجتماعية. وعلاوة على ذلك، إن هذا النموذج المنبثق من نقاط التقاطع يتحرك ما وراء العرق، والطبقة، والجندر ليشمل فئات إضافية مثل الأمة والجنسية والإثنية والعمر والدين".

خاتمة

لقد ناقشنا في هذا الفصل المقدمات المنطقية للمنظور التفاعلي الرمزي وافتراضاته كما قدمها جورج هربرت ميد وسابقوه. وكما طورت من قبل هربرت بلومر وإرفنج جوفمان وكما وسعت حديثاً من قبل آرلي رسل هوشيلد، وباتريشا هل كولينز.

إن رؤية المنظور الرمزي للذات، وبشكل خاص تشديد ميد على الأنا الفاعلة (I)،

ومناقشات تفاعل الذات، وتقمص دور الآخر، والتفسير، والإيماءات، والمعنى الرمزي، أدى إلى التأكيد على دراسة عمليات التفاعل بين الأفراد، وعلى منهجية تعتبر بشكل أساسي استقرائية، وكيفية، وموجهة نحو التحليل السوسيولوجي قصير المدى. وبتناول اهتمامات التفاعليين الرمزيين، وأنماط التساؤلات التي تنشأ من تلك الاهتمامات. نستطيع أن نرى بأن هذا المنظور يعد بشكل أساسي منظوراً اجتماعياً- نفسياً، يركز على التفاعل بين ذرات المجتمع لدى زمل. ويمكن وصف النتيجة بأنها "صورة متحركة" أكثر من كونها "ثابتة" للسلوك الإنساني، وتؤخذ من مكان قريب أكثر من أخذها من مسافة بعيدة أو نظرة متعالية على الواقع.

ورغم أن التفاعلية الرمزية لم تعتبر بعد اتجاهاً أساسياً في علم الاجتماع إلا أنها أصبحت أقل هامشية في العقدين الأخيرين، والعديد من مفاهيمها الجوهرية قد تم قبولها. بالإضافة إلى ذلك، فإن بعض التفاعليين قد طوروا مفاهيم ترتبط بالمتطلبات بعيدة المدى والمتطلبات البنائية في علم الاجتماع، وقد تم حديثاً توضيح أن القليل من علماء الاجتماع المهتمين بالمستوى قصير المدى يترفعون عن الاهتمام بالمسائل المتعلقة بالمؤسسات الكبرى. لقد شهدت التفاعلية الرمزية حديثاً ولادة جديدة، مع تأسيس "جمعية دراسات التفاعلية الرمزية"، وإصدار مجلة "التفاعل الرمزي"، بالإضافة إلى ذلك، فإن المجلات السوسيولوجية الأساسية تتضمن علماء تفاعليين رمزيين في لجان التحرير، ونتيجة لذلك، فإن تلك المجلات تصدر الكثير من المقالات البحثية التي تشكلت بواسطة هذا التقليد. إن هذا المنظور الذي يعطي قيمة أساسية للمعنى الذاتي والعملية، مقابل مفهوم البناء، يرتبط بمنهجية تبذل جهداً عظيماً للإمساك بـ "عالم الآخر" كما يُرى من قبل ذلك الآخر، وتطرح تساؤلات سوسيولوجية هامة لا يمكن الإجابة عليها عن طريق الاتجاه السائد في علم الاجتماع. يمكن النظر إلى التفاعلية الرمزية باعتبارها منظوراً بديلاً يقدم أدوات نظرية مفقودة في المنظورات الأخرى، ولهذا فإن التفاعلية الرمزية تستحق التقدير والاهتمام الخاص باعتبارها مدخلاً للفهم يقدم مساهمات هامة ومتميزة لعلم الاجتماع.

الفصل السادس

الظاهراتية

تطبيقات منهجية

خاتمة

مقدمة

بالمقارنة مع المنظورات السوسيولوجية الأخرى التي نناقشها في هذا الكتاب، تعتبر الظاهراتية Phenomenology واحدة من أكثرها حداثة. إن مصطلح علم الاجتماع الظاهراتي، تماماً مثل نظرية الصراع، يشتمل على عدة أنماط من التحليل السوسيولوجي. ومع ذلك، سوف نقيد أنفسنا بمناقشة ثلاثة من أكثرها أهمية: الإثنوميثودولوجي Ethnomethodology عند هارولد جارفنكل Harold Garfinkel وتشكيل الواقع الاجتماعي عند بيتر بيرغر Peter Berger، ونظرية الاستشراف النسوية عند دورثي سميث Dorthy E. Smith. إن كلمة ظاهرة Phenomenon مشتقة من المعنى الإغريقي "ظهور". وتعرف موسوعة علم الاجتماع الظاهراتية بأنها "منهج فلسفي يبدأ من الفرد وخبرة وعيه وتحاول تجنب الافتراضات السابقة، والتحيزات، والعقائد الفلسفية الدوغماتية. وهكذا فإن الظاهراتية تختبر الظواهر كما تدرك في فوريتها من قبل الفاعل الاجتماعي". افترض أن أحداً ما سألك باستخفاف، وأنت تقرأ هذا الكتاب، كيف يبدو لك الكتاب الذي تقرؤه؟ من المحتمل أنك ستصف هذا السؤال بأنه تافه وسخيف، لأن الكل يعلم كيف الكتاب. نحن نصل إلى فكرة الكتاب ومفهومنا عنه عبر عملية التنشئة الاجتماعية، أي العملية التي نتعلم بواسطتها كيف نتصور العالم ونفسره، أو كما يوضح الظاهراتيون: "كيف نكون في العالم"، إذا كان الشخص الذي سألك ذلك السؤال التافه قد جاء من الفضاء الخارجي، فقط في هذه الحالة من المحتمل أنك ستأخذ السؤال على محمل الجد، وتباشر تفسير وتوضيح معنى مصطلح كتاب. لماذا نستجيب بهذه الطريقة؟ إنك تفعل ذلك، لأنك تعلم أن العالم الاجتماعي للزائر مختلف عن عالمك، وأنت تريد أن تساعد مثل هذا الشخص ليتعلم كيف يكون في عالمك.

إن الظاهراتية تطلب منا أن لا نأخذ الأفكار العامة ومفاهيمنا التي تعلمناها على

أنها أمور معطاة أو مسلم بهـا، وبـدلاً مـن ذلـك نتسـاءل حولهـا، أي نتسـاءل حـول الطريقة التي تنظر بها إلى العالم، وطريقة وجودنا فيه. باختصار، إن هذا المنظور يطلب منا أن نتخذ دور الغريب، مثل زائر من بلد أجنبـي، أو مثـل ذلـك الزائـر الـذي يعـيش خـارج الأرض وجوِّها، والذي أشرنا إليه أعلاه. إن علماء الاجتماع الظـاهراتيين يدرسـون كيـف يعـرف النـاس مواقفهم الاجتماعيـة حيـنما يعلقونهـا ويتوقفـون مؤقتـاً عـن إصدار حكـم بشـأنها أو عنـدما يضعون الأفكار الثقافية العامة التي تعلموها بين قوسين(*). يوضح الافتراض الأساسي بأن الواقـع اليومي يمثل نسقاً من الأفكار المتشكلة اجتماعياً والتي تراكمت عبر الوقـت وتؤخـذ عـلى أنهـا واقعاً معطى ومسلماً بها من قبل أعضاء الجماعة. إن هذا المنظور يتخـذ موقفـاً نقـدياً حيـنما يعلق بالنظام الاجتماعي. وبالمقارنة مع الوظيفية، فإنه يتحدى أفكارنا المتعلمة ثقافياً.

مـثلاً ينظـر الظـاهراتيون إلى واقـع طبيعـة المـرأة، وحاجاتهـا، وأدوارهـا، ومكانهـا في المجتمع كنسق من الأفكار التي بنيت في تفاعلات سابقة، وتستمر بواسطة التفاعل المستمر في الحاضر. وقد يسأل الفينومينولوجيون "هل هو طبيعي أن المرأة، بالإضافة إلى حملهـا الأطفـال أن تطّلع بمسئولية التغذية والتربية بمفردها كذلك؟". وهل لدى النساء حاجة فطرية ليتجـذرن في المجال الخاص للبيت، بينما تتجه حاجات الرجال في المجال العـام نحـو العمـل المـأجور؟ إن النسويين المعاصرين لا يَتَحدون فقط تلك الأفكار المعطاة والمسلّم بهـا، بـل أقحمـوا تعريفـات بديلة للهوية الأنثوية واقترحوا واقعاً آخر للمرأة.

إن الناس اللذين يتسائلون عن الطريقة التي ينظم بها عالمهم أو اللـذين هـم أعضـاء في جماعة خاضعة، مثل الأقليات العرقية، والإثنية، والدينية، والفقراء، والمرأة، واللواطيون

(*) المقصود أن تشكك الفرد بكل ما كان يعتبر سابقاً حقيقة، حيث يقوم بوضع العالم الذي يعيش فيه بين قوسين - استعارة من الرياضيات (±) - ويؤجل أو يعلق مؤقتاً صحة الدعوى، مما يعطي العالم قيمة جديدة مختلفة (المترجم).

والسحاقيات، سوف يكتسبون العديد من الرؤى لموقفهم إذا وضعوا على أعينهم عدسات هذا المنظور.

الجذور الفكرية: تأثير إدموند هوسرل وآلفرد شوتز

ترتبط جذور علم الاجتماع الظاهراتي أساساً بالفلسفة الظاهراتية، وبشكل خاص بعمل الفيلسوف الألماني إدموند هوسرل Edmund Husserl (1859- 1938) الذي كان أول من استخدم مصطلح الظاهراتية. عرّف هوسرل الظاهراتية بأنها الاهتمام بتلك الأشياء التي يمكن أن تدرك مباشرة بواسطة حواس المرء. هذه هي النقطة الأساسية حول الظاهراتية؛ إنها تنكر بأننا نستطيع أن نعرف عن الأشياء أكثر مما نشهده بالخبرة المباشرة عبر حواسنا. إن جميع معرفتنا تأتي مباشرة من تلك الظواهر الحسية وأي شيء آخر هو عبارة عن تأمل، ويجادل هوسرل أنه علينا تجنب حتى محاولة التأمل.

ونتيجة ذلك، أوضح علماء الاجتماع الظاهراتيين أن مهمة علم الاجتماع هي أن نصف بدقة كيف نرى العالم، على الرغم من أنهم يؤكدون على أن تصوراتنا قد تقولبت جوهرياً بواسطة مفاهيمنا. وكذلك فإنهم يختبرون الطرق التي نمتلك من خلالها تصورات مشابهة لتصورات الآخرين، أي الطريقة التي نخبر من خلالها جميع الظواهر وبأننا نبني عالماً يومياً متشابهاً أو مشتركاً. إن التأثير الأكبر والأهم على المدخل الظاهراتي جاء بشكل مباشر، أكثر من عمل هوسرل، عن طريق التطورات التي أحدثها آلفرد شوتز Alfred Schutz في جدالاته. لقد كان شوتز فيلسوفاً اجتماعياً، وقد غادر ألمانيا في عام 1939 هرباً من النازية، وعمل في بنك نيويورك في الفترة الصباحية ليعيل نفسه، وبدأ بالتعلم المسائي في الفلسفة الاجتماعية في New School For Social Research في عام 1943. وأصبح أستاذاً في علم الاجتماع والفلسفة في عام 1952. ودرّس في New School حتى وفاته في عام 1959، وقد أدخل شوتز الظاهراتية إلى علم الاجتماع الأمريكي.

ما الذي عجّل في انبثاق الظاهراتية؟ لقد كتب إدموند هوسرل، كما شاهدنا، في ظل النازية في ألمانيا، كما جاء آلفرد شوتز إلى الولايات المتحدة هرباً من النظام النازي. وفيما بعد بدأ المنظرون السوسيولوجيون المعاصرون، مثل هارولد جارفنكل، وبيتر بيرغر، ودورثي سميث في كتابة أعمالهم الرئيسة خلال فترة الاضطراب الاجتماعي في الستينيات، في يقظة حركة الحقوق المدنية الأمريكية، وحركة مناهضة الحرب، والحركة النسوية المعاصرة. ليس من المدهش أن قدراً كبيراً من التساؤل حول الطريقة التي ننظر بها إلى العالم يتزامن مع تلك الأحداث. إن وضع الأقواس أو تعليق الافتراضات المعطاة من قبل الجماعات المظلومة يجعل من مثل تلك المواقف مفهومة، والوقت كان ملائماً لانبثاق منظور جديد بأدوات مفاهيمية لتحليل تلك المواقف.

وفي محاولته لتكييف فلسفة هوسرل لعلم الاجتماع، استدمج شوتز مفهوم المعنى الذاتي عند ماكس فيبر، وبالنسبة لشوتز فإن المعنى الذي يضفيه الفرد على الموقف في الحياة اليومية ينطوي على أهمية بالغة، إنه يسلط الضوء على تعريف الفرد الذاتي للموقف.

بالنسبة لشوتز، يتضمن تعريف الموقف الافتراض بأن الأفراد ينجذبون إلى "مخزون معرفي" عام. أي الوصفات أو التصورات حول السلوك الملائم الذي يمكنهم من التفكير بالعالم على أنه مؤلف من مجموعة "أنماط" من الأشياء مثل، الكتب، والسيارات، والمنازل، والملابس إلخ. إن فكرة شوتز حول المخزون المعرفي تشبه فكرة ميد حول، الآخر "العام". وهكذا فإن شوتز يرى أن الأفراد يبنون عالمهم باستخدام التنميطات أو الأنماط المثالية والتي تستند بالنسبة لهم على جماعتهم.

يوضح شوتز عملية التنميط في مناقشته للافتراضات المتضمنة في إرسال رسالة عبر البريد. فيشير إلى أنه في عملية إرسال الرسالة بواسطة البريد يسلم المرء بأنه سيكون هناك أنماطاً من الأشخاص متضمنين في عملية إرسال الرسالة. مثل حاملي البريد وفارزي

ومسّلمي الرسائل. إن الناس اللذين يرسلون الرسائل بواسطة البريد، يجدون أنفسهم، بواسطة عملية تنميط ذاتية، متعاونين مع عمال البريد، حتى مع أنهم لا يعرفونهم بشكل شخصي. وباستخدام هذه الوصفات أو الطرق الإجرائية يستطيع الناس رؤية العمل في عالمهم اليومي باعتباره منظماً، وبشكل خاص عندما تكون العملية ناجحة، على سبيل المثال، عندما تصل الرسالة إلى المكان المرغوب.

إن أنتوني جدنز الذي استعار نظرياته من عدة منظورات، بعيدة المدى وقصيرة المدى، تأثر بـ شوتز. وفي تحليله للفعل اليومي يلفت الانتباه إلى تعبير شوتز "الحجم الضخم من مختزنات المعرفة" أو ما أفضل أن أطلق عليه "المعرفة المتبادلة" المندمجة بالمواجهات. إن هذه المعرفة تقع أساساً خارج ما يطلق عليه جدنز "الوعي الاستطرادي" -المتنقل من موضوع إلى آخر- والذي يعني به أن الناس غير واعين به ذاتياً بشكل اعتيادي، أو غير مدركين معرفتهم به. حقاً، إن المعرفة التي يدركونها ذاتياً والتي يستطيعون إبداء رأيهم حولها تمثل جزءاً صغيراً فقط من تلك المعرفة التي يعملون بها، وكمية كبيرة من معرفة متبادلة أخرى تستخدم بشكل أوتوماتيكي تماماً.

يعطي جدنز مثالاً ممتازاً لما يعنيه عن طريق الوثيقة التالية من غرفة المحكمة:

المدعي العام: فضيلتكم نحن نطلب عقوبة فورية وإلغاء تقرير تعليق العقوبة الصادرة.

القاضي: ما هو سجله؟

المدعي العام: سبق أن شرب الكحول (كان مخموراً) وسرق سيارة كبيرة، ليس ثمة شيء خطير، إنها حالة سرقة معروضات. إنه لم يدخل السوق بقصد السرقة، لكن لدينا هنا بالفعل سرقة تافهة.

القاضي: ماذا لدى الناس؟

المحامي: لا شيء فوق هذا؟

القاضي: أية اعتراضات على العقوبة الفورية؟

المحامي: لا.

القاضي: كم أمضى في السجن؟

المدعي العام: ثلاثة وثمانون يوماً.

القاضي: قررت الحكم على هذه الجنحة بموجب البند 17، والذي يقضي بحكمك تسعين يوماً في سجن كاونتي مع احتساب المدة التي قضيتها في السجن.

كما يوضح جدنز، فإن كل متحدث هنا، يفترض أن المشاركين الآخرين يعلمون الكثير عن النظام القانوني، وعن الجزئية القانونية التي ترتبط بالحادثة، وكذلك عن "السكر" والأسواق (أنت كقارئ من القرن العشرين، تستطيع أن تفهم المقطع بدون أدنى صعوبة، لكن تخيل ردة فعل القراصنة الإسكندنافيين من القرن التاسع عشر- لهذا المقطع). إن ما يؤكد عليه جدنز كذلك أنه "باستثارة النظام المؤسسي بهذه الطريقة -وليس هناك طريقة أخرى لدى المشاركين في التفاعل ليجعلوا ما يفعلونه مفهوماً واضحاً ويرتبط أحدهم بالآخر منطقياً -فإنهم يساهمون في إعادة إنتاجه". إن مثل هذه التبادلات تمثل ظروف مسبقة ضرورية لاستمرارية وجود النظام القانوني.

وللأسباب ذاتها، يضع جدنز تأكيداً كبيراً على فكرة الروتنة Routinization، ويوضح، متبعاً شوتز مرة أخرى، كيف نستخدم "خططاً منمطة" في مسار حياتنا الاجتماعية، لنصل من خلال الروتين، إلى المواقف المتجددة. إن الناس يعرفون قواعد عامة للقيام بأنماط معينة من النشاط الاجتماعي، ووقائع موقف معين يمكن أن تشتق طريقها إلى تلك القواعد. وعلاوة على ذلك، "فإن تلك الأنماط من القواعد ، والتي هي بالغة الأهمية بالنسبة للنظرية السوسيولوجية، قد أغلقت على إعادة إنتاج الممارسات المأسسة". أي لماذا تعتبر حياة اليوم ليوم، جزءاً متمماً لتحليل يدور حول كيفية صيانة الممارسات المؤسسية -

موضوعات بعيدة المدى- أو إعادة إنتاجها والإبقاء عليها.

يشدد جدنز كذلك على أن الطريقة التي تعتبر فيها الروتنة حاسمة بالنسبة للفرد تقع خلف أسباب المواءمة العقلانية. يوضح جدنز بان الروتين "مرتبط سيكولوجياً بتقليل المصادر غير المدركة للقلق، إنه الشكل المهيمن مسبقاً من النشاط الاجتماعي الذي يجري من يوم ليوم .. وفي سن قوانين الروتين يبقى الفاعلون على الإحساس بالأمن الوجودي. بمعنى آخر، إنهم يحافظون على الإحساس بأن عالمهم بالفعل هو "حقيقي". إن الروتين مهم لضمان استمرارية المؤسسات، ولهذا فإننا نمتلك "التزام دافعي معمم" للإبقاء على الروتين ولباقة التعاملات الاجتماعية المعتادة".

يبين جدنز أهمية الروتين بالنسبة لنا، والثقة التي يولدها، عن طريق وصفه للتأثيرات المترتبة على غيابه. بوجه خاص، إن جدنز ينجذب إلى الفهم المشهور عن برونو بتلهايم Bruno Bettelheim حول خبرته كسجين في معسكرين من معسكرات الاعتقال النازية، وهما داشان وبشنوالد. لقد مثلت المعسكرات مكاناً كانت تحطم فيه أشكال الروتين المعتادة للحياة بصورة مقصودة ونظامية ومتأنية. لقد كان العنف ضد الفرد يمثل التهديد الحاضر بصورة مطلقة، وربما ينزل عليه دون تخدير. لقد كانت جميع نشاطات المرحاض تمارس علانية، تحت رقابة الحراس، كطريقة متعمدة لإنكار الثقة بالناس وخصوصيتهم. لقد كان المساجين -الذين انتزعوا من عائلاتهم وبيئاتهم المألوفة بشكل متكرر دون تحذير – في كثير من الحالات يعذبون وتوكل لهم مهمات خالية من الإحساس، دون أية مقدرة على التخطيط للمستقبل، وفي تلك الظروف، يسجل بتلهايم "لقد شاهدت تغيرات سريعة تأخذ مجراها، ليس فقط في السلوك ولكن في الشخصية كذلك". إن أولئك الذين تدبروا أمر الإبقاء على بعض التحكم البسيط في معيشتهم اليومية تمكنوا من البقاء أحياء ولو مع الانحدار إلى ما يشبه اتجاهات الأطفال وتمايلات مزاجية متقلبة وواضحة، لكن مع الوقت،

أعيد بناء شخصيات المساجين لتتطابق فعلياً مع مضطهديهم، أي حراس المعسكر.

يرى جدنز أن معسكرات الاعتقال تمثل مثالاً متطرفاً للمواقف الحاسمة التي يُمزَّق فيها الروتين العادي جذرياً. إن دراسة المواقف الحاسمة وتأثيراتها يقودنا إلى فهم أعمق لدور الروتين، إننا نستطيع أن نرى بأن التنشئة الاجتماعية ليست شيئاً ما يحدث لمرة واحدة، أو يحدث للجميع خلال فترة الطفولة. وبدلاً من ذلك، يتضح أنه عن طريق خلق وإعادة خلق المألوف والمعتاد، ومن خلال العلاقات الاجتماعية، تستمر شخصياتنا المكتسبة وتختزل القلق. "إن استمرارية إعادة الإنتاج الاجتماعي تتضمن إعادة إنتاج الروتين المستمر للاتجاهات المؤسسة ووجهات النظر الإدراكية".

بالإضافة إلى ذلك، يعتقد شوتز بأن المعنى الذي يضفيه المرء على الموقف التفاعلي قد يكون مشتركاً مع الشخص الذي يتفاعل معه، ويطلق على هذا الأمر "تبادل المنظورات". مثلاً، لأن الموسيقيين في الأوركسترا يشاركون بعضهم في معاني الموقف مع قائد الفرقة، فإنهم يتمكنون من تبادل المواقع مع القائد، ويعيشون الموقف بالطريقة التي كان يقوم بها قائد الفرقة. ومن ثم، كما هو في خطة شوتز، فإن المعاني المشتركة قد تكون مفترضة ومعاشة في الموقف التفاعلي.

يقول شوتز أنه في تلك المواقف، يتصرف الناس على أساس افتراضات معطاة ومسلم بها حول الواقع، إنهم يعلقون الشكوك بأن الأشياء يمكن أن تكون مختلفة، ويتواصل التفاعل على افتراض تبادل المنظورات. وهنا نستطيع أن تستنبط بعض التشابه مع مفهوم ميد "تقمص دور الآخر" والذي استدمجه شوتز كذلك في إطاره النظري. وهكذا، فإن تفكير شوتز تأثر إلى حد كبير بعمل هوسرل، لكنه كان مسئولاً عن إدخال بعض مفاهيم فيبر وميد إلى علم الاجتماع الظاهراتي.

سوف نقدم في هذا الفصل ثلاثة أنماط من علم الاجتماع الظاهراتي. الأول:

الإثنوميثودولوجي عند هارولد جارفنكل، والثاني: نظرية التشكيل الاجتماعي للواقع عند بيتر بيرغر، والثالث: نظرية الاستشراف النسوية عند دورثي سميث.

الجزء الأول: هارولد جارفنكل

مؤسس الإثنوميثودولوجي

يُعْرَف هارولد جارفنكل بأنه مؤسس الإثنوميثودولوجي وعلَمُها البارز منذ أن نشرـ

كتابه الموسوم "دراسات في الإثنوميثودولوجي" في عام 1967. وبعد ذلك، وجدنا تكاثراً في عدد

علماء الاجتماع اللذين يعتبرون أنفسهم اثنوميثودولوجيين. وعلى الرغم من عدم إمكانية

اعتبار الإثنوميثودولوجي بأية طريقة منظوراً سائداً، إلا أنها أثرت بما فيه الكفاية لتكون

موضوع هجوم في الخطاب الرئاسي للاتحاد الأمريكي لعلم الاجتماع، وهو سبب آخر يوجب

علينا أن نفهم المنظور (الإثنوميثودولوجي) بشكل أفضل.

خلفية

ولد جارفنكل في عام 1917، وحصل على درجة الدكتوراه من جامعة هارفارد في عام

1952، وبالإضافة إلى سنتين من التدريس في جامعة أوهايو الحكومية، وفترة قصيرة من العمل في

مشروع بحثي في جامعة شيكاغو (مشروع مداولة المحلفين والذي سنأتي على ذكره لاحقاً)، فقد

قضى جارفنكل مساره العملي كاملاً في جامعة كاليفورنيا في لوس أنجلوس، حيث يحمل حالياً

لقب أستاذ فخري. وبسبب رئاسة جارفنكل لها أصبحت جامعة كاليفورنيا في لوس أنجلوس

مركز تدريب للإثنوميثودولوجيين، كما أن جامعة كاليفورنيا في سانت باربرا، وجامعة كاليفورنيا

في سانت ديغو اعتبرت كلاً منهما فروعاً لها بسبب وجود اثنوميثودولوجيين مثل آرون

سيكوريل Aaron Cicourel أحد أهم تلاميذ جارفنكل الذي كان في جامعة كاليفورنيا في سانت

باربرا من عام 1966 إلى عام 1971، كما كان في جامعة كاليفورنيا في سانت ديغو منذ عام 1971.

قضى جارفنكل الفترة بين 1975- 1976 في مركز الدراسات المتقدمة في العلوم السلوكية بالقرب

من جامعة

ستانفورد، حيث صنف كتاباً يتضمن تمارين في استخدام الدراسات الإثنوميثودولوجية والذي نشر في عام 1967 عندما ظهر كتابه الموسوم "دراسات في الإثنوميثودولوجي".

يذكر جارفنكل أسماء أربعة اشخاص زودته كتاباتهم بتوجيهات لا تنفذ نحو عالم النشاطات اليومية، وهم: تالكوت بارسونز والذي درَس على يديه في جامعة هارفارد، وآلفرد شوتز الذي زاره ودرس على يده في New School For Social Research والفيلسوفان الظاهراتيان آرون جورفيتش Aron Gurwitsch وإدموند هوسرل. إن كتابه الموسوم "دراسات في الإثنوميثودولوجي" مليء بالإشارات إلى آلفرد شوتز، ويقول جارفنكل إن عمله مثقل بالدين له. إن عمل جارفنكل الأكثر حداثة الموسوم: "برنامج الإثنوميثولوجي: العمل خارج المأثور عن دوركايم" وهو تتمة لكتابه "دراسات في الإثبوميثولوجي". ويشمل عمل جارفنكل لأكثر من ثلاثة عقود من أجل تحقيق تطوير إضافي لدراسة الإثنوميثولوجي.

أراد جارفنكل أن يبني منظوراً يحل في جانب منه مكان نظرية الفعل، والفاعل ذي الدافعية عند بارسونز. لقد أراد أن يعالج المعاملة السطحية والغامضة لمعرفة الفاعل وفهمه ضمن النظرية الطوعية. يشهد جارفنكل نفسه على تأثير تالكوت بارسونز، مصرحاً بأن الإثنوميثودولوجي لها أصولها في كتابه المؤلف من أربعة مجلدات "بناء الفعل الاجتماعي"، وأن الإرهاصات الأولية المبكرة للإثنوميثودولوجي تم تناولها من تلك الكتب. إن تأثير بارسونز يرتبط بنقطة أساسية لكل من الوظيفية والإثنوميثودولوجي وهي أن الثقة الضمنية تقع كأساس للسلوك الإنساني. وكما سنشاهد في الجزء التالي، فإن جارفنكل يريد تحطيم التابو Taboo في التساؤل عن النظام الاجتماعي، ويرفع الغطاء عن الافتراضات المعطاة والمسلم بها، أو يرفعه عن الخرافات التي تعمل في موقف التفاعل.

التعريف بالإثنوميثودولوجي

تعود بدايات الإثنوميثودولوجي إلى تحليل هارولد جارفنكل لأشرطة مداولات هيئة المحلفين، التي أجراها في عام 1945، وذلك عندما كان يصوغ المواد ويصنف بالتفصيل تلك المداولات، حيث حلم بالفكرة التي تمثل أساس مصطلح " الإثنوميثودولوجي". إن ما جذب انتباه جارفنكل حول البيانات هو "كيف عرف المحلفون أنهم كانوا يعملون عند قيامهم بعمل المحلفين". بمعنى آخر، لقد كان مهتماً بأشياء من قبيل استخدام المحلفين لنوع ما من المعرفة تدور حول الطريقة التي أديرت فيها الشئون المنظمة للمجتمع، أي المعرفة التي انجذبوا إليها بسهولة، إنهم يحتاجون إلى بعضهم البعض في ممارسة عمل المحلفين، هذا هو الاهتمام الذي يمثل أساس ممارسة الإثنوميثودولوجي.

لقد تمت صياغة المصطلح نفسه عندما عمل جارفنكل مع مشروع أوراق ييل عبر الثقافية Yale Cross-Cultural Files، حيث جاء جارفنكل إلى جزء يحمل عنوان "إثنوبوتاني" Ethnobotany ، إثنوفسيولوجي Ethnophysiology إثنوفيزكس Ethnophysics ، وما حصل هو أنه في مشروع مداولة المحلفين واجه محلفين كانوا يعملون على إقامة منهجية، وقرر أن اللقب الذي يبدو كافياً لنقاء الفكرة كان "إثنوميثودولوجيا" لأن إثنو Ethno تشير إلى "إتاحة وجود معرفة الحس العام لأعضاء المجتمع باعتبارها معرفة الحس العام لكل شيء". وفي حالة المحلفين لقد كان استخدامهم لمعرفة الحس العام المتوفرة (كمعرفة تقابل المعرفة العلمية) لما كان متوقعاً من المحلفين، وهي النتيجة التي كانوا من خلالها قادرين على أن يكونوا محلفين، وهو الأمر الذي اهتم به جارفنكل.

إذا ترجمنا الجزء "إثنو" من المصطلح باعتباره أعضاء (أعضاء الجماعة) أو "الشعب" Folk أو "الناس" People ، فإن الإثنوميثودولوجي يمكن أن تعرف على أنها "طرق الأعضاء أو الناس في إدراك المراد من عالمهم الاجتماعي". إن اهتمام الإثنوميثودولوجي

يتمثل في كيف يدرك الناس المراد من النشاطات اليومية. بشكل واضح، الكثير من النشاط اليومي يتم التسليم به واعتباره معطى بشكل اعتيادي، ولذلك فإن التساؤل حول إدراك المراد منه لا يظهر أيضاً. بالفعل، إذا أخذ الناس الواقع باعتباره معطى، لماذا إذن يحاولون إدراك المراد منه؟ وبالمقابل، فإن مدخل جارفنكل يعامل كل ما تم اعتباره معطى وتم التسليم به على أنه إشكالي Problematic من أجل فهم الحس العام للعالم اليومي.

افترض أنك كنت تجلس في غرفة الصف في منتصف الفصل، وتنتظر بدء الدرس كالمعتاد، دخل الأستاذ الغرفة وبدون كلام، باشر القيام بما يبدو أنه فعل غير مفهوم مثل وضع أوراق الصحيفة على الأرض، ورسم رموز غامضة على اللوح، يرفع ويخفض ستار النافذة بشكل متكرر وبدون ضرورة لفعل ذلك، وما شابه ذلك. كيف تصف أنت والطلاب الآخرين فعل الأستاذ؟ بدون شك، سوف يحاول العديد من الطلاب إدراك المراد من هذا الموقف غير العادي.

بمعنى آخر، سوف يبحث الطلاب عن طرق لوصف هذا السلوك كمثال غير عادي للسلوك الذي يدركه باعتباره عادياً ومألوفاً بالنسبة للأمريكيين، فالطريقة التي يتم فيها وضع الأوراق على المقاعد تفسر سريعاً كمعنى دال على أن الامتحان على الطريق.

وفي الحقيقة، كانت هذه النتيجة في عدد من التجارب التي أجريت من قبل أحد المؤلفين. بعض الطلاب افترضوا أن الأستاذ كان "يقوم بشكل من التحرر" أو "يحاول استثارة ردود فعل"، كما قال أحد الطلاب بأن الأستاذ كان "يؤدي طقوساً غامضة".

إن ما كان يقوم به الأستاذ كان يتمثل في جعل ما هو معطى ومسلماً به، أي موقف المجيء إلى الصف، إشكالياً بشكل واضح جداً، لقد كان يحطم العالم الاجتماعي للطلاب، وما كان يفعله هو "جمع وتركيب ظهور النظام الاجتماعي" في ذلك الموقف، لقد كانوا يحاولون إعادة النظام الاجتماعي على ما كان عليه. إن الإثنوميثودولوجي توجه

اهتمامها لهذه العملية. إنها تضع العالم اليومي المعطى على منصة مركزية، وتسأل "كيف يقدم الناس للآخرين مشهداً اجتماعياً منظماً؟" أو "كيف يجعل الناس المشَاهد أو المواقف قابلة للفهم أو معقولة؟".

من خلال تجربة غرفة الصف نستطيع أن نرى بأن الطلاب قد فسروا السلوك الشاذ والغريب جداً الذي صدر عن الأستاذ، بطرق أعطت معنى للموقف بالنسبة لهم. لقد استنبطوا تفسيرات عملت على إيضاح بعضاً من النظام الأساس. إنها تفسيرات جعلت من الواضح لأنفسهم وللآخرين بأن ما عايشه كان يمكن فهمه وفي خط مع القواعد الأساسية والاتفاقات التي يشتركون فيها مع بعضهم حول سلوك الأستاذ. إن العالم المتخصص بالإثنوميثودولوجي يختبر الطرق التي يقوم الناس بواسطتها بفعل هذا الأمر. وعن طريق إدراك المراد من الأحداث استناداً إلى النظام الاجتماعي المتصور سلفاً للمجتمع، يخلق الناس عالماً هو بالفعل عالماً منظماً.

إن الإثنوميثودولوجي لا تعبر ببساطة عن منهجية جديدة تستطيع حل المشكلات التي تنشأ عن المنظورات النظرية التقليدية. إنها تمثل منظوراً نظرياً يركز على منظومة مشكلات مختلفة تماماً عن تلك التي يبحثها معظم علماء الاجتماع، وعند البدء بفهم تلك المشكلات، يستخدم الإثنوميثودولوجيون بعض المناهج لتلك المستخدمة من قبل منظورات أخرى وبعضها مختلف عنها.

لا يوافق جارفنكل على وجهة نظر دوركايم حول أن الحقائق الاجتماعية التي تعتبر الموضوع الأساس لعلم الاجتماع بالنسبة لدوركايم، لها واقعاً موضوعياً، وموجودة خارجنا في مكان ما. وبدلاً من ذلك، يقول جارفنكل، "إن الإثنوميثودولوجي ترى الواقع الموضوعي للحقائق الاجتماعية باعتباره "إنجازاً مستمراً لنشاطات الحياة اليومية موضوع الاهتمام".

ويعني بذلك، أن الأفراد في المواقف اليومية يستحضرون أو يتعرفون على الحقائق

الاجتماعية، من قبيل المعايير والقيم المعطاة، والتي تفسر ـ معنى الموقف بالنسبة لهم. عندما يدركون المراد من الموقف عن طريق استحضار أو التعرف على المعايير الاجتماعية الكامنة فإن الأفراد يشكلون الواقع الاجتماعي. بمعنى آخر، إنهم ينظمون خبراتهم لكي تكون في خط نعتبره الصورة التي يكون عليها العالم الاجتماعي اليومي. يزعم جارفنكل بأن الدراسات الإثنوميثودولوجية "تحلل النشاطات اليومية، كما تجعلها طرق الأعضاء بشكل مرئي، وعقلانية ومعلنة لجميع الأغراض العملية، أي، قابلة للتفسير والفهم كتنظيمات من النشاطات اليومية المعتادة والمألوفة".

ما يقوله جارفنكل، بشكل أساسي، هو أن الإثنوميثودولوجي تنكر افتراض الوظيفيين بأن الحقائق الاجتماعية لها واقعها الخاص الذي يخضع الأفراد له ، افترض أننا أخذنا مثال "توقعات الدور للأستاذ"، يعتقد الوظيفيون أنها تتضمن تحضير وتقديم المحاضرات، وقراءة الامتحانات وأوراق العمل وإعطائها درجات، والانخراط في البحث ونشر الكتب والمقالات، إن تلك التوقعات تُخْضِع الأستاذ لها.

وبالمقابل، فإن الإثنوميثودولوجيين لا يعاملون النظام باعتباره "موجوداً خارجنا في مكان ما" وأنه يخلق بواسطة المجتمع وبشكل مستقل عن خبرة الأفراد وعيشهم فيه. ولم تقم الإثنوميثودولوجي بدراسة كيف يتم خلق توقعات الدور في عملية التفاعل كما تفعل التفاعلية الرمزية. وبدلاً من ذلك، تدرس الإثنوميثودولوجي العملية التي يستحضر ـ الناس بواسطتها قواعد معطاة حول السلوك يفسرون من خلالها موقف التفاعل ويجعلونه ذا معنى. وفي الحقيقة، تعد العملية التفسيرية ذاتها بالنسبة للإثنوميثودولوجي ظاهرة للبحث والاستقصاء. وفي حالة الأستاذ، تهتم الإثنوميثودولوجي بأي القواعد يستحضر ـ الأساتذة عندما يقومون بعملهم كأساتذة، وهكذا، بالنسبة للوظيفيين فإن المعايير والقيم كامنة (ضمنية)، و(خارجنا هناك)، وتُخضع الأفراد. وبالنسبة للتفاعليين الرمزيين، تنبثق المعايير

والقيم عن عملية التفاعل، لكن بالنسبة للإثنوميثودولوجيين فإن أصل المعايير والقيم لا يمثل اهتماماً أولياً، وبدلاً من ذلك، فإن اهتمامهم ينصب على العملية التي يتفاعل البشر بواسطتها ويثبتون لبعضهم بأنهم يتبعون معايير وقيماً.

إن مقالات شوتز حول الغريب Stranger قد تساعد في تفسير نطاق الحياة الاجتماعية الذي يمثل اهتمام الإثنوميثودولوجيين، حيث يناقش شوتز:

"إن الموقف النموذجي هو الذي يجد فيه الغريب نفسه في محاولة لتفسير النمط الثقافي لجماعة اجتماعية يريد فهمها والتقرب منها وتوجيه نفسه فيها. ومن أجل أهدافنا الراهنة فإن مصطلح "غريب" يعني شاب من زماننا وحضارتنا يحاول دائماً أن يكون مقبولاً أو على الأقل محتملاً من قبل الجماعة التي يحاول التقرب منها. إن المثال الرائع للموقف الاجتماعي تحت التفحص هو مثال المهاجر، والتحليل التالي كمسألة ملائمة، وجد مع هذا المثال محل نظرنا. لكن بأية حال فإن المصداقية محددة بهذه الحالة الخاصة.

إن الذي يقدم طلب عضوية في نادٍ مغلق، والعريس المستقبلي الذي يريد أن يتقدم لعائلة الفتاة وابن المزارع الذي يدخل الجامعة، وساكن المدينة الذي يقيم في بيئة ريفية، والمدعو إلى الخدمة العسكرية الإلزامية وينضم إلى الجيش، وعائلة عامل الحرب التي تنتقل إلى بلدة تعيش على دوي المدافع، جميعهم غرباء حسب التعريف الذي قدمناه على الرغم أنه في تلك الحالات قد تتخذ الأزمة التي يعاني منها المهاجر أشكالاً معتدلة، أو حتى تغيب بالكامل".

ويقول شوتز، بعد ذلك، إن الغريب يصبح "بشكل أساسي الشخص الذي يُخضع للسؤال تقريباً، كل شيء يبدو غير قابل للسؤال بالنسبة لأعضاء الجماعة التي تقرب منها،

وهكذا فإن موقف الغريب هو الموقف الذي يعد ملائماً للتحليل الإثنوميثودولوجي، إنه موقف "إشكالي" تام.

إن عمل شوتز حول وجود "الخبرات الناشئة من الخلفية المشاهدة ولكن غير الملاحظة" أو العالم المعطى هو، كما لاحظنا، حجر الزاوية بالنسبة للإثنوميثودولوجي، لقد تعجب كيف أن تلك التوقعات الناشئة من الخلفية، أو القواعد الكامنة أو الضمنية، يمكن استحضارها تحت الضوء، كان اقتراحه بأن المرء بطريقة ما يجب أن يتقمص دور الغريب والأجنبي، وشخص ما لا يألف نواحي الحياة اليومية المعطاة والمسلم بها، ولذلك تصبح تلك النواحي إشكالية. وبطريقة مشابهة، فإن هدف جارفنكل يتمثل في فهم الحس العام للمواقف اليومية بمعاملتهم كمواقف إشكالية. ويجادل جارفنكل متبعاً خطى شوتز، إن "الحافز الخاص" يعد ضرورياً "إذا عرف العالم على أنه مشترك أو معطى من أجل استحضاره للتساؤل. فقط عندما يستطيع علماء الاجتماع تغريب أنفسهم عن "اتجاهات الحياة اليومية"، كما يوضح شوتز، يستطيعون اكتشاف التوقعات التي تمنح المشاهد الاعتيادية الألفة، وتمنح الحياة صفة الاعتياد. وكما سنشاهد لاحقاً، فإن الحافز الخاص ضرب مثلاً في تجارب جارفنكل التي حاول فيها "إيجاد مشكلة" أو "انتهاك المشهد"، كما فعل الأستاذ في المثال المطروح في بداية هذا الجزء.

ينبغي أن يكون واضحاً من الآن، أن الإثنوميثودولوجي لا تهدف إلى تفسير السلوك الإنساني أو إلى إظهار، على سبيل المثال، لماذا تختلف الأماكن والأجيال في معدلات انتحارها وطلاقها أو لماذا يوجد الدين في الواقع. إن التركيز في هذا المنظور ينصب على الوصف، والموضوع الأساس – طرق الناس في إدراك المراد من عالمهم الاجتماعي- يتخذ تساؤلات مختلفة عن تلك التساؤلات التي تسأل من قبل علم الاجتماع التقليدي.

إن الإثنوميثودولوجيين يهتمون بالتفسيرات التي يستخدمها الناس لإدراك المراد من الأوضاع الاجتماعية. ويقدم هَفْ ميهان Hugh Mehan لنا توضيحاً تصويرياً للتقييمات الخاطئة التي قدمها الأستاذ حول الطلاب، اللذين فسروا نتائج الامتحان، دون اختبار تصوراتهم أنفسهم وأشكال فهمهم لمواد الامتحان، وكما يصف ميهان:

> "إن امتحان القراءة في كاليفورنيا يتألف من عدد من الكلمات والجمل، والفقرات على طول الجانب الأيسر من الورقة مُتَضَمْنَة في سهم يشير إلى سلسلة من ثلاث صور رُتبت على طول الجانب الأيمن من الصفحة، طلب من الطفل أن يقوم بوضع علامة على الصورة التي تتناسب مع الكلمات الموجودة في السهم.
>
> أحد الأسئلة يتضمن كلمة "يطير" وفي السهم إشارة إلى صور تشير إلى فيل، وعصفور، وكلب. إن الإجابة الصحيحة لهذا السؤال بشكل واضح هي العصفور.
>
> أظهرت ورقة الإجابة للعديد من أطفال الصف الأول أنهم قد اختاروا الفيل لوحده أو اختاروه على امتداد اختيارهم للعصفور كاستجابة لذلك السؤال. وعندما سألهم ميهان لماذا اختاروا ذلك الجواب، أجابوا إنه دمبو، دمبوا طبعاً، إنه فيل والت ديزني الطائر، وهو مشهور كحيوان يطير بالنسبة للأطفال اللذين يشاهدون التلفاز ويقرؤون كتب الأطفال".

يخلص ميهان إلى أنه عندما طبق الأطفال كلمة "يطير" على الفيل، ربما كان هذا دليل بالنسبة للمختبر أن هذا الطفل لا يستطيع أن يجرد الخصائص المتشابهة للموضوعات ويفتقر إلى القدرات المفاهيمية. لكن هذا الاستنتاج يتنكر للتعقيد والثراء الفعلي لحياة الطفل التي يعيشها يوماً بيوم. وحسب الطريقة التي يشاهد بها المختبر الاختبار ويفسره فإن الطفل

قد أظهر عدم قدرة على استخدام بعض مهارات الفكر المفاهيمي الناشئة من الخلفية. لكن الأطفال اللذين لا يعلمون حتى الآن، الطريقة الصحيحة للإجابة على الامتحان ربما كان عليهم إدراك المراد منه، بشكل مختلف. نعم، لكن على أساس المهارات المفاهيمية بالرغم من ذلك. ولهذا، فإن الإجابات الخاطئة يمكن أن تنتج عن التعارض بين النظرات التي يمتلكها الصبي والطالب للعالم، أكثر من استخدام السؤال والإجابات في الامتحان الورقي.

ومن أجل تحديد القيمة الظاهرية لهم كما فعل الأساتذة، فإن ميهان استند إلى الطريقة التي يفسر الطالب من خلالها السؤال والإجابة. إن استجابة الطفل أخبرت ميهان عن أي معنى هو الذي استخرجه طالب معين من الموقف. بالمعنى الحقيقي، كان الطالب يعلل فعلاً سابقاً عن طريق إظهار كيف أدرك المراد من المهمة. إن فكرة "التعليل" أو التفسير، قد حظيت باهتمام كبير من قبل جارفنكل.

التعليل

التعليل Accounting هو مقدرة الناس على أن يعلنوا لأنفسهم والآخرين المعنى الذي استخرجوه من الموقف. يتضمن التعليل كلاً من اللغة والمعنى. إن الناس يقومون بتقديم تعليلات لغوية أو لفظية حينما يكونوا بصدد تفسير أفعالهم. يطالب جارفنكل الإثنوميثودولوجيين على أن يلفتوا أنظارهم إلى الممارسات الانعكاسية، إذ "بتعليله الممارسات يتمكن العضو (في الجماعة أو المجتمع) من إدراك نشاطات الحياة اليومية باعتبارها نشاطات مألوفة اعتيادية .. في كل مناسبة يستخدم فيها تعليل النشاطات الإنسانية .. ينبغي أن تدرك باعتبارها ستتكرر ثانية". مثلاً عندما يطلب من الطفل أن يخبر عن إنتاجه الإبداعي ومن ثم يباشر بتفسير الرسوم، والأشكال، والألوان في رسمه لشخص آخر، فإن الطفل في هذه الحالة يعطي "تعليلاً". وإذا اهتم أستاذ الفن فعلاً بتفسير الطالب للرسم فإن ذلك الأستاذ لن يسأل بشكل فظ ومتبلد الذهن "ما هذا؟" ويربك الطالب.

وبدلاً من ذلك، سوف ينتقي الأسلوب الذي يعبر به عـن مطلبه بعنايـة، كـأن يختـار التعبير "أخبرني عنه" أكثر من "ما هذا؟"، وذلـك مـن أجـل اسـتدعاء التفسـير مـن عـالـم المعنـى الخاص بالطالب، إذ من خلال "التعليل" سوف ينبثق معنى الطالب.

إن الكثير من التعليل الذي يقدمه الناس لبعضهم حول سلوكهم، يصاغ بشكل مختصر لأن المحادثة الاعتيادية تفترض "فهماً عاماً" للعديد من الأشياء التي أسقطت مـن المحادثة. إن المصطلحات التي تتطلب فهماً متبادلاً والتي لم توضح لفظياً، هـي مـا يطلـق عليـه جارفنكـل "التعبيرات الفهرسية".

إن إحدى الواجبات التي أعطاها جارفنكل لتلاميذه كان يتمثل في "تقديم تقرير حول المحادثات العامة وذلك بأن يكتب الطالب عـلى الجانب الأيسرـ مـن الورقـة مـا قاله أطراف المحادثة (الطالب ووالديه) وعلى الجانب الأيمـن مـن الورقـة مـا فهـم الطـلاب ووالـديهم (في المحادثة) أنهم كانوا يتحدثون عنه". وكانت النتيجة أن الكثير مما كتب كان على الجانب الأيمن وليس الجانب الأيسر. إن ما أسقط في الجانب الأيسر يرتبط، كـما يوضح جارفنكـل بـ "المسـار السابق للمحادثة، أو العلاقة الخاصة للتفاعل المحتمل أو الفعـلي والـذي يوجـد بـين المتحـدث والمستمع" ويشير جارفنكل إلى هذه الممارسة بأنهـا مـن قبيـل "حشـو" المعـاني في الكـلام مثـل استخدام قاعدة "إلى آخره"، إنها تمثل طريقة مختصرة للكلام.

إن التعليلات والمعاني في أي موقف تعتمد بشكل كبـير عـلى طبيعـة الموقـف. يوضح جارفنكل بأن المعاني التي يلصقها شخصان بأي تفاعـل تـرتبط بموقـع التفاعـل وزمنـه، وحـاضر الأشخاص، وغرض أو مقصد الفاعلين، ومعرفتهم حول مقاصد بعضهم البعض، وجميعها

تمثل جوانب الطبيعة الفهرسية Indexicality [*]، يقول جارفنكل بأن التفاعل الاجتماعـي قابل للتفسير فقط في سياق، والسياق وثيق الصلة بموضوع التفاعل ويحتل مكـان القلب مـن اهتمامات الإثنوميثودولوجي.

ويذكر جارفنكل قضية ذات صلة بالموضوع، وهي "الخصائص المصادق عليها للخطاب العام"، ويشير هذا إلى توقعات الناس بأنه لن تكون هناك عقبة أو تشوش مـع القيام بـالأمور اليومية، والتي تأخذ شكل التساؤلات حول ما الذي يقال حقاً. بمعنى آخر، إنه متوقع ومطلوب أن يفهم الناس كلام الحياة اليومية ببساطة الأمر الذي يجعل القيام بأمور المحادثة اليومية يتم بدون عقبة أو تشويش. ومن أجل توضيح "الخاصية المصادق عليها" لتلك الخصائص، يقدم جارفنكل التجربة التالية: "لقـد تـم تعليـم الطـلاب أن يقحمـوا أحـد المعـارف أو الأصدقاء في محادثة عادية، وبدون إظهار ما كان يسأله الذي يقوم بالتجربة، كـان في أي طريقـة اعتياديـة يصر على الشخص أن يوضح معنى أقواله المألوفة". وفي النص التالي رواية الطالب للتجربة:

كان الشخص (أنثى) موضوع التجربة يخبر الذي يقوم بالتجربة (المجرب)

وهو عضو في رهان السيارات للشخص موضوع الدراسة، حول أنها كانـت تشعر بتعب شديد بينما كانت ذاهبة للعمل في اليوم الماضي.

الشخص: أشعر بتعب شديد.

المجرب: ماذا تعني، بأنك تشعرين بتعب شديد.

---

[*] المقصود أن طبيعة الموقف الإجتماعي تشبه طبيعة النظام الفهرسي (المكتبي) فالموقف الاجتماعي يضعنا في سياق يتضمن معاني، ودلالات، ومقاصد، ويحيلنا إلى تأويلات متتالية ضمن الفهم المتبادل. والنظام الفهرسي يضعنا في سياق الكلمة التي نبحث عنها ويحيلنا إلى الموضوعات المرتبطة بها (المترجم).

بدت للحظة أنها في حالة ذهول، ثم أجابت بطريق غير ودية

ماذا تعني، ماذا تعني؟ التعب الشديد هو التعب الشديد

هذا ما أعنيه، لا شيء خاص، ما هذا السؤال المجنون

إن هـذه الروايـة تمثـل توضيحاً جيـداً لمعنى "الخاصية المصادق عليها" لأن المرأة موضوع البحث أصبحت بالفعل عدائية، وكذلك فقد حاولت إدراك المراد من الموقف عن طريق معاملة السؤال باعتباره سؤالاً مجنوناً. وبشكل واضح، هناك العديد من المناسبات التي يكون فيها السؤال "ماذا تعني؟" مقبول تماماً. ومتوقعـاً، في الحقيقـة، لأغراض التوضيح. لكن هناك مناسبات أخرى، مثل تلك المبينـة أعـلاه، يصبح السـؤال فيها انتهاكاً للمشهد بالنسبة للشخص موضوع الدراسة. لقد خلق الطالب مشكلة بالفعل بطرحه تساؤلاً من قبيل التعبيرات الفهرسية يرتكز على الفهم المتبادل، وقد أدخل التساؤل معنى الشك وفقدان الثقة في الموقف. لقد حاول الشخص موضوع الدراسة أن يحقـق النظام في المشهد غير المنظم، وإعلانها بـأن السـؤال كان مجنوناً، يمثل طريقتها في تركيب مشهد منظم.

إنه من المهم دراسة كيف يبني الناس "تعليلات" للفعل الاجتماعي، أثناء قيامهم بذلك الفعل، وذلك لأن إدراك المراد من الموقـف متضمـن في إعطـاء تعليلات لغوية للتفاعـل الاجتماعي، وبحسب تعبير جارفنكل "أن تقوم بالتفاعل يعني أن تتحدث عن التفاعل" ولهذا، ليس من المدهش، أن العديد مـن الإثنوميثودولوجيين قـد انخرطوا في تحليـل المحادثـات أو (التحليـلات التحادثيـة)، لأن تلـك المحـاولات تحتـل مكـان القلـب مـن اهتمامـات الإثنوميثودولوجي.

مـثلاً، حلـلت فشـمان Fishman النشـاطات التحادثيـة للأزواج في بيتهم مـن منظور علاقات القوة المبنية اجتماعياً بين الرجال والنساء. وقد وجدت عدة أنماط عامة، مثلاً، اعتبر كل من الرجال والنساء الموضوعات المقدمة من قبل النساء غير نهائية ومؤقتة، ولذلك

تم إسقاط العديد من تلك الموضوعات بسرعة. وبالمقارنة، فإن الموضوعات التي قدمت من قبل الرجال تمت معاملتها كموضوعات ينبغي متابعتها، ونادراً ما تم رفضها.

وقد أوضح روي تيرنر Roy Turner بأن تبادل التعبيرات الكلامية يمكن اعتباره "فعل الأشياء بالكلمات"، وكأمثلة على هذا، وثق تعبير الإقرار والقبول (I do) في مراسم الزفاف، وأنا أعتذر بعد أن يدوس أحدهم على مقدمة قدم الآخر. و"سوف أراهنك على الخمسة دولارات التي سيربحها كرسي إيفرت". يجادل تيرنر بأن تلك التعبيرات تمثل نشاطات بشكل واضح، ولأن التعليلات تمثل أشكالاً من الكلام، وجملاً وصفية لمحادثات فعلية، وتفسير المستجيبين للمحادثات وكلمة مقابل كلمة، فإنها تمثل بيانات هامة للإثنوميثودولوجيين، وقد تم توضيح هذا عن طريق المناهج التي استخدمت من قبل علماء الاجتماع اللذين "يمارسون الإثنوميثودولوجي"، وهو الموضوع الذي سننتقل إليه.

ممارسة الإثنوميثودولوجي

لقد تضمنت المناهج المختلفة التي استخدمت من قبل الإثنوميثودولوجيين في جمع البيانات من أجل التحليل، المقابلات المفتوحة، والمعمقة، والملاحظة بالمشاركة، وتسجيل الفيديو، والمنهج الوثائقي للتفسير، والتجارب الإثنوميثودولوجية والتي غالباً ما يطلق عليها "التجارب التصديعية"(*) Breaching Experiments . إن المعنى الذي يضفيه الفرد على مواقف الحياة اليومية ذو أهمية بالغة بالنسبة للإثنوميثودولوجيين، ولهذا، نتوقع أن نراهم يجرون مقابلات مفتوحة معمقة مع الناس لأنها تمثل طريقة ممتازة في جمع البيانات التي توصل المعنى الذاتي. وهناك مشروعان طبقت فيهما هذه المنهجية وهما دراسة جارفنكل حول مداولة المحلفين ودراسة الامتحان المدرسي لميهان. قام جارفنكل بتسجيل جلسات من

(*) أي التي تحدث صدعاً في المشاهد الاعتيادية المألوفة، وتثير الشكوك والتساؤلات حولها. (المترجم).

مداولات المحلفين كشفت عن مصادر المعرفة التي جذبتهم من أجل القيام بعمل المحلفين، وهكذا، فإن مقابلات جارفنكل مع المحلفين كشفت ما يتضمنه النص التالي حول كيف علم المحلفون، أنهم كانوا يعملون أثناء القيام بعمل المحلفين.

"لقد تعلم المحلفون النظام الرسمي من مصادر مختلفة؛ من دليل المحلّف، ومن التعليمات التي يتلقونها من المحكمة، ومن إجراء اليمين التي يؤديها المحلّفون عندما يدعى المحلّفون من قبل المحكمة ليجردوا أنفسهم من الأهلية إذا وجدوا لأنفسهم أسباباً حول لماذا لم يتمكنوا من التصرف بهذه الطريقة. لقد تعلموها من موظفي المحكمة، وتعلموها من خلال ما يتحدث به المحلفون إلى بعضهم البعض، ومن التلفاز، ومن الأفلام. العديد من المحلفين تلقوا تدريبات خاصة من قبل أبنائهم اللذين هم في المدرسة الثانوية واللذين درسوا مواد في التربية المدنية".

بطريقة مشابهة، استخدم ميهان المقابلات الشخصية مع الطلاب اللذين خضعوا للامتحان ليتوصل إلى تفسيراتهم لأسئلة الامتحان وكذلك المعنى الذي يحملونه حول استجاباتهم لأسئلة الامتحان. مثال آخر، دراسة الحالة حول المتحولين جنسياً والتي أعد تقريرها جارفنكل لموضوع "الاجتياز والإنجاز المدبر لمكانة الجنس في شخص بينيّ الجنس"، أي يحمل خصائص الذكورة والأنوثة معاً. معظم البيانات أظهرت أنه كان هناك جمع للمعلومات من إجراء محادثات مسجلة استغرقت خمساً وثلاثين ساعة عمل مع آنجز Anges، وهي فتاة في التاسعة عشرة من عمرها ظهرت كولد وعايشت باستمرار مخاطر وشكوك متضمنة في تعلم التصرف والشعور كإمرأة. تعلمت آنجز من معاتبات خطيبها المباشرة لها ومن انتقاداته لنساء أخريات أنه ينبغي عليها أن لا تصر على تناول الأشياء في طريقها، وعليها أن لا تقدم آراءها أو ادعاءاتها بالتساوي مع الرجال، وتعلمت من رفيقتها بالحجرة ومن نساء صديقات أخريات قيمة القبول السلبي كسمة أنثوية مرغوبة.

إن المقابلة المعمقة بالاشتراك مع الملاحظة بالمشاركة يمكن أن تلقي الضوء على السياقات الإشكالية من الحياة اليومية للفرد، وهي السياقات التي قد لا يلقى عليها الضوء بطريقة أخرى. مثلاً، في دراسة حول "الموت" يقول ديفيد سدنو David Sudnow . إن منظوره الإثنوميثودولوجي مكنه من إلقاء الضوء على الغموض الـذي يكتنف مكانة الفاقد Bereaved (الذي سلبه الموت أمه أو أباه أو ولده) وهكذا ليلقي الضوء عـلى الصـفة المزعجة بالضرورة للعناصر المعيارية في الحزن والأسى. ويلاحظ سدنو:

"إن الأشخاص الفاقدين لـديهم بشـكل واضح صعوبة في إدارة الصفات المميزة لموقفهم. إنهم لا يعلمون بشكل متكرر إلى أي درجـة عليهم أن يباشروا النشاطات التي انخرطوا فيها بشكل نموذجي قبـل المـوت، وجـزء كبير مـن مشـقتهم مشتق مـن الحقيقـة الشـفافة لمكـانتهم المعروفـة باعتبارهم فاقدين، والذي يجعلهم عرضة للتعامل معهم بشكل محزن كيف ينبغي عليهم أن يديروا أنفسهم. لقد شعروا أنهم فقط مع الوقت يفقدون مكـانتهم كفاقدين في أعـين الآخرين وينقطعـون عـن مواجهة معاملات الناس لهم كأشخاص محزونين. ويأتي ذلك الوقت غالباً بعد فتـرة زمنية طويلة من انقطاعهم عن اعتبار أنفسهم بتلك الطريقة".

إن الوظيفيين من أمثال بارسونز، مثلاً، يعتبرون ذلك الحزن والأسى وظيفياً لأنه يزيـل ويختزل التـوتر، ويفترضـون أن أدوار الفاقد وأولئك اللـذين مـن حولـه غيـر واضحة المعالـم اجتماعياً، بينما إثنوميثودولوجيين مثل سدنو ربما يكشفون لنا حدود الدور المشكل ثقافياً. هناك فجوات واسعة في التصور الثقافي، والأفراد يعايشون الفجوات بقسوة شديدة، مثلاً، يظهر بحث سدنو بأن الشخص الفاقد ربما يسأل بقلق: "كيف من المفترض أن أتصرف هنا؟".

وهناك منهج آخر استخدم من قبل علماء الاجتماع اللذين يمارسون

الإثنوميثودولوجي يدعى بالمنهج الوثائقي للتفسير Documentary Method of Interpratation. إن جارفنكل مدين لعمل مانهايم ويقتبس تعريفه باعتباره بحث في "الأنماط المتطابقة المتشابهة والتي تعتبر أساسية لتنوع واسع من إدراكات المعنى المختلفة كلياً".

يقول جارفنكل:

"يتألف المنهج من معاملة مظهر خارجي فعلي "كوثيقة لـ"، وباعتباره "يشير إلى"، وباعتباره "يقف بالنيابة عن" أنماط أساسية مفترضة مسبقاً. ليس فقط أن الأنماط الأساسية تشتق من أدلتها الوثائقية الفردية، بل إن الأدلة الوثائقية الفردية في المقابل تفسر على أساس "ما هو معروف" عن الأنماط الأساسية".

بالنسبة لجارفنكل، يمثل المنهج الوثائقي شيئاً يستخدمه الناس باستمرار حينما يستمرون في تفسير وإعادة تفسير سلوك بعضهم ويبحثون عن الأنماط التي تنبثق عن ذلك السلوك. لقد تم استخدام المنهج الوثائقي من قبل أحد الإثنوميثودولوجيين وهو د. لورنس وايدر D. Lawrence Wieder في دراسته لدستور المتهمين كملاحظ مشارك في أحد بيوت منتصف الطريق Halfway House، استنتج وايدر – بعد عدة شهور ومن خلال العديد من المحادثات مع النزلاء - مجموعة قواعد كانت فعالة. لقد تضمنت مجموعة القواعد منع الاختلاس وتجريمه، والابتعاد عن الحصول على فائدة من النزلاء الآخرين، والتصرف بشكل فوضوي مع النزلاء الآخرين، والثقة بهيئة العمل. وكذلك، النصائح الإيجابية التي تظهر تقديم المساعدة والولاء للنزلاء الآخرين. إن "الحديث عن القواعد" لم يصف ببساطة، ولم يحلل، ولم يفسر موقفاً في تلك البيئة، بل كان كذلك يمثل الطريقة التي وجه النزلاء بها تصرفهم. مثلاً، عندما كان ينهي النزيل محادثة بقوله "أنت تعلم أنني لن أختلس" لم يكن فقط يقدم جزاءً سلبياً لسلوك سابق للشخص الذي كان يتحدث معه وأنه

بذلك أنهى المحادثة، لكنه كان يشير أيضاً إلى النتائج المحتملة إذا أصر زميله على الاختلاس، وهكذا فإن "الحديث عن القواعد" كان مقنعاً للغاية.

ويصف وايدر مثالاً على استخدام المنهج الوثائقي بقوله:

"أقدم مثالاً على استخدام هذا المنهج عن طريق ملاحظة استطلعتها خلال أسبوعي الأول في بيت منتصف الطريق. مررت بنزيل كان يتجول عبر القاعات بعد اجتماع اللجنة في ليلة يوم الأربعاء. قال لهيئة العمل ولجميع من يسمعه "أين أجد ذلك الاجتماع، أين أستطيع الحصول على إجازة طوال الليل؟".و على أساس ما تعلمته. فهمت أنه يريد أن يقول "أنا لست ذاهباً للاجتماع لأنني مهتم بالمشاركة في برنامج بيت منتصف الطريق. أنا ذاهب لذلك الاجتماع فقط لأنني راغب بالحصول على مكافأة إجازة الليل وليس لأي سبب آخر، أنا لست متملقاً. كل من يسمعني عليه أن يفهم بأنني لا أتملق لهيئة العمل (الموظفين). إن سلوكي متكيف فعلاً مع مجموعة القواعد، ومع ذلك بدون سماعكم هذا (إشارة إلى إجازة الليل). قد تفكرون بطريقة مختلفة".

ويكمل وايدر:

"وبتلك الوسيلة قمت بجمع جزء آخر من الكلام والذي عندما وضعته مع التعبيرات التي سمعتها حول تلك النقطة (والتي سمحت لي بمشاهدة معنى تلك الملاحظة) واستخدمته مع التعبيرات التي كان عليّ جمعها، تم توظيفه من قبلي في تشكيل قاعدة عامة تقول:

"أظهر ولاءك للنزلاء".

يوضح وايدر أنه لتكون قادراً على مشاهدة تعبيركلامي مثل ذلك باعتباره تعبيراً

448

عن النظام الأخلاقي الأساسي، كان عليه أن يعرف بعض تفاصيل ذلك النظام الأساسي ليبدأ بها، ولذلك كانت ملاحظته بالمشاركة والمقابلات التي أجراها مع النزلاء حاسمة.

ويقدم جفري الكسندر Jeffrey Alexander مثالاً على استخدام المنهج الوثائقي من قبل غير علماء الاجتماع، والمثال هنا يتعلق بمعدي التقارير. يقول إنهم يستخدمون المنهج الوثائقي في تصوراتهم الخاصة للأحداث ومنتجات وثيقة استقصائهم الأحداث لقرائهم".

إن المنهج الأخير أو الطريقة الأخيرة في ممارسة الإثنوميثودولوجي يتمثل في الإنخراط في تجربة إثنوميثودولوجية أو "تجربة تصديعية"، والتي يعمل الباحثون فيها على إبقاء الفوضى وتمزيق النشاط العادي، أو كما يوضح جارفنكل "ينتهكون المشهد"، Violate the scene وعندما يقومون بذلك، فإن الباحثين يكونون مهتمين بما تفعله الذوات وكيف يبدون من أجل إعطاء الموقف مظهراً نظامياً أو لإدراك المراد من الموقف. ويعتبر مثال الأستاذ الجامعي مع الطلاب في قاعة الدرس، والذي ذكرناه في بداية هذا الجزء، مثالاً على مثل هذه التجربة.

ومع ذلك، وعلى الرغم من أن بعض الإثنوميثودولوجيين وجدوا طرقاً لخلق مشكلة بأنفسهم ليتمكنوا من دراسة كيف يحاول الناس استخراج النظام من الفوضى - والكثير من واجبات طلاب جارفنكل تمثل محاولات من هذا النمط- إلا أننا نرغب بتقديم ملاحظة احترازية. نقترح أن الحساسية الحادة مطلوبة للباحثين اللذين يقررون "انتهاك المشهد"، وبالمثل خلق البيانات الإثنوميثودولوجية. مثلاً، عندما أعطت إحدى المؤلفات واجبات جارفنكل حول "التلميذ الداخلي" لتلاميذها كان هناك بعض النتائج المشوشة. ويمكن أن نلخص باختصار، أنه في هذا الواجب كان على الطلاب أن يقضوا في بيوتهم فترة زمنية تتراوح بين خمس عشر دقيقة إلى ساعة يتخيلون فيها بأنهم "تلاميذ داخليين" (أي غرباء أو مستأجرين بين أهلهم)، ويتصرفون على أساس هذا الافتراض. لقد وجهت إليهم

تعليمات بأن يتصرفوا بحذر وبطريقة مهذبة، كان عليهم تجنب أن يتصرفوا بصفة شخصية، وأن يستخدموا ألقاباً رسمية، وأن يتكلموا فقط عندما يتم التكلم معهم.

النتيجة المزعجة التي وجدناها لدى طلابنا ترتبط بمسألة الحساسية والثقة. إن أحد الطلاب اللذين حاولوا إنهاء واجب "التلميذ الداخلي" كانت امرأة مطلقة حديثاً ولديها طفلان. لقد أصبح الأطفال خائفين جداً عندما تم تحطيم وتمزيق عالمهم في البيت وذلك عندما بدأت الأم بممارسة دور التلميذ الداخلي الأمر الذي جعل الأم تنهي التجربة فوراً. ومع ذلك، فقد تطلب الأمر منها ما يقارب الشهر لتعيد الطمأنينة للأطفال حول أن عالمهم لم يتحطم. لقد أمضت وقتاً طويلاً وهي تحاول إعادة تصحيح وتثبيت نفسها معهم بعد ذلك الحادث، إلى أن وصلوا إلى درجة استطاعوا عندها أن يثقوا بها مرة أخرى. وفي استعادتها للأحداث الماضية شعرت وكأنها تعيش تلك اللحظات التي كانت عقب انفصال والدهم عن البيت، وعندما أصبحت الأم تلميذاً داخلياً، كانت هي الأخرى قد تركت الأطفال أيضاً، بنفس المعنى.

إن مفهوم الثقة لدى جارفنكل يوضح كيف يذعن الناس لنظام معين من الأحداث وهو، كما شاهدنا، قريب لفكرة بارسونز حول التوقعات المعيارية المشتركة. كيف يتصور الناس ويفسرون حياتهم اليومية، وكيف تتم رؤية الموضوعات، والأحداث، والحقائق باعتبارها عادية ومفهومة؟ يقول جارفنكل إن الجواب هو "الثقة". أي أن، القواعد غامضة، ويتم تصورها وتفسيرها بشكل مختلف، لكن الفاعل يثق بالبيئة التي تواجه حالة عدم اليقين والارتياب هذه.

تعتبر فكرة الثقة عنصراً هاماً في الحادثة التي حصلت مع الأم المطلقة وأبنائها. إن ردود فعلهم إزاء ممارستها لدور التلميذ الداخلي ينبغي أن تؤكد على التعقيدات المتضمنة في قرار "انتهاك المشهد"، إن موقفنا يتمثل في ضرورة طرح تساؤلات أخلاقية مقدماً، قبل أن

يخوض الإثنوميثودولوجيون غمار حقل "خلق المشكلة".

إن الطرق التي يباشر من خلالها الإثنوميثودولوجيون ممارسة الإثنوميثودولوجي تُؤكِّدْ الاختلافات بين ما يفعلونه، وكيف يشرعون في ممارسته، وبين الطرق التي يجري بها علماء الاجتماع أعمالهم. إن الفروقات بين الإثنوميثودولوجي والتفاعلية الرمزية مثيرة للاهتمام بشكل خاص، لأن كلاً منهما يمثل منظوراً اجتماعياً- سيكولوجياً استقرائياً يتحدد بشكل أساس ضمن المستوى السوسيولوجي قصير المدى، وكل منهما يستخدم بيانات كيفية.

المقارنات الإثنوميثودولوجية

تعتبر الإثنوميثودولوجي مدخلاً اجتماعياً- نفسياً، تماماً كما هي التفاعلية الرمزية حيث تهتم بالأفراد أكثر من الأدوار والبنى الاجتماعية. ومع ذلك، فإن تساؤلاتها تختلف عن تساؤلات التفاعلية الرمزية. يقول سيكوريل إن أفكاراً من قبيل فكرة "مرآة الذات" عند كولي، و"تعريف الموقف" لدى توماس تفترض مسبقاً بأن المعاني يمكن أن تقبل باعتبارها مثبتة- ذاتياً. إن ما تهتم به الإثنوميثودولوجي بالنسبة إلى سيكوريل يتمثل في صفات المعاني، أو بناء "قواعد اللعبة". إن السؤال الإثنوميثودولوجي هو "كيف تعمل قواعد التصرف (أو قواعد اللعبة) على إخبار الفاعلين عن طبيعة بيئتهم؟" أو كما يوضح سيكوريل "كيف يعمل الفاعل على إدراك المراد من البيئة بطرق مقبولة اجتماعياً؟".

وبرغم ذلك فإن المناهج المستخدمة في التفاعلية الرمزية والإثنوميثودولوجي متشابهة بالضرورة، لكنها استخدمت بطريقة مختلفة لأن الإثنوميثودولوجي تطرح تساؤلات مختلفة. إن الإثنوميثودولوجيين مثلاً، يبحثون باستمرار عن مواقف يستطيعون فيها تحليل الذوات التي تدرك المراد من الموقف، إنها المواقف التي يكون فيها المعنى "إشكالياً". ما هي الأماكن الواضحة لمثل هذه الظواهر؟. إن العديد من البيانات يمكن أن تكون متوفرة لأي باحث

يتابع المهاجرين في أيامهم القليلة في بلد جديد، ويمكن أن يقال نفس الشيء عن الطالب في أول أسابيع حياته في الحرم الجامعي، أو الأيام والشهور الأولى بعد أن يتم إخبار العائلة بأن أحد أبنائها مصاب بالإيدز. إن الأماكن التي تحدث فيها مواقف جديدة أو غير متوقعة (مثل القاصرين اللذين تكرر ذكرهم من قبل ديفيد سدنو، حيث تظهر إعلانات الموت) غنية كذلك بالبيانات الإثنوميثودولوجية.

ولنتذكر مثال لاعب كرة القاعدة، و"الآخر العام" عند ميد، والذي قمنا بمناقشته في الفصل الخامس. لقد تعامل تحليل ميد مع مقدرة اللاعب على امتلاك منظومة ذهنية تشمل جميع اللاعبين في الفريق. وهكذا فإن اللاعب على القاعدة الأولى سوف يعلم معنى الموقف بصرف النظر فيما لو حدث طيران أو ارتطام أو مشي في المباراة.

ينظر الإثنوميثودولوجيون إلى مثل هذا الموقف باعتباره إشكالياً. إن أحداً ما يعمل من منظور إثنوميثودولوجي سوف يكون مهتماً بالطرق التي يدرك من خلالها اللاعبون المراد من الموقف، كما تثبت من قبل ردود فعلهم عندما يتصرف الحكم أو لاعب آخر بشكل غير متوقع، أكثر من اهتمامه بما كان يدور في أذهان اللاعبين. مثلاً، مع الأخذ بعين الاعتبار السلوك غير العادي بالنسبة إلى لاعب كرة السلة الذي يحرز هدفاً في ملعب الخصم فإن الإثنوميثودولوجي يسأل "ما هي الطرق التي سوف يستخدمها اللاعب في تشكيل معنى النظام والحفاظ عليه؟".

يشير سدنو بوضوح إلى هذا الموقف العقلي الإشكالي باعتباره يمثل فرقاً هاماً بين التفاعلية الرمزية والإثنوميثودولوجي، ويقارن دراسته حول الموت والاحتضار بدراسة جلاسر وستراوس حول (إدراك الاحتضار)، والتي قمنا بمناقشتها في الفصل الخامس، ويوضح سدنو:

"إن تحليلهما لم يتم التعامل معه كظاهرة إشكالية. إن اهتمامهما

المركـزي، وهـو ذو أهميـة اجتماعيـة نفسـية بالغـة، يتمثـل في إدارة المعلومات في التفاعل .. لقد وجدت أنه من الضروري أن يكون الاهتمام أقـل، بالتفاعـل بـين المـريض وهيئـة العمـل، وأن يكـون الاهـتمام أكـثر بتنظيم نشاطات القاصر وذلك لاعتبار ظاهرة الاحتضار مزعجة وشـاقة جـداً، وأن فهـماً لمعناهـا يتطلـب تحديـد تلـك الممارسـات التـي يعـد استخدامها مبرراً".

ويضيف سدنو، بأنه يشـعر أنـه مـن منظـور تنظيمـي Organizational لا علاقـة لإدراك الاحتضـار بعـدد كبـير مـن النـاس. إذا اهـتم المـرء، كـما يفعـل الإثنوميثودولوجيـون، بدراسـة نشاطات الطبيعة اليومية المنظمة بشكل طبيعي، فإن درجة إدراك المريض للاحتضـار بالنسـبة للإثنوميثودولوجيين ليست مهمة. إن ما هو مهـم بالنسـبة إلى سـدنو هـو كيـف يـدرك النـاس اللذين هم تحت العناية المراد من موقف الاحتضار، أي، كيف تقدم الطرق التـي ينضـم إليهـا جميع الناس للعالم، مشهداً اجتماعياً منظماً عن الشخص القاصر.

إن الفروقات في المنظور تظهر مرة أخرى إذا استذكرنا التجربة التي تعلم فيها الطلاب أن يساوموا بائعة المتجر التي تعرض السلع باسعار محددة. وهذه واحـدة مـن التجـارب التـي يستخدمها جارفنكل وقد أشرنا إليها في الفصل الخامس. على ماذا كان يركـز جارفنكـل في هـذه التجربة؟. مقتبساً من بارسونز، يوضح جارفنكل أنه بسبب "استدماج" التوقعات المعيارية التي تقـدمها "قاعـدة السـعر الواحـد المـأسسـة"، أي، بسـبب "التوقعـات الناشـئة مـن الخلفيـة" Background Expectancies سوف يكون الطالب - الزبون، خائفاً وخجولاً، وبائعـة المتجـر سـتكون منـزعجة وغاضبة، (جزء مهم من السياق المعلوماتي يتمثل في موقع التجربة، لقد كـان مكانهـا في الولايـات المتحـدة أكـثر مـن كونـه المكسـيك مـثلاً، حيـث تمـت المسـاومة عـلى التوقعـات المعيارية). ورغم ذلك، كان العديد من طلاب جارفنكل خائفين، والعديد من

الطلاب اللذين أكملوا سلسلة من ست تجارب تعلموا أن بإمكانهم المساومة بنجاح وخططوا أن يفعلوا هذا الأمر مستقبلاً، وهكذا تم إيضاح أن قاعدة السعر الواحد المأسسة، كانت في الحقيقة إشكالية[*] Problematic. وبهذا المعنى، كان الطلاب يشكلون واقعاً اجتماعياً جديداً لأنفسهم ولأصحاب المتاجر.

وكما أوضحنا في الفصل الخامس، فإن المنظور التفاعلي الرمزي يركز بدلاً من ذلك على تفاعل الذات لبائعة المتجر، وعلى ما كانت بائعة المتجر تحدث به نفسها حينما واجهت هذا الموقف المدهش. إن تركيز التفاعلية الرمزية ينصب على تعريف بائعة المتجر للموقف والمعنى الذي تحمله له، ولكن كل ما يقوله جارفنكل عن البائعة: "إنها تظهر انزعاجاً قليلاً، وأحياناً قد تغضب". يريد الإثنوميثودولوجيون معرفة الطرق أو "الممارسات التحليلية" التي تعنى بها البائعة لتعطي هذا الموقف شكلاً نظامياً، هل تطرح على الطالب- الزبون تساؤلات، وهل تطعن في دوافعه، وهل تلجأ إلى كاهن، أو إلى الإله، أو إلى رزنامة علم التنجيم، وهل تطلب منه إعادة مطلبه، وهل تصف الطالب- الزبون بأنه مجنون، أو ببساطة تتجاهل الحادث؟ إن خصائص الموقف المعطاة والمسلم بها، أو الخصائص الظرفية للموقف تمثل جزءاً مركزياً من التفسير الإثنوميثودولوجي للفعل، ولأن جارفنكل يؤكد على حقيقة أن المعاني تعتمد على الموقف - أي أن التفاعل يتصف بالفهرسية- فإن الخصائص الظرفية (المرتبطة بالسياق الاجتماعي- الثقافي) مثل الموقع، وزمن التفاعل بين بائعة المتجر والزبون، والأشخاص اللذين حضروا في الحادثة، ومعرفة بائعة المتجر لمقاصد الزبون، سوف تشكل جميعها رداءً يعطى الموقف معناه.

---

[*] تشير الكلمة هنا إلى تجاوز كل ما يمثل واقعاً معطى ومسلماً به، ولذلك فإن وصف أي جزء من النظام الاجتماعي بأنه إشكالي يعني إخضاعه للتفكير والتساؤل والتشكك والتجربة، وإمكانية انتهاكه وصولاً إلى إصدار حكم عليه (المترجم).

بشكل أساسي، فإن كلاً من المنظورين يتعامل مع البيانات الكيفية، ولكن لا يـزعم أي منهما بأن البيانات الكمية ليس لها قيمة. البعض مثـل سـيكوريل عرفـوا باسـتخدامهم المعقـد للبيانات الكمية. يطبق سيكوريل في مقاله الموسوم "المدرسة كآلية للتفاضل الاجتماعي" بيانات واقعية إحصائية مثل علامات ومعدلات الترتيب لتقييم مرشدي المدرسة وأنماط إنجـاز الطالـب في تحليله لتقييم المرشدين. وأظهر أن تقدم الطالـب يتوقـف عـلى تفسـيرات، وأحكـام، وفعـل طاقم العمل في المدرسة، ومع ذلك يهاجم سيكوريل الموقف العقلي المسرف في الثقـة للباحـث الذي يستخدم المسوحات عندما يقول "إن طبيعة الدور التخمينـي للآخـر تمثـل مشـكلة قلـما تناولها علماء الاجتماع (مثلاً، كيف تقدر الذات معنى بنود الاستبانة؟).

إن تساؤلات من هذا القبيل تعتبر مهمة فقط لأولئك اللذين يتعـاملون مـع البيانـات الواقعية الإحصائية. وقد تتذكر أننا ناقشنا مشكلة التفسير الخـاطئ لبنـود الامتحـان في دراسـة أطفال المدرسة من قبل ميهان.

يُبرز سيكوريل، تماماً مثل بلومر سلسلة تساؤلات حول أنظمة القيـاس المسـتخدمة في علـم الاجتماع، ويقول بأنه حتى الكلمة المكتوبة "تخضع لتصور وتفسير مختلف من قبل الفاعلين الموزعين بشكل متباين في البناء الاجتماعي. وعلاوة عـلى ذلـك، فـإن التحليـل الكمـي يهمـل مـا يطلـق عليـه سيكوريل "الأفق الداخلي" للفعل الاجتماعي الذاتي كما حدده ماكس فيبر. وبدلاً من ذلك يركـز عـلى "الأفق الخارجي" أو على التوزيعـات مثـل مقـاييس المركـز الـوظيفي (المهنـي)، أو تراتبيـات الطبقـة الاجتماعيـة. إن "الأفـق الـداخلي" Inner Horizon الـذي تهـتم بـه كـل مـن التفاعليـة الرمزيـة والإثنوميثودولـوجي يتضـمن "تعبـيرات اصـطلاحية، Idiomatic ومسـار حـوافز الفعـل، واللغـة المؤسسية والإبداعية" وجميعها غير موضحة في توزيعات الأفق الخارجي. يقول سـيكوريل: إنـه بدون الأفق الداخلي يمثل البحث الاجتماعي "مشروعاً

مغلقاً أكثر من كونه بحثاً مفتوحا في المعرفة المتعلقة بنطاق معين".

قدم سدنو مثالاً جيداً على قيمة الأفق الداخلي في دراسته الموسومة "الموت" عندما ناقش إحصاء حالات الموت، ويذكر القيمة التي يلقيها مدراء المستشفى على المسح السكاني العام للوفيات، لكنه يلاحظ بأن طاقم العمل المسئول لا يضيف إحصاءات الموت اليومية بأية طريقة نظامية. ومع ذلك، فإن تباينات الوفاة الخاصة إلى حد ما لا يتم إحصاؤها فقط لكن يتم تذكرها ببعض التفصيل، وهذه التباينات تتضمن حالات الانتحار، والموت من فحوصات حقنة الباريوم الشرجية، ووفيات الصبيان والأمهات اللواتي يمتن في الولادة، والمرضى اللذين يموتون خلال فترة الجولة الصباحية الروتينية للطبيب. إن ما يجلبه سدنو لاهتمامنا يتمثل في "الوفيات الجديرة بالملاحظة" وهي تلك الوفيات التي تحدث في أماكن يعد الموت فيها شائعاً، تلك التي تنتج عن الحوادث أو أخطاء المعالجة أو التشخيص، أو تلك التي تحدث للمريض الشاب. بمعنى آخر، إنها تلك الوفيات غير المفهومة والتي هي ملائمة للتحليل الإثنوميثودولوجي وتتطابق معه لأنها توفر إمكانية تعلم كيف يدبر الناس التناقضات بين ما هو متوقع أو ملائم وبين خبراتهم الخاصة غير المستقرة.

وكما يتضح من التشديد على المشاركة و"الأفق الداخلي"، فإن الإثنوميثودولوجي تشبه التفاعلية الرمزية كذلك، من جهة أنها يجب أن تتعامل مع تحيز الباحثين المحتمل حينما يفسرون البيانات الذاتية التي جمعوها. وبحسب ما يوثق، يعترف سدنو بأن توصيفات قد قدمت من قبل ملاحظ من الطبقة الوسطى، ويستنتج بأن الإثنوغرافيا تصاب باستمرار بكارثة عن طريق محتوى مثل هذه التحيزات الوصفية. إن مشكلة التحيز، طبعاً، يتم التعامل معها بشكل مستمر من قبل جميع الباحثين بصرف النظر عن المنظور الذي يعتنقوه. ورغم ذلك، فمن المحتمل أن يكون التحيز صريحاً بالنسبة للإثنوميثودولوجيين، لأنهم يميلون إلى أن يصبحوا ممارسين بالمعنى العميق أكثر من المنظورات الأخرى، ولذلك فإن الخطر قد يكون

أكثر حدة.

أخيراً، يستخدم كل من الإثنوميثودولوجي والتفاعلية الرمزية الملاحظة بالمشاركة، ودراسات الحالة، والمقابلات المعمقة، والسير الذاتية، كتقنيات منهجية. ومع ذلك يشدد جارفنكل في مناقشته للملاحظة بالمشاركة على دور الباحث كممارس ويؤكد على دور الممارس أكثر من الملاحظ. يقول جارفنكل ينبغي على الباحثين أن يكونوا جزءاً من العالم الذي يقومون بدراسته ويحب أن يعرفوه جيداً. ويمكن توضيح ما يقوله بطريقة أخرى، إن الإثنوميثودولوجي متضمنة في "دراسات للنشاطات وليس في نظريات حول النشاطات"، وكما يصفها ساثاس Psathas ، إنها تشبه تعلم كيفية السباحة. فمع أن الشخص يستطيع أن يتعلم الكثير من قراءة الكتب حول السباحة، إلا أن الطريقة الوحيدة ليصبح سباحاً تتمثل في ممارسة السباحة، أي أن ينزل في الماء ويسبح. نحن نفهم أن ما يقوله الإثنوميثودولوجيين بالفعل يتمثل في أنه حتى تعرف ما هي الإثنوميثودولوجي يجب عليك أن تمارس الإثنوميثودولوجي.

الجزء الثاني

بيتر بيرغر: التشكيل الاجتماعي للواقع

تمهيد

قدم عمل بيتر بيرغر فرعاً آخر من علم الاجتماع الظاهراتي. ولد بيتر بيرغر عام 1929 في فيينا، في النمسا، وحصل على درجة البكالوريوس من جامعة واجنر في عـام 1949، وحصـل عـلى درجة الماجستير في عام 1950، وعلى الـدكتوراه في عـام 1954 مـن New School For Social Research، حيث تتلمذ هناك على يد آلفرد شوتز، ومن ثم، درّس في مؤسسة هارفارد ونفس الجامعة التي حصل منها على الدكتوراه، وجامعة روجرز، وجامعة بوستن، وهو الآن أستاذ جامعة في جامعـة بوستن.

لقد ظهرت المرتكزات النظرية لأعمال بيرغـر في مؤلفه المشترك مـع ثومـاس لـوكمان Thomas Luckmann والموسـوم "التشـكيل الاجتماعـي للواقع" The social construction of Reality، والمنشور في عام 1966. إن الكثير من كتابات بيرغر ركزت على علم الاجتماع الديني، وأهـم كتاباتـه في هذا المجـال يتمثل في كتابه الموسوم "العرش المقدس" The sacred Canopy (1969)، ولم يكـن اهتمـام بيرغـر بالدين عرضياً أو بالصدفة، فقد درس لفترة من الزمن في معهد اللاهـوت اللـوثري في فيلادلفيـا وفي مدرسة ييل دفنيتي Yale Divinity. كان بيرغر رئيـس جمعيـة الدراسـة العلميـة للـدين، وقـد نشر حينها عدداً كبيراً من المقالات ونصف دزينة من الكتب المتعلقة بالموضوعات الدينية. كما تطور لدى بيرغر اهتمام في مجال التغير الاجتماعي كـما ثبـت في كتابه "العقـل الشريـد" The Homeless mind (1975)، و"أهرامات التضحية" Pyramides of sacrifice (1975)، كـما ألف بيرغر كتابـاً مع زوجته بريجيتي بيرغر Brigitte Berger والموسوم "الحرب على الأسرة" (1983). سوف

نلقي في البداية نظرة على المفاهيم الأساسية في نظرية بيرغر، ومن ثم نلقي نظرة على بعض استخدامات موقعه الظاهراتي.

المفاهيم الأساسية

انطلق بيتر بيرغر ولوكمان في كتابهما "التشكيل الاجتماعي للواقع" من منظور علم اجتماع المعرفة. لقد ركزا على العملية التي يصبح بموجبها أي جسم معرفي مقبولاً اجتماعياً كواقع. إن ما يقصدانه من "تشكيل الواقع" هو العملية التي يخلق الناس بواسطتها باستمرار، ومن خلال أفعالهم وتفاعلاتهم، واقعاً مشتركاً والذي يُخْبر باعتباره واقعياً من الناحية الموضوعية، وذا معنى من الناحية الذاتية. إنهما يفترضان بأن الواقع اليومي يمثل نسقاً تم بناؤه اجتماعياً ويضفي الناس فيه نظاماً معيناً على الظواهر اليومية. إنه واقع يتضمن كلاً من العناصر الذاتية والموضوعية. يقصد بالذاتي بالنسبة لبيرغر ولوكمان، أن الواقع ذو معنى شخصاني بالنسبة للفرد، أما المقصود بالموضوعي فهو النظام الاجتماعي، أو العالم المؤسسي الذي ينظران إليه باعتباره منتجاً إنسانياً.

إن النص التالي المقتبس من كتاب بيرغر "العرش المقدس"، قد يساعد في توضيح موقفهما:

> "إن العوالم تتشكل اجتماعياً وتصان اجتماعياً ، إن واقعها المكون من الموضوعي (باعتباره حقيقة واقعية عامة ومعطاة) والذاتي (كحقيقة واقعية تفرض ذاتها على الوعي الفردي). يعتمد على عمليات اجتماعية محددة، وبالتحديد تلك العمليات التي تعمل باستمرار على إعادة تشكيل العوالم الاجتماعية وصيانتها. وبالعكس، فإن قطع تلك العمليات وإعاقتها يهدد الواقع (الموضوعي والذاتي) للعوالم الاجتماعية. وهكذا فإن كل عالم يتطلب قاعدة اجتماعية لاستمرار

وجوده كعالم واقعي وحقيقي لبشر واقعيين".

وبحسب ما يرى بيرغر ولوكمان يعرف الاغتراب على أنه فقدان المعنى، حيث يكون هناك حالة من اللاتكامل في نسق المعرفة المتشكل اجتماعياً. وعلى سبيل المثال، فإن الأمم النامية التي يعمل التحديث فيها على تآكل العوالم التقليدية، والأمم الجديدة التي برزت نتيجة انهيار الاتحاد السوفياتي، تعيش هذا النوع من الاغتراب، وتستطيع هذه الأمم أن تتخلص من حالة الاغتراب فقط بإعادة تشكيل النسق المعرفي الذي تستحضر ـ معه اكتشاف المعنى.

إن قلب هذه النظرية يتعامل مع التساؤل حول كيفية تشكيل الواقع اليومي اجتماعياً. وكما يوضح بيرغر ولوكمان: "كيف من الممكن أن تصبح المعاني الذاتية حقائق واقعية موضوعية؟".

يركز التحليل الظاهراتي لدى بيرغر ولوكمان على الخبرة الذاتية لواقع الحياة اليومية، أي على ما هو (هنا والآن) Here and now. إن هذا الواقع يتضمن كذلك الماضي والمستقبل. وكما يوضحان: "إن اهتمامي بعالم الحياة اليومية يتحدد بشكل أساسي بما أفعل، وما فعلت وما أخطط لفعله"، لكن تركيزهما لا ينصب على العالم التام بذاته أو المستقل ذاتياً، بالنسبة لواقع الحياة اليومية الذي يتصف بأنه عالم "بينذاتي"، أي العالم الذي اشترك فيه مع الآخرين. إن بيرغر ولوكمان مقتنعان، كما هو الحال بالنسبة لجوفمان، بأن الفعل الحقيقي والواقعي يكمن في تفاعل الوجه لوجه. وفي الحقيقة، إنهما يصرحان بأن تفاعل الوجه لوجه يمثل النموذج الأصل للتفاعل الاجتماعي، وجميع حالات التفاعل الاجتماعي الأخرى مشتقة منه. وبالمقارنة مع جوفمان، الذي يظهر الفاعلون لديه وهم يقرأون نصوصاً كتبها آخرون، فإن الفاعلين عند بيرغر ولوكمان يرتجلون نصوصهم ويبتدعونها.

إن حقيقة تضمين بيرغر ولوكمان الواقع الذاتي والموضوعي في إطارها النظري جعله أكثر من كونه إطاراً يمثل منظوراً سوسيولوجياً قصير المدى بشكل خالص. وبدلاً من ذلك، يمكن النظر إلى نظريتهما باعتبارها محاولة لتجسير المستوى التحليلي السوسيولوجي قصير المدى والمستوى بعيد المدى، وهي المحاولة التي قام بها قلة من المنظرين الاجتماعيين. إن المفاهيم الأساسية في نظرية بيرغر ولوكمان، والتي وصفاها بأنها تمثل مراحل في تطور الأحداث ضمن عملية ديالكتيكية هي: التشييء Externalization، والموضعة Objectivation والاستدماج Internalization .

التشييء

يصف بيرغر ولوكمان اللحظة الأولى في العملية الجدلية المستمرة للتشكيل الاجتماعي للواقع "التشييء"، حيث يخلق الأفراد عوالمهم الاجتماعية عن طريق نشاطهم الإنساني، إنهما ينظران إلى النظام الاجتماعي على أنه إنتاج إنساني مستمر. إن النظام الاجتماعي يمثل نتاج النشاط الإنساني الماضي، ويوجد فقط طالما استمر النشاط الإنساني في إنتاجه.

وهكذا فإن للتشييء بعدان؛ من جهة يعني أن البشر- قادرين على ابتداع واقع اجتماعي جديد، مثل تشكيل صداقة جديدة أو البدء بعمل جديد. ومن جهة أخرى، يعني أن البشر قادرين على إعادة ابتداع المؤسسات الاجتماعية عن طريق تشييئهم المستمر لها، مثل صيانة وتجديد الصداقات القديمة أو دفع ضريبة الدخل.

ومن أجل أن نفهم التشييء على نحو أفضل، دعنا ننظر إلى خلق صداقة جديدة. اثنان من الناس وجدا تفاعلهما مجزياً بشكل متبادل وأصبحا أصدقاء. إن هذه الصداقة تمثل واقعاً جديداً، وإن صياغتهما وتشكيلهما المتجدد لـ (نحن- حالتنا) تمثل واقعاً اجتماعياً لم يكن موجوداً من قبل. إن الأصدقاء بأنفسهم وبفاعلية وإرادة أنتجا هذا الكيان الاجتماعي

الجديد. إن الصداقة تمثل إنتاجاً إنسانياً مستمراً، بمعنى أنه في كل وقت يتفاعل فيه الأصدقاء يعيدون خلق علاقة الصداقة، وهكذا فإن الصداقة تمثل مؤسسة بنفس الوقت خارجية بالنسبة للبشر ومنتجة بواسطتهم. ومن الأمثلة على التشيىء ابتداع الزواج وصيانته، والقيام بعمل جديد، أو مهنة جديدة.

وجد ووالاس Wallace في دراسته للأبرشية الكاثوليكية التي ترأستها امرأة علمانية (غير إكليريكية)، أن النساء اللواتي يرعين الأبرشيات (القسيسات) قد مارسن قيادة تعاونية، والتي تتضمن الأسلوب التوجيهي أكثر من أسلوب السيطرة، وقد انجذبن للأبريشيين الموهوبين، وعملن على حشدهم كعمال مشاركين. لقد انجزت النساء القسيسات هذا عن طريق الجمع بين مجموعة استراتيجيات منها: زيارة البيوت، وتعلم الاسم الأول لكل عضو من العائلة، وذكر اهتمامات الأبرشيين عندما قمن بالوعظ، وجعلن أنفسهن منفتحات ومن السهل الوصول إليهن. إن هذا النمط من القيادة كان يقابل، مباشرة، نمط القسيسات الكاهنات السابقات، اللواتي كن يملن إلى ممارسة قيادة هيراركية (تراتبية)، ويؤدين بشكل نموذجي مثل "فرقة الرجل الواحد" أكثر من القائد الموسيقي الذي يقود الأوركسترا. ومن جانبهم، كان الأبرشيون مستعدين ليكونوا شركاء في ابتداع هذا الواقع الاجتماعي الجديد وذلك لأنهم أرادوا إلى حد ما تجنب البديل، وهو إغلاق أبرشيتهم بسبب عجز الكاهن. أوضح أحد الأبريشيين أنه "من الصعب أنه تقول لها لا لأن الناس يحترمونها وأنت تريد مساعدتها، ولها طريقة في سؤالك والطلب منك تجعلك مرتاح البال. إن طريقتها لا تمثل نوعاً من المطالبة، إنها دائماً تسأل ولا تقول أبداً افعل هذا".

ومن ثم، فإن مرحلة "التشييء" تمثل مرحلة إنتاج في العملية الديالكتيكية، وفي طور "التشييء" من عملية تشكيل الواقع يرى بيرغر ولوكمان الأفراد باعتبارهم كائنات خلاقة ومبدعة، بإمكانهم السيطرة على بيئتهم. إن هذا المفهوم مماثل لـ "الذات الفاعلة" (I)

كأحد وجوه الذات الاجتماعية، وهي فكرة تمت استعارتها مـن جـورج هربـرت ميـد. وباختصار، فإن "التشييء" يعني أن الأفراد يخلقون المجتمع ويبتدعونه.

الموضعة

تمثل الموضعة عملية يدرك الأفراد بواسطتها الحياة اليومية باعتبارها منظمـة، وواقعاً مرتباً مسبقاً يفرض نفسه لكنه مستقل عن البشر. ويوضح بيرغر ولـوكمان أنـه بالنسبة للفرد "يظهر واقع الحياة اليومية مموضعاً بشكل مسبق، أي، تشكل بواسطة نظام مـن الموضوعات قبل ظهوري على المسرح".

وتمثل اللغة الوسيلة التي تصنف بواسطتها الموضوعات على نحـو مـا، ويوضح بيرغـر ولوكمان "أن الموضعات Objectivations العامـة للحيـاة اليوميـة تصـان بشكل أساسي بواسطة التعبيرات اللغوية. إن الحياة اليومية، فوق كل ذلك، تمثل حيـاة مـع اللغـة وبواسطتها، اللغـة التي أشارك فيها زملائي. وهكذا، فإن فهم اللغة أساسي بالنسبة لأية عمليـة فهـم لواقع الحيـاة اليومية.

إن دور اللغة في صيانة الموضعات العامة يوحي بأن التغيرات في اللغـة سـوف تقـاوم، خذ بعين الاعتبار التحديات التي تواجه اسـتخدام لغـة شـمولية والتي تأخـذ مكانهـا حالياً في بعض الأماكن.

لنعود مرة أخرى إلى مثال الصداقة، حيث تعنـى الموضعة أن الصـداقة بـين شخصـين والتي نتجت عن تفاعلاتهما تجابه الصديقين كواقع اجتماعي. وعندما يشير الصديقان إلى هـذا الواقع بكلمة "نحن"، فإنهما يسـتخدمان اللغة لتصنيف الصداقة باعتبارها واقعاً اجتماعيـاً موضوعياً، والناس الآخرون اللذين يسمعون بأنهما أصدقاء يفهمون ما تعنيه العلاقة.

استخدم جبيريوم Gubrium في دراسته الميدانية في بيت الرعاية مفهوم الموضعة ليحلـل مكانة الخَرِف Senility بين المرضى. وأوضح بأن المعرفة عن الخرف والخرف الأولي

انبثقت في عملية العمل اليومي الـذي يقـوم بـه طـاقم الرعايـة الصحية ليصـنفوا السلوك بأنه خرف أو ليس خرفاً. وعندما تم إدراك الخرف بهذه الطريقة، تقبل النـاس المكانـة الموضوعية الطبيعية للمصاب بالخرف، وما أن تـم التصـنيف عـلى هـذا النحو حتى أصبحت مكانة الخرف تعود بالتأثير على أولئك اللذين وصفوا بالخرف. مثلاً، وجد جبيريوم أن المرضى يميلون إلى الاعتقاد بأن الخرف معدٍ (ناقل للعدوى) ويقتبس من أقوال اثنين مـن المرضى (1) أنت تقضي وقتاً طويلاً حول "إيم" سوف تصبح مخبولاً قبل أولئك. (2) ذلك الطاقم المجنون مضلل وخادع. أنت تعلم أن جميعهم يعتبرونك أحمقـاً كـما هـو حـالهم. ومـن أجـل توضيح التشكيل الاجتماعي للواقع في حالة الخرف، أشار جبيريوم إلى أنه يـتم التسـليم بـأن السـلوك المضطرب، وغير الموجه، والهائج يعتبر سوك خرف عندما يكون الشخص الـذي ينخرط في هـذا السلوك مسناً. ومع ذلك، فإن ظهور نفس الأعراض لدى فرد أصغر سناً يعتقد أنها بشكل واضح تمثل شيئاً ما آخر. وهكذا، فإن الخرف يمثل واقعاً موضوعياً لـه نتـائج بالنسبة للنـاس اللـذين اتصفوا به.

باختصار، تعني الموضعة بأن المجتمع يمثل واقعاً موضوعياً لـه نتـائج بالنسبة للفرد، لأنه يعود بالتأثير على مبتدعه Acts back on وصانعه، وهذا ما يأخذنا للمفهوم التالي.

الاستدماج

المرحلة الثالثة في العمليـة الديالكتيكيـة هـي الاستدماج، وتمثل نوعـاً من التنشئـة الاجتماعية التي يتم بواسطتها ضمان شرعية النظام المؤسسيـ بالنسبة لبيرغر، فإن التنشئـة الناجحة تعني أن هناك درجة عالية من التساوق بين الواقع الموضوعي والـذاتي وبين الهويـة الموضوعية والذاتية. إن عملية الاستدماج بالنسبة لبيرغر تـوازي عمليـة التنشئة الاجتماعيـة بالنسبة لبارسونز، والتي يقوم الأفراد فيها باستدماج (أي يجعلوا خاصتهم) الواقع الاجتماعـي المموضع، مع نتيجة أن كل واحد تقريباً يمثل مـا كـان ينبغي أن يكون عليه. وليس هنـاك مشكلة في الهوية بالنسبة لكل واحد يعرف كل شخص من هو والذي هو يمثل

ذاته".

إن دراسة عودة محاربي فيتنام توضح بعضاً من المشكلة التي نتجت عن قلة التساوق بين الهوية الموضوعية والذاتية. فكما يوضح الباحثون: هناك تغير في الهوية حينما يتحرك المرء من عالم الحرب. إن الجندي المدني العائد لديه فهم حاد للحرب طالما أنها جعلته مختلف من خلالها، وليس مجرد اختلاف قابل للتماثل. ورغم ذلك فإن المحارب يريد أن يندمج مرة أخرى في الواقع الاجتماعي المعطى والمسلم به في بلده. إنه يجد أن عالم الحرب خاصته لا يمكن أن يكون مشتركاً بصورة تبادلية في عالم موطنه، عليه أن يخرج رأسه من فيتنام حينما يضعه أحد المحاربين. باختصار، إنه ليس ما كان ينبغي أن يكون عليه، وأن مشكلة الهوية حادة.

وكما ذكرنا سابقاً فإن تعريف بيرغر للتنشئة الاجتماعية يشبه كثيراً تعريف بارسونز، أي، استدماج المعايير والقيم الاجتماعية. ومع ذلك، فإن بيرغر يميز بين التنشئة الأولية والتنشئة الثانوية. تشير التنشئة الأولية Primary إلى ما يخضع له الأفراد في الطفولة عندما يواجهون الآخرين المهمين، اللذين يتماثلون معهم وجدانياً وعاطفياً. "إن الطفل يتقمص دور الآخر الهام واتجاهاته، أي يستدمجها ويجعلها خاصة. أما بالنسبة للتنشئة الثانوية Secondary فإنها تشير إلى "أي عملية لاحقة تدخل الفرد المنشّأ مسبقاً إلى قطاعات جديدة من العالم الموضوعي لمجتمعه". بشكل أساسي، إن التنشئة الاجتماعية الثانوية تمثل طوراً لاحقاً في عملية اكتساب المعرفة، وتهتم بأدوار أكثر تحديداً ودقة. إنها تأخذ مكاناً تحت رعاية الوكالات المتخصصة، مثل المؤسسات التعليمية الحديثة.

توضح نظرية التشكيل الاجتماعي للواقع أنه متى انخرط الأفراد في الاستدماج، فإنهم يتكيفون مع توقعات المؤسسات الاجتماعية الموجودة، وكذلك فإنهم يعيدون ابتداع وصنع المؤسسة الاجتماعية. إن خلق وابتداع مؤسسة جديدة يحدث في مرحلة التشييء،

وما أن تتشيأ، فإنها تصبح مموضعة، وما أن تتموضع، فإنها تعود بالتأثير على الفرد باعتبارها كياناً مستدمجاً، وكما يوضح بيرغر ولوكمان: "المجتمع نتاج إنساني" (التشييء). "المجتمع واقع موضوعي" (الموضعة)، "الإنسان نتاج اجتماعي" (الاستدماج).

وبالعودة مرة أخرى إلى مثالنا حول الصداقة، دعنا نأخذ بعين الاعتبار عملية مأسستها. عندما يبتدع فردان الصداقة في مرحلة التشييء، فإنها تصبح موضوعاً (الموضعة)، ومن ثم تعود بالتأثير عليها باعتبارها شيئاً ما قاما باستدماجه. وهكذا، فإن تشكيل الصداقة يمكن أن تكون له نتائج مختلفة بالنسبة للصديقان، مثل استخدام وقت الصديق، وطاقته، ومصادر أخرى، ولنتأمل للحظة السلسلة الكاملة للمسلكيات المتوقعة من الصديق: زيارة الصديق في المستشفى أو العناية به عندما يمرض، وتقديم النصيحة للصديق، وإقراضه المال، وتقديم الهدايا، وكتابة الرسائل، وأيضاً قضاء أيام كاملة مع ذلك الصديق. باختصار، إن المؤسسة التي ساعَدْتُ في إيجادها وخلقها تعود بالتأثير عليّ متى يطلب الصديق وقتي (الموضعة) وعندما أختار أن ألبي المطالب (استدماج)، وأنا أعمل على إعادة خلق (التشييء) تلك المؤسسة مرة أخرى، وباعتباري فرداً فإنني أستطيع أن أفعل وأن أكوّن ردة فعل، إنني أستطيع أن ابتدع مؤسسات جديدة وان أعيد خلق (وبذلك أقوم بصيانة) المؤسسات القديمة. لكن في كل حالة يتأسس الواقع على عملية مستمرة من التفاعل والتفاوض.

وكما ذكرنا سابقاً، فإن بيرغر ولوكمان يعتبران أن السؤال المركزي في النظرية السوسيولوجية هو "كيف يمكن أن تصبح المعاني الذاتية حقائق واقعية موضوعية؟" إن اهتمامهما الأولي منصب على العوامل التي تجعل عالماً معيناً أكثر أو أقل واقعية ومستدمج تماماً.

ومن القضايا المتعلقة بعملية الاستدماج ما يطلق عليه بيرغر ولوكمان "التشيؤ"، Reification أي "إدراك منتجات النشاط الإنساني وكأنها شيئاً آخر لم ينتج إنسانياً، مثل

حقائق الطبيعة، ونتائج القوانين الكونية، أو مظاهر الإرادة الإلهية. إن التشيؤ يوضح بأن الإنسان قادر على نسيان إبداعه وإيجاده للعالم الإنساني، بالإضافة إلى أن الـديالكتيك بـين الإنسان المنتج ومنتجاته يفتقد إلى الوعي. إن العالم المُشَيَّء يمكن أن يعرف بأنه عالم مجرد مـن الصفات الإنسانية.

ويصور بيرغر في كتابه "العرش المقدس" الفرد الذي يشيء عالمه الاجتماعي بأنه شخص يعـيش حيـاة مغتربـة، وتفتقـد إلى المعنى، وكـما يوضح بيرغر "يصبح المرء فقط مـذعناً، والديالكتيك مفقود، والفرد ليس حراً، لكنه مسجون في قدره. ويناقش بيرغر دور الـدين في عملية التشيؤ كما يلي:

"إحدى الخصائص الأساسية للمقدس، كـما تـتم مواجهتها في الخبرة الدينية تتمثل في الآخرية Otherness، وتظهر كشيء آخر بالكامـل مقارنـة مـع الحيـاة الإنسـانية العلمانية والاعتياديـة .. إن الوصفة الأساسـية للشرعية الدينية تتمثل في تحول المنتجات الإنسانية إلى حقائق واقعيـة فـوق إنسانية أو غـير إنسانية. إن العـالم المصنوع إنسـانياً يفسر_ بمصطلحات تنكر إنتاجه الإنساني".

وهكذا، إلى الدرجة التي تقنع فيها المعتقدات الدينية الأفراد بـأنهم ليسوا مسئولين عـن آجـالهم، أو تلـك الأدوار الكهنوتيـة التي اقتصرت عـلى الـذكور، أو الوطنيـة أو معـاداة الشيوعية تمثل معتقدات مقدسة، أو الطاقة العمياء التي تمثل واجباً أخلاقياً. إنه إلى تلـك الدرجة، كما يرى بيرغر، يحرض الدين عملية التشيؤ ويعاونها.

أخيراً، توضح نظرية التشكيل الاجتماعي للواقع بأن الأدوار وكذلك المؤسسات يمكن أن تتشيء. مثلاً، عندما يقول فرد ما، "عليّ أن أتصرف بهذه الطريقة لأن موقعي يتطلب هـذا، ليس لدي خيار" فإن ذلك الفرد يعلن عن عقلية مغلقة متشيأة، مثل هذه

العقلية تختزل الخيارات المتوفرة للناس، وهي تمثل الموقف الـذي ينسى ـ الأفـراد فيـه بالفعل إبداعهم للعالم الإنساني وصناعتهم له.

هذا لا يعني أن السلوك المسؤول والالتزامـات الثابتـة تمثـل تشـيؤاً. إن نظريـة بيرغـر تأخذ بالحسبان الأفراد اللذين يعيدون تأكيد مسـئولياتهم وخيـاراتهم، عنـدما يتنبهـوا للبـدائل المتاحة لهم. إن الصديق الذي يقدم بإرادته المال أو الوقت النادر باسم الصداقة، والوالد الـذي يقول "عليّ أن أفعل هذا لأنني مسئول عن طفلي"، إنهم يعيدون خلق الواقع الاجتماعي بوعي أكثر من كونهم يشيئون مواقعهم.

ننتقل الآن إلى دورثي سمث، التي تأثرت بالظاهراتية بشدة واستخدمت مفـاهيم مـن نظرية الصراع النقدية في محاولتها التجسير بـين المسـئوليات التحليليـة قصيرة المـدى وبعيـدة المدى.

الجزء الثالث

دورثي إي. سمث: نظرية نقطة الاستشراف النسوية

خلفية

ولدت دورثي سميث في بريطانيا العظمى عام 1926، وعملت سكرتيرة قبل أن تلتحق بمدرسة لندن للاقتصاد، حيث حصلت على درجة البكالوريوس في عام 1955. وبعد ذلك بفترة قصيرة انتقلت إلى الولايات المتحدة حيث حصلت على الدكتوراه من جامعة كاليفورنيا في بيركلي عام 1963، ثم عادت إلى بريطانيا كمحاضر من عام 1964- 1966، وشغلت وظائف أكاديمية أخرى في جامعة إسكس Essex في بريطانيا العظمى، وجامعة كولومبيا البريطانية في كندا، وجامعة تورنتو، ومنذ عام 1977، حصلت على رتبة أستاذ في قسم علم الاجتماع والتربية في معهد أونتاريو للدراسات التربوية.

إن كتابات دورثي سميث تقرأ على نطاق واسع، ويتم توثيقها بشكل متزايد، ولقد تم تكريمها ثلاث مرات من قبل الجمعية الأمريكية لعلم الاجتماع: كما أن طبعة عام 1992 من كتاب النظرية السوسيولوجية اتصف بمناقشة أعمالها. وفي عام 1992 نظمت شعبة النظرية في الجمعية الأمريكية لعلم الاجتماع جلسة خاصة حول كتبها التي أظهرت عمقاً وسعة أفق في التفكير في أعمالها النظرية مثل: "العالم اليومي باعتباره إشكالياً: علم الاجتماع النسوي"، و"الممارسة المفاهيمية للقوة: علم اجتماع المعرفة النسوي"، و"نصوص، وحقائق وأنوثة: اكتشاف علاقات السيطرة". وفي عام 1993 قدمت الجمعية الأمريكية لعلم الاجتماع جائزة جيسي بيرنارد لدورثي سمث وباتريشا هل كولينز في ذكرى أعمالهن التي وسعت آفاق علم الاجتماع ليشمل تماماً دور المرأة في المجتمع. ويقرأ مقدم الجائزة:

"كلتاهما مستحقتا الجائزة تمثلان جزءاً من التحول في علم الاجتماع. وكلتاهما قد وسعتا حدود علم الاجتماع ليتضمن الاستشراف، والخبرات، والاهتمامات المتعلقة بالمرأة. وكلتاهما قد وسعتا حدود النوع الاجتماعي ليتضمن نقاط التقاطع بين العرق والطبقة، والنوع الاجتماعي. وكلتاهما قدمتا علم اجتماع يتطلع إلى تمكين المرأة من خلال الديالكتيك بين النظرية والممارسة".

وكما ذكرنا في الفصل الخامس، فقد انجذبت باتريشا هل كولينز إلى أعمال سمث عندما وسعت نظرية الاستشراف لتتضمن العرق، والطبقة، وكذلك النوع الاجتماعي وباشرت بتحليل الأشكال الأكثر تعقيداً من الظلم الذي عايشته المرأة الإفريقية الأمريكية. وهنا نحن ننظر إلى العناصر الأساسية في العمل النظري لدورثي سمث ويتبع ذلك مناقشة للتطبيقات المنهجية.

التعريف بنظرية الاستشراف

تستكشف نظرية نقطة الاستشراف Standpoint Theory لدورثي سمث العوالم اليومية/ الليلية للأفراد اللذين يشغلون مواقع خاضعة. وعلى الرغم من أن نظريتها، تمثل نظرية استشراف نسوية تركز على المنظورات المتعلقة بالمرأة، إلا أنه بإمكان نظرية الاستشراف أن تأخذ منظورات تتعلق بأفراد خاضعين آخرين مثل المرأة السوداء التي تم تحليل وضعها من قبل باتريشا هل كولينز. كما يمكن لنظريات استشراف أخرى أن تركز على النساء والرجال البيض الفقراء، وكذلك غير البيض، والأفراد اللذين ينتمون إلى أقلية إثنية ودينية خارج المجتمع الغربي الحديث.

إن نظرية الاستشراف النسوية لدى سميث تتضمن عناصر اجتماعية بنائية واجتماعية نفسية وكما هو الحال بالنسبة إلى سي رايت ملز، وأنتوني جدنز، وبيار بورديو،

وراندال كولينـز فإن عملها يجسر مستويات التحليل البنائية بعيدة المـدى والتفاعليـة قصيرة المدى. إنها تصف منظورها بأنه "اقتران بين المنهج المـادي الـذي طـوره مـاركس وأنجلـز والإثنوميثودولوجي عند جارفنكل". تهتم سمث بـ **بنى السيطرة الذكورية كما تخبرها المرأة في خبراتها اليومية، وكيف تفكر المرأة بتلك الخبرات وتشعر بها.**

تريد سـمث، مثـل جارفنكـل أن تحطـم التـابو فـيما يتعلـق بالتسـاؤل حـول النظـام الاجتماعي، ولتميط اللثام عن الافتراضات المعطـاة والمسـلم بهـا أو الأسـاطير والخرافـات التـي تعمل في موقف التفاعل. إن عملها يشبه عمل الظاهراتيين اللـذين تـم ذكـرهم في بدايـة هـذا الفصل، واللذين ينظـرون إلى واقـع طبيعـة المـرأة، وحاجاتهـا، وأدوارهـا ومكانهـا في المجتمـع، باعتبارها أنساق من الأفكار تشكلت في تفاعلات سابقة، ويتم الحفاظ عليهـا بموجـب التفاعـل الراهن المستمر. إنها تتبع جارفنكل في مدخلها الذي يركز على التعامل مـع مـا هـو معطـى في عالم المرأة اليومي/ الليلي باعتباره إشكالياً. تهدف سمث إلى تطوير علـم اجـتماع يتأسـس عـلى تفحص العالم اليومي الإشكالي، وبشكل محدد، تريد تطوير علم إجتماع ليس عن المرأة بل مـن أجل المرأة، وهو العلم الذي سوف يعطي النساء صوتاً.

بالإلهام المستمد من ماركس وأنجلز، اللـذان اعتزمـا في الأيـديولوجيا الألمانيـة تأسـيس علـم اجتماعـي لنشـاطات الأفـراد الفعليـين وظـروفهم الماديـة. توضـح سـمث أصـول نظريـة الاستشراف النسوية لديها على النحو التالي:

"لقد بدأت أفكر في كيفية تطوير بحث سوسيولوجي من موقع الـذات، صاحبة الخبرة، والذات المجسدة، باعتباره علم اجتماع استشراف المـرأة (أي وجهة نظر المرأة). لقد بدأنا نكتشف في الحركة النسوية أننـا عشـنا في عالم صغناه جميعنا بطرق امتلكنا من خلالها اليسير من القول .. لقد اكتشفنا أننا كنا بطرق متنوعة مجبرات على

السكوت، ومحرومات من سلطة الكلام، وأن خبرتنا لهذا السبب لم يكن لها صوت، وتفتقد بالفعل إلى لغة، ولأجل هذا أخذنا من العالم الثقافي والفكري الذي ابتدعه الرجال المصطلحات، والأفكار، ومفاهيم الذات والذاتية، والشعور والعاطفة، والأهداف، والعلاقات، والعالم الموضوعي الذي يتجمع في خطابات تتوسطها النصوص ومن نقطة استشراف الرجال اللذين يحتلون أجهزة الحكم. وصلنا إلى فهم تنظيم القوة هذا باعتباره "نظاماً أبوياً"، وهذا المصطلح يتطابق مع العلاقات الشخصية والعامة للقوة الذكورية".

وتوضح سميث أنه نتيجة لافتقاد النساء للقوة في النظام الأبوي، فإنهن يخبرن خط تصدع بين ما يعرفنه وبين ما هي عليه المعرفة الرسمية، ولهذا السبب يعشن بوعي منقسم. إن ولاءها للظاهراتية يتمثل في كفاحها لحل وتفكيك الافتراضات المعطاة والمسلم بها في المؤسسات الاجتماعية. إن الخبرات الذاتية لدى سميث كزوجة لطالب دراسات عليا تُعَد توضيحاً لذلك، حيث تقول:

"لقد وقعت في شرك علم الاجتماع وتمسكت به، وهو لم يكن كذلك لقد أحب الحياة، والكلام الحسن، واهتم بالناس بشكل عاطفي. لقد كان قليل الاهتمام بعلم الاجتماع سواء في البحث أم في جانبه العلمي. لقد سلكنا الطريق الخطأ بالاستناد إلى علاقات الزوج- الزوجة في تلك الأيام. لقد كنا نتظاهر باستمرار بأنها كانت شيئاً آخر مختلف لقد اجتهدت في التعليم لأستبدل، أو أكبت، أو ألغي اهتماماتي مُحاولةً، رغم أني لم أكن ناجحة بذلك، أن أكتسب أساليب الخضوع الملائمة لامرأة أمريكية نحو زوجها. لم نكن ناجحين أبداً، لقد كنت مذنبة، وقلقة، وكان بل Bill مفنداً، وغاضباً، ومرتبكاً".

إن المفهوم الأساسي في نظرية نقطة الاستشراف لـدى سـميث هـو علاقـات الحكـم أو الأجهزة الحاكمة، والتي لا تتضمن الدولة فقط، لكن مؤسسات الإدارة، والحكومة، والمهن التـي تنظم، وتقود، وتضبط المجتمعات المعاصرة. المرأة والآخرون اللذين هم ليسوا أعضاء في الأقلية الذكوريـة البيضـاء المسـيطرة يشـاركون فقـط بشـكل هامشي- إذا شـاركوا أصـلاً، في العلاقـات الحاكمة، وهناك مثال آخر يمثل انعكاساً مـن السـيرة الذاتيـة ويقـدم إيضـاحاً لهامشـية دورثي سمث حينما كانت عضو كلية خـلال سـنتين مـن التـدريس قضـتهما في جامعـة كاليفورنيـا، في بيركلي، حيث تقول:

"كانت شيرلي ستار هناك لمـدة فصـل واحـد كأسـتاذ زائـر وكانـت شـيرلي إحدى النساء العلماء من الجيل القـديم، حيـث مكنهـا ذكاؤهـا وألمعيتهـا الإحصائية من تأسيس نفسها في المواقع البحثية. قـدمت لي نصـيحة بعـد أن شاهدتني في يوم مـا أكتـب ورقـة مختصرـة لأحـد مقـرراتي في مكتـب القسم، فقالت: "لا تستخدمي آلة النسـخ بنفسـك" سـوف يعتقـد النـاس أنك سكرتيرة، ولأنني كنت سكرتيرة فإن قولها لم يشعرني بالغرابـة، لكننـي أخذت نصيحتها. لقد كان القسم أشبه بنظام الطوائف المغلق. لقد كانت الكلية ذكورية، أربعة وأربعون رجلاً، وأنا ..وشيرلي لمدة فصل واحد".

توضح سميث بأن الأجهزة الحاكمة تمثل تنظيماً طبقياً يتضـمن الطبقـات المسـيطرة والتي لا تستبعد الطبقة العاملة فقط، ولكن كذلك المرأة و"أصوات الكثير من النساء والرجـال الملونين، والناس الوظيفيين، وذوي الجنسية المثلية من النساء والرجـال. ومـن نقـاط استشرـاف مختلفة تظهر جوانب مختلفة من الأجهزة الحاكمة ومن الطبقـة. تجـادل سـميث بـأن نقطـة استشراف المرأة تمثل مكاناً يبدأ منه العلماء الاجتماعيـون، بحيـث يـتم فـتح المجـال لاكتشـاف الممارسات المفاهيمية لعلاقات الحكم المموضعة والمألوفة فيما يفعله الناس

الحاليين.

بينما يمثل هذا الجانب من عمل سميث امتداداً لتقليد الصراع النقـدي، فـإن دعوتهـا لعلم اجتماع متمركز حول المرأة يمكن أن يوصف مـن قبـل الإثنوميثودولـوجيين بأنـه "انتهاكـاً للمشهد" بالنسبة للاتجاه السائد بين علماء الاجتماع، لأن تساؤلاتها تتحدى الافتراضات المعطاة والمسلم بها. إنها تتفق مع انتقاء شوتز للاتجاه العلمـي والـذي يضـع بـين قوسـين أو يشـك في "ذاتية المفكر كرجل بين زملائه الرجال، بما في ذلك وجوده الجسدي كإنسـان نفسي- عضـوي في العالم" ولهذا السبب توضح سميث بأن اكتشاف "الموضوعية" التي تدعم الأجهزة الحاكمة يمثل طريقة للمرأة والجماعـات الخاضـعة الأخـرى لـيس فقـط مـن أجـل إدراك المـراد مـن عـالمهم الاجتماعي، ولكن كذلك لإدراك احتمالية تغييره. إن الوصف التالي لمنظورها يكشف عن ولائهـا لجارفنكل:

> "إنه يقترح علم اجتماع مطلع على بواطن الأمور، أي وعي متطور نظامياً بالمجتمع من الداخل .. يبدأ من حيـث تعيـدنا الـذات المحـددة فعـلاً إلى عـالم اجتماعـي ينشـأ ويعـرف عـبر نشـاطات فعليـة مسـتمرة لأشـخاص واقعيين.
>
> إن إسـتراتيجية الاطـلاع عـلى بـواطن الأمـور تتخـذ مفـاهيم وأفكـاراً، وأيديولوجيا، ومخططات، كأبعاد ومُنَظِّمات للعملية الاجتماعية المستمرة، التي نستطيع إدراكها فقط باعتبارنا مطلعين عـلى بـواطن الأمـور، وفقـط من خلال إمعان النظر في ممارساتنا .. فإن علم اجتماع بـديل، مـن نقطـة استشراف المرأة، يجعل العالم اليومي إشكالياً".

وكما أوضحنا سابقاً في هذا الفصل، فإن تساؤلات الظاهراتية حول الافتراضات المعطاة تتحدى الأفكار المتعلمة ثقافياً، وتعامل ما هو معطى باعتبـاره إشـكالياً وذلـك مـن أجـل فهـم العالم اليومي. ثمة توضيح لهذا الموقف الفعلي في مناقشة سميث للأنوثة، فهي

توضح بأن الاستكشاف النسوي للأنوثة يعني الابتعاد عن النظر إليها باعتبارها نظاماً معيارياً يعاد إنتاجه من خلال التنشئة الاجتماعية، التي تخضع لها النساء بطريقة ما، بل على العكس تعرف الأنوثة باعتبارها مركباً من العلاقات الفعلية الراسخة في النصوص. وتعني سميث بالنصوص التفسيرات الرسمية التي تنقل النظام المؤسسي وتعيد خلقه. وكما هو الحال بالنسبة لبيرغر ولوكمان، ترى سميث أن العلاقات الجندرية متشكلة اجتماعياً.

وفي تحليلها لعرض مستحضرات التجميل في أحد مولات التسوق، توظف سميث المنهج الوثائقي لتظهر كيف أن عروض مستحضرات التجميل توثق النمط الأساسي (الكامن) أو النظام الاجتماعي الضمني. وتوضح كيف أن استخدام الألوان البستلية Pastel (أوعية كريم مع أغطية وردية شاحبة محاطة بورود زهرية وبيضاء)، وتعبيرات النعومة من خلال استخدام الأقمشة المزركشة وغيرها من الأقمشة الناعمة تصوغ رموز الأنوثة، تقول سميث:

"إن النعومة في خطاب الأنوثة تعبر عن تعاليم عقيدة أي أن المرأة الأنثى مطواعة، ومشتكية، ومتذمرة، إن تشكيل الصورة المرمزة ضمن الخطاب تمكن مظاهره المحلية من العمل بطريقة تعبيرية. إن المرأة التي ترتدي الأقمشة الناعمة، والمصقولة، والشفافة، وألوان البستيل تقدم نفسها كنص يستخدم تعاليم الأنوثة باعتبارها مخططات تفسيرية من أجل أن يُقرأ".

إن التأكيد على علم الاجتماع المطلع على بواطن الأمور، وعلى أهمية النظرة الجادة للتحديد الفعلي للذات، يقترح بأنه ينبغي أن يكون هناك عدد من التطبيقات المنهجية لنظرية نقطة الاستشراف لدى سمث. حقاً، تعترف سميث بأنها مهتمة بشكل أساسي بمناهج علم اجتماع الكتابة.

التطبيقات المنهجية

بالإضافة إلى استخدامها المنهج الوثائقي في تحليل عرض مستحضرات التجميل المشار إليه سابقاً، تطبق دورثي سميث كذلك "الأفق الداخلي". لقد ناقشنا سابقاً في هذا الفصل نقد سيكوريل للباحثين الكميين، والذي استند إلى تركيزهم على ما يدعوه "الأفق الخارجي" للمقاييس والترتيبات، وكانت النتيجة إهمال "الأفق الداخلي".

وفي تحليلها لعمل لجنة التحقيق في الوفيات غير المفسرة في جناح الأطفال في عام 1983. لاحظت سميث انقطاع النساء كمتحدثات في الخطاب العام. إن الأطباء والممرضات كانوا يدعون بوصفهم شهود، لكن الأطباء كانوا يعاملون كأصحاب سلطة وبشكل موازٍ للقضاة والمحامين في اللجنة. وبالمقابل فإن الممرضات كن يتعرضن للمقاطعة والمضايقة المتواصلة "فقد تم سؤال إحداهن فيما إذا كانت مستعدة للخضوع إلى تنويم مغناطيسي، وتم سؤال أخرى فيما إذا كانت مستعدة للخضوع إلى اختبار كشف الكذب وأخرى فيما إذا كانت مستعدة للخضوع من أجل التأكد من "صحة المصل" وبالنتيجة فإن الأفق الداخلي للمرضات لم يؤخذ بالحسبان وأهمل في البحث، وتوضح سميث:

> "لم تتم معاملتهن بأية طريقة أبداً كصاحبات سلطة مهنية. فلم يعاملن باعتبار أن ملاحظاتهن للموقف في الجناح، ولظروف الأطفال، أو أشكال الروتين الفعلية في عمل تنظيم الرعاية، يمكن أن يكون لها علاقة في التحقيق بشكل مساوٍ لملاحظات الأطباء، لم يتم استخدام معرفتهن أبداً، ولم تكن مدركة كمعرفة".

وقد يفترض المرء بأن أغلبية أو جميع الأطباء في التحقيق السابق كانوا ذكوراً رغم أنه لم يتم ذكر ذلك. وفي ذلك الحين تم التعامل مع ارتباط المكانة المتدنية بالإناث وارتباط المكانة العليا بالذكور، كواقع معطى ومسلماً به حيث أنه لم يكن من الضروري التعليق

على النوع الاجتماعي للأفراد المتضمنين في عملية التحقيق.

إن مساهمة دورثي سميث، رغم ذلك، تذهب إلى مدى أبعد من استخدام وإيضاح مناهج البحث الظاهراتية. وفي الحقيقة، فإن الكثير من عمل دورثي سميث يمكن أن يوصف بأنه توسيع وإعادة تنميط للبحث السوسيولوجي. لقد صرحت بأنها لا تنظر إلى عملها باعتباره "نظرية شمولية"، بل باعتباره "منهجاً في البحث، مستمراً على الدوام، ويشرع أبواب الأشياء، ويكتشف .. , وهو بحث ذو علاقة بالسياسات وممارسات النضال التقدمي، سواء كان يتعلق بالمرأة أم بالجماعات المظلومة الأخرى". وبهذا المعنى فإنها تمتد إلى مدى أبعد من المنهجية الظاهراتية، وتنجذب بصورة أكبر للمنظور الصراعي النقدي.

إن نقطة استشراف المرأة التي تقترحها سميث لا تنس الجسد "إنها لا تترك الموقع الفعلي للذات ابداً". وتوضح سميث بأن خبرة المرأة للظلم متأسسة في السيطرة الذكورية، واستخدامنا لسيطرة أجسادنا"، وتوضح:

"إن الذات العارفة تتحدد دائماً في حيز مكاني وزماني مؤقت. وفي شكل معين للعالم اليومي/ الليلي. إن البحث يوجه نحو استكشاف وتفسير ما لا تعرفه هي، أي العلاقات الاجتماعية والتنظيم الذي يجتاح عالمها لكنه غير مرئي فيه".

وهنا تكشف سميث عن الاتجاه التحولي في بحثها، وتجعل الأمر واضحاً بأن اهتمامها الأساسي يكمن في "ما نواجهه في تحويل العلاقات المستبدة والظالمة". إنها تريد علم اجتماع قادر على "اكتشاف وتخطيط تنظيم فعلي وعلاقات فعلية غير مرئية لكنها فاعلة ونشطة في المواقع اليومية/ الليلية حيث يشرع الناس بمقاومة ونضال قادر على إنتاج معرفة توسع وتمدد إدراكهم وإدراكنا لكيفية استجماع الأشياء، وتوسع مقدرتهم ومقدرتنا لتنظم وتؤدى بفاعلية.

على الرغم من تصريح سميث بأنها تستخدم هذا المنهج من البحث بشكل أساسي من نقطة استشراف المرأة في الرأسمالية المعاصرة إلا أنها تقدم بعض الأمثلة لباحثين قاموا بتوسيع استخدام هذا المنهج على موضوعات أخرى ترتبط بعلاقات الحكم والسيطرة مثل "دراسة دور المسرح البنغالي في أواخر القرن التاسع عشر في تشكيل وعي الطبقة الحاكمة" و"تفحص كيف أن عمل المعلمين تأثر بالمكانة الاقتصادية لعائلات الأطفال اللذين يدرسونهم". و"تفحص خبرة الطلاب اللواطيين في المدرسة الثانوية، بحيث يتم الكشف من خلال تلك الخبرة عن التنظيم الاجتماعي المميز لظلمهم واضطهادهم".

خاتمة

كما شاهدنا، فإن الظاهراتية بعيدة عن أن تكون علم اجتماع عادي أو تقليدي، إنها لم تحظ بثقة العديد من علماء الاجتماع اللذين ينتمون للاتجاه السائد، وبشكل خاص أولئك اللذين يفضلون البحث الكمي. إنه لم يكن مدهشاً أن يلقى الظاهراتيون صعوبة في نشر أعمالهم في السبعينيات من القرن الماضي، وهي المعضلة التي اشتركوا فيها أحياناً مع التفاعليين الرمزيين. إن انبثاق مجلات مثل مجلة الإثنوغرافيا المعاصرة (كانت تدعى سابقا الحياة الحضرية والثقافة)، كان مهماً إلى حد كبير لأنها أوجدت قناة لنشر الدراسات الإثنوغرافية، ومع ذلك، حتى مجلات الاتجاه السائد في الوقت الراهن مثل American Sociological Review يوجد في طاقمها ظاهراتيون يعملون كمحررين ومساعدي تحرير.

بالإضافة إلى ذلك، هناك عدد متزايد من المنشورات التي تنتمي حصرياً إلى النظرية، والتي تتضمن أعمال الظاهراتيين وتنشرها، ومثال ذلك، (1) النظرية السوسيولوجية، (2) ومنظورات راهنة في النظرية السوسيولوجية، (3) والنظرية والمجتمع، (4) والنظرية والثقافة والمجتمع. وبالنسبة لعلماء الاجتماع المهتمين في تطبيق أفكار النسويين مثل دورثي سميث وباتريشا هل كولينز، فقد انبثق عدد من المجلات الجديدة، والعديد من

المجلات المختلطة منذ انفجار البحث حول موضوع الجندر والذي بـدأ في الستينيات مـن القـرن المـاضي، وتتضـمن: (1) الجنـدر والمجتمـع، (2) والعلامـات Signs، (3) والدراسـات النسوية، (4) والأدوار الجنسية، (5) ومصادر للبحـث النسوي، (6) والمنتـدى الـدولي لدراسـات المرأة.

ومن الخصائص المشتركة بين التفاعلية الرمزية والظاهراتية النظر إلى الفرد مـن جهـة أنه فعال ونشط، وذات ذكية (وأحياناً عاطفية أيضاً). وكل منهما تزدري أية منهجية يبدو فيهـا الفرد سلبياً. وباستخدام مصطلحات سي رايت ملز، فإن كلاً من المنظورين يمتلـك نظرة سلبية للنظرية الكبرى والإمبريقية المجردة. إن لدى الظاهراتية والتفاعلية الرمزية مساهمات مختلفة ومكملة لبعضها، للاندفاع نحو المستوى التحليلي السوسيولوجي قصير المدى.

إن أحد الأشياء التي تشترك فيها الإثنوميثودولوجي مع الوظيفية أنهما كانتـا موضوعـاً للهجوم من قبل رئيس الجميعة الأمريكية لعلـم الاجتماع في الخطاب الرئـاسي. ولنتـذكر بـأن جورج هومانز George C. Homans قد استخدم خطابه الرئاسي كمناسبة للهجـوم عـلى تـالكوت بارسونز، وسملسر، والوظيفيين. وبطريقـة مشابهة اختار لـويس كـوزر في خطابـه الرئـاسي أن يهاجم الإثنوميثودولوجي، وكان انتقاده الرئيس بأن الإثنوميثودولوجي تمثل منظوراً "يتجاهـل العوامل المؤسسية بوجه عام، ويتجاهل مركزية القوة في التفاعل الاجتماعي بوجه خاص".

وعلى سبيل المثال، لماذا يقوم جارفنكل بـ "خلق مشكلة" أو " ينتهك المشهد"؟ إنه لا يسعى إلى تغيير النسق الاجتماعي، لكنه يسعى ببساطة إلى رؤية ما يفعله النـاس ليستحضـروا المظهر الخارجي للنظام عندما تقع الفوضى في عالمهم الاجتماعي. إن جارفنكل لا يقوم بـ "خلق مشكلة" ليوضح بأن النسق الاجتماعي استغلالي، أو ليشير إلى اللاتوازن

في القوة والمصادر كما تفعل دورثي سميث. بل على العكس، بتعبيرات وظيفية، فإن جارفنكل يدخل التوتر إلى الموقف، ويهتم بكيفية إعادة الناس هذا الموقف المعين إلى حالة التوازن.

إن نظرية بيرغر الموسومة "التشكيل الاجتماعي للواقع" تشبه الوظيفية في تعريف التنشئة الاجتماعية على أنها تمثل استدماج قيم ومعايير المجتمع. ورغم ذلك، فإن موقف بيرغر يختلف عن موقف بارسونز في أن بيرغر ينظر إلى الفرد على أنه قادر على اتخاذ موقف عقلي نقدي إزاء النظام الاجتماعي، وينبهنا بيرغر إلى أن النظام الاجتماعي يمثل منتجاً إنسانياً، لكنه خلافاً لدورثي سميث، لم يطرح أبداً السؤال ما إذا كان بعض الناس في موقع أفضل من الآخرين يمكنهم من ابتداع الواقع الاجتماعي. تفتقد نظرية بيرغر إلى الأدوات الضرورية لتحليل علاقات القوة، وهذا الأمر يمثل أحد وجوه النقص التي يشترك مع الإثنوميثودولوجي والتفاعلية الرمزية، وقد كان لهذا السبب أن قامت دورثي سميث بالجمع بين ماركس وإنجلز والظاهراتية من أجل تحليل نقطة استشراف المرأة وجماعات أخرى في موقع الخضوع ضمن علاقات الحكم.

إن الاهتمامات الظاهراتية ليست مغرية بالنسبة لعلماء الاجتماع اللذين يفضلون المستوى التحليلي بعيد المدى وينصب اهتمامهم الرئيس في التمييز بين أصول المؤسسات الاجتماعية المختلفة ودراسة التغير الاجتماعي. وكذلك فإنها ليست مغرية بالنسبة لبعض العلماء الاجتماعيين مثل جورج هومانز الذي يعطي أولوية لتأسيس قضايا تفسيرية عامة.

ما هو مستقبل الظاهراتية؟ إن أحد المؤشرات يدل على أن زوالها المبكر هو بعيد الاحتمال، ويتمثل ذلك في التزايد الحالي للمؤلفات والاهتمام المستمر في الجلسات المختصة تحديداً بهذا المنظور في المؤتمرات السوسيولوجية السنوية على المستوى القومي والدولي.

الفصل السابع
نظريات الاختيار العقلاني

مقدمة

ترتكز نظريـات الاختيـار العقلاني Theories of Rational Choice علـى افتراض أن النـاس عقلانيين، ويؤسسون أفعالهم على ما يتصورون بأنه أكثر الوسائل فاعلية لتحقيق أهدافهم. وفي عالم الموارد النادرة فإن ذلك يعني الموازنـة المسـتمرة بـين وسـائل بديلـة تقابـل غايـات بديلـة والاختيار من بينها، ومن هنا جاء مصطلح الاختيار العقلاني.

إن النظريات من هذا النمط تشترك إلى حد كبير مع الاقتصاد. وبالفعل، يمكن أن يُعبر عن هذا المنظور من خلال العبارة المألوفة التي تقول: "هناك سـعر لكـل شيء ، وكل شيء لـه سعره". ومع ذلك، لا يدل هذا ضمناً على أن المسائل الاقتصادية التقليدية- الإنتاج، والعمـل، وبيع السلع- تمثل الحقائق الهامة الوحيدة في تفسير السـلوك الاجتماعي، بـل إن مـا يقترحـه منظرو الاختيار العقلاني يتمثل في الطريقة اللازمة لفهم الكثير عن كيفيـة تصرف النـاس تجاه بعضهم بمشاهدتهم كصانعي قرار عقلانيين في عالم الندرة.

ويمكن أن نقدم مثالاً جيداً على طريقة عمل هذا المنظور مـن خلال اختبار معدل الطلاق في السنوات الراهنة. اقترح المعلقون على موضوع الطلاق عدداً من التأثيرات المحتملة؛ الوفرة المالية، ومدفوعات الرفاه، وتغير القيم الأخلاقيـة، والتغـيرات القانونيـة التـي جعلـت الطلاق يتم بشكل أسهل. إن العلماء الاجتماعيين الذين يسـتخدمون منظـور الاختيـار العقلاني يبدؤون بالحقيقة الأساسية المتمثلة في أن جميع حالات الطلاق تتضمن أفراداً يضعون خيارات حول مدى استمراريتهم في الزواج، ومن ثم يتساءلون حول الأمر الذي يجعل عـدداً أكـبر مـن الناس يختارون الطلاق أكثر من الماضي.

وعلى سبيل المثال، فإن جون سكانزوني John Scanzoni يسـتخدم هـذا المنظـور ليوضح بأن الاقتصاد الحضري، وارتفاع الرواتـب، وتزايـد الأعمال المفتوحة أمـام المـرأة، تعتبر عوامـل حاسمة لأنها جعلت الطلاق خياراً يمكن استخدامه بشكل متزايد بالنسبة للمرأة

وبشكل خاص من الناحية المالية. ونستطيع أن ندرك ما يعنيه سكانزوني إذا تخيلنا امرأتين في نهاية الثلاثين من عمرهما، الأولى زوجة مزارع في الغرب الأوسط الأمريكي في القرن التاسع عشر، والثانية امرأة معاصرة في لوس أنجلس أو باريس. الأولى مقيدة تقريباً في البقاء مع زوجها، حتى لو كان محتسياً للخمر ومعنفاً لها بشكل متكرر، ولا يوجد في منطقتها أعمال مفتوحة للمرأة، وتُترك امرأة مطلقة وحيدة مع أطفالها (ولا فوائد الرفاه أيضاً)، وجميع أفراد العائلة صغاراً وكباراً، يجب أن يعملوا في المزرعة ليحصلوا على الرزق.

وبالمقابل، فإن المرأة الحديثة، يحتمل أنها تمتلك على الأقل مهارات السكرتاريا وتستطيع، مثلاً، أن تحصل على عمل كسكرتيرة عند طبيب، وتأخذ شقة صغيرة في إحدى البنايات الحديثة ذات الارتفاع الشاهق، وتعيل نفسها وأطفالها براتبها لوحدها. وبسبب التطور الحديث لوسائل الحمل، فإنها لا تحتاج أيضاً لتكيف نفسها مع العزوبة، فإذا وجدت أن علاقتها مع زوجها غير مشبعة إلى حد كبير، فإنها تتركه لوحده إذا عاملها بقسوة بالغة، إن خيار الطلاق لهذا السبب يكون الأكثر جاذبية. وتستطيع أن تفكر بالعديد من الأشخاص الذين تعرفهم قد قاموا بهذا الاختيار. وبالنسبة لآخرين، فإن قرار إنجاب أطفال خارج الزواج هو ذاته قرار عقلاني اليوم بينما لم يكن الأمر كذلك في القرن الماضي، وذلك بسبب برامج الحكومة والإنفاق. وكما تشير اليجا أندرسون Elijah Anderson. أنه في الجيتو الحضري "بمصطلحات اقتصادية باردة، يمكن أن يكون الطفل شيئاً نافعاً وهو بدون شك يمثل حقيقة هامة خلف الجنس الاستغلالي وخارج الحياة الزوجية. إن المساعدة العامة تمثل إحدى المصادر القليلة التي يتم الاعتماد عليها من الناحية المالية. وهكذا فإن المنافع الاقتصادية النسبية للزواج بالنسبة لطبقات الناس المختلفة تفسر لماذا يولد ثلث الأطفال الأمريكيين خارج الزواج. هذه حقيقة بالنسبة لأقل من (5%) من أولئك الذين

يولدون لأبوين أبيضين يحملان الدرجة الجامعية. ولكنها تمثل الغالبية العظمى مـن أولئك الذين يولدون في الجيتو".

إن منظري الاختيار العقلاني يفهمون الطلاق بأنه القرار المتعلق بما إذا كنت ستتزوج أم لا بشكل مطلق، وهناك مدى واسـع مـن السـلوك الاجتماعـي الآخر بالاستناد إلى خيارات الناس، والاعتبارات التي تدخل إلى تلك الخيارات.

لقد أصبحت مقاربات الاختيار العقلاني في علم الاجتماع المعاصر معروفة علـى نطـاق واسع ضمن "نظرية التبادل". يعرف منظرو التبادل التفاعـل الاجتماعـي بأنـه: تبـادل السـلع والخـدمات الماديـة أو غـير الماديـة، والتـي تمتـد مـن الطعـام والمـأوى إلى القبـول الاجتماعـي والتعـاطف. إن النـاس يختـارون فـيما إذا كـان لـديهم الرغبـة بالمشـاركة في التبـادل بعـد أن يتفحصوا التكاليف والعائـدات لمسـارات الفعل البديلـة، ويقومـون باختيـار الأكـثر جاذبيـة. وبحسب تعبير زمل، فإن "جميع التفاعلات بين الرجال ترتكز على خطة إعطـاء وأخـذ مـا هـو مساوٍ ومكافئ".

إن الأعمال الأكثر شهرة في نظرية التبادل تمت كتابتها في الستينيات من القرن الماضي، وبعدها بعدة سنوات تضاءل اهتمام علماء الاجتماع بمنظور الاختيار العقلاني، لكن في العلـوم الأخرى كان العكس صحيحاً، حيث اهتم علـماء السياسـة بشـكل متزايـد بمـا يعـرف "الاختيـار العام"، أو تطبيق منظور الاختيار العقلاني على المنافع العامة التي يهتم بها العلم السياسي. وهكذا فإن موضوعات مثل السلوك الانتخابي وعضوية الاتحاد قـد تـم تحليلها بالاستناد إلى تبادل الأصوات والعضوية مقابل مكافآت محددة، بينما تهيمن "نظريـة المبـاراة" Game Theory كجانب من نظرية الاختيار العقلاني على الأعمال الراهنة حول العلاقات الدولية والاستراتيجيات العسـكرية. وفي علـم الـنفس الاجتماعـي، ارتكـز تحليـل ثيبـوت وكيلي Thibault and Kelley للجماعات على المقدمة المنطقية المتمثلة فيما إذا كان اختيار الناس لعمل أي شيء مع بعضهم يعتمد على مدى كسبهم من العلاقة أكثر من

البدائل. إن الكثير من الأعمال البيولوجية وبشكل خاص، علم الاجتماع البيولوجي، ينطلق بصورة مشابهة من منظور الاختيار العقلاني.

وربما لأن المنظور يبدو مُنتجاً في العلوم الأخرى، هناك الآن اهتمام متجدد بنظرية الاختيار العقلاني بين علماء الاجتماع. إن العمل المهتم بشكل مباشر بمسألة "التبادل الاجتماعي" ونظرية الاختيار العقلاني ينمو بشكل متزايد في المجلات، ومنها على سبيل المثال، مجلة العقلانية والمجتمع Rationality and Society. وبينما معظم الأعمال تهتم بسلوك الفرد والجماعات الصغيرة، إلا أن هناك عدد من الأعمال المهتمة بالقضايا المؤسسية، وقضايا المستوى بعيد المدى تنطلق بوضوح من منظور الاختيار العقلاني. وبشكل محدد، فإن العمل الشمولي لدى جيمس كولمان الموسوم "مرتكزات النظرية الاجتماعية" يفسر ـ حالة الأنساق الاجتماعية انطلاقاً من نظرية تتعلق بالسلوك الفردي العقلاني.

ضمن التقليد السوسيولوجي، ارتبط تحليل الجماعات الصغيرة بقوة بنظريات جورج هومانز، وارتبط التحليل المؤسسي بنظرية التبادل لبيتر بلاو. وهذا الفصل يناقش أعمال كلٍ من المنظرَين بشيء من التفصيل. وربطها بأعمال منظرين آخرين يعملون انطلاقاً من منظور مشابه. بما في ذلك ريشارد إمرسون، وريموند بودون، وميشيل هشتر. كما أن هذا الفصل يأخذ بعين الاعتبار النظرية التي تشبه الكثير من نظريات التبادل الاجتماعي في تركيزها على "الخصائص المنبثقة" للتفاعلات بين الأفراد، وهي نظرية الشبكات. الجزء الأخير يناقش أعمال جيمس كولمان ويضعه ضمن سياق الاهتمام المتنامي لمنظري الاختيار العقلاني في تفسير التطور المؤسسي.

الجذور الفكرية

إن تشديد نظرية التبادل على عقلانية الناس يظهر تشابهاً قوياً مع وجهة نظر العديد

من مفكري القرن التاسع عشر. لقد كانت فترة القرن التاسع عشر هـي الفـترة التـي أكد فيها الاقتصاديون والعديد مـن الفلاسـفة عـلى فاعليـة الفـرد واختيـاره. وصف النفعيون الناس، مثلاً، بأنهم "مدفوعون بالمصلحة الذاتية"، بمعنى الرغبة في السرور، والنفـور مـن الألم، وملاحقة رغباتهم بفاعلية. كما يوضح النفعيـون Utilitarians بـأن السـلوك يكـون أكـثر أو أقـل أخلاقية حسب كمية "المنفعة" التي يمنحها لأعداد مـن الأفراد. لقـد بُنـي علـم الاقتصـاد عـلى أعمال آدم سميث Adam Smith ، وأبقى تأكيده على فهم الفاعلية الاقتصادية باعتبارهـا نتيجـة لاختيارات الأفراد وقراراتهم التي لا تحصى.

وبالمقابل، فإن علماء الاجتماع الأوائل أظهروا اهتمامـاً قليـلاً بـالمنظور التبـادلي. لكـن الاستثناء الأساسي الوحيد كان جورج زمل، الذي كان مهتمـاً، كـما شـاهدنا، بمطابقـة الخصـائص العمومية للسلوك الإنساني. لقد كان مهتماً بشكل محدد بسؤاله لماذا وكيف ينتقل النـاس مـن العزلة إلى أشكال مختلفـة مـن التواصـل مـع بعضـهم. ويوضـح، تمامـاً مثـل منظـري التبـادل الاجتماعي المحدثين، بأن دافعيتهم كانت من أجل إشباع الحاجات وملاحقة الغايات الفرديـة. لقد اقترح زمل كذلك، أنه على الرغم من أن العوائد التي يتلقاها الناس قد لا تكون متسـاوية، إلا أن تفاعلاتهم تتصف دائماً بشكل من التبادلية، ولهذا السبب ينبغـي النظـر إليهـا عـلى أنهـا أنواع من التبادل، وقد استخدم بلاو تحديداً، أعمال جورج زمل.

ومع ذلك، فإن مفهوم زمل للتفاعل باعتباره تبادلاً لم يتم تطويره أو اسـتخدامه كثـيراً من قبل الأجيال المتعاقبة مـن علـماء الاجـتماع. إن التـأثيرات الفكريـة الأساسـية عـلى علـماء الاجـتماع الـذين تبنـوا منظـور الاختيـار العقـلاني وجـدت في علـوم اجتماعيـة أخـرى؛ هـي: الأنثروبولوجيا، والاقتصاد، وعلم النفس، وحديثاً نظرية الاختيار العام في علم السياسة، ونظريـة المباراة.

الأنثروبولوجيا وأهمية الهدية

العديد من كبار الأنثروبولوجيين في القرن العشرين اهتموا بالدور المركزي الذي يلعبه التبادل في الحياة الاجتماعية، ومن أهم هؤلاء كان برونسلاو مالينوفسكي Bronislaw Malinowski (1884- 1942)، الذي لعب تأكيده على العمل الميداني لفترات طويلة، وصداقته الحميمة لثقافة معينة، دوراً حاسماً في تطور الإنثروبولوجيا الحديثة. لقد قضى العديد من السنوات بين أبناء جزر التروبرياند Trobriand في الجزر الميلانيزية، حيث استنتج بأن التبادل التناوبي يمثل أساس التماسك، حيث يقول:

"لقد تأسس مجتمع التروبرياند على قاعدة المكانة القانونية .. يتضمن سلاسل متوازنة جيداً من الخدمات التبادلية. إن الانقسام الكلي إلى عشائر توتمية، وعشائر من طبيعة محلية، ومجتمعات محلية قروية، اتصف بـ .. مباراة الأخذ والعطاء ... علاوة على التبادل، فإن قاعدة الأخذ والعطاء، وسلطة الأسمى منزلة أيضاً .. توجد ضمن الجماعات الأكثر قرباً من الأقارب .. إن العلاقة الأكثر إيثارية هي تلك التي تكون بين الرجل وأخته، وقد تأسست على التناوبية في الخدمات واستردادها".

الهدية إننا نستطيع أن نميز بين مسألتين في دراستنا للتبادل. فمن جهة، المؤسسات التي ليس لها هدف مستقل خارج تبادل أو "تقديم الهدية". ومن جهة أخرى، التبادل "الأداتي" والذي يصف التفاعلات التي تتشكل أساساً لأن الناس قد يحصلون على الأشياء

التي يريدونها[*]. وعلى الرغم من أن مناقشة مالينوفسكي لتبادل الخدمات تغطي كلا النوعين، إلا أن الأنثروبولوجيا أولت اهتماماً خاصاً للنوع الأول المتمثل في "تبادل الهديه".

ومن بين أبرز الأمثلة على تقديم الهدية في التبادل المأسس هو الكولا Kula، شعائر التروبرياند التي انجذب إليها مالينوفسكي. في فترات منتظمة، يصطف رجال الجزيرة ليقابلوا سكان جزيرة أخرى ويبادلونهم الأساور مقابل قلائد من الصدف. إن تلك الأساور والقلائد كانت تمثل جوائز مجزية إلى حد كبير، لكن لم يكن لها استخدام واضح. وبدلاً من هذا، كان يتم الاحتفاظ بها حتى التبادل التالي ومن ثم تمرر مرة أخرى، ولذلك فإن نفس الحلي الشعائرية تنتقل سنة بعد سنة حول حلقة الكولا.

يوضح الإنثروبولوجيون ومنظرو التبادل بأن الجانب الحاسم في مثل هذه التبادلات يتمثل في الطريقة التي من خلالها تربط المجتمع ببعضه من خلال التزامات متبادلة، وبذلك تزيد "التماسك الاجتماعي". ليس من الصعب أن نجد أمثلة أخرى، فملوك الإغريق تبادلوا الهدايا بشكل مستمر، وبالمثل يفعل الأمريكيون المعاصرون. إن عيد الميلاد ليس بعيد عن أن يستغل للربح السريع. حقاً، إن دور الهدايا في تأسيس علاقات صداقية يظهر في كل وقت نقدم فيه القهوة لزائر معين. إن الإيماءة الصداقية التبادلية المتمثلة في القبول تجعل الأعداد اللامتناهية من أكواب السائل الفاتر (المشروبات الساخنة) مجازفة مهنية بالنسبة للعاملين في مجال العمل الاجتماعي، ورجال الدين.

وقد أوضح الأنثروبولوجيون أن هناك أيضاً تبادلات أقل وضوحاً من نفس النوع: مثل تبادلات المتزوجين. إن المجتمعات القبلية بوجه عام لديها قواعد معقدة ودقيقة حول

(*) جوهر الفرق بين النوعين يتمثل في أن "تبادل الهدية" تكون فيه عملية التبادل غاية بذاتها، ويترتب عليها وظائف اجتماعية تضامنية وعلائقية، أما "التبادل الأداتي" فيجسد بعداً نفعياً ومصلحية ذاتية في عملية التبادل. (المترجم).

الزواج. وعلى سبيل المثال، فالبنت عليها دائماً (أو مطلقاً) أن تتزوج ابن عمتها، والولد في المقابل عليه أن يتزوج ابنة خاله. وقد حاول كلـود ليفي- سـتراوس Claude Levi - Strauss ، الأنثروبولوجي الفرنسي المشهور، إدراك المراد مـن تلـك القواعـد مـن خـلال تحليـل الجماعـات القرابية والزيجات كأنساق من التحالفات. ومن وجهة النظر هذه، فإن الزوجات تمثل الهدايا الأكثر قيمة من بين جميع الهدايا، كما تمثل التبادل الأكثر فاعلية والذي يتم مـن خلاله تقويـة التحالف وضمان التماسك الاجتماعي.

علاوة على ذلك، يدرك الأنثروبولوجيـون العلاقـة بـين القـوة وتبـادل الهـدايا، ويؤكـد مارسـل مـوس Marcel Mauss (1872-1950) في كتابـه الموسـوم "الهديـة" عـلى الطبيعـة الإلزاميـة والمنفعية للهدايا والأشكال الأخرى مـن التبـادل. يوضح مـوس، بـأن الهـدايا مرتبطة جوهريـاً بالطريقة التي تتحدد فيها القوة والتصدرية Precedence (حق التصدر والتقـدم عـلى الآخريـن). إنها بالنسبة لمتلقي الهدايا تمثل ضرراً وخسارة مقابل مانح الهدية، مـا لم يتمكنـوا مـن الوفاء بالتزاماتهم عن طريق تقديم عوائد مساوية. لقد تم تبني هـذا الاهتمام بـدور التبـادلات في خلق علاقات القوة من قبل منظري التبادل وبشكل خاص بيتر بلاو.

إن ميزة بعض الأشكال السوسيولوجية المختلفة من نظرية الاختيار العقلاني - وبشكل محدد نظرية التبادل – تتمثل في اهتمامها بوجود المعايير العامة المتواترة التي تحكـم التبـادل الاجتماعي، والذي غالبـاً مـا يـتم توثيقـه بوجـود معيـار تبـادلي رابـط. ويعـود الفضـل في هـذا للأنثروبولوجيا أيضاً. يوضح موس مثلاً، أن على المرء أن يقدم عائداً أو يجلب لنفسـه العـداء أو يفقد مكانته بين الناس بشكل أكبر من أولئك اللذين يقدمون عائداً بصورة مباشرة. إن التبـادل يمثل قاعدة معززة ومدعمة من قبل المجتمع. يعتبر مالينوفسكي إلى حد ما أقل دقة، لكنه أيضاً يلمح إلى وجود التزام للتبادل مدعم ومعزز اجتماعياً.

علم الاقتصاد، والربح، والسعر

إن الجزء المركزي من النظرية الاقتصادية الذي تم تطويره من قبل اقتصاديين عظام أمثال آدم سميث Adam Smith وديفيد ريكاردو David Ricardo وكارل منجر Carl Menger ارتكز على مقدمات منطقية حول علم النفس الفردي وتطبيقاته على سلوك الناس في السوق. وبصورة مشابهة انطلق منظرو الاختيار العقلاني من علم النفس الفردي وطبقوا المقدمات المنطقية ذاتها على السلوك الذي لا يتضمن تبادل السلع المادية مقابل المال، وإنتاج السلع مقابل البيع، أو الأعمال الاقتصادية. لقد ركزوا على مدى أهمية أننا نعيش في عالم الندرة حيث لا نستطيع أن نمتلك جميع السلع، أو المكانات، أو الدعم العاطفي الذي نريد. لقد تبنى منظرو الاختيار العقلاني أربعة افتراضات أساسية من علم الاقتصاد، وهي:

1) أن الأفراد عقلانيون يزيدون الربح إلى حده الأعلى، ويضعون القرارات على أساس أذواقهم وأفضلياتهم.

2) كلما تحققت ملكية الفرد للشيء بصورة أكبر، كلما كان اهتمامه به أقل.

3) إن الأسعار التي تباع بها السلع والخدمات في السوق الحر تتحدد مباشرة بأذواق البائعين والمشترين المستقبليين، فكلما زاد الطلب على السلعة، كلما زادت قيمتها ومن ثم زاد سعرها، وكلما زاد العرض، كلما قلت قيمتها، وانخفض سعرها.

4) تكون السلع بوجه عام باهظة الثمن إذا عرضت من قبل محتكر، أكثر مما لو عرضت من قبل عدد من الشركات المتنافسة مع بعضها البعض.

إن الافتراضين الأول والثاني يتمركزان حول التركيب السيكولوجي الأساسي للناس. وبسبب البساطة الظاهرة لجميع الافتراضات، فإنها يمكن أن تستخدم في صياغة بعض التنبؤات الواقعية حول السلوك. وعلاوة على ذلك، فإنها بعيدة عن القبول عالمياً. مثلاً، لسنوات طويلة ناقش الناس مدى إمكانية وجود "دورة فقر" يقع الناس في شركها

بموجب قيمهم وأفعالهم إلى حد كبير جيلاً بعد جيل. لقد أوضح بعض مؤيدي وجهة النظر هذه أن أحد أسباب الفقر المستمر للأمم غير النامية يكمن في أن الفلاحين في تلك البلدان محافظون جداً ومنشدُّون إلى التقاليد التي تمنعهم من تبني تقنيات زراعية جديدة.

إن هذه الفكرة تتضمن نوعاً من اللاعقلانية في السلوك الإنساني. وبعد كل ذلك، فإن ما يمثل موضوع رهان لا يقتصر على فئة قليلة من الأمور الموضوعية، بل هو الرغبة الإنسانية بالراحة المادية والأمن. كما أنها تمثل فكرة يجد الاقتصاديون ومنظرو الاختيار العقلاني بأنها ليست كافية. إنهم يفترضون بأن الفلاحين مهتمون بزيادة أرباحهم (أو منفعتهم) كأي شخص آخر، وأن لديهم سوء ظن بالثقافة أو "وطأة التقاليد" كتفسير للسلوك. وهكذا عبر العالم، يميل الفلاحون إلى زراعة عدة قطع مبعثرة من الأرض، حتى رغم أن توحيد تلك القطع وتقليمها يمكن أن يزيد الإنتاج بالمعدل، على الأقل (10%). بالنسبة للناس اللذين لديهم مجاعة بشكل مستمر، يبدو هذا غير عقلاني تماماً، حتى تدرك أن القطع المبعثرة من الأرض تجعل أية عائلة في وضع مخاطرة أقل في حال تعرضهم للكوارث المحلية مثل العفن الفطري، والفيضان، أو الحيوانات الضالة. إن مجتمع القرية لا يمتلك أية طريقة لتأمين الناس ضد مخاطر التوحيد، ولذلك يلتصق الفلاحون بعقلانية تامة، بأول استراتيجية آمنة على المستوى الفردي.

يميل الاقتصاديون إلى التركيز على المؤسسات التي يستطيعون فيها مقارنة الأرباح المالية للمسارات البديلة للفعل. إنهم يستطيعون التنبؤ بنجاح كبير بأن التغير في أرباح الناس يؤدي إلى تغير في اختياراتهم، وعلى سبيل المثال، هناك اتصال لا نهائي بين عدد الناس الذين يلتحقون بالجامعة والمنافع المالية المترتبة على الحصول على الدرجة العلمية، ويهتم علماء الاجتماع غالباً بالمواقف التي لا يتوفر فيها قياس ملائم للسعر أو الربح. ومع ذلك، حتى هنا، يعتقد منظرو الاختيار العقلاني أن المرء يستطيع باستمرار المقارنة بين الأرباح أو

المكافآت النسبية للأفعال المختلفة بصورة واضحة تماماً، ولهذا السبب، يستطيع المرء أن يفسر أفعال الناس أو يتنبأ بها بدقة حتى دون أن يكون قادراً على وضع قيمة مضبوطة لكل احتمالية.

ويمثل الافتراض الثاني، الذي هو حول السيكولوجية الإنسانية، قانون "تناقص المنفعة الهامشية". يوضح هذا القانون أنه كلما ازدادت كمية السلعة المستهلكة فإن منفعتها الهامشية (أي، المنفعة الإضافية التي يحصل عليها المرء باستهلاك وحده أخرى منها) تميل إلى الانخفاض. وكذلك، تنخفض كمية المال التي يدفعها الناس ثمناً لها. مثلاً، إذا كان اليوم حاراً جداً، وكنت عطشاً، سوف تكون مستعداً لتدفع الكثير، مقابل أول شراب بارد تحصل عليه، ومع ذلك، فإن وحدة الشراب الثانية تستحق ثمناً أقل، وربما تمتنع عنه إذا كنت تستطيع الحصول عليه،فقط، مقابل الكثير من المال.

إذا تذكرت عهد المدرسة الثانوية فإنك تستطيع أن ترى نفس العملية. في البداية، من المحتمل أنك قمت بتقييم دليل لم تكن منجذباً له، وكذلك عهدتَ أشخاصاً كنت مهتماً بهم بلطف، أو أشخاصاً ألقوا عليك بالتزامات كبيرة، لكن كل علاقة جعلتك أكثر ثقة بذاتك جعلت الوقت أو التاريخ بصورة مماثلة أقل قيمة. إنك يمكن أن تصمد لتقدم أكثر، أو تكون مستعداً لتقدم أقل، وتستطيع أن تنهي علاقة كانت في الماضي مهمة بالنسبة لك لكي تستمر. لقد انجذب هومانز تحديداً لهذا الافتراض في تحليله للسلوك البينشخصي-Interpersonal وسلوك الجماعات الصغيرة.

الافتراضان الثالث والرابع يتضمنان تشارك منظري الاختيار العقلاني والاقتصاديين الاهتمام بالسعر الذي يتبادل الناس به الأشياء. مرة أخرى، يوسع علماء الاجتماع هذه الافتراضات إلى ما وراء السوق ويجادلون بأن أشكال أخرى من التفاعل الاجتماعي أو التبادل تتضمن كذلك الأسعار المحددة بموجب العرض، والطلب، والدرجة التي يمكن عندها

أن يأخذ المشترون ما يريدون من مزود واحد محتكر. وعلى سبيل المثال، إن النظريات التي تحلل "سوق الزواج" بتلك المصطلحات يشيرون إلى أن الرجال الناجحون والأثرياء، بالمعدل، هم الذين لديهم الزوجات الأكثر جمالاً، ويوضحون هذا بحقيقة أن النجاح (أو القوة) والجمال الأنثوي يمثلان خصائص قيمة ونادرة، ولهذا، فإن كلاً منها يمكن أن ينال سعراً مرتفعاً. وعندما يشير الناس إلى زوجة يافعة وجميلة ثانية (أو ثالثة) بأنها "زوجة غنيمة"، فإنهم يعترفون بهذه الظاهرة تماماً.

إن الفرد الذي يحتكر الخصائص ذات القيمة ومصادر القوة يكون في موقع أفضل أيضاً. مثلاً، استطاع الملك في مرحلة ما قبل القرن العشرين أن يحصل على خليلات يرفضن الزواج من أي شخص آخر. إن الأعمال الراهنة ضمن نظرية الاختيار العقلاني تركز بشكل متزايد على أهمية الاحتكارات الكاملة أو الجزئية كطريقة لتحليل القوة والاعتماد.

بينما يشارك الأنثروبولوجيون النظر إلى المجتمع كشبكة تبادلات تنظم بواسطة معيار التبادل، إلا أن منظري الاختيار العقلاني قد اشتقوا معظم الافتراضات الأساسية لتفسير ظواهر معينة من الاقتصاد. ونتيجة لذلك، فإن منظورهم يشترك مع علم الاقتصاد في تقييداته ومحدداته. إن مستخدمي هذا المنظور بوجه عام غير مهتمين بتفسير أصول معتقدات الناس، وقيمهم، وأذواقهم، بل يتخذونها كأمور معطاة ومسلم بها ويربطون أنفسهم بالسلوك الذي يتبعها. لحسن الحظ، فإن هذا ليس تقييدياً كما يذاع، لأن هناك عدد جيد من الرغبات الإنسانية الأساسية والعالمية، وافترض أن الناس يضفون قيمة على المال، والقوة، والتقدير الاجتماعي، وطبعاً، العيش، فإن منظري الاختيار العقلاني يمكن أن يبنوا نظريات مفصلة تماماً حول الصداقة، وفروقات المكانة والسخط الاجتماعي. تماماً كما أن افتراضات مشابهة حول ما يشكل "المصلحة الذاتية" كانت تمثل أساس تحليل منظري الصراع، المفصل، للصراع، واللامساواة، والتغير.

علم النفس السلوكي ونظرية المباريات

هناك تأثيران هامان على نظرية الاختيار العقلاني خصوصاً فيما يتعلق بتحليل سلوك الفرد ونتائجه، وهما يتشاركان الاهتمام بالمناقشة الاستنتاجية الرسمية، ومرة أخرى، كل منهما من خارج علم الاجتماع تماماً. لقد كان علم النفس السلوكي هاماً جداً بالنسبة لتطور نظرية التبادل، وعلى الرغم من ذلك، فقد تم في السنوات الراهنة، تبني المفاهيم والنماذج المنبثقة عن نظرية المباريات بشكل متزايد بالنسبة للتحليل السوسيولوجي.

تحول جورج هومانز في صياغته للنسخة المعدلة من نظرية التبادل إلى المدرسة السلوكية من علم النفس التجريبي والتي أسسها صديقه ب. ف. سكنر B. F. Skinner . لقد أراد دليلاً مباشراً للقضايا التي يميل الاقتصاديون إلى معاملتها كافتراضات. إن علم النفس السلوكي يتخذ موقعاً في دراسة السلوك يستطيع المرء من خلاله تجنب الفرضيات حول الظواهر غير المرئية. إن علم النفس التجريبي التابع لهذه المدرسة يحاول تجنب صياغة مقولات حول "الصندوق الأسود" للعقل الإنساني (أو الحيواني) والذي لا يمكن اختباره بصورة مباشرة أو تزييفه. وبدلاً من ذلك، فإنهم يحاولون بناء نظرية مقنعة حول السلوك والتي تتعامل فقط مع الاستجابات العلنية التي تنتج عن مثيرات يمكن ملاحظتها، وليس مع الأفكار أو المشاعر التي تقود الناس أو الحيوانات للاستجابة للمثيرات بطريقة معينة. ويجادل ميد والتفاعليون الرمزيون ضد هذه النظرية بشكل عنيف، مشددين بدلاً من ذلك، على أهمية التصورات الداخلية غير الملاحظة والمعاني.

وفي الحقيقة، إن نظرية التبادل، بالاشتراك مع نظريات الاختيار العقلاني ككل تصوغ مقولات حول الظواهر غير الملاحظة، وبشكل خاص حول قيم الناس. بالنسبة لنظرية التبادل، فإن أهمية قضايا علم النفس السلوكي تتمثل في أنها متساوقة مع علم الاقتصاد. وهكذا، فإن ريشارد إمرسون Richard Emerson أيضاً يستخدم مفردات

التكييـف الفعـال Operant Conditioning في الجـزء الغالـب مـن نظريتـه في التبـادل الاجتماعي. إن الانسجام بين علم الاقتصاد وعلم النفس يقوي حجـة نظريـة التبـادل بـأن تلـك المبادئ تطبق على جميع قطاعات الحياة الاجتماعية. وهكذا، يكتب هومانز: "نحن نعتقد بأن قضايا علم النفس السلوكي تمثل قضايا تفسيرية عامة لجميع العلوم الاجتماعيـة. ووفقـاً لـذلك، فإنها تمثل قضايا عامة لعلم الاقتصاد".

ويعتبر علم النفس مؤثراً هامـاً في المجـال الـذي تكـون فيـه الأشـكال السوسـيولوجية المختلفة مـن نظريـة الاختيـار العقـلاني أكـثر تميـزاً، حيـث يكـون اهتمامهـا "أخلاقيـة التبـادل الاجتماعي". إن الإنسان الاقتصادي أيضاً لا يدرك وجود التوزيع الصرف -أو الـثمن العـادل- أو يأخذ ما يأتي إليه بصمت. إن هذا الأمر يصف بصعوبة الناس الذين نعلم أنهم (وهـم كـذلك)، ممتلؤون بالأفكار والاعتراضات حول ما يمثل واجبنـا أو مـا ينبغـي علينـا أن ندفعـه أو نحصـل عليه. كلما أثرت هذه القضية في حياتنا اليومية بصورة أكبر، فإنه يكون اهتمامنا أكثر شـدة بمـا هو حق وعدل. إن الجدل الدائر حول تقسيم الملكية بعد الطلاق (تسويغ النفقة) يقـدم أرضـاً خصبة ومثمرة لأولئك المشتغلين في البحث حول الأمم المتصارعة حول العدالة.

وعلى الرغم من أن العلماء المشتغلين بعلـم الـنفس التجريبـي غـير مهتمـين بالعدالـة بذاتها إلا أنهم مهتمون بما يحصل عندما لا يتم الوفاء بالتوقعات. مثلاً، عندما يفشل البـاحثون عن المكافأة في جعلها حقيقة واقعة، فإن برهـانهم حـول الطريقـة التـي يسـتجيب بهـا النـاس والحيوانات يمثل أساس الكثير من مناقشة هومانز للعدالة التوزيعية.

وبالمقارنة، فإن نظرية المباريات، تهتم كثيراً بمنظومات معينة من الاختيارات والبـدائل وبمماثلة المعضلات والاستراتيجيات المتواترة. وفي مناقشة نظريـة الصراع لاحظنـا أنهـا تميـل إلى رؤية الحياة الاجتماعية باعتبارها "مباراة حصيلة الصفر" والتي يكون فيها

تحصيل أحد الأشخاص للفوز بالضرورة خسارة لشخص آخر. ومع ذلك، فإن نظرية المباريات ككل تهتم بالمدى الواسع من المؤسسات أكثر من هذا الأمر. إن مثالها الأكثر شهرة هو "معضلة السجين"، لكن قيمة النظرية وأهميتها بالنسبة لعلماء الاجتماع لا تكمن في مدى مختلف المباريات المحتملة المبتكرة، وإنما تكمن في عدد المواقف الاجتماعية التي يمكن مشاهدتها كأمثلة لنمط أو لآخر. لقد اهتم علماء الاجتماع بظواهر متنوعة مثل توسع التعليم العالي، والنجاح اللوبي لنادي سيرا Sierra Club، كما أن تطور الإستراتيجية العسكرية كشف عن قدرة "بناء المباراة" الضمني في مساعدتهم من أجل تحليل الأحداث السابقة والتطورات كذلك.

إن معظم المنظورات التي تمت مناقشتها في هذا الكتاب تركز على المستوى قصير المدى أو المستوى بعيد المدى. وعلى الرغم من أن هذا الانقسام ينطبق على أغلب المنظرين الأفراد الذين يعملون ضمن منظور الاختيار العقلاني، إلا أنه على وجه الحقيقة لا ينطبق على المنظور ككل. وفي حين تركز بعض الأعمال الشهيرة المغطاة هنا – وبشكل خاص تلك التي ترتبط بنظرية التبادل – كثيراً على سلوك الجماعات الصغيرة فإن منظرين آخرين مهتمون على نحو واضح بالتحليل البنائي والمؤسسي.

الجزء الأول من هذا الفصل يغطي القسم النظري والعمل البحثي الذي يهتم غالباً بأفعال الفرد وسلوكه، ويعرض بداية القضايا الأساسية المتعلقة بنظرية التبادل وبشكل خاص أعمال جورج هومانز، ومن ثم الطريقة التي عمل بموجبها بعض المنظرين بما في ذلك ريشارد إمرسون على توسيع تحليل السلوك الفردي. ويعرض الجزء الثاني منظورات الاختيار العقلاني حول البناء الاجتماعي، كما وصفت في نظرية التبادل لدى بيتر بلاو وكذلك يصف التحليل المتعلق بها والذي قدمه منظري الشبكة. ويناقش الجزء الثالث أعمال جيمس كولمان التي تطورت وقامت على الجسم المؤثر للنظرية التي تدور حول

الطريقة التي يخلق بموجبها التفاعل الاجتماعي والتبادل، والثقة ويولدان النظام الاجتماعي. أخيراً، تلخص الخاتمة نقاط الضعف والقوة لمنظور الاختيار العقلاني.

الجزء الأول

الاختيار العقلاني، والتبادل الاجتماعي والسلوك الفردي

جورج هومانز: السلوك الاجتماعي الأولي

ترتبط نظرية التبادل الاجتماعي الحديثة باثنين من علماء الاجتماع وهما: جـورج كاسبر هومانز George Casper Homans وبيتر بـلاو Peter Blau. كـان جـورج هومـانز (1910- 1989) مثقفاً من الطبقة العليا في بوسطن (براهمن)، ولد لإحدى أكبر عائلات مدينة نيو إنجلاند في الولايات المتحدة الأمريكية – وهذا غالباً غير عادي بالنسبة لعالم اجتماع- ، وفي سيرته الذاتيـة يلاحظ هومانز:

"عندما نقول بأن البراهميين (الطبقـة العليـا المثقفـة) كانـت تتكـون مـن رجال نبلاء محتدين، ونساء ذات مكانة عليا، والنـاس الآخـرون لم يكونـوا كذلك، فإننا نستخدم كلمات تثير الآن السخرية .. لم نكن قـادرين عـلى حشد الاعتداد بالنفس في مرفأنا، والتحدي في عيننا –مـن هـم الـذين كنـا نريد أن نتحداهم؟- وقليلاً ما تـم الحديث عـن الطبقـة. ومـع ذلك كنـا واعين طبقياً، إن جميع علماء الاجتماع بالمهنة واعون طبقياً، لكـن عـادة حول طبقات أشخاص آخرين، وليس طبقاتهم".

لقد درس هومانز اللغة الإنجليزية في جامعة هارفرد، وليس علم الاجتماع، ومع ذلك، يؤكد:

"إذا لم أتعلم علم الاجتماع النظري، فقد تعلمت الكثير من علم الاجتماع العملي، إن إحدى القنوات التي يصبح مـن خلالهـا الشـخص مهتـماً بهـذا الموضوع تتمثل في العيش في بيئة لدى الناس فيها وعـي كبير بالعلاقـات الاجتماعية. إن هذه القاعدة يمكن التمسك بها جيداً من قبل

علـماء اجـتماع مـثلي مهتمـون بالمسـتوى السوسـيولوجي قصـير المـدى. والذين هم مهتمون بتفـاعلات الوجـه لوجـه للأشـخاص أكـثر مـن علـماء الاجتماع المهتمين بالمستوى بعيد المدى، والذين يركـزون عـلى الخصـائص الكلية للمجتمعـات. بالنسـبة لنـا نحـن علـماء الاجـتماع المهتمـون بعلـم الاجتماع قصير المدى، فإن قوانين علم الاجتماع هي قوانين الكبر (التكـبر)، وفي مرحلة مـا قبـل الدراسـات العليـا وجـدت هـارفرد، إلى درجـة كبـيرة، تتضمن وعياً اجتماعياً بالمعنى السيء للكلمة".

لقد كانت الأندية الحاسمة Final Clubs في جوهر هارفرد مـا قبـل الحـرب، وعضـويتها تعتمد على مزيج من الخصائص الشخصية وكذلك تلـك المرتبطـة بالطبقـة، والـدين، والخلفيـة الإثنية. "هومـانز ذاتـه، المفكـر والسـاحر، كـان عـلى الإطـلاق شخصـاً صـاحب حـق". إن بنـاء الجماعات الصغيرة والطريق التي يتولـد بهـا القبـول الاجتماعـي -أي مـا يمثـل جـوهر نظريـة هومانز اللاحقة- قد تم تنميطها بالفعل في عملية الأُخُوّة وملتقيات الفتيات للنوادي الحاسمة.

لقد أمضى هومانز حياته الأكاديمية بكاملها في جامعـة هـارفرد، انقطعـت فقـط لمـدة أربع سنوات، ونصفها قضاها في سلاح البحرية وقت الحرب. لقـد جـاء إلى علـم الاجـتماع كـما يقول: "لأنني لم يكن لدي شيئاً أفضل لأعمله عنـدما فقـدت عمـلي في الصحيفة بعـد التخـرج بسبب الكساد. لقد كان عاطلاً عن العمـل وقبـل حينهـا دعـوة مـن جامعـة كـامبردج لحضـور سمينار (حلقة دراسية) حول باريتو، الذي كان علم الاجـتماع خاصـته غـير معـروف تقريبـاً في أمريكا. أنهى هومانز التعاون مع شارلز كيورتز Charles Curtis عـلى مؤلـف بعنـوان "مـدخل إلى باريتو"، An Introduction to pareto وبعدها فوراً قبل في جمعية زملاء هـارفرد كعـالم اجـتماع. إن هومانز الذي لم يحصل أبداً – أو لم يدرس لـ - على شهادة

الدكتوراه. كان رئيساً للجمعية الأمريكية لعلم الاجتماع عام 1988 بينما كان يحظى بلقب أستاذ فخري في جامعة هارفرد، وحصل على جائزة الجمعية للعالم المميز. وفي ملاحظة عابرة في صحيفة هارفرد، لاحظ زملاؤه:

"لقد كان هومانز أستاذا متفانٍ، وسخياً في وقته لطلابه، وفي العلاقة التي ارتبط بها مع طلابه وزملائه كان من الصعب الكشف عن أية فروقات على أساس العمر، والجنس، والرتبة أو المكانة الاجتماعية. لقد كان لديه صبراً قليلاً في أواخر الستينيات مع هبّات الليبراليين، الأغبياء، والمرائين، والذين يعتقدون أنهم أكثر خلقاً من الآخرين، لكنه آمن بالمدنية دون اعتبار للمكانة والتمييز بين أصدقائه، وطلابه، وزملائه من جميع القناعات السياسية".

لقد ظل تأثير باريتو واضحاً في أعمال هومانز المتأخرة، وبشكل ملاحظ في اهتمامه بالقوانين السيكولوجية التي تمثل أساس السلوك الإنساني. لقد ارتبط قبوله للمفاهيم بوجه عام بعلم الاقتصاد، وبرغبته في تأسيس نظريات أو تفسيرات استنتاجية تماماً. ومع ذلك، فقد تأثر عمل هومانز دائماً بأصدقائه الكثيرين اللذين يعملون في حقول علمية أخرى والمنخرطين في كل من الأنثروبولوجيا وتاريخ اللغة الإنجليزية، الذي تلقى فيه دروس لعدد من السنوات.

إن اهتمامات هومانز في مبحث الجماعات الصغيرة، والنتائج المترتبة عليها قد تم توليفها أولاً في كتابه "الجماعة الإنسانية" The Human Group ومن ثم انتقل إلى المبادئ الأساسية للنشاط الإنساني، والتي أصبح فيما بعد يرى أنها تمثل أساس سلوك الجماعات الصغيرة، وكل ذلك وضعه في كتابه الهام الذي أصبح يعرف بأنه نظرية في التبادل وهو "السلوك الاجتماعي: أشكاله الأولية" Social Behavior: It's Elementary Forms.

يعني هومانز "بالسلوك الاجتماعي الأولي" ذلك السلوك الذي يظهر ويعاد ظهوره سواء أكان الناس يخططون للقيام به أم لا. يعتقد هومانز بأن السلوك الاجتماعي الأولي يمكن أن يفسر بواسطة قضايا أساسية حول سيكولوجية الفرد ودافعيته. لقد أوضح هومانز باستمرار أن التفسير المقنع للظواهر الاجتماعية ينبغي أن يكون "سيكولوجياً" بشكل مطلق. إن تلك المبادئ السيكولوجية تمثل لبنات البناء الأساسية للتفسير في جميع المجتمعات. حقاً، ليس هناك ما يمثل تفسيرات سوسيولوجية صرفة. ويوضح هومانز بأن القول بوجود شيء ما يمثل حقيقة تاريخية بدون فاعلين تاريخيين على نحو واضح يمثل أمراً مزعجاً.

إن رؤساء الجمعية الأمريكية لعلم الاجتماع، استخدموا الخطاب الرئاسي بشكل متكرر ليصوغوا مقولات خلافية حول حالة علم الاجتماع، وقد وظف هومانز خطابه في عام 1964 ليوضح أنه بسبب رفض الوظيفية للقضايا السيكولوجية، لم تكن قادرة على توليد تفسيرات. وقال: "دعونا نستعيد الرجال، ونضع فيهم شيئاً من الدم" وقد نفذت نظريته مقولات من هذا الموقع.

إن المقولات العامة التي يقدمها هومانز تم قبولها، على أنها سليمة قليلاً أو كثيراً، من قبل منظرين تبادليين آخرين وعلماء اجتماع ضمن منظور الاختيار العقلاني. ومع ذلك، فإن عمل هومانز يصوغها بشكل واضح على أنها تمثل نسق استنتاجي متشابك، وهذه المقولات كما صرح بها هومانز، هي:

1. قضية التعاقب The Success Proposition، بالنسبة لجميع الأفعال التي يتخذها الأشخاص فإنه إذا كوفئ الشخص غالباً على قيامه بفعل معين، فإنه من المحتمل أن يقوم الشخص بذلك الفعل بشكل متكرر.

2. قضية المثير The Stimulus Proposition، إذا كانت هناك مناسبة في الماضي كوفئ عليها فعل الشخص، ورافق ذلك حدوث مثير معين أو منظومة من

المثيرات، فإن الشخص سيقوم بالفعل ذاته أو بفعل مشابه، إذا ما صادف في الحـاضر مثيراً مشابهاً لذلك الذي حدث في الماضي.

3. قضية القيمة The Value Proposition، كلما كان فعل الشخص أكثر قيمة بالنسبة له، فإن احتمال قيامه بالفعل أكبر.

قضية العقلانية (تجمع ما بين 1 إلى 3) عندما يختار الشخص بـين أفعـال بديلـة، فإنـه سوف يختار ذلك الفعل، الذي تكون قيمة نتيجته كما يتصور هو في لحظـة الاختيـار، والتي تتعدد باحتمالية الحصول على النتيجة، هي الأكبر.

4. قضية الحرمـان- الإشـباع The Depression-Satisfaction Proposition، كلـما تلقـى الشخص مكافأة معينة في الماضي القريب، تصبح أية وحدة إضافية من تلك المكافأة بالنسبة له أقل قيمة.

5. قضية العدوان- القبول The Aggression-Approval Proposition:

أ- عندما لا يتلقى فعل الشخص المكافأة التي يتوقعها، أو يتلقى عقوبة لم يكن يتوقعها سوف يكون غاضباً، ومـن المحتمـل أن يقـوم بسـلوك عـدواني، كـما تصبح نتائج هذا السلوك أكثر قيمة بالنسبة له (فرضية الإحباط- العداء).

ب- عندما يتلقى فعل الشخص المكافأة التي توقعها، وبشكل خاص مكافأة أكبر مما توقع، أو لم تقع عليه عقوبة كان يتوقعها، سـوف يكـون مسرـوراً، ومـن المحتمل أن يقوم بسلوك يضفي من خلاله القبول، كـما أن نتـائج مثـل هـذا السلوك تصبح أكثر قيمة بالنسبة له.

لقد لاحظنا مسبقاً بـأن هومـانز يعـرف بأنـه المنظـر التبـادلي الـرئيس، لكـن في تلـك القضايا، لم يظهر مصطلح "التبادل" في أي مكان منها. وهذا يعود إلى أن هومانز لا

يتحدث عن نوع معين من السلوك المتبادل ولكنه يتحدث عن مبادئ عامة تطبق على جميع أشكال النشاط الاجتماعي وتستوعب العواطف الإنسانية كذلك، وبفعله هـذا، فإنـه يتصـور "السلوك الاجتماعي كنشاط تبادلي .. بين شخصين على الأقل". ويرى بأن مهمته الأساسية تتمثل في تفسير "التبادلات المتكررة بين الأشخاص والتي ينبغي علينا أن نشير إليها بالعلاقات البينشخصانية". ومع ذلك، فقد كره هومانز هذه الطريقة وقال: "إن نظريتي .. التصقت باسم نظرية التبادل .. كان هذا سيئاً جداً.. لأن هذا الأمر أوحى بأن نظريتي كانت نوعاً خاصاً مـن النظرية، بينما هي علم نفس سلوكي عام". إن هذا التأكيد على المبادئ العامة للفعل الإنساني يقع في جوهر جميع نظريات الاختيار العقلاني.

مبادئ العقلانية

إن مبادئ السلوك الثلاثة الأولى لدى هومانز، تمثل بالضرورة مقولات حـول العقلانيـة الإنسانية. إن القول بـأن النـاس يكـررون الأفعـال التـي يحصـلون مـن خلالهـا علـى مكافـأة، ويستجيبون للمثيرات التي ترتبط بمثل هـذه المكافآت، ويتصرفون علـى أسـاس القيمـة التـي يلصقونها بالأشياء، يعني في الحقيقة، القول بأنهم عقلانيون، رغم أن هذا لا يعني القول أنهم دائماً على حق فيما يتعلق بما ينطوي على مكافأة أكبر أو ما يكون عليه الاختيار العقلاني.

إن هذه الرؤى مألوفة وواضحة تمامـاً، لكنهـا ليسـت ضروريـة أيضـاً، ينجـذب علـم الجريمة لهذا المبدأ، عندما يتفحص التأثيرات الرادعة لمعدلات الاعتقال والمحاكمة القضائية. إن مبدأ السلوك العقلاني يتضمن أن أشياء أخرى قد تكـون مسـاوية، فكلـما كانـت الجـرائم أكـثر نجاحاً في الغالب، كلما ارتكبها الناس أكثر، والدليل مستمر إلى حد كبير مع هذه الفكرة والوجه الآخر المقابل صحيح كذلك.

في عام 1988، شاهد مسؤول الاعتقال في منطقة واشنطن بداية ظهور وباء القتل

والذي تضمن في الجزء الأكبر منه، شبان يبيعون ويشترون المخدرات (وبشكل خاص الكوكائين). وفي مقابلة جرت في نهاية تلك السنة مع مساعد رئيس شرطة المدينة بيّن فيها بأن قيم البائعين وفرصهم كانت تؤكد بأن ما كنا نشاهده كان سلوكاً عقلانياً صرفاً:

"لقد تغير شيء ما وأنتج الأطفال اللذين أشاهدهم، دعني أقدم لك مثالاً، منذ فترة ليست بعيدة ذهبت مع جماعة من القتلة لأعتقل طفلاً في الثامنة عشرة من عمره. كانت لهذا الطفل والدة عاملة تبذل كل ما في وسعها .. الأم العاملة تحاول أن تزوده بنسق قيمي جيد. ولكن هذا الطفل .. يعرف نفسه بالاستناد إلى أشياء مادية وليس بالاستناد إلى قيم أمه .. إنه يستولي على كل ما يناسبه في حينه. لقد استولى على شاحنة 4× 4 ، واستولى على سيارة كبيرة، وعلى مجوهرات باهظة الثمن، وعلى الملابس المصصمة.. لقد استولى على ما يريده وكل ما يناسبه في حينه.

لقد ذهبت إلى ألما ماتر، المدرسة الثانوية الشرقية، منذ سنتين ماضيتين وتحدثت لبعض الطلاب عن المخدرات والمال. قال لي أحد الأطفال: شيف فلوود أنت مليء بالحمق. لماذا عليّ أن أحصل على 3,5 دولار أو 4,25 دولار في الساعة في عمل منتظم؟ أستطيع أن أحصل على هذا خلال دقيقة في الشارع . كم تتقاضى ستيف؟ لقد أخبرته .. فتبسم، وقال "أستطيع أن أحصل على أكثر من هذا، إن هؤلاء الأطفال قادرون على تحقيق الكثير من المال، كلما كانوا مستعدين لمخاطرات أكثر".

إن مؤيدي وجهة النظر البوليسية التي تخلو من التسامح، مثل شيف فلوود، يعتقدون بأن سلوك المجرمين عقلاني بالضرورة. ويجب أن يفهم باعتباره عقلاني، لقد تبنى

هذا المنظور رودي جيولياني Rudy Giuliani عندما كان محافظ نيويورك. لقد كان صارماً مع الجرائم البسيطة (الإغراق، والابتزاز، والسرقة)، وغالباً ما يستخدم العقوبات القضائية من أول مرة ترتكب فيها الجريمة. الفكرة هي، أنه بجعل الشرطة أكثر حضوراً في الشوارع، تزداد فرصة القبض على المجرمين بشكل كبير جداً. وقد يكون القبض عليهم لسبب بسيط (لا يمثل أكثر اعتداءاتهم خطورة). وبذلك تخلق الشرطة أثراً رادعاً عاماً. والنتيجة هي أن الناس العقلانيين ببساطة يرتكبون جرائم أقل، إن مؤيدي المنظور (وافتراضاته الأساسية حول عقلانية سلوك الناس) يشيرون إلى التناقص الكبير للجريمة في مدينة نيويورك في أواخر التسعينيات، رغم أن المعارضين لهذا الرأي يؤكدون بأن معدلات الجريمة ازدادت في أجزاء أخرى من أمريكا الشمالية. كما يشيرون إلى إفساد العلاقات بين الشرطة وعلاقات الجوار لدى الأقلية والتي أتلفت وطأة التعزيز.

إن منظور الاختيار العقلاني يثبت فائدة مشابهة في النظر إلى مشكلات مدننا الأخرى الثابتة، مثل: تعليم الفقراء حيث يسود العديد من الأطفال في مدارس المدينة الداخلية والحرب المعلنة بين المعلم والتلاميذ والتي تصف العديد من الصفوف داخل المدينة. إذا كان الناس بشكل أساسي عقلانيين، فإن أولئك التلاميذ اللذين هم دائماً منخرطين في صراع وتمزق وأقل اهتماماً بالدراسة والتعاون مع المعلم، من المحتمل أن يجدوا الدراسة أقل قيمة من بدائلها. لو تركنا جانباً أسباب اختيارهم للحظة، فإن هذا يتضمن أنك لو زدت مكافآت الدراسة، وبواسطة ذلك غيرت القيمة النسبية المتعلقة بالبدائل عند التلاميذ، فإنك سوف تزيد كذلك العدد الذي يختار تفضيل التعاون على الصراع.

درَّس جورج ريشموند George Richmond في مدرسة نيويورك الابتدائية حيث فشلت كل من مناقشاته واسترضاءه التلاميذ من أجل التعاون إلى جانب تهديداته وعقوباته لهم. وفي بحثه عن طريقة ما للخروج من المأزق، أصبح ينظر إلى غرفة المدرسة التقليدية

كمجتمع إقطاعي، حيث كان الطلاب مقيدين بالأرض – أي الغرفة 308- ليس لـديهم أيـة ملكية خاصة ويطلبون منه الإذن ليمارسوا حرياتهم الأساسية. لقد كانت استجابته متمثلـة في ابتكار ما وصفه "لعبة الاقتصاد الجـزئي" Micro- economy Game لاسـتخدامها في غرفة الصـف، ويصفها على النحو التالي:

"وصـلت في الصـباح التالي إلى الغرفـة 308 ومعـي خطـة وبعـض اللـوازم وبدأت حالاً بمناقشة تغير كل شيء في نهاية الأمر ..

من الآن، سوف اشتري موضوعات الإنشاء بهـذه، وأمسكت برزمة نقـود ورقية قمت بتصويرها على آلة التصوير في اليوم الماضي. كانت تلك نماذج دولارات. جاءت على شكل آحاد، وخمسات، وعشرينات، ومئات وخمـس مائة. وسوف تحصل على دولار لكل نقطة تسجلها في القراءة أو امتحـان الرياضيات.

قال أحد الطلاب واسمه ساندوفال، سيد ريشموند: هل تتوقع أن نصبح أغنياء من هذا الهراء الزائف؟ أيها الرجل، إذا أخذت هـذا الهـراء الزائـف إلى دكان الحلوى فإن كل ما سأشتريه هو أنني سأحصل على صفعات.

صبراً، سادوفال، صبراً، تريد أن تعلـم على مـاذا ستحصل مـن هـذا المال، صحيح؟

نعم، أنشد جميعهم

في نهاية كل شهر، سوف أحضر كتباً، وجبنة سمراء، وكعك محلى، وصـودا. وسوف أبيعها بـالمزاد للـذي يـدفع أكثر، وهـذا يعنـي أن النـاس اللـذين يمتلكون الكثير من هذا الهراء الزائف سوف يحصلون على ما يريدون.

هل تعني أن هذه النقود تشتري أشياء، أشياء حقيقية؟

نعم .. إن والداك يعملان، صحيح؟

اثنان من الأطفال هزا رأسيهما

حسناً، بعضهم يعمل، إنهم يشترون بعملهم دولارات، ومن ثم يشترون بالدولارات الطعام وما ينتجه عمل شخص آخر، حسناً، أنت تعمل أيضاً. لكن في المدرسة، وأنا سأشتري منك عملك لأنه ذو قيمة بالنسبة لي، ومن ثم سأحضر أشياء -حلوى، وصودا وأشياء أخرى- وسوف تشتري بعملك الطعام تماماً كما يفعل والداك".

وكذلك فإن الطلاب يمكن أن يتقاضوا أجراً على الأعمال الصفية، وأولئك اللذين أرادوا تلك الأعمال وجدوها. لقد كانت النتائج مذهلة ومثيرة للإعجاب، أولئك اللذين أخذوا الأعمال قاموا بها بصورة حماسية، وقد ضاعف الطلاب إنتاجهم الأكاديمي.

على الرغم من الفائدة الواضحة لفكرة العقلانية في التفسير، وبشكل خاص فكرة أن الناس يختارون مسارات الفعل على أساس قيمتها المحتملة، إلا أنها أصبحت تحت الهجوم أكثر من أي جزء آخر من نظرية التبادل. وهذا، جزئياً، لأن هومانز أصلاً قدم "قضية القيمة" كقضية قابلة للاختبار إمبريقياً. إن الكثير من نقاده ذهبوا إلى أنها كانت حشواً وغير قابلة للاختبار. وفي وقت متأخر حاول ريشارد إمرسون أن يطور نظرية حول القيمة في التبادل الاجتماعي. وقد أوضح أنه بسبب اهتمام علم الاجتماع بمسألة "المقارنة البينشخصانية لمنافع التبادل"، فإنه يحتاج إلى "مفهوم للقيمة الذاتية أو المنفعة، له أصل ووحدة قياس غير اعتباطية. بمعنى آخر، نحن نحتاج إلى طريقة لقياس قيمة الأشياء بالنسبة للناس تذهب إلى ما وراء القول: "بأننا نعلم أنها تفضل مهنة التجارة لمساعدة الناس، لأنها درست مواد في التجارة واختارت العمل في هذا المجال " إذا امتلكنا مثل هذا المقياس المستقل، فإننا نستطيع طبعاً، اختبار قضية القيمة مباشرة. ومع ذلك، لم ينجح إمرسون في

تأسيس مقياس مستقل للقيمة الذاتية، وقد نسأل فيما إذا كانت هذه تمثل أو كانت تمثل قضية قابلة للحياة.

وفي الجزء الأخير من هذا الفصل سوف نعود للسؤال ما إذا كانت افتراضات منظور الاختيار العقلاني منفتحة على تحدٍ جاد، وكذلك ما إذا كانت تواجه التحدي المرتبط بمداها السوسيولوجي. إن علماء الاجتماع اللذين ينتمون إلى منظور الاختيار العقلاني أو نظرية التبادل يمكن أن يفترضوا بشكل مقبول - مثل منظري الصراع- بأن الناس يضفون قيمة على العيش، والقبول، والقوة، وتبعاً لذلك، فإن نظرية الاختيار العقلاني يمكن أن تتنبأ بالسلوك، ومن ثم فإن الافتراضات ليست اعتباطية بأية حالة، ويرتبط أمر سقوطها أو صمودها بما إذا كانت النظريات تُضَمنها إنتاج البضائع، وهنا تعمل قضية القيمة بشكل أفضل.

إن ما هو حقيقة، يتمثل في أن قضية القيمة بوضعها الراهن ليست كافية لتفسير - أو توجيه- السلوك. في العديد من المناسبات يكون الناس في موقف من عدم اليقين أو المخاطرة، بحيث لا يكونوا غير متأكدين من نتاجات أفعالهم، أو لا يكونوا غير متأكدين من البدائل أيها أكثر قيمة. وتعتبر هذه النقطة ميزة في طرح هومانز مقارنة مع بلاو. إن نظرية العقلانية لدى هومانز والتي ترتكز على القضايا الثلاث الأولى التي أوردناها سابقاً، تصرح بأن الناس سوف يضاعفون قيمة المكافأة المحتملة للفعل عن طريق استحضاره مادياً بشكل فعلي ومن ثم يتم الاختيار على أساس تلك النتائج.

وكما أوضحنا، فإن ما تصرح به هذه القضية (مبدأ العقلانية) هو معقد إلى حد كبير. وبطبيعة الحال، لا أحد يقترح أننا نتجول دائماً ونحن نحمل آلات حاسبة، ومع ذلك، فإن الكثير من سلوك الناس يبدو أنه يمكن أن يفسر عن طريق قيامهم بمقارنات تقريبية من هذا النوع. وبالفعل، كما شاهدنا في الفصل الرابع، بعض أهم المنظرين الذين كتبوا حول

الحداثة ينظرون إلى تقييم الاحتمالات والمخاطر باعتبارها إحدى الخصائص التي تتميز بها المجتمعات الحديثة. وعلى سبيل المثال، عندما تصنع قراراً حول أي التخصصات أو أي المهن ستقوم بالاختيار، فإن تقديراتك للمكافآت المحتملة تكون من بين الأشياء التي تأخذها بالحسبان. خلال فترة السبعينيات والثمانينيات من القرن الماضي كان هناك ارتفاع كبير في أسعار السكن في كل من الولايات المتحدة ومعظم أوروبا، ويعود هذا الأمر جزئياً إلى تقدير الناس بأن التضخم سوف يبقى مرتفعاً أو سوف يصبح بحال اسوأ. بمعنى آخر، لأن المكافأة المحتملة نتيجة وضع المال في السكن كانت أعلى من المكافأة المحتملة نتيجة الاستثمار في البضائع والمواد الخام أو إيداع المال في حسابات توفير منتظمة. إن معدلات التضخم التي حصلت في الماضي، وهذا لم يكن أمراً غير معقول، لكن عندما تحولت إلى أمر خطأ، فإن الكثير من الناس لحقتهم خسارة كبيرة في سوق الإسكان. إن سوق المشاريع الوهمية (مثل الإنترنت) يتضمن أيضاً أُناس يقدرون احتمالية ارتفاع إضافي على اساس الخبرة الماضية، ويستمرون بالشراء مع تبرير أقل للنزعة التفاؤلية كما هو الحال بالنسبة لأسعار البيوت، التي قدمها تاريخ السوق. مرة أخرى، إن مبدأ العقلانية يمكن أن يلاءم بشكل تام استخدام الناس لفكرة "أحكام التجربة"(*)، أي وجود طرق مختصرة لصناعة القرار تعمل معظم الوقت ونستخدمها مفضلين ذلك على التعرض للتكاليف الحقيقية لما يحتمل أن يكون عليه الخيار الأفضل بالضبط، وذلك على أساس عدم كفاية الدليل. والمبدأ يقول إننا نتصرف عقلانياً، وأن تصورنا لمخاطراتنا ومكافئاتنا يعني أننا ليس دائماً على حق.

قضية الحرمان - الإشباع

إن قضية الحرمان - الإشباع تقابل مبدأ الاقتصاديين المتمثل بقانون تناقص المنفعة

(*) أي الأحكام المبنية على التجربة العملية لا على المعرفة العلمية. (المترجم).

الهامشية الذي وصفناه سابقاً. يقدم هومانز، بشكل محدد، قضية الحرمان - الإشباع بلغة الاقتصاديين. وتشير القضية إلى أنه إذا حصلت على شيء ما تضفي عليه قيمة أو يكون ذا قيمة بالنسبة لك من وقت قريب، سوف تكون أقل اهتماماً بتلقي المزيد منه، على الأقل في المدى الزمني القريب. إن الاقتصاديين يقبلون هذه القضية لأنها تقدم تنبؤات صحيحة، والموقف الذي تتبناه نظرية التبادل مشابه لهذا الموقف.

يلعب قانون تناقص المنفعة الهاشمية دوراً مركزياً في النظرية الاقتصادية للسعر، وعلى نحو مماثل فإن قضية الحرمان - الإشباع تعتبر مركزية لمناقشة نظرية التبادل حول كيفية تحديد معدلات التبادل وكيفية دخول علاقات التبادل والخروج منها. بشكل واضح، إن الأفراد العقلانيين سوف يقومون بشيء ما فقط إذا كان ذا قيمة بالنسبة لهم تفوق ما قاموا بالامتناع عنه من أجل الحصول على قيمته، وقد يكون ما امتنعوا عنه إما تكاليف مباشرة أو فرص سابقة (بمعنى آخر، إذا قاموا بحساب صافي الفائدة). ومع ذلك، لأن الوحدة الأولى من شيء ما تستحق أكثر ، بالنسبة للناس، من الثانية، ولأن الثانية تستحق أكثر من الثالثة، فإنهم ربما يصلون إلى موقف ليس جديراً بالاهتمام أو لا يستحق الاستمرار في أن يدفعوا كل ما لديهم فيه. وعند هذه النقطة من المحتمل أن تأتي علاقة التبادل إلى نهايتها.

العدوان والقبول

لقد عبر هومانز عن قضيته الخامسة الأساسية بمصطلحات علم النفس السلوكي. وتصرح القضية بأنه إذا أحبطت توقعات الناس، فإنهم يصبحون غاضبين وغالباً عدائيين بينما إذا أشبعت توقعاتهم أو أن الإشباعات قد تجاوزت التوقعات فإنهم يكونوا راضين. إن هذه القضية مهمة بالنسبة لعلم الاجتماع لأن الكثير من توقعات الناس متجذرة في الأعراف والمعايير الاجتماعية، والتي تُعَرِّف وتحدد ما الذي ينبغي أن يحصل وما هو حق

وعادل. إن هذه القضية الخامسة تنتقل إلى وراء اهتمامات الاقتصاد لتطرح التساؤل حول المعايير وأخلاقية التبادل الاجتماعي.

يضع هومانز قاعدة فعلية للعدالة التوزيعية Distributive Justice والتي تطبق في جميع المجتمعات. إن قاعدة العدالة التوزيعية توضح بأن ما يعني الناس يتمثل في أن تكون "المكافأة متناسبة مع الاستثمار والمساهمة". وتدعيماً لهذه المسألة، يصف هومانز الدراسة البحثية التي أظهرت بأن العاملين في السوبر ماركت لم يرغبوا بوضع بضائع المشتري في الأكياس لدى أمناء الصناديق (كاشير) اللذين كانوا أقل منهم مكانة. لقد شعروا، مثلاً، بأن العامل بدوام جزئي الذي يدرس في الجامعة يجب أن لا يملأ بضائع المشترين في الأكياس لدى عامل كاشير لا يزال في المدرسة الثانوية. وحيث أن المكانة وعلاقات العمل في المتاجر الكبرى منسجمة بوجه عام، فإنه من الملاحظ أيضاً أنها أكثر فاعلية وجلباً للربح.

لقد تضمن عمل هومانز دراسة مكثفة لعاملات المكتب في قسم محاسبة الزبائن في الشركة الشرقية للمنافع العامة"، كان هناك ثلاث جماعات أساسية من العمال، جميعهم نساء. تألفت إحدى الجماعات من العاملات اللاتي يضعن العناوين على الملفات، وهن اللواتي يعملن على تحديث عناوين الزبائن باستمرار. جماعة أخرى تألفت من النساء اللاتي يلصقن إعلانات الدفع، وهن اللواتي يسجلن مدفوعات الزبائن على فواتيرهم. والجماعة الثالثة: الكاتبات اللاتي يعملن أي عمل آخر ضروري للحفاظ على تحديث الحسابات. إن النساء اللائي يضعن العناوين على الملفات كن شابات وكان عملهن مملاً والأسوأ أجراً. ومن بين العاملات الأخريات، كانت الكاتبات الأكبر سناً، وحصلن على أولوية، وعمل أكثر تنوعاً ومسؤولاً. ومع ذلك، لم يحصلن على أجر أكبر، وفوق ذلك لأن المدراء أدركوا بأن اللواتي يلصقن إعلانات الدفع عليهن المحافظة على تحديث عملهن، فإن بعض الكاتبات وضعن من أجل مساعدتهن في المساء.

وجد هومانز بأن العاملات اللاتي يضعن العناوين على الملفات، رغم أنهن تذمرن من وحشة عملهن، إلا أنهن لم يقارن موقفهن بشكل سلبي مع الآخرين. إن الكاتبات هن اللواتي كن يشتكين باستمرار من أنهن يتقاضين نفس أجر اللواتي يلصقن الإعلانات، ويشتكين من إقصائهن عن عملهن وجعلهن يقمن بعمل إلصاق الإعلانات. لقد فسر هومانز هذه النتائج بالاستناد إلى العدالة التوزيعية على النحو التالي:

"وبسبب أن استثمارات الكاتبات كانت تفوق استثمارات الإعلانات: لقد أمضين وقتاً كبيراً في الشركة، لقلد تعلمن القيام بعمل مسؤول، لا تستطيع النساء اللواتي يلصقن الإعلانات القيام به وتبعاً لذلك، فإن العدالة التوزيعية تطلبت أن تكون مكافآتهن أكبر من ملصقات الإعلانات وبعضهن كان عملهن متنوعاً وممتعاً ولكن ليس جميعهن. لقد حصلن على نفس أجر ملصقات الإعلانات، وحظين باستقلال أقل في الوقت الذي ترك فيه رؤساء العمل الملصقات للإعلانات لوحدهن. لقد تم إقصاء الكاتبات من عملهن وتم تكليفهن بعمل إلصاق الإعلانات بشكل واضح. إن العدالة التوزيعية لا تتطلب فقط أن يتلقى صاحب الاستثمار الأكبر مكافأة أكبر في جانب واحد بل ينبغي أن يكون هذا في جميع الجوانب".

وفي دراسة مباشرة للعدالة التوزيعية في العمل، دفع آدمز وجاكبسون Adam and Jacobson للناس أجراً للقيام بعمل مطابق لتصحيح البروفات الطباعية وعلى أساس أنه اختبار أخبرا بعض القراء بأنهم كانوا مؤهلين بالنسبة للمعدل العام، وأخبروا آخرين بأنهم كانوا غير مؤهلين لكن سيدفع لهم أجر معدل تام بأي حال. كانت النتيجة أن الجماعة غير المؤهلة وجدت أخطاء أكثر وعلمت على كلمات غير خاطئة أكثر، مثل الطباعة الضوئية. وعلى نحو واضح أدركوا أنهم مذنبون لأنهم تقاضوا زيادة في الأجر وأُجبروا أخلاقياً على

إصلاح وتقويم التوازن عن طريق العمل بجد.

يرى هومانز أن الناس يدركون بدقة متناهية القواعد التي تحكم العلاقة بين المكافآت والتكاليف، والاستثمارات. وأشار مؤخراً، إلى أن الناس يعتقدون بأن الكمية النسبية التي يضعونها في شيء ما -بما في ذلك التكاليف، والإسهامات، والاستثمارات- ينبغي أن تتساوى مع الكمية النسبية التي يحصلون عليها. إن ظرف العدالة التوزيعية يكون مقنعاً ومشبعاً عندما تكون نسبة مقاييس الأشخاص مساوية لنسبة مقاييس مكافآتهم الخاصة. أي، إذا كان شخصان متساويان، فينبغي ضمن العدالة، أن يحصلا على مكافآت متساوية، وإذا رجعنا إلى مثال الشركة الشرقية للمنافع العامة، أو تجربة تصحيح بروفات الطباعة، لدى آدمز وجاكبسون، نجد أن اتجاهاتهم تتوافق مع هذه القاعدة.

ومع ذلك، فإن مثل هذه القاعدة تعتبر أيضاً أقل من المقولة العامة التي ترى أن التكاليف والاستثمارات تعتبر أمراً هاماً في التبادل الاجتماعي. إنها لا تقدم أي دليل على ما سيعرفه الناس في المجتمعات المختلفة باعتباره يمثل إسهامات ذات علاقة. وعلاوة على ذلك، ليس هناك أية ضمانة على أنه حتى داخل المجتمع الواحد سوف يضفي الناس القيمة ذاتها على الأشياء. في عام 1998، فبراير، وضع خبر لورنا فنوت Lora wendt على غلاف مجلة الحظ Fortune عندما حكم قاضي الشقاق على دعوى تسوية طلاقها بنصف استحقاقها من زوجها. إن السؤال حول ما تساهم به الزوجة وما تستحق يعتبر واحد من التساؤلات التي يختلف عليها الأمريكيين بشدة. وكما أشارت مجلة Fortune: "بشكل متزايد، تؤكد النساء أنه ليس عدلاً أن الشريك الذي يجلب المال للبيت هو الذي يقدم القيمة الاقتصادية". وأوضح محاموا لورنا فندنت أن دورها في نجاح زوجها يستحق التقدير والاعتراف. إنها تشعر بأنها كانت مكملة له في شراكة متساوية، لكن العديد، أن لم يكن معظم، ذوي الدخول المرتفعة (ذكور وإناث) يعتبرون أن مساهمة الشريك في البيت مهمة لكنها ليست

مساوية وأن شخص ما مثل لورنا فندنت لا تستحق 50% من استحقاق زوجها جـاري فندنت Gary. وعلاوة على ذلك، هناك فروقات رئيسة بـين الرجـال والنسـاء في توزيع وجهـات النظر.

أحد مراسلي مجلة Fortune. سجل تقريراً في نفس القضية حيث وجد أنه فقط 28% من الرجال الأمريكيين شعروا أن واجبات الزوجة كانت مهمة جداً في نجاحهم بينمـا أكـثر مـن النصف – 51% - من النساء الأمريكيات اعتقدن أنها كانت كذلك. ولذلك رغم أنهن جميعهن قـد يؤيدن قاعدة العدالـة التوزيعيـة عند هومانز. إلا أن الطـرق الأساسـية المختلفـة التي يفسرونها من خلالها – والتغيرات التي تطرأ عبر الوقت علـى مـا ينظر إليـه باعتبـاره عادلاً في حالات الطلاق – يعني أن القاعدة ذاتها يمكن أن تتنبـأ بالقليـل عـن كيف سـتكون ردة فعل الناس أو كيف سيتصرفون.

القبول والتكيف الاجتماعي يقـدم هومـانز بعض النظريـات حـول تطور المعايير والآراء، وفي هذه النظريـات يلعب القبـول الاجتماعي دوراً أساسياً بالمقارنة بـدور المـال في الاقتصاد وتبادلات السوق. إن القبول الاجتماعي social Approval كفكـرة لا يمثل وحدة تبـادل طبعاً، ليس من السهل قياسه أو حسابه، أو أن يوضع في البنك، أو أن يـتم إقراضه أو أن يمـرر من يد إلى يد. ومع ذلك، فإنه الشيء الوحيد الذي يمكن أن يقدم تقريباً في أي موقف تبـادلي. على أساس أن كل شخص يعتبره سلعة مرغوبة، ويمكن أن تستخدم هذه السلعة من جانـب أو آخر لتوازن التبادل. ويجـادل هومـانز لأن أعضـاء الجماعـة يمكن أن يـزودوا بعضـهم البـعض بالقبول الاجتماعي، فهذا سبب جيد ليتصرفوا بطريقـة يقبلها أصدقاؤهم، وليتكيفوا مـع رغباتهم، من أجل الحصول على القبول والتقدير.

ولتدعيم هذه الحالة، يوثق هومانز دراسة للطلاب المتـزوجين اللـذين يعيشـون في Westgate ، مشروع الإسكان في ألـ M.I.T . لقد تم بناء البنايات في Westgate في

بنايات يقابلها ساحات نجيل. على الرغم من أن عدداً قليلاً من البنايات الموجودة في الزاوية تم توجيهها باتجاه آخر بأبواب على الشارع. وعندما تم اختبار الاتجاهات نحو تنظيم المستأجرين، وجد بأن غالبية الأزواج في كل ساحة اشتركوا بنفس الاتجاه ولكن بنفس الوقت اختلف الاتجاه من ساحة إلى أخرى. إن الطريقة التي تشكلت بها واجبات السكن لا يمكن أن تفسر هذا، بل إن معيار الجماعة، هو الذي يفسر هذا الأمر.

لقد نظر معدو الاختبار بعد ذلك إل أنماط الصداقة في Westgate ووجدوا أنه كلما كانت الساحة أكثر تماسكاً – أي كلما اختار الأزواج أصدقاءهم من جيرانهم بشكل أكبر – كلما قلّ عدد اللذين ينحرفون عن معيار الجماعة. وعلاوة على ذلك، فإن المنحرفين في كل ساحة تلقوا باستمرار خيارات صداقة أقل من أولئك المتكيفين مع معيار الجماعة. أخيراً، إن المنحرفين كانوا يفضلون العيش بشكل خاص في البيوت المبنية في الزاوية التي وجهت بعيداً عن مركز الساحة.

يوضح هومانز بان الأزواج اللذين يسكنون في بيوت تواجه الساحة كان من المحتمل أنهم يرون بعضهم غالباً ولهذا تمكنوا من تأسيس صداقات، وبالمقابل فإن هذا يطلق عملية "حلقة التغذية الراجعة" والتي يمكن من خلالها أن يتشكل التكيف ويصان. لقد أراد الناس أن يستمروا أصدقاء ولهذا كان لديهم دافعية للتكيف. وعلاوة على ذلك، فإن التكيف يجعلهم أكثر قبولاً ويقوي صداقتهم. وبالمقابل فإن الأزواج اللذين يسكنون البيوت المبنية في الزاوية يرون بعضهم والآخرين بدرجة أقل. لقد كانوا أقل رغبة في أن يكون لديهم أصدقاء هناك، ونتيجة لذلك فإن الجماعة كانت أقل تمسكاً بهم. إذا كان الناس لديهم القليل مما يمكن أن يخسروه، أو ليس لديهم ما يمكن أن يفقدونه، فإنهم يمتلكون سبباً بسيطاً ليغيروا مواقعهم ومواقفهم. وبالطبع إذا لم يغيروا مواقفهم فإن الجماعة لا ترحب بهم أكثر من قبل، ويلاحظ هومانز، أن هناك قوى أخرى يجب أن تكون قد أثرت في

الصداقات والآراء، ومع ذلك، وبسبب تأثيرها على تكرار تفاعلهم مع الآخرين، فإن الموقع الجغرافي للأزواج سَبَبَ القبول الاجتماعي، والقبول الاجتماعي سبب التكيف لمعيار الجماعة .. وعلاوة على ذلك، إذا سبّب القبول الاجتماعي التكيف، فإن التكيف أيضاً سبّب القبول الاجتماعي.

ما يقدمه هومانز يعد فهماً مقنعاً لديناميات الصداقة والتكيف في الجماعات الصغيرة. ويستطيع المرء أن يرى العملية ذاتها في العمل ضمن جماعات الأمهات غير المتزوجات في المدينة الداخلية، والتي تمت ملاحظتها من قبل إليجا أندرسون. لقد شكلن (نوادي أطفال) يستطعن من خلالها الحصول على قيمة ومكانة بطريقة تقلب الأسس العادية للقبول الاجتماعي. النساء الناضجات لم يستحسن الطريقة التي تنفق من خلالها البنات مبالغ كبيرة على ملابس أطفالهن:

> "أنهن لا يتمكن من الانتظار لحين يوم الفحص...لذلك يستطعن الذهاب إلى المحل....لقد استمعت إلى (أم) تتحدث عن ما قمن بشرائه في هذا الوقت...وهذا بالضبط ما سيقمن بفعله، والمحلات باهظة الثمن أيضاً، الأكثر ثمناً هو الأفضل...
>
> ....لقد كان هناك خصم في الكنيسة....بعض ملابس الأطفال معروضة للبيع، كانت ملابس جميلة، ولكنها ليست جديدة، الفتيات يمررن الملابس لبعضهن...لا أعطيني إياها....والأطفال يشتعلون بكاءً في الملابس. لكنهم يلبسونها بأي حال".

لكن كما توضح أندرسون، إن هذه (اللامسؤولية) كانت تتطور منطقياً. إن (نوادي الأطفال) التي تشكلت من قبل الأمهات غير المتزوجات تعطي دعماً اجتماعياً. لكن أعضائها يتنافسن أيضاً من خلال أطفالهن. فإذا بدى الطفل بمظهر جيد، تحظى الأم بالإطراء وتشعر بالفخر، والنتيجة هي أيديولوجيا مضادة للجزء الأكبر من المجتمع التقليدي،

وتمنح الأم قبولاً على الطريقة التي تقود بها نفسها.

ومع ذلك، فإن هذه العملية لا تمثل تفسيراً كافياً للتكامل الاجتماعي بالمعنى الواسع للكلمة لأن التكيف لمعايير المجتمع الأكبر يتطلب أكثر من رغبة الناس بالرفقة والقبول من قبل ارتباطاتهم الراهنة. وبهذا الاعتبار، فإن نظرية التبادل الاجتماعي لدى هومانز تعتبر نظرية تتعلق بالجماعات الصغيرة وليس بالمؤسسات الاجتماعية. وفي جزء لاحق من هذا الفصل سوف نقيم كيف أن منظري اختيار عقلاني آخرين نجحوا في تفسير انبثاق المعايير الاجتماعية، أكثر من الجماعات الصغيرة.

القوة، والعدالة، والمباريات

القوة

في مناقشته للصداقة والتكيف يعرف هومانز القبول الاجتماعي كسلعة يقدمها الناس عندما لا يمتلكون شيئاً مرغوباً آخر ليبادلونه، وهذا الموقف يشبه اللاتوازن – عندما يمتلك فريق أو آخر القليل نسبياً ليقدمه- وهو يمثل قاعدة أساسية في تحليل نظرية التبادل للقوة.

يعرف هومانز القوة بأنها القدرة على تقديم مكافآت قيمة. ويوضح تحليله للقوة الممكنة لشخص ما بنفس الطريقة التي يوضح بها الاقتصاديون سعر شيء ما، حيث يقول:

"تعتمد القوة على مقدرة تقديم مكافآت تعتبر قيمة لأنها نادرة .. إلا أن الندرة الموضوعية للمكافأة ليست ما يتم حسابه. إن القدرة على التصفير جيداً قد تكون نادرة، لكن من المحتمل أنه لا أحد يكتسب القوة من خلال القدرة على التصفير جيداً. فقط عندما يجدها عدد كبير من الأشخاص قيمة ويستمعون إلى عملية التصفير يمكن أن تكون المقدرة على التصفير أساساً للقوة، باعتبارها وسيلة لجعل الناس يبذلون

المال. إن ما يحدد القيمة النـادرة للمكافـأة يتمثـل في العلاقـة بـين عـرض المكافأة، والطلب عليها".

وهكذا، فإن القـوة تـنعكس في السـعر الـذي يسـتطيع النـاس الحصـول عليـه مقابـل خدماتهم. إن هذا السعر في شكل تبادل عيني مثل المال، أو في شكل أكثر عمومية مثـل طاعـة الأوامر. ومع ذلك فإن ملكية المصادر القيّمة بوجه عام لـيس بالضرـورة أن يُعطـي شخصـاً مـا القوة على فرد معين. ومن أجل ذلك- أي تحقيق القوة- يجـب أن يكـون بعـض اللاتـوازن، إذ ينبغي أن يكون الآخر لا يمتلك شيئاً، سيئاً أو ذا قيمة، لكن على الأقل بالنسـبة إليـك أن يمتلـك شيئاً كالذي تمتلكه.

يمكن تطبيق مفهوم القوة لـدى هومـانز عـلى القـوة القهريـة، Coercive power والـذي يعتمد على المقدرة على فرض العقوبة، كما ينطبق على القوة اللاقهرية التي يحصـل فيهـا كـل من الجانبين على درجة ما من المكافأة الإضافية. في عملية التعـرض للتهديـد بالقتـل مـن قبـل سفاح ما، فإن الضحايا بوجه عام يعتقدون بأن خيـارهم يكـون بـين فقـدان الحيـاة (وبطبيعـة الحال المال كذلك) أو فقط فقدان المال. إنهم يتصورون بأن السفاحين من غـير المحتمـل إلقـاء القبض عليهم، ولذلك فإنهم مستعدون للمخاطرة بتهمة القتل. إن المكافـأة المحتملـة للضـحية لهذا السبب تفوق المكافأة المحتملة للسفاح، فإذا كان التراجع عن العقوبة يمثل مكافـأة، وهـو بالفعل كذلك، وإذا كانت المقدرة على القتل تمثل كذلك المقدرة على الصفح، فإن المقدرة عـلى القتل تمثل القدرة على تقديم المكافأة. ومع ذلك، يوضح هومانز، بأن القـوة اللاقهريـة ليسـت فقط شائعة أكثر بل كـذلك فعالـة أكـثر. إن الجـزرة أكـثرة موثوقيـة مـن العصـا. وإن التهديـد بالعقوبة غالباً ما يثير الثورة، وربمـا لا يختـار النـاس السـلوك الـذي تريـد مـا لم تكـن القنـوات الأخرى مغلقة.

ومثال العملية التي يصفها هومـانز قـدم مـن قبـل جـورج رشـموند في فهمـه لمبـاراة

الاقتصاد الجزئي التي أشرنا إليها سابقاً. كجزء من مباراة الاحتكار كان يسمح للاعبين اقتراض المال، إما من أجل سداد الديون حيث لم يقوموا بعمل كاف لتغطيتها في الحال، أو لأن عينهم على استثمار مربح. إن التغير في المكافآت المتاحة للتلاميذ، وما يترتب على ذلك من تغير في الموارد والمهارات التي يضفون عليها قيمة، قد تسبب في تغيير توزيع القوة:

"لقد أصبح رومان مديراً لبنك الصف 308 .. فرانكلي لم أكن أتوقع أبداً أن رومان من بين جميع الناس سوف يحصل على العمل. عندما كنت أدرس في الصف 484 سبّب لي بعض الإزعاج لأنني كنت بالكاد أعرفه. كان رومان هادئاً، ودمث الأسلوب، لكنه غير منسق، لعب فقط دوراً بالاسم في المناوشات التي استحقت طاقاتنا، وفي نظام الاختيار لفريق البنش بول Punchball ، كان رومان في الغالب آخر من يقع عليه الاختيار. وفي بعض الأحيان يمنعه قادة الفريق من اللعب.

من جانب معين، كانت سلبية رومان بمثابة استراتيجية فعالة للعيش، وحيث يعلم كل من في الصف بأنه إذا حافظت على نفسك، وقمت بمراهنات قليلة فإن المعلمين والطلاب الآخرين لا يزعجونك. لم يقم بأية تحديات ولذلك استدعي في مرات قليلة للدفاع عن نفسه في مشاجرات قاسية حصلت في الصف 308. لقد لائم هذا الوصف رومان على الأقل حتى بدأنا بلعب الاقتصاد الجزئي.

بعد أن أدخلت المال إلى غرفة الصف، أصبحت العمليات الحسابية، عمليات الضرب، والجمع والقسمة أمراً مفهوماً، وبدأت حياة رومان بالتغير. لقد تم اختياره بالإجماع مديراً للبنك، ليس لشعبيته، أو فقط بسبب مجهوليته أو رخاءه الاقتصادي، لكن بشكل أساسي لأنه يستطيع أن يجمع ويقسم ويضرب أفضل من أي أحد آخر. لقد أصبح

غنياً بعد أن حصل على مائة دولار في امتحان الرياضيات. وبعد ذلك بدأت أدفع مقابل نقاط تتعلق باختبار القراءة، فكان أداؤه ممتازاً هناك أيضاً ..

لقد كان مقاولاً موهوباً حيث حوّل جزءاً من المال كان في حوزته إلى ممتلكات وأقرض الباقي لزملائه، وكل من الاستثمارين عاد عليه بعوائد يحسد عليها.

وعندما أصبح رومان أغنى وأغنى، بدأ يدفع ثمن نجاحه. لقد سقط قناع مجهوليته، فقد أصبح قوياً وهاماً. إن نصيحته التي كان يتم تجاهلها أصبحت الآن مشاهدة من قبل الأطفال .. إن موهبته الطبيعية في العمل وحسه العام كانا مقومات أساسية في نظام اجتماعي جديد. إن الإقطاعية كانت تسقط لصالح البارونية التجارية، وسواء أراد ذلك أم لا فإن رومان كان من أول خمسة نبلاء تجاريين في الصف 308.

لقد أصبح العقل يتنافس الآن مع القوة العضلية من أجل السيطرة ولم تكن صدمة كبيرة لأحد عندما استأجر رومان طفلاً يسمى راؤول، وهو الطفل الأقوى في الصف، ليحمي مصالحه، ويجمع ديونه، وينقل رسائله الشفهية. لم ير أحداً غيري أهمية نتيجة انقلاب هيراركية الطلاب، لقد استسلمت العضلات للتجارة .. لقد كان هناك علامات أخرى للتغير. المؤشر الأول لانبثاق رومان كان الطلاب اللذين ينتظرونه ليعرضوا عليه مشكلاتهم المالية، العلامة الثانية، ومع ذلك، صعقتني قليلاً، أصبح رومان الآن من بين أول من يتم اختيارهم لفريق البنش بول Punchball ".

إن ما حصل في غرف صف رشموند هو أن التغير فيما يضفي عليه الأطفال قيمة جعل رومان مصدر المكافآت النادرة، والتي امتلك الآخرون القليل مما يقدمونه بالمقابل لها

في سياق المباراة. وكطريقة لموازنة الأشياء فقد بدّل زملاؤه أجزاء من سلوكهم بالطرق التي يحبها رومان، أي أن رومان اكتسب القوة التي تمكنه من التأثير في سلوكهم بطريقة ليست قهرية.

إن التحليل التبادلي للقوة يختلف كثيراً عن رؤية نظرية الصراع للقوة (القدرة على القهر على أساس سيطرة الشخص على المصادر) وكذلك يختلف عن نظرة الوظيفية للقوة (الوسائل التي ينظم المجتمع بواسطتها القرارات ويطبقها). وبدلاً من ذلك يركز التحليل التبادلي على العلاقة بين القوة واحتياطي الأفراد من الخدمات القيمة. لقد تطورت هذه المسألة تماماً في أعمال ريشارد إمرسون، الذي يؤكد على العلاقة بين القوة وما إذا كان أحد أطراف علاقة تبادلية ما معتمد على الآخر من أجل الخدمات التي يقدمها له ويضفي قيمة على تلك الخدمات أكثر مما يضفيها الشخص الآخر على أي شيء يمكن أن يقدمه. وهكذا، ذكر إمرسون في مقاله "علاقات القوة- الاعتماد" والذي وثق كثيراً في عام 1962، الشروط المحددة للمدى الذي يمارس عنده مزود السلعة أو الخدمة القوة على أولئك اللذين يتلقون مكافئاته. إن قوة المزود للخدمة تكون أكبر كلما ازدادت حقيقة أن: 1) الفرد الذي يريد الخدمة لا يمتلك شيئاً يحتاجه المزود بحيث يقدمه له بالمقابل 2) أن متلقي الخدمة لا يمتلك بديلاً يتحول إليه 3) متلقي الخدمة لا يستطيع استخدام القهر المباشر للحصول على الخدمات التي يريد 4) المتلقي لا يستطيع أن يتخلى عن الخدمات أو أن يجد بديلاً لها. إن الشرط الثاني والرابع يماثلان الشروط التي يستخدمها الاقتصاديون لوصف الاحتكار. ومع ذلك، فإن النتيجة في التبادل الاقتصادي بسيطة حيث يدفع المشتري أكثر، بينما في التبادل الاجتماعي يستطيع المزود أن يشترط مطالب عامة ويفرض الإذعان.

إن منظور التبادل يوضح لماذا سوف تنتقل قيادة الجماعة في جزيرة نائية إلى فرد ذو مهارات حية، حتى إذا كان مسبقاً ميكانيكي عاطلاً عن العمل ووصفاؤه محامون، ومدراء

بنوك، ورؤساء شركات. ومع ذلك، فإن وجهة نظر التبادليين لم تقدم الأساس المؤسسي للقوة في المجتمع، أي الظروف التي تجعل سلعاً وخدمات معينة ذات قيمة في مجتمعنا ومجتمعات أخرى، أو الوسائل التي تتمكن بواسطتها بعض الجماعات باستمرار من اكتساب أو احتكار المصادر القيمة وتترك الآخرين دون شيء يساوموا عليه. وبالمقارنة فإن منظري الصراع، يميلون إلى تجاهل الأهمية المستقلة للشرط الرابع - الذي يؤكد بأن متلقي الخدمات ليس بإمكانه التخلي عنها - ويركزون بشكل كامل تقريباً على نمط واحد من القوة وهو النمط الذي يطلق عليه منظري الاختيار العقلاني النمط الاحتكاري. بمعنى آخر، الطرق التي تعمل من خلالها الجماعات على تأسيس وصيانة موقع السيطرة على الخدمات النادرة والقيمة.

وفي الوقت ذاته، فإن منظور التبادل يلقي اهتماماً كبيراً على الجوانب القهرية والاحتكارية للقوة وما ينتج عنها من تمايزات أكثر مما يفعل معظم الوظيفيين. إن نظرية التدرج الاجتماعي الوظيفية. مثلاً، تجادل بأن وجود مكافآت أكبر لبعض الوظائف من وظائف أخرى تعتبر (وظيفية) باعتبارها تستميل الناس ذوي المهارات والمواهب النادرة لشغل تلك الوظائف. وبالمثل فإن منظور التبادل يؤكد على العلاقة بين القوة وتبادل البضائع أو الخدمات ويربط قيمة الخدمات بالسعر الذي يستطيع أن يتحكم به من يقدمها. ومع ذلك، فإن الوظيفية لا تهتم كثيراً بحقيقة أن الناس والجماعات قد يشوهون السوق من حيث قدرتهم على التأثير، بينما تدرك نظرية التبادل في مناقشتها للقوة القهرية أهمية التشوهات.

القوة والعدالة: المزيج الاجتماعي

إن ما يميز توجهات علماء الاجتماع في نظرية الاختيار العقلاني عن توجهات الاقتصاديين يتمثل في إصرارهم على البعد الأخلاقي، والمعياري للتبادل الاجتماعي. وقد

ثبت هذا في الأعمال النظرية المتأخرة ضمن نظرية التبادل الاجتماعي، وبشكل خاص في أعمال ريشارد إمرسون وكارن كوك ومؤلفاتهما المشتركة.

وفي صياغاته لنظرية التبادل، يؤكد إمرسون على مفاهيم القوة، والاعتماد والبدائل المتاحة للناس. إن اعتماد الفرد أو الجماعة A على الفرد أو الجماعة B يحلل كمعادلة لكمية ما يضفيه A من قيمة على الموارد التي يريد الحصول عليها من التبادل مع B ، وكمية الموارد البديلة اللازمة لتلك الموارد، وبالتالي تكون المعادلة على النحو التالي:

إن القوة (P) التي يتفوق بها B على A تمثل مرآة لصورة اعتماد (D) الطرف A على B، ويصوغها إمرسون كما يلي:

$$Pba=Dab$$

كلما كانت قوتك أكبر في علاقة تبادلية، فإن احتمالية حصولك على الربح تكون أكبر. إن وجود البدائل يمثل العامل الأساس في تعريف الاعتماد. وهذا يتوافق مع النظرية الاقتصادية التي تؤكد بأن الاحتكارات ترفع أسعار السلع. ومع ذلك، يوضح منظرو التبادل الاجتماعي بأن وجود أفكار الإنصاف والعدالة يغذي مباشرة وبشكل فعلي علاقات القوة، بالمقارنة مع استخدام الناس لقوتهم.

لقد أوضح كوك وإمرسون هذا الأمر مباشرة عبر الدراسات المخبرية لعلاقات التبادل. لقد تم حشد الناس ليساهموا في دراسة حول العلاقات التجارية ودفع لهم أجراً حسب الأرباح التي حققوها خلال سلسلة من الجلسات التجارية حيث كانت التجارة تتم بواسطة أجهزة الكمبيوتر، والتي تمكنوا من خلالها إرسال وتلقي رسائل من شركاء تجاريين. ومع ذلك، فقد كان المشاركون في موقف مواز لتحقيق الأرباح أكثر من غيرهم، حيث كانت مكافآتهم من الصفقات التجارية أكبر كما كانت بدائلهم أكثر عدداً.

في البداية، لم يكن لدى المشاركين فكرة عن موقف شركائهم، ولهذا، لم يكن

لديهم سبب لفعل أي شيء سوى مضاعفة أرباحهم، أي الاستفادة من قوتهم الممكنة ومن اعتماد الآخرين وتبعيتهم. لقد فعلوا ذلك بشك واف. ومع ذلك، عندما تغير الموقف، ولأن المشاركين لم يعلموا فقط ما ستكون عليه مكتسباتهم من الصفقة بل علموا كذلك ما سيحققه شركاؤهم، فقد تغير سلوكهم. إن أولئك اللذين يحتلون المواقع الأقوى، يتوقفون عن الاستخدام التام لقوتهم، لأنهم مقيدون بالأمور المتعلقة بالعدالة.

ومع ذلك، فإن كل من هومانز وإمرسون تم توجيه النقد لهما من قبل المنظر التبادلي إدوارد لولر Edward Lawler لوصفهما التبادل الاجتماعي من خلال أن الفاعلين ليسوا فقط مدفوعين بالمصلحة الذاتية لكنهم كذلك غير عاطفيين أو فارغين عاطفياً. لقد طور لولر نظرية شعورية (عاطفية) في التبادل الاجتماعي يؤكد فيها على كيف ينتج التبادل مشاعر سلبية أو إيجابية معممة أو كونية. إن الناس يريدون فهم مصدر تلك المشاعر، ومن ثم إما يكررونها أو يتجنبون الانخراط فيها. وهذا يفسر لماذا يميلون إلى إضفاء طابع موضوعي على علاقة التبادل وينظرون إليها باعتبارها شيئاً يقع خارج أنفسهم، أي، أنهم يفسرون مشاعرهم، على الأقل جزئياً، بالإشارة إلى الوحدات الاجتماعية، من قبيل الجماعات، وتحريضها.

وعلى سبيل المثال، فإن الدراسات حول مواقف التبادل تظهر كيف أن خبرة التبادل المكرر تولد شعوراً إيجابياً إزاء أعضاء آخرين ضمن شبكة التبادل. لقد اختبر لولر وزملاؤه الطريقة التي يعمل من خلالها التبادل على خلق ما يطلقون عليه (التماسك العلائقي) Relational Cohesion: أي التصور بأن التبادل يتضمن جماعة أو وحدة حقيقية، ينتمي إليها أولئك المنخرطين فيها، ويرى لولر وزملاؤه "أن العلاقات التبادلية التي ترتكز على الأداتية تعمل بشكل فعلي على تعزيز علاقات وروابط تعبيرية (عاطفية) بين الفاعلين...إن نظرية التماسك العلائقي تقترح أن التبادلات تبني الأساس لتصورات

التشابه...بين الفاعلين كما تبني الأساس للعلاقات البينشخصية التي يتجسد فيها سلوكهم الاقتصادي".

وهكذا، إذا جمعت الشبكة بين نفس الشخصين بشكل متكرر، وكل منهما أنجز مهمة مشتركة فإنه من المحتمل أن يشهد كل منهما خبرة الإهتياج العاطفي. وهذا ما يجعل العلاقة الثنائية أكثر وضوحاً وأكثر واقعية. ويقود إلى تحقيق سلوك التزامي. إن علاقة التبادل تصبح غاية في المودة والصداقة وهذا الأمر يجعل الناس يستمرون في العلاقة التبادلية ويقدمون لبعضهم الهدايا، ويشتركون في مغامرة جديدة. إذا كانت الشبكة مترابطة بشكل إيجابي، فإن هذا يعني أن التبادلات بين A وB من المحتمل أن تجعل أحدهما أو كليهما يدخل في علاقة أخرى إضافية مع C. ومن ثم فإن المشاعر الإيجابية من المحتمل أن تنتشر- ومن المحتمل أن تتحول الشبكة إلى جماعة ذات روابط مكثفة بين الأعضاء. وعلاوة على ذلك، يجادل لولر بأن الناس يشكلون ارتباطات مؤثرة مع الوحدات التي تعطيهم شعوراً أكبر بالسيطرة أو الفاعلية - الذاتية، كما أن الارتباطات المؤثرة مع الوحدة الاجتماعية تتشكل بشكل خاص عندما يتم تصور الوحدات الاجتماعية باعتبارها أسباب مستقرة ومنضبطة للمشاعر، مثل مشاعر السرور. إن تلك العواطف هي بذاتها ليست عقلانية. لكنها تمتلك تأثيرات عميقة على متى وكيف تُولَدِّ التبادلات الاجتماعية شبكات وجماعات تستمر لفترة زمنية أطول.

إن الدراسات الإمبريقية، مثل دراسة إمرسون، وكوك ولولر وآخرين عملت على توسيع صياغات هومانز وحددت الخصائص المميزة للتبادل الاجتماعي. كما ألقت الضوء أيضاً على الحقيقة الحاسمة التي تؤكد بأن العلاقات الاجتماعية قد توجدت لفترات زمنية طويلة، ويجب أن تفهم بالاستناد إلى التبادلات المتكررة عبر الوقت. وفي الجزء الثاني والثالث من هذا الفصل نناقش بشكل مطول كيف أن منظرو الاختيار العقلاني وبموجب

دراستهم للعلاقات عبر الوقت، قد ساهموا في فهمنا لخصائص اجتماعية من قبيل الثقة البينشخصية...ومعايير الجماعة. ومع ذلك، ننظر بداية إلى كيفية تأثير نظرية المباراة في الطريقة التي يفهم من خلالها منظرو الاختيار العقلاني الفرد، أو السلوك "الاجتماعي الأولي".

نظرية المباريات ومعضلة السجين

إن المباريات ذات القواعد والاستراتيجيات، والتي عادة ما يكون فيها رابحين تمثل نشاطاً إنسانياً جوهرياً.إن منظري المباريات يحللون السلوك الإنساني بالاستناد إلى العديد من المواقف يمكن النظر إليها باعتبارها تعبيراً عن مباراة أو أخرى. إن معضلة السجين معروفة جيداً لجميع المهتمين بنظرية المباراة، ويعود هذا الأمر، إلى حد ما، إلى كون الصياغة الأصلية وحيدة المناسبة تتضمن في مخرجاتها رهبة لا يمكن تجنبها بشكل يثير الدهشة. ومع ذلك، فإنها معروفة أيضاً لأن المتماثلات مع العديد من المواقف الاجتماعية يمكن أن تدرك بسهولة متناهية.

وفي الصيغة الكلاسيكية للمباراة، سجينان ارتكبا الجريمة مع بعضهما، وكلاهما قيد الاعتقال، وغير قادرين على الاتصال ببعضهما، ومن أجل إجبارهما على الاعتراف منحت السلطات كل سجين، على نحو منفصل، الصفقة التالية:

إذا اعترفت وزميلك لم يعترف، فسوف يُسجن تسع سنوات وأنت سيتم العفو عنك ويطلق سراحك.

وإذا اعترف كل منكما، فسوف يسجن كلاكما خمس سنوات

وإذا لم يعترف كلاكما، فسوف تسجنان سنتين.

يلخص الشكل التوضيحي 7- 1 الخيارات التي تواجه كل سجين، ويظهر كل ربع نتائج أفعال معينة لكل سجين بشكل منفصل والرقم المشترك من سنوات السجن التي

سوف تتبع كل خيار. المربع في الزاوية اليسرى العليا يظهر النتائج إذا اعترف كلاهما. ومن الواضح أن الاختيار الثالث هو الأسوأ لكل فرد، أي أسوأ الخيارات جميعها بالاستناد إلى العدد الكلي من سنوات السجن التي يتضمنها، حتى أن هذا لا يمكن تجنبه تماماً، وهو الخيار الذي ستقودهما معضلتهما إلى اتخاذه، لماذا؟ لأن كل سجين وهو في معزل عن الآخر سوف يفكر بهذه الطريقة:

إذا لم اعترف، والآخر لم يعترف كذلك سوف نحصل على سنتين من السجن لكل منا لكن من المحتمل أن أبقى صامتاً ومن ثم أكتشف أن الآخر قد اعترف، وحينها سوف أحصل على تسع سنوات سجن، ولذلك فإن عدم الاعتراف يمثل مخاطرة بالفعل. ومن جهة أخرى، إذا اعترفت، قد يحالفني الحظ، حيث قد يبقى الآخر صامتاً ومن ثم أخرج من السجن نهائياً، وفي أسوأ حال سوف أسجن خمس سنوات والتي هي أفضل من تسع سنوات. لذلك سوف أعترف.

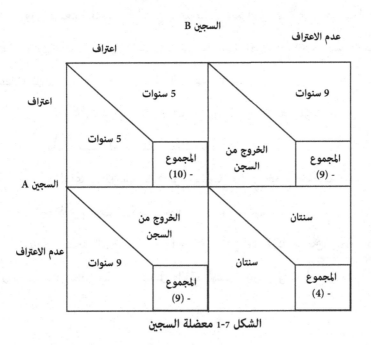

الشكل 7-1 معضلة السجين

إن المسألة المثيرة للتناقض والتي تجعل معضلة السجين مُخادِعَة جداً تتمثل في أن كلاً من المشاركين يتخلى عن الآخر حتى رغم أن كليهما يعلم بأنهما سيكونان في حال أفضل عن طريق التعاون. يعتبر ريموند بودون Raymoun Boudon من علماء الاجتماع الفرنسيين المعاصرين الأساسيين، والذي يعتقد بأن النتائج غير المقصودة للفعل، وبشكل خاص ما يطلق عليه "التأثيرات المضادة" Perverse Effects يمكن أن تفهم غالباً كأشكال مختلفة من معضلة السجين أو مباراة أخرى.

ريموند بودون والتأثيرات المضادة

يعرف بودون التأثيرات المضادة أو المعاكسة بأنها: التأثيرات الفردية والجمعية التي تنتج عن التجاور بين سلوكيات الفرد والتي لا تزال غير متضمنة في الأهداف الواضحة للفاعل. بعض مثل هذه التأثيرات قد تكون نافعة، لكن الآليات الأكثر أهمية من الناحية الاجتماعية تتمثل في تلك التي توقف إنتاج التأثيرات غير المرغوبة، والتي يطلق عليها في طريقة التعبير اليومية أو الحديث اليومي، مضادة، أو معاكسة.

إن اهتمام بودون الأساس يمثل إحدى الأفكار المتجددة في هذا الكتاب: وهو دور التعليم الرسمي في المجتمعات الصناعية الحديثة. في فرنسا كما هو الحال في الولايات المتحدة وبريطانيا كان توسع التعليم العالي بمثابة طريقة لزيادة فرص أبناء العائلات الفقيرة والطبقة الدنيا. وفي فرنسا، كما هو الحال في البلدان الأخرى، أحبطت تلك الآمال إلى حد كبير، بينما عايش الناس في نفس الوقت النوع اللولبي من الشهادة الذي تم تحليله من قبل منظري الصراع مثل راندال كولينز. إن ما يريد بودون توضيحه في مساهمته يتمثل في أن بناء خيارات الفرد يجعل مثل هذه المخرجات محتومة تماماً. ويوضح، إننا نريد أن نفعل أفضل من هذا بكثير لننظر إلى المتناقضات التي تنشأ من تجمع قرارات الفرد أكثر مما تنشأ من التفسيرات الثقافية لما حصل.

وكمثال، يتناول بودون قرار الحكومة الفرنسية لإيجاد معاهد تكنولوجية تقدم درجات علمية يحصل عليها الطالب خلال سنتين في الموضوعات الفنية. ومنذ عام 1945، تميز التعليم العالي في فرنسا بالزيادة الكبيرة في أعداد الطلاب ومعدل طول الفترة الزمنية التي يدرسها الناس. وعلاوة على ذلك، فإن معظم الطلاب يحصلون على شهادات عامة إلى حد ما، أي في مجال الفنون والعلوم الاجتماعية أكثر من العلوم والتكنولوجيا. يرفض بودون فكرة أن الناس يدرسون مدة أطول بسبب زيادة حجم المعرفة التي يحتاجون اكتسابها، وبالأحرى فإن الأمر كما يلي:

"إن الإحصاء الاقتصادي والاجتماعي المتجدد يميل إلى الاختلاف إيجابياً بالمعدل، مع الكمية التي يحصل عليها الشخص من التعليم. ولهذا السبب فإن الشخص يبحث عن فرص الحصول على أكبر كمية من التعليم لنفسه وإذا لاحق كل واحد الاستراتيجية ذاتها، فإن هذا يؤدي إلى ارتفاع الطلب على التعليم، ومن ثم فإن العرض من الأشخاص المتعلمين يتجاوز الطلب على مهارات معينة في سوق العمل. ويعود هذا الأمر في المقابل إلى البطالة، وما يلازمها من انخفاض في قيمة المؤهلات، وهذا يعطي لولبة (عملية التلولب) إضافية بموجب زيادة الطلب على التعليم مرة أخرى".

لقد كانت المعاهد الفنية الفرنسية بمثابة محاولة لكسر هذه الحلقة عن طريق توفير فرصة للطلاب لاكتساب المهارات الفنية ضمن سنتين مكثفتين من الدراسة، باستخدام مناهج تعليمية جديدة مع روابط قوية مع الصناعة والتجارة، وسوق العمل. إن الطلاب اللذين يمضون سنوات قليلة في الحصول على الدرجة، تكلفهم الدراسة أقل.

وفي نظر الحكومة فإن المعاهد الفنية الفرنسية تقدم تعليماً وثيق الصلة بالطموحات

المعاصرة للشباب ومتطلبات العالم الحديث. يتذمر الشباب الفرنسي بشكل مستمر من كمية الوقت الذي يمضونه في الدراسة ومن التكاليف المباشرة والدخل المحدد سلفاً. وتتنبأ الحكومة أنه خلال ثماني سنوات من تأسيس المعاهد، فإنها سوف تعلم واحداً وعشرون بالمائة من جميع الطلبة في التعليم العالي. وفي الحقيقة كانت النسبة سبعة بالمائة فقط، وهي نسبة ضئيلة جداً، ما الذي تم بشكل خطأ؟

وبالنظر إلى مداخيل خريجي الجامعة الفرنسية يبدو هذا الأمر للوهلة الأولى محيراً حيث أن معدل رواتب خريجي الجامعات التي تستغرق فترة زمنية طويلة وخريجي المعاهد التي تستغرق فترة قصيرة متشابه. ومع ذلك، فإن نمط الرواتب مختلف جداً، حيث أن رواتب المعهد أكثر تجمعاً مع بعضها (تتخذ شكل عناقيد). إن بعض خريجي الجامعة يكسبون أقل بكثير من خريجي المعهد، لكن البعض يكسب أكثر من خريجي المعهد بكثير. وهذا ما يعطي بودون المفتاح لحل المشكلة، وذلك عن طريق طرحها بشكل مباراة. إن كل خريج مدرسة عليا (جامعة أو معهد) يمكن النظر إليه على أنه يختار، في عزلة، استراتيجية تضاعف فرصه للحصول على رواتب مرتفعة من التعليم العالي.

افترض أنك طالب فرنسيـ فإنك لا تريد أن تمضيـ العديد من السنوات في قاعات المحاضرات والغرف الصفية باهظة الثمن والمزدحمة. إذا تمكنت أنت وأقرانك من هجر الجامعات للانتقال إلى المعاهد، فإن جميع أصحاب العمل بعد ذلك سيقبلون شهادة المعهد التي تحصلون عليها كمؤهل كاف. إنك تستطيع أن تنافس على أي عمل وتكاليفك ستكون أقل بكثير من تكاليف الطلاب الحاليين.

ومع ذلك، في الحاضر، فإن أفضل الأعمال لا تذهب إلى خريجي المعاهد الفنية، ولكن إلى خريجي الجامعات، حتى لو كان عددهم كبيراً جداً، وبعضهم انتهى إلى حال أسوأ وفقر أشد من طلاب المعهد المؤهلين فنياً. هذا يعني أنك، كطالب فرد، ترغب أن

يـذهب النـاس إلى المعاهـد، بيـنما تحضرـ أنـت في الجامعـة وتأخـذ فرصـة متزايـدة للحصول على إحدى الوظائف جيدة الراتب. وبالمقابل، فإنك لن تحاول المخاطرة بالـذهاب إلى أحد المعاهد بينما يذهب جميع أقرانك إلى الجامعة. إذا حصل ذلك، فـإنهم سـوف يخرجونـك من سوق الأعمال التي تريد، ويظنون أن لديك فرصة للحصول على العمل.

مع كل طالب يعمل على تقييم الخيارات الممكنة أو الاستراتيجيات بهذه الطريقة فإن المرء ينتهي بسرعة، كما يظهر الشكل التوضيحي 7-2، إلى شيء ما وثيق الصلة بمعضـلة السـجين الكلاسيكية. إن الناس يختارون الدراسة الجامعية التي تستغرق فـترة زمنيـة طويلـة حتـى مـع علمهم أنهم إذا وافقوا جميعاً على التعاون وأن يختاروا الدراسة في المعهد (لفترة زمنية أقصرـ)، فإنهم جميعاً سيكونون بحال أفضل، بالمقارنة مع العمليات التي توجد في العمل في مكـان مـا. إن الأمريكـان يجعلـون أسـنانهم تصرـ ويتـابعون الحصـول عـلى شـهادات عليـا لا نهايـة لهـا، والحكومة البريطانية تجد أنه من المستحيل إقناع طلاب أكثر للحصول عـلى شـهادات هندسـة مهمة من الناحية الاجتماعية، لأنه في بريطانيا يحصل غير الاختصاصيين الفنيـين عـلى مكـان في أفضل الأعمال وليس الخريجون الفنيون.

يوضح بودون أن نموذجه في الاختيار العقلاني والتأثيرات المضادة يمكن أن يعمل كأداة تحليلية لتقييم النجاح المحتمل لتغيرات مؤسسية معينة. وما هو حاسم من وجهة نظـره، هـو أنه يأخذ بالحسبان التأثيرات المتناقضة لقـرارات الفـرد المتعـددة أكـثر مـن النظـر إلى العوامـل الثقافية مثل "انخفاض قيمة التدريب الفنـي". إن هـذا التأكيـد يعـد مركزيـاً بالنسـبة لمنظـور الاختيار العقلاني. وقد أثبتت افائدتـه في تحليـل أصـول وتـأثيرات توسـع مؤسسـاتنا التعليميـة الرسمية. لقد استخدمت وولف، إحدى مؤلفتا هـذا الكتـاب، هـذا المنظـور لتفسـير، لمـاذا عـبر العالم المتقدم لم يتزايد الانخراط في الجامعة لكنه اتبع نمطاً معيناً.

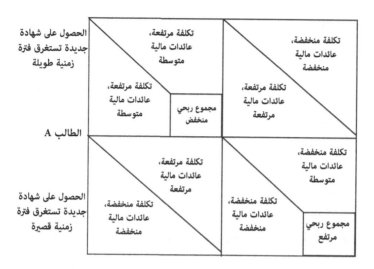

الشكل رقم (7-2) معضلة الطالب

يوضح الشكل 7-3 الطريقة التي تزايدت من خلالها نسبة الناس الـذيـن يـدخلون الجامعة في عدد من البلدان الصناعية (الولايات المتحدة وبريطانيا العظمى واليابان وفرنسا) خلال القرن الماضي. كما نـرى في كـل حالـة الـنـمط هـو نفسـه بالضبط، حتـى رغـم أن هناك فروقات في وقت حدوثها. وبشكل خاص الحقيقة المتمثلة بأن التوسع في الولايات المتحدة كـان في وقت مبكر أكثر من أي مكان آخر. ما يحدث هو أن هناك توسع بطئ وثابت لعـدة عقـود، لكن مع بقاء نسبة بسيطة فقط من حملة الشهادة الثانوية يدخلون الجامعة، ومن ثـم خـلال فترة زمنية قصيرة، أصبح هناك تسارع: تزايدت الأعداد بمعدل سريع جداً، وتغـير المجتمـع مـن مجتمع تدخل فيه النخبة فقط إلى الجامعة إلى نسـق مشـاركة جماهيرية، الشكل 7-3 يظهـر فقط أربعة بلدان (الولايات المتحدة، وبريطانيا، واليابان، وفرنسـا) لكننا نسـتطيع أن نسـحب الصورة على إيطاليا، وألمانيا، والسويد، وأستراليا، وكندا، وسوف تبدو جميعها متشابهة.

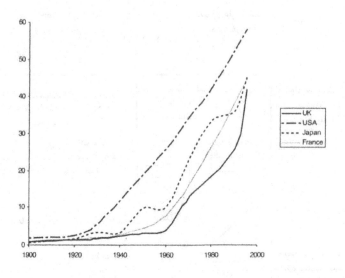

الشكل 7-3 تصاعد التحاق الطلاب في الجامعة: نمط دولي وعالمي

بالعودة إلى الستينات والسبعينات من القرن الماضي، نجد أنه كان شائعاً وصف نسق الجامعة الأمريكي بأنه فريد، ويمثل صفة لقيم البلد وتاريخها، ما يؤكد عليه الشكل، أن هناك شيء ما مشترك يحصل لجميع الدول المتقدمة المعاصرة: لقد كانت الولايات المتحدة مختلفة بشكل بسيط لأنها بدأت قبل البلدان الأخرى في عملية التصاعد. إن منظور الاختيار العقلاني يؤكد بأن الخيارات المنفصلة للأفراد، تقدم تفسيراً للشكل المحدد الذي اتخذه التوسع، ولماذا اتخذ هذا الشكل في أماكن مختلفة منفصلة عن بعضها.

تخيل أنك شاب أمريكي تبلغ من العمر (18) عاماً وأنك تعيش في العام 1930، أو أنك بريطاني تعيش في العام 1955. هناك عدد قليل من الناس حصلوا على شهادة جامعية، الأمر الذي يعني أن معظم الأعمال مفتوحة أمام أولئك الذين لم يدخلوا الجامعة. وأن الناس يحصلون على عمل جيد دون دخول الجامعة. وأصحاب العمل يعلمون أن معظم الناس الموهوبين والقادرين على العمل ليسوا من خريجي الجامعة. قد ترغب بالذهاب إلى الجامعة، لكنه ليس الشيء الذي تفكر فيه عائلتك، ولا أنت. إنك مهتم أكثر بالحصول على عمل

يمنحك انطلاقة جيدة، وكذلك الأمر بالنسبة لجميع زملائك في المرحلة الثانوية.

نتقدم الآن سريعاً إلى الستينات والسبعينيات من القرن الماضي في أمريكا أو إلى الثمانينيات في اليابان أو بريطانيا. تخيل مرة أخرى أنك تبلغ من العمر (18) عاماً. لكن العالم الآن يبدو مختلفاً. بشكل متزايد يذهب الناس إلى الجامعة، ولذلك بدلاً من الافتراض بأن معظم الناس الجيدين ليسوا من خريجي الجامعة فإن أصحاب العمل يميلون بشكل متزايد إلى توظيف أولئك الذين يحملون شهادات جامعية. إن أصحاب العمل يدركون بأنه قد يكون هناك بعض الناس الجيدين من بين أولئك قد ذهبوا مباشرة إلى العمل بعد المدرسة الثانوية. لكن من الأسهل بالنسبة للأعمال الجيدة التركيز على خريجي الجامعة. إن عدم الذهاب إلى الجامعة يبدو أنه يمثل مخاطرة وتشتد الخطورة عندما تتزايد أعداد أصدقاءك الذين يلتحقون بالجامعة. والنتيجة – في بلد بعد الآخر – أنه عندما يصل دخول الجامعة إلى مستوى حرج معين، يصمم الكثير من الناس على أن دخول الجامعة كان أمراً جيداً بالنسبة لهم. لقد تزايدت معدلات دخول الجامعة بعد ذلك بشكل سريع، ومع ذلك فإن عدد أكبر من الناس يتخذون القرار ذاته. وهؤلاء الناس حول العالم، يتخذون قرارات عقلانية تنتج مستويات غير مسبوقة من المتعلقين بالجامعة وخريجي الجامعة، وتنتج نفس النمط من النمو البطيء الذي تبع التسارع المفاجئ الذي يظهر في الشكل 7-3. بطبيعة الحال، هناك عوامل أخرى ذات علاقة بما في ذلك التغير في طبيعة الأعمال، لكن تصاعد معدلات خريجي الجامعة تتصاعد بشكل أسرع من التغيرات في سوق العمل.

وكما توضح هذه الأمثلة البحثية، فإن النظر إلى الاختيارات العقلانية للفرد يمكن أن تكون فعالة جداً في تفسير بعض التغيرات الاجتماعية بعيدة المدى. ومع ذلك فإن المتشككين يتساءلون ما إذا كان المنظور كافياً لتحليل الجماعات أو المؤسسات التي تعمل مع بعضها وتتعاون عبر الوقت، الجزء التالي يراجع الأعمال التي تحاول القيام بهذا التحليل.

الجزء الثاني

الاختيار العقلاني وتحليل البناء الاجتماعي

إن العمل الذي تم وصفه في الجزء السابق يركز على أصول وطبيعة خيارات الفرد، ويفعل هذا تقريباً بالكامل ضمن مواقف الجماعات الصغيرة. ومع ذلك، فإن نظرية الاختيار العقلاني، من بين المنظورات السوسيولوجية الأساسية، تضم بشكل ملحوظ كلاً من علماء الاجتماع المعنيون بالمستوى بعيد المدى وكذلك علماء الاجتماع المعنيون بالمستوى قصير المدى. وفي الجزء التالي نستعرض بداية عمل بيتر بلاو حول التكامل الاجتماعي والقوة، وبصورة أكثر عمومية نستعرض الطريق التي عمل من خلالها علماء الاجتماع على جعل منظورات الاختيار العقلاني تستوعب البناء المؤسسي وتطور القيم الجمعية.

بيتر بلاو: التبادل والتكامل الاجتماعي

يعود الفضل لكل من بيتر بلاو Peter Blau وجورج هومانز في تأسيس نظرية التبادل وجذب انتباه علماء الاجتماع إلى فاعلية منظور الاختيار العقلاني. ومع ذلك، يعتبر بيتر بلاو (1918-2002) الأكثر قرباً من بين الاثنين إلى الاتجاه السائد في علم الاجتماع الأمريكي. ولد بلاو في فينا 1918، وحصل على درجاته العلمية في علم الاجتماع من كلية إمهرست وجامعة كولومبيا. وبعد تدريسه في جامعة واين الحكومية، وجامعة كورنيل، ولعدة سنوات بعد ذلك في جامعة شيكاغو أصبح أستاذ علم الاجتماع في جامعة كولومبيا في شابل هل Chapel Hill. أصبح بيتر بلاو رئيس الجمعية الأمريكية لعلم الاجتماع في عام 1964، لقد كان مهتماً إلى حد كبير بتحليل البيروقراطيات من الوكالات الفيدرالية المنظمة إلى الجامعة الحديثة. وكذلك اهتم بالخصائص العامة للبناء الاجتماعي والمؤسسات الاجتماعية الراسخة أكثر من اهتمامه بالجماعات الصغيرة أو الجماعات غير الرسمية. لقد

عرفت كتاباته بربطها البحث الإمبريقي الابتكاري بافتراضات عامة أو "نظرية".

إن اهتمام بلاو بالبناء الاجتماعي شائع في نظرياته حول التبادل الاجتماعي وأعماله المتأخرة، التي لم يهتم فيها بالتبادل بذاته بشكل مباشر. وهكذا، في مناقشة له حول التحليل البنائي، أكد بلاو بأن تحليله ينصب على الاختلافات المهنية (تقسيم العمل) بالمقارنة مع مهن أفراد معينين، كما ينصب على توزيع الدخول في المجتمع الذي يعكس اللامساواة في الدخل أكثر من اهتمامه بدخول الأفراد. وبينما يعتقد هومانز بأن هذه الخصائص تفسر بشكل مطلق بموجب عوامل سيكولوجية، فإن بلاو يوضح بأن العوامل الاجتماعية متضمنة بشكل مميز كذلك. ومع ذلك، فإن بلاو يؤمن أيضاً بأن "دراسة العمليات الأكثر بساطة التي تجتاح التعاملات اليومية بين الأفراد" تعتبر حاسمة في فهم الباءات الاجتماعية المركبة، ويعتبر التبادل الاجتماعي من قبيل هذه العمليات.

يعتبر كتاب بيتر بلاو الموسوم "التبادل والقوة في الحياة الاجتماعية" Exchange And Power In social Life الإسهام المباشر الوحيد في نظرية التبادل. إن تحليله للأصول والمبادئ التي تحكم السلوك التبادلي قريبة جداً من أطروحات هومانز. ومع ذلك، فقد اهتم هومانز بشكل أساسي بتقديم نظرية استنتاجيه حول السلوك بوجه عام. وبالمقابل، يرى بلاو بأن التبادل يمثل الجانب المحدد الوحيد لمعظم السلوك الاجتماعي. إنه يتعامل مع "جميع أفعال الأفراد الطوعية المدفوعة بعوائد متوقعة"، لكنه لا يرى أن تلك الأفعال تشمل جميع النشاط الاجتماعي. وبشكل مماثل، فإن تحليله يتضمن علامات واضحة حول كيف يمكن لمنظور التبادل أن يقدم تفسيراً، واستنتاجاً، وشرحاً أقل صرامة.

يوسع بلاو تحليل هومانز للعلاقات البينشخصية مع مناقشة أوضح لآليات السعر في التبادل الاجتماعي، وتحليلاً للغايات العامة التي يقوم بها الناس في جانب الصداقة والحب. ومع ذلك، فإن إسهاماته في نظرية التبادل تهتم بالعلاقة بين التبادل والتكامل في المجتمع

540

ككل، والأساس التبادلي للقوة في المؤسسات الكبرى وكذلك في الجماعات الصغيرة. وفي وصفنا لنظرية بلاو في التبادل ينبغي أن نشير إلى دراساته الإمبريقية حول البيروقراطية التي تعتبر من بين أفضل التحليلات للعمليات التبادلية في المواقف المؤسسية.

الطبيعة المميزة للتبادل الاجتماعي

يؤمن بلاو، كما هو الحال بالنسبة للأنثروبولوجيين اللذين ناقشناهم سابقاً، بأن التبادل الاجتماعي هام جداً في عملية التكامل الاجتماعي. ويوضح أيضاً أن من وظائف التبادل الاجتماعي -بالمقارنة مع التبادل الاقتصادي- خلق روابط الصداقة، ومن الوظائف أيضاً تأسيس الخضوع أو السيطرة. يوضح بلاو بأن التبادلات تزيد التكامل الاجتماعي عن طريق الثقة، وتشجيع التفاضل، وتدعيم التكيف مع معايير الجماعة، وتطوير القيم الجمعية.

يوضح بلاو بعض القيم الاجتماعية المميزة التي تؤثر في "السعر" في عملية التبادل غير الاقتصادية. ويشير، على سبيل المثال، إلى أن بعض الروابط الاجتماعية تعتبر قيمة بشكل جوهري Intrinsic "إنها ليست ما يفعله المتحابون مع بعضهم، لكن عملهم لها مع بعضهم يمثل مصدراً مميزاً لإشباعهم الخاص". إن هذا الجانب من التبادل يعني أن ما نطلبه مقابل خدمة معينة من المحتمل أن يعتمد في اختلافه على من هو منخرط معنا في العملية التبادلية، ولذلك سوف نطلب عائداً أقل من صديق لنا مما يمكن أن نطلبه من شخص غريب. ونتيجة لعدم وجود وحدة محاسبة (مثل المال)، فإنه من الصعب بالنسبة لنظرية التبادل الاجتماعي أن تقارن قيمة الأفعال البديلة، كما تفعل النظرية الاقتصادية. إن هذه الأهمية لعناصر التبادل الاجتماعي الجوهرية تقلل دقة نظرية التبادل إلى أبعد مدى.

كما يؤكد بلاو على أهمية "إدارة الانطباع" Impression management في التبادل الاجتماعي، أو كيف يقدم الناس أنفسهم للآخرين. إن الناس يريدون أن يتم النظر

إليهم بطريقتين: كزملاء يعدون بتقديم مكافئات ومنافع "خارجية"(*) Extrinsic ولذلك يستطيعون السيطرة على عوائد مواتية، وكرفاق يعد حضورهم مكافأة جوهرية، ولهذا فإن الانطباعات تعتبر ذات أهمية حاسمة بالنسبة للأسعار التي يتم بموجبها التبادل الاجتماعي. وهنا، ينجذب بلاو إلى أعمال إرفنج جوفمان، الذي يعتبر أحد المساهمين الأكثر أهمية في التفاعلية الرمزية، والذي يركز ويشدد على الجوانب الإبداعية للسلوك الإنساني. يدور عمل جوفمان حول كيفية تحكم الناس في صورهم التي تتضمن، على سبيل المثال، مفهوم "مسافة الدور" Role Distance، أي كيف يقدم الناس انطباعاً للآخرين بإبعاد أنفسهم عن الواجب أو المهمة والتظاهر بأن أداءه غاية في السهولة.

يعتقد بلاو بأن مسافة الدور ذات علاقة بالتبادل الاجتماعي بشكل خاص، حيث يرغب الناس أن يُظهِروا كم هم ماهرين، وكم يجب أن تكون قيمة الخدمات التي يقدمونها. وفي تحليله للوكالة الفيدرالية لغرض ترتيبات الأعمال، لاحظ بلاو كيف أن العاملين يحاولون في بعض الأحيان إخفاء طلب المساعدة عن طريق تقديمه في هيئة مناقشة لمشكلة مهمة، أي أن المناورة التي من المحتمل أنك ستدرك بأنها عامة من مرحلة التعلم على "إدارة الانطباع" تميز بالإضافة إلى ذلك أيضاً بين التبادل الاقتصادي والتبادل الاجتماعي، وتجعل من الصعوبة بمكان التنبؤ بطبيعة التبادل الاجتماعي.

ويناقش بلاو كذلك محددات الصداقة والحب. ويبدأ بافتراض أن الناس يضفون قيمة على المكانة، ويعرف المكانة بأنها الإدراك العام من قبل الآخرين لكمية التقدير والصداقة التي يتلقاها شخص ما. ويوضح بلاو، بأن هذا الأمر يبين أولاً، بأن التعاملات اجتماعية النزعة والصداقة تحدث بوجه عام بين الناس اللذين تكون مكانتهم الاجتماعية

(*) يميز التبادليون بين المكافأة الجوهرية (مثل الحب) والتي تلتصق بصاحبها وتحضر بحضوره. والمكافأة الخارجية التي هي مستقلة عن صاحبها ومنفصلة عنه (مثل المال). (المترجم).

متساوية القيمة تقريباً، وثانياً، بأن العلاقات بين غير المتساوين أقل توتراً عندما تكون اللامساواة واضحة وظاهرة.

النقطة الأولى من تلك النقاط تفسر بسهولة، بصرف النظر تماماً عن حقيقة أن الناس في المواقع الاجتماعية المختلفة أقل احتمالاً لامتلاك مصالح وأسلوب حياة مشترك. إن المكانة تقتضي أن أصحاب المكانات الدنيا لا يسمح لهم بالانصراف مع تجاهل الاحترام والإذعان الذي يضمرونه لأصحاب المكانات العليا. إن الموقف الذي يكون الناس فيه منزعجين من تصور الخاضعين كأشخاص مساوين يعترض بشكل واضح طريق التأهيل والتشارك الاجتماعي السهل.

يوضح بلاو بأن الافتراض الثاني أبقى لأن اللذين تكون مكانتهم غير مأمونة تماماً هم الأكثر تعرضاً للتهديد، وذلك من خلال النظر إليهم على أنهم أصحاب مكانة منخفضة، وبشكل خاص أصحاب المكانة المتدنية اللذين لا يدركون أنفسهم بأنهم كذلك. وبالمقابل، فإن أصحاب المكانة الراسخة بشكل ثابت لا يكونون عرضة لمثل هذا التأثير. في المكتب الحديث يجد المرء غالباً بأن المدراء أكثر راحة مع سكرتيراتهم من الخاضعين، اللذين يخشون من ادعاء الصداقة والمساواة. وعلى نحو مشابه، العلماء الاجتماعيون المحدثون يخمنون بشكل صحيح بأن التحيز العرقي العلني أقوى بين أولئك البيض اللذين تكون مكانتهم أقل أمناً.

يوضح بلاو بأن اعتبارات التبادل تطبق أيضاً على معظم علاقات الحب الرومانسية، وأن المساواة في المكانة مهمة بالنسبة لعلاقات المحبين كما هو الحال بالنسبة للأصدقاء، على الرغم من أن الكثير مما يتبادله المتحابون مثل التأثير العاطفي والعشرة، يعتبر جوهرياً بالنسبة للعلاقة، إلا أن عدداً قليلاً من الناس لا يكترثون بشكل كامل بالتقييمات التقليدية للمظاهر، والنجاح المهني، والمقدرة الرياضية، وما شابه ذلك. إن الرجال الناجحين

يميلون للاقتران بزوجات جميلات وهم قادرون على جذب هؤلاء النساء والزواج منهن وهم في سن متأخرة.

يناقش بلاو تأثير اللاتوازن على علاقة الحب كأن يقدم أحد الطرفين للعلاقة أكثر مما يأخذ، ويجد بأن العلاقة أقل أهمية وقيمة مما يجدها الآخر. يعتبر بلاو، تماماً كما هو الحال بالنسبة إلى هومانز، بأن التبادل اللامتوازن من هذا النمط هو جوهر القوة. ويقتبس من ولارد والر Willard Waller "مبدأ المصلحة الأقل" Principle of Least Interest والذي يكون من خلاله الطرف الأقل انخراطاً في العلاقة في موقع مواتٍ:

> إن المقتنيات المكلفة تكون عزيزة ونفيسة إلى حد كبير، سواء في الحب أو في أي مكان آخر .. إن المرأة التي يحظى حبها بطلب كبير بين الرجال لا يحتمل أن تصنع التزامات ثابتة بسرعة، لأن لديها العديد من البدائل الجذابة التي تقوم بتقييمها قبل أن تفعل ذلك .. أما المرأة التي تعبر عن حبها لرجل ما بسرعة، فإنها تقدم دليلاً افتراضياً على قلة شعبيتها وبذلك يميل إلى انتقاص قيمة حبها له.

يجدر بنا أن نقارن تحليل بلاو بتحليلات بعض الاقتصاديين اللذين يبدون اهتماماً متزايداً بالموضوعات السوسيولوجية. إن الاقتصادي الحائز على جائزة نوبل جاري بيكر Gary Becker، يبدأ تحليلاً للزواج بمقولة أن "الأشخاص يتزوجون .. لأنهم يتوقعون رفع مستوى منفعتهم فوق مستوى منفعتهم إذا استمروا بالبقاء دون زواج"، ومع ذلك، بسبب "تناقص المنفعة الهامشية"، فإن الرجل أو المرأة يكسب منفعة إضافية أقل في الزواج الثاني منه في الزواج الأول. إن الإيراد الكلي المتحقق من المنفعة من ثلاث زيجات أحادية يكون أكبر مما إذا تزوج رجل واحد ثلاث نساء، وبقي رجلان دون زواج، أو العكس بالعكس. وبشكل مساوٍ، إذا كانت رغبة المرء بأن يكون له أطفال أحد البواعث الأساسية للزواج،

فإن الزيجات التي تكون فيها أبوة الأطفال واضحة سوف تفضل على تلك التي لا تتحقق فيها الأبوة. في الزواج المختلط، Polyandry من غير المحتمل وجود الشك في أم الطفل، لكن الأب لا يكون دائماً معروفاً. ويتبع هذا أن يكون الزواج الأحادي الشكل الأكثر شيوعاً للزواج، والمختلط هو الأقل، وعندما ننظر عبر المجتمعات الإنسانية تكون هذه هي الحالة بالفعل.

يوضح بلاو بأن التبادل الاجتماعي يختلف عن التبادل الاقتصادي لأنه يولد الثقة بين الناس ويجعل الأفراد يتكاملون في جماعات اجتماعية. ونتيجة للصعوبة التي يواجهها أي شخص في أن يقيس أو يقيم بدقة ما يتبادلونه فإن التبادلات تميل إلى البدء على أنها صغيرة ثم تتطور تدريجياً. إن هذا الميل، بحسب بلاو، يتعزز بحقيقة أن التزامات التبادل الاجتماعي لا يمكن تحديدها والتعهد بها مسبقاً، والمرء لا يمتلك مصدراً رسمياً ضد تلقي أية أحمال ثقيلة. إن "التبادل بالمثل" أو التناوب(*) والتبادل الموسع "يرتبطان بنمو متوازٍ للثقة المتناوبة، ومن هنا، فإن عمليات التبادل الاجتماعي، التي يمكن أن تتأصل في المصلحة الذاتية الصافية، تولد الثقة في العلاقات الاجتماعية من خلال تجددها وخاصية التوسع التدريجي".

تقدم دراسات بلاو حول البيروقراطية إيضاحاً جيداً. في تحليله لوكالة الدعم الفيدرالية ووكالة العمل الحكومية وجد بلاو بأن "التماسك الاجتماعي" لجماعة العمل، كما ظهر عن طريق إما تناول الغذاء أو قضاء فترات الراحة مع بعضهم، كان يتعلق بشكل مباشر فيما إذا كانوا متعاونين في عملهم. وكلما تبادلوا النصيحة أو الخدمات بشكل أكبر،

(*) أصل الكلمة باللغة الإنجليزية Reciprocity ، وتشير إلى التبادل بالمثل، للعواطف والمجاملات وغيرها. وبسبب أن الأفراد يتناوبون على تقديم المكافأة ذاتها لبعضهم، كما هو الحال في تبادل الأساور في حلقة الكولا والمشار إليه في بداية هذا الفصل، وجدنا من الملائم ترجمتها إلى تناوب وليس تبادل (المترجم).

فإنهم يحبون بعضهم على نحو أكثر. وبالمقابل، فإن العمال اللذين تنافسوا على القيادة لم يبحثوا عن رفقة بعضهم بعيداً عن مكاتبهم. وفي وكالة العمل كان هذا واضحاً في حالة أعضاء الطاقم اللذين حاولوا مضاعفة عدد العمال العاطلين عن العمل اللذين وجدوا ذلك عن طريق إخفاء الوظائف الشاغرة عن زملائهم.

ومن وجهة نظر بلاو، فإن أساس عملية التبادل الاجتماعي هذه، تتمثل في المعيار الاجتماعي الأساسي للتناوب. كما ناقشنا سابقاً، فقد شددت الانثروبولوجيا على وجود هذا المعيار. ويوضح بلاو بالمقابل بأن الحاجة إلى تقديم مقابل للمنافع المستلمة من أجل الاستمرار في استلامها تعمل "كآلية بدء" starting mechanism للتفاعلات الاجتماعية. إن معايير الجماعة "بما في ذلك معيار التبادل الأساس وذو الوجود الكلي، تنظم إجراءات التبادل، والفشل الواضح في التبادل يجلب معه جزاءات الجماعة. وفي الوقت ذاته، يختلف التبادل الاجتماعي عن التبادل الاقتصادي بأن طبيعة العائد لا يمكن المساومة عليها والتبادل الاجتماعي (على خلاف التبادل الاقتصادي) يستلزم وجود التزامات غير محددة .. بينما هناك توقعات عامة لبعض العوائد المستقبلية، ولكن لا يمكن التعاقد عليها مسبقاً.

إن البحوث الراهنة حول العدالة التوزيعية تدعم تحليل بلاو حول الكيفية التي يبني فيها التبادل التناوبي العلاقات الاجتماعية ويحافظ عليها. ويبين كيف أن السلوك التناوبي التبادلي يحظى بقيمة أكبر من المنافع الموضوعية للتبادل. لقد نفذت ليندا مولم Linda Molm وزملائها مشروعاً بحثياً واسعاً يقارن أشكالاً مختلفة من التبادل. وبشكل خاص الظروف التي يرى المشاركون التبادل في ظلها بأنه عادل. وبدلاً من التركيز على النتائج (كما فعل هومانز في صياغة قاعدته الأصلية) فقد اهتموا بالعملية التي يتم من خلالها التبادل. بوجه خاص إنهم يقارنون التبادلات التناوبية المباشرة التي يجري الأفراد من خلالها سلسلة من القرارات الفردية ليتبادلوا مع بعضهم، كما قارنوا المواقف التي يكون التبادل

فيها محكوم بالقواعد ما قبل التفاوضية.

إن المواقف التي ينخرط فيها كل فرد في تطوير إجراءات عادلة للتبادل قبل أن يبدؤوا، لا تجعل الاحتمال أكبر لأن يعتقد المشاركون بأن النتائج عادلة: بل على العكس من ذلك، إن التبادلات التي تنتج نتائج ومخرجات متساوية، وفي بنى متساوية يتم تصورها بشكل أكبر بأنها غير عادلة في المواقف التي ينخرط فيها الأفراد، بنفس الوقت، في قرار جمعي حول الإجراءات ومصطلحات التبادل وعقد الاتفاقيات أكثر مما لو كان الذي يجري الاختيارات أفراد. تجادل مولم وزملائها أن هذا يعود إلى أن عملية التفاوض تجعل الناس مدركين وأكثر حساسية للصراعات المحتملة، بينما التبادلات التناوبية غير الرسمية تتضمن نتائج تقارن بسهولة وتدع نوايا شركائك ومقاصدهم غامضة. لكن الباحثين أكدوا على الطريقة الإيجابية التي يتم بموجبها تخيل عملية التبادل ذاتها من قبل أولئك المنخرطين فيها. إن أولئك الذين ينخرطون في تبادلات تناوبية مستمرة يتم النظر إليهم باعتبارهم شركاء عادلين، وغالباً بصرف النظر عما يقدمون. وذلك لأن الاستعداد للاستمرار في علاقة التبادل يمثل قيمة بذاته.

يقدم بلاو فهماً مقنعاً لكيفية نشوء الثقة والتكامل الاجتماعي عن طريق عملية التبادل الاجتماعي، وربما أيضاً أن نفهم انبثاق المعيار العام للتناوب بهذه الطريقة، بدلاً من، أو على طول الطريق مع فهم هومانز السيكولوجي لرغبة الناس بالعدالة. ومع ذلك، يميل بلاو إلى المبالغة في إظهار الفرق بين التبادل الاقتصادي والاجتماعي. في الجزء السابق رأينا كيف أن التبادلات شبه الاقتصادية المركزة على المصلحة الذاتية يمكن أن تولد الثقة. إنك قد يكون لديك مصدراً رسمياً بسيطاً ضد الحمل الثقيل الحر في مناسبة منعزلة محددة لكن الفشل في التبادل غالباً ما يحرم المتهمين به من الخدمات التي يريدونها في المستقبل بسبب عدم القبول الاجتماعي وممانعة التعامل معهم، وفي موقف كهذا، فإن توازن الفرصة

والجزاءات لا يختلف كثيراً عن التوازن في التبادل الاقتصادي.

التبادل غير المباشر والتكيف الاجتماعي

يشير بلاو في استخدامه لمنظور التبادل في تفسير التكيف في المجتمع الأوسع إلى أن إحدى الخصائص المميزة للمؤسسات الكبرى تتمثل في أن التبادل يكون غير مباشر بشكل متزايد. المكافئات تأتي إليك بطريقة ملتوية، وغالباً ما تأتي من قبل شخص ما لا يعلم حتى من هو الفرد الذي تلقى الخدمات. يعتقد بلاو بأن هذا النمط من التبادل غير المباشر يعتمد على قوة المعايير الاجتماعية واستدماجها، والتي تعتمد بالمقابل على حقيقة أن الناس يتلقون القبول بالتبادل مع تكيفهم.

إن إدانة وشجب معدل السقوط في المصانع، وملمعي التفاح، وحيوانات الأساتذة في المدارس، واللذين يخونون بلادهم، والجواسيس والمخبرين في الجماعات من أي نوع، جميع تلك الأمثلة تعكس معايير اجتماعية صممت لقمع التصرف الذي يقدم مصلحة الفرد عن طريق إيذاء المصلحة الجمعية.

إن المعايير الاجتماعية تستبدل التبادل غير المباشر بإجراءات مباشرة بين الأفراد. يتلقى أعضاء الجماعة القبول الاجتماعي في تبادله مع التكيف .. وعن طريق الإخلاص لـ .. المبادئ الأخلاقية يؤسس الأفراد سمعة حسنة تجعلهم في موقع فائدة جيد في التفاعل الاجتماعي اللاحق .. ويشبه التثمين الجيد للمسعى والفضل.

يشبه تحليل بلاو في هذا السياق تحليل هومانز إلى حد كبير، حيث يتعامل هومانز مع التبادل المباشر، ويرى القبول الاجتماعي بمثابة القوة الأساسية التي توجد التكيف. إنه من الصعب بكل تأكيد فهم الأجزاء الكبرى من السلوك الاجتماعي دون الاعتراف بالقوة التي يحرزها مثل ذلك القبول أو اللاقبول. وعلى سبيل المثال فإن رث روزن Ruth Rosen في مقدمتها لـ "أوراق ميامي" The maimie papers وهي رسائل فريدة كتبت بين عامي

1910 و 1922 من قبل مومس تدعى ميامي بنـزر maimie pinzer، تبين كيف يتم الـدفع

للبغاء (الدعارة) "إن جميع البغايا اللواتي تمـت مقابلتهن في هـذه المنطقـة كـن عـاملات غـير

ماهرات، واللواتي كسـبن قبل دخـولهن الـدعارة مـن أربعة إلى سـتة دولارات أسـبوعياً، لكن

السلطات توافق بوجه عام على أن المرأة التي تعيش دون عائلـة تحتـاج أجراً أسـبوعياً يقـدر

بعشرة دولارات، وبعد ذلك كيف يمكن للمرأة التي تعيش دون عائلة أن تستمر في الحياة؟ كل

مـن الاتحادات العمالية وأصحاب العمل رفضوا تدريب النسـاء علـى أعمـال ذات مهـارة وذات

أجر أعلى .. ومع ذلك، فإن الدعارة جعلت مكتسبات المرأة تحلق عالياً. بالمعدل، فإن البغايا

الأمريكيات في أول خمسة عشر عاماً مـن القـرن المـاضي (1900 -1915) كسـبن مـن خمسـين إلى

أربعمائـة دولار في الأسـبوع. وفي مرحلـة معينـة، هجـرت ميـامي الـدعارة مـن أجل الضمـان

الاقتصادي للزواج. ومع ذلك، توضح أنها عنـدما رأت كـم هـو ضـئيل وقليل جـداً مـا تحققـه

للعيش بهـذه الطريقـة، تقـول: "أقلعـت باشمئـزاز .. وبـدأت باسـتخدام مفاتـني لأتمكـن مـن

الحصول على بعض الترف والبذخ".

الغريب في الأمر، كما يبدو، ليس لماذا فعلت ذلك، ولكن لماذا لم يفعل ذلك عدد كبير

من الناس؟ السبب الرئيس المحتمل هو ردة فعل عائلاتهم وأصدقائهم. وفي حالة ميامي علـى

سبيل المثال، تجنب أخوتها جميـعهم الاتصـال معهـا أو رشـقوها بالإهانـات والاتهامـات، أمـا

والدتها فكانت غاضبة من سلوك ابنتها لأنها قد تعتقل أو تسجن. ومع ذلك، فإن هـذا الأمـر

بذاته يتضمن مشكلة أساسية بالنسبة لاستخدام القبول من أجل تفسير التكيف. إن العائلـة في

جوهرها تمثل جماعة صغيرة وتهتم كثيراً بسلوك أعضائها. في الكثير من الحالات، وبشكل خاص

في المؤسسات الكبرى والمجتمعات المتحركة، يبدو مـن غـير المحتمـل أن يعـرف النـاس مـا فيـه

الكفاية عن أفعال بعضهم فيما يتعلق بالقبول أو عدم القبول للحصول علـى قـوة أكبر. لهـذا

السبب كما يناقش الجزء الأخير من هذا الفصل، طور منظرو الاختيار

العقلاني أفكاراً تكميلية أخرى حول فرض المؤسسات الكبرى للتكيف.

يقترح بلاو أيضاً "عملية منبثقة" تنتج الخبرات المشتركة مـن خلالهـا معـايير وقيم الجماعة. إن الآلية ليسـت تبـادلاً مباشـراً بـل كراهيـة النـاس للصيغة السيكولوجية المتعلقـة بالتشتت الإدراكي. Cognitive Dissonance لقد استخدم هذا المصطلح من قبل المتخصصين في علم النفس الاجتماعي لوصف الموقف الذي تكون فيه بعض الحقائق التي يواجهها شخص مـا متصارعة مع حقائق أخرى، أو أن تكون خبرات شخص مـا مخالفـة لمـا ينبغـي أن يحصل. إن ليون فستنجر Leon Festinger الذي نحت المصطلح يوضح بـأن النـاس يكرهـون هـذا التشتت ويحاولون تجنبه والتقليل منه، على سبيل المثال، بإنكار أو تجاهـل الحقائق والآراء التـي تقـع خلفه.

يوضح بلاو أنه عندما يحصل هذا في سـياق الجماعـة فـإن اسـتجابات الفـرد وأشـكال عقلنته يمكن أن تقوى وتتحول إلى قيم ومعايير عامة. إن النـاس اللـذين يجـدون أنفسـهم في موقف التشتت الإدراكي ذاته من المحتمل أن يناقشوه مع بعضهم وأن يبحثوا ويحصلوا عـلى دعم لأفكارهم. وفي مسار مثل هـذه المناقشـة المتبادلـة فـإن أشـكال عقلنـة الفـرد تتحـول إلى إجماع اجتماعي ومعايير اجتماعية. وفي تحليله الإمبريقي للبيروقراطية مثلاً، يصـف بـلاو كيـف أن المقابلات في وكالة العمل الحكومية تناقش بشكل عـام الحـالات والقـرارات الإشـكالية بعـد الحادثة من أجل الحصول على مصادقة وموافقة الـزملاء وقبـولهم وليهـدئوا شـكوكهم، بشـكل أكثر عمومية، يؤمن بلاو، (مثل هومانز) بأن المناقشة والتفاعل المكثف في الجماعة يخلق قيـماً مشتركة.

إن العملية التي يصفها بلاو هنا تذهب إلى ما وراء المنظور الأساسي لنظرية التبـادل حيث أن الناس يناقشون مواقف التشتت لأنهم يريدون تجديد ضمان يمكن أن يفهم تمامـاً عـن طريق فكرة الاختيار العقلاني. ومع ذلك، يقترح بلاو، أن ما ينبثق من هذه العملية

يتمثل في معايير وقيم مشتركة لا تقع أصولها في تصعيد المنفعة الفردية إلى أقصى حد ممكن لكن في جانب ما من سيكولوجية الجماعة، إن فهم بلاو للعملية غامض بعض الشيء وبعيد عن أن يكون استنتاجياً، ولكن لا يبدو أن الاختيار العقلاني وحده لا يستطيع تفسير تطور -بشكل مخالف للنتائج- قيمنا.

التبادل والقوة

إن فهم بلاو للقوة يتبع فهم إمرسون، وقد حظي بالكثير من الدراسات الإمبريقية حول التبادل والقوة، ويعرف بلاو القوة بأنها:

"مقدرة الأشخاص أو الجماعات على فرض إرادتهم على الآخرين بالرغم من المقاومة ومن خلال الردع، إما في شكل احتباس المكافئات التي يتم تزويدها بشكل منتظم أو في شكل عقوبة، وكل من الأمرين يشكل جزاءً سلبياً من حيث التأثير .. إذا كان الشخص يقدم الخدمات التي يحتجها الآخرون بشكل منتظم بحيث لا يتمكنون من الحصول عليها سريعاً من أي مكان آخر .. فإن اعتمادهم أحادي الجانب يجبرهم على الإذعان لطلباته حتى لا يتوقف عن إشباع حاجاتهم".

هناك عدد هائل من الأدلة لتدعيم العلاقة العامة بين القوة النسبية والتزويد بالخدمات، ومن قبيل ذلك، دراسة بلود و وولف Blood and Wolfe توازن القوة بين الأزواج والزوجات. يوضح كل من بلود و وولف بأنه كلما كانت مهارات الزوج حاسمة بشكل أكبر بالنسبة لبقاء وعيش الأسرة وسعادتها، وانه كلما أتم سيطرته على ثروة الأسرة ومصادرها بصورة أكبر فإنه تكون الأسرة أبوية بشكل أكبر. ويوضحان أن هذا يعود إلى رأي الزوج أو الزوجة في القرارات، والذي يمثل نتيجة مباشرة لما يساهم به كل منهما،

ليس من خلال الحساب الذهني للقوة النسبية ولكن لأن الشريك الـذي يتلقـى أكـثر مما يعطي يشعر بأنه مدين بالنسبة لإسهاماته السـابقة وأنـه معتمـد فيمـا يتعلـق بإسهاماته المستقبلية، وفي دراسة أجراها بلود ووولف على أكثر من سبعمائة عائلة معـاصرة في دترويـت، Detroit وجدا دليلاً على هذا النمط في العمل، ويقولان:

على الرغم من أن المجتمع يصرـ عـلى تـوازن معـين للقـوة في الـزواج، إلا أن المجتمـع المحلي الأكبر يؤثر في علاقات الزوج- الزوجة اليوم. كلما كان الزوج ناجحاً أكثر في عيون أعضاء المجتمع المحلـي فإن هيمنتـه تكـون أكـثر في صناعة القـرار الزواجي .. وعـلى الـرغم مـن أن مكتسبات الزوج تعتبر أيضاً مؤشراً حساساً لقوته أكثر من وظيفته .. إلا أن نجاحـه يعتبر مثـالاً رئيساً للمساهمة في مصدر الزواج. ولأن الأزواج من أصحاب الدخل المرتفع ينبغـي أن يكونـوا أكثر تأثيراً في الزواج فإن هذا يعكس عظم مساهمتهم في المـوارد الماليـة للعائلـة. وبالمقابـل، حيثما يؤخذ الدخل الإجمالي للعائلة (أكثر من دخل الزوج لوحده) في الاعتبار، فإن توازن القوة يتغير باتجاه الزوجة .. ولذلك، فإن الأزواج أصحاب الـدخل المرتفع أكـثر قـوة مـن زوجـاتهم اللواتي لا يساهمن بمال.

وتعتبر مرحلة الزوجين في دورة حياة العائلة مؤشراً آخر عـلى مـوارد الفـرد. إن وجـود صبيان يخلق حاجات لدى الزوجة تقودها للاعتماد أكثر عـلى الـزوج فيمـا يتعلـق بالمسـاعدة، والدعم المالي، واتخاذ القرارات .. الافتقاد للأطفال يسـمح باستمرار صيغة شهر العسـل مـن العاطفة المتبادلة والاعتماد المالي المتبادل مع الزوج. وبالمقابـل، فإن المـرأة التي يكون لـديها طفل حديث الولادة .. تترك عملها وتحتجز في بيتها بموجب متطلبـات ثقيلة تقتضيها رعايـة الطفل. إنها لا تنقطع فقط عن زملائها في العمـل، لكن حتى فرصـة مشـاركتها في النشـاطات الاستجمامية والاجتماعات التنظيمية تضعف بموجب مسئوليات رعاية الطفل.. ولهذا، ليس من العجيب، أن يزداد اعتماد الزوجة.

يميل بلود ووولف إلى التأكيد على العلاقة بين القوة والالتزامات، ومع ذلك، هناك دليل بأن العوامل المعيارية تؤثر في كيفية تصرف الناس. ويعتقد بلاو بأن القوة يمكن أن تستند على هذا الأساس. وفي الأسر التي تكون فيها الزوجة المعيل الأساس يكون هناك ميل لدى المرأة لتتخلى عن بعض قوتها المالية لزوجها. وقد أظهرت الدراسة التي أجراها ديفد مورلي David Morley لعادات مشاهدة العائلة للتلفاز في بريطانيا، بأنه عندما يكون الرجال أو الأطفال في البيت فإن المرأة تقريباً تؤجل بشكل ثابت في اختيارهم للبرنامج. إن النساء يشعرن بأنه ينبغي عليهن أن يكن صانعات سلام في الأسرة، يمنحن الأعضاء الآخرين القوة ليختاروا دون مبالاة.

القوة، والشرعية، والمعارضة تتمثل الفكرة الأساسية في هذا الفصل في قدرة نظرية الاختيار العقلاني على تفسير انبثاق المعايير التي تتحدى حدود الاقتصار على الجماعة الصغيرة. يقدم بلاو الذي يهتم بالبناءات الاجتماعية بعيدة المدى تحليلاً تبادلياً للعملية المتمثلة في: تطور القوة المؤسسية الشرعية.

يوضح بلاو بأن المحدد الرئيس للشرعية وجد في الجانب التبادلي للقوة، وبشكل محدد، في شعور الخاضعين بأن القوة لا تمارس فقط بعدل مجرد بل بشكل سخي يتجاوز العدالة. "إذا كانت المنافع التي يحصل عليها الأتباع .. تتجاوز توقعاتهم حول العائد العادل مقابل التكاليف التي تعرضوا لها .. فإن قبولهم الجمعي للقيادة يضفي شرعية عليها". إن الشرعية تحول القوة إلى سلطة لأن الشرعية تجعل من الحق والملائم طاعة للقوة. بمعنى آخر، إن الجماعة تطور معايير تساعد في إجبار الأعضاء على الطاعة. وبالمقابل فإن أصحاب المكانات العليا اللذين يؤدون مهامهم بصورة جيدة أو يقدمون مساهمات رئيسة من أجل إنجاز الأهداف العامة سوف يحظون بالاحترام والقوة ولكن ليس بالضرورة أن يحظوا بالشرعية والسلطة.

الآلية هي التي وصفناها سابقاً، إن الناس يقتنعون بأن الخضوع والإذعان يخلق تكاليف ناتجة عن أمر حقيقي، وسوف يتساءلون فيما إذا كان عليهم أن يذعنوا لسيطرة الآخرين. ومن أجل أن حالة "التشتت الإدراكي" في المواقف التي تتضمن الخضوع أو الطاعة فإنهم سوف يناقشون ويبحثون عن دعم لآرائهم من الآخرين. ومن هذا الأمر سوف تنبثق معايير الجماعة وإجماعها الاجتماعي. عندما تمارس القوة بسخاء (تتجاوز العوائد التوقعات)، فإن أشكال عقلنة الفرد للطاعة سوف تتحول إلى معيار جمعي يمنح الطاعة للسلطة الشرعية. إن تطور الأيديولوجيات المعارضة يتبع مساراً موازٍ، فعندما يعايش الخاضعون بشكل جمعي الممارسة غير العادلة للقوة، فإن عدم قبولهم بشكل جمعي يولد حركات معارضة ترتكز على قيم ملائمة.

تعتبر فكرة بلاو مشوقة، ومنذ أن طرحها نمى كم هائل من البحث الذي يلقي الضوء على متى وكيف يقبل الناس السلطة، فعلى سبيل المثال، يبين عمل شالز تيلي Charles Tilly كيف أن الحكومات تعاني غالباً من ضعف الثقة بعد الحروب. حتى عندما لا تعاني من خسارات كبيرة، فإنها غالباً غير قادرة على الوفاء بالتزاماتها ووعودها وقت الحرب. إن الافتقاد إلى الثقة يرتبط مباشرة بالميل إلى الاضطرابات والتمردات والثورات التي تحدث بعد الحرب مباشرة. إن دراسة مارجريت ليفي Margaret Levi المشوقة حول متى من المحتمل أن يقبل الناس أو يتجنبوا التجنيد الإلزامي في الجيش. تقترح أيضاً أهمية ما إذا كانت الحكومة تُرى باعتبارها فعالة وتستحق الثقة أي الاستحقاق، والعدالة وقوة قبول الأفراد وتذمرهم. ومع ذلك، فإن الآليات المتضمنة تظهر بأنها تتجاوز أفكار بلاو عديمة الدم حول مناقشة الآراء، وحل التشتت الإدراكي. وبدلاً من ذلك تبدو أنها ترتبط بشكل وثيق بحس الأفراد بالهوية، والعواطف والروابط البينشخصية التي تمثل أساس هذا الأمر. سوف نعود إلى هذه القضية حول الهوية لاحقاً في مناقشتنا للإيثاريون والمتعصبون ولكن

بداية نختبر إلى أي مدى يستطيع منظور الاختيار العقلاني التقليدي الذي يؤكد على التكاليف والمنافع الفردية أن يساهم في التحليل المؤسسي- وبشكل خاص في تفسير المعايير الاجتماعية.

المعايير والشبكات

في السنوات الأخيرة، رفض بلاو نظرية التبادل على أساس أن المنظور قد تجذر في الاختيار الفردي، وهو بعد كل ذلك، غير كافٍ للتعامل مع البناء الاجتماعي. ومع ذلك، بينما كان يتحدث بلاو عن منظور "بنائي" Structuralist بشكل مميز، استمر علماء اجتماعيين آخرين بتطوير تحليل متجذر في اختيارات الأفراد العقلانية. وعلى سبيل المثال، فإن ميشيل هشر- Michael Hechter يوضح بأن منظور مثل هذا، عظيم القيمة إلى درجة بعيدة بالنسبة لبدائله التقليدية. إن التفسيرات البنائية والتي يجعل هشر- من ضمنها الأشكال المختلفة لنظرية الصراع، والتفسيرات المعيارية مثل الوظيفية، لم تبلغ المستوى المطلوب.

تفسر النظريات المعيارية حقيقة أننا نتصرف بطرق معينة، ونتعاون، وننفذ أدواراً اجتماعية بالرجوع إلى استدماج المعايير الاجتماعية. ومع ذلك، يوضح هشر- أن مثل هذه النظرية تفشل تماماً في تفسير لماذا نحن نطيع المعايير فقط في بعض الأحيان، ولماذا تتغير المعايير عبر الزمن. وعلى سبيل المثال، إذا تمت تنشئة الفتاة الصغيرة، فلماذا انبثقت الحركة النسوية المعاصرة؟.

إن التفسيرات البنائية، بالمقابل، تنظر إلى الشروط والتقييدات التي تشترك فيها جماعات مختلفة لتفسر الفعل والكسل، ومن وجهة نظرهم، فإن الطبقات المظلومة هادئة لأنه قد تم قهرها بشكل فعال، وبشكل مساوٍ، يمكن أن نتوقع بأن الجماعات التي لها مصالح عامة سوف تتصرف بشمل مشترك لمتابعة مصالحها. ولكن إذا كانت تلك هي الحالة، يرد منظرو الاختيار العقلاني، لماذا تلك الجماعات التي تستطيع أن تتصرف غالباً لا تفعل شيئاً؟

ولماذا، حسب التعبير الماركسي، نادراً ما تتحول الطبقـة مـن طبقـة في ذاتها إلى طبقـة لـذاتها؟ وكذلك هل الزعم الضمني للوظيفيين –بأن النـاس الـذين يشـتركون بـنفس الموقـع الاجتماعـي تتلاشى بينهم الفروق الفردية– لا يـزال مسـتمراً بالفعل؟ إذا كانت النسـاء كـذلك في وضعهن الطبقـي، فلـماذا نجـد أن الغالبيـة مـن معظـم الناشـطين المنخرطين في جانبي الجـدل حـول الإجهاض هن من النساء؟.

إن نظرية الاختيار العقلاني مهتمة كالمنظورات الأخرى بعيدة المدى بالسؤال حول مـا الذي يجعل المجتمعات تتماسك مع بعضها وتفسر سلوك الجماعة. ومع ذلك، بالبدء من وجهة نظر الفرد العقلاني فإنها تعيد صياغة السؤال وتجعل مـن الواضـح كيـف يكـون مـن الصـعب تفسير كلاً من النظام الاجتماعي والجماعة أو الفعل "الجمعي". في الأجـزاء السـابقة مـن هـذا الفصل، لاحظنا بأن تفسيرات الاختيار العقلاني تبدو وكأنها تعمل بشـكل أفضل في مواقـف الجماعات الصغيرة. ويعترف مؤيـدوها بأنـه إلى درجـة بعيـدة عمل المنظور عـلى طـرح هـذا السؤال (الفعل الجمعي) بشكل أفضل مما عمل على حله، ورغم ذلك، يمكننا أن نجـد بشـكل متزايد نظريات متجذرة في عقلانية الفرد التي تفسر الظواهر المؤسسية وظواهر الجماعة.

الفعل الجمعي ومشكلة "الراكبين بالمجان"

إن مقارنة نظرية الاختيار العقلاني المميزة لعلم الاجتماع بعيد المـدى يمكن أن تقـدم بشكل أفضل عن طريق النظر إلى أنماط التساؤلات التي تطرحها. ولنأخذ عـلى سـبيل المثـال أحجيتها المشهورة: لماذا يمتنع الناس عن التصويت؟.

تخيل أنه، في صباح يوم الانتخابات، إذا قرر الأفراد العقلانيون أن يصوتوا، فـإن الأمـر يتطلب وقتـاً لفعل ذلك، وربـما يستيقظون مبكـراً، أو يخرجـون في المسـاء بعد العشـاء، أو يضيعون برنامجاً تلفزيونياً مفضلاً، إذن لماذا عليهم أن يفعلوا هذا؟.

لقد افترض أنتوني داونز Anthony Downs في تحليله الكلاسيكي للسلوك الانتخابي بأن كل شخص مدرك (يستطيع أن يحسب) لفارق حزبه، وهذا هو المقياس لكم سيكونون بحال أفضل إذا فاز أحد الأحزاب أو المرشحين أكثر من الآخر، أو كم هم حريصون على النتيجة. ومع ذلك، حتى إذا كان حزب شخص ما ذا فارق مرتفع فإن عليه أن يأخذ بالحسبان، وبشكل عقلاني، ما إذا كان صوته من المحتمل أن يحقق فارقاً. وهكذا، ربما يفضل أحد المرشحين على الآخر بشكل كبير، لكن ما هي الفرص أمام صوته لوحده في تقرير القضية؟ حتى في انتخاب الهيئة المدرسية فإن الفرق منخفض تماماً، "وضمن جمهور الناخبين الذي يتكون من الملايين تبدو هذه الاحتمالية صغيرة جداً لأن قيمة التصويت ستكون صغيرة إلى أبعد حد، حتى بالنسبة لشخص مؤيد لحزب ذو فارق كبير. وهكذا، يبدو أن المواطنين العقلانيين لن يصوتوا إذا تضمنت العملية تكاليف، وهي غالباً تكلف وقتاً وطاقة لطرح الصوت. إذا حسبت فارق حزبك ومن ثم أضفت عليه الفرق الذي سيحدثه صوتك، فمن المحتمل أن النتيجة ستكون أقل من انتعالك حذائك ومشيك باتجاه صناديق الاقتراع.

بطبيعة الحال، الحقيقة أن عدداً كبيراً من الناس يصوتون في الولايات المتحدة، ويقدرون بحوالي نصف الناس المؤهلين للانتخاب. لقد اتخذت بعض الانتقادات هذا الأمر لتثبت أنه لا بد من تجاهل منظور الاختيار العقلاني، وبأننا نحتاج للعودة إلى التفسير بالاستناد إلى المعايير، حيث يؤمن الناس بأنه ينبغي عليهم أن يصوتوا، وهم يفعلون ذلك. ومع ذلك، فإن الحالة الموازية هي أن الكثير من الناس لا يصوتون عندما يكون عليهم أن يصوتوا بحسب التفسيرات المعيارية. وعلاوة على ذلك، إن الناس اللذين يصوتون -أو اللذين لا يصوتون- ليسوا دائماً هم أنفسهم، وبذلك لا يمثل الأمر ببساطة مسألة تتعلق بعملية استدماج جيدة (أو فاشلة) للمعايير.

وبالمقابل، فإن نظرية الاختيار العقلاني، تستطيع أن تفسر لماذا نكون في الانتخابات غير حريصين حول من ينجح. فالعاصفة المطرية قد تقلب التوازن. وبشكل موازٍ فإنها توضح لماذا يصوت الناس بشكل أكبر في الانتخابات الرئاسية، حيث يكون تصويتهم أمراً صعباً، أكثر مما يصوتون في انتخاب الهيئة المدرسية أو مجلس الأبرشية، حيث يكونون قادرين على التصويت. تشير النظرية إلى أن فارق حزب الشعب يكون بوجه عام أكبر في الحالة الأولى منه في الحالة الثانية. ومع ذلك، لا زلنا أمام السؤال لماذا لا يصوت أي شخص على الإطلاق؟

عندما يسأل الناس لماذا يصوتون، تكون الإجابة العامة غالباً، "حسناً، ماذا إذا توقف كل شخص عن التصويت؟". إن ما تتضمنه الإجابة يعني أنهم في الحقيقة عقلانيون يساعدون في الحفاظ على النسق الذي يقدم لهم المنافع على المدى الطويل. ولسوء الحظ هناك اختلاف بين ما يبدو أنه "عقلاني" في الجماعة الصغيرة، وما هو عقلاني في الجماعة الكبيرة. في الجزء السابق قمنا بوصف كيف أن منظور الاختيار العقلاني يستطيع أن يفسر السلوك التعاوني والثقة في الجماعة الصغيرة تماماً، لأن أولئك اللذين لا يتعاونون ولا يوفون بعهدهم يتم تحديدهم بشكل سريع ويجزون بالمثل. في الجماعة الكبيرة، هذا الأمر ليس صحيحاً. إنه مستحيل تماماً، ومن العقلانية بشكل واضح، أن يكون المرء "راكباً بالمجان"، Free Rider ويقول: ليذهب كل الناس إلى صناديق الاقتراع، وليحافظوا على بقاء النسق يعمل بينما أنا سأذهب لمشاهدة فيلم.

لقد اقترب بلاو من هذه المشكلة عن طريق استحضاره المعيار العام للتبادل، لكن هناك تساؤلات أخرى لحل أحجية التصويت سوف نتطرق إليها لاحقاً، وقبل أن نقوم بذلك ينبغي علينا أن نؤكد أنه بينما تبقى مسألة إقدام الناس على التصويت محيرة، أو جمعهم المال في سبيل الأحزاب، أو أن يكتبوا إلى عضو مجلس الشيوخ خاصتهم، فإن:

"منطق الفعل الجمعي ناجح بشكل ساحق بالتنبؤ بالنشاط الطوعي الجدير بالإهمال في العديد من الحقول. مثل، الحركة البيئية المعاصرة، ومن ثم فماذا عن نادي سيرا والتنظيمات البيئية الأخرى؟ الجواب هو أن البيئيين يساهمون قليلاً وبشكل يرثى له في قضيتهم التي أعطتهم قيمة كبيرة للنجاح وأعطت نتائج المسح المتكررة التي تظهر التزاماً كبيراً من قبل نسبة كبيرة من الأمريكيين لتلك القضية. إن البيئيين ينفقون سنوياً على قضيتهم الكبيرة أقل من (25) ألف دولار، ينفقها اثنان من المدخنين يومياً ثمناً للسجائر .. بإمكان المرء أن يلاحظ أيضاً إحصاءات مربكة أكثر، حول حجم الإنفاق القليل من قبل الأمريكيين على قضايا مشرفة مثل الحقوق المدنية والحركة النسوية المعاصرة والسيطرة على إطلاق النار (كمقابل لمقاومة السيطرة على إطلاق النار) وغير ذلك ..".

الاختيار العقلاني وتضامن الجماعة في تفسيرهم للسلوك الجمعي يؤكد منظرو الاختيار العقلاني على الفروقات بين السلع العامة والمنافع الانتقائية، وفي حالة "السلع العامة" ليس هناك طريقة لإيقاف غير المساهمين عن تلقي المنافع. وهكذا، في مثال التصويت المطروح سابقاً، إذا صوت معظم الناس وأبقوا على نسق ديموقراطي، فليس هناك طريقة لإيقاف غير المصوتين من الاستمتاع بمنافع الديمقراطية.

وبالمقابل، فإن المنافع الانتقائية selective Benefits تقتصر فقط على أعضاء الجماعة اللذين أدوا واجباتهم. ولنأخذ شكلاً شائعاً جداً من الجماعات المنظمة، وهو الاتحاد التجاري الذي يؤدي أعضاؤه واجبات منتظمة. إذا تفاوض الاتحاد مع الإدارة وحصل على زيادة في الأجر أو تغيير في شروط العمل، فإن جميع العمال في الزراعة أو الصناعة يحققون فائدة ما، بصرف النظر فيما إذا كانوا أعضاء في الاتحاد أم لا، ومن ثم فلماذا على أي

شخص أن يشترك في الاتحاد؟.

توضح نظرية الاختيار العقلاني بأن جزءاً كبيراً من الجواب يقع ضمن المنافع الانتقائية التي يتلقاها الأفراد فقط، وهكذا، انخرط عضو الاتحاد في خلاف مع الإدارة، وينخرط موظفو الاتحاد في الخلاف نيابة عنه. إن الاتحاد يمكن أن يقدم نصيحة قانونية ويقوم بتمثيل الأعضاء، وقد يقدم منافع أخرى أيضاً مثل اتفاقيات التأمين ذات الدخل المنخفض. إن المنافع الانتقائية من هذا النمط يمكن أن تكون هامة جداً، فعلى سبيل المثال، إن كلفة الاشتراك في اتحاد أساتذة الجامعة، في بريطانيا، تقدر بنفس قيمة خصم تأمين السيارة الذي يحصل عليه عضو اتحاد أساتذة الجامعة.

إن منافع الطاقم القانوني واتفاقيات التأمين المتفاوض عليها، لا تمثل شيئاً يستطيع الأفراد الحصول عليه لوحدهم، إنها تمثل بشكل أساسي سلعاً عامة، تنتج عن طريق الجماعات. يوضح ميشيل هشتر بأن هذا الموقف يمكن أن يزودنا بنظرية اختيار عقلاني مقنعة حول تشكيل الجماعة وتضامنها:

تتمثل نقطة البدء في هذه النظرية في الافتراض بأن الفاعلين يشكلون الجماعات، أو يشتركون في جماعات موجودة من أجل استهلاك مختلف السلع الحصرية المنتجة بشكل مشترك، أي السلع التي يتضمن تحقيقها تعاوناً من قبل فردين منتجين على الأقل (ولكن في العادة أكثر). ولهذا، فإن بقاء الجماعة يتوقف على الاستمرار في إنتاج مثل هذه السلع، ولكن هذا يمثل نتاجاً إشكالياً إلى حد كبير. إنه يتطلب تأسيس أنواع عديدة مختلفة من القواعد، أي قواعد حول كيفية تشكيل قواعد، والقواعد التي تعمل على تنسيق النشاطات الإنتاجية للأعضاء، والتي تحكم اقتراب كل عضو من تلك السلع في حال يتم تحقيقها.

إن الناس يطيعون قواعد الجماعة في العديد من الحالات، لأنهم يحصلون على تعويض جراء فعلهم هذا. إن سلوك الناس "المتقيد بالقاعدة" Rule-Abiding في العمل مرتبط إلى حد كبير بالتعويض المباشر، في شكل مال في الوقت الحاضر أو في شكل ترقية متوقعة مستقبلاً، وإذا تم تقديم شيء ما أفضل، فإن الناس يلتزمون بشكل أفضل.

يؤكد منظرو الاختيار العقلاني كذلك على الحاجة إلى التقييدات والجزاءات، التي تمثل طرق منع أو على الأقل ضبط مشكلة "الراكب بالمجان" للأفراد اللذين يأخذون المنافع ولا يقدمون مساهمات. يوضح هشر مثلاً، بأن "الرؤية" Visibility تمثل طريقة هامة لحل هذه المشكلة، فبالنسبة للسلع المشتركة، حتى تكون حصرية إلى أعلى حد ممكن فإن إنتاج الفرد والتوزيع ينبغي أن تكون أموراً مرئية وواضحة. ويشير هشت إلى أنه في قبائل الصيد، ومجتمعات القطف والالتقاط، يمثل ناتج الجمع وتوزيع الطعام شأناً اجتماعياً مشتركاً مشاهداً بشكل كبير. وفي مثل هذه المواقف يستطيع الناس أن يشاهدوا بأن كل شخص هو مساهم وكذلك حاصل على المنفعة، "ينبغي مشاهدة الأفراد في أدوارهم كمنتجين ومستهلكين من قبل بعضهم البعض من أجل اختزال مشكلات الراكب بالمجان".

إن هذه العملية تساعد في تفسير كيف أن المغامرات التعاونية مثل دوائر حضانة الطفل أو الاتحادات التجارية، تتطور بنجاح، ولكن ماذا عن الجماعات "التضامنية" من نوع الجماعة المربوطة بشكل وثيق بأنماط مشتركة من العيش، والتي تتوافق مع مفهوم دوركايم حول "التضامن الميكانيكي" أو مفهوم تونيز حول الجماعات الجماعية.

يعرف هشر التضامن solidarity بأنه "إذعان وطاعة مع غياب التعويض"، ويوافق بأنه يصف بدرجات مختلفة العديد من الجماعات التي يتصرف أعضاؤها حسب معايير الجماعة التي يكون العديد منها قاسٍ وتقييدي جداً. ومع ذلك، بدلاً من تفسير هذا الأمر بالاستناد إلى "الاستدماج" أو "التماهي" مع الجماعة يوضح بأن "خضوع الفرد وتضامن

الجماعة يمكن أن يتحققا فقط عن طريق التأثيرات الموحدة للاعتماد والسيطرة".

إن فكرة هشر حول الاعتماد هي ذات الفكرة التي استخدمها كل من إمرسون وكوك، إنها تدل على كمية احتياج شخص ما للسلع المشتركة من قبل الجماعة وعدد المصادر البديلة الموجودة، فكلما كان المرء أكثر اعتماداً فإنه يخضع لتعويض أقل يمكن للجماعة استخلاصه. من حيث التأثير "كلما كان الناس معتمدين بشكل أكبر، كلما كان عليهم دفع ضريبة أكبر للحصول على نفس الكمية من سلع معينة". إن صياغة الاقتصاديين التي اقتبست في بداية هذا الفصل تختلف بشكل بسيط فقط، حيث أن السلع ستكون بوجه عام ذات ثمن باهظ أكثر إذا تم تزويدها من قبل محتكر وليس من قبل عدد من الشركات المتنافسة.

يقترح هشرـ أن نقارن بين مدى التزامات الجماعة المستهدفة من قبل اليهود التقليديين واليهود الإصلاحيين مقابل عضوية الجماعة ودعمها. فعندما تم احتجاز الأعداد الكبيرة من اليهود الأوروبيين الشرقيين في المدن البولندية الصغيرة Shtetl التزموا للدين مع تعهدات مكثفة، وحينما منح اليهود مواطنة كاملة وأصبحوا أقل اعتماداً على إخوتهم في الدين فيما يتعلق بفرص الحياة. إن اليهود الإصلاحيين بدؤوا يحلون محل اليهود التقليديين، وشيئاً فشيئاً هجر اليهود قوانين الحمية الصارمة، والتقييدات على نشاطات يوم السبت، ومتطلبات الصلاة اليومية.

وفي الوقت ذاته، فإن الاعتماد لا يمثل ضمانة كافية لقيام الناس بالتعهدات التي تطلبها الجماعة، وبسبب ذلك -وبشكل خاص في الجماعات الكبرى- نفس الشيء، وهو حافز الركوب بالمجان. إن الجماعة الكبرى تعتمد بشكل أكبر على الضوابط والجزاءات الرسمية في حال عدم الخضوع. ويوضح هشت، بأن هذه حقيقة تترسخ كلما كان اعتماد الأعضاء أكبر وكانت الجماعة تقدم مصالح مشتركة ودعم أكثر من تقديمها سلعاً مادية.

يوضح هشر هذه المسألة بتحليل المجتمعات المحلية القصدية Intentional Communities حيث يعيش الناس غير الأقارب مع بعضهم، وهي تمثل أماكن مثل كميونات الستينيات أو المجتمعات الديرية (نسبة إلى الدير) أو شبه الديرية (مثل الشاكرز Shakers) (*) ، إنها جماعات إلزامية جوهرية يبحث أعضاؤها عن تقديم سلع مشتركة -مثل معنى المجتمع المحلي أو الجماعة، والصداقة، والحب، والشعور بالأمن- جميعها تتدفق من وجود التناغم الاجتماعي، كما أن جميعها تبقى حية إلى درجة أنها تستخدم بالضبط نوع آليات الخضوع التي تنجح في مكان آخر.

إن المجتمعات المحلية التي ترفض الهيراركية، لا تجعل أعضائها معتمدين إلى حد كبير على الجماعة فيما يتعلق بالطعام والمأوى، ولا تفرض التزامات معينة نادراً ما تدوم. وبشكل معاكس، فإن تلك الجماعات القادرة على مراقبة أفعال الأعضاء بتفصيل كبير مثلاً، من خلال مساكن العيش المشترك، والاجتماعات الطقوسية المنتظمة، والتي تفرض تكاليف مرتفعة على المغادرة، والتي تجعل المكافآت جمعية، وبشكل خاص من خلال الإصرار على الملكية المشتركة، هي كذلك تبقى حية على المدى الطويل. يوضح هشر بأن "الجماعات أكثر تضامناً من الجماعات الثانوية (أو المجتمعات الحديثة) ليس لأنها تتضمن عملية استدماج معياري مكثف، أو أنها توجد التزاماً أكبر، لكن لأن ترتيباتها المؤسسية تسمح بضبط سلوك الأعضاء اقتصادياً".

لقد عمل كولمان على توسيع هذا التحليل في أعماله المتأخرة، ويوضح بأن المجتمعات الحديثة التي تتصف بالتنظيمات الرسمية، والحراك الجغرافي، وقلة "الرؤية" فيما يتعلق بأفعال الأفراد، سوف يكون لديها مشكلات محتومة في تطوير وفرض المعايير

(*) طائفة أمريكية دينية اشتراكية تعرف بطائفة الهزازين لأن حركات الجسد تمثل جزءاً من العبادة عندها (المترجم).

563

الاجتماعية. إن ملاحظة المنحرفين ومرتكبي الأخطاء، وحشد كل الجزاءات لتمارس (مثلاً، معاقبة أو كتابة التقارير بحق المراهقين اللذين يخربون الممتلكات العامة، Vandalism، أو المرور على معلومات حول عدم الجدارة بالثقة لتاجر محلي) هي بذاتها نشاطات مكلفة للشخص المنخرط فيها. وبشكل مساوٍ، فإن حمل الأطفال على التصرف بصورة جيدة وكذلك حملهم على استدماج قيم ومعايير معينة يمثل مهمة مطلوبة. ويوضح كولمان بأن " .. المعايير والقيم .. تنمو ببطء وضمن الأنساق الاجتماعية المستقرة. إن فرض الجزاءات الخارجية يخضع لمشكلات الراكب بالمجان. وعندما لا يكون هناك استقرار، فإن الثواب والعقاب المستقبلي الذي يمكن أن يتغلب على مشكلة الراكب بالمجان لا يكون حاضراً، وكنتيجة، فإن الجزاءات الخارجية التي تجعل المعايير فعالة تتلاشى. إن إيجاد جزاءات داخلية من خلال التنشئة الاجتماعية يكون من اهتمام المنشئ فقط عندما تكون العلاقات مستقرة بشكل كاف ليكون من الممكن حصد المنافع الناتجة عن جهود التنشئة الاجتماعية".

بمعنى آخر، إذا لم يسع أي شخص للعلم بأنك قد فعلت أي شيء لإيقاف تخريب الممتلكات العامة أو أي أسلوب آخر غير مرغوب، وإذا لم يكترث أحد لتوجيهك شخصاً كفيف البصر، فلماذا إذن عليك أن تزعج نفسك! فقد تجلب لنفسك مشكلة نتيجة التفكير بصورة غير سوية، وعلى نحو مساوٍ، من وجهة نظر كولمان، إنه ليس من العقلانية أن نتوقع بأن مقدمي الرعاية مقابل الأجر يقدمون نفس الجهد الذي يقدمه الوالدان والعائلة في تنشئة الأطفال، والنتائج تثبت مع الوقت بأنهم سيستغرقون زمناً طويلاً في تنشئة الأطفال. إن تحليل كولمان يبدو متشائماً مثل تحليل دوركايم حول المقدرة طويلة الأمد للمجتمعات الحديثة في الحفاظ على التماسك وصيانته وفرض المعايير الاجتماعية. وكما سنناقش في الفصل السابع، فإنه يؤكد على التأثير الكبير للابتعاد عن الأسرة باعتبارها مؤسسة منظمة للمجتمع. ويوضح، بأن الأسر، حتى وهي ليست كما يرام، فإنها أفضل بكثير من أي

مؤسسة أخرى في مساهمة كل شخص وقيامه بقسطه الكامل من العمل (أي التغلب على مشكلات الراكب بالمجان)، وفي تنشئة الأطفال بفاعلية لكي يستدمجوا المعايير الاجتماعية. إن الوسائل التي يقومون بواسطتها بفعل هذا الأمر تبدو إلى حد كبير اجتماعية- نفسية مثل استخدام الوصمة لوصم غير المساهمين ومنح المكانة والقوة للمساهمين أكثر منهم. إن هذه الأنواع من الحوافز تبدو فاعليتها بشكل أكبر ضمن الوحدات الصغيرة جداً فقط.

إن مناقشة كولمان للمؤسسات الحديثة الكبرى (ومحدداتها في خلق تضامن الجماعة) توضح الاهتمام المتزايد لمنظري الاختيار العقلاني بالتحليل المؤسسي، كما أنها تبدأ، مثلما هو الحال بالنسبة للكثير من أنصار هذا المنظور، عن طريق رؤية المعايير، والسلوك المحكوم بالمعايير باعتبارها محيرة في صميمها، وتحتاج إلى تفسير أكثر من كونها صيغة من الشؤون العادية. يشعر الناس غالباً، كنتيجة، بأن منظري الاختيار العقلاني لديهم نظرة تحط من قيمة الناس، كما أنها تغالي في السلبية تجاههم حيث لا يوجد فيها مكان للسلوك الحسن، والكريم، وغير الأناني. إن الجزء التالي يتضمن استجابة المنظور لهذه المسألة.

الإيثاريون والمتعصبون

لقد أكدنا سابقاً بأن نظرية الاختيار العقلاني ذات قيمة لأنها أظهرت بأن السلوك المسلم به يعتبر محيراً بالفعل، مثلاً، الانتخاب، والتبرع بالدم، والمشاركة في نادي سيرا، أو في نشاطات متطوعي السلام الأخضر- إن بعض هذا السلوك يمكن أن يفسر- بتعبيرات هشر- وبشكل محدد، أن الناس ينتمون إلى جماعات يعتمدون عليها، والتي يمكن أن تنتزع منهم ضريبة سلوكية مرتفعة. الكثير من السلوك، رغم ذلك، لا يمكن أن يفسر بهذه الطريقة. وعلى سبيل المثال، فإن التبرع بالدم في بريطانيا يُقَدم بشكل كامل عن طريق مساهمات تطوعية، ولا يوجد في الولايات المتحدة ولا في أوروبا الغربية أية عقوبات تترتب على عدم التصويت في الانتخابات.

إن نظرية الاختيار العام (الشعبي) تقدم في الحقيقة بعض التفسيرات حول لماذا يتصرف الناس هكذا، وبالمثل، حول لماذا قد تنبثق جماعات المصلحة العامة في المقام الأول. يقدم جيمس كولمان صيغة قريبة من النموذج التقليدي للعقلانية ومن نظرية هومانز في التبادل الاجتماعي. يوضح كولمان أنه إذا كانت أفعالك مفيدة للآخرين، فإنه يتشكل لدى الآخرين حافز لتزويدك بالمكافآت، ولنقل، على شكل قبول اجتماعي، يقول كولمان:

> وهكذا فإن جهود المرء قد تساعد في إشباع مصالحه بشكل مباشر (حتى إذا لم تكن كافية لتفوق قيمة تلك الجهود) و .. كذلك تجلب مكافآت من الآخرين مقابل مساعدتهم في إشباع مصالحهم. في بعض الحالات يكون الجمع بين هذين النوعين من المنافع أكبر من تكاليف النشاط بالنسبة للشخص، وهذه هي عقلانية المتعصب Zealot.

إن تفسير هذا النمط يكون فعالا تماماً في الجماعات الصغيرة، ومع ذلك، يكون نوع السلوك الذي نتعامل معه غالباً غير مرئي. من يعلم أننا نصوت في الانتخابات، ونتبرع بالدم، ونقدم الصدقة، ويكافئونا على قيامنا بذلك؟ وهكذا فإن نظرية الاختيار العقلاني تعترف بان السلوك الغيري (الإيثاري) Altruistic موجود بالفعل، وانه يؤخذ بعين الاعتبار بالنسبة لها.

يوضح مارجوليس Margolis مثلاً بأننا جميعاً إيثاريين بطريقتين: الطريقة الأولى تتمثل في أننا نريد الناس أن يمتلكوا أشياء، وهذه هي "إيثارية البضائع" ولذلك فإننا نخبر مستطلعي الرأي العام بأننا نوافق على قيام الحكومة بأشياء للناس مثل تقديم القليل من الإحسان، وربما لا نأخذ بالحسبان فقط ما سنحصل عليه من فوز حزبنا ولكن ما سيحصل عليه الناس الآخرون. وكذلك فإننا نتصرف على أساس طريقة ثانية وهي "إيثارية المشاركة"، أي، أنه ينتابنا شعور جيد عندما نشارك في فعل أشياء لأسباب غير أنانية. إن

العديد من المتبرعين بالدم يعبرون عن هذا الشعور عندما يسألون عن دافعهم للتطوع.

لقد تم استحضار صيغة بديلة بواسطة الأنثروبولوجيين ومنظرو التبادل مثل بلاو وهومانز، وتتضمن هذه الصيغة "معيار التبادل"، ولأن الناس يشعرون بأنه غير مقبول من الناحية الأخلاقية أن يكونوا راكبين بالمجان، فإنهم يشعرون بأنهم مذنبون عندما يفعلون ذلك، ويطفئون ذنوبهم عندما لا يفعلون ذلك.

ومع ذلك، على الرغم من قيامنا بشيء ما بسبب إيثاريتنا أو مشاعرنا الأخلاقية إلا أننا قد نكون عقلانيين تماماً. وقد يشعر النقاد بشكل معقول تماماً، بأن هذا لا يمثل الكثير من التفسير. يبدو أن المنظرين يستوردون العوامل لملئ الفجوات الضرورية دون تفسير حقيقي لما يدفع الناس للتصرف بهذه الطريقة الأخلاقية أو الإيثارية.

إن فكرة هومانز بأن قوانين السلوك الاجتماعي تمثل قوانين سيكولوجية، تبدو أنها تنطبق على أية تفسيرات للإيثارية الإنسانية. أحد المنظورات المحتملة تم أخذه عن طريق علم الإجتماع البيولوجي الذي ينظر إلى الفائدة التناسلية التي يمنحها سلوك معين -مثل الدرجات المعتدلة من الإيثارية- للكائنات الحية. ومع ذلك، فإن بعض الأعمال السوسيولوجية توضح بأننا نستطيع أن نتعلم الكثير أيضاً عن طريق الجمع بين منظور الاختيار العقلاني والطريقة التي ينظر بها علم الاجتماع قصير المدى -مثل التفاعلية الرمزية أو الظاهراتية- إلى الهوية الإنسانية.

درست كرستين لكر Kristin Luker نشاطات المرأة على جانبي الجدل حول الإجهاض، أي النساء اللواتي أعطين كمية كبيرة من الوقت لحركة معارضة إباحة الإجهاض Pro- life movement أو لمذهب الفاعلية(*) المؤيد لإباحة الإجهاض.

(*) مذهب يؤكد على ضرورة اتخاذ الإجراءات الفعالة أو العنيفة، كاستخدام القوة لتحقيق الغايات (المترجم).

Pro- choice Activism لقد استنتجت بأن نشاطات كلا الجماعتين كانت مرتبطة بالطريقة التي يعرفون بها ليس فقط هويتهم الفردية، وإنما أيضاً وجهة نظرهم الكلية حول العالم. إن المشاركة في الحركة السياسية كانت طريقة للحصول على ما تم تثبيته وأصبح أكثر واقعية من قبل أشخاص آخرين.

وجدت لكر، بأن الناس اللذين يعارضون إباحة الإجهاض ينظرون إلى العالم باعتباره منقسم جوهرياً إلى فضاء ذكوري وفضاء أنثوي، وطلب الإجهاض بالنسبة لهم يحطم كل منظومة العلاقات الاجتماعية التي تتم فيها حماية النساء والأطفال وكل شخص يفقد ولده بسبب الموت. وقد أخبر الطبيب الذي يعارض إباحة الإجهاض لكر بما يلي:

> "أعتقد أن تحررية النساء تسير على الطريق الخطأ .. لقد كانت النساء أرفع الناس مقاماً. لقد كُنَّ أكثر تحضراً، وأكثر إيثارية بالطبيعة، لكن الآن، يردن منافسة الرجال على الأنانية. ولذلك ليس هناك من يقدم مثالاً، وما حصل هو أن الرجال أصبحوا أكثر أنانية".

ويشعر الناس اللذين يعارضون إباحة الإجهاض كذلك بأن هناك الكثير من الشعور المعادي للطفولة في المجتمع الحديث، وهذا الشعور مغلف بالمعيار الثقافي للأسر الصغيرة وفكرة أن الولادات يجب أن تنظم لتلاءم خطط مجرى حياة الأفراد الراشدين.

إن موقفهم هو العكس، إنهم يضفون قيمة على الأدوار التقليدية ويؤمنون بأنك إذا اضطلعت بمسئوليات الزواج والوالدية فإن الأجزاء الأخرى من حياتك ينبغي أن تخضع لتلك المسئوليات. إن معظم الناشطين المعارضين لإباحة الإجهاض، هن أنفسهن زوجات وأمهات يعتبرن تلك الأدوار بالنسبة لهن الأهم في حياتهن.

إن أخذ هؤلاء الناس جزءاً فعالا في حركة معارضة إباحة الإجهاض مكنهم من الدفاع عن نظرتهم الكلية للعالم ومفهوم الذات وتعزيزهما، وكونهم بين آخرين يشاركونهم

قيمهم واتجاهاتهم يعتبر جزءاً هاماً من العملية، ويزود سلوكهم، حتى لـو كانوا غـير واعين، بدافعية قوية. وبالضبط يتحقق نفس الأمر لدى الناشطين المؤيدين لإباحة الإجهاض، على الرغم من أن نظرتهم للعالم مختلفة بشكل واضح تماماً.

وهكذا، فإن لكر تربط السلوك الجمعي والإيثاري بالعملية التي جعل الناس أنفسهم بواسطتها تحظى بـالتعزيز والتأييـد، وفي الفصـول المتعلقـة بالتفاعليـة الرمزيـة والظاهراتيـة. يناقش هذا الكتاب بالتفصيل الطريقة الاجتماعية الضرورية التي نطور من خلالها ذاتنا ونخبر عالمنا على أنه حقيقي وأساسي. إن منظور الاختيار العقلاني بوجه عام يتخذ موقفاً بصرف النظر عن تلك المنظورات قصيرة المدى، لكن بربطها المنظورين ووصلهما ببعضهما تقدم كرستين لكر تفسيراً تاماً للسلوك الجمعي.

الشبكات والعمليات المنبثقة:

لأن منظري التبـادل والاختيار العقلاني مهتمـون بـربط تطور المؤسسـات والمعـايير بالتواصل القائم عـلى التبـادل بـين الأفـراد فإنهم يميلـون أيضـاً إلى الاهتمام بالبنى الضمنية للتواصل ضمن الجماعات وبينها. على سبيل المثال، في الجزء السابق ناقشنا كيـف يـربط هشـر تضامن الجماعة بالموقف الذي يعتمد فيه الأعضاء على الجماعة ويكون لـديهم مصـادر بديلـة قليلة لما يريدونه. إنه يصف الشبكة المكثفة للتواصل ضمن الجماعة والتواصل الضعيف بينها وبين الجماعات الأخرى. يناقش زمل نسيج انتماءات الجماعـة web of group affiliations لكـن في علم الاجتماع المعاصر يستخدم مصطلح (شبكات) Net works على نطاق أوسع.

إن تحليل الشبكات يشبه كثيراً استخدام مهندس الطرق وتنظيم السير للتصوير الضوئي الليلي ليقدر تدفقات السير. إذا تم التقاط صورة جوية ذات مقطع طويل لحركة سير المدينة في الليل سوف نحصل على نمط جميل، لكن يبدو بلا شكل، من خطوط الضوء

(الأضواء الأمامية للمركبات) الأكثر كثافة ورِقَة منتشرة بشكل متداخل مع الظلام، ومع ذلك، لا يبدو النمط أنه عديم الشكل. إذا أخذت سلسلة من الصور وركبتها فوق بعضها البعض، فإن الفروق بين الخطوط الكثيفة والرقيقة تصبح واضحة بشكل متزايد، وتعكس الفروقات في حجم المركبات.

إن محللي الشبكات يفعلون شيئاً قريباً من هذا في تعاملهم مع العلاقات الاجتماعية، فإنهم يبنون نمطاً يشبه الرسم المرتكز على الصور الجوية، وكذلك، وبشكل مهم جداً، يحاولون تحديد "كيف يؤثر هذا التشعب في سلوك الناس المنخرطين في الشبكة". ولنوسع استعارتنا قليلاً، إن السائقين يستجيبون لما يعلمونه عن أنماط حركة السير (مثلاً، عن طريق محاولة تجنب الطرق المشغولة) ويتأثرون بها (مثلاً، يبتعدون غالباً وبشكل خاص عن الأماكن التي تتجه فيها تدفقات السير إلى توليد حوادث). الشبكات الاجتماعية تمثل أشياء نستجيب لها وتؤثر في ذواتنا، وحيث أن هناك أنماط معينة من تقاطعات الطريق التي ترتبط بوجه عام بمعدلات مرتفعة أو منخفضة من الحوادث، لذلك قد يكون هناك خصائص عامة للشبكات الاجتماعية التي تنتج أحداثاً وسلوكاً نمطياً متكرراً.

يوضح كلايد متشيل Clyde Mitchell بان تحليل الشبكة من المحتمل أن يقدم فائدة اكبر في تفسير ما يجري في المؤسسات الاجتماعية بعيدة المدى. وفي مجتمع صغير المدى منظم بشكل محكم، من الممكن أن نفهم السلوك على نحو مُرضٍ، مثلاً، بالاستناد إلى علاقات القرابة أو متطلبات المراهقين للدخول في سن البلوغ أو مرحلة الرشد. في المجتمعات الأكبر، والأكثر مرونة، يتضح أن "البناء المهني"، أو "النسق الاقتصادي"، ليس كافياً لتفسير ما يجري في المستوى الفردي، إنها من الممكن أن تضع حدوداً، لكن الناس لا يعيشون ضمن جماعات مهنية أو اقتصادية محكمة الإنغلاق، ويحتاج المرء إلى النظر بعيداً، إلى كيف وأين تجعلهم في معيشتهم يتقاطعون. إن الروابط الفردية خارج جماعاتها الأساسية

قد تكون ذات أهمية بالغة بالنسبة للناس. وكما يشير الشاعر دايلان ثوماس Dylan Thomas : إذا أردت أن تكون صحافياً لائقاً، أقول، فأنت ذاهب لتكون مشهوراً في الدوائر اليمينية، من أجل أن تكون الشخص المحبب في مستودع الجثث .. وانظر".

وكما أعاد بلاو اختبار نظرية دوركايم حول التكامل الاجتماعي، كذلك استخدم كلود فشر Claude Fischer وزملاؤه تحليل الشبكة لاختبار إحدى وجهات النظر المتينة حول الحياة الحديثة نقدياً: وهي أنه في عملية الانتقال من القرية الزراعية إلى الحياة الصناعية الحضرية انقطعنا عن أي مجتمع محلي "أصيل وموثوق به" وأصبحنا "أمة من الغرباء"، يوضح فشر، أنه يتبع هذا الأمر، إن الناس يحصلون على الصداقة الحميمة والدعم والتأييد من العلاقات الاجتماعية المحلية، وأن الناس اللذين انتقلوا مؤخراً من المحتمل أن يكون منعزلين ويعانون نفسياً.

ومع ذلك، فإن البيانات التي جمعت من دترويت لم تشر إلى أن الرجال اللذين جاء أصدقاؤهم من جماعة الجيرة المحلية كانوا مميزين أو أقلية محظوظة على وجه خاص. لقد تمكن الناس من خلال الاتصالات الحديثة من الإبقاء على صداقاتهم والحفاظ عليها عبر المسافات والحصول على دعم وتأييد من قبلهم، بشكل جزئي دون شك، لأن الصداقات التي تأسست في المجتمعات الحديثة قد تم اختيارها بالفعل من قبل الطرفين، أكثر من كونها فرضت عليهم من قبل القرابة.

لقد اهتمت فكرة جرانوفتر Granovetter التي تدور حول "قوة الروابط الضعيفة" بتأثيرات كثافة الشبكة، أي، بعدد الاتصالات بين مختلف الأعضاء مع معارفهم الشخصية، ويوضح بأن الناس اللذين يوجدون في شبكات كثيفة جداً يعرف الأصدقاء جميعاً بعضهم البعض بصورة جيدة، لهذا السبب، يميلون إلى الانقطاع نسبياً عن المعلومات والتواصلات مع القطاع العريض من السكان. إن الشبكات ذات التماسك الرخو والمهلهل والروابط

الضعيفة تعتبر هامة جداً. ليس فقط في نشر المعلومات وتعزيز التماسك في المجتمع الكبير، لكن كذلك في مضاعفة أهداف الأفراد. مثلاً، من المحتمل أن تقودك "المعارف الشخصية المجردة" إلى فرصة عمل ملائمة أكثر من أصدقائك المقربين، لأن المعارف الشخصية تتنقل في دوائر مختلفة، ولديها حرية في الوصول إلى المعلومات المختلفة أكثر منك. إن الروابط الضعيفة تعتبر كذلك سبباً هاماً وراء عمل مجتمعات الطبقة الوسطى بشكل أفضل لحماية نفسها من التطوير غير المرغوب، أكثر مما تعمل الطبقات العاملة. إن الشخص الذي يكون في جوار الطبقة الوسطى يعرف عادةً شخصاً يستطيع أن "يضع الكلمة" في مكانها الصحيح، أو من هو عظيم في تقديم الدليل في المحكمة ، أو من يستطيع أن يحصل على تغطية في الإعلام المحلي.

هناك عدة محاولات، بشكل خاص من قبل كارن كوك Karen Cook وزملائها لربط تحليل بناء الشبكة بنظرية التبادل. لقد تضمنت تحديد طبيعة الاتصالات بين أعضاء الشبكة، على سبيل المثال، مدى تضمنها تبادلات متساوية (متكافئة) أو غير متكافئة. ومع ذلك، حتى الآن، كل الشبكات التي تم اختبارها كانت صغيرة تماماً، وهذا يؤكد وجود مشكلة أساسية تواجه هذا النمط من التحليل البنائي كما تمت ممارسته من قبل بلاو وآخرون، فقط الحواسيب تجعله ممكناً، ومن ثم يحتاج إلى تكثيف العمل اعتماداً على جمع البيانات، والترميز، والتحليل. حتى اليوم، لم تقدم النظريات المنبثقة ما هو كافٍ، بالمقارنة مع المناهج الأخرى، لتشجع معظم علماء الاجتماع ليتبنوا هذا المنظور.

وفي بحثه حول الكيفية التي يجد بها الناس الأعمال، يلاحظ جرانوفتر أنه في بعض الأحيان يتم الافتراض:

"بأن حلول التحديث يقود إلى استخدام واسع النطاق للإجراءات الرسمية والعمومية، ويحرر الأفراد من التعقيدات المفروضة من قبل

الوسـط الاجتماعـي، لكـن الدراسـات السوسـيولوجية الإمبريقيـة تظهـر

باستمرار الأهميـة الحاسـمة للتفاعـل غـير الرسـمي في الأنسـاق المعقلنـة

رسمياً".

إن جرانوفتر (مثل فشر) يتسـاءل عـن فهـم المجتمعـات الحديثة باعتبارهـا مختلفـة

بشكل شمولي عـن المجتمعـات مـن الطراز القديم، ويجادل بـأن (الخاص) والشخصي تبقـى أمـور

هامة في تفسير ما يحدث للفرد. وفي بحثه حول عمال المستوى المهني، والتقني، والإداري الذين

غيروا أعمالهـم خلال السنوات الخمس السابقة وجد بأنه فقط 19% وجدوا أعمالهـم الجديـدة

عن طريق قنوات رسمية مثل الإعلانات و19% ذهبوا إلى صاحب العمـل مباشرة ومـا يقـارب

56% حصلوا على المعلومـات مـن الاتصالات الشخصية. إلى مـوازاة الأهميـة العامـة للروابط

الضعيفة فإن معظم (أكثر من 80%) تلك الاتصالات كانت تتمثل في المعارف البعيدة أكثر مـن

كونها علاقات عائلية أو أصدقاء أو حتى أساتذة.

وهذا يسـاعد في الفهـم إذا اعتـبرت أنـه، إذا كانت المعلومـة مشـتركة ضمـن جماعـة

مشدودة بإحكام، فإن كل شخص سـوف يعرفهـا، إن المعلومـة الجديـدة – مثـل وجـود عمـل

لشخص يحمل مثل مهاراتـك – تـأتي مـن خـارج الجماعـة، ومـن خـلال اتصـالات ضعيفة مـع

الغرباء. واحد من الأسباب وراء الصعوبة التي يجدها سكان الجيتو في العثور على عمل يتمثل

في أنهم يعيشون في مجتمـع يتضمـن القليـل مـن مثل هـذه الـروابط، وبـدلاً مـن ذلـك، فـإن

روابطهم وثيقة ولديهم شبكة اجتماعية منقبضة.

وكذلك فإن ريمونـد بـودون الـذي ناقشـنا عملـه حـول معضلـة السـلجين يركـز عـلى

الطريقة التي تنبثق بموجبهـا الظاهـرة الاجتماعيـة والتـي يمكـن أن تفهـم فقـط بالاسـتناد إلى

الشبكات الضمنية والسلوك الفردي. ويتخذ مثالاً على ذلك الطريقة التي تنتشر فيها التقنيـات

الزراعية في مجتمع ريفي، بداية بشكل بطئ جداً، ومن ثم تتسارع حتى يتقبلها معظم الناس،

ومن ثم تتباطئ مرة أخرى. إن نفس النمط يوجد بالنسبة للعديد من الأشياء

غير المألوفة مثل: المراوح الدوارة، وشراء أشرطة الفيديو ومشاهدة الأعلام والمشاهير لموقع جديد على الإنترنت، وبيع المشروبات الخفيفة soft drink.

إن هذا النمط ممتع بالنسبة لعلماء الاجتماع وكذلك الأمر بالنسبة لمدراء التسويق وهو ينبثق من حقيقة أنه عندما يكون هناك شيء ما جديد، ويسمع الناس عنه، فإنهم يستشيرون أصدقائهم ليروا ما إذا كانوا سيستخدمونه أو يعلمون أي شيء عنه، ومن ثم يتخذون إجراءً معيناً، بمعنى آخر إن التوصية الشخصية والاتصال الشخصي تعتبر أمور حاسمة حتى في المجتمع المتخم بالإعلام والإعلان. في البداية عدد قليل من الناس فقط – وهم الناس الذين يحبون التغيير والأشياء الغريبة – سوف يمتلكون المعلومة أو يحاولون استخدام المنتج. ولذلك باقي الناس يميلون إلى التباطئ. ومن ثم كلما استخدم المنتج من قبل ناس أكثر، يصبح من المحتمل بشكل متزايد، أنه إذا سألت شخص ما في شبكتك سوف تحصل على إجابة مفيدة، أو تجد شخص ما يعلم جيداً أو غير متأهب أو يقدم معلومة ذات علاقة، لكن بعض الناس سيكون لهم اتصالات ضعيفة مع الشبكات الأساسية من المستفيدين. بينما آخرين لديهم ميلاً ضعيفاً بالنسبة للأمور غير المألوفة، وهؤلاء لن يتقبلوا المنتج أبداً ولن يسألوا عنه.

ليس جميع محللي الشبكات يعتبرون أنفسهم مؤمنين بالاختيار العقلاني أو منجذبين لنظرية التبادل، لكن لديهم نفس الاهتمام من حيث ربط المستوى القصير المدى والمستوى البعيد المدى وتفسير كيفية انبثاق الظاهرة الاجتماعية من سلوك الفرد. بفعلهم هذا فإنهم، مثل هومانز وبلاو، يركزون على ظاهرة سيكولوجية جوهرية – مثل أهمية الاتصال وجهاً لوجه والتوصية في تشكيل آراء الناس – وكذلك على بناء الشبكات، والفرص التي تقدمها فيما يتعلق بالمعلومات المشتركة، والمجالات المختلفة للتبادل، والاعتماد، والقوة وهي أمور قد تمت مناقشتها.

الجزء الثالث

جيمس كولمان ومرتكزات النظرية الاجتماعية

لقد كان جيمس كولمان James Coleman (1926-1995) عـالم الاجـتماع الـذي اقترنت بـه النظريـة والممارسـة أو البحـث والسياسـة بشـكل دائـم. وفي حفـل تأبينـه عـام 1995 اسـتذكر السيناتور دانيال باتريك موينيهان Daniel Patrick Moynihan الجـدل الـذي انخـرط بـه كولمـان في عمله المقدم للحكومة حول عدالة الفرص التعليمية، والرواقية (*) stoicism التي واجه بها الهجوم على عمله وعليه شخصياً في كما وثق موينيهان احترامه وتقديره كموظف حكومة رسمي فقال: "هناك عدد قليل جداً من الناس الـذين أنهوا تعريـف جـزء أسـاسي مـن الأجنـدة الفكريـة في زمنهم...وحتى الجماعات الأصغر من المفكرين تؤثر في كل من الجدل الفكري والسياسي. لقد شكل عمل جيمس كولمان الأساس الوطيد للبحث والسياسة في التربية وعلم الاجتماع بالنسبة للجيل الراهن". كما أن زميله في جامعة شيكاغو والحائز عـلى جـائزة نوبـل جـاري بيكـر Gary Becker اعتبره "عالم الاجتماع الأكثر إبداعية في جيله" وأثنى على عمله الشمولي حـول مرتكزات النظريـة الاجتماعيـة Foundations of Social Theory باعتبـاره الكتـاب الأكثر أهميـة في النظريـة الاجتماعية عبر الوقت.

ولد جيمس كولمان في بدفورد، انديانا، وذهب إلى المدرسة الثانوية في لويسفل، كنتاكي. وحصل على درجة البكالوريوس من بردو Purdue. ومن ثم ذهب إلى العمل في

(*) الرواقية مذهب فلسفي أنشأه زينون حوالي عام 300 ق.م. ويتضمن أن الرجل الحكيم يجب أن يتحرر من الانفعال ولا يتأثر بالفرح أو الترح، وأن يخضع من غير تذمر لحكم الضرورة القاهرة. (المترجم).

Eastman Kadak ككيميـائي. ولكـن في عـام 1951 انفصـل عـن عملـه. والتحـق ببرنـامج الدكتوراه في جامعة كولومبيا وقال فيما بعد: أنـه: "بعـد التحـاقي بجامعـة كولومبيـا أصـبحت شخصاً آخر مختلف، ذو أهداف مختلفة، ومتقـدم باتجاهـات مختلفـة، ولقـد أوضـح ريشـارد سويدبرغ Richard Swedberg من جامعة ستوكهولم أن علماء الاجتماع الأمريكيين لم يقـدروا بعـد أهمية المدى الذي وصلت إليـه جامعـة كولومبيـا في تشـكيل مدرسـة بـالمعنى السوسـيولوجي للكلمة. إنه الحضور الفعال المكون من الأسـاتذة البـاحثين وتلاميـذهم. والـذين لـديهم طابعـاً فكرياً، ومدخلاً معرفياً مشتركاً". ومن أكثر العلماء تأثيراً في كولمان بـول لازارفيلـد Paul Lazarsfeld وسيمور مارتن لبست Symour Lepset وروبرت ميرتون. وقد كتب كولمان مؤخراً أنه قد عمل مـع لبست ومع لازارزفيلد، ومع روبرت ميرتون، وهـو أسـتاذه الـذي أثنـى عـلى كتابـه، "مرتكـزات النظرية الاجتماعية".

ليس دائماً يتم النظر إلى الوظيفية ونظرية الاختيـار العقـلاني باعتبـارهما متسـاوقتان. هـذا إذا تجاوزنـا الاتصـال المتـداخل بيـنهما. لكـن ميرتـون وكولمـان متشـابهان في ربـط تطـور المؤسسات الاجتماعية بإهتمامات الأفراد. باهتمامهـا بالمعـايير الاجتماعيـة. إن تحليـل ميرتـون للآليات السياسية تم بموجب منظور مشابه للمنظور الذي تبناه كولمان في بعض الأعـمال التـي تم وصفها هنا، مثل عمله حوله سلوك السياسـيين في الكـونغرس، إن مـا يجـادل حـول كولمـان يتمثل في أن الارتباطات بين المستوى قصير المدى والمستوى بعيد المدى يمكن أن تفسر- نظامياً من خلال البدئ من منظور الاختيار العقلاني. إن هـذا الجـزء يلخـص منظـور كولمـان وعلاقتـه بـالأعمال المشـابهة في حقـل "الاختيـار العـام" و"نظريـة المبـاراة" والتـي انجـذبت إلى مؤلفـه مرتكزات النظرية الاجتماعية وكذلك إلى مدى واسع من مؤلفاتـه المبكـرة. ينظـر هـذا الفصـل بداية إلى بناء التحالف، ومن ثم الثقة وتشكل معايير الجماعة: وأخيراً أفكار كولمـان حـول رأس المال الاجتماعي والفاعلين المتحدين.

بناء التحالف:

لقد كان كولمان دائماً مهتم، بشكل خاص، بالطريقة التي تنتج فيها قرارات الفرد مجتمعة ما يمثل في الغالب تأثيرات اجتماعية غير متوقعة. يوضح كولمان، بأن "القرارات الجمعية" مثل التصويت في الكونغرس أو البرلمان، يمكن أن تفهم بشكل أفضل إذا تم النظر إليها بالاستناد إلى منفعة الأفراد القصوى. إن الناس يعتنون جداً ببعض القضايا، ويعتنون بقضايا أخرى بشكل أقل نسبياً، ولهذا فإنهم يحاولون القيام بفعل ما هو جيد لأنفسهم قدر الإمكان، وذلك عن طريق تبادل سيطرتهم الجزئية على بعض الأمور مقابل سيطرة أكبر على أمور أخرى. وعلى سبيل المثال، فإن أعضاء الكونغرس يصوتون مع زميل على جزئية من التشريع مقابل دعم ذلك الزميل لهم في تلقي مهمة في لجنة معينة.

لقد اختبر كولمان بعض نظرياته حول بناء التحالف عن طريق استنباط أو ابتكار مباراة لعب فيها اللاعبون دور المشرعين اللذين كان ناخبوهم أقل أو أكثر اهتماماً بقضايا مختلفة. وخلال الفترة الزمنية للمباراة، تخضع مختلف القضايا للتصويت، وكما كان متوقعاً، فقد شكل اللاعبون دائماً تحالفات، وتبادلوا ما هو غير مفيد مقابل قوة مفيدة حسب مصلحة ناخبيهم. وعلاوة على ذلك، كلما كانت هناك قضايا أكثر للتفاوض –أي تبادلات محتملة أكثر- فإنه يكون أسهل بالنسبة للاعبين الانضمام إلى تحالفات ربح تتأسس على قضايا معينة يعتنون بها.

إن مواقف من هذا القبيل تختلف بشكل حاسم عن أمثلة معضلة السجين المطروحة سابقاً. إن اللاعبين عند كولمان لم يكونوا منخرطين لمرة واحدة في جميع القرارات بل أيضاً في علاقات ممتدة عبر فترة زمنية طويلة. وجد كولمان بأنه كلما استمرت المباراة أصبح جميع اللاعبين جديرين بالثقة، أي، إذا وعدوا بأنهم سيسلمون الصوت بطريقة معينة فإنهم يحافظون على كلمتهم. وعلاوة على ذلك، فإن اللاعبين اللذين أخلفوا وعدهم في

الصفقات وجدوا صيتهم وسمعتهم المتعلقة بعدم الثقة عقبة في طريقهم. ولذلك فقد حاولوا تجديد الثقة عن طريق القيام بتبادلات كانت أقل إرضاءً لأنفسهم مما ينبغي أن يكون عليه الحال، ليس كمثال كوك وإمرسون المذكور سابقاً، لأنهم يؤمنون بالعدالة، لكن لأنه كان من العقلانية المدفوعة بالمصلحة الذاتية أن يفعلوا ذلك.

إن هذا النوع من التحليل الذي يرتكز على تفضيلات الأفراد وقراراتهم، يعمل بشكل أفضل في المواقف التي يكون فيها الناس مستقلين بكل ما في الكلمة من معنى، وهكذا فإن رجال الكونغرس الأمريكي المعاصرين، لا يتصرفون على نحو مخالف للاعبين عند كولمان لأن عليهم أن يراعوا قواعدهم السياسية المحلية. وفي معظم الديموقراطيات الغربية الأخرى ينتخب المشرعون كأعضاء في حزب سياسي يضبط بشكل صارم الطريقة التي يصوتون بها. ومع ذلك، فإننا نستطيع هنا أيضاً، أن نطبق نظرية في التحالفات ترتكز على مبادئ الاختيار العقلاني. وبدلاً من التعامل مع الأصوات الفردية للمشرعين، تطبق على الائتلافات التي يحيكها السياسيون مع بعضهم حول السياسات.

ومثل هذه النظرية تبدأ من حقيقة أن السياسيين ينخرطون في أعمال من أجل كسب الانتخابات. ومن أجل فعل هذا، فإنهم يبنون تحالفات مصوتين (ناخبين) أي جماعات مثل المزارعين، والمتقاعدين، والمعلمين، اللذين وُعدوا بتحسين مصالحهم. إذا خسر أحد الأحزاب خسارة فادحة، فإن السياسيين اللذين ينتمون إليه يحاولون بعد ذلك إيجاد قضايا يزعزعون من خلالها تحالف خصومهم الفائز، وأن يجذبوا عدداً كافياً من ناخبيه إلى صفهم.

إنه من السهل جداً دراسة التحالفات الأمريكية، لأن هناك في الغالب تحالفين فقط؛ حزبان يتصارعان على القوة على المستوى القومي، وفي وقت الاستقلال كانت الصراعات بين الفيدراليين تمثل مصالح أصحاب المصانع الشماليين، كما تمثل مصالح

التحالف الزراعي الذي أصبح الحزب الديموقراطي. ومع ذلك، فإنه بين عام 1816 وعشية الحرب الأهلية كان هناك حزب حاكم واحد بشكل فعال. إن تحالف الديموقراطيين الذي يمثل كلاً من المزارعين المملوكين كعبيد، وغير المملوكين كعبيد من الجنوب والغرب، كان فعالا جداً بحيث أن المدن والشمال الشرقي لم تتمكن من الفوز مطلقاً.

يوضح منظرو الاختيار العقلاني بأن الشيء الواضح في هذا الموقف بالنسبة للأقلية لتفعله هو أن تجد قضية مفككة للتحالف. وبعد الفشل في تمزيق التحالف الديموقراطي عبر الهجرة ودور الماسونيين، اكتشفوا الفوز بالصدفة، أي قضية العبودية. لقد أخذ عدد من السياسيين الشماليين قضية العبودية لأسباب رآها خصومهم ملائمة تماماً .. إبراز قضية العبودية يزعزع التحالف الجاكسوني و (كذلك يدمر) الاتحاد. بينما أوجد الاشمئزاز من العبودية مناورات عملية، يوضح منظرو الاختيار العقلاني أنها تضمنت فاعلين "عقلانيين" أو "باحثين عن ذواتهم" يلاحقون الأصوات ليترجموا هذا الأمر إلى حرب أهلية.

الثقة وتشكيل معايير الجماعة

إن تحليل كولمان للتحالفات التشريعية ذو أهمية خاصة، وذلك بسبب الطريقة التي يظهر من خلالها تطور السلوك التعاوني، حتى رغم أن الفاعلين في المباراة قد حافظوا على مصالح الذاتية. وهكذا، في مباراة كولمان، فإن اللاعبين التزموا بكلامهم وصدقوا بتعهداتهم، وتصرفوا بطريقة جديرة بالثقة، وإذا لم يفعلوا ذلك، فإنهم سرعان ما يتعلموا أن عليهم أن يجعلوا ضمن اهتماماتهم ومصالحهم فعل ذلك.

إن تطور "السلوك الحسن" من هذا النمط، يرتبط بشكل واضح بمسألة أنه كلما قضى- الناس فترة زمنية أطول مع بعضهم، فإنهم يعتمدون على بعضهم بشكل أكبر. وفي وصف عمل بودون شاهدنا كيف أن خيارات الطلاب لمرة واحدة أو في جميع المرات يمكن أن يتنمذج باستخدام مباراة الشخصين، من نمط معضلة السجين. ومع ذلك، فإن العديد

من العلاقات التي تستغرق فترة زمنية طويلة يمكن أن تتنمذج كشخصين متقابلين (أي المواجهات التي تتم بين شخصين). إذا تعاونتُ مع الشخص الآخر الآن فهناك فرصة ملائمة ليقوم بالتعاون معي في وقت لاحق، إذا كان هناك وقت لاحق .. وهذا من المحتمل أن يعمل عندما يضفي كل منا قيمة كبيرة على المستقبل ويهتم به وأن تكون هناك احتمالية الالتقاء ثانية.

إن الاستراتيجية العقلانية الواضحة التي يمكن تبنيها في هذا الموقف تتمثل في قاعدة "ضربة بضربة أو واحدة بواحدة" Tit For Tat، وهذا يعني أنني سأتعاون في المباراة الأولى (المواجهة)، لكن بعد ذلك، سوف أفعل مثلما فعلت في وقت سابق. ومن هنا، إذا قمت بالاحتيال عليّ بخدعتين، سوف أخدعك بالمقابل، وإذا تعاونت معي، سوف أفعل هذا أيضاً. إن قاعدة "واحدة بواحدة" البسيطة يمكن أن تكون استراتيجية ناجحة إلى حد كبير لربح المباريات، وعن طريق التناظر الوظيفي Analogy من أجل خلق جماعات اجتماعية متعاونة ومستقرة.

لقد طور منظرو الاختيار العقلاني هذا التحليل في مناقشة سوق السيارات غير الصالحة. افترض أنني تاجر صغير للسيارات المستعملة، وبعض سياراتي غير صالحة، فإذا جئت من الشارع وأنت تخطط لشراء سيارة، فإنني أعلم أن هذه هي المرة الوحيدة التي أستطيع أن أبيعك فيها سيارة (أنا كذلك غير واثق بك ولست مقتنعاً بأن رصيدك الدائن على ما يرام). بشكل واضح، ليس لدي حافزاً لأخبرك بأن السيارة التي رغبت بها هي إحدى السيارات غير الصالحة، وإذا استطعت أن أبيعك السيارة التي رغبت بأنني لم أشتريها أبداً، سوف يكون هذا أفضل بكثير.

لسوء الحظ، طبعاً، إن الزبون مدرك لهذا الموقف كما أدركه أنا. إن تأثير السيارات غير الصالحة في السوق يتمثل حقاً في تغيير سلوكنا، وتكلفنا كل المال. في حالة

السيارات المستعملة، مثلاً، تتمثل أرخص طريقة لشراء سيارة في شرائها من فرد آخر، وتتمثل ثاني أرخص طريقة في شرائها من تاجر صغير للسيارات المستعملة. وتتمثل أغلى طريقة في شرائها من مؤسسة معينة مختصة بتجارة السيارات. لذلك لماذا يذهب أي منا إلى تاجر السيارات (صاحب المؤسسة)؟ الجواب: بسبب مشكلة السيارات غير الصالحة، يبقى التاجر الكبير قريباً منا لفترة زمنية طويلة، ويقيم سمعته، ويأمل أن يبيعنا في يوم من الأيام سيارات جديدة مماثلة. ولهذا، نحن ندرك، أنه من غير المحتمل أن تأخذ سيارة غير صالحة. وبدلاً من أن نأخذ السيارة التي نريد من فرد على الصف التالي، فإننا ندفع أكثر مقابل الحصول على سيارة أخرى (أي من تاجر السيارات المستعملة)، ومن المحتمل تماماً أنها أسوأ من تلك التي نحصل عليها من التاجر.

إن ما تؤكده تلك التحليلات يتمثل في الفرق الحاسم بين العلاقة المستمرة والعلاقة المنقطعة أو التي تحدث لمرة واحدة، والتي تتضمن بيع بيوت وكذلك سيارات وهي رديئة السمعة لأنها تنتج الخداع، أو حاولت الخداع. وعلاوة على ذلك، فإن الناس اللذين يحاولون الخداع في تلك المواقف غالباً لا يحلمون بفعل ذلك مرة أخرى. بمعنى آخر، سواء طور الأفراد أو اتبعوا معايير أم لا سوف يعتمدون على الخيارات العقلانية التي تواجههم، أي ما يمكن أن يجنوه منها وكم يأملوا أن يربحوا.

إن التأكيد الرئيس في جميع تلك المباريات ينصب على كيف يتصور شخص ما سلوك الآخر، هناك كم كبير من الدراسات حول الاستراتيجية العسكرية التي استخدمت هذا المنظور، وبشكل خاص مفهوم المصداقية. Credibility وفي هذه الحالة، ليس الأمر فيما إذا كان المرء يقدم عرضاً موثوقاً لسيارة مستعملة يعول عليها، ولكن فيما إذا كان المرء يقوم بتهديد معقول أم لا. لقد أصبحت المصداقية كذلك موضع اهتمام منظري الإدارة وعلماء الاجتماع المتخصصين في علم الاجتماع التنظيمي اللذين ينظرون إلى كيفية

قيام الناس ضـمن التنظيم أو مفاوضتهم بتقـديم عروضـهم، ومقاصدهم وأفعـالهم الموثوقة لآخرين.

يوضح دكست ونالبف Dixit and Nalebuff أن هناك ثلاثـة مبـادئ أساسية متضـمنة في جعل التزاماتك موثوقة إلى حد أنك تقنع الناس الآخرين حتى يتصرفوا بالطريقة التي تريدها. الأول: أن تزيد بشكل مرئي الكمية التي يمكن أن تخسرها بانتهاك التزاماتك. فإذا كنت شخصية بارزة عامة (كأن تكـون سياسياً) تسـتطيع أن تفعـل ذلك ببسـاطة عـن طريـق تقديم وعد للشعب، لأنك تعلم أنك إذا نكثت العهد، فإنك لا تستطيع أن تسـترد سمعتك مرة أخرى أبـداً. بصورة أكثر عموميـة، إن النـاس قـد يلزمـون أنفسـهم بكتابـة وتوقيـع العقـود، ولذلك فإنهم يستطيعون أن يتقاضوا، أو أن يكونوا عرضة للمسائلة القانونية بسبب الأضرار الناتجة عن عدم وفائهم بالتزاماتهم وتعهداتهم.

لا يوجد فعل يضمن أن التعهدات سيتم الوفاء بها، لكنـه يصبـح أكـثر موثوقيـة لأن صاحب الوعد والتعهد سوف يفكر مرتين قبل أن يخاطر بسمعته وثروته. المبـدأ الثـاني: يتمثـل في استخدام أشخاص آخرين لمساعدتك في الحفاظ على المصداقية. إن الفريق مـن النـاس أقل احتمالية في أن يفروا أو ينكروا بأنهم قصدوا ما قـالوه (أو مـا قـالوه عـلى الإطـلاق) مـن الفرد الواحد. إن مخادعي الثقة يعملـون لوحدهم وبالمقابـل فإن تنظيمات كبرى تستثير الثقـة. الاستراتيجية الثالثة تتمثل في "إحراق الجسور من خلفك": أي أن تجعل تعهدك موثوقاً عـن طريق إظهار أنك أنكرت بنفسك الفرصة للانسـحاب أو التراجـع، وهـذه إسـتراتيجية عسـكرية قديمة. وكما يشير دكست ونابلف بأن "كورتز Cortes اتبع نفس الإستراتيجية عندما استولى عـلى المكسيك. فبعد وصوله إلى سيمبولا، في المكسيك أعطى الأوامر بحرق جميع سفنه إلا واحدة أو العمل على تعطيلها، وبسبب أن عدد جنوده كان

كبيراً، فلم يكن أمامهم خيار سوى القتال والنصر"(*).

لقد طور كولمان هذه الأفكار في مناقشته المتأخرة حول الثقة. إنه يؤكد على جوهريـة عنصر الثقة في التفاعل الإنساني، لأن إحلال الثقة يسمح لكل من الفريقين الواثق والموثوق بـه أن يفعلا شيئاً ما لا يكون ممكناً بطريقة أخرى. إن مـا يجعـل التفاعلات التـي تتضمـن الثقـة مختلفة عن التفاعلات الأخرى يتمثل في أن الخسارة المحتملة سـوف تميـل إلى أن تفوق قيمـة الربح المحتمل إذا أصبح الموثوق به غير جدير بالثقة بعد ذلك. وبسبب أن هنـاك فجـوات زمنية متضمنة، فالتعويض هـو أن الشخص الذي يمارس الثقة يسـتطيع أن يتوقع أنها سـتكون طريقاً طويلة في المستقبل.

إن إجراءات الطلب البريدي توضح أهمية الثقة في عمـل المجتمـع الحـديث. أحـدكم عليه أن يبدأ إما أن تدفع مقدماً أو أن الشركة ترسـل إليـك البضائع وتثق بـك. طبعـاً هنـاك وسائل شرعيـة قانونيـة لاسـترداد الحـق، ولكـن لا أحـد منكمـا يريـد أن يـدفع رسـوماً ضخمة للمحامين فوق 10 أو 20 دولاراً مقابل الإجراءات. ويقتبس كولمان مثالاً من كتاب حول الصناعة المصرفية التجارية، ومؤلفه جوزيف فيشـزبيرغ، Joseph Vechstberg والـذي يوضح هـذه النقطـة تماماً. المشهد يتمثل في موظفي البنك التجاري في هامبروز في لندن، في مساء يوم الجمعة:

كان على الخط صاحب سفينة كبيرة مشهور، ويريـد مسـاعدة في الحـال، ومـن أجـل الدقة، إنه بحاجة إلى مائتي ألف باوند خلال نصف ساعة .. لقد كانت إحدى سفنه تخضع

(*) كما اتبع طارق بن زياد نفس الاستراتيجية كما يروى، حيث أحرق المراكب عندما عبر للضفة الأخرى من الشاطئ الإسباني، ليمنع جنوده من التراجع، وذلك في عام 711م. كما اتبعها أسد بن الفرات فاتح جزيرة صقلية عام 212هـ وكذلك أرياط الحبشي الذي عبر البحر إلى اليمن (المترجم).

لعملية ترميم في المسفن (مكان ترميم السفن) الكبير في أمستردام، لقد تلقى اتصالاً هاتفياً من قبطان السفينة قبل دقائق قليلة يخبره بأن المسفن في أمستردام لن يطلق السفينة ما لم يتم دفع مبلغ 200 ألف باوند، وما لم يتم هذا الأمر فسوف تحتجز السفينة لعطلة نهاية الأسبوع وسيخسر صاحب السفينة على الأقل ما قيمته 200 ألف باوند.

إن مدير بنك هامبروز الذي كان يتحدث إليه لم يكن منزعجاً تماماً من هذا المطلب. لم يطلب اجتماعاً مع المسئولين عنه، ولم يأمر بمذكرة للجنة القروض، وبدلاً من ذلك بيّن لصاحب السفينة القلق بأن الوقت متأخر في أمستردام، وأن موظفي البنك قد ذهبوا إلى بيوتهم لقضاء عطلة نهاية الأسبوع. ومع ذلك، سوف يحاول متابعة الأمر مع البنك الذي يتراسل معه هامبروز هناك. إن على صاحب السفينة أن ينتظر على الخط، ولن يستغرق الأمر طويلاً، لقد أرسل تلكس إلى أمستردام وخلال ثلاث دقائق رنّ هاتف آخر، لقد كان بنك أمستردام، وبناءً على برقية التلكس من هامبروز هاتفوا المسفن وأثبتوا له بأن قيمة فاتورة ترميم السفينة موجودة الآن تحت تصرف المسفن، ومن ثم أخبر مدير بنك هامبروز الذي ينتظر على الخط بأنه يستطيع الآن أن يعطي قبطان السفينة الأمر بالإبحار.

ضمن هذا الإجراء، وثق العاملون في بنك هامبروز بصاحب السفينة بأنه سيدفع لهم المال بأكمله، وكذلك فإن بنك أمستردام وثق بالعاملين في بنك هامبروز بأنهم سيفعلون الشيء ذاته. وعلاوة على ذلك، فكل ما جرى كان بناءً على الهاتف وبرقية التلكس (مساوٍ للفاكس، ولكنه بدون توقيع أيضاً)، وكما أوضح مدير بنك هامبروز، فإنه إذا طلب إثباتاً أو تحدث إلى المسؤولين عنه، أو فحص السجلات فإنه:

سيكون متأخراً لترتيب التسليف في أمستردام، وسوف يخسر عميلنا 20 ألف باوند بعد العطلة وربما نخسر عميلاً جيداً.

وعلق أيضاً بأن "المخاطرة ليست مرعبة بالفعل كما تبدو ..".، إن جميع الأطراف

المنخرطة في العملية لها مصلحة قوية على المدى الطويل للعلاقة، وجميعهم سيتعرض لخسارة كبيرة إذا كان إخلاصهم الجيد موضع تساؤل.

إن هذه النظريات الصاعدة تتسق تماماً مع فكرة هومانز بأن معايير الجماعة يمكن أن تنبثق بسهولة في الجماعات الصغيرة لأن التكيف يجلب الصداقة والقبول. إن الأمر الذي بقي أقل وضوحاً يتمثل فيما إذا كان هذا المنظور يستطيع أن يفسر تطور المعايير الاجتماعية العامة التي لا تعتمد على آليات التعزيز وجهاً لوجه للجماعات الصغيرة.

رأس المال الاجتماعي:

يعتبر مفهوم (رأس المال الاجتماعي) social capital من أكثر مفاهيم كولمان تأثيراً ويعني كولمان برأس المال الاجتماعي تلك الجوانب من البنى الاجتماعية التي تجعل من السهل بالنسبة للأفراد أن يحققوا ما يريدون تحقيقه. ويقدم مثالاً على ذلك سوق خان الخليلي المركزي في القاهرة القديمة حيث:

"أن الحدود بين التجار من الصعب اكتشافها بالنسبة للغريب، فصاحب الدكان المتخصص في الجلد عندما يسأل عن المكان الذي يمكن أن يجد المرء فيه نوعاً معيناً من الجواهر يلبي النداء ليبيع الجواهر أيضاً. أو ما يبدو تقريباً الشيء ذاته، أو يكون لديه صلة وثيقة بمن يبيع الجواهر ويصطحب الزبون إليه فوراً. أو يبدو بشكل مستمر أنه صراف نقود...فقط بمجرد ذهابه إلى زميله الذي يبعد عنه مسافة دكاكين قليلة...يستطيع المرء أن يرى السوق..كمنظومة من التجار الأفراد، كل منهم جسماً مكثفاً من رأس المال الاجتماعي يعتمد عليه في الكسب من خلال علاقات السوق".

المثال الآخر الذي يقدمه كولمان حول رأس المال الاجتماعي المرتفع يتمثل في سوق

بيع الماس بالجملة في نيويورك، حيث أن التجار قادرين بثقة وجرأة على تسليم حقائب الحجارة لآخرين من أجل فحصها في وقت فراغهم أو عندما تتاح لهم الفرصة.

وكذلك يمكن أن نقارن الأمثلة الإيجابية لدى كولمان بالافتقاد إلى رأس المال الاجتماعي بين متعاطي المخدرات في المناطق الحضرية، كما وصفه ليون داش Leon Dash الذي دون لأفراد من عائلات يسرقون من الثلاجة ليجمعوا المزيد من المال. أو حالة المرأة التي تقبل كمية بسيطة من المال – تنفقها بسرعة على الكوكائين – مقابل أن تسمح لقتلة صديقها بالدخول إلى شقته.

يوضح كولمان بأن رأس المال الاجتماعي يسهل النشاط الإنتاجي، على سبيل المثال، الجماعة التي تتضمن الاعتمادية المبنية على الثقة قادرة على الإنجاز والتحقيق أكثر من جماعة تفتقد إلى هذا الأمر، وفي تحليله للطريقة التي يعمل رأس المال الاجتماعي بموجبها يحدد كولمان درجة الجدارة بالثقة (المدى الذي تكافئ عنده الالتزامات) وكذلك المدى الذي يمتلك عنده أفراد مختلفين (فاعلون ضمن نفس البناء) مستويات مرتفعة من الالتزامات غير مدفوعة الأجر، ويرى أننا نستطيع أن نفكر بهذه المسألة الأخيرة باعتبارها ورقة ائتمان يعتمد الناس عليها. ويقارن كولمان بناءً مثل أسرة المافيا حيث دائماً تكافئ الالتزامات ببناء أكثر انتشاراً تكون فيها أوراق الائتمان بيد المرء. وهي من النمط الذي يدعم الأمن في البيئات الحضرية، حيث يستطيع الناس أن يمشوا بمفردهم ليلاً، والجيران محل ثقة لرعاية أبناء بعضهم البعض والعناية بهم.

يؤكد كولمان، مقلداً جرانوفيتر Granovetter في أعماله حول الشبكات، أن من الأشكال المهمة لرأس المال الاجتماعي إمكانية الوصول إلى المعلومات المتأصلة في العلاقات الاجتماعية، ومع ذلك، بينما يؤكد جرانوفيتر على المكاسب في (الروابط الضعيفة) يميل كولمان إلى التأكيد على نتائجها السلبية، وكما رأينا فإنه يؤكد بأن المعايير تميل إلى الظهور

عندما تكون الروابط بين الناس وثيقة ومحكمة، إلى درجة ينغلق المرء في الشبكات الاجتماعية إن المستويات المرتفعة من رأس المال الاجتماعي تتطلب التعزيز الفعال للمعايير الاجتماعية. لكن دون انغلاق البناء الاجتماعي من الصعب أن يتحقق هذا الأمر، المفهوم الأكثر تكراراً في هذا الفصل هو أهمية معيار التبادلية المعمم في الحياة الاجتماعية. دون هذا الأمر، وبدون الثقة المتأصلة بين المواطنين بحيث يكون معظم المواطنين جديرين بالثقة، على الأقل فيما يتعلق بالأشياء البسيطة، سوف يكون من الصعب أن تستمر الحياة الاجتماعية. ومن منظور كولمان، فإن مثل هذا المعيار سيكون إحدى خصائص مجتمع ذو انغلاق وذو مستويات مرتفعة من رأس المال الاجتماعي. وسوف ينتج ويعزز بنفس طريقة المايكرو- ماكرو التي ناقشناها سابقاً في العلاقة مع المعايير المنبثقة حول التدخين. لكنه يؤكد بأن انغلاق البناء الاجتماعي في المجتمع الحديث أمر نادر على نحو متزايد وأن لهذا الأمر تطبيقات هامة من أجل إيجاد رأس مال اجتماعي، ومن أجل فرص الحياة المتعلقة بالأطفال في الأسر ذات المستويات المنخفضة من رأس المال الاجتماعي.

تتمثل فكرة كولمان في أن المجتمعات الحديثة تتصف بالتنظيمات الرسمية، والحراك الجغرافي وافتقاد أفعال الناس للمشاهدة، وبذلك سوف يكون لديها مشكلات تتعلق بتطوير معايير اجتماعية وتعزيزها. إن ملاحقة المراهقين المنحرفين والمذنبين وفرض الجزاءات التي يستحقونها (مثلاً، تأديب المراهقين الذين يخربون الممتلكات العامة، أو التغاضي عن معلومات تتعلق بتاجر محلي غير جدير بالثقة) هي بذاتها تمثل نشاطات لها كلفة بالنسبة للشخص المعني. وبشكل موازٍ، فإن جعل الأطفال يتصرفون بصورة حسنة، ويستدمجون قيم ومعايير معينة هي مهمة مطلوبة، ويوضح كولمان:

> "المعايير والقيم...تنمو ببطئ وفي أنساق اجتماعية مستقرة، إن فرض الجزاءات الخارجية يخضع لإشكاليات الراكب بالمجان Free-rider.

عندما لا يكون هناك استقرار...فإن الجزاء المستقبلي المحتمل الذي يمكن أن يتغلب على مشكلة الراكب بالمجان يتبدد، وبالنتيجة فإن الجزاءات الخارجية التي تجعل المعايير فعالة تتلاشى. إن خلق الجزاءات الداخلية عن طريق التنشئة الاجتماعية يكون محل اهتمام المنشئ فقط عندما تكون العلاقات مستقرة بشكل كافٍ بحيث يتسنى له أن يحصد ثمار الجهد المبذول في التنشئة".

بعبارة أخرى، إذا لم يعرف أحد ما إذا كنت تفعل أي شيء لتوقف تخريب الممتلكات العامة أو أي سلوك آخر غير مرغوب به، وأنك لا تعاني بأي طريقة مباشرة من أجل أن تقود شخص ضرير، فلماذا إذن تضع نفسك في مثل هذا الموقف؟ قد تضع نفسك في مشكلة دون سبب وجيه. (اسأل نفسك ما إذا كنت مستعداً لتأنيب مدخن ضخم ومستعد للقتال في مكان يمنع فيه التدخين عندما لا يكون أحد غيرك في المكان). وبشكل موازٍ، من وجهة نظر كولمان، أنه ليس عقلانياً أن تتوقع من المربية مدفوعة الأجر أن تبذل نفس الجهد الذي يبذله الوالدين في تنشئة الأبناء، لقد أثبتت النتائج أنه مع مرور الزمن سوف تضعف المربيات في عمليات التنشئة.

لقد كان لتحليل كولمان الأثر الأكبر في تشكيل الملامح العامة لكتابات روبرت بوتنام Robert Putnam. فكما لاحظنا في الفصل الرابع يلقي بوتنام الضوء على الانحسار المثير للمشاركة المدنية في الولايات المتحدة الأمريكية هذه الأيام، على الرغم من أنه يوضحها بمصطلحات خصخصة وقت الفراغ، وانتشار الضواحي السكنية، أكثر مما يركز على انحسار وتراجع الروابط الأسرية، ويسير تحليل كولمان على خطى دوركايم في تشاؤمه حول المقدرة طويلة المدى للمجتمعات الحديثة في المحافظة على التماسك وتعزيز المعايير الاجتماعية. إنه يؤكد على التأثير الهائل للانتقال بعيداً عن الأسرة كمؤسسة منظمة

للمجتمع. ويجادل بـأن الأسر، وإن كانـت ليسـت كمـا يـرام، أفضل مـن المؤسسـات الأخرى في دفع جميع الأفراد للمشاركة بكل ثقلهم (أي التغلب على مشكلة الراكب بالمجـان) وتنشئة الأبناء بفاعلية لجعلهم يستدمجون المعايير الاجتماعيـة. إن الوسائل التـي تسـتخدمها الأسر للقيام بهذه المهمة تبدو إلى حد كبير ذات طابع اجتماعي – نفسي ومن قبيل ذلك: وصم غير المشاركين ومنح المشاركين المكانة والقوة أكثر من غير المشاركين، وهذه الأنواع من الحـوافز تبدو فعالة فقط ضمن الوحدات الاجتماعية الصغيرة....

الأشخاص الطبيعيون والفاعلون المتحدون لقد ارتبط جيمس كولمـان بشـكل وثيـق بنظريات الاختيار العقلاني، لكن عمله الأساس، الموسوم "مرتكزات النظريـة الاجتماعيـة"، يتبع بلاو كذلك في تقديم مبادئ بنائية يعبر عنها رياضياً ثم يعود ثانية إلى أفكار دوركايم الأساسية. وكما ناقشنا مسبقاً، فقد ميّز دور كايم بين "التضامن الآلي" للمجتمعات البدائيـة، و "التضامن العضوي" للمجتمعات المتقدمة. لقد أعاد كولمـان صياغة هـذا الطرح مفاهيميـاً عـن طريـق التمييز بين المجتمعات ذات البيئة الفيزيقية والاجتماعية الطبيعيـة Natural، والمجتمعـات ذات البيئة الفيزيقية والاجتماعية المبنية (أو المشيدة) Constructed. في الـنمط الأول، الفاعلون هـم ببساطة أشخاص طبيعيـون، Natural Person لكـن في الـنمط الثـاني –مجتمعاتنا الحديثـة- فـإن فاعلين جدداً يحققون مظهراً خارجياً، وهم فاعلون متحدون. Corporate Actors.

الخاصية الأساسية للفاعلين المتحدين تتمثل في أنهم هـادفون، ومنظمـون، ويتصرفون بطريقـة مرتبـة لتحقيـق غايـاتهم المتحـدة. إنهـم يمثلون "عنـاصر بنائية" جديـدة في النسق الاجتماعي. كما أنهم يخلقون بنية جديدة للأفعـال والتفاعلات. لقد تضمنت التفـاعلات في الماضي أناساً كأفراد (أشخاصاً طبيعيين)، أما الآن فتحدث أنماط جديدة هامة في التفاعل، تفاعل الأشخاص مع الأشخاص لا يزال باقياً، لكن كذلك تفاعل الأشخاص مع فاعلين

متحدين، وتفاعل الفاعلين المتحدين مع بعضهم البعض.

يوضح كولمان بأن البيئات المبنية أو المشيدة تتضمن "تدمير النشاطات التي كانت مترابطة مع بعضها ذات مرة في الأسرة". إن واجبات الخدمة الاجتماعية المنظمة لتحسين أحوال الناس ورعاية الأطفال تم الاضطلاع بها عن طريق الفاعلين المتحدين. إن ما يطلق عليه كولمان "الجماعات ذات الصلة المبنية بشكل هادف" –الأصدقاء- لا تحتاج أن تكون متقاربة جغرافياً. وكما لاحظ فيشر، يمكن الإبقاء على الاتصال عبر مسافات شاسعة، ومع ذلك، يعد كولمان أقل تفاؤلاً من فيشر، ويوضح بان للتغير في البناء الاجتماعي تأثيرات أساسية على أنماط الارتباط وشدته –نفس المتغيرات التي اهتم بها بلاو- وبشكل محدد لـه "نتائج أساسية بالنسبة للأطفال".

يوضح كولمان بأن الأطفال والشبان يحتاجون إلى الاهتمام والتواصل المكثف من أجل التأييد والدعم، والتقييد والضبط. إن العلاقات الوالدية المكثفة مع الطفل يمكن أن تحدث نتائج جديرة بالملاحظة، كما تم إظهارها من قبل عدد من الأطفال العباقرة في الرياضيات ولعب الشطرنج، ومن قبل النجاح العظيم لجماعات معينة من المهاجرين. إن العلاقة الوثيقة مع أحد الوالدين أو كليهما تخلق "رأس مال اجتماعي" بالنسبة للطفل، وكذلك يمكن أن تفعل منظومات أخرى من العلاقات المنتشرة، وإذا تم أخذها مع بعضها، فإنهم يخلقون منظومة قوية من الاتصالات.

ومع ذلك، ومن أجل هذا، يحتاج المرء إلى تشجيع انخراط المراهقين في علاقة مع الأطفال، لأنهم يمكن أن يتشاركوا المعلومات، ويعززوا (أو يقيدوا) سلوك بعضهم البعض. بمعنى آخر، ما تحتاجه تربية الأطفال يتمثل في شبكات وروابط قوية مكثفة.

إن التقارب من هذا النوع يمثل جزءاً من بناء اجتماعي أساسي يتخذ من الأسرة لبنة بناء له، وقد يحدث في مدينتنا، وفي مجتمعاتنا "المبنية" الحديثة، على سبيل المثال، إذا كان

الأطفال في بيوت الحضانة، وإذا التقى الأساتذة والآباء بشكل متكرر في سياق نشاطات المجتمع المحلي. لكن ليس هناك شيء متأصل في بناءاتنا الجديدة من شأنه أن يقدم التقارب. هناك عوامل عديدة –رحلات طويلة للعمل، وتنقلات مستمرة من البيت والعمل. التحول بين العاملين على رعاية الأطفال –من شأنه أن يعمل باتجاه معاكس. إن كولمان لا يمتلك مقاييس مباشرة "للتقارب" (الارتباط) بين مختلف الراشدين والمراهقين الحاليين. ومع ذلك، فإنه يستشهد ببيانات تظهر كيف أن فرص الخروج من المدرسة الثانوية تقلل كثافة العلاقة بين الوالدين والطفل، والتنقلات المتكررة بشكل أكبر التي يقوم بها الطفل بين البيوت والمدارس، وبفعله هذا، يقدم كولمان فرضية حول الارتباطات بين المتغيرات البنائية وسلوك الفرد والرفاه أو السعادة والتي تعتبر ممثلة كثيراً للفكر البنيوي الأمريكي الراهن.

خاتمة:

لقد جذبت منظورات الاختيار العقلاني قسطاً كبيراً من الاهتمام في السنوات الراهنة. يجادل البعض بأنها يجب أن تكون موضع افتخار باعتبارها أساس للنظرية السوسيولوجية في القرن اللاحق، وينتقدها البعض باعتبارها ترتكز على رؤية ناقصة للطبيعة الإنسانية. وبأنها غير قادرة على تفسير العديد من الاهتمامات الأساسية في علم الاجتماع، وأنها من قبيل الحشو في ميلها للافتراض مسبقاً بأن الأفعال يجب أن تكون عقلانية، ومن ثم تفسرها باعتبارها عقلانية، إن الجزء الأخير يراجع إنجازات منظري الاختيار العقلاني ونقاط القوة والتقييدات المفروضة على المنظور.

بوجه عام، تميل نظريات الاختيار العقلاني (بما في ذلك نظرية التبادل) إلى أن تكون أكثر نجاحاً عندما تحلل السلوك في مواقف الجماعات الصغيرة. على سبيل المثال يركز هومانز بوجه عام على السلوك الاجتماعي الأولي، وعلى الرغم من أن إمرسون وكوك يجادلان بأن أعمالهما حول علاقات التبادل يمكن أن تعمم على الجماعات الأكبر. إلا أنهما

في الحقيقة يتعاملان بشكل كامل مع الجماعات الصغيرة أكثر مما يتعاملان مع المؤسسات. إن تحليل بلاو المرتكز على التبادل والمتعلق بالحب والصداقة واللاتوازنات البينشخصية التي تمثل ركيزة القوة تمثل بوجه عام صيغة أكثر إقناعاً من محاولاته لتفسير أصل القيم الجمعية، والشرعية، أو حركات المعارضة، إنه بالفعل، يعتقد بأن المنظور (التبادل) يلائم بشكل جوهري علاقات الوجه لوجه ويجب أن يستكمل بمبادئ نظرية أخرى تركز على البناءات المعقدة.

وكما اتضح في الجزء الأخير من هذا الفصل، فإن الجسم المتنامي من العمل الآن يطبق منظور الاختيار العقلاني على قضايا بنائية، وبشكل خاص على تطور قيم الجماعة والثقة واستمراريتها، إن هذا العمل يميل إلى دعم منظرين مثل كولمان وهومانز في جدالهما بأن الافتراضات السيكولوجية تمثل ركيزة لكل التفسيرات السوسيولوجية وعلى الرغم من ذلك يبدو أن معظم علماء الاجتماع يهتمون بالمؤسسات الاجتماعية ويستمرون في مناقشة موضوعهم بالاستناد إلى متغيرات بنائية مثل البنى الطبقية والشرعية أكثر من قرارات الأفراد وردود فعلهم.

ومن هذا المنطلق من المفيد العودة إلى علم اجتماع الصراع لدى راندال كولينز، تماماً كما هو الحال بالنسبة لمنظري الاختيار العقلاني. يهتم كولينز بربط المستويات قصيرة المدى بالمستويات بعيدة المدى ويحلل المؤسسات الاجتماعية بالإشارة إلى الدوافع، والخبرات، وأفعال الناس المنخرطين فيها. وعلى الرغم من ذلك فإن العديد من القضايا التي يطرحها تشير إلى بناءات مثل (البرقطة)- نسبة إلى البيروقراطية – bureancratization أو (الطبقات) بمعنى آخر، إنه في تحليله للإطرادات بين المجتمعات، يستخدم كولينز معجمية بنائية.

لا شيء ضمن نظرية الاختيار العقلاني الراهنة يقترح بأن هذا سوف يتغير، إن

منظور الاختيار العقلاني غالباً ما يعمل بشكل جيد في تفسير أفعال الناس عندما يقدم الوضع المؤسسي وعندما تكون تفاصيل السلوك الفردي ذات أهمية خاصة. إنه ذو قيمة كذلك في تفسير ردود أفعال الناس إزاء التغيرات المؤسسية عندما نستطيع أن نفترض بأن قيمهم بقيت على ما هي عليه. من الأمثلة على تقديم الوضع المؤسسي، الجماعات غير الرسمية التي يركز عليها هومانز وكذلك بلاو في مناقشته للحب الحديث. وخبرة ريشموند مع مباراة الاقتصاد الجزئي، ومناقشة كولمان لأنماط التصويت والانتماءات في الكونغرس.

وعلاوة على ذلك، حتى في تلك السياقات، فإن منظور الاختيار العقلاني غالباً ما يدعم برؤى ومفاهيم ترتبط بمنظورات أخرى قصيرة المدى، مثلاً رأينا كيف أن كرستين لكر استخدمت منظور اختيار عقلاني معدل لتفسير لماذا تعطي النساء وقت أكبر للفاعلية السياسية في جانبي الجدل. وبفعلها هذا فإنها تتبع أفكار ترتبط بمنظورات قصيرة المدى أخرى. وهناك نقاط مشابهة قدمها ثلاثة من المعلقين البارزين على منظور الاختيار العقلاني: وهم: راندال كولينز، الذي ناقشنا نظرية الصراع عنده في الفصل الثالث ونيل سملسر- الذي ناقشنا أعماله في الفصل الثاني، وريموند بودون الذي يقع عمله ضمن تقاليد الاختيار العقلاني وتمت مناقشته في هذا الفصل. الثلاثة جميعهم يرون أن منظور الاختيار العقلاني يقدم الشيء الكثير للنظرية السوسيولوجية. ومع ذلك، جميعهم يؤكدون بأن النظرة للفعل الإنساني والدافعية الإنسانية باعتبارها عقلانية، تعتبر نظرة غير كافية بحق.

يؤكد كولينز بأن قوة منظور الاختيار العقلاني في التفسير والتنبؤ تعتمد على أن يكون أكثر من كونه حشواً فارغاً: دعنا نأخذ جوهر تحليل منظور الاختيار العقلاني المتمثل في مبدأ أن السلوك مدفوع بتحقيق أقصى- حد للإشباع تحت القيد. أي، أن ما يحدث في التفاعل الاجتماعي محدد بالنسبة بين المكافئات والأفعال البديلة وكلفتها. إن الكثير من البحوث التي أجريت حول السلوك الإنساني تميل إلى إظهار أن الناس لا (يحسبون) كثيراً.

إن تحليل الإثنوميودولوجي لتعاملنا مع الأشياء ببساطة باعتبارها معطاة (مسلم بها) يأتي قريباً لتركيب الموقف قصير المدى. وكما يشير كولينز: "فإن البشر...يعملون ضمن حدود إدراكية مقيدة ويتجنبون الحسابات ذات المدى الواسع، ويدخلون ضمن افتراضات الخلفية بشكل محافظ" وهذا يجب أن يعدل الرؤية للاختيار العقلاني باعتباره نموذج جيد للسلوك الإنساني.

ومع ذلك، ليس من الضرورة إظهار عدم مصداقية المنظور. بل يجب على المرء أن ينظر إلى مصطلح (اختيار عقلاني) كاستعارة ضرورية أكثر من كونه وصف للعمليات العقلية الواعية للناس، عبر الوقت، وضمن التقييدات، فإن مسار السلوك قد يكون في الاتجاه الذي تنبأت به النظريات، وعلاوة على ذلك، في العديد من المواقف - وليس جميعها - تبطل الاعتبارات المادية. وتقدم نوعاً من السياقات يمكن أن تتحقق فيها التنبؤات الدقيقة.

كما يؤكد كولينز على نقطة الضعف الأساسية في نظريات الاختيار العقلاني والمتمثلة في تجاهلها للعواطف. إن الكثير من الأشياء التي يريدها الناس وتمثل دافعية لهم لا يمكن أن تقاس على مقياس عام مشترك كما أنها ليست مادية بشكل خالص، إن الحس الواضح بالذات الذي تراه لكر باعتباره مكافأة للفاعلية يعتبر مثالاً على ذلك.

وكما رأينا، حاول إمرسون، وأخفق في تطوير مقياس عام يُمَكِّن من إجراء مقارنات دقيقة بين الأشياء التي ليس لها قيمة مالية ثابتة. يقترح كولينز منظوراً مغايراً وبصورة محددة أنه ينبغي علينا أن ننظر إلى العواطف أكثر من المكافئات المادية كقوة أولية تحرك أفعال البشر. إن ما يطلق عليه "الطاقة العاطفية" emotional energy يمكن النظر إليه كمتصل من الثقة والحماسة والسرور إلى الحزن والكآبة. إن الغايات المادية ترى باعتبارها واحد من الأشياء التي يبحث عنها الناس من أجل رفع مستوى طاقتهم العاطفية أو المحافظة عليه وليس كشيء ينبغي النظر إليه بالضرورة باعتباره أمر أولي وأساسي في تفسير الحوافر

والسلوك.

وكذلك يؤكد سملسر بأن نظرية الاختيار العقلاني تتجاهل العواطف والتأثير الوجداني ولكنها لا ترى الإجابة في مقياس يجذب الجميع ويرتكز على الطاقة العاطفية، بدلاً من ذلك ينتقد افتراض منظور الاختيار العقلاني المتمثل في أن أحد مسارات الفعل يمكن النظر إليه بوضوح باعتباره مرغوب به، وآخر غير مرغوب به، ولهذا فإن الاختيار (العقلاني) واضح في الحقيقة. إن الحياة الإنسانية والعواطف الإنسانية ليست كذلك على الإطلاق، إن إحدى مرتكزاتها السيكولوجية متناقضة.

إن طبيعة التناقض تتمثل في الإبقاء على توجهات وجدانية متعارضة إزاء نفس الشخص أو الموضوع أو الرمز كما يجادل سمسلر. إننا نمتلك مشاعر الحب والكراهية لنفس الشخص والتوازن بين هذه المشاعر ليس مستقراً. لقد بين هذا الفصل كيف أن هومانز وآخرين يؤكدون على الطريقة التي تعمل من خلالها الاتصالات الوثيقة على بناء معايير الجماعة وهويتها. وكذلك فإن الجماعات المترابطة يتم الاستياء منها من قبل أعضائها. إن هذا الجانب السلبي للاعتمادية – كما يعتقد سمسلر – لم يُعْطِ وقتاً كافياً من قبل منظري الاختيار العقلاني.

يعتقد سملسر بوجه عام، أن نماذج الاختيار العقلاني تعمل بشكل أفضل ضمن المواقف التي يمتلك فيها الأفراد حرية نسبية للاختيار. مثلاً، في أن يترك المرء الجماعة، وأن يختار الجامعة، وأن يصوت كما يريد. ومن جهة أخرى، لا بد من إعطاء وزن أكبر للنماذج السيكولوجية التي ترتكز على العواطف والتناقض المتولد عن الاعتماد والقيد.

أخيراً، يجادل بودون بأن نظرية الاختيار العقلاني تمتلك بطرق كثيرة جاذبية فريدة بالنسبة للنظرية الاجتماعية، وذلك لأننا عندما فسرنا كيف حصل شيء ما بالاستناد إلى أفراد يتصرفون عقلانياً، فإننا اعتبرنا أن التفسير قد تم بوجه تام. ومع ذلك، هناك جوانب

هامة من الحياة والسلوك الإنساني لا يمكن أن تفسر هذه الطريقة، إنها لا تتعلق بالعواطف بل بالمعتقدات. إن جميع السلوك بمعنى ما يرتكز على المعتقدات (مثل أنها فكرة جيدة أن تنظر إلى يمينك وشمالك عندما تقطع شارعاً مزدحماً). لكن بعض المعتقدات ليست شائعة وهي تتضمن المعتقدات الدينية، وكذلك المعتقدات بأن الناس مقيدون - وغالباً بقوة - ولا أية نتائج بأي طريق لوجودهم الراهن. ومن قبيل ذلك الاعتقاد بأن على المرء أن يصوت وقد تمت مناقشة هذا الأمر مسبقاً، وكذلك الكثير من المعتقدات التي يتمكن الناس من خلالها التأثير بقوة، مثل ما إذا كانت عقوبة الموت مبررة. يلاحظ بودون بأن السلوك الذي ينبثق من مثل هذه المعتقدات يقع ضمن إطار الاختيار العقلاني. رغم أنه يقع ضمن تحول قضية أكثر عمومية إلى التأثير الذي يتسبب به أي فعل بموجب الأسباب الكامنة في عقول الأفراد.

إن نقاط القوة والضعف لمنظور الاختيار العقلاني يمكن أن تلخص على نحو أفضل بالرجوع إلى مجال البحث الإمبريقي الفعال: من يقوم بالعمل المنزلي؟ لقد رأينا مسبقاً في هذا الفصل كيف أن منظور الاختيار العقلاني يمكن أن يتنبأ بنجاح بأن عملية صناعة القرار ضمن الزواج ترتبط بقوة الكسب لدى الزوج والزوجة ودرجة اعتماد الزوجة على زوجها عاطفياً ومادياً. العمل المميز في هذا المجال قام به كل من بلوود وولف Blood and wolf في نهاية الخمسينيات، ومنذ ذلك الوقت حصلت تغيرات أساسية في أنماط الزواج، ومشاركة المرأة في قوة العمل. والاتجاهات الاجتماعية، وعلى سبيل المثال، قد يتوقع المرء بأن الأسرة المكونة من زوجين عاملين، قد يتخللها عمل منزلي يشهد قدراً من التشاركية المتساوية.

بدلاً من ذلك، فإن البحوث كشفت بأن المرأة تستمر في القيام بالجزء الأكبر من العمل المنزلي. إن المكتسبات النسبية للرجال والنساء تفسر جزءاً من الفجوة بين الذكور والإناث من حيث مساهماتهم. لكن هذا يترك الشيء الكثير دون تفسير، إن وجود الأبناء

يفسر أكثر قليلاً.

لكن مرة أخرى، يستمر وجود فجوة كبيرة، إنه ليس من الممكن ببساطة أن نؤكد بأن النساء يقمن بالجزء الأكبر من العمل المنزلي لأنهن يكسبن أقل. ولا أن نرى هذا النمط باعتباره نتيجة بسيطة لاعتمادهن على الرجال. (وبينما تقوم المرأة ذات الدخل المرتفع بعمل منزلي أقل من المرأة ذات الدخل المنخفض، وهذا ليس لأن أزواجهن يعملوا أكثر، بل بشكل أكبر، لأن معيل الأسرة غالباً ما يشتري المساعدة وينفق أكثر). بمعنى آخر، على الرغم من أن منظور الاختيار العقلاني يفسر بعض ما يجري إلا أننا من أجل تفسير أكثر اكتمالاً ننظر إلى أمور أخرى.

يبدو أن العمل المنزلي يمثل نشاطاً يرتبط بالصورة – الذاتية self-image للناس ومعتقداتهم حول الكيفية التي يجب أن يتصرف بموجبها الرجال والنساء وبشكل محدد الأزواج والزوجات. وهكذا فإن الفجوة الجندرية مرتفعة لدى الزوجين (المتزوجين)، ومنخفضة لدى المطلقين أو الأرامل الذين يعيشون مع بعضهم في بيت واحد. إن وجود أبناء في البيت يعني أن له نتيجة مغايرة. إذا كانت هناك نقطة تحول في تاريخ الأسرة، بحيث تتحول الزوجة من كونها المساهم الأكبر في دخل الأسرة إلى المعيل الوحيد للأسرة فإنها تميل إلى زيادة مساهمتها في العمل المنزلي. كطريقة لتعويض الزوج الضرر الذي لحق بما يطلق عليه أحد المحللين "الهوية الجندرية – المعيارية" gender-normative identity. بمعنى آخر، على الرغم من أن طروحات الاعتمادية الاقتصادية لنظرية الاختيار العقلاني تقدم رؤى هامة حول ديناميات الأسرة الحديثة، إلا أنها يجب أن تدعم بمنظورات تأخذ بعين الاعتبار العواطف الإنسانية والقيم، والهويات المبنية اجتماعياً.

الفصل الثامن

إعادة اكتشاف الجسد: علم اجتماع الجسد والبيولوجيا الاجتماعية

مقدمة

الجزء الأول: علم اجتماع الجسد

الجزء الثاني: البيولوجيا الاجتماعية والانتخاب القرابي

البيولوجيا الاجتماعية والثقافة

مقدمة:

لقد كان علماء الاجتماع دائماً محكومين بتعريف كل من علم الاجتماع والمجتمع ذاته. ومن بين المنظرين الكلاسيكيين، كان دوركايم صاحب الأثر الأكبر في مثل هذه المناقشات والذي تم تلخيص مفهومه حول الحقائق الاجتماعية في الفصل الثاني، لقد تضمنت طروحات دوركايم التأكيد على أنه "إذا...بدأنا بالفرد، فلن نكون قادرين على فهم ما يحدث في الجماعة" وأن الحقائق الاجتماعية "يجب أن لا تختلط بالظواهر البيولوجية" إن تركيز دوركايم على الجماعة أكثر من الفرد لم يقبل أبداً على نحو تام. ومن هنا، بالإضافة إلى المنظورات التي قدمت من قبل التفاعلية الرمزية والظاهراتية، نجد الآن منظري الاختيار العقلاني يجادلون بأن البدئ بالفرد تعتبر فعلاً طريقة جيدة لفهم سلوك الجماعة والظواهر الاجتماعية "المنبثقة". ومع ذلك، حتى الوقت الراهن فإن عدم مبالاة دوركايم بما هو بيولوجي لقيت صدى لها في النظرية السوسيولوجية ككل. إن المنظورات الرئيسية التي تمت مناقشتها تشترك جميعها بالتركيز على الرمز والمعنى والقيم والمعايير وهذا أحد الأشياء التي جعلتها سوسيولوجية.

مع ذلك، في السنوات الراهنة، أصبح هذا التركيز معرض للهجوم، إن علم الاجتماع (والأنثروبولوجيا) تم انتقادهما بشكل حاد لتجاهلهما ما هو جسدي وما هو بيولوجي معاً. ولتأكيدهما بأن المجتمع هو بالضرورة رمزي، وأنه محكوم ومشكل تماماً بموجب الأفكار والمصالح أكثر مما هو عالم حيوانات من لحم ودم تؤثر بيولوجيتها في سلوكها. يجادل النقاد أنه يجب علينا أن ندرس الجوانب البيولوجية لسلوك الناس الاجتماعي – ما أطلق عليه بارسونز مستوى العضوية – والتي يعتبرونها أكثر أهمية مما تحظى به.

إن هذا الاهتمام الجديد بالجسد وبالبشر وباعتبارهم كائنات بيولوجية قد أظهر

نفسه بطريقتين مختلفتين. كل منها تمت مناقشتها في هذا الفصل. الأولى: علم اجتماع الجسد الذي يتبع الظاهراتية والدراسات الثقافية، والثانية: تتضمن التطبيق المباشر للنظرية التطورية على علم الاجتماع من خلال البيولوجيا التطورية، أو كما عرفت دائماً، البيولوجيا الاجتماعية sociobiology.

الجزء الأول

علم اجتماع الجسد

إن علم اجتماع الجسد الجديد يهتم بالمعنى والرمـز كما هـو الحـال بالنسبة للـرواد والكلاسيكيين الذين اهتموا بـه. إنـه ينظـر إلى الجسد والممارسـات الجنسيـة باعتبارهـا مبنيـة ومتغيرة اجتماعياً. ويتضمن افتراضات متغيرة حول ما هو (طبيعي) و(عادي) ومـا هـو لـيس كذلك. بمعنى آخر، إنهم يمتلكون تاريخاً وجغرافيا. ومع ذلك، فإن مـا يؤكد عليـه علـم اجتماع الجسد هو الجسد والخبرات الجسدية ويعتبرها ذات أهميـة مركزيـة بالنسبة للفرد والحيـاة الاجتماعية. وعلاوة على ذلك. بينما يمكن أن تتغير الطرق التـي ننظـر مـن خلالهـا إلى المـرض وعملية التقدم في العمر، وتختلف بين الثقافات فإن تصـوراتنا وخبراتنا تمثـل نتيجـة للتفاعـل المستمر بين ما هو ثقافي وما هو بيولوجي، والبيولوجي لا يمكن تجاهله.

أحد الأسباب وراء الاهتمام السوسيولوجي المتزايد بالجسد يتمثل في الاهتمام المتزايد والواضح للجمهور بالصحة الجسدية والرفاه. هناك اهتمام كبير بتأثير الأطعمـة المختلفـة علـى أجسادنا وصحتنا، وقد دل على ذلك، أشكال الذعر الغذائي المختلفة. وتوجه السكان الأمـريكيين نحو أي طعام قليل الدسم أو خالي الدسم، وتبع ذلك، حديثاً، النجاح الكبير للريجيم الخالي من الكربوهيدرات. إن أطعمـة الـريجيم، والجراحـة البلاسـتيكية والأنديـة الصـحية أصبحت مـن الصناعات المتنامية بسرعة في أواخـر القـرن العشـرين. وعـلى امتـداد هـذا، هنـاك اهتمامـات متزايدة بتأثير المستويات غير المسبوقة للبدانة بين السكان بما في ذلك الأطفال.

يربط كرس شلنج Chris Shilling هذا الأمر بـالتغيرات العامـة في المجتمـع والتـي تمـت مناقشتها في الفصل الرابـع، وبشـكل خـاص، يربطهـا بمـا أشـار إليـه جـدنز وآخـرون بالحداثـة المتقدمة، يلاحظ شلنج أن:

"وضع الجسد ضمن الثقافة الشعبية المعاصرة يعكس إضفاء الطابع الفردي غير المسبوق على الجسد. إن الأعداد المتنامية من الناس تهتم بشكل متزايد بالصحة والشكل ومظهر أجسامهم كتعبير عن الهوية الفردية...ومن بين جميع العوامل التي ساهمت في رؤية الجسد، هناك تطورين متعارضين بشكل واضح يبدو أن لهما أهمية خاصة. نحن الآن نمتلك الوسائل لممارسة درجة غير مسبوقة من التحكم في أجسامنا، ومع ذلك فإننا نعيش في عصر تخلله شكاً راديكالياً بمعرفتنا بأجسامنا وكيف يجب أن نسيطر عليها".

إن تنامي الوعي الذاتي للبشر المعاصرين وعدم مقدرتهم على التعامل مع الأشياء باعتبارها معطاة، حظيت باهتمام كبير من قبل. ومثال ذلك يورجن هابرماس في تحليله للعقلنة في المجتمع. إن المنظرين الجدد للجسد يؤكدون كيف أن هذا الوعي – الذاتي قد اتحد مع الاعتقاد بأن كل شيء يمكن السيطرة عليه. وشجعنا بأن نركز على ذواتنا الجسدية. يجادل بومان Bauman بأن إستحواذنا الحديث على الصحة والجمال يمثل محاولة خاطئة حول الحدود النهائية للجسد، ومع ذلك هناك نهاية لتلك الحدود: إننا لسنا جميعنا نشبه عارضي الأزياء، أو أبطال بناء الأجسام، وفي النهاية جميعنا نموت.

تقديم الجسد:

إن أعمال منظر ما بعد الحداثة ميشيل فوكو Michel Foucault (1929-1984) كانت بالغة الأهمية في إيقاظ اهتمام علماء الاجتماع بالجسد البشري. لم يكن فوكو عالم اجتماع مهني ضمن التقليد الأمريكي. والمنصب الذي تقلده في الكلية الفرنسية قبل وفاته كان في التاريخ وأنساق الفكر. وكانت شهاداته في الفلسفة، وعلم النفس، وعلم الأمراض النفسية. ومع ذلك، كان لأعماله تأثيراً كبيراً على النظرية السوسيولوجية، وكذلك على

دراسة الأدب والثقافة، إنه مهتم أساساً بالسجن والمصحة، اللذان يمثلان بالنسبة له العالم الحديث.

يستكشف فوكو التغيرات في الطريقة التي يفكر الناس بموجبها ويتصرفون بالاستناد إلى تنوع واختلاف الأنشطة والسلوك، والتي يلعب الجسد البشري دوراً مركزياً فيها جميعاً. إن كتبه تعيد إنتاج الأوصاف المعاصرة الحيوية للتعذيب، والجنون، والسجون، يلاحظ فوكو، أنه في الأوقات السابقة ما قبل الحديثة، كان التعذيب والجلد بالسياط والإعدام الأدوات الأساسية للدولة من أجل الحفاظ على النظام ومن ثم كان هناك تحولاً أساسياً في استخدام الحجز بالنسبة للمجرمين، وكذلك (وغالباً، في البداية، في نفس الوقت) بالنسبة للمجنون، والفقير "إن الشعب بأكمله....يجد نفسه بين عشية وضحاها ممنوع من الكلام، ومستبعد بقسوة أكثر من المنبوذين" في العصور الوسطى. وفي غضون مئة وخمسين عاماً أصبح الحجز مزيجاً من العناصر غير المتجانسة المؤذية جسدياً، وفي بداية القرن التاسع عشر، نجد نفس الاستنكار في كل مكان، ونفس النقد الفعال لطريقة وضع المجانين والمجرمين في سجن واحد. وبصورة مشابهة، عبر أوروبا والولايات المتحدة، وفي غضون عقود قليلة، تمنت صياغة الدساتير القانونية الحديثة "وفي بداية القرن التاسع عشر.....اختفى المشهد الكبير للعقوبة الجسدية، وتم تجنب التعذيب الجسدي".

لقد أصبح الناس مشمئزون من الفكرة الأساسية للجلد العام، أو المشانق أو الخروج يوم الأثنين لمشاهدة المجانين. ومع ذلك، من وجهة نظر فوكو، فإن هذا لا يعني أن المجتمع الآن أصبح يتصف بالرحمة، والاحترام، والإنسانية بشكل أكبر، فضلاً عن ذلك فإن الطريقة القديمة كانت تتعارض مع "المركب القانوني – العلمي" المنبثق. بدلاً من العقوبة المادية الجسدية فقد ضمنت السجون الجديدة القبض على الجسد، ومراقبته باستمرار لقد تجذر التغير في آليات واستراتيجيات جديدة، وبعيدة المدى للقوة.

إن كتاب فوكو المكون من ثلاثة أجزاء والموسوم تاريخ الحياة الجنسية History of sexuality يوثق الارتباطات بين النشاطات الجسدية - وما يبدو أنه تصرفات جسدية أكثر منها جنسية - والتغيرات في كيفية تفكير الناس ببناءات القوة وكيف يشكلونها. يوضح فوكو، أننا نمتلك نظرة مبسطة حول أن الناس اعتادوا أن يكونوا مكبوتين جنسياً. لكن التاريخ الإنساني أكثر تعقيداً من ذلك. على سبيل المثال، العلاقات الجنسية المثلية بين الرجال والشباب في اليونان الكلاسيكية كان يُعْرَف هذا بـ (الشدة) و(الجدية) و(الحيوية) لكن في الحقبة الرومانية تغيرت الاتجاهات. ما يبدو أنه تغير ليس ذوق الشباب خلافاً لذلك فقد اضمحلت الأهمية التي كانت تمنح لها في الجدل الفلسفي والأخلاقي. لقد كان هناك صراع مع البابا الروماني. الذي كان مصراً على إبقاء السيطرة على أبناءه..ولم يتخلى عنهم للمحبين الكبار. ومن هنا، فإن الحب بالنسبة للأولاد تمت ممارسته معظم الوقت مع الصبية العبيد الذين لم يكن لديهم قلق حول مكانتهم. إن الولع بالأولاد لم يتعرض للانتقاد أو يتم النظر إليه باعتباره غير شرعي. لكن ما حصل هو أن القيمة التي ارتبطت به قد تغيرت. وقد أدى هذا في المقابل إلى تعبيد الطريق لمنظورات جديدة حول العلاقات الجنسية، ويجادل الرواقيون بأن التبادل المتساوي للمتعة يعتبر عصيباً، ومستحيلاً مع الولد.

اليوم نحن ننظر إلى أي شكل من العلاقة الجنسية بين المراهقين والأقليات باعتباره يستحق الشجب وأنه غير طبيعي. بينما في نفس الوقت تعتبر مجتماعتنا بشكل متزايد متسامحة في العلاقات الجنسية بين المراهقين من نفس الجنس. ويرى فوكو أن المرء لا يستطيع أن يرى أي من تلك النشاطات الجنسية في أي حقبة، باعتبارها جسدية خالصة، وأنها ناتجة عن الدوافع البيولوجية التي من الممكن أن تكون (معوجة) في بعض الناس. على العكس فإن النشاطات الجنسية التي ننخرط فيها، وتلك التي نرغب الانخراط فيها، تتخللها الأفكار التي ترتبط ذاتها بالبنى الأساسية للقوة. يجب علينا أن ندرك كيف أن الجنس sex

يعتبر تاريخياً خاضع للنشاط الجنسي Sexuality.

يجادل فوكو بأن المجتمع الحديث يتصف بتوسع العقلانية الإدارية (الحكومية): والتي تتمثل في العمليات المفصلة للإدارة والسيطرة والتي بواسطتها ينظم الناس ويعلموا كيف ينظموا أنفسهم. وبدلاً من النظم القديمة للعصور الوسطى التي تصوغ فيها الدولة ميثاق العدالة الذي يرتكز على العقوبة الجسدية، فإن الدول الحديثة تتصف بالحكومية governmentality ذات السلسلة الكلية من الأجهزة الحكومية المتخصصة والخبراء. إنها تضاعف السيطرة على الناس، وتراقب الدولة المتغيرات الديمغرافية بعناية "إن الجسد – جسد الأفراد والسكان – يظهر باعتباره حامل لمتغيرات جديدة" كما يدعي فوكو.

لقد كانت أعمال فوكو مهمة جداً في توجيه اهتمام علماء الاجتماع نحو الجسد. لكن مناهجه التحليلية واستنتاجاته تميل أيضاً إلى إنكار الجسد لأي واقع ثابت على الإطلاق. موضحاً خلافاً لذلك، كيف ننظر إلى أجسامنا وكيف نخبرها في البناء الاجتماعي بوجه كامل. يركز فوكو على التحليل النصي وكيف نظر الناس إلى الجسد وكيف تحدثوا عنه، لأنه يبحث عن بنى المعرفة وكما سنناقش في الفصل التاسع. إن منظور فوكو المابعد حداثي يتضمن أن العمر يعرف بموجب الطريقة المحددة التي نرى من خلالها العالم ونفسره. وهذا ما يحكم كيفية ممارسة القوة. وكما يوضح شلنج، في العملية يختفي الجسد ذاته كمادة أو كظاهرة بيولوجية ويختزل إلى كتلة هامدة تحتكم إلى الخطابات المتمركزة في العقل.

وكذلك يؤكد برايان تيرنر Bryan S. Turner بأن إجسامنا يجب أن تفهم باعتبارها مبنية اجتماعياً. لكن في أعماله يبقى البيولوجي أكثر وضوحاً وأهمية.إن تيرنر الآن أستاذ علم الاجتماع في جامعة كامبرج، بريطانيا، وقد تقلد مسبقاً عدة وظائف في علم الاجتماع في جامعة ديكن في أستراليا. وفي جامعة إسكس Essex في بريطانيا، وجامعة

فلندرز في أستراليا وفي جامعة أوترشت في أستراليا. يرى أن عمله يتعلق بأعراض "الحركة الأكثر عمومية في العلم الاجتماعي .. والتي حاولت أن تأتي بمصطلحات مع تجسيد الفاعل الإنساني والعلاقة بين العاطفية والشعور في ترابطهما مع النشاط الهادف الذي يتضمن معنى. لقد واجهنا هذه الحركة في عدة نقاط من هذا الكتاب، وعلى سبيل المثال، في مناقشة علم اجتماع العواطف عند هوشيلد أو عمل جوفمان حول "الواجهة الشخصية". ومع ذلك، فإن تيرنر يقدم نظرية أكثر نظامية، وتصنيفاً للجسد في المجتمع، ويؤكد كذلك، كيف أن نموذج "الفاعلين الاجتماعيين" كنموذج عقلاني ومتحرر جوهرياً لا يزال يتأرجح بقوة. ويوضح تيرنر: "علينا أن نؤكد أنه في البداية كان الجسد"، وتغلب على انقسام العقل- الجسد الذي لا يزال منتشراً.

إن الجسد الذي يهتم به تيرنر يمثل جسداً مبنياً أو مشيداً اجتماعياً إلى درجة كبيرة جداً. إنه لا يؤمن بوجود طريقة علمية عالمية تصف حالة أجسادنا في المجتمع، بل على العكس، فإن شعورنا بما تكون عليه أجسادنا، وكيف يتصورها الآخرون، وكيف تؤدي عملها وتتصرف، تمثل جميعها، في جزء كبير منها (ليس كلياً)، وظيفة ثقافية. إن إحدى التحديات التي يواجهها علم اجتماع الجسد تتمثل في التمييز بين تلك الطبقات المختلفة وربطها ببعضها، على سبيل المثال، التمييز بين، والنظر إلى كل من الحقيقة العضوية لاستخدام اليد (أي أن الناس يفضلون إحدى اليدين على الأخرى) و "التمثلات الثقافية والمعاني الاجتماعية لاستخدام اليد اليمنى".

يعرف تيرنر علم اجتماع الجسد بأنه مهتم في "النتائج التاريخية والخاصة لإدارة الجسد في الشؤون الإنسانية". ويوضح بأن الأجساد في المجتمعات الإنسانية تكون منتظمة، ومدربة، ومهذبة بالتقنيات الملائمة لمجتمع وثقافة معينة. إن أطفال البشر- يعلمون المشي- والإيماءات في جميع المجتمعات، لكن كيف يقودون أنفسهم، وكيف يتحركون، وأنواع

الإيماءات التي يقومون بها تختلف بشكل كبير، كما أن الجسد يمثل جزءاً هاماً مما يصفه بورديو بـِ "رأس المال الثقافي"، أي الطريقة التي تصنع تمايزاً بين الناس ضمن المجتمعات وكذلك بينها. على سبيل المثال، كان هناك تغيرات في آخر مائة عام في طريقة تصور الجلود (الملونة) أو المدبوغة في المجتمعات الغربية. لقد كانت لفترة زمنية طويلة علامة على المكانة المتدنية نسبياً، ونتيجة للعمل في الهواء الطلق، والذي من المحتمل أن يكون في الحقول، ومن ثم أصبحت علامة للثروة، والمقدرة على قضاء عطل صيفية في الشمس، وفي أواخر الشتاء أيضا، بينما يكدح الناس الأشد فقراً في المصانع أو المكاتب، ومؤخراً، حيث أصبح أناس أكثر فأكثر قادرين على فعل هذا (أو النوم في الشمس) فقدت الجلود المدبوغة أو الملونة (أي اللون الأسمر الضارب إلى الصفرة نتيجة التعرض لأشعة الشمس)، صفتها المميزة، وبدأت كذلك باكتساب ارتباطات غير مرغوبة مع سرطان الجلد.

ويصف تيرنر كيف أنه تم الاعتياد على رؤية الحمية الغذائية كطريقة تحرض الاستقرار العقلي، والتفكير وكذلك الصحة، ولكنها الآن تحرض بالاستناد إلى طول العمر والجنسانية. ومع ذلك، يلاحظ تيرنر أن "التأكيد الجديد على ثقافة الجسد الجميل، وحفظ الذات وصيانتها .. ربما ترتبط كذلك ارتباطاً وثيقاً مع طول عمر السكان في المجتمعات الغربية الصناعية". وهكذا، فإن "الطريقة التي يتم بموجبها تصوير الأجساد وتمثيلها بالاستناد إلى عمليات إطالة العمر قد غيّرت بصورة جوهرية .. الصورة التي عليها تلك الأيام من تحديد عمر الشباب إلى ما لا نهاية أمامنا"، لكن أحدنا يعلم بأن تلك التمثلات للجسد الشاب يمكن أن تتحقق فقط عن طريق التمرين المستمر والنزعة للألعاب الرياضية، والتشذيب عن طريق الجراحة اللدائنية للوجه (لإزالة التجعدات)، وتصريف الدهن الإنساني، وعمليات لجفون العينين، وغير ذلك. إن تلك الأجساد الشابة مبنية بصورة غير مزخرفة لكنها مبنية ضد الكبر في السن. إن هويتنا الشخصية بمجملها، والطريقة التي نعايش

بها الأحداث ونخبرها، والنظر (بشكل محتوم) إلى الموت، جميعها ترتبط بالطريقة التي نمثل بها الآن الأجساد المعمرة لأنفسنا ولكل منا، وترتبط بافتراضنا أن الأجساد يمكن أن تبنى ويعاد بناؤها بهذه الطريقة.

إن التأكيد على "الجسم الجميل" كان له تأثيراً كبيراً على النساء أكثر من الرجال. لقد اهتمت النساء اليافعات دائماً بمظهرهن الجسدي قبل الزواج. ومع ذلك فإن التغيرات الاجتماعية وبوجه خاص الاعتقاد المتنامي بأن الجسم مطواع إلى ما لا نهاية، كان له تأثير كبير على الدرجة التي ترتبط عندها صورة الذات لدى المرأة بمظهرها الجسدي من خلال معيشتها. في المجتمعات الغنية هناك عدد أكبر وأكبر من النساء يتبعن مثال المطربة دولي بارتون Dully Parton عندما توضح: "إذا رأيت شيئاً يرتخي، أو ينزلق، أو ينتفخ، فإنني أجري له امتصاصاً أو أثبته أو أقتلعه.

وفي مناقشة دور المرأة في المجتمع، نناقش تحليل دورثي سمث للكيفية التي ارتبطت بها الأنوثة بالملابس والصور. ويجب أن نضيف إلى هذا المظهر الجسدي وبشكل خاص وزن الجسم، وعلى الرغم من أنه في الماضي كان ينظر إلى "الجمال"، و"القبح" باعتبارهما أمران يسلم بهما إلى حد كبير. وأنهما يتعلقان بالحظ والقدر، فإن الاعتقاد الحديث بأن جسم المرئ يمكن أن يُبنى، مرتبط باعتقاد قوي مساوي بأن الشكل يمثل أمراً يربط المرء باستحقاقه المتأصل فيه. إن الكاتبة التي تصف ذاتها بأنها (سمينة بلا ريب) تلاحظ أن:

> "البدانة تمثل...تحيزاً مخفياً، بالمثل فإنها ربما تمثل الأمر أكثر شراً...البدين مكروه ومحتقر والناس البدينين يجبروا على البقاء عند الحدود الخارجية للمجتمع هذا إذا تجرأوا على محاولة أن يكونوا جزءاً منه".

وبزيارتها لمنتجع الصحة والجمال، وجدت فقط أثواب صغيرة، وذات حجم واحد، كان هذا الأمر مرتبط بسياسة المكان، إنهم لم يكونوا يريدون تشجيع الناس البدينين

على القدوم إلى المكان والعديد من زبائنهم دعموا هـذا الأمـر. وكمـا فسرت إحـدى العميلات:

"لديهم فقط أثواب صغيرة....لأن مكان مثل هذا لم يُعَّد مـن أجـل المـرأة البدينة، إنه كريه حقاً إلى امرأة بدينة، أنه أمر سيء بالنسبة لكـل شـخص في المكـان... "هـذه امـرأة واحـدة، والتـي تولـد انفجارهـا بموجـب فكري،....غلفت اتجاه مجتمعنا بصوت واحد منفرد".

المرض العقلي: هل هو حقيقي أم يتم بناؤه وتشييده؟

إن الجدل حول مدى اعتبار الخصائص الجسدية والسلوك مشيدة اجتماعياً أو معطاة بيولوجياً له نتائج تتخطى الجامعة والصحافة الأكاديمية، إن أحد الأمثلة الأكثر أهمية في الوقت الراهن حول كيفية تأثير النظريات بالتصورات العامة والسياسة يوجد في مجال المرض العقلي.

إن الجسم المتنامي من الكتابات جعل صانعي السياسة والجمهور العام مـدركين بـأن أعراض المرض العقلي لا تمثل ببساطة أمراً يرتكز على معايير جسدية موضوعية يمكن أن يتفق عليها الجميع. إن التفسيرات المختلفة لما هو السلوك المقبول، والاتجاهات المختلفة من جانب المرضى الذين يتطلعون إلى المستقبل وعائلاتهم، والنظريات المختلفة (وغالباً متعارضة) التـي صاغها الأطباء النفسيين وأطباء آخرين إلى جانب الكيفيـة التـي ينظـر بهـا الطـاقم الطبـي إلى مرضاهم. كل ذلك يؤثر في الأعراض والعلاج.

الجدول (1-8) يوضح الموقف تماماً. في الولايات المتحدة الرجال أكثر احتمالية لـدخول مستشفيات الأمراض النفسية من النساء. بينما في بريطانيا العكس هـو الصحيح، ولأن هـذين المجتمعين كل منهما غني، وكل منهما مجتمع صناعي، وله نفس التوقعات الحياتيـة وأسـاليب العيش. من الصعب أن ترى كيف يمكن أن يفسر هذا بمصطلحات بيولوجية خالصة.

جدول (8-1)

أعداد الناس الذين يدخلون مستشفيات الأمراض النفسية لكل 100.000 عام 1986

البلد	الذكور	الإناث	الفروقات (معدل الذكور ناقص معدل الإناث
بريطانيا	364	468	104 أو 29%
الولايات المتحدة	790	551	-239 أو -30%

ولهذا فإن بعض المعلقين أصبحوا ينظرون إلى المرض العقلي باعتباره يبنى اجتماعياً بدرجة أقل أو أكثر. إن أعمال فوكو تبدو في بعض الأحيان وثيقة الصلة بهذا الموقف. وقد أظهرت دورثي سمث (انظر الفصل السادس) كيف أن الكثير من تصورات المرض العقلي تنبع من توجه الملاحظ وتأطير السلوك. ومع ذلك، فإن هذا المنظور معلن تماماً في أعمال توماس زاز Thomas szasz الذي ينظر إلى أعراض الطب النفسي باعتبارها بالضرورة مقياس لمدى انحراف الفرد عن المعايير الاجتماعية، وإلى العلاج باعتباره شيء مفروض على المريض ضمن محاولة لإعادة سلوكه إلى خط سير المجتمع. إن طروحات من هذا القبيل كان لها تأثيراً متزايداً على الرأي العام، وتدعمت بالإعلان عن حالات تم حبس الناس فيها لعقود (وغالباً ما يخضعون للعلاج قسراً) دون وجود سبب واضح سوى أنهم كانوا غير مريحين لعائلاتهم أو للمجتمع.

خلال فترة السبعينات والثمانينات انخفضت أعداد المرضى في المستشفيات النفسية بصورة سريعة في العديد من البلدان الغربية، بما في ذلك الولايات المتحدة. أكثر من عشرين عاماً من عام 1965-1985، وعندما كان عدد السكان ينمو ككل كان عدد المقيمين في المستشفيات النفسية انخفض إلى النصف ومن ثم تجاوز النصف مرة أخرى. لقد استبدلت المصحات العقلية بالرعاية في المجتمع، وتمركزت حول مؤسسات مثل مراكز الصحة العقلية للمجتمع والتي كان مقصدها أن تبرز مشكلات في المرحلة الماضية وأن تقدم شبكة أمان.

ومع ذلك، بالنسبة للعديد من الناس فإن أحداث العشرين سـنة الأخـيرة أظهـرت أن تركيزاً كبيراً على الجانب المشيد والمبني اجتماعياً للمرض يمكن أن يكون تـدميرياً مثل وجهة النظر التي ترى أن المرض يمثل ظاهرة بيولوجية خالصة. وعلى سبيل المثال، فإن روسي: Rossi قدرت أن هناك ما يقارب نصف مليون من الناس المشردين في الولايات المتحـدة وأن 20 إلى 30 بالمئة منهم مرضى عقلياً. وفي المملكة المتحدة تأسست المنظمة الصليبية سـان SANE (الطوارئ الوطنية للشيزوفرينيا) من قبل مـارجوري والاس Marjorie Wallace بعد أن أنهت سلسـلة مـن التقارير الاختبارية حول ما كان يحدث لعائلات المرضى الـذين أطلقـوا في المجتمـع. واحـد مـن أمثلتها كان محامي شاب هو إدوارد كيرتز بينيت Edward Curtis Benneh وهـو كشـخص تطورت لديه الشيزوفرينيا، أهمل نفسه وتركزت لديه المخاوف والتسلط على أمه، عنـدما بحثـت عـن المساعدة رفض الطبيب النفسي أن يناقش أي شيء عن حالة إدوارد ما لم يعبر إدوارد نفسه عن السماح بهذا الأمر، حالاً، خشيت الأم من أنها كانت تتصرف بعجلة، وفي فترات الاستبصار كـان إدوارد يتوسل عندما أصبح مخدوعاً حيث يجب أن يتلقى العـلاج حتـى عنـدما يظهـر أنـه يرفضه. لقد استمر هذا النمط لعدة شهور مع توسل إدوارد لطبيبه النفسي من أجل أن يضعه في المستشفى في حين كان الطبيب النفسي يجادل أنه وضعه في المستشـفى سـوف يحرمـه مـن حرياته المدينة الرئيسية. لقد انتهت القصة فقط بموت إدوارد منتحراً.

لقد أصبح مـن الواضح بشـكل متزايـد أن المـرضى النفسـيين يرتكبـون جـرائم القتـل والانتحار أكثر من السكان ككل (ويبقى الموت حادثة بيولوجية حاسمة)..وعـلى الـرغم مـن أن الخوف الأكبر يلحق بالمرضى أنفسهم وبعائلاتهم، إلا أن حالات القتل العشوائي من قبل المـرضى النفسيين والتي تم الإعلان عنها غـيرت نبرة الجـدل حـول السياسـة والتعليـق عـلى الموضـوع، ودعمت أولئك الذين يفضلون ما يطلق عليه النقاد (المفهوم البيوطبي) للمرض

العقلي في المملكة المتحدة انقلب المناخ ضد سياسة الرعاية في المجتمع. وأحد أول القرارات ذات العلاقة بالصحة لحكومة العمل المنتخبة عام 1997 تمثل في إيقاف السياسات التي تفضل إغلاق مستشفيات الإقامة الطويلة.

تنظيم السكان والأجساد في الفصل الثاني، وصفنا المستوى النسقي الرابع لدى بارسونز المتمثل بالعضوية السلوكية وكذلك فكرته بأن جميع المجتمعات تواجه مشكلات أو حاجات متكررة، تتضمن الحاجة لتكامل أو تنظيم الأنساق المتنوعة المختلفة. إن علم اجتماع الجسد المعاصر عاد إلى أفكار بارسونز، ورغم ذلك دون التخمين بأن "الحلول" بأي معنى تمثل حلولاً وظيفية بشكل أوتوماتيكي، أو أنها جيدة بالنسبة لأعضاء المجتمع.

إن نظرية تيرنر Turner العامة حول علاقة الجسد بالمجتمع متضمنة في نفس النمط من الشكل التوضيحي المربع كما استخدمه بارسونز، والذي يعاد إنتاجه في الشكل (8-1). يوضح تيرنر بأنه من المهم التفكير بالأجساد فردياً وبالاستناد إلى السكان، وضمن الأعمدة الموجودة على الجهة اليمنى وعلى الجهة اليسرى على التوالي، ولا بد من إعادة إنتاج السكان عبر الزمان إذا أرادت المجتمعات البقاء، كما ينبغي أن تنظم في المكان. وفي المستوى الفردي، يكون البعدان الأساسيان هما البعد الداخلي والبعد الخارجي. ينبغي تهذيب الأجساد لتظهر قيداً داخلياً، وإن التهذيب، بوجه خاص، من أجل تهذيب إشباعاتها الجنسية، ولا بد من تدريبها لتظهر أو تعيد إظهار ذاتها بالطرق الملائمة بالنسبة لثقافة معينة.

إن الشكل التوضيحي على الجهة اليسرى يظهر الخطة النظرية الأساسية. وعلى الجهة اليمنى، تضيف أمثلة تيرنر الطرق التي تنهار فيها الأجساد تحت تلك المهام أو تتحطم منها. إن تلك الأمثلة توضح كيف أن المرض وبعض أشكال الانحراف ترتبط بالمهمات الاجتماعية المختلفة المتضمنة في إدارة الأجساد.

	الأجساد	السكان	
داخلي	التقييد هستيريا	إعادة الإنتاج الجماع الناقص والقذف خارج الرحم تجنباً للحمل	الزمان
خارجي	التمثل فقد الشهوة للطعام	التنظيم رهاب الخلاء	المكان

	الأجساد	السكان	
داخلي	التقييد	إعادة الإنتاج	الزمان
خارجي	التمثل	التنظيم	المكان

الشكل (8-1) تنظيم السكان والأجساد

وهكذا، تتضمن عملية إعادة إنتاج السكان (في الجهة العليا اليسرى) الضبط الاجتماعي للخصوبة. لقد اعتبر الاستمناء باليد Masturbation من قبل كل من المسيحية واليهودية الملتزمة، وبشكل خاص، كان يهاجم في القرنين الثامن عشر والتاسع عشر باعتباره مؤذٍ للصحة وأنه من المحتمل أن يقود إلى الجنون. لقد تضمن هذا الاعتبار اهتمامات اجتماعية بصيانة مستويات إعادة الإنتاج، وبالنتيجة "الحاجة" إلى المحافظة على ضبط الشباب، وربطهم بالمسؤوليات الوالدية. ويوضح تيرنر، أنه لا بد من تنظيم السكان وضبطهم عبر المكان والزمان. إن الأسرة التي تمكنت من ضبط أعضائها عن طريق وضع حيازة الصفة المميزة في رأس أولويات أهل البيت عكست وجود آلية قوية لهذا الغرض. إن الحياة الحضرية في القرن التاسع عشر وصفت بجعل النساء - وبشكل خاص نساء الطبقة الوسطى- أنفسهن حبيسات البيت بشكل متزايد. لقد ظهر رهاب الخلاء -الخوف من الخارج ومن مغادرة البيت- كتناظر (مجموعة أعراض تظهر في وقت واحد) مدرك طبياً فقط في هذا المجتمع، لكنه تم ذلك -كما يوضح تيرنر- في الوقت الذي أصبحت فيه المدن أكثر أمناً وحرية النساء أكبر. "إن رهاب الخلاء لدى النساء المتزوجات كان .. بشكل مجازي تعبيراً عن القلق من الأزواج بالنظر إلى مقدرتهم على ضبط المجال المنزلي

والترتيبات الاقتصادية للمنزل في موقف كانت فيه زوجاتهن أكثر إمكانية حتى يكن مستقلات .. وربما يكون هناك درجة من التواطؤ أو المؤامرة بين الزوج والزوجة .. لقد حظيت المرأة بالثناء الخلّاق مقابل بقائها في البيت، بينما تعززت مكانة الزوج وقوته الاقتصادية عن طريق عدم المقدرة الواضحة للزوجة. إن القلق والخوف من اهتمام كل من الشريكين بشخصية وصفة السوق .. قد ترجم بنجاح إلى حالة طبيعية".

وفي المستوى الفردي، تظهر تلك الاهتمامات ذاتها، فيما يتعلق بالضبط الاجتماعي والاستمرارية، على شكل مساعي تجعل الأفراد يقيدون "نزعتهم الجنسية ورغبتهم لمصلحة النظام العام". وبوجه خاص، ليعاد إنتاجها فقط ضمن الوحدات الأسرية المستقرة، وليسيطروا على نزعتهم الجنسية ضمن وحدة الأسرة. وفي الممارسة، أشار هذا إلى تنظيم النساء وتقييدهن، وهن اللواتي كن حبيسات ضمن "الأسرة الأبوية"، بينما كان يسمح لعدد محدود من الرجال للانحراف الجنسي- خارج الأسرة. وهنا أيضاً نجد أمراضاً تعكس هذا السياق الاجتماعي. الهستيريا الأنثوية - والتي اختفت الآن تقريباً - تظهر في الزاوية العليا اليمنى من شكل تيرنر التوضيحي، كمرض نموذجي يرتبط بالقيد الداخلي. لقد تم النظر إليه على أنه المشكلة الطبية الأساسية في القرن التاسع عشر، وكان بمثابة طريقة مقبولة لدى المرأة المقيدة لتتبنى دور المريض.

يوضح تيرنر، أنه بالانتقال بعيداً عن قوة الأسرة الأبوية كان هناك انتقال نسبي في التأكيد من القيد الداخلي إلى التمثل الخارجي، أي المربع السفلي على الجهة اليمنى، وعلى امتداد هذا نجد زيادة كبيرة في اعتلالات الطعام، وبشكل واضح، ظهور عصبية الافتقاد إلى شهوة الطعام كتشخيص ومرض مدرك ومعروف.

إن الحدوث المتنامي لمرض فقد الشهية للطعام anorexia والشره المرضي bulimia (حفلات الأكل والتقيؤ) جذبت الكثير من الاهتمام داخل علم الاجتماع وخارجه وبشكل

خاص أنه أكثر شيوعاً بين النساء مما هو الحال بالنسبة للرجال (النسبة الحالية 10: 1). ورغم أن الإعجاب بالنحافة يعتبر عاملاً واحداً. إلا أن قلة يعتبرونه تفسيراً كافياً.يوضح تيرنر، منجذباً لعمل هلدا برش Hilda Bruch "بأننا نستطيع أن نرى فقد الشهوة للطعام كشكل من أشكال تمرد المراهق ضد الضبط الوالدي حيث بحثت المرأة الشابة عن تأكيد فرديتها ضد التقاليد القوية المتمثلة من قبل والدتها ووالدها النموذجي الغائب .. وبمصطلحات أكثر عمومية، فإن فقد الشهوة للطعام في القرن العشرين،تماماً مثل الهستيريا في القرن التاسع عشر، تمثلان تعبيراً عن التقييدات السياسية على النساء ضمن مجتمع يتصف باللامساواة بين الجنسين".

إن أنتوني جدنز الذي ناقشنا أعماله في الفصل الرابع يرى كذلك أن استمرارية استبعاد النساء من المشاركة التامة في المجتمع عاملاً هاماً. ومع ذلك، يؤكد كذلك على أهمية الاختيار والانعكاسية في الثقافات الحديثة: يجب أن نقوم باختيارات حول أي نوع من الناس نحن، وكذلك يعتقد أن كل شيء، بما في ذلك أي شكل من الجسد "المبني" Constructed، متوفر لنا. يوافق جدنز بأن مرض فقد الشهية للطعام يمثل شكلاً من أشكال الاحتجاج، لكن الفرد الذي يفتقد الشهية للطعام لا يمثل ضحية هامدة وسلبية العالِم التغذية Dietician بل على العكس، فقد الشهية للطعام يتضمن أشكالاً من الرجيم الفعال والمنسق إلى درجة كبيرة.

والد إحدى المصابات بفقد الشهية إلى الطعام والتي توفيت في نهاية الأمر من المرض يصف الفترة عندما كان عاطل عن العمل وكانت تعتني به وبأختها الأصغر سناً منها: "خلال هذه الفترة أصبحت كاثرين قلعة من القوة، ومع ذلك، لم تتوقف عن افتقاد الشهية. لقد سيطرت على المطبخ. وكانت تصرخ إذا دخلته خلال وقت وجباتها... إن اندفاعها وتصميمها كان لا يصدق"

إننا لا نعلم بالفعل لماذا يصبح شخصاً معيناً مصاباً بفقد الشهية إلى الطعام أو لماذا

أرادت كاثرين في النهاية أن تموت، ومع ذلك، على المستوى بعيد المدى، فإن تزايد فقد الشهية إلى الطعام في المجتمع الحديث يجب أن يرتبط بعوامل كما يقترح جدنز وتيرنر.

بوجه عام يحاول علم اجتماع الجسد الجديد الجمع بين طبيعتنا الجسدية وتأكيد الظاهراتية على كيفية خلق أنساق الأفكار للعالم اليومي الذي نعيش فيه ونخبره. يظهر علم اجتماع الجسد بأن أجسادنا معطاة ومبنية اجتماعياً. إن مرض مثل فقد الشهوة للطعام يمكن أن يكون بلاءً واقعياً وقدرياً وإنتاجاً لمجتمعات معينة. إن المنظور ككل يحظى بمثال خاص جيد في الفهم التالي الذي يقدمه إرفنج زولا Irving Zola ، الذي كتب بشكل موسع حول النواحي السوسيولوجية والظاهراتية للعجز، لكنه ينجذب هنا لخبراته الشخصية:

قبل سنة جدري الأبقار عام 1950، وقبل عيد ميلادي السادس عشر ـ بقليل أصبت بعدوى شلل الأطفال، وبعد أربع سنوات تعرضت لحادث سير وكنتيجة لكل واحدة من هاتين الحادثتين ارتديت مثبت قدم طويل على رجلي اليمنى واثنين قصيرين على رجلي اليسرى، واستخدمت مدعماً للظهر، وتجولت بعكازين واستخدمت الكرسي المتحرك ذات العجلات للرحلات الطويلة .. عندما تظهر هذه المعلومات في وصف أي شخص آخر لعملي .. فإن أسلوب التعبير الذي يحيطها يمثل في العادة شيئاً من قبيل "بالرغم من هاتين الحادثتين إلا أنه ذهب لينجز، إلى آخره، إلى آخره". أردت في الحد الأدنى أن استحضر ـ تلك الخبرات الجسدية الشخصية القريبة من وسطي ومركزي، ليس لأدعي بأنها تشكل كل كياني، لكنها جزءاً مركزي من هويتي.

يوضح زولا، أنه لعدة سنوات كان اتجاهه نحو عجزه يتمثل في: أنه لا بد من

تجاهله، وأن يعامله قدر الإمكان كشيء منفصل عن ذاته من أجل عدم المبالاة به والتغلب عليه وهكذا في الستينيات، يقول:

عندما سئلت عن الصعوبات الجسدية عبر رحلات الخطوط الجوية لشخص مثلي وصفتها أنها قليلة نسبياً أو غير موجودة .. إن طريقة رحلتي الاعتيادية تمثلت في قيادة السيارة إلى المطار، ووضعها في أقرب مكان، ومن ثم أعرج، والحقيبة مربوطة على ظهري، متجهاً غالباً إلى ما يبدو أنه الطرف الأبعد في المطار.

رغم حالتي الجسدية، فإن العشرين سنة اللاحقة .. لم تتغير بشكل جوهري، وردود فعلي كانت مختلفة تماماً. وفي نهاية السبعينيات وبداية الثمانينيات كانت الحركة النسوية .. وحركة حقوق العجزة والعيش المستقل في نشاط تام، وجاءت معها بعض التغيرات الهامة في تصور الذات .. ورغم أنني كنت لا أزال قادراً على المشي ـ لمسافات طويلة، لم أشعر أنه من الضروري أن افعل ذلك. وكذلك .. أجلس على الكرسي المتحرك الخاص بي أو كرسي الخطوط الجوية وأعرج حتى أصل إلى ذلك الطرف البعيد. كان الاختلاف في ظرفي الجسدي غير متوقع تماماً في نهاية رحلتي: وصلت الآن غير متعب .. وبدون ألم .. وبدون ضيق.

كان استنتاجي بخط مستقيم: لقلد كنت دائماً متعباً، ومتألماً، ومتضايقاً، لكن دون خبرة ما قبل جدري الأبقار والكرسي المتحرك بالمقارنة مع تلك الخبرات المتعذر بلوغها إدراكياً .. فقط بعد حركة العيش المستقل .. والتغير الناتج في الوعي الذاتي كنت قادراً على استخدام الكرسي المتحرك. أدركت بعدها فقط أن جزءاً كبيراً من خبرة رحلتي ليست متأصلة في عجزي الجسدي لكنها متأصلة أكثر

في المجتمع الذي أعيش فيه، والذي يبنى ويصان اجتماعياً.

النسوية، والنزعة الاستهلاكية والجسد:

إن نمو النسوية يمثل سبباً هاماً لنمو الاهتمام بالجسد من قبل علماء الاجتماع ويوضح آرثر فرانك Arthur Frank بأن "النسوية تضع الآن الكثير من الأجندة النظرية والإمبريقية في هذا الحقل". إن إعادة الأجساد إلى الذاكرة كبرنامج نظري وبحثي يكون متصوراً وضرورياً بموجب البرنامج السياسي العملي للنساء اللواتي يفكرن في أوضاعهن. إذا تجاهل المرء مناقشة النوع الاجتماعي للناس أو سلم به، فإنه يستطيع أيضاً تجاهل حقيقة أن الناس يمثلون مخلوقات ذات أجساد، وحينما يصبح النوع الاجتماعي موضع اهتمام وتركيز فإن الجسد يصبح كذلك بشكل محتوم.

عندما وضعنا نظريات تيرنر قدمنا أمثلة على كيفية ارتباط السيطرة على النساء بظواهر من قبيل رهاب الخلاء والهستيريا، وفي المجتمع المعاصر فإن العديد من النسويين ينتقدون ترويج النحافة كميزة والإشارة إلى أن المرء يستطيع وينبغي عليه أن ينظم نفسه ويضبطها ليحصل على جسد أفضل ومختلف. ويركز تيرنر كذلك على العلاقة بين تلك الأفكار والمجتمع الذي يتصف بحالة "اللامساواة بين الجنسين". ويوضح بأنه "من أجل السيطرة على أجساد النساء لا بد من السيطرة والضبط على شخصياتهن". ويلاحظ بأن "المرأة البدينة هي امرأة خارج السيطرة لأن الجسد غير المقيد يعد مؤشراً على الانفلات الأخلاقي". Moral Laxiry.

يميل النسويون إلى الجندر باعتباره مبني اجتماعياً. في القرن التاسع عشر ـ لم يشدد جيرفاز لي بون Gervase Le Bon فقط على الفروقات البيولوجية الثابتة بين الرجال والنساء لكنه إستخدم كذلك مقاييس الجمجمة ليثبت الدونية الذهنية للنساء. يبدو هذا الأمر الآن مضحكاً، لكن لا يزال هناك طروحات فعالة حول ما إذا كان الرجال والنساء

يتعلمون بطرق مختلفة، وما إذا كان هذا يعني بأن أنماط معينة من الامتحان تعتبر غير عادلة بالنسبة للنساء. في بدايات القرن العشرين. رأت هيئات التعليم بأن الدورة الشهرية تسبب اختزالاً مؤقتاً في الكفاءة الذهنية للفتاة، ولهذا فإنها تتطلب منهاجاً مدرسياً مختلفاً. عدد قليل من الناس يمكن أن يقبلوا بهذا الأمر اليوم. ومع ذلك فإن العديد يعتبرون التوتر الذي يسبق الدورة الشهرية له تأثيرات أساسية على السلوك والتي يمكن أن تعتبر كدليل في تقييم المسؤولية القانونية لأفعال الناس. وكما رأينا في الفصل الثالث، على سبيل المثال، الحمل والقوة يعتبران جزءاً هاماً - رغم أنها فقط جزء - من أي نظرية حول التدرج الجندري. يرى آخرون تلك الطروحات باعتبارها طرحت من قبل المجتمعات الأبوية لتبرر سيطرة الذكور. إن بعض النسويين يعتبرون النساء غير عنيفات جوهرياً بالمقارنة مع الرجال، وآخرون ينظرون إلى هذا الأمر باعتباره من صنع الإنسان.

بعض الكتاب الشعبيين يميلون إلى تسييج مراهناتهم بمناقشة الفروقات الذكرية والأنثوية بطريقة غامضة، أي يتركون الأمر مفتوحاً حول ما إذا كانت الفروقات محددة بيولوجياً أو ناتجة عن الثقافة والتنشئة. ويعد جون جراي John Gray مؤلف الكتاب الأكثر مبيعاً والموسوم الرجال من مارس والنساء من فينوس Man are from mars, women are from venus. مثالاً جيداً على هذا. حيث يجادل، مثلاً بأن النساء (الفينوسيات) venusians -نسبة إلى آلهة الحب والجمال عند الرومان - يعتبرن حدسيات أو نزاعات إلى الحدس جداً. لقد طورن مقدرتهن عبر قرون من توقع حاجات الآخرين. هل يعني أن في صميمهن أكثر حدساً من الرجال. أي أن الفروقات جينية؟ أو أن البنات وليس الأولاد يتعلمون في البيت والمدرسة كيف يكن حدسيات وحريصات على حاجات الآخرين، ويمررنها بمزيد من التعليم في كل جيل يمر؟

إن جراي حريص على أن لا يضع نفسه في موقف محدد. لكن المجال البحثي ملتزم

متزايد. لأن يوضح تلك القضية أي ما هو ذو أساس جيني وما هو ليس كذلك. إن الباحثين الذين واجهوا مقولة جراي في هذا الحقل، يلاحظون أنه إذاً كان يعني فعلاً بأن النساء قد طورن المقدرة عبر قرون من العناية بالآخرين، فإن القرون فترة زمنية قصيرة بالنسبة للفروقات الجينية حتى تتطور بين الجنسين....إذاً لماذا لا يتعلمه الأولاد أيضاً؟ الحقل موضع السؤال هنا يتعلق بالبيولوجيا التطورية أو البيولوجيا الاجتماعية. والجزء التالي يتفحص مقدماتها المنطقية الأساسية وعلاقتها بعلم الاجتماع.

الجزء الثاني

البيولوجيا الاجتماعية

يدرس علم اجتماع الجسد الطريقة التي من خلالها يعاد إنتاج وتنظيم الأجساد اجتماعياً، مركزاً على المهمات العامة وعلى ممارساتنا ومعاني محددة لمجتمعات محددة. وبالمقابل، فإن البيولوجيا الاجتماعية تركز على المرتكزات البيولوجية للسلوك، مع التركيز على ما هو عام بالنسبة لجميع المجتمعات، وأكثر من ذلك، تركز على ما هو عام بواسطة طبيعتنا البيولوجية والتاريخ التطوري. إن مصطلح البيولوجيا الاجتماعية، في الحقيقة، ليس عالمياً، لكنه مصطلح استخدمه عالم الحيوان إدوارد ولسون Edward Wilson في عمله التوليفي الشامل حول "الدراسة النظامية للأساس البيولوجي للسلوك الاجتماعي ككل".

إنه عمله الذي جعل الجماهير مدركة تماماً لوجود البيولوجيا الاجتماعية كمنظور يعد مثيراً للجدل بالنسبة للسلوك الإنساني.

يجادل علماء البيولوجيا الاجتماعية بأن العرق الإنساني هو نتاج التطور وأن الكميات الضخمة من المعلومات تمر عن طريق جيناتنا، ويتبع هذا بأن الجينات، وكذلك البيئة تلعبان دوراً في المجتمع، وأن السلوك ينطوي على أساس بيولوجي. إن التوازن قد يكون مختلفاً بالنسبة للبشر، كما تختلف الحيوانات والحشرات عن بعضها، لكن الإطار الأساس للتحليل متشابه، ويقول بيار فان دن بيرغ Pierre Van Den Berghe بهذا الخصوص:

"تتضمن البيولوجيا الاجتماعية نظرية اختيار طبيعي للسلوك. إنها تؤكد بأن سلوك الحيوان، مثل تركيبه الهيكلي (التشريحي)، يمثل نتاجاً لعملية تطور بيولوجية عبر الاختيار أو الانتخاب الطبيعي. إن إي نمط

سلوك فينولوجي (العلاقة بين المناخ والظواهر الإحيائية الدورية) هو نتيجة للتفاعل بين النمط الجيني والشروط البيئية .. بالنسبة للإنسان، تمثل الثقافة بالفعل كل قواعد التصرف التطورية الجديدة .. ومع ذلك، لا تقف الثقافة الإنسانية بمعزل عن التطور البيولوجي، إنها تنمو من داخلها وتبقى منجدلة معها بصورة لا سبيل للخلاص منها".

إن علماء البيولوجيا ليسو أصحاب محددات جينية مبسطة بحيث يزعمون أن السلوك الإنساني محكوم بشكل مباشر بالجينات، إنهم يؤمنون، أكثر من ذلك، بأن العوامل البيولوجية والتأثيرات الجينية تضع قيوداً على مدى إمكانية التصرفات. إن تلك القيود أو المحددات والميول السلوكية، تنتج عن التطور، كما هو الحال بالنسبة لسلوك المخلوقات الأخرى، وينبغي أن تفهم في سياق الانتخاب الطبيعي.

لقد قدم الأنثروبولوجي روبن فوكس Robin Fox إحدى أفضل التوصيفات لهذا المنظور العام، إنه يصف كيف كان كطالب شاب:

لقد كانت لدي أنشودة الابتهال: "العموميات البيولوجية لا تستطيع أن تفسر ـ التمايزات الثقافية .." وبالطبع إنها لا تستطيع أن تعمل ذلك في مستوى واحد. لقد أخبرت أن المسلمين يخلعون أحذيتهم عند دخول المسجد(*)، بينما يخلع المسيحيون قبعاتهم عند دخول الكنيسة. الآن حاول أن تجد تفسيراً بيولوجياً لذلك. لم أكن متأكداً أبداً أنني بحاجة لإيجاد أي نوع من التفسير لهذا الأمر. لقد بدا بالنسبة لي شيئاً اعتباطياً، فقد ابتليت بهذا السؤال، إذا لم يكن فعلاً ما هنالك من عموميات بيولوجية، فكيف سندرس التمايزات الثقافية في المقام الأول؟ وكيف سندرس المتغيرات دون إطرادات؟.

(*) الكلمة الأصلية في النص هي كنيسة، والصحيح هو المسجد، وربما أخطأ فوكس التعبير، أو أراد أن يقرب الصورة بأنه يتحدث عن مكان العبادة، ولعلي أرجح الاحتمال الأول (المترجم).

يوضح فوكس أنه على الرغم من وجود كمية كبيرة من الاختلاف في "الأقنعة الرمزية" التي تم ارتداؤها من قبل المجتمعات المختلفة، وفي تفاصيل ثقافتها وسلوكها، إلا أن هناك انتظام وتماثل جدير بالملاحظة تحت تلك الفروقات فيما يتعلق بالبناء الاجتماعي والمؤسسات الاجتماعية. ويتنبأ فوكس أنك إذا استطعت أن تضع الأطفال في عزلة عن أي ثقافة معروفة، فإنهم خلال أجيال قليلة سوف ينتجون مجتمعاً يحمل قائمة طويلة من الخصائص المميزة الواقعية مثل "قوانين حول الملكية، وقواعد حول زنى المحارم .. ونظاماً للمكانة الاجتماعية، وطرقاً للتعبير عنها .. وممارسات التودد أو المغازلة .. وروابط موضوعة جانباً للرجال .. المقامرة .. والقتل والانتحار والجنسية المثلية، والفصام، والذهان، والعصاب، وجميع أصحاب المهن المختلفة التي تفيد أو ترعى تلك الأمراض والمسائل يعتمدون على كيفية النظر إليهم" ويزعم فوكس أنهم سوف يفعلون هذا، لأنه متضمن في طبيعتهم الغرائزية أو الحيوانية.

بمعنى آخر، يوضح فوكس، أننا لا نختلف في النوع عن الحيوانات الأخرى لأننا ذوي طبيعة "ثقافية"، وهم ذوي طبيعة "بيولوجية"، وفوق ذلك، إننا نمثل نوعاً خاصاً من الحيوانات الرئيسة، الحيوان الرئيس الذي ينتج ثقافات، وبقي كحيوان ثقافي. وبسبب أن الإنسان قد تطور كحيوان يمشي على قدمين ويعتمد على عقله في العيش، فإن المقدرة على السلوك الثقافي كانت استثنائية. لقد فضل الانتخاب الطبيعي أولئك الذين استطاعوا أن يطوروا تقاليد ثقافية، ويتكيفون بسرعة مع الظروف المتغيرة. ورغم أن التقاليد الثقافية قد تتغير ببطء، إلا أنها تتغير بسرعة مقارنة مع السلوك الغريزي والمادة الجينية. إن استخدام النشاطات المعتمدة على العقل ونمو العقل الإنساني كان قد تم يداً بيد (بالتعاون). وهكذا، "فإن الثقافة لا تمثل انتصاراً على الطبيعة" -كما يوضح فوكس- "وبالتصرف ثقافياً فإننا نتصرف طبيعياً".

جينات أنانية وانتخاب قرابي... على الرغم من تزايد أعداد العلماء الاجتماعيين الـذين يقبلـون أهمية العوامل البيولوجية في تفسير السلوك الإنساني إلا أنـه مـن الصعب اختبـار دور تلـك العوامل بصورة مباشرة، والكشف عن مستوى أهميتها. لا أحد ينكر أن البيئة والثقافة لها دور، ولكن كيف لنا أن نفضل الانجدال والتداخل الذي لا سبيل للخلاص منه.

أحد الاحتمالات تتمثل في النظر إلى بعض المقترحـات النظريـة الأساسـية التـي تشغل حيزاً في البيولوجيا والإثنولوجيا (علم الأعراق البشرية)، ونسأل إلى أي مدى تلقي الضوء بالفعل على السلوك الإنساني (إذا كان الجواب "بسيطاً جداً" فإن هذا لا يثبـت بالطبع بـأن التطورات المستقبلية لن تقدم ما هو أفضل، لكنـه علـى الأقـل، ينصح بالحـذر والاحتراز عند استخدام البيولوجيا للمساعدة في تفسير السلوك الاجتماعي)، ولهذا الغرض، يكون العمـل الـراهن حـول "الإيثارية" ذا أهمية خاصة، لأنه يستحضر في التطبيق عـدداً مـن النظريات المميـزة تمامـاً. إن نظرية داروين Darwin في التطـور تبـين أن الأشياء بإمكانها أن تعيش إذا كانـت قـادرة علـى التنافس حول المصادر بطريقة ناجحة ومستقرة. نحن نعلم الآن أن مـن بين الأشياء المرتبطـة بالعيش، يعتبر الجين الوحدة الأساسـية للبقاء والعيش، وذلـك لأن الجينـات تضـاعف نفسها وتكررها. إذا كان الكائن يحتوي على جين يعزز بقاءه، فـإن هـذا الجين سوف ينتشـر بصورة تدريجية. إن أولئك المنحدرين من الكـائن الجينـي الأول الـذي يـرث الجين سوف يميلون إلى البقاء والاستمرار في العيش، وسوف يعاد إنتاجهم نسبياً بصورة أكثر نجاحاً، كما أن الجين سوف يتضاعف. إن الصرصور، الذي بقي دون تغير لمئـات الآلاف مـن السـنوات، قـد أنتـج مـن قبـل منظومة مؤثرة ومستقرة من الجينات.

إن النظرية الطبيعية للانتخاب الطبيعي - والتي قدمت فيها آلية نظريـة دارون مـن قبل علم الوراثة المندلي (نسبة إلى مندل) - تعتبر بشكل أساسي واحدة مما أصبح يطلق عليهـا وصف "أنانية الجين"، هذا لا يعني القول أن الجينات أنانية بشكل واعٍ. إن كل ما

تتضمنه نظرية الانتخاب الطبيعي، هو أنها تبين بأن العرق يـذهب إلى الحـرص عـلى المصلحة الشخصية من غير اعتبار مصالح الآخرين. وإذا عزز الجين بقاء الكائن الحي، سوف يـتم إعـادة إنتاجه، وإذا لم يعزز بقاءه، لن يعاد إنتاجه.

إن أكثر التحديات وضوحاً للنظرية التطورية تمثَل دائماً بوجـود السـلوك الإيثـاري، أي، السلوك الذي لا يعزز بقاء المخلوق الذي يظهره بشكل واضح. إن البشر غالبـاً "إيثـاريين" عـلى نحو تام. ولكن كذلك، بشكل واضح، الحيوانات الأخرى، تمارس الدور، ليس فقـط عنـدما تهـتم بأطفالها. إن النحل العامل، مثلاً، يستخدم لدغاته كدفاع فعال جداً عن الخلية، ويمـوت النحـل بفعل هذا. العديد من الطيور الصغيرة تستخدم صوتاً ينذر بالخطر عند اقتراب الصـقور أو أي مفترس آخر، وبفعلها هذا تقوم بلفت الانتباه إلى ذاتها.

إن أحد التفسيرات الشائعة المقدمة يتمثل في أن المخلوقـات تتصرف بهـذه الطريقـة "من أجل ما هو خير بالنسبة للمخلوقات". إن الأفراد المهتمين قد لا يسـتفيدون مبـاشرة، لكـن الطريقة التي يتصرفون بها سوف تساعد أعضاء آخرين من المخلوقات على البقاء، وتعمل على إعادة إنتاج السلوك الإيثاري وتكراره. لقد اقترح روبرت آردري Robert Ardrey بـأن العـالم أصبح مأهولاً بالجماعات التي تضم أفراداً يضحون بذواتهم، لأنهم ككائنات حية قـاموا بشيء أفضـل من أفراد الجماعات الأنانية وغير المتعاونة، وقد تهيأت الفكرة كذلك لعلماء الاجتماع والعلـماء المختصين بعلم النفس الاجتماعي.

فعلى سبيل المثال، ناقش جي فيليب روشتون J.Philippe Rushton الطريقة التـي يتطـور بموجبها السلوك الإيثـاري في المجتمـع، واقـترح بـأن الحاجـة إلى الـدفاع المتبـادل خلـق "الـولاء للجماعة والاستعداد الإيثاري للتضحية بالذات من أجل الجماعة".

إنه سيناريو مثير للإعجاب لكن لسوء الحظ أنه لم يحصل أبداً، والسبب يتمثل في أنـه يتضمن المقدرة على الإدراك والتماثل للمخلوق مع المخلوقات التي تشبهه. وهذه

خاصية لا تستطيع الحيوانات أن تبديها. والسبب الثاني يتدفق في نظرية "انتخاب الجماعة" وهو أيضاً بسيط جداً، إنه يفتح المجال على مصراعيه لعضو العصابة المتحول الذي لن يتبع القواعد. إنه سعيد ليدع الآخرين يضحون بأنفسهم من أجله، لكنه لا يرى سبباً ليفعل ذلك، إنه ببساطة يأخذ الفتات ويفعل أفضل بكثير مما يفعله الإيثاريون في التربية، (علاوة على ذلك، من المحتمل أن تكون ذريته أعضاء عصابات أيضاً). هذا لا يعني أن أعضاء العصابات فقط سوف يحققون البقاء. ولنكمل القياس، فإن الأفراد العدائيين من هذا النوع يهاجمون بعضهم لحسن الحظ، بقدر ما، أو أكثر من، مهاجمتهم لأكثر المواطنين المحليين جبناً. وربما هذا يساعد في جعل أعدادهم منخفضة، ويدع المجال للبقية أن يذهبوا للتربية، أيضاً. ومع ذلك، فإننا لا نستطيع أن نستخدم "ما هو خير للمخلوقات" كتفسير مقنع للأصوات المنذرة بالخطر لدى الطيور ولسعات النحل، وبالمثل، حيثما يكون السلوك ممثلاً لخاصية عامة لدى كل أعضاء المخلوقات، فإن الجين في سلوك التضحية بالذات، لن يكون الوحيد الذي يبرز السمات المستقرة والعالمية. لقد مررنا عبر أفكار وقضايا مشابهة في سياق نظرية الاختيار العقلاني، حيث اهتم علماء الاجتماع وعلماء اجتماعيين آخرين بشكل متزايد بمرتكزات التبادل وتطور الثقة. إن علماء البيولوجيا المحدثين، الذين ينظرون بشكل اكبر إلى المخلوقات اللاإنسانية يستخدمون مجموعة مختلفة من التفسيرات، لكن التفسير الأكثر قوة لديهم -بمعنى أنه يقدم فهماً للعديد من الأحجيات الواضحة- يتمثل في اختيار القرابة، وهذا التفسير مشتق من الملاحظة بان التعاون دائماً يأخذ مكاناً بين الأقارب الذين تجمعهم علاقات قربى وثيقة وحميمة مثل: الأمهات، والأطفال، والأخوات، إلخ ..

تتمثل الفكرة في أن السلوك الإيثاري قد يكون على نحو واضح "تكيفياً"حتى عندما لا يعزز البقاء وإعادة الإنتاج المستقبلي لفرد معين، طالما أنه يقدم الفائدة للأفراد ذوي القرابة، ويكون هذا بشكل واضح أكثر عندما ندرك على المدى البعيد بأننا نتحدث عما

إذا كانت جينات معينة باقية وتُعْبرُ إلى عدد أكثر أو اقل من الأفراد المنعزلين. افترض على سبيل المثال، بأن الفرد (A) ولد له ثلاثة أطفال (انظر الشكل 8-2)، وجميعهم يشتركون مع (A) الجين الإيثاري (a)، إنهم يساعدون بعضهم في عدد من المواقف، وفي آخر الأمر يموت (B1) السقيم ولا يترك وراءه ذرية. ومع ذلك، فإن B2 و B3 أكثر حظاً ونتائج، كما أن السلوك التعاوني يمكن أن يُرى في حقيقة أنه ولد لهما ستة أطفال، ثلاثة منهم يملكون الجين (a)، وفي الجيل الرابع ..) (D2,D1, هناك خمس نسخ من (a) بدلاً من ثلاث، بينما الأقارب غير المعاونين (C6,C4,C1) تدبروا أمر ثلاثة أولاد من الذرية من بينهم. بمعنى آخر، إن تضحية (B1) حصلت على مكافأة إيجابية بالاستناد إلى الانتخاب الطبيعي. لقد عززت انتشار الجين ذو العلاقة وكان بذلك المعنى مستمراً تماماً مع تطور الأنانية.

إن ما يشير إليه انتخاب القرابة يمثل شيئاً ما مسلماً به بالنسبة لنا - أن يعتني المرء بأبنائه- وهو فقط حالة خاصة من شيء ما أكثر عمومية. إن أي سلوك ذو أساس جيني يميل إلى مساعدة جينات المرء للبقاء سوف يميل هو ذاته للبقاء. وإذا عدنا للوراء إلى تلك النحلات العاملات الانتحاريات، نستطيع أن نشاهد كيف يطبق المنطق ذاته. ونتيجة هذا السلوك الذي يعزز الإنعاش لجيناتها فإنها تعتني وتدافع عن بعضها وعن الخلية، جيلاً بعد جيل. ولهذا فإنها تجعل ذواتها عقيمة وغير مثمرة من وجهة نظر الانتخاب الطبيعي، إنه حماية الملكات الراهنات والمستقبليات والعناية بهن (وبمساعداتهن)، واللواتي قد تم انتخابهن ليكنّ ملكات. إن النحلات العاملات اللواتي يعتنين بأنفسهن لن يعززن بقاء جيناتهن.

إن أفكار "البيولوجيا الجديدة" مهمة بذاتها إلى حد كبير. ومع ذلك، يبقى السؤال: إلى أي مدى تساهم في تفسير المجتمع الإنساني؟ عندما يتحدث الوظيفي عن المعايير والقيم المشتركة، مثلاً، فهل هذا بحق،فقط، وصف خاطئ للسلوك الذي تطور عبر آلاف السنين لأنه عندما عشنا في جماعات صغيرة تستند إلى القرابة عززت الإيثارية والتبادلية نجاحنا التناسلي؟

من ناحية، إنه من الحقيقة أننا نفعل أشياء لأعضاء العائلة لا نقوم بفعلها للآخرين والعكس بالعكس، فإن الأطفال من أزواج سابقين يفوق احتمال موتهم خمساً وستين مرة الأطفال الذين يعيشون مع آبائهم الحقيقيين، وبشكل مساوٍ، فإن المخلوقات المتعاونة غالباً ما تؤدي بشكل أفضل من المخلوقات غير المتعاونة. (البشر والنمل هما الآن الرابحين على نطاق عالمي). ومع ذلك، يتضح أن السلوك الإيثاري والمكافئ تبادلياً يمكن أن يطور "عقلانياً" بين الغرباء. وبشكل مساوٍ، إذا كانت الإيثارية والتعاون ذات أساس بيولوجي صرف أو حتى بشكل كبير، فإنه لن يجد المرء اختلافات كبيرة بين المجتمعات وفقاً لهذا الاعتبار. إن الدراسات التي أجريت على الناس الذين يلعبون المباريات تظهر بأن التعاون مع الخصم يؤدي إلى نمو تدريجي للثقة وتعاون مستمر، كما تظهر كيف أنه من النادر، على المدى الطويل، أن تتجه لترى بأنها غير جديرة بالثقة. إن التبادل، والثقة، والتعاون بين البشر ـ يمكن أن يفسر ـ بشكل أفضل عن طريق استثارة عوامل عديدة أكثر مما هو كائن عن طريق افتراض الوراثة الجينية.

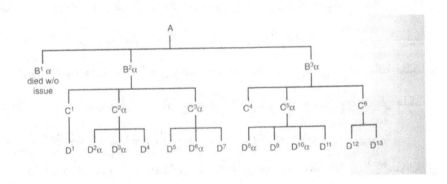

الشكل (8-2) نموذج انتشار جين إيثاري

الثقة والإيثارية

إن معظم الأبحاث التي أجريت حول تطور الثقة لا تشير إلى البيولوجيا، وبدلاً من ذلك تركز على العمليات التي يقود التفاعل الاجتماعي الناس من خلالها باستمرار إلى تبني استراتيجيات معينة: بما في ذلك، غالباً وليس دائماً، التصرف بطرق تستحق الثقة. وعلى نحو موازٍ، تعترف البيولوجيا الاجتماعية بالفروقات الهائلة بين المجتمعات في المدى الذي يوجد فيه انتشار للتعاون خارج الجماعات القرابية، وفي درجة الثقة بين المواطنين، وفي استعدادهم للتصرف إزاء الآخرين بكرم وثقة. ومع ذلك، فإن علماء البيولوجيا الاجتماعية يبينون أن أحد العناصر الشائعة في جميع المجتمعات الإنسانية يتمثل في وجود التشارك، وتقديم الهدية، والسلوك التعاوني، ويطرحون التساؤل البيولوجي المعياري، هل هناك أي شيء في هذا الأمر يعود إلى الفرد؟ وهل الناس الذين يمتلكون منطلق مسبق نحو هذا النوع من السلوك هم فعلاً أكثر احتمالية ليكون لديهم أسلاف، وأنه بسبب ذلك ذهب العرق عبر الزمن لأولئك الذين لديهم جينات تعاونية وايثارية؟ وهل من المحتمل أن يكون هناك عنصراً بيولوجياً، وكذلك اجتماعياً في الطريقة التي يبنى من خلالها التعاون والثقة؟

إن منظري الاختيار العقلاني يبينون أنه إذا ما كنت راكباً بالمجان أو أناني فإن الخداع قد يبدو معقولاً إذا لم تشاهد أي شخص مرة أخرى، لكن على المدى الطويل فإن العلاقة تمثل فكرة سيئة، إن علماء البيولوجيا الاجتماعية يؤكدون على نفس المسألة. وباستخدامهم للنماذج المعقدة، يوضحون بأنه، عبر أجيال، الناس الذين يتعاونون، والذين يمارسون مبدأ واحدة لواحدة (أو ضربة بضربة) Tit For Tat ولا يقدمون المساعدة لأولئك الذين أخفقوا في المبادلة، فإن أسلافهم لا يحاطون بأفراد لا يبادلون مطلقاً.

وكذلك يرى منظروا الاختيار العقلاني أن السلوك الايثاري ذاته لا يخبر أطراف العلاقة بأنك كشخص جيد، أنت كذلك مخاطر جيد كمعاون، إنك لن تخدع ومن ثم

تتبادل. بمعنى آخر، إن الايثارية "المعلنة" قد تخدم أغراضاً مختلفة تماماً عن تلك التي تخدمها الايثارية المخفية. إن الفيلسوف اليهودي ميموندي Maimonides أكد على نفس القضية عندما ميز بين الدرجات الثمانية في تقديم الصدقة. إحداها أعلى من الأخرى. "إن الذي يعطي بتذمر، وإكراه، وندم" يحتل المستوى الأدنى. الأفضل من هذا هو الشخص "الذي يعطي وهو يعلم لمن يعطي، وأن المتلقي يستقبل دون أن يعلم ممن يستقبل".

إن بعض علماء البيولوجيا الاجتماعية يعتقدون بأن السلوك الإنساني الذي يظهر الايثارية أو استحقاق الثقة ربما يكون فيه عنصراً جينياً قوياً. وأن ذلك لا يمثل شيئاً ما يعلمه كل جيل ببساطة لذاته في يوم الرعاية أو في ملعب الغابة. يُشير مات رايدلي إلى أنه من المفيد جداً بالنسبة للبشر أن يكونوا قادرين على وصم أولئك الذين من المعقول أن نتبادل معهم وأولئك الذين يجب علينا تجنب التبادل معهم ومشاركتهم الأعمال. ويصف رايدلي تجربة قدمها روبرت فرانك Robert Frank الذي كتب بشكل موسع حول تطور التعاون. والذي قام بِـ

> "وضع مجموعة من الغرباء مع بعضهم في غرفة لمدة نصف ساعة وطلب منهم أن يتنبؤوا بشكل خاص، أي زملائهم في الغرفة سوف يبدي تعاوناً وأيهم سيمتنع في مباراة معضلة السجين. لقد أثبتوا أكثر ما يمكن أن تفعله الصدفة، لقد تمكنوا من التحدث ما فيه الكفاية، بعد نصف ساعة فقط من معرفتهم بالآخرين، عن شخص ما يتوقعون أن يكون ذو نزعة تعاونية.
>
> لم يَدَعِ فرانك أن هذا مدهش جداً. إننا نمض وقتاً كبيراً في حياتنا نخمن استحقاق الآخرين للثقة، ونصدر أحكاماً مستمرة ببعض الثقة. إنه يقدم تجربة فكرية لأولئك غير المقتنعين. إنك تعلم من بين أولئك (لكنك لم تلاحظ مع الأخذ بعين الاعتبار التخلص من السم القاتل).

هل تستطيع أن تفكر في أي شخص يقود ويتكلم لمدة خمس وأربعون دقيقة ليتخلص من مبيد شديد السمية على نحو ملائم؟ إذا كان الجواب نعم، فسوف تقبل المنطق بأن الناس يمكن أن يتنبؤوا بالمنطلقات التعاونية المسبقة"

يشير رايدلي إلى أن الأفراد يمتلكون حافزاً أقوى لإظهار استحقاقهم للثقة أكثر من الآخرين عندما يتم التنبؤ بمن سيقوم بالخداع. وعلاوة على ذلك، هناك الآن دليل كبير لا يظهر فقط أننا جيدين في التنبؤ بميل الآخرين للتعاون، ولكنه يظهر كذلك أننا جيدين في وصم المخادعين والفرص المواتية للاحتيال. كل ذلك يفترض مسبقاً أننا قادرين على إدراك الآخرين وأن نحرز إصابات. وليس هناك شك بأن البشر بمقدرتهم المذهلة على استحضار ملامح وصفات معارفهم الشخصية، وأعمارهم، وذكرياتهم، معدين لفعل هذا الأمر أفضل من الكائنات الأخرى.

تتمثل الرؤية البيولوجية الاجتماعية الأقوى في أن "العقل البشري ليس أفضل من عقل الحيوانات الأخرى فقط، لكنه مختلف، أنه مختلف بطريقة ساحرة، انه مزود بملكات خاصة تمكنه من استغلال التبادل وتبادل الهدايا". في تقديرنا، تتمثل النظرية في أن هناك أساس بيولوجي غير مثبت بالنسبة للتبادل، إن المصلحة الذاتية العامة والمقدرة على النظر ما وراء المدى القصير ربما كل ذلك يتطلب توليد مثل هذا السلوك المتجدد. وبشكل موازٍ، فإن العنصر البيولوجي لا يمكن أن يحتكم إلى دليل في الوقت الراهن.

راندولف نيس Randolph Nesse ، الذي يكتب حول انتخاب الجماعة. يصف اهتمامه بالموضوع بقوله: "بعض الطلاب... تركوا مساقاتي بفكرة ساذجة" تتمثل في أن النظر إلى السلوك الموروث والايثارية يمكن أن يبرر السلوك الأناني. وقبل مغادرة النظريات البيولوجية الاجتماعية الايثارية، من المهم التأكيد أنها لا تنكر مركز اهتمام السلوك وهو هو بشكل

أساسي إيثاري. إذا كان تحليلها صحيح، فإن من بين أسلافنا العديد من الأفراد الـذين تصرفوا بشكل إيثاري ومن ثم وجدوا أنفسهم وأبنائهم بالنتيجة مستفيدين. لأنهم لم يتصرفوا على هذا النحو بدافع المصلحة الذاتية أو لأنهم بالضرورة يدركون بأن الايثارية يمكن أن تفيدهم: علـى العكس، لقد كانوا أصلاً إيثاريون ترتب على سـلوكهم (في بعض الحـالات) فوائـد ومنافـع غـير متوقعة.

الاسـتراتيجيات التناسـلية: مـن يخـدع مـن؟ أحد الأمور المدهشـة حول المنظريـن السوسيولوجيين الذين تمت مناقشة أعمالهم في هذا الكتاب، باستثناء قلـة منهم مثـل (دورتـي سمث، وباتريشاهل كولينـز، وميشيل فوكـو)، لم يتحـدثوا كثيراً حـول السـلوك الجنسـي- الـذي يمنحه الناس وقتاً كبيراً سواء بصورة مباشرة، أو بالقراءة، والتخطيط، واللهـو، إنه يمثل كذلك مجالاً يشعر فيه علماء البيولوجيا الاجتماعية بأن النظرية التطورية يمكن أن تسـاعدنا في فهم المجتمعـات الإنسـانية، ويـرتبط هـذا المجـال بإحـدى الأفكار الأساسـية في هـذا الكتـاب، أي الاختلافات بين الرجال والنساء.

إن إحدى الفروقات الجوهرية والمحددة تتمثل في أن النسـاء.يمتلكن عـدداً محـدوداً من البويضات، كل منها، إذا تم إخصابها، تأخذ وقتاً طويلاً حتى تنمو وتتطور، بينما بالنسبة للرجال، من حيث المبدأ، يمكن أن يكونوا آباء لعدد كبير مـن الأطفال. أضف إلى هـذا أن أم الطفل نادراً ما تكون في موضع شك: بينما والده البيولوجي، حتى إلى وقت متأخر جـداً، كان من المستحيل أن يتحدد بشكل حقيقي. توضح البيولوجيا الاجتماعية بأن تلك الحقائق تضع بعض صراعات المصلحة الجوهرية بين الجنسـين والتي مـن المحتمل أن يكون لهـا صـدى اجتماعي بصرف النظر عـن كيفية تعيين المجتمعـات المختلفة الرعاية الحقيقية للطفـل والمسئوليات الأخرى.

وكما يُشير مات رايدلي Matt Ridley :

تمثل الديوثية قدراً غير متماثل، فالمرأة لا تخسر استثماراً جينياً إذا كان زوجها غير مخلص، لكن مغامرات الرجل ترفع دون دراية أعداء الأبناء غير الشرعيين، وإذا ما تم تأكيد الآباء، يُظهر البحث بأن الناس يميلون إلى القول بغرابة بأن الطفل "يشبه والده" أكثر من قولهم بأنه "يشبه والدته"، ولعل أقارب المرأة هم الذين يقولون هذا في الغالب .. إن الرجال من المحتمل أن يتذكروا خيانة زوجاتهم أكثر من العكس بالعكس. ولقد عكس التاريخ والقانون ذلك، وفي معظم المجتمعات، كان الزنا من قبل الزوجة غير قانوني وعوقب بوحشية، بينما تم التغاضي عن الزنا من قبل الزوج، أو تمت معاملته ببساطة .. إن هذا المعيار المزدوج يعد مثالاً أساسياً لجنسانية (التمييز على أساس الذكورة والأنوثة) المجتمع، ولا يعرف في العادة أكثر من ذلك. حتى الآن، لم يعالج القانون جرائم أخرى، فلم تعاقب المرأة على القتل بصورة أكثر قسوة من الرجل، أو على الأقل لم تقض المدونات القانونية أبدا بأنها كذلك.

النقطة هي أن الزنا Adultery من قبل النساء له نتائج مختلفة جداً عن الزنا من قبل الرجال. إن محاولات الرجال للسيطرة على المرأة في أسرهم مدركة لهذا، وكذلك، بوعي جزئي الحقيقة بأن المرأة قد تمتلك حافزاً للتورط في الزنا ليس لأسباب "الرغبة" أو "المتعة" ولكن أيضا لأنها تمثل إستراتيجية تناسلية جيدة يمكن أن تعود عليهن بصنف أفضل من الأطفال.

وبسبب أن الكثير من الكتابة السوسيولوجية حول المرأة تؤكد على دورها باعتبارها مظلومة ومقهورة، وضحية سلبية، فإن أحد الأمور الملفتة للنظر حول تحليل البيولوجيا الاجتماعية يتمثل في تأكيدها على الاستراتيجيات التناسلية والسلوك الفعال للمرأة.

خلال فترة الثمانينيات، بدأت مجموعة من النساء العاملات في جامعة كاليفورنيا في ديفز، بقيادة سارة هاردي Sarah Hardy ، التركيز على السلوك غير الشرعي (المختلط) لأنثى الشمبانزي promiscuous، ليلاحظن بأن الأنثى كانت مبتدئة أو مستهلة كما هو الحال بالنسبة لشريكها الذكر، خارج هذا العمل انبثقت طريقة جديدة للنظر إلى سلوك الأنثى التناسلي والذي يمكن أن يلخص بالعبارة "احتفظ بكعكتك وكلها أيضاً"(*)، وجدت الأنثى نفسها الرفيقة المتاحة الفضلى، والتي ستؤدي ما عليها أن تقدمه وما تحتاجه من شريكها طويل الأجل مثل: الموثوقية، والثروة، واللطف والكياسة، ومن ثم فإنها تتورط في الزنا مع أب ذو نوعية أرفع مقاماً، معززة أو مدعمة نجاحها التناسلي.

إن الزنا كأمر رديء السمعة يستعصي على الدراسة عند البشر، لكن الدليل الذي يتوفر لنا هو أن الزنا شائع في كل المجتمعات الإنسانية والاستحواذ كذلك فيها جميعاً. إن بيانات مثل تلك التي نمتلكها حول الأبوة تشير بشكل مدهش إلى أن نسبة مرتفعة من آباء الأطفال هم ليسوا آباءهم على الإطلاق. إن هذا منسجم إلى حد كبير مع نظريات معينة تم تقديمها والنقطة الأكثر عمومية في البيولوجيا الاجتماعية تتمثل بأن السلوك الجنسي- والزنا (الخيانة) لديها الكثير مما تفعله مع التنظيم العام للمجتمع أكثر مما تقترحه النظرية السوسيولوجية. بالفعل، إن أحد الأشياء المدهشة حول الفصول السابقة من هذا الكتاب هو أنها لا تمتلك الكثير مما تقوله حول السلوك الجنسي، وهذا يتضح مع تقديم حجم الوقت الذي يخصصه معظم البشر له إما مباشرة أو في التفكير، أو القراءة أو التخطيط والتخيل الجامح.

بوجه أكثر عمومية، ركز الأنثروبولوجيون على النجاح التناسلي (تم قياسه عن

(*) أصل المثل هو "أنك لا تستطيع أن تأكل الكعكة وتحتفظ بها أيضاً"، لكن المؤلفتان تعكسان المثل هنا إشارة إلى أنه في حالة الزنا يحتفظ المرء بشريكه (ذكراً أو أنثى) ويمارس الجنس مع آخر (المترجم).

طريق أعداد الأطفال الأحياء) في تحليلهم للبناء الاجتماعي، وبينما أكدوا بأن الاستجابات الثقافية للضغوطات البيئية تختلف على نطاق واسع، فقد حددوا كذلك الروابط بين الممارسات المتجددة (وافترضوا "التكيف") ونجاح الأفراد (المواءمة المعززة). لقد أشاروا إلى أن الزنا الأنثوي أكثر شيوعاً في المجتمعات، عندما تكون رعاية الرجال بأبناء أخواتهم أكثر من أبنائهم. إن زنا الأنثى بوجه عام يعد أكثر شيوعاً كلما كانت الوراثة الأكثر عن طريق الأم (أخوالية، أي من الأم إلى الطفل، أكثر مما هي من الأب إلى الطفل). وبصورة مشابهة، في المجتمعات القبلية حيث يتمكن الرجال من الحصول على كمية كبيرة من الدعم عن طريق القرابة، والعشيرة، والجيران، أو الجماعة العمرية، فإن أولئك الأثرياء يميلون إلى الحصول على الكمية ويختارون عدداً وافراً من الزوجات أكثر من حصولهم على "النوعية" التي تأخذ شكل الزيجات باهظة الثمن. وبالعكس، في المجتمعات التي تكون فيها روابط الزواج مع عائلات أخرى هامة جداً بالنسبة لنجاح الرجال، فإن الرجال الأثرياء يميلون إلى اختيار النوعية أكثر من العدد الوافر من الزوجات.

وبالمثل، حاول بعض علماء الاجتماع تطبيق الأفكار حول الاستراتيجيات التناسلية مباشرة على المؤسسات الاجتماعية. افترض أننا تناولنا ممارسة تعدد الأزواج polyandry (أي، زواج المرأة من أكثر من رجل في وقت واحد)، فقد يفسره المرء عن طريق الإشارة إلى أنه عندما يوجد، فإنه يتضمن عادة العديد من الأخوان الذين يشتركون في زوجة واحدة. ولهذا، فإن كل رجل يفضل إعادة إنتاج جيناته بطريقة ما بالنسبة لكل طفل يولد. إن الأبوية المحلية (أي العيش مع قرابة الزوج) تفسر كذلك بهذه الطريقة، أي إذا عاشت الزوجة مع عائلة الزوج، يكون الزوج متأكداً بأن ذريتها هم بالفعل أبناءه، في حين تعلم عائلتها بحال من الأحوال أن أبناءها هم بالفعل أحفادهم. وهكذا، "يبدو أننا نحن البشر، بوجه عام، نقوم بعمل جيد يشايع البيولوجيا .. حيث أن 80% من المجتمعات الإنسانية

لديها الأبوية المحلية كشكل مهيمن من الإقامة".

ومع ذلك، هناك العديد من علماء البيولوجيا الحذرين من رسم هذه الارتباطات المباشرة بين البيولوجيا، والتنظيم الاجتماعي، والمؤسسات. يتحدث المرء عن سلوك ثابت ومرتكز على الغريزة بين الحيوانات، وهي المخلوقات التي لم تمارس مرة تعدد الأزواج، ولا تعدد الزوجات مرة أخرى. إن السناجب لا تكوّن في إحدى الغابات أبويين محليين بينما تكوّن غيرها في غابة ثانية أبوين محليين.

يصف داوكنز Dawkins ، مؤلف كتاب الجين الأناني The selfesh Gene مناسبة استمع فيها إلى أنثروبولوجيين يناقشون السلوك القرابي بمصطلحات انتخاب القرابة، "يسأل داوكنز، هل قصدوا بالفعل أن القبائل المختلفة قد انعزلت لفترة زمنية طويلة بحيث طورت أنماطاً زواجية مميزة؟ هل هو حسن الكرم؟ أجابوا: لا، إنهم لم يكونوا يتحدثون عن الجينات، لكن النقطة هي أن العلماء المختصين بدراسة نظم الشعوب كانوا يتحدثون عن الجينات.

غالباً ما يرى خصوم البيولوجيا الاجتماعية بأن الإنسان هو مخلوق للمعايير الثقافية، والتي لا تتوسع فيها العموميات البيولوجية أكثر من حدود النشاطات الأساسية مثل الأكل، والإخراج، والنوم. إنهم يوضحون بأن ولسون Wilson مثلاً، هو نتاج الثقافة مغتربة وتحيزات طبقته، ويشترك مع الموكب الطويل للمحددات البيولوجية التي سمح عملها بتدعيم المؤسسات في مجتمعها عن طريق تبرئتها من مسؤولية المشكلات الاجتماعية. ومع ذلك، فإن العديد من العلماء الاجتماعيين أُستثيروا من قبل البيولوجيا الاجتماعية، ولكن لم ينظروا إليها باعتبارها حلت مكان علومهم، وإنما باعتبارها منبهاً قيماً لملاحظة الجوانب الفيزيقية للحياة الاجتماعية. لقد اهتم بارسونز بشكل خاص بإمكانية تطوير مستواه النسقي الأول حول العضوية البيولوجية، وقد شجع ذلك علماء النفس وعلماء الاجتماع

لمعاملة البقاء وإعادة الإنتاج الإنساني كمؤثرات هامة على بقاء الثقافة والممارسات الاجتماعية وكذلك الخصائص الفيزيقية (الجسدية).

البيولوجية الاجتماعية والثقافة

إن التفسيرات البيولوجية الاجتماعية تعمل بشكل أفضل في تفسير ثقافات ومجتمعات معينة عندما ترتبط بعوامل ومنظورات أُخرى. وقد أصبح هذا شائعاً بشكل متزايد. وعلى سبيل المثال، فإن فرانسيس فوكوياما Francis Fukuyama. يربط المتغيرات البيولوجية وغير البيولوجية في تحليله لـ "التفكك العظيم" The Great Disruptionهذا هو اصطلاحه للتغير الهائل في المعايير الاجتماعية والسلوك والذي حدث في العالم الصناعي منذ عام 1965م، ويتضح هذا التفكك في انهيار الأسرة النواة. وارتفاع معدلات الطلاق. واللاشرعية، والإساءة للأطفال، والجريمة، مقارنة بمنتصف القرن العشرين.

إن موضوع التغيرات في أنماط الأسرة قد تمت مناقشته من منظورات نظرية مختلفة وهي قريبة من أحد الموضوعات المطروحة في هذا الكتاب، وبشكل محدد دور المرأة في المجتمع المعاصر. مثلاً، لقد نظرنا إلى العلاقة بين معدلات الطلاق والفرص الاقتصادية للمرأة عندما ناقشنا الاختيار العقلاني. إن فوكوياما يوافق على أهمية مثل هذه العوامل الاقتصادية، لكنه يجادل أيضاً بأن العوامل البيولوجية تلعب دوراً هاماً في تفسير تلك التغيرات الجمعية.

يرى فوكوياما، على نحو ما يفعل علماء البيولوجية الاجتماعية، أَن الرجال والنساء يمتلكون استراتيجيات تناسلية مختلفة. يجادل بأن الحافز لدى الذكور بممارسة الجنس مع العديد من النساء يصنع تكيفاً معقولاً. فحقيقة أن الذكور ذوي المكانة المرتفعة أو ذوي الثروة يفعلون هذا الأمر عن طيب نفس في ثقافات متعددة من الصين إلى تركيا إلى أمريكا يوحي بأن هذا الحافز موجود لدينا بكثرة. ويجادل، أنه بنفس الوقت، كان على البشر أن يطوروا استعداداً لاستثمار كميات كبيرة من الوقت والجهد لتنشئة الأطفال الذين يطلبهم

المجمع. وهذا لأن علاقة الآباء بالأبناء تتضمن كماً كبيراً من الوقت، والطاقة، المصادر، والمحتوى العاطفي الذي ينتقل بخط واحد من الآباء إلى الأبناء. لقد كان هذا الأمر ضرورياً بشكل خاص بالنسبة للنساء لأنهن بوجه عام مسؤولات عن حضانة الأطفال وتعليمهم. ولهذا كان من المهم بالنسبة لحياة الطفل أن تكون له أُم إيثارية أكثر مما يكون لهم أب إيثاري. إن علم النفس التطوري، يرى أَن الايثارية الذكورية إزاء النسل، وهي متجذره في البيولوجيا، هي بشكل أكبر نتاج المعايير المبنية اجتماعيا أكثر ما هو الحال بالنسبة للايثارية النسوية.

إن المجتمعات البشرية عبر التاريخ أدارت تنشئة الأبناء من خلال أنماط الأسرة التي أعطت الرجال شرعية الممارسة الجنسية في الزواج وأجبرتهم على إعالة الأطفال الذين ينتجون من هذه العملية. وهناك دليل على أنه في نهاية الخمسينيات في الولايات المتحدة. كان أكثر من 60% من الزوجات يحملن في مذبح الكنيسة ويُجبر أزواجهن على الزواج منهن ومع ذلك هناك تطوران خلف انفصال هذا الترتيب المستقر بدرجة أقل أو أكثر وهما: وسائل منع الحمل، وتزايد عمل المرأة ودخلها النسبي.

هذه النقطة الأخيرة تمثل النقطة التي ناقشناها من قبل في إظهار كيف عملت على إحداث التغيرات في طبيعة صفقة الزواج بالنسبة للنساء لأنهن لم يجبرن على البقاء في الزواج ليبقين على قيد الحياة. يؤكد فوكوياما على عاملين بيولوجيين عززا ذلك الاتجاه، الأول: هو أَن وسائل منع الحمل جعلت من الممكن بالنسبة للنساء ممارسة الجنس دون قلق حول نتائجه الايجابية، ولهذا أصبحن قادرات ومستعدات لممارسة الجنس مع عدد كبير من الأشخاص (إن مقاطع البرامج التلفزيونية من قبيل "الجنس في المدينة". هي مقاطع واقعية. وغير مُتَصورة دون أن يعتمد كل شخص على وسائل منع الحمل بصورة مسلم بها). الثاني: أن هذا الميل الذكوري الطبيعي مُعَزَزْ لتولي مسؤولية أقل بالنسبة للأطفال والبحث عن عدد

كبير ممن يُمارَسُ معهن الجنس. لقد كان أسهل بالنسبة لهم إيجاد من يمارسن معهم الجنس كما كان أسهل أن لا يبالوا بمعيار المسؤولية الذكورية. إن المرتكزات البيولوجية لسلوك الذكور كانت، عبر التاريخ البشري، متوافقة تماماً مع التربية الناجحة للأطفال. لكن فوكوياما قلق من أنها أقل الآن مع الأخذ بعين الاعتبار السياق الاقتصادي المختلف إلى حد كبير والتغيرات الضخمة في السلوك الجنسي والنابعة من وسائل منع الحمل، وحسب ما يرى فوكوياما، "بينما تعمل هذه المعايير الجديدة المكرسة لانعدام الأبوبية واللامسؤولية الذكورية على مضاعفة مصالح الأُمهات والآباء. إلا أنه من الواضح أنها بأية حال تقع في مصالح الأطفال".

البيولوجيا والثقافة إن العلماء الاجتماعيين الذين اهتموا بمكاملة البيولوجيا الاجتماعية بمنظوراتهم العلمية يمكن أن يقسموا بشكل واضح إلى أولئك الذين يحاولون استخدام مفاهيم دارونية جديدة لاختبار الثقافة - أي أولئك المهتمون بفكرة "التطور الثقافي"- وأولئك المهتمون بالطرق التي يتقارب من خلالها شكل العوامل البيولوجية والبيئية ويضع قيوداً على حياتنا. وهناك اثنان من الخطابات الرئاسية يوضحان هذين المنظورين - أحدهما من قبل عالم النفس والإحصائي دونالد كامبل Donald Campbell والثاني من قبل عالمة الاجتماع ألس روسي Alice Russi - وكلاهما كان يريد به إقناع رفاقه في المهنة بأهمية ملاحقة الفرضيات التطورية والبيولوجية.

يقترح كامبل أنه جدير بالاهتمام أن ننظر إل الثقافة الإنسانية باعتبارها نتاجاً للتطور الانتقائي، حيث تصنع صفات فيزيقية وسيكولوجية مميزة. إن حقيقة عدم ارتكاز الثقافة على الجين بالطريقة التي تعمل فيها الكلى عندنا، لا تعني أن المجتمعات تختار ثقافاتها بصورة عشوائية. وعلى العكس، عبر الوقت، يصبح من الجدير بالاهتمام النظر إلى "الثقافة والنسق الاجتماعي المتراكم" باعتباره نتاجاً للتطور التكيفي، وهذا واضح بشكل كافٍ

بالنسبة للأدوات، أقل مما هو بالنسبة لقواعد التنظيم الاجتماعي، ومع ذلك، يتأمل كامبل:

"منذ زمن بعيد، وجد البشر ـ تحت أنساق تنظيمية مختلفة تتضمن معتقدات وأعراف مختلفة. وضمن هذا التدفق الزمني، ربما كان هناك استبقاء انتقائي للمبادئ التنظيمية والأيديولوجيات بالاستقلال عن قدر الأفراد وآجالهم. إذا كانت تلك الأشكال التنظيمية وأنساق المعتقدات تسهم في وظائفية النسق الاجتماعي، كما هو معبر عنها في تحول أناس آخرين .. إن مجتمع تقسيم العمل المعقد، والبيوت المؤلفة من عدة شقق سكنية، والحضرية، والطعام المخزن .. خطر على بال البشر ـ في ست فترات زمنية بشكل مستقل".

إن اعتبار المجتمع الإنساني نتاجاً للتطور البيولوجي والثقافي يعرف على أنه "نظرية الإرث الثنائي" Dual Inheritance Theory. وتعمل بعض التشابهات اللافتة للنظر مع الوظيفية. ومع ذلك، هناك بعض الفروقات الهامة أيضاً. يلاحظ كامبل بأن "الحكمة التي أنتجت من قبل أي نظام تطوري تمثل دائماً حكمة حول العوالم الماضية"، وربما تكون مؤذية في الظروف الراهنة، وعلاوة على ذلك، فإنه يشك فيما إذا كانت العملية لا تزال مستمرة، حيث يقول:

إن التطور التكيفي أداة موجهة لتغذية راجعة سلبية، ولذلك فإنه يعمل بشكل أفضل عندما يكون التنظيم الاجتماعي المتطور جزءاً صغيراً من البيئة الكلية، حيث أن التنوعات في التنظيم الاجتماعي لا تغير النظام الانتقائي بشكل جوهري، أي البيئة ككل .. قد يشكك المرء بأن التطور الاجتماعي التكيفي مستمر في مستوى أمم اليوم .. لأن الأمم الأساسية قليلة جداً في عددها، والجزء المهيمن لكل منها على بيئة الآخر إلى حد كبير.

بصورة أكثر تحديداً، يختلف كامبل، ومنظرو "الإرث الثنائي" عـن علماء الاجتماع السابقين في النظر إلى التفاعل بين العوامل البيولوجية والاجتماعية باعتبارها تستحق اهتماماً معيناً وخاصاً. وفي مناقشتنا السابقة للإيثارية، رفضنا فكرة أن المخلوقات تتصرف من أجل "خير الكائنات" وأوضحنا بأن "انتخاب القرابة" و "الإيثارية التبادلية"، لا تأخذنا بعيداً في توضيح السلوك الإنساني. يوافق كامبل، التأكيد على أن "التطور الاجتماعي قد يتعارض مع الميول الأنانية الفردية، والتي استمر التطور البيولوجي في اختيارها كنتيجة للتنافس الجيني بين المعاونين".

يوضح كامبل بأن الدين والأخلاقية ينبغي النظر إليها بالاستناد إلى "قيمتها التكيفية التطورية" كطريقة لمواجهة الطبيعة الإنسانية الأنانية بالضرورة، وإننا نستطيع، وعلينا أن نعتني بالارتباطات بين النظم المتطورة ثقافياً والسمات المتطورة بيولوجياً. إن إحدى الاحتماليات لتكيف الأطفال يتمثل في "تأثرنا بآراء الأغلبية وبرموز الهيبة" وطاعة السلطة. بالفعل إن "ميلنا العام للتكيف مع آراء الآخرين ربما يكون ضرورياً لتراكم العرف الاجتماعي التكيفي". بمعنى آخر، قد نمتلك سمات لا تساعد فقط في تنشئتنا الاجتماعية لكنها تجعلنا نريد أن نكون منشئين.

وبروح مماثلة، أوضحت ألس روسي في خطابها للاتحاد الأمريكي لعلم الاجتماع عام 1983، بأنه "ولا واحدة من النظريات السائدة في علم الاجتماع العائلي .. تكفي لفهم وتفسير الوالدية الإنسانية لأنها لا تبحث في التكامل بين أنواع البنية البيولوجية والاجتماعية، وعندما نناقش إعادة الإنتاج الإنساني وتربية الأبناء فإن الإجابة الملائمة لحقيقة أن التنشئة الاجتماعية قد تضخم الفروق البيولوجية، بأنها لا تدعي عدم وجود الفروقات. إن روسي مهتمة بالدليل حول الفروقات البيولوجية المتصلة بالجنس بشكل مباشر، لكنها مهتمة كذلك بالعلاقات المتغيرة والمعقدة بين الهوية الجنسية وإعادة الإنتاج، والسلوك

الاجتماعي والخبرة. وهكذا، فإنها تبين أن الزيادة في عمر الزواج بالنسبة للرجال، وارتفاع معدلات الطلاق، وزيادة أعداد النساء اللواتي يخترن تربية الأطفال خارج الزواج يعني تمايزاً متزايداً في نسبة كل جنس مع مسؤوليات العائلة. وتكمل روسي: إن علماء الاجتماع لا يحتاجون إلى مذكّر أو منبه بأن:

...الجماعة السكانية الفرعية (من الرجال والنساء) يشكلون الغالبية في العنف الجنسي، وإدمان الكحول والمخدرات، والجريمة والانحراف الاجتماعي. إن الذكور العزاب يؤثرون في إحداث التصدع بين الجماعات المتماسكة اجتماعياً، ويقتلون ويشوهون لكن ثقافات الآلة في الغرب لم تظهر إبداعاً في تطوير مؤسسات اجتماعية جديدة قادرة على التزويد بولاء الفرد والتكامل الاجتماعي لتحل محل روابط العائلة. إن أجوبتنا الوحيدة تمثلت فقط بالجيوش والسجون.

وتوضح روسي، غالباً، يعامل علماء الاجتماع فروقات السلوك بين الجنسين على أنها ببساطة، محددة ثقافياً. وهكذا، فإن الهرمونات التي تسبب البلوغ تعامل كما لو أنها إشارات يستطيع ويجب على سلوك ملائم معين أن يتبعها. في الحقيقة، هناك بين الرجال الشبان علاقات ارتباطيه مرتفعة بين مستويات هرمون التستوستيرون والعدوان. وعلى الرغم من أن الرجال الأكبر سناً قد يكون لديهم ضبطاً أعلى "إلا أن الرجال الأكبر سناً ليس جميعهم ناضجين .. إن ضغوطات الحياة يمكن أن تتصعد غالباً إلى درجة أن المظهر الخادع الواهي لضبط النفس الناشئ عن التنشئة يتم فقدانه، مع نتائج نراها في سجوننا، ومستشفياتنا، والمأوى المخصص للزوجات المعنفات أو الرجال الذين ليس لهم مأوى، ومراكز المعالجة للأطفال ضحايا زنا المحارم .. إن المشاعر والأفكار تمثل أحداثاً جزئية في الدماغ والتي لها نتائج كيميائية وفيزيقية.

البيولوجيا وعلم الاجتماع إن العديد من التطورات النظرية الراهنة للبيولوجيا الجديدة لها علاقة محدودة بعلم الاجتماع. إن النماذج التي ترد النسبة العظمى من النحل العامل إلى ذكور النحل من الصعب أن تستخدم في تفسير التغيرات في حجم العائلة الإنسانية، ولا أن سلوك المدراء من الطبقة الوسطى يمكن أن يُفهم بالاستناد إلى جماعة البابون (السعدان الإفريقي قصير القامة وطويل الذيل). على ما يبدو أنه من المحتمل أن يشجع تطور البيولوجيا العلماء الاجتماعيين لمعاملة التوالد (التكاثر)، والندرة، والمجهولية البيئية كعوامل هامة فعلاً في تفسير السلوك الإنساني وكذلك الحيواني، حتى لو أن الطريقة التي نستجيب بها نحن البشر مختلفة جداً.

كما أنهم أيضاً، قد يلتفتون بشكل متزايد إلى حجة روسي، ليس من أجل النظر إلى الإنسان على أنه "مطواع" ومبدع بشكل مطلق. إن علماء الاجتماع يميلون إلى التسليم بأن المجتمع يدور حول عضوية الجماعة، حتى بالرغم من أنهم غالباً ما يهتمون بالطبقات الاجتماعية أكثر من اهتمامهم بالقرابة. إن العلماء هنا، أقل سعادة بحقيقة أن الجماعات تتطلب حدود، واستبعاد الناس وتضمينهم، لكن المخلوقات التي عاشت في جماعات على امتداد ملايين السنين من التطور، من المحتمل أن تمتلك خصائص تشجع بقوة تماثل المخلوق مع جماعته. وبالمثل، رفض الآخرين.

بالنتيجة، "تتوقع البيولوجيا الاجتماعية أن يكون لدى كل جماعة عرقية رهاب الغريب أو الخوف من الأجنبي .. إنها تتوقع، بأنه إذا كان هناك أي شيء يجعل الجماعة تشعر بأنها أرفع مقاماً من الآخرين"، فإن هذا يحصل لأنه:

عندما يحدث هذا في الأوضاع الطبيعية، فإن رهاب الغريب يكون سمة وظيفية وتكيفية لأنها تحافظ على تكاملية الجماعة. إنه يضمن أن يكون أعضاء الجماعة متآلفين اجتماعياً .. لقد ظهر رهاب الغريب

بشكل واضح عبر مسار الانتخاب الطبيعي والتطور الاجتماعي في أولئك الناس وتلك المخلوقات حيث الجماعات المنفصلة مفضلة تكيفياً.

وما يدعونا للحديث عنه أيضاً هو "العنصر المتخلف والذي لا يمكن اختزاله، والمتمثل في العداء البين عرقي، بعد إزالة جميع العوامل الأخرى التاريخية، والسياسية، والاقتصادية، والاجتماعية، والسيكولوجية". إن محتوى الفكرة يشبه محتوى فكرة روسي وهو: انه لا ينبغي علينا أن نعتذر أو نقبل، لكن علينا أن ندرك بيولوجيا الإنسان على امتداد إدراكنا لثقافته والتقييدات التي تتضمنها.

وبصورة مشابهة، رغم أننا قد أوضحنا أنه من غير الملائم الادعاء بأن انتخاب القرابة يسبب أنماطاً قرابية إنسانية معينة، إلا أنه من المحتمل أن يكون ملائماً بالكامل أن نربط ماضينا التطوري بحقيقة أن المجتمعات الإنسانية تنظم الكثير من سلوكها حول القرابة:

إن وسام كارنجي للشجاعة يعد مرادفاً لوسام الشرف لدى الكونغرس في زمن السلم، ويدرك ما نحوه دون وعي البيولوجيا الاجتماعية للإيثارية عن طريق عدم إعطاء الوسام للشجاعة في إنقاذ حياة القريب. إن مساعدة القريب في محنة، متوقع على نحو واضح، وما هو غير متوقع ويستحق الوسام، هو مواجهة الخطر لمساعدة غير القريب.

إن مثل هذا الإدراك يتضمن بالفعل سلسلة من الانتقادات الموجهة للعديد من المنظورات التي تمت مناقشتها سابقاً. إذا نظرت إلى الوراء إلى الفصل المتعلق بنظرية الصراع سوف تجد عدداً من المنظرين يتمسكون بأفكار حول كيفية تشكل الجماعات في المجتمع، ونوع المصالح التي سوف تتم متابعتها والسعي وراءها، والخطوط التي يحدد الصراع على امتدادها. ومع ذلك، هناك ذكر قليل استثنائي في كل الفصل للجماعات والروابط الأسرية. وفوق ذلك، إذا كان هناك بالفعل "شعوراً أسرياً" أساسياً بين البشر، كما هو بين

المخلوقات الأخرى، فمن ثم هناك أساس مبني في صميم تشكيل الجماعة في جميع المجتمعات التي ينبغي على علماء الاجتماع عدم تجاهلها. إن البيولوجيا الاجتماعية لا تبين فقط أهمية البيولوجيا بالنسبة لعلم اجتماع الأسرة، كما توضح ألس روسي. إنها تتضمن كذلك الإشارة إلى أن إهمالنا وتجاهلنا النسبي لهذا الحقل في السنوات الراهنة قد فات موعده فيما يتعلق بإعادة تثمينه.

الفصــل التاســع

خاتمة: تقييم النظرية السوسيولوجية

الجزء الأول: مستقبل النظرية السوسيولوجية: الحداثة وما بعد الحداثة.

الجزء الثاني: النظرية السوسيولوجية والفهم: قيمة المنظورات المتعددة

الجزء الأول

مستقبل النظرية السوسيولوجية: الحداثة وما بعد الحداثة

مقدمة

إن التحرر من النقائص وكذلك العدالة تقتضي- من المقيمين والناقدين، في علم الاجتماع كما هو الحال في أي مجال آخر، وعلماء الاجتماع إلى فحص صيغة النظرية التي تقدم وجهات نظر مختلفة، إن العديد منهم ايجابيين ومتفائلين، وآخرين هم أَقل تفاؤلاً. لقد قمنا في هذا الكتاب بإجراء مسح لمعظم المنظورات النظرية الهامة في علم الاجتماع المعاصر، وجميعها لها جذورها في أعمال الباحثين العظام من القرن التاسع عشر وبدايات القرن العشرين. مثل: علماء الاجتماع مثل دوركايم وڤيبر، وعلماء الاقتصاد وأصحاب الرؤى السياسية مثل ماركس والفلاسفة، والمصلحين الاجتماعيين، ومنظري التطور. ومع ذلك، فإن تلك المنظورات قد أدرجت هنا ليس بسبب أهميتها التاريخية. ولكن لأنها تتضمن التقاليد الفكرية التي لا تزال تطور وتساهم في فهمنا للمجتمعات وكيف نعيش فيها. كما يتضح من عنوان هذا الكتاب. فإن وجهة نظرنا، تفاؤلية. إن النظرة السوسيولوجية كجسم ديناميكي من الأفكار كما هي اليوم وكما كانت في كل وقت هو ما نؤكد عليه. إنها تستمر في الاستعارة (استعارة الأفكار) من المجالات المعرفية الأخرى لأنها فعالة ومتطورة. وفي الوقت ذاته تقدم منظوراً متميزاً وفريداً حول الخبرة الإنسانية. في الجزء الأَخير من هذا الفصل (ومن هذا الكتاب) نعود إلى الفكرتين اللتان استمرتا معنا في كل فصل -دور التعليم ومكان المرأة في المجتمع الحديث- ونلخص كيف يقدم كل منظور رؤى وإجابات مختلفة ولكنها متكاملة.

ومع ذلك نبدأ هذا الفصل، بالنظر إلى الطريقة التي تطور فيها علم الاجتماع

وبالتحديد النظرية السوسيولوجية في الجزء الأخير من هذا القرن. وماذا نعني بفكرة أنه يجب التحرك إلى الوجه ما بعد الحداثي من التنظير. وفوق كل ذلك، فإن النظريات السيوسيوجية وعلماء الاجتماع أنفسهم جزءاً من المشهد الاجتماعي، وشعبيتهم لا تعتمد على خصائصهم الداخلية وحدها. في أوقات مختلفة خلال الأربعين سنة الأخيرة هناك منظورات مختلفة أصبحت أقل وأكثر شعبية وتأثيراً، والأسباب وراء ذلك لا تتعلق فقط بكيف يجب أن تعمل كأنساق تفسيرية.

اتجاهات تاريخية

يشمل علم الاجتماع الأمريكي، بوجه محدد، ثلاثة أطوار واضحة؛ كانت الوظيفية في الخمسينيات من القرن الماضي المنظور الأكثر تأثيراً. وقد تركزت اهتمامات منظريه حول علم الاجتماع بعيد المدى. وفي الستينيات والسبعينيات كانت الماركسية الجديدة ونظرية الصراع التحليلية هي المنظورات التي تكتسب أهمية بشكل متزايد، وغالباً ما كان هناك أشخاص أكثر مهتمين باكتشاف أشياء خاطئة تتعلق بالوظيفية أكثر مما كان هناك علماء اجتماع يستخدمون منهجها ومنظورها. وفي الوقت ذاته، وبشكل خاص في الولايات المتحدة، تزايد الاهتمام بتفاصيل المواجهات التي تحدث بين شخص وشخص على نحو فيه حدة. التفاعلية الرمزية، وبشكل متزايد، الظاهراتية أثرت أيضاً بعلماء الاجتماع الذين كان اهتمامهم الرئيس مركزاً في علم الاجتماع بعيد المدى. وكانت النتيجة في الثمانينات والتسعينيات طوراً ثالثاً من الاهتمام المتزايد بالارتباطات بين التحليل بعيد المدى والتحليل قصير المدى، وبطرق تكامل المستويين من التحليل عندما يتم تحليل ظاهرة واقعية.

إننا لا نستطيع أن نتظاهر بتقديم تحليل تام وجذري لتلك التغيرات لكن عدداً من التطورات الاجتماعية يحتمل أنها كانت مؤثرة؛ الأول هو الخبرة الاجتماعية المختلفة للأجيال المختلفة من علماء الاجتماع. لا يمكن للمرء أن يعتقد بأن الأفكار قد تم تحديدها

بشكل صريح من قبل آراء الناس الاجتماعية لتوافق التساؤلات التي يطرحها علماء الاجتماع، وأن المنظورات التي يتبنونها في المحاولة للإجابة عليها، سوف تُشَكَّل عن طريق أوجه معيشتهم. وكذلك الدرجة التي يجد عندها القارئ بأن السؤال مدرك ومحسوس ومهم أو أن الإجابة مقنعة. إن العديد من علماء الاجتماع الذين كانوا نشطين في الخمسينيات كان آباؤهم في الوزارة وذوي خلفيات مؤمنة بالإصلاح الاجتماعي التدريجي كوسيلة لمساعدة الجماعات المحرومة وإعادة تكاملها مع المجتمع. لقد كانوا يعملون في فترة زمنية كان فيها إجماعاً سياسياً عاماً، والعديد من المفكرين آمنوا بِـ "نهاية الأيديولوجيا"، وهكذا، بدى تركيز الوظيفية على المعايير العامة بمثابة طريقة ملائمة للبحث في قضايا المجتمع. لقد تشكلت اهتمامات ومصالح علماء الاجتماع الشبان خلال حقبة حرب فيتنام وهي الفترة التي تجدد فيها النزاع الأيديولوجي والسياسي، وفي غضون ذلك، أنتج اليسار الجديد جماعة من علماء الاجتماع الشبان المنتمين إلى جناح اليسار والذين لديهم اهتمام كبير بمدرسة فرانكفورت.

بالإضافة إلى ذلك، خلال فترة الستينيات انهارت التقاليد الثقافية القديمة، وازدهرت أساليب حياة بديلة، خصوصاً في الولايات المتحدة. وكان هناك اهتماماً متزايداً بالطريقة التي تشكلت وتأثرت فيها علاقات الناس مع بعضهم بأسلوبهم في الاتصال. وكذلك هاجم "الإنسانيون" Humanists (أصحاب النزعة الإنسانية) العلم لتجاهله الجوانب العاطفية والفنية في الخبرة الإنسانية. وجنباً إلى جنب مع التظاهرات والخلافات التي مزقت الولايات المتحدة استدار العديد من الناس بعيداً عن الانخراط في أية تنظيمات. لقد بدى أن تلك التيارات جعلت علماء الاجتماع الشبان أكثر اهتماماً بتفاصيل التفاعل، وأكثر إدراكاً للكيفية التي يمكن بها لعالم المرء أن يوجد بطريقة فورية عن طريق ذات المرء والناس المحيطين به. وبالمقارنة، خلال فترة الخمسينيات كان الناس مدركين لنوع مختلف من

التغير الاجتماعي. إن أهمية اقتصاد الأعمال الصغيرة والمزارع كانت تنكمش بشكل سريع إلى جانب توظيف أعداد كبيرة من الناس في تنظيمات كبرى. إن هذا الأمر ركز انتباه العديد من علماء الاجتماع الأكثر مقدرة على التنظيمات والشركات الصناعية، أي ركزوا على تساؤلات بنائية أكثر من تركيزهم على التحليل السوسيولوجي قصير المدى.

العامل الثالث المؤثر في الاتجاه المتخذ من قبل النظرية السوسيولوجية كان يمثل التحول المماثل في المصلحة والذي حصل في العالم الفكري ككل. منذ عام 1945 أصبحت الظاهراتية بشكل متزايد مشهورة خارج ألمانيا، ولقد أثرت انتقاداتها للخط الأساسي للعلم الاجتماعي واهتمامها بالجوانب الذاتية للواقع بعدد كبير من علماء الاجتماع أكثر من الظاهراتيين المعلنين تأيدهم الذاتي، كما اهتم الفلاسفة الإنجليز والبريطانيين بشكل واضح بالجوانب الفعالة أو "القصدية" للتصور وبالطريقة التي تركز فيها أفكارنا وخبراتنا على افتراضات مشتركة ومفاهيم متعذر اختزالها. لاحظ ستيفن تولمن Stephen Toulmin تغيراً بين فلاسفة العلم (والعلم الاجتماعي) مع تضمينات مماثلة. لقد أوضح أنه خلال الستينيات أصبحوا مهتمين بشكل كبير بكيفية تجذر التصورات والنظريات في "العالم التاريخي الوقتي" وفي الإطار المفاهيمي العام للدهر.

بشكل ملفت للنظر تماماً، ربما أثار التراجع في مكانة علم الاجتماع خلال فترة السبعينيات وبداية الثمانينيات تكامل مثل هذه النظريات في النمط الأساسي لعلم الاجتماع. مع تراجع أسلوب الستينيات "الثقافة المضادة"، وجدت أمريكا وأوروبا الغربية بالمثل طلاباً يتحركون نحو موضوعات ذات صلة مباشرة بسوق العمل. لقد توقف علم الاجتماع عن أن يكون مرتبطاً بتوجهات الطبقات العليا، والارتباط بمذهب الفاعلية السياسية، وتطور بدلاً من ذلك إلى فرع واحد من المعرفة الاجتماعية بين الفروع المعرفية الأخرى. إن الارتباط الضعيف بمذهب الفاعلية السياسية كان يعني في المقابل أن علماء

الاجتماع الأمريكان بوجه محدد، أصبحوا أكثر اهتماماً بالتطورات الأكاديمية من أي شي آخر. وفي حقل النظرية على وجه الخصوص، نظروا أكثر إلى فروع معرفية أخرى وبلدان أخرى، وهي تحركات كان لها بأي حال تعزيزاً متبادلاً، لأن الحواجز بين الفروع المعرفية للعلم الاجتماعي في أوروبا كانت أقل تحديداً. إن الاهتمام المتزايد بمنظرين مثل هابرماس، وجدنز، وبورديو، وفوكو، كان يعني تنامي تأثير منظرين هم أنفسهم مهتمين بالجذور قصيرة المدى لعلم الاجتماع بعيد المدى، كما أنهم يسلمون جيداً بالتحليل الظاهراتي. وبصورة مماثلة دخل التأثير النامي لنظرية الاختيار العقلاني علم الاجتماع مرة أخرى بواسطة العلم السياسي والاقتصاد، وكان يعني أيضاً تركيزاً متجدداً على الحدود المشتركة قصيرة المدى - بعيدة المدى. Micro-Macro Interface

إن ما قمنا بوصفه يتضمن التقاء المنظورات النظرية المختلفة واعتناق منظور انتقائي نسبياً ينجذب فيه علماء الاجتماع إلى ما يبدو أنه يمثل إطاراً ملائماً لسؤال معين ينطلقون منه. لقد تزايد عدد علماء الاجتماع الذين يجادلون من أجل توليف المنظورات المختلفة لتفسير الظواهر الاجتماعية، ومن بين هؤلاء بيتر بيرغر، وراندال كولينز، وأنتوني جدنز، ودورثي سمث، الذين أدركوا قوة الرؤية الأكثر اتساعاً للواقع الاجتماعي، وهي الرؤية التي تجمع وتدمج مستويات التحليل البنائية بعيد المدى، والتفاعلية قصيرة المدى، والتفسيرية.

ومن وجهة نظرنا، فإن هذا الأمر يصف فعلاً الاتجاه السائد في النظرية السوسيولوجية والدراسات السوسيولوجية الإمبريقية. ومع ذلك، كما لاحظنا، فإن عدد قليل من العلماء يجادلون ضد هذا الأمر، وضد الحركة الكلية لعلم الاجتماع المعاصر والعلم الاجتماعي ومحاولتهما فهم العالم. إن هذا الهجوم مرتبط بوجه خاص بمصطلح "ما بعد الحداثة".

النقد ما بعد الحداثي

يعتبر شالز لمرت Charles Lemert أحد أشهر علماء الاجتماع الأمريكيين الذين يكتبون ضمن منظور ما بعد الحداثة Postmodernism ، وهو يميز عدداً من المعايير المختلفة للكتابة ما بعد الحداثية. واحدة من المجموعات الهامة تقدم الأطروحة التي تؤكد أن هناك تغيراً أساسياً في طبيعة المجتمع، وأن نمط المجتمع الذي وصفناه بالحديث قد تبعهُ مجتمعاً آخر مختلف جداً. إن هذا المنظور يرتبط على نحو خاص بكتاب يؤكدون على التأثير العميق الذي أحدثته وسائل الإعلام في خبرتنا للعالم. وعلى ما يخبره الناس باعتباره حقيقياً. ويحللون تأثير وسائل الإعلام على أي نوع من الناس نحن، وعلى ما تم النظر إليه باعتباره قضايا وأحداث هامة، وعلى المفاهيم والأفكار التي تُعَرفنا وتُعَرف نظرتنا للآخرين.   مجموعة أخرى أيضاً تختبر مفهوم الحداثة modernity من منظور نقدي. ويحددون ما ينظرون إليه باعتباره يمثل مكوناتها الأساسية. والطرق التي تفشل بها الأشكال الأقدم والأشكال المنبثقة من المجتمع في تحقيق الإمكانية الإنسانية. إن هذا المنظور الأخير هو أحد المنظورات التي تعرضنا لها في الفصول الأولى، وبشكل خاص في أعمال مدرسة فرانكفورت (الفصل الثالث) وفي أعمال هابرماس (الفصل الرابع).

إن علماء الاجتماع والمحللين من هذا النمط يميلون إلى الاعتقاد بأن أعمالهم يجب أن تتضمن نقد المجتمع المعاصر (ومن هنا جاء المصطلح نقدي crirical)، ولكنهم على الرغم من ذلك، يندرجون ضمن التقليد السائد في التحليل السوسيولوجي. ومع ذلك، هناك تيار ثالث ضمن ما بعد الحداثة، وهو يرتبط بوضوح بمصطلح ضمن كل من العلم الاجتماعي والدراسات الأدبية وكذلك هو الأكثر إثارة للجدل والخلاف، ويبعد ذاته بوضوح عن معظم المنظرين السوسيولوجيين الذين ناقشنا أعمالهم في الفصول السابقة.

إن هذه المجموعة الثالثة تتشارك الاعتقاد بأن هناك تغيراً أساسياً في طبيعة المجتمع

المعاصر. ولذلك نحن نعيش في عالم ما بعد رأسمالي، أو ما بعد حديث ذو سمة خاصة. ومع ذلك، فإن ما يميزه. ويجعله مختلف بشكل مدرك عن معظم النظريات السوسيولوجية وعن الاتجاه البحثي والتفسيري السائد بوجه عام، خاصيتين أخريين: الأولى: تأكيده على الخطاب (سوف نعود له لاحقاً)، والثانية: معارضته الواضحة للمحك العلمي للعقل والاختبار الامبريقي.

عبر تاريخ علم الاجتماع، كان هناك جدلاً فعالاً حول ما إذا كان النموذج العلمي ملائماً لدراسة المجتمع. إن السلوك الإنساني هادف، وإذا ما أخبرت الناس بأن شيئاً ما سيحدث لأن القوانين الاجتماعية تتنبأ به. خلافاً لذباب الفاكهة أو البلورات. يبدأون بإثبات أنك على خطأ. وعلى الرغم من ذلك، فإن العلوم الطبيعية تقدم نموذجاً مثيراً يحتذي حذوه ويفسر-المجموعات الكلية من الظواهر بقوانين قليلة ذات قوة.

إن المكون الأكثر أهمية ضمن ما بعد الحداثة يتمثل في رفضها لهذا المبدأ العلمي. الذي يؤكد بأنه يمكن أن يكون هناك عقلانية متماسكة واحدة أو أن الواقع له طبيعة موحدة يمكن أن تلاحظ بشكل نهائي أو تفهم. وبدلاً من ذلك، يشدد مفسرو ما بعد الحداثة، على "التجزؤ، واللاتجانس، والطبيعة التعددية للواقع، والطبيعة غير المستقرة والمتغيرة للموضوع والوعي الفردي". ونتيجة لذلك، يجادلون بأننا "نعيش في إطار مجزأ، ومتنوع واستطرادي غير متمركز". إن هذا الطرح يتضمن نسبية متطرفة حول ما هو صواب وما هو ليس كذلك، ويتضمن رفضاً لفكرة أن النظريات أو الفرضيات يمكن أن يتم اختبارها (أو إثبات بطلانها) وفق مبادئ علمية عقلانية وعمومية.

إن المتحمسين لـِ ما بعد الحداثة ضمن النظرية السوسيولوجية يجادلون بأن النمط التقليدي من النظرية قد مات لكن المنظور ما بعد الحديث يمكن أن يعيد إحياء النظرية وهكذا يجادل ستيڤن سيدمان Steven Seidman:

"من أجل إعادة إحياء النظرية السوسيولوجية فإن الأمر يتطلب إنكار العلمية، أي، الزعم السخيف المتزايد حول قول الحقيقة ... إن ما بعد الحداثة تقلع عن الوهم الحداثي حول التحرر الإنساني لصالح تحطيم الانغلاق الزائف، واستطلاع الحاضر المفتوح والإمكانيات الاجتماعية المستقبلية، واستكشاف السيولة والنفاذية... إن أمل التحول العظيم استبدل بطموح أكثر تواضعاً للدفاع القاسي للرغبات المحلية الحالية والنضال من أجل العدالة... والتحليل الاجتماعي هو الذي يتناول تاريخ الوحشية والقيد في المجتمعات الغربية بجدية"

هناك أصداء لطموحات المنظرين الصراعيين النقديين مثل هابرماس ومدرسة فرانكفورت حتى رغم أن إيمان أصحاب المدرسة النقدية بالعقل قد تم رفضه بشكل واضح. في الحقيقة، إن ما بعد الحداثيين في العلوم الاجتماعية يميلون إلى النظر لأنفسهم أوتوماتيكيا باعتبارهم ينتمون إلى اليسار على الرغم من أنه ليس من الواضح لماذا، إذا كان كل شيء نسبي، يجب أن تكون مواقع اليسار صادقة، أو لديها مزاعم أكبر حول الحقيقة، أكثر من الآخرين.

الخاصية الثانية المحددة لِـ ما بعد الحداثة تتمثل في اهتمامها "بالخطاب" و "النصوص". فكرة أن الكلمات ومعانيها تنتج وتبنى اجتماعيا تعتبر واحدة من المسائل التي تعرضنا لها في عدة مناسبات في الفصول السابقة، كما هو الحال في مناقشات ماركس للأيديولوجيا والوعي الزائف وكذلك، وبشكل خاص، في مناقشات المنظورات قصيرة المدى المرتبطة بالظاهرتية، ومع ذلك. تذهب ما بعد الحداثة أبعد من هذا لتجعل اللغة، وبشكل خاص النصوص المكتوبة، اهتمامها الرئيسي، وفي الكثير من الحالات، تجعلها مصدرها الأساس للدليل المادي.

الاسمين الأكثر شهرة ضمن ما بعد الحداثة هما: جاك دريدا Jacques Derrida

وميشيل فوكو Michel Foucalt، وكلاهما فرنسيان، وهذا بذاته يعكس اختلافاً مستمراً بين التقليد الفكري الفرنسي وما تشير إليه البلدان الأخرى بالمنظور الآنجلو- ساكسوني للعلماء الاجتماعيين في أمريكا الشمالية، وأستراليا، وبريطانيا. لقد انخرط الأمريكيون والبريطانيون في التقليد الإمبريقي. حيث يميلون إلى التركيز على السلوك العقلي للناس وكيف يفكرون. وهذا مرتبط بموقع المفكرين في المجتمع الفرنسي، حيث يكتبون لجمهور عام واسع الاطلاع أكثر مما يكتبون ضمن مجال معرفي أكاديمي معين. بالنسبة للقراء الأجانب الشيء المدهش حول التحليل الاجتماعي الفرنسي هو أنه "كله حول الكلمات". وهذا بكل تأكيد يمثل حقيقة ما بعد الحداثة.

يعتبر جاك دريدا فيلسوف وكاتب مقالات أكثر مما هو عالم اجتماع. لكن الشعبية العامة لمصطلح الخطاب تم اشتقاقها منه. باستخدام هذه الكلمة يعني دريدا وما بعد حداثيون آخرون التأكيد على أولوية الكلمات التي نستخدمها، والمفاهيم التي نجسدها، والقواعد التي تتطور ضمن الجماعة حول الطرق الملائمة للحديث عن الأشياء. إنها تتوسط بيننا وبين الواقع. أو كما يوضح هايدن وايت Hayden White : "الخطاب، بكلمة واحدة، مشروع توسطي بشكل جوهري".

بالمقارنة مع دريدا، يحلل ميشيل فوكو موضوعاً يهتم به علماء الاجتماع وهو يتمثل بالسجون، والمصحات العقلية، والطب، وتغير الاتجاهات والممارسات الجنسية. لقد أشرنا إلى أعمال فوكو سابقاً عند مناقشة تنامي أهمية الجسد كموضوع بالنسبة للنظرية السوسيولوجية، وقد أصبح فوكو المنظر الما بعد حداثي الأكثر تأثيراً في علم الاجتماع. كما أنه يغلف انهماك المنظور بالنصوص.

بالنسبة لـ فوكو فإن السجن والمصحة العقلية يمثلان العالم الحديث، ومع ذلك، رغم أننا نشاهد بوجه عام ظهور المستشفى العقلي الحديث وانحسار عقوبة الموت

كعلامات للتقدم إلا أن فوكو ينظر إليها كتعبير عن التغير في طريقة ممارسة القوة في المجتمع. إنها تجسد منهجاً يحرم أولئك المفرطين فيها من الحرية، وأنها موجودة لخدمة مصالح أصحاب القوة: "إن السؤال الكلي المميز حول اللاشرعية يجعل أشكال العقوبة تمثل جزءاً من آليات السيطرة تلك". وفي هذا فإنها أكثر تطرفاً، إن لم تكن مشابهة، من المؤسسات الرئيسية الأخرى للحياة الحديثة، ومثال ذلك، المصنع أو المدرسة الحديثة.

وبتقديمه وجهة النظر هذه. يركز فوكو على التحليل النصي- لأنه يبحث عن بنى المعرفة. ومصادره هي الكتب، والرسائل، والأساطير، أي النصوص. إن الطريقة المحددة التي نرى من خلالها العالم ونفسره توجد في نصوص، ومن وجهة نظره، إنها من قبيل وجهة النظر التي تُعَرف العصر وتحكم الطرق التي تمارس من خلالها القوة. إن الأطباء ومدراء السجون، والمحامين والسياسيين لم ينظر إليهم فوكو كأفراد يعملون بوعي من أجل تطوير مؤسسات تضمن مواقعهم. خلافاً لذلك. فإن وجهة النظر حول العصر -وفي حالتنا، وجهة النظر العلمية- تعني أن الناس يرون الأشياء بصورة طبيعية بطريقة معينة والأفعال تتبع ذلك.

وفي كتاب الموسوم "نظام الأشياء" The order Of Things (وهو الكتاب الذي جعله مشهوراً). وفي كتابه الموسوم "آثار المعرفة" The Archaeology of knowledge. يقدم فوكو فكرة "المعرفة" التي تُعَرف العصر. إن المعرفة الحديثة تشكلت في نهاية القرن الثامن عشر وارتبطت بتغيير اللغة نحو الموضوعية، لكنها بوجه عام ليست أكثر مصداقية أو استمرارية من أسلافها.

إذا قرأنا فوكو لمرة. فإننا لا نستطيع النظر إلى المجتمع الحديث بنفس الطريقة مرة أخرى. ومع ذلك، هذا لا يعني القول بأن منظوره ليس عرضة للنقد. إن عالم النفس البارز جان بياجيه Jean Piaget الذي غيرت أعماله الطريقة التي نفكر بها حول تطور تفكير

الأطفال. كان أحد الناقدين الحادين لفوكو، حيث يوضح أنه "تحت الذكاء أشياء مؤكدة وأشياء مهملة". ليس هناك منهجاً حقيقياً وراء اختياره وتطويره لخصائص المعرفة، خلافاً لذلك. إنه يعتمد على الحدس وارتجال تأملي بديل للإجراءات المنهجية. أحد علماء الاجتماعيين الأكثر شهرة في فرنسا ريمون بودون Raymond Boudon ينظر إلى الأطروحة الضمنية عند فوكو باعتبارها ليست أكثر من شكل مبسط من الوظيفية. التي يتم النظر بموجبها إلى كل شيء باعتباره يؤدي وظيفة –وعلى سبيل المثال، السجون تقدم فائدة للطبقة الحاكمة في زمنها– وتحديد هذه الوظيفة يفترض تفسيراً كافياً لكيفية تشكل المؤسسات.

إن نقداً أكثر عمومية يمكن أن يطبق على الانهماك ما بعد الحداثي بالكلمة المكتوبة والمحكية. إن أولئك الذين يكتبون ويخبرون الحكايات. والذين تبقى كلماتهم على قيد الحياة هم فقط جزء من المجتمع. إنهم دون شك من منتجاته باعتبارهم أناس يعيشون في فترة زمنية معينة وفي مكان معين. ومع ذلك، وبشكل خاص بالنسبة للكلمة المكتوبة، هناك الكثير مما هو فردي بالنسبة للكاتب وهناك أكثر من ذلك ما هو محدد باستشراف أصناف الكتابة وحدها. إنه لمن الخطر الاعتقاد أن المرء يستطيع إلى حد ما استنتاج المؤسسات الاجتماعية مباشرة من الأفكار، كما هو من الخطر النظر إلى الأفكار باعتبارها بناءً فوقياً يعكس المؤسسات الاقتصادية في البناء التحتي.

لقد تم إنتقاد ما بعد الحداثة بقوة فيما يتعلق بمرتكزاتها النظرية أو تقديمها كماً كبيراً من النقد المجرد للنظرية القائمة مع عدم تقديم بديل لها. واحد من الانتقادات العامة والمتكررة يتمثل في أنه إذا كان ما بعد الحداثيون جادون في زعمهم المتعلق بعدم وجود واقع موحد، وأن المقولات يمكن أن تمتلك فقط سلطة جزئية ومتنقلة، فإن هذا الزعم موقفهم ضمن دائرة الشك. أن مقولاتهم العامة حول المجتمع هي كذلك جزئية، ومجزأة ولا

تدعي الحقيقة أكثر من أي وجهة نظر اخرى. (كما بين النقاد كذلك أن ما بعد الحداثيون لا يبدو أنهم يطبقون قناعاتهم على عالم العلم الذي يهاجمونه، ولا يبدو أنه أكثر شوقاً منا لأن تجري عملياتهم الطبية أو أن تبنى بيوتهم وجسورهم من قبل المتحمسين لنماذج بديلة.

لقد لاحظنا في فصل سابق نقد نيل سملسر ـ لنظرية الاختيار العقلاني بسبب ميلها لتجاهل أهمية العاطفة، والتأثير الوجداني، والتضارب. بمعنى آخر. الجوانب غير العقلانية للحياة الإنسانية. ومع ذلك، ينظر سملسر إلى ما بعد الحداثة باعتبارها شيء مختلف تماماً، إنها لا تهتم بما هو غير عقلاني، ولكن بما هو مضاد للعقلانية. وبالمثل فإنها منفصلة تماماً عن التقليد الأساسي في العلم الاجتماعي والفلسفة التي يضع فيها نفسه والغالبية العظمى من المنظرين الكلاسيكيين والمعاصرين الذين ناقشا أعمالهم سابقاً مثل: زمل، وباريتو، وجوفمان، وميرتون، وكومان، وما إلى ذلك.

على الرغم من أن ما بعد الحداثة تمثل موضوع النقد المتكرر من قبل علماء الاجتماع، إلا أنه ليس من الواضح ما إذا ستمتلك تأثيراً أساسياً على ممارسة علم الاجتماع. ومنذ وفاة فوكو ليس هناك منظرين سوسيولوجيين ممن تمت مناقشتهم في هذا الكتاب يستطيع المرء أن يصنفهم باعتبارهم ما بعد حداثيين فعالين على نحو واضح وجلي. وفي الوقت ذاته هناك استمراريات هامة بين ما بعد الحداثة وبعض الاهتمامات الرئيسية والتأكيدات في علم الاجتماع المعاصر وفي العلم الاجتماعي ككل.

لقد أشرنا سابقاً في هذا الفصل إلى أن النظرية المعاصرة قد تضمنت تكاملاً متنامياً بين المنظورات قصيرة المدى والمنظورات بعيدة المدى. بما في ذلك التأثير المتنامي للظاهرتية التي تؤكد على أهمية المعنى الذاتي. وهكذا، فإن بيرغر يحلل التشكيل الاجتماعي للواقع وكل من جارفنكل وسمث يركزان على الجوانب المعطاة والمسلم بها من تفاعلات الناس. أي الجوانب التي تخضع في الحقيقة إلى تغيير مستمر، وتشكيل، وإعادة تشكيل. وهنا نجد

استمراريات لتأكيد ما بعد الحداثة على الطبيعة الوسطية (الوساطية) للخبرة. وبصورة أكثر عمومية. إن بعض أشكال الاختراق اللاسوسيولوجية الجوهرية تتمثل في كيفية تفكيرنا حول الأفكار والكلمات التي أثرت في طريقة فهمنا لأنفسنا وكذلك الطريقة التي يفهم بموجبها المنظرين السوسيولوجين الخبرة الإنسانية. على سبيل المثال، تعرضنا لعمل عالم النفس جان بياجيه الذي ألهم المنجزات الضخمة لعلم النفس الحديث في فهم كيفية تشكيلنا وتعديلنا للمفاهيم والفرضيات حول العالم وكيف نتصرف إزائها. وبصورة مماثلة. فقد جادل العالم اللغوي نعوم شومسكي Naom Chomsky. حول وجود قواعد عميقة مشتركة بين كل اللغات الإنسانية. إن ما يعنيه هذا الطرح أن جميع اللغات -وبموجب ذلك جميع الطرق التي يفهم من خلالها البشر ويتواصلون حول العالم- لها خصائص جوهرية عامة. إذا استطعنا أن نفسر هذا البناء الضمني وقواعده التحويلية، نكون قد تعلمنا شيئاً هاماً حول أي نوع من المخلوقات نحن. والحقيقة أنه في كل اللغات الإنسانية هناك جُمَلاً يجب أن تتضمن موضوعات وتدل ضمناً على بناءات خبرتنا.

إن العنصر المشترك في هذا العمل يتمثل في البحث عن بناء الفكر والتصور. إن الطريقة التي ننظر من خلالها إلى العالم ونفهمه تؤثر في طريقة تصرفنا، ولهذا فإن فهم السلوك الاجتماعي يجب أن يتضمن فهم قوانين اللغة والفكر. وهنا نجد تواصلاً مع المنظور المابعد حداثي. لكن هناك قلة من المنظرين السوسيولوجيين، على الأقل حتى اليوم، ينظرون إلى النقد ما بعد الحديث كسبب لترك إيمانهم باختبار الفرضيات في مواجهة الدليل أو، فعلاً، لترك الإيمان بالعقل ذاته. وكما جادل راندال كولينز ببلاغة، فإن العديد من علماء الاجتماع جاءوا إلى علم الاجتماع لأنهم مهتمون بالقضايا الاجتماعية. ومع ذلك، فإنهم يلاحقونها بروح معارضة تماماً لأولئك الذين ينظرون إلى كل كتاب منشور باعتباره "تحرك من أجل موقع مُشايع أو ضده". على العكس، بالنسبة لِ كولينز ومعظم علماء الاجتماع المعاصرين أنه جوهر "العين السوسيولوجية" أن نشرع واقعاً غير متوقع يخشى

الآخرون النظر إليه. وفيما تبقى من هذا الفصل نلخص الطرق المختلفة التي من خلالها قامت المنظورات النظرية الأساسية بهذا الأمر. مع إشارة محددة للأفكار الموحدة لهذا الكتاب، أي التعليم الرسمي، ودور المرأة في المجتمع.

الجزء الثاني

النظرية السوسيولوجية والفهم

قيمة المنظورات المتعددة

تمتد النظرية السوسيولوجية المعاصرة من المنظور المعادي للحتمية، والمنظور الاستقرائي، والوصفي الذي تم تنميطه من قبل الاثنوميثودولوجي، إلى المنظور التنبؤي، والاستنتاجي الذي تبنته نظرية التبادل. إنها تشمل التحليل قصير المدى الأكثر تفصيلاً إلى جانب نظريات التحول الاجتماعي الكونية. وفي الفصل الأول (أنظر بوجه خاص الجدول 1-1) قمنا بتلخيص الطرق التي تختلف بموجبها المنظورات حول ما يمثل الدافعية الإنسانية. والمدى الذي تنظر فيه إلى السلوك باعتباره قابلاً للتوقع ويشمل منظوراً علمياً استنتاجياً للتنظير، ونظرتها الكلية لعلم الاجتماع، وما إذا كانت حول الوصف أو التنبؤ، أو تحرض التغير الاجتماعي. ولذلك فإن فصول هذا الكتاب ناقشت منظرين مختلفين مثل ماركس، وجارفنكـل، وكولمان، وسمث أو بارسونز، وجوفمان.

ومع ذلك، فإن هذه الفروقات لا تعني أن المنظورات النظرية الأساسية متناقضة كلياً مع بعضها. إن ما بعد الحداثة تقدم ذاتها باعتبارها مختلفة جوهرياً عن المنظورات الأخرى في العلم الاجتماعي، لكن حيثما تُلقي المنظورات النظرية اهتمامها، يكون الاتجاه بين علماء الاجتماع لتبني رؤى تبدو ملائمة للمشكلة التي هي في قبضة يدهم أكثر مما يلزمون أنفسهم بمنظور محدد سلفاً. يبدو هذا الأمر على نحو متزايد مدخلاً انتقائياً وحصرياً ومثل بشكل خاص دليلاً باتجاه التكامل بين مستويات التحليل قصيرة المدى ومستويات التحليل بعيدة المدى.

أن الرؤى التي تقدمها المنظورات المختلفة للتعليم ودور المرأة تغلف، من وجهة

نظرنا، الطبيعة التكميلية النظريات المعاصرة. ولذلك أيضاً، فإن خبرتنا كعلماء اجتماع امبريقيين، تتشكل حول قضايا ترتبط أيضاً بتلك الأفكار. وعلى سبيل المثال.نظرت والاس Wallace إلى نتائج التغيرات، على المستوى الوطني في المؤسسة الرئيسية، المتمثلة بالكنيسة الكاثوليكية. لكنها ركزت كذلك على ما تعنيه تلك التغيرات، على المستوى قصير المدى بالنسبة للأفراد موضع الاهتمام. لقد انجذبت إلى رؤى بيتر بيرغر في دراسة الأبرشيات الأمريكية التي ترأستها إمرأة علمانية. وفي دراستها حول الرجال المتزوجين الذين يترأسون أبرشيات كاثوليكية. انجذبت إلى أعمال كل من بيتر بيرغر وجوفمان. مثلاً لأن غرفة المعيشة، وغرفة الطعام، والمطبخ. جميعها تستخدم في الغالب لإجتماعات اللجنة الأَبرشية. إن العائلات التي تعيش في الأبرشيات المتخصصة للقسيسين تناضل من أجل أن نحافظ على فضاءات العمل في الواجهة الأمامية منفصلة عن المنطقة الخلفية للعائلة. إحدى الزوجات قالت أنها لم تشعر بأن البيت الذي تسكن فيه هو بيت بالفعل بالنسبة لها. وقد أضافت ابنتها الكبرى قائلة:

"لقد شعرت والدتي بأن حقها منتهك، منتهك بالكامل ولم يكن بالإمكان عمل أي شيء إزاء هذا الأمر، لقد كان عليها أن تعد الأطباق عندما يأتي الناس للاجتماع في الساعة السابعة أو سوف يرى الناس أنها لم تعد الأطباق. أنت تعلمين. أن منزلك هو انعكاس لكِ"

إن والاس تطبق مفاهيم جوفمان المتعلقة بالواجهة الأمامية والخلفية وأفكاره حول ادارة الانطباع في مجال يجمع الظواهر قصيرة المدى وبعيدة المدى. وبصورة مماثلة فإن عمل وولف Wolf الامبريقي يعكس هذا الاتجاه في المكاملة بين رؤى ومستويات تحليلية مختلفة. في تفسيرها للتزايد السريع على امتداد العالم لأعداد الشباب الذين يحصلون على الشهادات

الأولى. والشهادات العليا، والمؤهلات المهنية تنجذب إلى أفكار نظرية الصراع حول كيفية استخدام الجماعات للتعليم لنقل الامتياز إلى أبنائهم، وكذلك تستخدم أفكار نظرية الاختيار العقلاني حول الكيفية التي تنتج فيها القرارات المتعددة للأفراد مخرجات لا أحد يتوقعها. وكذلك تستخدم أفكار جوفمان وآخرين حول كيفية تصور الأفراد للعالم والطريقة التي يقدمون بها أنفسهم. من أجل فهم حجم التعليم العالي الحديث والطبيعة العامة جداً وغير المهنية للعديد من الموارد الدراسية، توضح والاس، أنه لا بد من البدء من الأفراد الذين ترتكز قراراتهم على الرغبة بالنظر جيداً إلى أصحاب العمل بالمعارضة مع معاصريهم ومنافسيهم.

إن هذه الأمثلة تهتم بالدور المتغير للمرأة والقطاع الضخم للتعليم الرسمي: وهي الأفكار التي اخترناها لهذا الكتاب لأن كل منها يعتبر مركزياً لطبيعة الحياة وخبرتها في المجتمعات المعاصرة وتبرز عدداً من التساؤلات المحيرة. لقد أوضحنا أنه بالإجابة على هذه التساؤلات، فإن منظورات مختلفة تقدم رؤى متكاملة وهامة. وما تبقى من هذا الفصل يُلخص الطريقة التي تقدم من خلالها المنظورات المختلفة رؤى متكاملة.

استكشاف التعليم الرسمي: دور المدرسة

لقد طرحنا في الفصل الأول سؤالين رئيسين حول التعليم في المجتمع الحديث؛ السؤال الأول، والذي من الصعب أن يخفق في اجتذاب أي ملاحظ، هو: ما الذي يتسبب بالحجم الضخم للنسق التعليمي الحديث؟. والثاني، يجب أن يحدث بشكل مساوٍ لكل واحد كان ضمن التعليم المدرسي الرسمي، وهو يفكر تاريخياً بزملائه الطلاب، وهذا السؤال هو: لماذا ينجح بعض الأفراد، ويؤدون بشكل جيد بينما يفشل آخرون ويخرجون من المدرسة؟. وكما يمكن أن نلاحظ الآن، إن السؤال الأول يمثل بشكل أساسي "سؤالاً سوسيولوجياً بعيد المدى" لأنه يطرح استفهاماً حول البناء الاجتماعي، ونتيجة لذلك، تقدم الوظيفية

ونظرية الصراع الكثير بطريقة الأجوبة. وبالمقابل يستفهم السؤال الثاني لماذا تضاف خبراتنا التي نحصل عليها من يوم ليوم في المدرسة إلى النجاح الأكاديمي في بعض الحالات وتُسْتَثْنى بأسرع ما يمكن في حالات أخرى. وهنا، فإن المنظورات قصيرة المدى مثل التفاعلية الرمزية والظاهراتية إلى ما يوازيها من نظرية الاختيار العقلاني، تلقي الكثير من الضوء.

إن أحد التفسيرات الشائعة للمؤسسة التعليمية الضخمة يشير إلى الطبيعة العامة للمجتمع الحديث، إنه نظام جدارة وغير شخصي ـ إن المهارات الفنية ضرورية للعديد من الأعمال. وبالنسبة لمعظم الناس فإن مكان العمل والبيت منفصلان عن بعضهما على بعد أميال. وكما يجري النقاش، يتطلب هذا المجتمع نوع المدارس الموجودة لدينا، وعلى الأطفال أن يتحملوا التعليم المطول والمكثف خارج البيت إلى حد أنهم سوف يتعلموا النظر إلى أداء الأفراد، وليس الروابط الأسرية، كمعيار ملائم لمكان العمل والنجاح. وفي الوقت ذاته بإمكانهم تعلم مهارات فنية معقدة، ويستطيع أصحاب العمل أن يكتشفوا من خلال شهادة المدرسة، مَنْ هو قادر على أداء أعمال مختلفة.

تحلل الوظيفية التعليم بمثل هذه المصطلحات، لقد قمنا في الفصل الثاني بوصف فهم بارسونز الكلاسيكي لنظام المدرسة الأمريكي، والذي يناقش فيه كيف تعمل المدرسة الابتدائية على تعليم الأطفال القيم غير الشخصية والموجهة بالإنجاز في مجتمع صناعي، وتُعَودهم على عالم لا يوجد فيه عاطفة غير مشروطة أو دعم يقدم عن طريق الأسرة. وبهذا، تطور التزامات وقدرات لأداء ناجح في أدوارهم الراشدة. وفي الوقت ذاته، تؤدي وظيفة هامة مساوية في تعيين المهنة، وتُماثل الأطفال ليكونوا موائمين قدر الإمكان، أو غير موائمين، للكلية ولمهن معينة وهي المهمة التي لا يمكن أن تترك لنَسَبْ العائلة لأن المقدرات الخاصة والمهارات مهمة جداً في الوظائف والمهن الحديثة. عمل وظيفيون آخرون على توسيع التحليل، مفسرين النمو المستمر للنسق التعليمي كوظيفة للمهارات الفنية المتزايدة

والتي تتطلب قوة العمل. ويناقش آخرون وظائف الأنماط المختلفة للتعليم العالي كما هو الحال عندما اختبر بيرتون كلارك Burton Clarck الطريقة التي يعوّد المعهد العالي من خلالها الناس ويجعلهم يكيفون أنفسهم مع طموحات مهنية محدودة.

إن الكثير من هذا التحليل أصبح جزءاً من الطريقة التي لا ينظر من خلالها علماء الاجتماع فقط إلى التعليم المدرسي الحديث، ولكل جميع أولئك المنخرطين في التعليم، حتى عندما يكونوا ناقدين جداً لدورها. مثلاً، إنها بالضبط تلك النظرة التي توضع مقدماً من قبل السياسيين على امتداد العالم المتطور والذي يقع تحت التطور عندما ينفقون مبالغ ضخمة على التعليم من أجل ملائمة مجتمعاتهم مع "الثورة التكنولوجية البيضاء الساخطة"، والوالدان يحاولان بصورة مماثلة أن يطبعوا لدى أطفالهم الحاجة للدراسة واكتساب المهارة إذا كانوا يريدون فعل ما هو جيد في الاقتصاد الحديث.

ومع ذلك، هناك أيضاً طريقة بديلة لتفسير طبيعة ونمو التعليم الحديث وحسب هذا التفسير، يمثل النظام التعليمي بشكل أساسي طريقة لضمان القوة والامتياز في العصر التكنولوجي. يمكن للمرء أن يجادل بأنه بدلاً من الميل لطلب المال أو الأرض بشكل مباشر، فإن الأسر الناجحة اليوم تضمن موقعاً لأطفالها عن طريق إعطائهم فرصة التعليم. أيضاً لأن المجتمع يعتبر التعليم الطويل، وباهظ الثمن مؤهلاً رفيع المقام من أجل حجز مواقع معينة أو لأن أسر الطبقة الوسطى والعليا يمكن أن تقدم مساعدة أكبر في الدراسة الثانوية لأطفالها مما يمكن أن تفعله الأسر الأخرى، فإن التعليم الرسمي الطويل يسمح للوالدين بالاجتياز وضمان موقع ومكانة لأطفالهم. إن نفس أولئك الأطفال، ربما يصيبون نجاحاً أو إخفاقاً في عالم مقاولات ذاتي الصنع وفي التدريب للعمل.

وفي الوقت ذاته، يمكن للمرء أن ينظر إلى التعليم المدرسي الإجباري كعملية تلقين الأطفال للاعتقاد بشكل المجتمع الراهن ويعلمهم المهارات الأساسية التي Indoctrinating

يحتاجها "علاّف المصنع"، Factory Fodder، وفي وجهة النظر هذه، يعتبر التعليم المدرسي طريقة مفيدة للحفاظ على الوضع الراهن لمصلحة أولئك الذين هم في موضع المسؤولية. أخيراً، هناك الفكرة ذات العلاقة بأن الناس الذين يمتلكون الكثير من التعليم، مهما اكتسبوا، فإنهم يمتلكون دعماً في زيادة أهمية التعليم في سوق العمل. إن جهودهم لفعل ذلك تشجع التصاعد اللولبي للمتطلبات التعليمية والنمو المستمر للنظام التعليمي.

إن منظري الصراع الذين ناقشنا أعمالهم في الفصل الثالث يحللون التعليم بهذه الطريقة (الصراعية)، كعامل في النضال التنافسي ـ من أجل الموارد أكثر مما هو من أجل المساهمة في وظائفية المجتمع. بوجه عام، إنهم يوافقون بأن التعليم قد أصبح بشكل متزايد أكثر أهمية بهذه الطريقة، مع توثيق كونراد وزيليناي Konard and Szelenyi ، مثلاً، كيف أن الطبقة المرتكزة على التعليم، أي الإنتلجنتسيا قد هيمنت على هنغاريا الشيوعية وما بعد الشيوعية. لقد تساءل كل من بيرنباوم Birnbaum وبيار بورديو Pierre Bourdieu عن الدرجة التي يحدد عندها التعليم المدرسي المهارات بشكل موضوعي، إنهما يوضحان أنه بدلاً من أن تعمل الأسر ذات المال الضروري على ضمان تعليم جيد لأطفالها فإنها تستخدم النظام التعليمي لتضمن لهم موقعاً اجتماعياً رفيع المقام. إن السمات الثقافية تظهر حدود الناس في المراتب العليا، إلى درجة أن أولئك الذين لا يمتلكون العادات الصحيحة للكلام وطرقه، يمكن أن يتم التمييز ضدهم من قبل المتعلمين في المراتب العليا. يوضح هذان المنظران بأن "رأس المال الثقافي" هذا يعتبر هاماً في ضمان دخول الأطفال إلى المؤسسات التعليمية العليا، وهو مهم كذلك باعتباره نتاجاً للتعليم كأي مهارات فنية.

أخيراً، إن أولئك المنظرين يؤكدون على ديناميات الصراع، أكثر من تأكيدهم على التغير التكنولوجي وذلك عندما يحللون التوسع المستمر للتعليم. يوضح كولينز، مثلاً، بأن الناس الذين لديهم تعليم، هم كأي جماعة أخرى لديها موارد، يريدون أن يضمنوا لأنفسهم

أقصى حد ممكن من المنافع. إنهم يحاولون وضع متطلبات تعليمية عالية كمتطلب سابق لدخول العمل من أجل استبعاد أولئك الذين لا يمتلكون شهادة علمية. إن المحاولة من قبل عدد كبير من الناس للحصول على الشهادات المطلوبة، والمحاولة المستمرة من قبل الجماعات المتعلمة لحماية امتيازاتها يقود، كما يوضح كولينز، إلى لولب تعليمي، والذي تبرز من خلاله المتطلبات التعليمية الرسمية لدخول العمل بشكل مستمر. ويستكمل ريموند بودون، من منظور الاختيار العقلاني، فكرة كولينز عن طريق إظهار كيف أن خيارات الأفراد، تقريباً تميل في الغالب إلى أن تحقق نتيجة في الكورسات الأطول أكثر من الكورسات الأقصر ـ إن الناس يحسبون أنهم إذا أخذوا كورسات أقصر، فإنهم يخاطرون بأن يجدوا أنفسهم مدفوعين خارجاً في سوق العمل من قبل أناس آخرين أخذوا دراسة جامعية أطول. وبسبب تلك الاختيارات الفردية المتزايدة، وبشكل واضح، يترك المرء مع توسع مستمر في معدل طول وحجم التعليم العالي.

أية منظومة تفسيرات هي الصحيحة؟ من المحتمل أن تكون كل واحدة منها صحيحة، وكذلك من المحتمل أن تكون ولا واحدة منها صحيحة. إن المجتمع الحديث يتطلب مهارات حقيقية ومعقدة جداً، ومدارسه تعوّد الأطفال على بيئة غير شخصية. وفي الوقت ذاته، تمثل المؤهلات التعليمية دون شك مورداً لنضال الناس المستمر لضمان حياة جيدة لأنفسهم، كما أن التأكيد الكبير على التعليم الرسمي يكيف أولئك لمثل هذه المؤهلات ويمكنهم من مساعدة أطفالهم للحصول عليها. إن ما هو مهم بالنسبة لأهدافنا هنا، هو أن الشكلين السابقين من الفهم، كل منهما يجسد رؤى مختلفة جداً، وكذلك هو مشتق من المنظورين الرئيسين اللذين تمت مناقشتهما في هذا الكتاب، وهما: الوظيفية ونظرية الصراع.

وبطريقة مماثلة، فإن نظرية الاختيار العقلاني، والتفاعلية الرمزية، والظاهراتية تقدم

إجابات مختلفة لكنها متكاملة لسؤالنا الثاني: لماذا يخفق طالب معين بينما ينجح آخر؟ أحد التفسيرات الممكنة يتمثل في أن قرارات الأفراد وسلوكهم يعتمد، بشكل أساسي، على الكلفة والربح الذي يتصوره الطالب. إن الطلاب الذين يجدون أن العمل الصعب والسلوك الحسن يجلب لهم المكافئات التي يضفون عليها قيمة، بما في ذلك القبول الوالدي أو الاحترام والمكانة من أقرانهم، سوف يقومون بالتصرف بطريقة واحدة. إن الطلاب الذين يجدون أنهم يحصلون على الثناء ودرجات جيدة حتى عندما يقومون بعمل قليل سوف يستجيبون تبعاً لذلك. إن الطلاب الذين تعجب جماعة الأقران التي ينتمون إليها بالثوريين وتكافؤهم، والذين لا يرون المكافئات الأكاديمية شيئاً ما يستطيعون تحقيقه، أو الذين يؤمنون بأن مدرستهم سيئة جداً وأن ما تقدمه لا يستحق أن يكتب، سوف يستجيبون عقلانياً إلى تلك الإشارات المختلفة جداً.

إن نظريات الاختيار العقلاني التي تمت مناقشتها في الفصل السادس تمثل أكثر المنظورات ارتباطاً بهذا التأكيد على التكاليف والمنافع للأفعال المختلفة. إنها تؤكد على أهمية النظر إلى الخيارات المقدمة عن طريق المدرسة ليس بالاستناد إلى ما إذا كان التلاميذ قد جاؤوا من عائلات قادرة على إرسالهم إلى المدارس العليا لكن بالاستناد إلى خيارات اليوم ليوم التي تواجه الأطفال أنفسهم. عندما نظر جورج رشموند Richmond بهذه الطريقة لغرفته الصفية غير القابلة للتحكم بها، كان قادراً على تغيير الأمور بشكل مؤثر عن طريق تغيير أنماط المكافئات، وقبل ذلك قدمت الحرب المستمرة مع المعلم، على الأقل، المرح ومكانة جماعة الأقران. وعندما كانت هناك منافع ملموسة يمكن تحصيلها من الدراسة، رغم ذلك، وُجِه التوازن الطريقة الأخرى. إن لعبة الاقتصاد الصغير أو قصير المدى التي اقترحها رشموند عن طريق دفع المال للطلاب وتقديم لعبة تنافسية انخرطوا بها، تحققت داخل غرفة الصف حيث عمل الطلاب بجد، وعن طيب خاطر.

ومن الممكن كذلك، أنه بينما يتم إبقاء التأكيد على خبرات الطلاب اليومية، أن لا يتم التركيز على الاختيار العقلاني ولكن على التفاعل بين المعلمين والطلاب. قد يسيء الأساتذة تفسير أشياء مثل لهجات الطلاب، أو أسلوب الكلام، أو الاستجابة، مثلاً، بقولهم: "لا تكلمني هكذا" عندما يسمعون ما يبدو أنه كلام وقح أو متمرد، وربما يستجيبون لسلوك رمزي بالنسبة لهم من طالب من غير المحتمل أن يؤدي بطريقة جيدة في المدرسة. وبالعكس، قد يفسر الطلاب سلوك المعلمين كبرهان على أنهم يقومون أو لا يقومون بعملهم بصورة جدية، أو أنهم يعتنون أو لا يعتنون بما إذا كان أي طالب معين يتعلم او ينجح. إذا تصرف كل من الطرفين إزاء الآخر على هذا الأساس فإن كلاً من علاقاتهم العامة والسيرة المدرسية للطلاب سوف تتأثران تبعاً لذلك.

يظهر التفاعليون الرمزيون نجاح الطلاب أو فشلهم بهذه الطريقة. لقد مكّن منظورهم كولن لاسي Colin Lacy من تفسير لماذا ينجح بعض الأطفال ويخفق آخرون في مدرسة ثانوية إنجليزية (مدرسة ثانوية منتقاة أكاديمياً). لقد أظهر كيف أن التفاعل بين الطلاب والأساتذة قد أوجد وعزز الصور التي يمتلكها كل من الطرفين عن الآخر والتي تصرف بها كل منهما. وعلى سبيل المثال، فإن الأولاد الذين رأوهم أساتذتهم على أنهم مهرجين أو زائلين محتملين أصبحوا بشكل متزايد يرون أنفسهم بهذه الطريقة ويتصرفون تبعاً لذلك.

أخيراً، هناك أيضا طريقة أخرى في تفسير نجاح أو إخفاق طالب معين. إن المرء يستطيع أن يذهب وراء النظر إلى كيف يفسر الناس بوجه عام جوانب سلوك بعضهم البعض لينظر إلى تفاصيل لخطة الكلام والمحادثة، وكيف يفهم الطلاب تساؤلات ومشكلات معينة. وهنا، يكون التأكيد على حقيقة أن مقولات الأساتذة أو مفردات وبنود الامتحان لا تحمل علامة مشتركة ومعنى مشترك مثبت ذاتياً، حتى رغم أننا نميل جميعاً

لافتراض أنهم يقدمون مفردات امتحان ذات علامة مشتركة. إن فشل الطفل الواضح في الامتحان قد لا يكون نتيجة للإهمال أو الغباء. وبدلاً من ذلك، قد يفهم الطفل السؤال بطريقة متسقة تماماً لكنها خاطئة. وبصورة مماثلة، حتى ندرك لماذا ينجح طفل آخر، يجب علينا أن نرى كيف يفهم الأستاذ السؤال والطريقة التي تلاءم بها إجابة الطفل افتراضات المعلم وتصوراته المسبقة.

إن مساهمة الظاهراتية في فهم النجاح والفشل المدرسي يوجد في تحليل أنماط الكلام، والمفاهيم، والافتراضات المتضمنة في المحادثات بين المعلم والطفل وما إذا كانت إجابات الطفل أو تصرفه ترى على أنها "صحيحة" أو "خاطئة". وعلى سبيل المثال، فإن هف ميهان Huph Mehan ، في وصفه للكيفية التي تم بها تم تفسير امتحانات الأطفال الصغار وإعطائها درجات طبق الأثنوميثودولوجي بتأكيده على افتراضات ترتبط بالمعاني المشتركة لفهم كيفية تقييم المعلمين لإجابة باعتبارها صحيحة. لقد أظهر كيف أن التفكير المتسق والدقيق تماماً للطفل، بسبب طريقة تفسيره للمواد، قد ينتج إجابات تختلف عن الإجابات التي يعتبرها المعلم ومصنف الامتحان على أنها صحيحة بشكل واضح. وبصورة مماثلة، أظهر كل من آرون سيكوريل وجون كتسيوس Aron cicourel and John Kitsuse كيف أن تفسيرات المرشدين الموجهين وافتراضاتهم التي ظهرت في المحاضر تم تقييمها على أنها "جيدة" أو "هزيلة" وتم وصف الطلاب ومعاملتهم تبعاً لذلك.

استكشاف دور المرأة في المجتمع المعاصر

الفكرة الثانية التي تكررت عبر هذا الكتاب تتمثل في "الجندر"، وبشكل محدد دور المرأة في المجتمع المعاصر. وهنا أيضا، بدأنا بسؤالين محيرين؛ كان الأول، لماذا حصلت الإناث اللواتي تلقين تعليماً عالياً من سنة إلى ثلاث سنوات في الولايات المتحدة على معدلات عوائد سنوية في عمل يتطلب تفرغاً تاماً، أقل من الذكور العاملين في عمل يتطلب أيضاً

تفرغاً تاماً، وهم فقط خريجون من مدارس عليا. وكان السؤال الثاني، لماذا يميل الرجال والأولاد في البيت، والمدرسة، والعمل، باستمرار ليكونوا أكثر عدوانية وهيمنة، والبنات والنساء أكثر رعاية ومساعدة. كيف يمكن أن تبني المنظورات المتعددة لعلم الاجتماع إجابات لكل من تلك التساؤلات؟

أحد التفسيرات المحتملة لتمايزات الدخل المرتبطة بالجندر يتمثل في أنها تكتسب من، أو تساهم في، الأدوار المعقدة، وذات الاعتمادية المتبادلة التي يتولاها الناس في المجتمعات الصناعية الحديثة. وكما لاحظنا في الفصل الثاني، قدمت الوظيفية مثل هذا التفسير. يرى بارسونز تفاضلات الدورالجنسي Sex- Role كإحدى الطرق الهامة التي تستجيب من خلالها الأسر –والمجتمعات- لحاجة الأنساق من أجل القيام بالمهام المختلفة. وبمصطلحات متغيرات النمط، هناك حاجة إلى قيادة تعبيرية وكذلك الأمر إلى قيادة أداتية. وبمصطلحات المستلزمات الوظيفية، هناك حاجة للتكيف –تضمن مصادر كافية- وكذلك الأمر لحفظ النمط الكامن وتحول القيم الاجتماعية. يوضح بارسونز، بأن تفاضلات الدور تمثل طريقة أكثر فاعلية في إنجاز حاجات النسق مما إذا أراد كل فرد القيام بكل شيء.

وهكذا، بحسب التحليل الوظيفي، فإن المسئولية الأساسية للإعالة والقيادة الأداتية تحدد للرجال، والمسؤولية الأساسية للأسرة والقيادة التعبيرية تحدد للنساء. إن هذه الاستجابة الاجتماعية المرتكزة على الجندر للحاجة إلى كلا النوعين من الأدوار، تنعكس وفق هذه الفكرة في سوق العمل. إن المعدل المرتفع لعوائد الرجال يعكس توافقاً لإعطاء الأجر الأعلى للناس الذين يقومون بالمسؤوليات المهنية أو الوظيفية الأساسية، والرجال يعملون لوقت إضافي أكثر (لبعض الأسباب)، والنساء يخترن ما هو أقل أجراً، لكنهن يخترن وظائف "الرعاية" والعناية التي تتسق مع دورهن التعبيري العام.

ومع ذلك، هناك تفسير آخر مختلف جداً لتمايزات الدخل. بوجه عام، وفي هذه

الحالة، التي ترتبط فيها تمايزات الدخل بالجندر، فقد تم التعبير عن هذا التفسير بالاستناد إلى المصلحة الذاتية، ونشاطات جماعات المصلحة المنظمة، كما عرض هذا التفسير من قبل منظري الصراع الذين تمت مناقشة أعمالهم في الفصل الثالث. وعلى سبيل المثال، يوضح النسويون الماركسيون بأن الجندر ينبغي استخدامه على امتداد استخدام الطبقة في تحليل أشكال اللامساواة، ويرون المجتمعات على أنها أبوية تحابي فيها علاقات القوة الرجال على حساب النساء. وهكذا، بالنسبة إلى زيلاه ايزنشتين يعتبر التقسيم الجنسي للعمل آلية أساسية للسيطرة، وللحفاظ على الموقع المتفوق للرجال (والذي يحظى على أجر أعلى). إن تصنيف العمل على أنه عمل نسوي إنما يمثل طريقة لتبرير دفع أجر أقل، ومعاملة الوظيفة بطريقة ما على أنها دونية.

إن منظري الصراع المنتمين إلى التقليد التحليلي أقل احتمالاً ليقوموا بتقديم تفسيرات تستحضر تنظيماً أبوياً متماسكاً بواسطة الرجال لظلم المرأة وقهرها. وبدلاً من ذلك، يرون الجندر على أنه يمثل بعداً واحداً من بين أبعاد أخرى، والذي بالاستناد إليه يُنَظَم الناس وهم يتصرفون بطريقة تعبر عن المصلحة الذاتية. ويشير كل من كولينز وشافيز، مثلاً، إلى أن النساء على المستوى العالمي تقريباً أدنى من الرجال في الاقتراب من الثروة، والقوة، والموارد الأخرى ذات القيمة. إنهما يلاحظان، مع ذلك، أن هناك اختلافات كبيرة بين المجتمعات وأن المرء يحتاج للنظر إلى عوامل محددة للموقف وكذلك للاختلافات العالمية.

وفي تفسيرهم لمعدل مكتسبات المرأة الأقل في الولايات المتحدة المعاصرة، يعطي منظرو الصراع التحليليين وزناً ثقيلاً للاختلافات البيولوجية العامة. إنهم يلاحظون بأن جميع المجتمعات وجدت أنه أكثر فاعلية لأولئك الذين يربون الأطفال أن يقوموا بمهام الرعاية البيئية. إن العمل يمكن أن ينظم مرة أخرى، لكن هذا سيكون أكثر إشكالية وحلاً أقل

وضوحاً.وهكذا، تؤثر مسئوليات رعاية الطفل لدى المرأة في اختيارها للمهنة أو الوظيفة والوقت الذي يكرسنه لها بطريقة لا تعد صحيحة بالنسبة للرجال. إن النساء لا يعملن فقط عملاً جزئياً في الغالب، لكنهن يخترن أعمالاً - مثل التعليم- تتلاءم نسبياً مع رعاية الأطفال (ومسئوليات العائلة الأخرى). إن حقيقة اهتمام النساء بتلك الأعمال لأسباب أخرى غير المكافئات المادية، تعني في المقابل، بأن أصحاب العمل يمكن أن يقدموا أجوراً أدنى مما عليهم أن يدفعوا في سوق مفتوحة. إن النساء واقعات في شرك قيد مزدوج، الأول وهو الأسوأ يأتي عن طريق عوامل من قبيل المسافات الطويلة داخل المجتمع الحديث والتي تفصل غالباً البيت عن مكان العمل، والاتجاهات التي تشجعهن للسعي إلى "أعمال النساء"، وحقيقة أن الجماعات المهنية أو الوظيفية المؤسسة لديها مصلحة قوية في استمرار بناء أعمال يصعب القيام بها من قبل النساء. وعلى سبيل المثال توثق راي لسر بلومبرغ Rae Lesser Blumberg الطريقة التي تعمل فيها عوامل مثل مسؤوليات رعاية الأطفال، والمسافة بين البيت ومكان العمل، على تعويض المثاليات الأصلية للكيبوتز (مزرعة جماعية يهودية) فيما يتعلق بالمساواة الجندرية.

تقدم نظرية الاختيار العقلاني منظوراً حول مكتسبات المرأة يشبه تماماً منظور المنظرين الصراعيين التحليليين من أمثال جانيت شافيز. إن نظرية الاختيار العقلاني تنظر إلى منطق اختيارات الرجال والنساء وتظهر كيف يجعلونها ضمن منظومة من القيود الاجتماعية والقيمية بحرية وعقلانية. وهكذا توضح برنتون Brinton كيف أن الأمهات اليابانيات لديهن طموحات متدنية لتعليم بناتهن. وقامت جيرسون Gerson بدراسة اختيارات النساء وأظهرت كم من النساء قمن باختيار واعٍ ليس من أجل متابعة مهنهن بفاعلية إنما لأنهن يضفين قيمة اكبر على العلاقات الشخصية، وأخريات أصبحن ناجحات جداً في العمل، لكن غالباً بعد ولأن، العلاقة قد فشلت، مرة أخرى، وجدت لكر Luker بأن النساء في

حركة معارضة إباحة الإجهاض كـن غالبـاً أمهـات متفرغـات للأمومـة وربـات بيـوت وبالنسبة لهن تمثلت أهم الأشياء التي يمكن أن تفعلها المرأة بنمو الأسرة وتغذيتها.

إن الخيارات الفردية وقرارات تلك النساء سـوف تسـاعد، عـلى مـدى بعيـد، في إنتـاج وإدامة معدل مكتسبات قومية أدنى للنساء من الرجال. إن نظرية الاختيار العقـلاني لا تفـترض "الأبوية" كتفسير، لكنها تشير إلى القيم والقرارات المرتبطة بالجندر أو المقَيِدَة للنساء، أي القيم والقرارات التي لا تؤثر ببساطة في الرجال بنفس الطريقة.

إنها بالضبط تلك الأنواع من القيم التي شكلت إجابات المنظـرين للسـؤال الثـاني مـن تساؤلاتنا حول المرأة في المجتمع المعاصر. والقضية التي كانـت مطروحـة تمثلـت في لمـاذا يميـل الرجال والأولاد للهيمنة على الوضع ويظهرون العدوانية، بينما تميل البنـات والنسـاء إلى الأدوار المساعدة ويقدمن التغذية والتربية والعون. تؤكد الوظيفية على القيم المشـتركة، وعـلى أهميـة استدماج تلك القيم أثناء عملية التنشئة الاجتماعية. وتقدم إجابة ذات مستوى بعيد المدى. إن الأولاد الذين هم عدوانيون والبنات اللواتي هن مربيات قد تعلموا جميعاً سـلوك دور جنـدري ملائم: أي ما عملته التنشئة الاجتماعيـة. وهكـذا، يـرى بارسـونز المؤسسـات الاجتماعيـة مثـل، البيت، والمدرسة، والكنيسة قد أدت وظيفة حفظ النمط بنجاح.

لقد انكبت المنظورات قصيرة المدى للإجابة على هذا السؤال بصورة متفوقة، وليسـت تفسيراتها متصارعة إلى حد الاهتمام بالمستويات التحليلية المختلفة. إن التربية واحـترام رغبـات الآخرين بالنسبة للرجال يمكن النظر إليها على أنها ليست قائمة على المصلحة الذاتيـة بشـكل خالص ولذلك فإنها ليست سهلة الانقياد للتفسير بمصطلحات الاختيار العقلاني. ومع ذلك، فـإن نظريـة الاختيـار العقـلاني تبـاشر في تفسـير مثـل هـذا السـلوك، إلى جانـب إيثاريـة الناشـطين السياسيين، والمتبرعين بالدم، وغير ذلك. إن النساء

اللواتي تمت دراستهن من قبل لكر، الناشطات من أجل وضد الإجهاض، تصرفن بهذه الطريقة من أجل تثبيت وتقوية القيم التي امتلكنها وصورة الذات لديهن. إن ما هو مشوق حول جماعة معارضة إباحة الإجهاض بشكل محدد، يتمثل في اعتقادهن بأن هناك أشياء تمثل على نحو محدد أدواراً نسوية، يتبين بموجبها أنه ينبغي على النساء أن يكن مربيات، وصانعات بيوت، وصانعات سلام.

كما تم استحضار قيم مماثلة في تحليل منظري الاختيار العقلاني لـديناميات القوة في الأسرة، فحيث أن صناعة القرار تمثل إلى حد بعيد وظيفة من يكسب أكثر، فإنه من الواضح كذلك أن النساء يخضعن للرجال –وكذلك أطفالهن- بطرق يمكن أن تفسر- فقط عـن طريـق القيم. وهكذا، فإن الأُسر التي تكون فيها النساء هن الكاسبات الأساسيات للدخل، فإنهن يكن حذرات بوجه عام على أن لا يقمن باستغلال قوتهن الممكنة إلى درجة تامة.

إن نظرية الاختيار العقلاني تصور بدقة منظومة من القيم يمتلكها العديد من النسـاء، والتي تساعد في تفسير نمط سلوك المرأة. ومع ذلك، فإن نظرية الاختيار العقلاني لا تفسر كيف أصبحت المرأة تمتلك تلك القيم في المقام الأول. وبالمقارنة، يهتم التفاعليون الرمزيين بشكل محدد بالتحليل المفصل، وذلك بحسب الطريقة التي يتخذ الناس مـن خلالهـا هويـات معينـة، مثل هوية المرأة التقليدية، والأم التقليدية. توضح نانسي تشودورو Nancy Chodorow بأن الإناث الأطفال يتماثلن بقوة وعن وعي مع أمهاتهن، ولذلك فإنهن يطـورن جيـلاً بعد جيل "مقـدرة عقلانية مرتفعة". إن جميع أنواع الإشارات التي يتلقينها من المجتمع ككل تعزز في اعتقادهن بأن هذا هو الشيء الملائم فعله. وهكذا، تشير رفائيلا بسـت Raphaela Best إلى كيـف أن البنـات في المدرسة قادرات على التعبير عن العواطف بشكل منفتح، بينما يصبح الأولاد مضحكين مثل الأطفال البكائين عندما يقومون بذلك. يبين

إرفنج جوفمان الطريقة التي تم فيها تصوير وتصنيف الرجال والنساء في شيء ما غير هام على نحو واضح مثل الإعلانات، رداً على تعزيز أفكار الناس لما يمثل سلوكاً ملائماً للذكور والإناث. كما تبين جانيت لفر Janet Lever كيف أن مباريات لعب الأطفال تعزز وتديم الأدوار التقليدية المرتكزة على الجندر والفصل بين الجنسين. وبالمقابل، تربط باتريشا هل كولينز انبثاق تعريف الذات بين النساء الإفريقيات الأمريكيات، والذي يتضمن الاعتماد على النفس، وتقدير الذات والاستقلال، برفضهن الصور المسيطرة المتأصلة في حقيقة العبودية وذلك مثل: مربيات زنجيات لأطفال البيض، وأنهن ينسب أولادهن إليهن (الأمومية)، وأنهن يخدمن من أجل رفاه جماعتهن وأنهن نساء صاحبات سمعة مشوهة جنسياً.

كالعادة، فإن الظاهراتية تذهب مسافة أبعد في البناء قصير المدى للتفاعل الإنساني والطريقة التي توجد فيها هوياتنا، وارتباطها بقيمنا. في أعمال لكتّاب مثل باميلا فشمان نستطيع أن نرى كيف أن "تردد" النساء في المحادثة قد يتم تعزيزه. وبصورة مشابهة فإن جارفنكل في قصته حول آجنز Agnes ، التي تجتاز تغيير الجنس وتعاني منه، يصف كيف كانت قادرة على أن تتعلم من الإشارات والعلامات المباشرة وغير المباشرة، ما كان ملائماً لشخص ما يريد أن يكون امرأة. ومن بين الأشياء الهامة التي تعلمتها آجنز أنه ينبغي عليها عدم تقديم آرائها وأن "القبول السلبي" يعتبر سمة أنثوية مرغوبة. وتساءلت دورثي سميث عن الافتراضات المعطاة أو المسلم بها حول الموقع الخاضع للمرأة وأوضحت بأن الاستكشاف النسوي للأنوثة يتضمن التحرك بعيداً عن النظرة التقليدية. وتظهر كيف أن عرض مستحضرات التجميل في أماكن التسوق الضخمة (المولات) يوثق النظام الاجتماعي الضمني (الأساسي) عبر التعبيرات العديدة "للنعومة" الدالة على أن المرأة الأنثوية الرقيقة ينبغي أن تكون مستسلمة، ومطواعة، ومذعنة.

خلاصة القول، إن كل من المنظورات الرئيسة في النظرية السوسيولوجية المعاصرة

ينجح بطرق مختلفة، في مساعدتنا لفهم أحد المحددات الرئيسة لمعيشتنا وخبراتنا اليومية. وعلاوة على ذلك، وبفعل هذا، تتكامل رؤى المنظرين أكثر مما تتناقض. إن نمطاً مماثلاً يمكن أن يُكتشف ويوجد في فضاءات عديدة أخرى، مثلاً، أنماط التصويت، أو أعمال بيروقراطية الحكومة، أو الجيش المتأهب، وهذا يمثل سبب أن كل منظور يعتبر جزءاً هاماً في النظرية الحديثة وأن العديد من علماء الاجتماع يجعلون منظوراتهم تعتمد على مصادر مختلفة، وينجذبون إلى رؤى المنظورات المختلفة وفقاً لمصالحهم واهتماماتهم.

المراجع

Abrahamson, Mark. Functionalism. Upper Saddle River, NJ: Prentice Hall, 1978.

Adorno, Theodor, et al. The Authoritarian Personality. New York: Harper and Row, 1950.

Alexander, Jeffrey C. Neofunctionalism and After. Maiden, MA: Basil Blackwell, 1998.

——,Theoretical Logic in Sociology. 4 vols. Berkeley: University of California Press, 1982.

——,Twenty Lectures: Sociological Theory Since World War II. New York: Columbia University Press, 1987.

——, ed. Durkheimian Sociology: Cultural Studies. New York: Cambridge University Press, 1988.

——, ed. Neofunctionalism. Beverly Hills, CA: Sage, 1985.

——, The Meaning of Social Life: A Cultural Sociology. New York: Oxford Press, 2003.

Avineri, Shiomo. The Social and Political Thought of Karl Marx. Cambridge: Cambridge University Press, 1968.

Baron-Cohen, Simon. The Essential Difference: Men, Women, and the Extreme Male Brain. London: Penguin Press, 2003.

Beck, Ulrich. Risk Society: Toward a New Modernity. Thousand Oaks, CA: Sage, 1992.

Beck, Uirich, Anthony Giddens, and Scott Lash. Reflexive Modernization: Politics, Tradition and Aesthetics in the Modern Social Order. Cambridge, UK: Polity, 1994.

Bellah, Robert N. "Civil Religion in America." Daedalus 96 (1967): 1-21.

_____,"Durkheim and History." American Sociological Review 24 (1959): 447—61.

Bellah, Robert N., Richard Madsen, William M. Sullivan, Ann Swidler, and Steven M. Tipton. The Good Society. New York: Alfred A. Knopf, 1991.

_____, Habits of the Heart: Individualism and Commitment in American Life. Berkeley: University of California Press, 1985.

Berger, Peter L. The Sacred Canopy: Elements of a Sociological. Theory of Religion. New York: Doubleday, 1969.

_____, Questions of Faith. New York: Oxford University Press, 2003.

Berger, Peter L., Brigitte Berger, and Hansfried Keliner. The Homeless Mind. New York: Random House, 1973.

Berger, Peter L., and Thomas Luckmann. The Social Construction of Reality. New York: Doubleday, 1966.

Blau, Peter M. The Dynamics of Bureaucracy: A Study of Interpersonal Relaiionships in Two Government Agencies. Chicago: University of Chicago Press, 1955.

_____. Exchange and Power in Social Life. New York: John Wiley, 1964.

Inequality and Heterogeneity: A Primitive Theory of Social Structure. New York: Free Press, 1977.

_____, ed. Approaches to the Study of Social Structure. New York: Free Press, 1975.

Blau, Peter M., and Joseph B. Schwartz. Cross-Cutting Social Circles: Testing a Macrostructural Theory of Intergroup Relations. Orlando, FL: Academic Press, 1984.

Blau, Peter M., and W. Richard Scott. Formal Organizations. San Francisco: Harper and Row, 1962.

Blumer, Herbert. "Comments on 'Parsons as a Symbolic Interactionist." Sociological Inquiry 45 (1975): 59—62, 68.

————. "Going Astray with a Logical Scheme." Symbolic Interaction 6 (1983): 127—37.

————. "Sociological Theory in Industrial Relations." American Sociological Review 12 (1947): 271—78.

————. Symbolic Interactionism: Perspective and Method. Upper Saddle River, NJ Prentice Hall, 1969.

————. "The World of Youthful Drug Use" (manuscript). Berkeley: University of California, School of Criminology, 1967.

Bock, Kenneth. "Evolution, Function, and Change." American Sociological Review 28 (1963): 229—37.

Bott, Elizabeth. Family and Social Network. London: Tavistock, 1957, 1971.

Boudon, Raymond. The Unintended Consequences of Social Action. London: Macmillan, 1982.

Bourdieu, Pierre. Distinction: A Social Critique of the Judgment of Taste. London: Routledge, 1984.

————. In Other Words: Essays Toward a Reflexive Sociology. Stanford, CA: Stanford University Press, 1990.

————. Outline of a Theory of Practice. Translated by R. Nice. Cambridge: Cambridge University Press, 1977.

Bourdieu, Pierre, and James S. Coleman, eds. Social Theory for a Changing Society. Boulder, CO: Westview Press, 1991.

Bourdieu, Pierre, and Jean-Claude Passeron. The Inheritors. Translated by R. Nice. Chicago: University of Chicago Press, 1979.

Bourdieu, Pierre, and Loic J. D. Wacquant. An Invitation to Reflexive Sociology. Cambridge, UK: Polity, 1992.

Burawoy, Michael. Manufacturing Consent. Chicago: University of Chicago Press, 1979.

Burawoy, Michael, and Theda Skocpol, eds. Marxist Inquiries: Studies of Labor, Class and States. Chicago: University of Chicago Press, 1982.

Campbell, Donald T. "On the Conflict Between Biological and Social Evolution and Between Psychology and Moral Tradition." The American sychologist (1975): 1103—26.

Campbell, Marie, and Ann Manicom, eds. Knowledge, Experience and Ruling Relations: Studies in the Social Organization of Knowledge. Toronto: University of Toronto Press, 1995.

Carey, James, and Norman Denzin. Symbolic Interactionism and Cultural Studies: The Politics of Interpretation. Oxford: Basil Blackwell, 1992.

Chafetz, Janet Saltzman. Feminist Sociology: An Overview of Contemporary Theories. Itasca, IL: Peacock, 1988.

_____. Sex and Advantage: A Comparative, Macro-Structural Theory of Sex Stratification. Totowa, NJ: Rowman and Allanheld, 1984.

Chafetz, Janet Saltzman, and Anthony Gary Dworkin. Female Revolt: Women's Movements in World and Historical Perspective. Totowa, NJ: Rowman and Allanheld, 1986.

Chodorow, Nancy. Feminism and Psychoanalysis. New Haven, CT: Yale University Press, 1989.

————. The Reproduction of Mothering. Berkeley; University of California Press, 1978.

Chomsky, Noam. Aspects of the Theory of Syntax. Cambridge, MA: MIT Press, 1965.

Cicourel, Aaron V. Method and Measurement in Sociology. New York: Free Press, 1964.

Cicourel, Aaron V., and John I. Kitsuse. The Educational Decision-Makers. Indianapolis, IN: BobbsMerrill, 1963.

Coleman, James S. "Foundations for a Theory of Collective Decisions." American Journal of Sociology LXXI (1966): 615—27.

————. Foundations of Social Theory. Cambridge, MA: Belknap Press of Harvard University Press, 1990.

————. Individual Interests and Collective Action. New York: Cambridge University Press, 1986.

————. The Mathematics of Collective Action. Chicago: Aldine de Gruyter, 1973.

Collins, Patricia Hill. Black Feminist Thought: Knowledge, Consciousness, and the Politics of Empowerment. Boston: Unwin Hyman, 1990.

Collins, Randall. Conflict Sociology: Toward an Explanatory Science. New York: Academic Press, 1975.

————. The Credential Society: An Historical Sociology of Education and Stratification. New York: Academic Press, 1979.

————. "Functional and Conflict Theories of Educational Stratification." American Sociological Review 36 (1971): 1002—19.

————. Sociology Since Midcentury. New York: Academic Press, 1981.

————. Weberian SociolOgical Theory. New York: Cambridge University Press; 1986.

Comte, Auguste. The Pqtive Philosophy.. Translated by Harriet Martineau. New York: Calvin Blanchard, 1958.

Cook, Karen, ed. Social Exchange Theory. Newbury Park, CA: Sage, 1987.

Cooley, Charles Horton. Human Nature and the Social Order. New York: Scribner's, 1922.

Coser, Lewis A. Continuities in the Study of Social Conflict. New York: Free Press, 1967.

_____. The Functions of Social Conflict. Glencoe, IL: Free Press, 1956.

_____. Greedy Institutions: Patterns of Undivided Commitments. New York: Free Press, 1974.

_____. Masters of Sociological Thought. New York: Harcourt Brace Jovanovich, 1977.

_____ "Presidential Address: Two Methods in Search of a Substance." American Sociological Review 40,no. 6 (December 1975): 691—700.

_____, ed. The Idea of Social Structure: Papers in Honor of Robert K. Merton. New York Harcourt Brace Jovanovich, 1975.

Dahrendorf, Rail. Class and Class Conflict in Industrial Society.. Stanford, CA: Stanford University Press, 1959.

_____. Essays on the Theory of Society. Stanford, CA: Stanford University Press, 1968.

_____. The New Liberty. Lndo: Rdutledge and Kegan Paul, 1975.

Davis, Kingsley. "The Myth f Fuhctional Analysis a a Special Method in Sociology and Anthropology." American Soiological Review 24 (1959): 757—72.

Dawkins, Richard. The Extended Phenotype: The Gene as the Unit of Selection. Oxford and San Francisco: W.H. Freeman, 1982.

688

————. The Selfish Gene. Oxford: Oxford University Press, 1976.

Deegan, Mary Jo. Jane Addams and the Men of the Chicago School: 1890—1918. New Brunswick, NJ: Transaction, 1986.

Deegan, Mary Jo, and Michael Hill, eds. Women, and Symbolic Interaction. Boston: Allen and Unwin, 1987.

Denzin. Norman. On Understanding Emotion. San FranciscO: Jossey-Bass, 1984.

Dixit, A. K., and B. J. Nalebuff. 'Thinking Strategically: The competitive Edge in Business, Politics, and Everyday Life. New York: W.W. Norton, 1991.

Djilas, Milovan. The New Class: An Analysis of the Communist System. New York: Holt, Rinehart and Winston, 1957.

Douglas, Jack P., ed. Understanding Everyday Life. Chicago: Aldine dé Gruyter, 1970.

Durkheim, Emile. The Division of Labor in Society. Glencoe, IL: Free Press, 1964.

————. The Elementary Forms of the Religious Life. New York: Collier Books, 1961.

————. Moral Education. New.York; Free Press, 1973.

The Rules of Sociological Method. Edited with an introduction by Steven Lukes. Translated by W. D. Halls. New York: Free'Press, 1982.

————. Suicide. Glencoe, IL: Free Press, 1951.

Eisenstein, Zillah R. Capitalist Patriarchy and the Case for Socialist Feminism. New York: Monthly Review Press, 1979.

Emerson, R. M., "Exchange Theory, Part I: A Psychological Basis for Social Exchange"; and "Exchange Theory, Part II: Exchange Relations and

Networks." In J. Berger, M. Zelditch, and B. Anderson, eds., Sociological Theories in Progress. Boston: HoughtonMifflin, 1972. .

———. "Power-Dependence Relations." American Sociological Review 27 (1962): 31—41.

Engels, Friedrich. The Origin of the Family, Private Property and the State. Translated by Alick West. New York: Penguin Books, 1972.

Etzioni, Amitai. The Spirit of Community: Rights, Responsibilities, and the Communitarian Agenda. New York: Crown, 1993.

———. The New Golden Rule: Community and Morality' in a Democratic Society. New York: Basic Books, 1996.

Eyal, Gil, Iv Szelényi, and Eleanor Townsley. "The Utopia of Postsocialist Theory and The Ironic View of History in Neoclassical Sociology." American Journal of Sociology 106 no. 4 (2001).

Far, R. B. L. Chicago Sociology 1920—1932. Chicago: University of Chicago Press, 1970.

Featherstone, M., M. Hepworth, and B. S. Turner, eds. The Body, Social Process, and Cultural Theory. London: Sage, 1991.

Ferguson, Kathy E. Self, Society and Womankind. Westport, CT: Greenwood Press, 1980.

Festinger, Leon. A Theory of Cognitive Dissonance. Evanston, IL: Row, Peterson, 1957.

Foucault, Michel. Discipline and Punish: The Birth of the Prison. Translated by Alan Sheridan. London: Allen Lane, 1977.

———. The History of Sexuality. 2 Vols. London: Allan Lane, 1976, 1988.

———. Madness and Civilization. A History of Insanity in the Age of Reason. Translated by Richard Howard. New York: Random House, 1965.

————. The Order of Things: An Archaeology of the Human Sciences. New York: Vintage Books, 1973.

Fox, Robin. Kinship and Marriage. Harmondsworth, UK: Penguin Books, 1967.

Fromm, Erich. The Sane Society. New York: Holt, Rinehart and Winston, 1956.

Fukayama, Francis. The End of Order. London: Social Market Foundation and University of Utah Press, 1997.

Garfinkel, Harold. Studies in Ethnomethodology. Upper Saddle River, NJ: Prentice Hall, 1967.

Geliner, Ernest. Postmodernism, Reason and Religion. London: Routledge, 1992.

Gerth, Hans, and C. Wright Mills. Character and Social Structure. New York: Harcourt Brace Jovanovich, 1953.

Giddens, Anthony. Central Problems in Social Theory. Berkeley: University of California Press, 1979.

————. The Constitution of Society. Cambridge, UK: Polity, 1984.

————. Modernity and Self-Identity: Self and Society in the Late Modern Age. Cambridge, UK: Polity. 1991.

————. Profiles and Critiques in Social Theory. Berkeley: University of California Press, 1982.

————. "Review Essay: Habermas' Social and Political Theory." American Journal of Sociology 83, no. 1 (1977): 198—212.

————. Runaway World: How Globalisation is Reshaping our Lives, 2nd edition. London:. Profile Books, 2002.

————. The Nation-State and Violence: Vol. II of A Contemporary Critique of Historical Materialism. Cambridge: Polity. 1985.

Glaser, Barney C., and Anseim L. Strauss. The Discovery of Grounded Theory: Strategies for Qualitative Research. Chicago: Aldine de Gruyter, 1967.

Goffman, Erving. "The Arrangement Between the Sexes." Theory and Society 4 (1977): 301—32.

_____. Asylums: Essays on the Social Situation of Mental Patients and Other Inmates. New York: Doubleday, 1961.

_____. Encounters: Two Studies in the Sociology of Interaction. Indianapolis, IN: Bobbs-Merrffl, 1961.

_____. Gender Advertisements. New York: Harper Colophon, 1976.

_____. "The Intthaction Order." American Sociological Review 48, no. 1 (February 1983): 1—17.

_____. Interaction Ritual: Essays on Face-to-Face Behavior. Garden City, New York: Doubleday Anchor, 1967.

_____. The Presentation of Self in Everyday Life. Garden City, New York: Doubleday Anchor, 1959.

_____. Stigma: Notes on the Management of Spoiled Identity. Upper Saddle River, NJ: Prentice Hall, 1963.

_____. Strategic Interaction. Philadelphia: University of Pennsylvania Press, 1969.

Granovetter, Mark. "The Strength of Weak Ties." American Journal of Sociology 78 (1973): 1360—80.

Grathoff, Richard, ed. The Theory of Social Action: The Correspondence of Alfred Schutz and Talcott Parsons. Bloomington: Indiana University Press, 1978.

Habermas, Jurgen. Communication and the Evolution of Society. Translated by Thomas McCarthy. London: Heinemann Education Books, 1979.

———. Legitimation crisis. Translated by Thomas McCarthy. Boston: Beacon Press, 1975.

———. The Philosophical Discourse of Modernity: Twelve Lectures. Translated by Frederick Lawrence. Cambridge, UK: Polity. 1987.

———. "Talcott Persons Problems of Theory Construction Soczologuàl Jnquirj 51 (1981) : 173-96.

———. Theory and Practice. Translated by John Viertel. Boston: Beacon Press, 1973.

The Theory of communicative Action. Vol. 1, Reason and the Rationalization of Society, 1984; and Vol. 2, Lifeworld and System: A Critique of Functionalist Reason, 1988. Cambridge, UK: Polity.

Handel, Warren. Ethnomethodology: How People Make Sense. Upper Saddle River, NJ: Prentice Hall, 1982.

Hayek, Friedrich. See Von Hayek.

Heath, Anthony. Rationj2l Choice and Social Exchange. Cambridge: Cambridge University Press, 1976.

Hechter, Michael, Karl-Dieter Opp, and Reinhard Wippler, eds. Social Institutions: Their Emergence, Maintenance, and Effects. Berlin: Walter de Gruyter, 1990.

Heritage, John. Garfinkel and Ethnomethodology. Cambridge: Cambridge University Press, 1976.

Hochschild, Arlie Russell. The Managed Heart: Commercialization of Human Feelings. Berkeley: University of California Press, 1983.

———, with Anne Machung. The Second Shift: Working Parents and the Revolution at Home. New York: Viking Press, 1989.

———. The Time Bind: When Work Becomes Home and 1-Jome Becomes Work. New York: Henry Holt, 1997.

Homans, George C. "Bringing Men Back In." American Sociological Review 29, no. 5 (December 1964): 809—18.

_____. The Human Group. New York: Harcourt Brace Jovanovich, 1950.

_____. "A Life of Synthesis." In Sociological Self-Images: A Collective Portrait, edited by Irving L. Horowitz. Beverly Hills, CA: Sage, 1969.

_____. The Nature of Social Science. New York: Harcourt Brace Jovanovich, 1967.

_____. "Social Behavior as Exchange." American Journal of Sociology LXII (1958): 597—606.

_____. Social Behavior: Its Elementary Forms. re ed. New York: H Brace Jovanovich, 1974.

_____. "A Sociologist's Reaction." The Americaii SocioThgist 12, no. 2-(May 1977): 69.

Horkheimer, Max. Critical Theory. Translated by Matthew J. O'Connell et al. New York: Continuum Books, 1972.

Johnson, Benton. Functionalism in Modern Sociology: Understanding Talcott Parsons. Morristown, NJ: General Learning Press, 1975.

Jones, E. U The European Miracle: Environments, Economics and Geopolitics in the History of Europe and Asia. Cambridge: Cambridge University Press, 1981.

Kemper, Theodore.A Social Interactional Theory of the Emotions. New York: John Wiley, 1978.

Kolakowski, Leszek. Main Currents of Marxism. Oxford: Clarendon Press, 1978.

Konrad, George, and Ivan Szeienyi. The Intellectuals on the Road to Class Power. New York: Harcourt Brace Jovanovich, 1979.

Kornhauser, William. "Power Elite' or 'Veto Groups'?" In Class, Status and Power, edited by Reinhard Bendix and Seymour Martin Lipset. New York: Free Press, 1966.

Kuhn, Thomas. The Structure of Scienitific Revolutions. Chicago: University of Chicago Press, 1970.

Lawler, Edward J. "An Affect Theory of Social Exchange." American Journal of Sociology 107.2 (2001) 321—52.

Leach, Edmund, ed. The Structural Study of Myth and Totemism. London: Tavistock, 1967.

Lemert, Charles C. 'Postmodernism Is Not What You Think. Maiden, MA: Basil Biackwell, J997.

————, ed. French Sociology: Rupture and Renewal since 1968. New York: Columbia University Press, 1981.

Lengermann, Patricia Madoo,. and Jill Niebrugge-Brantley. The Women Founders: Sociology and Social Theory, 1830—1930. New York: McGraw-Hill, 1998.

Lenin, Vladimir I. Imperialism: The Highest Stage of Capitalism. New York: International Publishers, 1939.

Lenski,Gerhard E. Power and Privilege: A Theory of Social Stratification. New York: McGraw-Hill, 1966.

Levi, Margaret Consent. Dissent and Patriotism. Cambridge: Cambridge University Press, 1997.

Levi-Strauss, Claude. The Elementary Structure of Kinship, rev. ed. London: Eyre and Spottiswoode, 1969.

————. Totemism. Boston: Beacon Press, 1963.

————. "Le Triangle Culinaire." L'Arc 26 (1965): 19-29.

Levine, D., E. Carter, and E. Miller. "Simmel's Influence on American Sociology II." American Journal of Sociology 81(1976): 1112—32.

Loubser, Jan J., Rainer C. Baum, Andrew Effrat, and Victor Lidz, eds: Explorations on General Theory in Social Science: Essays in Honor of Talcoft Parsons. New York: Free Press, 1976.

Luhmann, Niklas. The Differentiation of Society. New York: Columbia University Press, 1982.

______. Risk: A Sociological Theory. New York: Aldine de Gruyter, 1993.

______. "Society Meaning, Religion-Based on Self-Reference." Sociological Analysis 46(1985): 5—20.

______. "Tautology and Paradox in the Self-Descriptions of Modern Society." Sociological Theory 6 (1988): 26—37.

Lukes, Steven. Emile Durkheim: His Life and Work. New York: Harper and Row, 1972.

Lumsden, Charles J., and Edward 0. Wilson. Genes, Mind and Culture: The Coevolutionary Process. Cambridge, MA: Harvard University Press, 1981.

Manis, Jerome G., and Bernard N. Meltzer, eds. Symbolic Interaction: A Reader in Social Psychology. Boston: Allyn Bacon, 1972.

Marcuse, Herbert. Eros and Civilization. New York: Vintage Books, 1955.

______. One-Dimensional Man. Boston: Beacon Press, 1964.

Marx, Karl. Capital, Vol. 1, translated by Samuel Moore and Edward Aveling, edited by F Engels. London: Lawrence and Wishart, 1961.

______. The Eighteenth Brumaire of Louis Bonaparte. New York: International Publishers, 1935.

______. The Poverty of Philosophy. Moscow: Foreign Languages Publishing House, n.d.

Marx, Karl, and Frederich Engels. The Communist Manifesto. Harmondsworth, UK: Penguin Books, 1967.

Marx, Karl, and Frederich Engels, eds. Selected Works, vol. 1. London: Lawrence and Wishart, 1962.

Mauss, Marcel. The Gift. Glencoe, IL: Free Press, 1954.

McCall, George J., and J. L. Simmons. Identities and Interactions. New York: Free Press, 1966.

McLean, lain. Public Choice: An Introduction. Oxford: Basil Blackwell, 1987.

Mead, George Herbert. Mind, Self and Society. Chicago: University of Chicago Press, 1934.

Merton, Robert K. Social Theory and Social Structure. eni. ed. New York: Free Press, 1968.

Michels, Robert. Political Parties: A Sociological Study of Oligarchical Tendencies of Modern Democracy. Translated by Eden and Cedar Paul. Glencoe, IL: Free Press, 1958.

Mills, C. Wright. Listen Yankee: The Revolution in Cuba. New York: Ballantine Books, 1960.

————. The New Men of Power. New York: Harcourt Brace Jovanovich, 1948.

————. The Power Elite. New York: Oxford University Press, 1956.

————. "The Power Elite: Military, Economic and Political." In Problems of Power in American Society, edited by Arthur Kornhauser. Detroit: Wayne State University Press, 1957.

————. The Sociological Imagination. New York: Oxford University Press, 1959.

White Collar: The American Middle Classes. New York: Oxford University Press, 1951.

Moore, Barrington, Jr. Social Origins of Dictatorship and Democracy: Lord and Peasant in the Making of the Modern World. Boston: Beacon Press, 1966.

Mosca, Gaetano. The Ruling Class. New York: McGraw-Hill, 1960.

Mullins, Nicholas C. Theories and Theory Groups in Contemporary American Sociology. New York: Harper and Row, 1973.

Munch, Richard. "Talcott Parsons and the Theory of Action, I and II." American Journal of Sociology 86 (1981): 709—39 and 87 (1982): 771—826.

Nagel, Ernest. The Structure of Science. New York: Harcourt Brace Jovanovich, 1961.

Nisbet, Robert A. The Sociological Tradition. New York: Basic Books, 1966.

North, Douglass. Structure and Change in EconQmic History. New York: W.W. Norton, 1981.

Olson, Mancur. The Logic of Collective Action: Public Goods and the Theory of Groups. Cambridge, MA: Harvard University Press, 1965.

Pareto, Vilfredo. The Treatise on General Sociology. New York: Dover, 1963.

Park, Robert E., and Ernest W. Burgess. Introduction to the Science of Sociology. Chicago: University of Chicago Press, 1921.

Parsons, Talcott. Action Theory and the Human Condition. New York: Free Press, 1978.

————. Essays in Sociological Theory. New York: Free Press, 1954.

———. "Evolutionary Universals in Society" American Sociological Review 29 (1964): 339—57.

———. "On Building Social System Theory: A Personal History." Daedalus (1970): 826—81.

———. "The School Class as a Social System: Some of Its Functions in American Society." In Education, Economy and Society, edited by A. H. Halsey, Jean Floud, and C. Arnold Anderson. New York: Free Press, 1961.

———. The Social System. New York: Free Press, 1951.

———. Societies: Evolutionary and Comparative Perspectives. Upper Saddle River, NJ: Prentice Hall, 1966.

———. The System of Modern Societies. Upper Saddle River, NJ: Prentice Hall, 1971.

———,ed. Sociological Theory and Modern Society. New York: Free Press, 1967.

Parsons, Talcott, Robert F. Bales, and Edward A. Shils. Working Papers in the Theory of Action. Glencoe, IL: Free Press, 1953.

Parsons, Talcott, and Gerald M. Platt. The American University. Cambridge, MA: Harvard University Press, 1973.

Parsons, Talcott, and Edward A. Shils, eds. Toward a General Theory of Action. Cambridge, MA: Harvard University Press, 1951.

Piaget, Jean. The Child's Construction of Reality. London: Routledge and Kegan Paul, 1958.

———. Structuralism. Translated and edited by Chaninah Maschler. London: Routledge and Kegan Paul, 1971.

Pierce, Jennifer L. Gender Trials: Emotional Lives in Contemporary Law Firms. Berkeley: University of California Press, 1995.

Popper, Karl. The Logic of Scientific Discovery. London: Hutchinson, 1959.

Reynolds, Vernon. The Biology of Human Action. 2nd ed. Reading, UK: W.H. Freeman, 1980.

Reynolds, Vernon, and R. E. S. Tanner. The Biology of Religion. London and New York: Longman, 1983.

Ridley, Matt. The Red Queen: Sex and the Evolution of Human Nature. London: Viking Press, 1993.

Rossi, Alice. "A Biosocial Perspective on Parenting." Daedalus 106, no. 2 (1977): 1—31.

_____. "Gender and Parenthood." American Sociological Review 49, no. 1 (1984): 1—19.

Sahlins, Marshal D., and Elman R. Service, eds. Evolution and Culture. Ann Arbor: University of Michigan Press, 1960.

Schumpeter, Joseph. Capitalism, Socialism and Democracy. London: Unwin University Books, 1943.

_____. Imperialism and Social Classes. Cleveland: Meridian Books, 1955.

_____. Ten Great Economists: From Marx to Keynes. London: Allen and Unwin, 1952.

Schutz, Alfred. Collected Papers I: The Problem of Social Reality. The Hague: Martinus Nijhoff, 1962.

_____. "The Stranger: An Essay in Social Psychology." In School and Society: A Sociological Reader. London: Routledge and Kegan Paul in association with Open University, 1971.

Scott, Marvin, and Stanford M. Lyman. "Accounts." American Sociological Review 33 (1968): 46—62.
Slubutani, Tamotsu, ed. Human Nature and Collective Behavior: Papers in Honor of Herbert Blumer. Upper Saddle River, NJ: Prentice Hall, 1970.

Simmel, Georg. Conflict. Translated by Kurt H. Wolff. Glencoe, IL: Free Press, 1955.

————. The Sociology of Georg Simmel. Translated by Kurt H. Wolff. Glencoe, IL: Free Press, 1950.

Smelser, Neil J. "Mechanics of Change and Adjustment to Change." In Industrialization and Society, edited by Berthhold F. Hoselitz and Wilbert E. Moore. Paris: Unesco-Mouton, 1963.

————. "Presidential Address: The Rational and the Ambivalent in the Social Sciences." American Sociological Review 63, no. 1 (February 1998): 1—15.

————. Social Change in the industrial Revolution. Chicago: University of Chicago Press, 1959.

————. The Sociology of Economic Life. Upper Saddle River, NJ: Prentice Hall, 1963.

Smelser, Neil J., and R. Stephen Warner. Sociological Theory: Historical and Formal. Morristown, NJ: General Learning Press, 1976.

Smith, Dorothy E. The Conceptual Practices of Power: A Feminist Sociology of Knowledge. Boston: Northeastern University Press, 1990.

————. The Everyday World as Problematic: A Feminist Sociology. Boston: Northeastern University Press, 1987.

————. Texts, Facts, and Femininity: Exploring the Relations of Ruling. New York: Routledge, 1990

————. Writing the Social: Critique, Theory, and Investigations. Toronto: University of Toronto Press, 1999.

Spencer, Herbert. The Principles of Sociology. New York: Appleton, 1896.

Stacey, Judith, and Barrie Thorne. "The Missing Feminist Revolution in Sociology." Social Problems 32 (1985): 301—16.

Szelenyi, Ivan. "The Intelligentsia in the Class Structure of State-Socialist Societies." In Marxist Inquiries: Studies of Labor, Class and States, edited by

MiChael Burawoy and Theda Skocpol. Chicago: University of Chicago Press, 1982.

Szelényi, Ivan, with Robert Mancin, Pal Juhasz, Balint Magyar, and Bill Martin. Socialist Entrepreneurs: Embourgeoisement in Rural Hungary. Cambridge, UK: Polity, 1988.

Thibaut, John W., and Harold H. Kelley. The Social Psychology of Groups. New York: John Wiley, 1959.

Thomas, William I. The Unadjusted Girl. Boston: Little, Brown, 1923.

Thomas, William I., with Dorothy Swaine Thomas. The Child in America. New York: Alfred A. Knopf, 1928.

Thompson, John B., and David Held, eds. Habermas: Critical Debates. London: Macmillan, 1982.

Thorne, Barrie.. Gender Play: Girls and Boys in School. New Brunswick, NJ: Rutgers University Press, 1993.

Tilly, Charles. European Revolutions 1492—1992. Oxford: Blackwell, 1993.

Touraine, Alain. The Self-Production of Society. Chicago: University of Chicago Press, 1977.

Trivers, Robert. "The Evolution of Reciprocal Altruism." Quarterly Review of Biology 46 (1971): 35—57.

Tucker, Robert C. Philosophy and Myth in Karl Marx. Cambridge: Cambridge University Press, 1961.

Turner, Bryan S. The Body and Society: Explorations in Social Theory. Oxford: Basil Blackwell, 1984.

———. Regulating Bodies: Essays in Medical Sociology. London: Routledge, 1992.

Turner, Roy, ed. Ethnomethodology: Selected Readings. Baltimore: Penguin Books, 1974.